〔明〕王圻　王思義　編集

三才圖會

顧廷龍

上

上海古籍出版社

據上海圖書館藏明萬曆
王思義校正本影印原書板
框高二〇七毫米寬一三八毫米

出版説明

《三才圖會》一百零六卷，明王圻、王思義編集。圻字元翰，號洪洲，上海人。明嘉靖四十四年進士，授清江令，調萬安，拜御史。峭直敢言，忤時相，出為福建按察僉事，謫邛州判官。兩知進賢、曹縣，遷開州知州。歷官至陝西布政司參議，旋致仕歸里，以著書為事，卒年八十五。所著除《三才圖會》外，又有《續文獻通考》二百五十四卷、《稗史彙編》一百七十五卷、《東吳水利考》十卷等。圻子思義字允明，以著述世其家，有《宋史纂要》二十卷、《香雪林集》二十六卷、《故事選要》十四卷行世。

明代類書之作繁多，然圖文並茂者，僅王圻父子之《三才圖會》及章潢之《圖書編》二書。王書之浩博，遠勝章書。此書分類纂録，為天文四卷、地理十六卷、人物十四卷、時令四卷、宫室四卷、器用十二卷、身體七卷、衣服三卷、人事十卷、儀制八卷、珍寶二卷、文史四卷、鳥獸六卷、草木十二卷。圖文互證，細大畢載，足資鈎稽。清陳夢雷纂《古今圖書集成》，頗采摭其圖説。是書前有周孔教、顧秉謙、陳繼儒及圻自序。圻序云：「季兒思義，亦搆心往牒，廣加蒐輯，圖益大備。」顧秉謙序亦云：「前三圖皆御史公手裁，而後則允明氏之所續。」知全書為圻與思義合纂而成，發凡起例，皆出圻手，而思義助纂之功，亦不可没。

《三才圖會》刊成於明萬曆三十七年前後。所見有署「男思義校正」本、「曾孫爾賓重校」本和「潭濱黄晟東曙氏重校」本等。後兩本均為王思義本之原刻後印補修本，與王思義本面目已非。「曾孫爾賓重校」等字樣則在原版上剜刻而成。其中黄本又後於爾賓本。現假上海圖書館藏王思義校正本影印。間有一二缺葉或漫漶較甚者，取爾賓本配補。一些原來占二頁或二頁以上的圖，影印時作了拼頁等處理。

上海古籍出版社　一九八五年八月

目次

上册

中册

下　册

三才圖會序

天下之道見於言者六經盡之矣見於象者羲之畫河之圖洛之書盡之矣然洪荒之初文字草昧自龍圖告靈而後畫繼之疇又繼之六經蓋

瞠乎後耳是圖又爲吾道開山宜與六經並傳不刊者也浸淫叔季二氏迭興諸子百家分門競進六經第假以博青紫猶爲僅存然幾於芻狗盍毋論圖矣雲間侍御王公

嗜學好古沉酣仰屋之業仲子思義能讀父書既數應鄉舉不利遂謝去帖括以著述世其家嘗廣搜博采輯所謂三才圖會上自天文下至地理中及人物精而禮樂經史

粗而宮室舟車幻而神仙鬼怪遠而卉服鳥章重而珍奇玩好細而飛潛動植悉假虎頭之手效神姦之象卷帙盈百號爲圖海方今人事梨棗富可汗牛而未有如此書之

郷見者也然凡物或強或麤或載或廢聞道一也而有行與笑之殊故圖之益有二而圖之窮亦有二君子貴多識一物不知漆園以爲視肉撮囊且儒者不云乎致知在格

物按圖而索而上天下地徃古來今靡不若列眉指掌是亦格物之一端爲益一也萬物鼓鑄於洪鈞形形色色不可以文字揣摩留侯狀貌如婦人好女匪圖是披將以爲

魁梧奇偉一大男子食蟹者儻盡信書直爲勸學死耳得是圖而存之無俟讀書半豹而眼中具大見識鴻乙無誤爲益二也然鐘鼓不以饗爰居而冠冕不以適裸國方今

圖不以課士士又安用圖爲是亦爰居之鐘鼓裸國之冠冕也爲圖一窮筆精墨妙爲吾輩千古生涯子雲且薄爲小技矧圖涉丹青之事即童稚且嬉戲視之孰肯尊信如

古人所謂左圖右史者乎是爲圖二窮然天下有有用之用無用之用世終不以爰居廢鐘鼓裸國棄冠冕庸衆之所忽高明之所急是輯圖意也蓋經中如易繫辭之紀法

象書禹貢之寫山川則文中之圖圖悉其形弁志其義則圖中之文參合並觀而龜龍之秘盡在楮墨間矣

萬曆歲次己酉嘉平之吉

賜進士第中憲大夫都察院右僉都御史奉

勅總理糧儲提督軍務兼巡撫應天等府地方臨川周

孔教譔

三才圖會序

昔先封公應侍御洪洲先生之聘授其伯子鴻臚君允敬暨仲子太學君允明経余不肖亦挾一編侍先封公於帳中與允明同研席時年皆僅踰舞

金陵吳云軒刻

象而允明已嗜古駸駸志在不朽矣亡何先封公觧皐比悔君亦遂遊鄉校下董生之帷角戰詞場未遂殺青之志荏苒歲月蛾眉用老君乃慨然嘆曰丈夫處世何施不可豈獨朱紫足重

乎哉因肆意捜輯勒成一書上自天文下至地理中及人物旁逮器用時令宮室身體衣服人事文史珍寶禮制雕細而夭喬蠢而羽毛鱗介靡不畢載其綱凡十有五而其目無慮三百總

而題之曰三才圖會刻成因寄一帙示余於都下且緘尺蹏曰願籍子一言為玄晏余稍稍展卷未及卒業不覺洞心駭目方今市肆所藏多可汗牛然其鉅者不過資帖括而細者僅足佐談笑所

稱具體則未有如此編者也余嘗
閒念人之識見既殊故其嗜好亦異
王壽好書而徐馮以為書古言
之所出智者不足藏壽乃因焚
書而舞之戴安道好圖畫范宣
獨不喜及見安道所圖南都賦

始以為有益於用而好之然嗜
書者十有五六而嗜圖者則十不
得一也允明牙籤雲笈既滿鄴
侯之架而又繪古摹今創為未
有全書此其見豈在范宣下哉
然世多訾允明以為此不過束

晳慢戲之流不如以其金鏝風雅
夫人不能風雅而風雅亦影矣圖
自河出而後羲畫以來有復嗣見
者乎易稱聖人立象以盡意繫
辭以盡言言則六經是矣象非圖
之謂而誰謂語有之書不盡言

言不盡意夫書與言之所不能盡者
不假之圖將何以自見哉禹鑄九
鼎百物而為之備使民知神姦此
編即謂允明之九鼎可也子雲草
創太玄頻側時人之目獨侯巴信
其必興何世無侯巴然則允明無

問多口矣前三圖皆出御史公手裁
而後則允明氏々所續父子授守稱
王氏家學所得與仲孰多乎始知朱
紫果不足重王生矣
賜進士出身右春坊右中允兼翰林
院編脩記注
起居撰述
誥命玉峯顧秉謙撰

三才圖會序

學憲洪洲王公與其仲子太學
君思義博討群書纂三才圖會
以問序陳子陳子曰甚哉王公
父子々之嗜學也古之學者左有
圖右有書圖者書之精神也自
龜龍見而河洛興河洛興而蒼
頡造書史皇制畫圖与書相附
而行周官教國子字學首曰象
形々不能盡而後諧聲會意指
事轉注假借之法助之書者所
以濟圖之窮圖譜絶而三才之

理無所考雖有書與矇瞽等耳是故畫鍾鼎而燭神姦畫旂章而昭軌物畫豳風而知稼穡之艱難畫王會而見蠻夷之率服畫引裾鎖 以勸忠畫淩烟麟閣以志勳講學畫文翁之壁禁

序 二

酒圖妲己之屏張牧寫成都周公禮殿王右軍恨不見之戴逵繪南都賦范宣曰畫之有益如是甚則五経皆有圖像如唐一行之畫大衍成伯璵之畫毛诗嚴彭祖張傑之畫春秋夏侯伏

明梁正之畫三禮郭璞之畫尔雅常表微之畫九経以至兵刑冥數井田鹵簿喪服鄉飲鬼神秇術之類莫不毫髮畢具燦然可觀畫譜之學厥惟重哉後世帝王将相藏於禁府館庫者

序 三

非不充棟委地然書存而畫亡者多矣余嘗嘆息而深維其故漢初典籍無紀自中壘創意總括分為七略收書而不收畫一厄也武帝置秘閣以聚畫書明帝别開畫室董卓之亂軍人裂

縑布為帷囊以去二厄也梁太子
綱數夢秦始皇更欲焚天下書
矣景于謹高善寳相繼焚劫畫
籍二十四萬餘悉化煨燼三厄
也陳之畫史隋得之隋之畫史
唐得之一覆于楊州一沒于砥

柱四厄也劉裕楊堅悪符命讖
緯之書凡有畫者皆指為畫讖
發使四出搜焚之為吏糾者至
死五厄也徽欽建稽古博古尚
古等閣録所藏大小禮器褏至
萬餘南渡而後象樽牛鼎龍[illegible]

鴈燈悉輦屬地即高宗好寫五
経宣付畫院補畫而所畫几何
哉六厄也王濬平吴應詹破蜀
皇甫真之定新都辛術之克淮
郡不取秋毫但收畫籍猶有蕭
相國遺意此曹好文寧可多得

辛付之搶攘狼籍而已七厄也
任宏王儉之畫譜阮孝緒散而
附之雜部已自可恨然總記内
外篇尚存畫八百七十餘卷鄭
樵去古雖遠通志所記亦不下
二百三十二畫経賸國而胡与

漢文字不相知八厄也吾
朝藏書遠遜蓬山近亦不及宣
和幸賴累葉以來
神聖當乾奎壁無恙秘文逸典
次第出獨所謂圖者寥寥十不
得一焉此王公三才圖會之所

由作歟夫經天緯地治人儒者
之能事必是圖而後書與事皆
有所貫串根柢如明鏡之洞見
五臟大將之布按六花九所以
行變化而通鬼神者于是乎在
已使絲繡平原金鑄少伯米狀山
川管窺星緯豈若一披圖而博
覽之為快哉昔張華問以建章
宮制度千門萬户陳列無遺武
平問以魯鄭族系三桓七穆應
對如響余嘗疑史書或無是事
及觀此圖乃知王以去古人未

遠且喜王氏之有歆向父子也
故不辭而為之序

華亭逸史陳繼儒撰

三才圖會引

嘗讀韓琴臺書有云圖畫所以成造化助人倫窮萬變測幽微蓋甚哉圖之不可以已也自蟲魚鳥獸之繇興而圖幾繼豎經生學士爭衡于射策帖括之間

而圖大絀嗟乎鑄鼎象物尚知神姦況圖因洩天地之秘者哉余少年從事鉛槧即艷慕圖史之學凡璣衡地域人物諸象繪靡不兼收而季兒思義頗亦樸心性慷廣加蒐輯圖益大備友

人李閔斯何拯之皆博雅君子也相與校讐成帙交口請梓而余因引其端夫玄黃剖判未有文字先有圖書今書可汗牛而圖不堪飽蠹即欲測微窮變其道何繇語云六合之外聖人存

而不論此皆六合內事而可寘弗講哉是編也圖繪以勒之于先論說以綴之于後圖與書相為印証陳之棐几如管中窺豹雖累見一斑於學士不無小補矣若曰揮纖毫而萬類由心展方

寸而千里在掌余殆未敢以爲然

萬曆丁未仲春洪洲王圻譔

孫堉蘄州侯孔鶴書

三才圖會凡例

一天文止載三垣二十八宿及分野其餘小星俱不盡圖

一天文中星其說不同第以尭典月令四季詳繪爲圖以俟博雅者參焉

一天文数家推步各殊故其度数多寡不一當俟識者爲之折衷

一地理凡神州赤縣星羅棊布不能盡圖止圖所在名山大川以資卧遊者之賞

一地理如溝渠井田雖人習睹然濬畎畋水其道甚宏故亦畢圖

一人物有圖有說第世遠人湮未易盡圖而一時名碩又不可稗其牢落故稍稍人爲一說庶献雖不足文猶可徵云爾

一人物本朝　御容㢠　三聖名臣㢠二十餘公據家藏舊本餘缺者不敢妄貌

一仙釋二家雜見諸書今取其稍信而可圖者餘俱不載

一如俞兒帝江雜見稗官似爲非妄第非神非鬼故附於裔夷之末

一是編以圖會爲書凡時令宮室身體衣服禮樂文史人事與夫器用草木鳥獸昆蟲之類俱各有圖爲卷帙浩煩未易卒業尚俟續梓

三才圖會總目

三才圖會總目終

天文圖序

古者圖書並傳學多考信後世習於譚空倦於稽覽而圖始廢圖廢而天地間一切名物事理遂若存若亡於摶風緝影者之手而漸訛漸亂於覆射懸斷者之談可勝慨哉　學憲王公軫懷已久手訂通考圖彙兩書以垂憲百代通考業已行世圖彙則以授允明次君使卒其業允明復廣蒐而詳核之書皈萬卷歲易十霜彙始

就緒上而天文下而郡邑山川邊關絕塞旁及禮樂兵農之制與夫草木鳥獸鱗介之繁靡不入譜洋洋大觀哉非特博雅折衷之林亦經濟必資之業也其卷帙幾與通考埒未及畫付殺青先梓其天文以行議者謂茫茫員蓋隸首莫殫而欲以區區赫蹏括之得無有索駿之誚乎余謂不然古談天者三家獨渾天稱最著後世落下閎耿壽昌諸君皆祖其說而鑄爲象以爲

觀天之道盡此矣乃堯命羲和必曰曆象曆又何以先象乎夫曆者上古神聖仰觀冥契匠黃道察微歛行日月步五緯之圖史也圖史具有爰始假象窺占然則象生於曆者也非以生曆也譬之權衡然則銖兩鈞石定而後得以進退低昂之謂因衡置權乎謂因權置衡乎不待聚訟明矣假令恃象廢曆是操權而折衡也璣璇雖巧瞽睿罔覩將安用哉固知曆之重於象已

此編蓋古圖史之遺觀天者所必準孰能廢諸允明父子兄弟日夜聚首揚搉風雅雌黃古今一時著述之富逾於青箱行見太史奏德星聚海上乎又安用余言聊述作者之意於簡末耳

華亭李庭對聞斯甫頓首題

三才圖會卷之一

雲間元翰父王圻纂集
男思義校正

天文一

總敘

古之言天者凡八家一曰渾天卽今所載張衡靈憲經是也二曰宣夜絶無師學三曰蓋天周髀所載四曰軒天姚信所說五曰穹天虞聳所擬六曰安天虞喜所述七曰方天王充所論八曰四天祆胡寓言獨渾天一家最為近理故李淳風獨取靈憲經載之乙巳占首其文曰昔在先王將步天路用定靈軌尋緒本元先準之于渾體是為正儀立度而皇極有逌建也樞運有逌稽也乃建乃稽斯經天常聖人無心因兹以生心故靈憲作興曰太素之前幽清

天文總圖

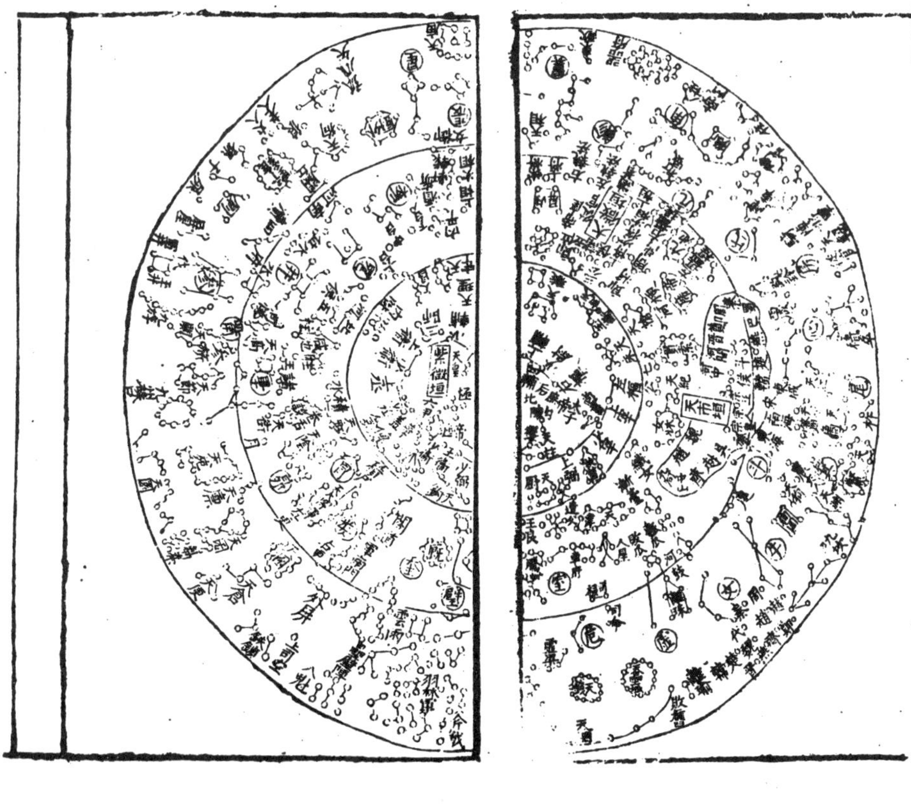

玄靜寂寞冥默不可爲象厥中惟虛厥外惟無如是者永久焉斯謂冥涬蓋乃道之根也道根既建自無而有太素始萌而未兆并氣同色混沌不分故道德之言云有物渾成先天地生其體故未可得而形也其遲速故未可得而紀也如是者亦永久焉斯謂龐鴻蓋乃道之幹也道幹既育有物成體於是元氣剖判剛柔始分清濁異位天成於外地定於內天體於陽故圓以動地體於陰故平以靜動以行施靜以合化堙鬱含精時育庶類斯謂天元蓋乃道之實也在天成象在地成形天有九位地有九域天有三

辰地有三形有象可效有形可度情性萬殊旁通感薄自然相生莫之能紀于是人之精者作聖寔始紀綱經緯天地八極之維徑二億三萬二千三百里南北則短減千里東西則廣增千里自地至天半於八極則地之深亦如之通而度之則是渾矣將覈其數用重句股懸天之景薄地之儀皆移千里而差一寸得之過此而往者未之或知未之或知者宇宙之謂也宇之表無極宙之端無窮天有兩儀以儛道中其可覩者樞星是也謂之北極在南者不著故聖人弗之名焉其世之遂九分而減二陽道左迴故天

運左行有驗於物則人氣左羸而形左繚也天以陽廻地以陰淯是故天致其動稟氣舒光地致其靜待施俟明天以順動不失其中則四序順致寒暑不忒死生有節故品物用生地以靈靜作合承天清化致養四時而後育故品物用成凡至大莫若天至厚莫若地至質者曰地而已至多莫若水水精爲漢周於天而無別焉期以質也地有山嶽以宣其氣精鍾爲星星也者體生于地精成于天列居錯峙各有逌屬紫宮爲皇極之居太微爲五帝之庭明堂之房大角有席天市有座蒼龍連蜷於左白虎猛距於右

朱雀奮翼於前靈龜圈首於後黃帝軒轅於中六擾既畜而狼鳵魚鼈罔有不具在野象物在朝象官在人象事於是備矣懸象著明莫大乎日月其徑當天周七百三十六分之一地廣二百四十二分之一日者陽精之宗積而成鳥象鳥而有三趾陽之精其數奇月者陰精之宗積而成獸象兔陰之精其數偶夫日譬猶火月譬猶水火則外光水則含影故月光生於日之所照魄生于日之所蔽當日則光盈就日則光盡衆星被燿因水轉光當日之衝光常不合者蔽於地是謂暗虛在星星微遇月月食日之薄地

闇其明也繇闇視明明無所屈是以望之若大方於中天天地同明繇明瞻闇闇還自奪故望之若小當夜而揚光在晝則不明也月之于夜與日同而差微星則不然強弱之差也衆星列布其以神著有五列焉是爲三十五名一居中央謂之北斗動變挺占寔司王命四布于方爲二十八宿日月運行歷示吉凶五緯躔次用告禍福則天心于是見矣中外之官常明者百二十有四可明者三百二十爲星二千五百而海人之占未存焉微星之數蓋萬一千五百二十庶物昆蟲咸得繫命不然何以總而理諸夫三

光形存而有似珠玉神守精存麗其質而宣其明及其衰也神歇精斁于是乎有隕星然則奔星之所墜至則石矣文曜麗乎天其動者七日月五星是也周旋右迴天道者貴順也近天則遲遠天則速行則屈屈則留迴則逆逆則遲迫于天也行遲者覿之于東東屬陽行速者覿之于西西屬陰日旦而月夕此配合也攝提熒惑填星候晨見附于日也太白辰星候昏見附於月也三陽二陰三天兩地故男女取則爲萬星巡鎮必因常度苟或盈縮不逾于次故有司作使曰老子肆星周伯王蓬絮芮各宣星錯乎五緯之間其見無期其行無度審而察之然後吉凶宣用其詳可量也　蔡邕曰古之言天者三家曰宣夜曰蓋天曰渾天宣夜之學絕無師法蓋天術數具存考驗天狀多有違失獨渾天近得其理今銅儀則其法也立八尺之圓體以具天地之形以正黃道察發斂行日月步五緯精深微妙百代不易之道也今按舜典在璇璣玉衡以齊七政則唐虞之時已用渾天之法其他妄說不待攻而自破矣

王蕃曰天地之體狀如鳥卵天包地外猶殼裹黃周旋無端其形渾渾故曰渾天周天三百六十五度五百八十九

分度之一百四十五半覆地上半在地下其二端謂之南極北極北極出地三十六度南極入地三十六度兩極相去一百八十二度半強繞北極徑七十二度恒見不隱繞南極七十二度恒隱不見赤道帶天之中去兩極各九十一度少強黃道者日所行也半在赤道內半在赤道外與赤道東交于角五度少強西交于奎十四度少強其出赤道外最遠者二十四度南斗二十一度是也是爲冬至日之所在其入赤道內最遠者二十四度井二十五度是也是爲夏至日之所在冬至日在南斗二十一度去北極一

百一十五度少強是日最近于南去極最遠故景最長黃道至斗二十一度出辰入申故日出辰入申晝行地上一百四十六度少強故日短夜行地下二百一十九度少強故夜長自南至之後漸漸而北故其景漸漸而短日行地上分數漸多夜行地下分數漸少故日漸長而夜漸短也稍北而極至于夏至日在東井二十五度去北極六十七度少強是日最近于北去極最近故景最短黃道至井二十五度出寅入戌故日出寅入戌晝行地上二百一十九度少強故日長夜行地下一百四十六度少強故夜短自

北至之後漸漸而南故其景漸漸而長日行地上分數漸少夜行地下分數漸多故日漸短而夜漸長也稍南而極至於冬至又復如初斗二十一度井二十五度南北相竟四十八度春分日在奎十四度稍強秋分日在角五度少強此黃赤二道之交中也去極九十一度少強南北處斗二十一度井二十五度之中故景居二至長短之中奎十四度角五度黃道出卯入酉故日出卯入酉也晝行地上夜行地下俱一百八十二度半強故日見之漏五十刻不見之漏五十刻謂之晝夜同天之晝夜以日出爲分入之

晝夜以昏明爲限日未出二刻半而明已入二刻半而昏故損夜五刻以益晝是故春秋分晝漏五十五刻三光之行有常術家以筭求之各有異同故諸家曆法參差不一洛書甄曜度春秋考異郵皆云周天一百七萬一千里爲度二千九百三十二里七十一度步二尺七寸四分四百八十七分分之三百六十二冬至日之所在陸萬里北極下地高于外衡下地亦六萬里外衡高于北極下地二萬里天地隆高相從日去地常八萬里日麗天而平轉分冬夏之間日所行道爲七衡六間每衡周徑里數各依筭術

用勾股重差推晷景以測遠近地之數皆得于表也

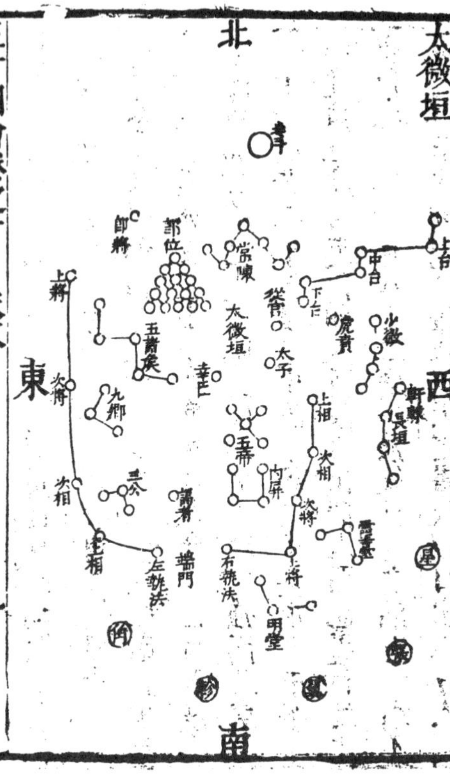

按太微垣十星在翼軫北下臨黃道張衡云天子之宮庭五帝之座十二諸侯之府也一曰軒轅為權太微為衡衡主平也其外藩九卿也隋志云又為天庭理法平辭監升授德列宿受符諸神考節舒情稽疑也南藩中二星間曰端門東曰左執法廷尉之象也西曰右執法御史大夫之象也執法所以舉刺凶奸者也左執法之東左掖門也右執法之西右掖門也東藩四星南一星曰上相兩星間曰東華門其北東太陽門也第二星曰次相其北中華東門也第三星曰次將東北太陰門也第四星曰上將所謂四輔也西藩四星南第一星曰上將其北西太陽門也第二星曰次將其北中華西門也第三星曰次相其北西太陰門也第四星曰上相亦四輔也又曰兩垣均明大小有常則吉東西藩有芒及搖動者諸侯謀天子也執法移則刑罰尤急兩藩開則兵起月五星入太微軌道吉其所犯中坐成刑謁者一星在太微內右執法東北主通賓客占不見則外國不賓服謁者東北三星曰三公內坐臣燕朝會之所居也張衡云以輔弼帝者其名與爽斗三公同三公北三星曰九卿內坐主治萬事占明大芒角則天下詞訟

繁不明則紀綱亂不見則國亂無政九卿西曰五諸侯內侍天子不之國也辟雍之禮得則太微五諸侯明若枯燥不明則諸侯受殃動搖則藩臣擅命以干王者內屏四星在端門內帝座南近右執法屏所以擁蔽帝庭也占星明潤則君臣有禮不明反是帝座一星在太微中含樞紐之神天子動得天度止得地意從容中道則太微五帝之坐明以光帝坐不明人主當求賢士以輔治不然則殺勢也又曰太微五帝坐小弱青黑天子國亾五帝內坐四星夾黃帝坐東方星蒼帝靈威仰之神也南方星赤帝赤標怒

之神也西方星白帝白招矩之神也北方星黑帝叶光紀之神也張衡云五帝同明而光則天下歸心不然則失位金火水入太微若順入軌道伺其出之所守之分則爲天子所誅也帝坐東北一星曰幸臣主親愛之臣也占明則幸臣用事微細則吉太子一星在幸臣西五帝坐北儲貳之星明而潤則太子仁賢不然則否金火守入玆角動搖太子不廢則爲簒逆之事從官一星在太子西北從官不見則帝不安如常則吉郎將一星在郎位東北所以爲武備張衡云今左右中郎將也占大明玆角將怒不可當也

虎賁一星在太微西藩之外上相之西下台之南靜室旄頭之騎官也張衡云主侍從之武臣也與車騎占同常陳七星如畢狀在郎位北天子宿衛虎賁之士以設強毅也占不見則兵出移動則天子自出明則武兵用微則武兵弱郎位十五星又云二十四星在太微中帝坐東北一曰依烏郎位也周官之元士漢之光祿散騎諫議議郎三署郎中是其職也張衡又曰今之尚書郎也欲其大小相勻光潤有常吉隋志云郎位主守衛也其星大明臣劫主又曰客犯上其星不具后妃死幸臣誅客星入之大臣爲亂

明堂三星在太微西南角外天子布政之宮也明吉暗凶明堂西三星曰靈臺主觀雲物察符瑞候災變也占與司怪同少微長垣二坐星釋在張星之次三台六星兩兩而居起文昌列招搖太微一曰天柱三公之位也在天曰三台主開德宣符也一曰三能西近文昌二星曰上台爲司命主壽次二星對軒轅曰中台爲司中主宗室東二星抵太微曰下台爲司祿主兵所以昭德塞違也又曰三台爲天階太一躡以上下一曰泰階上階上星爲天子下星爲女主中階上星爲諸侯三公下星爲卿大夫下階上星爲

士下星爲庶人所以和陰陽而理萬物也其星有變各以所主占之君臣和集如其常度張衡云光明而行列相類則君臣和法令平不然爲乖度金火守之兵起彗孛尤甚動搖移徙上台人主有憂中台宗室有亂下台爲兵起一曰台星失常災在三公也

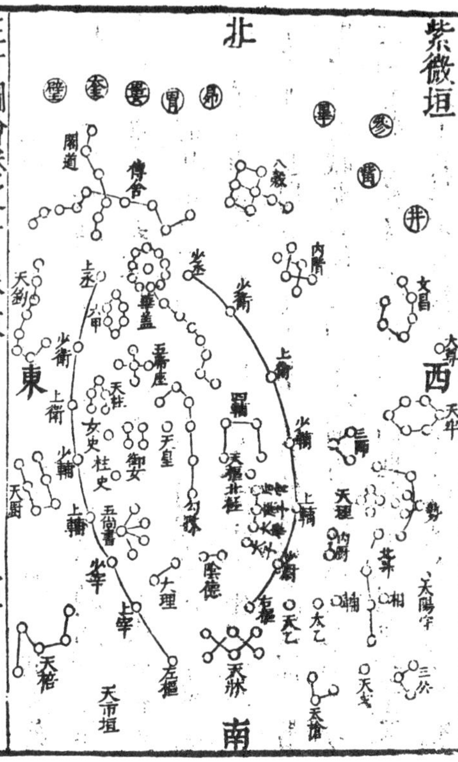

按北極五星在紫微宮中一名天樞一名北辰其紐星天之樞也天運無窮三光迭耀而極星不移故曰居其所而衆星共之也其第一星主月太子也第二星主日帝王也亦爲太乙之座也謂最赤明者也第三星主五星庶子也北極五星最爲尊也中星不明王不用事右星不明太子憂也其第四星爲后宮也第五星爲天樞張衡云二星並爲後宮北極五星明大則吉變動則憂抱極樞四星曰四輔所以輔佐北極而出度修政也張衡云抱極之四星爲輔臣之位主贊萬幾小而明吉大明及芒角臣逼君暗則政事不理天乙一星在紫宮門過閶闔門右星之南天帝之神也主戰鬭知人吉凶者也占明而有光則陰陽和萬物成人主吉不然反是太乙一星在天乙南相近亦天帝神也主使十六神知風雨水旱兵革飢饉疾疫災害所主之國也占不明或移徙則有災星經云天乙太乙二星主王者即位微則廢立不當其人變色則宗廟不享食矣紫微垣十五星其西蕃七星東蕃八星在北斗之北一曰紫微大帝之坐也天子之常居也主命主度也一曰長垣一曰天營一曰旗星爲蕃衛備蕃臣也宮闕兵起旗星直天子出自將宮中兵張衡云紫微垣十五星東蕃八西蕃七

其東蕃近閶闔門第一星爲左樞第二星爲上宰第三星爲少宰第四星爲上輔第五星爲少輔第六星爲上衛第七星爲少衛第八星爲上丞其西蕃近閶闔門第一星爲右樞第二星爲少尉第三星爲上輔第四星爲少輔第五星爲上衛第六星爲少衛第七星爲少丞皆以均明大小有常則吉若盛明則內輔盛也宮垣直而明天子自將兵垣開則兵起西蕃正南開如門象若閶闔門有流星自門而出四野者當有中使銜命視其所適野而命之也陰德

二星在紫微宮內尚書之西主施德周給者其占以不明爲宜明則新君踐位隋志云尚書西二星爲陰德陽德主周給賑撫又分爲二星矣又曰陰德星中宮女主之象動搖則釁起宮掖內妾惡之也門內東南隅五星曰尚書主納言諮謀龍作納言此之象也張衡云八星大臣之象其占與四輔不殊極東一星曰柱下史左右記君之過星明則史辭直不明反是柱史北一星曰女史婦人之微者主傳漏故漢有侍史張衡云婦官也主記后宮之事占與柱史同御女宮四星在紫微宮內勾陳之東北八十一御妻

三才圖會卷之一　天文　十五

之象也其占明則多內寵不明則否晉志謂之御女官天柱五星紫微宮門內華蓋杠右旁近東垣北隅法五行晦朔晝夜之職明正則人民安陰陽調不然則司曆之過隋志云遠政教立國法之府也常以朔日垂禁令于天柱以示百司周禮以正歲之月示法象魏此之謂也大理二星在紫微門內大近陰德决獄之官也星明則刑憲平不明則冤酷深勾陳六星在紫微宮華蓋之下隋志云後宮也大帝之正妃也太帝之常居也張衡云大帝之所居宮也亦將軍之象也明則吉暗則人主惡之勾陳口一星曰天

皇亦曰大帝其神曰曜魄寶主御群靈東方機神關也其星隱而不見見則爲灾六甲六星在紫微宮內華蓋杠左旁掌分陰陽統時節明則陰陽和不明則寒暑易節五帝內坐五星在華蓋之下勾陳之上斉泉之象所以備宸居者也明正則吉變動則凶隋志云客星犯紫微宮中坐大臣犯主華蓋七星其杠九星合十六星如蓋狀在紫宮後門中臨勾陳之上所以覆蔽大帝之坐也明正則吉傾動則凶傳舍九星在華蓋前通天河賓客之館主胡人入中國客星守之備奸使亦曰胡兵起內階六星在文昌北天

三才圖會卷之一　天文　十六

皇之陛下也明則吉傾動則胡兵入紫微東垣北維外六星曰天厨天子百官之厨也見吉不見則膳不給八穀八星或曰八榖在紫微西藩之外五車之北其八星一主稻二主黍三主大麥四主小麥五主大豆六主小豆七主粟八主麻子明則八穀皆成暗則不熟一星不見則八穀不登八星不見則國人饑口天棓五星在女牀東北天子先驅所以禦難也不明則國兵起芒角則兵亂一曰主爭訟明大凶小吉天牀六星當閶闔門外主天子寢舍解息燕休之處星正大吉若有覆傾則人主不安一曰在宮門外

驃政之象也暗則凶內廚二星在紫微垣外西南角主六
宮內飲食府也一云主后夫人太子飲宴居常無餐客星
犯守之爲凶文昌六星在北斗魁前如筐形天之六府也
主集計天道一曰上將大將軍建威武二曰次將尚書正
左右三曰貴相太常理文緒四曰司祿司中司隸賞功進
爵五曰司命司怪太史主滅咎六曰司寇大理佐理寶所
謂一者起北斗魁前近內階者也占光色明潤大小均齊
則天瑞臻百職理張衡云其占黃潤光明萬人安大小均
天瑞降青黑細微多害搖動移徙大臣憂金火守入兵興

孛彗犯國亂一曰文昌動則三公受誅后崩災禍與三公
同三公三星在北斗柄東又三公在北斗柄西郎三師弁
爲太尉司空司徒之象主變理陰陽宰君機務其星移徙
吉居常安金火守之三公有凶隋志云杓南三星及魁第
一星皆曰三公宣德化調七政和陰陽之官也太尊一星
在中台之北貴戚也巫咸云聖公之象也居常爲安不見
則凶金犯守爲災貴賤相將敗者也天牢六星在文昌北
斗魁中貴人之牢也主繩愆過禁暴淫與貫索同占明大
則獄事煩不見則刑罰簡當中有小星則有貴人下獄太

陽守一星在相西大臣之象也主戒不虞設武備也動搖
非其常則兵起明則章暗則凶移徙則大臣誅勢四星在
太陽西北刑餘人之用事也不明吉明則奄宦擅權相
星在北斗第五星南隋志云相主總領百官掌邦教以佐
帝王安邦集事也占明小則吉芒角張則臣強暗或不見
則政事不理天槍三星在斗杓東一曰天鉞天之武備在
紫宮左右所以禦難也太戈一星在招搖北北斗杓端亦
曰天戈也主胡兵芒角大而動則畿內及四夷兵起其占
與梗河同客星守之胡大敗北斗魁中四星爲貴人之牢

曰天理執法大臣之象亦爲貴臣之牢占明及動搖盈其
中有星者爲貴臣下獄不見則吉輔一星傅於開陽所以
佐斗成功丞相之象也占欲其小而明若大而明則臣奪
君政小而不明則臣不任職明大與斗合則國兵暴起暗
而遠斗則臣死不死則奪若近臣專黨排賢用佞則輔生
角近臣擅權欲謀宗社則輔生翼也北斗七星近紫微垣
在太微之北七政之樞機陰陽之元本也故運乎天下而
臨計四方以建四時而均五行齊節度定綱紀也魁四星
爲璇璣杓三星爲玉衡天象號令之主是爲帝車取乎運

動之義也又魁第一星曰天樞二曰璇三曰機四曰權五
曰玉衡六曰開陽七曰搖光一至四爲魁五至七爲杓樞
爲天璇爲地機爲人權爲時玉衡爲音開陽爲律搖光爲
星石氏云第一星爲正星主陽德天子之象也二曰法星
主陰刑女主之位也三曰金星主禍福也四曰伐星主天
理也五曰殺星主中央助四旁殺有罪六曰危星主天倉
五穀七曰部星亦曰應星主兵又云一主天二主地三主
火四主水五主土六主木七主金又曰一主秦二主楚三
主梁四主吳五主趙六主燕七主齊輔平開陽所以佐斗

成功也又曰主危正矯不平七政星明則國昌不明國殃
斗欲多星則安斗中少星則人怨上天下多訟輔星明而
斗不明臣強主弱斗明輔不明主強臣弱也杓南三星及
魁第一星皆曰三公張衡云若天子不恭宗廟不敬鬼神
則第一星不明若廣營宮室妄鑿山陵則第二星不明或
變色若不愛百姓大興征役則第三星不明或變色若妄
發號令不順四時不奉天道不務稼穡則第四星不明或
變色若廢正樂務淫聲則第五星不明或變色若不勸農
桑不務稼穡峻法濫刑退賢傷政則第六星不明或變色

若不撫四方不安夷夏則第七星不明或變色凡日月暈
連環及斗月暈及搖動兵起其旁及中小星多則天下多
怨一云小星多天下安不然則國人散五曜及客星守入
皆凶孛彗犯之天下易政四方兵起也

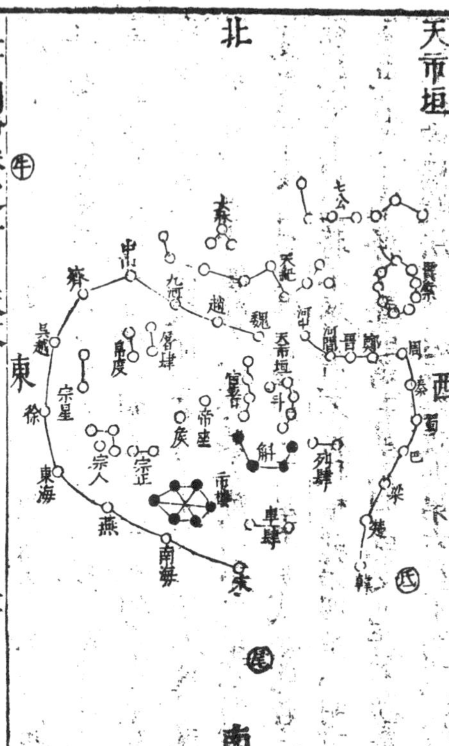

按天市垣二十二星在房心東北主權衡又主國市聚衆交易之所一曰天旗庭主斬戮之事也市中星衆潤澤則歲實星虛則歲虛熒惑守之戮不忠之臣若怒角守之者臣殺主彗星出爲徙市易都客星入之兵大起出有貴喪張衡云天市明則市利急商人無利忽忽暗則反是市樓六星在天市中臨箕星之上主司闤闠明則吉暗則市利不理也隋志云市樓者市府也主市價律度其陽爲金錢陰爲珠玉變見各以所主占之車肆二星在市垣南門之內主卑駕占明見則國車盡行隋志云主衆貨之區宗正

二星在帝坐東南宗大夫也主司宗室之官彗星守之若失色宗室有事客星守動則天子親屬有變又曰客星守之貴人死又宗正明則宗室有秩暗則國家凶宗人四星在宗正東主録親疎占如綺文而明正則族人有序動則宗人有變客星守之貴人死宗星二星在宗人北族星之東去帝座少遠主宗室之象帝輔血脉之臣也占客星守之宗人不和帛度二星在宗星西北主度量明則尺量平商人不欺暗則否屠肆二星在帛度東北主烹宰明大則肆中多宰殺屠者得志候一星在帝座東主輔臣伺陰陽

也占明大則輔臣強四夷開張百姓皇皇候細微則國安亡則人主失位移徙則主不安居常則吉帝坐一星在天市中候星西天庭中帝位也光大而潤則天子吉威令行微小凶大人當之或云暗則大臣不正張衡云帝坐者帝王之座帝座有五星一座在紫微宮一座在大角一座在心中一座在天市垣一座在太微垣或云帝座一曰神農所居不見則大臣當其咎宦者四星在帝座西南帝旁之閹人也星微則吉明則凶非其常則宦者有憂其占與勢星同列肆二星在斛西北主貿易寶玉之貨占移徙則列

肆不安火守入則兵大起斗　五星在宦者西南主平量覆則歲豐仰則大饑明暗則度量不平斛四星在市樓北亦曰天斛主量也占與斗同貫索九星在天市垣之外七公前一曰連索一曰連營一曰天牢主法律禁強暴也牢口向七公星爲門門欲其開也九星皆明天下獄煩七星見小赦五星見大赦動則斧鑕用中空則更元口大開則有赦不則人主有憂漢志云十五星張衡云貫索開有赦不見則獄簡若閉口及星入牢中有繫死者常以午子夜候之一星不見則有小赦二星不見賜祿三星不見人主

惡之行且大赦甲期八十日丙期七十日戊期六十日庚期五十日壬期四十日應也若客星出視其大小大有大赦小有小赦或云貫索爲賤人之牢一星亡有喜事二星亡賜爵祿三星亡有大赦門開牢中多死水犯災火犯米貴七公七星在招搖東天之相也三公之象張衡云七公橫列貫索之口主紀法列善惡之官也七星齊正則國法平差戾則獄囚多愁酷或云星入河米貴火犯之兵起天紀九星在貫索東九卿也爲九河主萬事之紀理冤訟也明則天下多詞訟亡則政理壞國紀亂散絕則地震山崩人主惡之女牀三星在天紀之北爲後宮御女主女事占明則宮人恣意守常則無咎

三才圖會

雲間元翰父王圻纂集

男思義校正

天文二卷

東方七宿圖

北方七宿圖

西方七宿圖

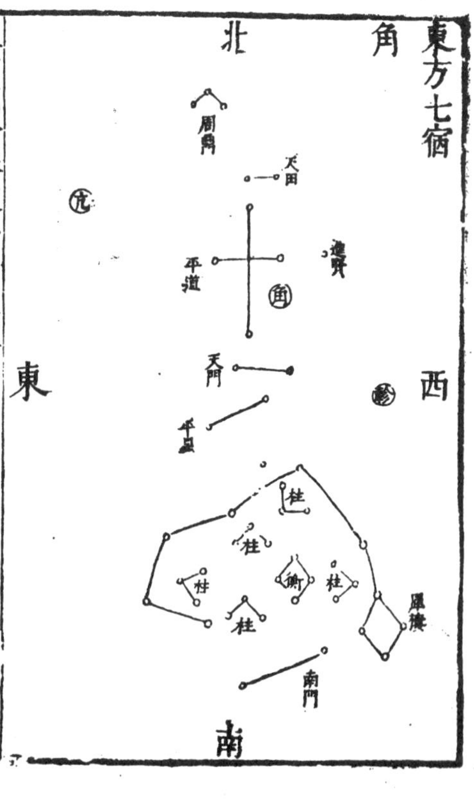

角二星十二度爲主造化萬物布君之威信謂之天闕其門天門也其內天庭也故黃道經其中七曜之所行也其星明則太平芒動則國不寧日食右角國不寧月食左角天下道斷金火犯有戰敵金守之大將持政左角近天田爲理主刑其南爲太陽道五星犯之爲旱右角爲將主兵其北爲太陰道五星犯之爲水盖天之三門猶房之四表也占其星明大則天下和平賢人在位或搖動移徙則王者出行左右角間二星曰平道爲天子八達之衢明正則吉動搖則法駕有虞天田二星在左右角北主天子畿內

封疆又云主天子之籍田占金水火守爲變金守之主兵火守之主旱水守之主潦平道西一星曰進賢在太微東華門之東主訪幽人薦賢士明則賢者在位暗則在野又曰主卿相主逸才周鼎三星在攝提西一曰攝提北國之神器也不見或移則運祚不寧天門二星在左角南主天之門爲朝聘待客之所占明則四方歸化不明則兵起邪佞生平星二星在天門東南庫樓北主平獄訟占廣狹有常則獄訟平天下理移徙變常則國失政庫樓十星其六大星爲庫南四星爲樓一曰天庫兵車之府也旁十五星

三三而聚者柱也中央四小星衡也主陳兵其占曰庫中星不見兵四合無星則下臣謀上明而動搖則兵出四方盡不見則國無君南門二星在庫樓南天之外門也主守兵明則遠方入貢暗則夷狄叛客星守之主兵至

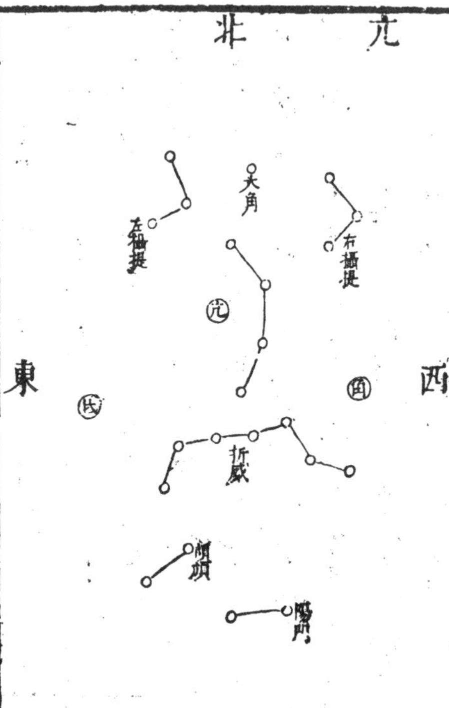

亢四星九度日月五星之中道主天子內朝天下之禮法也又曰總攝天下奏事聽訟理獄録功者也亦爲䟽廟主疾疫其星明大四海歸王輔臣納忠人無疾疫移動多病不見天下鼎沸而旱潦作矣大角一星在攝提間天王座也又爲天子梁棟所以正天紀綱又曰大角爲坐候占明潤黃盛則天下大同動移或變色天子有憂散搖五色王者流散金守之則兵起日食主凶亢南七黑星曰折威主斬殺斷軍獄占以金火守犯爲灾金火守之夷狄犯邊將有棄市者攝提六星直斗之南主紀八節伺機祥又曰攝

提爲盾所以夾擁帝座主九卿其色温温不明則天下安明而大則三公恣横客星入之聖人受制一曰夾輔大角大臣之象頓頑二星在折威東南一曰頓頑主考囚察誠僞明則吉暗則濫刑陽門二星在庫樓東北主邊塞險阻之地客星出陽門夷狄犯邊

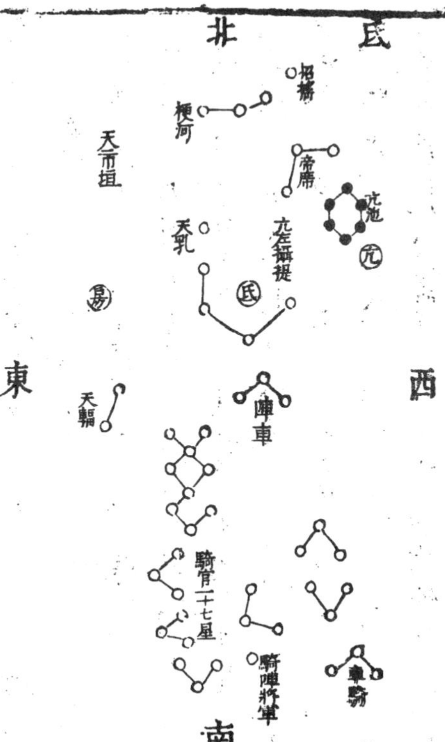

氐十六度下二尺爲五星日月中道爲天子之路寢明則大臣妃后奉君不失節如不見或動移則臣將謀内禍亂生矣日月食主内亂木犯之主后妃憂火犯臣僞上金犯拜將水犯百官憂客星犯婚禮不整彗星犯暴兵起月暈人不安一曰氐爲后妃之府前二星適也後二星妾也將有淫欲之事氐先動星明大則民無勞天乳在氐北主甘露明則潤澤甘露降不見則水旱不節也招摇一星在梗河北次北斗柄端主胡兵芒角招摇欲與棟星梗河相應則胡人當受命於中國或變色搖動則甲兵大起梗河三星在

大角北天子以備不虞又曰天矛也其色變動有兵喪帝席三星在大角西北天子宴樂獻壽之所其星不見大臣失位亢池六黑星爲汎舟楫主迎送移徙則關梁有變騎官二十七星在氐南天子騎士之象星衆則安不見兵起陣車三星在氐南騎官北不見則兵車大起車騎三星在氐南騎官之下都車馬之將也金火犯爲灾動揺車騎行天輻兩黃星在房西主鸞駕客星守之則輦轂有憂也騎陣將軍一星在騎官東南主騎將也揺動則騎將出不見則騎將死

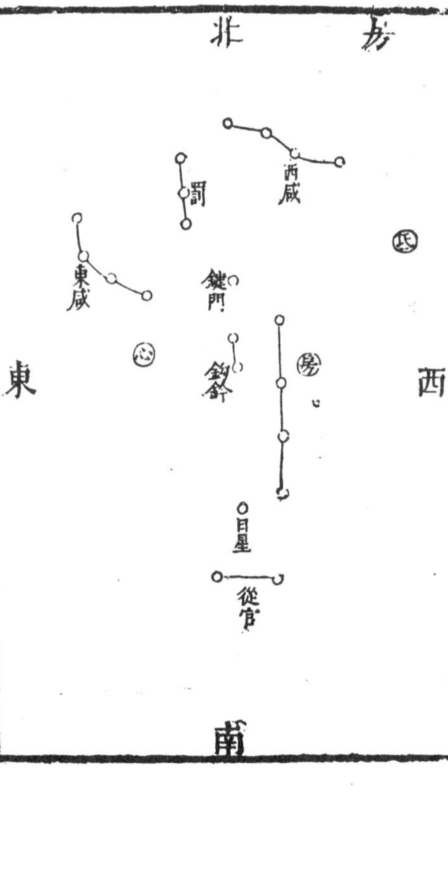

房六度爲明堂天子布政之宮也下第四星上將也次次將也次次相也上星上相也亦四輔也南二星君位北二星夫人位又爲四表中間爲天衢之大道亦謂之天關黃道所經也南間曰陽環亦曰陽道其南曰太陽北間曰陰間亦曰陰道其北曰太陰七曜由乎天衢則天下和平由陽道則主旱喪由陰道則主水兵房星亦曰天駟爲天馬主車駕南星曰左驂次左服次右服次右驂亦曰天廐又主開閉爲蓄藏之所由也房星明則王者明驂星大則起兵星離則火流日月食主昏亂權臣横䜭孛犯之兵起下

二星爲陰五星犯之爲水上二星爲陽五星犯之爲旱鍵
門一星在房東北掌管籥司腹心喉舌占亾及不居其所
則宮門不閉津梁不通房北二小星曰鈎鈐房之鈐鍵天
之管籥主閉藏鍵天心也王者孝則鈎鈐明近房則天下
同心遠則天下不和王者絶後房鈎鈐間有星及疎折則
地動河清東咸西咸各四星在房心北日月五星之道也
爲房之戶所以防淫泆也明則吉暗則凶日月五星犯守
之有陰謀火守之兵起罰三星在東咸西南北而列主受
金贖罪正而列則法令太平曲而斜行則刑罰不中日星

在房中道前太陽之精主明德金火犯守之有憂從官二
星在積卒西北主天子巫醫占明則巫醫擅威

心

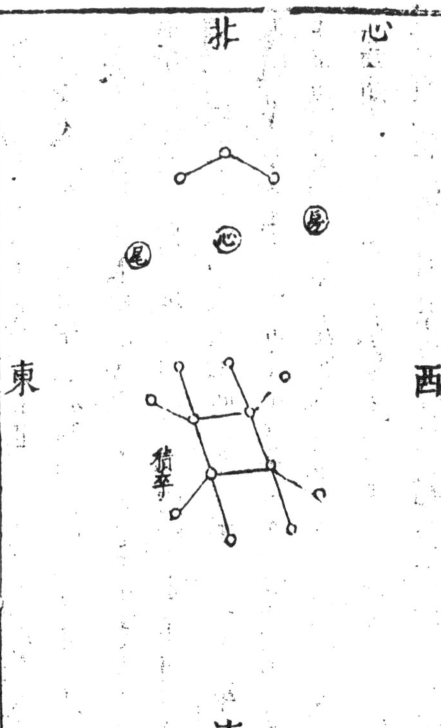

心六度一曰大火天王位也中星曰明堂爲大辰天子之
正位也前星爲太子不明則太子不得位後星爲庶子明
則庶子繼心上四尺爲日月五星之中道中心明則化成
道昌直則地動移徙不見國亾又曰星變黑色夫人有憂
直則王失勢動則國有憂離則民流金火犯血光不止土
木守吉火星守之國無主客星及孛犯天下兵荒積卒十
二星在房星西南天子五營軍士也微而小則吉明大動
搖兵大起一星亾兵出二星亾兵半出三星亾兵盡出他
星守之兵大起近臣誅

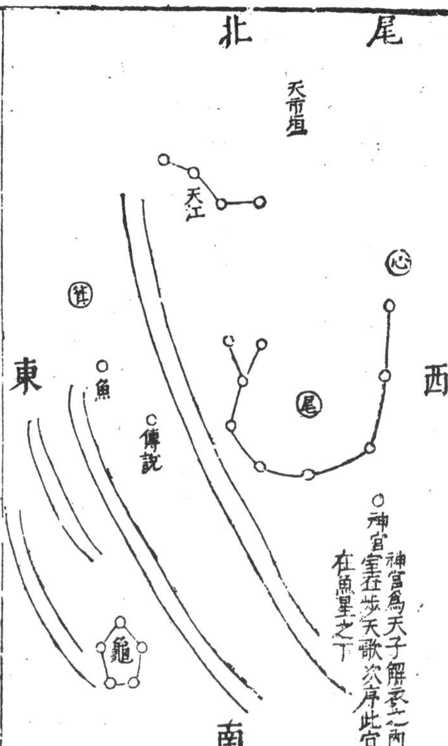

尾十九度后妃之府後宮之場也北之一丈爲天之中道上第一星后也次三星夫人也次則嬪妾尾亦爲九子星色欲均明大小相仍則后妃無妒忌後宮有序多子孫星微細暗后有憂疾踈遠則后失勢動則君臣不和天下亂就聚則大水木犯之及月暈則后妃死火犯宮中內亂土犯吉水犯宮中有事客星犯大臣誅日月食主饑一曰金火守之後宮兵起龜五星在尾南漢中主占定吉凶明則君臣和不明則爲乖戾亾則赤地千里火守之兵起在外守之兵罷天江四星在尾之北主太陰不欲明明而動水暴出參差則馬貴其星不具則津河關道不通火守之有兵客星入河津絕傳說一星在尾後河中主后宮女巫祝祀神靈祈禱子孕故曰主後宮之內祭祀以求子孫詩云克禋克祀以弗無子此之象也其星明大王者多子孫小而暗後宮少子動移則後宮不安星搖則天子無嗣魚一星在尾後河中主陰事知雲雨之期也大明則陰陽和風雨時暗則魚多搖動則大水暴出出漢中則大魚多死火守在南則旱在北則水起

○按傳說一星惟主後宮女巫禱祀之事謂之傳說者古

有傳母有保母傳而說者謂傳母喜之也今之婦人求子皆祀婆神此傳說之義也偶商之傳說與此同音諸子家更不詳審其義則曰傳說騎箕尾而去殊不知箕尾專主后宮之事故有傳說之佐焉

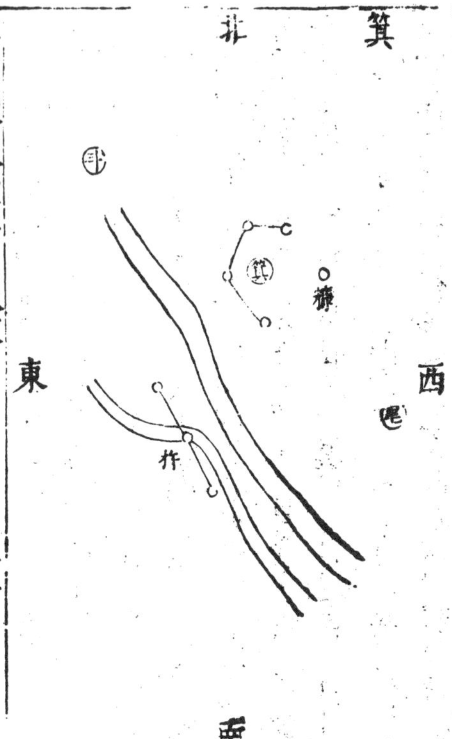

箕四星十一度亦謂天津後宮后妃之位上六尺爲天之中道箕一曰天箕主八風凡日月星在東壁翼軫者風起又主口舌主客蠻夷胡貊故蠻夷將動先表箕焉星大明直五穀熟君無讒間暗則無君世亂穀貴蠻夷不服內外有差就聚細微天下憂動則夷有使來離徙則人流移若入河國災人相食月暈金火犯之兵起流星犯大臣叛月宿其野風起杵三星在箕南主杵舂之用縱爲豐橫爲饑移徙人失業不見人相食客星入杵臼天下有急變糠一星在箕口前杵臼西北明則豐暗則饑不見人相食

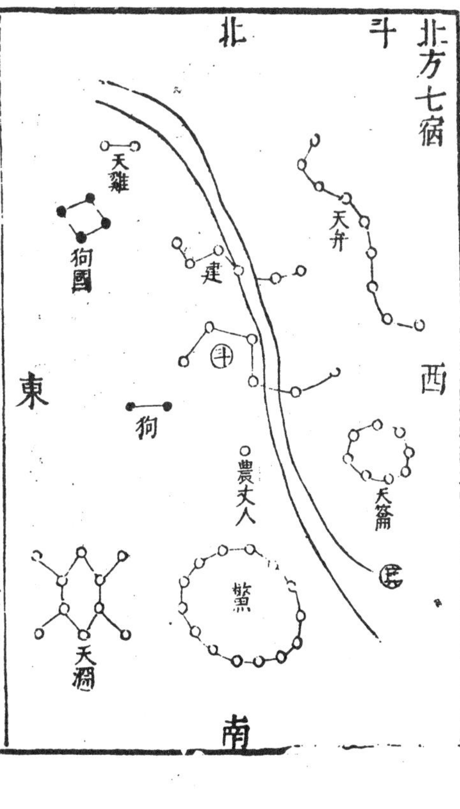

斗二十五度天廟也亦曰天機六星貫于日月正道爲丞相太宰之位酌量政事之宜褒進賢良稟受爵祿又主兵南二星魁天梁也中二星天相也北二星天府庭也亦爲壽星之期將有天子之事占於南斗星盛明君臣一心天下和平爵祿行芒角搖動天子愁兵起移徙大臣逐日月五星逆入斗天下流蕩孛犯之兵起星小暗則宰相廢及死鱉十四星在南斗南爲水蟲婦大陰有星守之云主有白衣會有水火守之旱建六星在斗背亦曰天旗臨於黃道天之都關也建斗之間七曜之道建爲謀事爲天鼓爲天馬

南二星天庫也中央二星市也鈇鑕也上二星旗跗也建動搖則人勞月暈之蛟龍見牛馬疫月食五星犯守大臣相譖臣謀主關梁不通有大水天弁九星在建星北入河中宮之長也主列肆闤闠若市籍之事以知市珍也星明則吉彗犯之糴貴兵起天雞二星在狗國北主候時也金火守之兵大起天籥八星在斗南杓西主鎖鑰開閉明吉暗凶狗國四星在建東北主鮮卑烏桓沃旦明則邊寇作金火犯守外夷有變太白逆守其國亂客星犯守之有大盜其王必來天淵十星在鱉東南一曰天海主灌溉火守

之大旱水守之大水一曰主海中魚鱉狗二黑星在斗魁前主吠守禦奸回也不居常處爲大灾農丈人一星南斗西南老農主稼穡也占與糠畧同

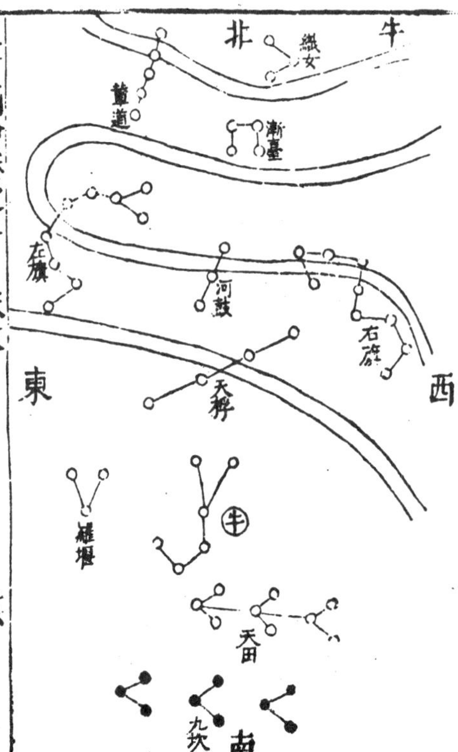

牛七度天之關梁日月五星之中道主犧牲其北二星一曰即路一曰聚火又曰上一星主道路次二星主關梁次三星主南越甘氏曰上一星主道路次二星主關梁次三星主南夷中一星主牛移動則牛多殃明大則王道昌其星曲則糴貴又曰星明大則關梁通牛貴怒則馬貴不明失常穀不登細則牛賤中星移上下牛多死小星亡牛多疫月暈損犢金火犯之兵灾水土犯之吉天田九星牽牛南太微東主天子畿內之田其占與角之天田同九坎九黑星在天田南主溝渠所以導達泉源流瀉盈溢明盛則

有水災夷狄侵邊不明則吉河鼓三星在牽牛北天鼓也主軍鼓及鈇鉞一曰三武主天子三將軍中央星爲大將軍左星爲左將軍右星爲右將軍左星南星也所以備關梁設險阻以拒難也明大光潤將軍吉移動則亂兵起直則將有功曲則將失律左旗右旗各九星在河鼓左右皆天之旗鼓也旗星明潤將軍吉動搖兵起怒則馬貴旗端四星南北列曰天桴鼓桴也星不明漏刻失時動搖軍鼓用桴鼓相直亦然織女三星在河北天紀東端天女也主果蓏絲綿珍寶也王者至孝神祇咸善則織女星俱明天

下和平大星怒角布帛貴又曰三星俱明女功善暗而微天下女功廢不見兵起西足四星曰漸臺臨水之臺也主刻漏律呂之事占明則陰陽和律呂正不見則反是東足五星曰輦道天子嬉游之道金火守之御路兵起羅堰三星在牽牛東主堤塘壅蓄水源灌溉田苗大而明大水氾溢

○按張衡云牽牛織女七月七日相見卽此也古雅云河鼓謂之牽牛又歌曰東飛伯勞西飛燕黃姑織女時相見黃姑卽河鼓也

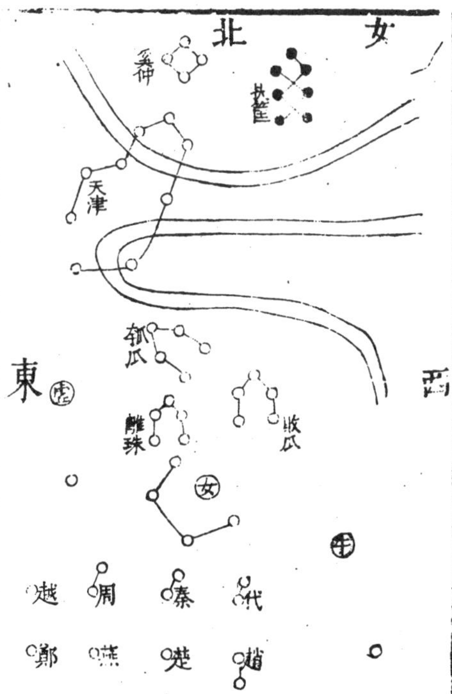

女十一度下九尺爲日月中道天之少府也謂之須女者賤妾之稱婦職之卑者也主婦女之位其星如婦功之式主布帛裁製嫁娶星明天下豐女功昌小暗則國藏虛移動則婦女受殃産死者多后妃廢日月食國憂木犯立后火犯女喪金犯兵土孛犯損蠶月暈婦人災又曰水守萬物不成火守之布帛貴人多死土守之有女喪金守之兵起十二國有十二星有一星在九坎之東曰齊齊北二星曰趙趙北一星曰鄭鄭北一星曰越越東二星曰周周東南北列二星曰秦秦南二星曰代代西一星曰晉晉北一星曰

韓韓北一星曰魏魏南一星曰燕其星有變各以其國而論災也離珠五星在須女北須女之藏府也爲女子之星非其故後宮亂客星犯之後宮凶瓠瓜五星在離珠北主陰謀主後宮主果食明則歲熟微則后失勢瓜果不登客星守之魚鹽貴旁五星曰敗瓜主種與瓠瓜畧同天津九星在虛危北橫漢中津梁所度明而動則兵起如流沙人死如亂麻參差不齊馬貴一星不備關梁不通三星不備天下覆陷星亾水災河溢水賊稱王奚仲在天津北右車正也金火守之兵車必起扶筐七星近紫宮西藩之外與

天厨相比主蠶事占明則吉暗或移徙則絲綿不成不見則女工失業

○按天之所覆者廣而華夏所占者牛女下十二國耳牛女在東南故釋氏謂華夏爲南贍部洲其二十八宿所屬者多十二國之分野隨其所隸耳

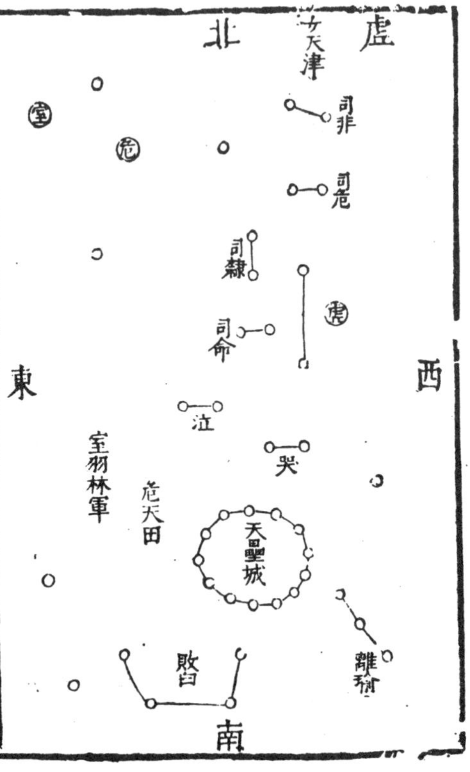

虛九度小強冢宰之象也主邑居廟堂祭祀之事又主風雲死喪下九尺爲天之中道明淨則天下安動搖則死喪哭泣日月食兵起流星犯賊亂宗廟五星犯有災虛北二星曰司命主舉過行罰滅不祥又北二星曰司祿主爵祿增年延德皆冥司之職故在六宗之祀司危二星在司祿之北主驕佚司非二星在司危之北主愆過凡此四星皆黑星明大爲災居常則平南二星曰哭主號哭也哭東二星曰泣主死明則國多哭泣金火守之亦然泣南十三星曰天壘城如貫索形主北夷丁零匈奴占變動則夷人犯

塞敗曰四星在虛危南主凶災他星守之飢兵起秦代東三星南北列曰離瑜離圭衣瑜玉飾皆婦人之服星也微則后宮儉約大則婦人奢侈

危十六度主天府天市架屋甘氏云為天市廟堂下九尺為天之中道主架屋受藏風雨墳墓祠祀如動則天下大動土工張衡云虛危星為死喪哭泣之事亦為邑居廟堂祠祀之事冢宰之官動則死喪哭泣火守則天子將兵金守則饑饉兵起虛危動則有土工水守則下謀上一云危動而不明土工兵革起月暈日月五星犯卽有災車府東南五黑星曰人星如人象主眾庶靜則柔遠能邇一曰臥星主防淫不見則人有詐行詔書明則人安瘠則凶杵三星在人星旁主軍粮占正直吉不相當粮絕不直民饑臼

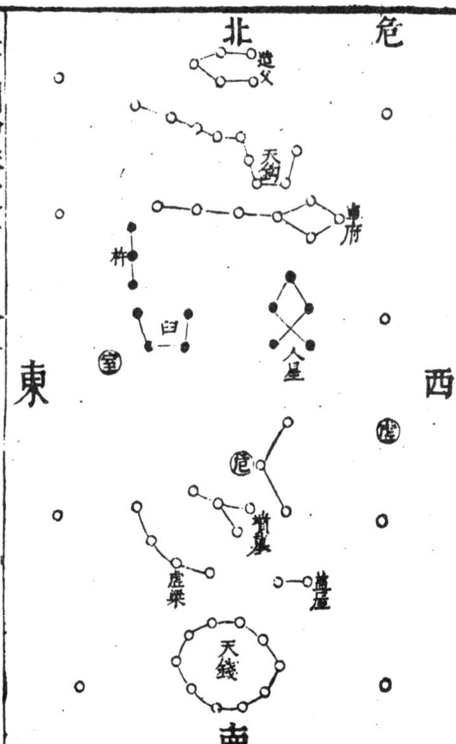

四星在人星東南主舂臼之用占覆則大饑仰則大豐脩志云客星入杵臼兵起天下聚米天津東南七星曰車府東近河邊首抵司非尾指天鈎主官車之府金火守之兵車大動天鈎九星如鈎狀在造父西河中主輦乘服飾法式直則地將動明則服飾正也傳舍南河中五星曰造父御官也一曰司馬或曰伯樂星亾馬大貴明則吉墳墓四星在危下如墓形主喪葬之事明則多死亾虛梁四星在蓋屋南主園陵寢廟非人所處故曰虛梁金火守犯兵灾火起天錢十星在虛梁西南主錢帛所聚占明則府庫盈

不爾虛耗金火犯之兵盜起蓋屋二星在危南主天子宮室亦爲宮室之官金守國兵起彗孛尤甚也

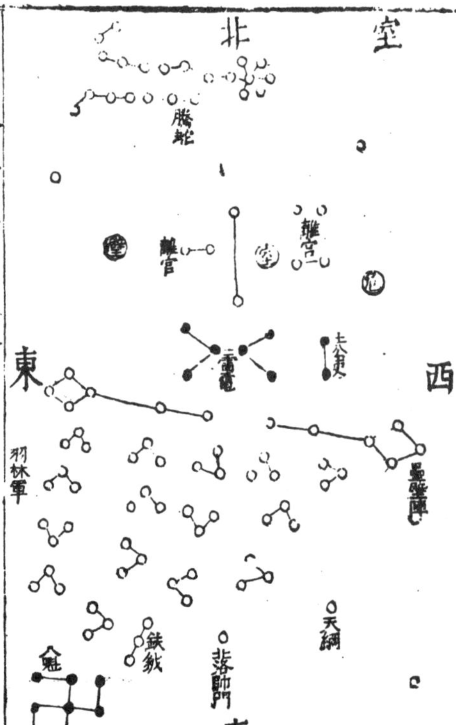

室十七度亦謂之營室甘氏曰爲太廟天子之宮也石氏謂之元宮一曰清廟又爲軍糧之府又土工事星明國昌小不明祠祀鬼神不享國多疾疫動則有土工兵出野離宮四星兩兩居之分布室壁之間天子之別宮也主隱藏休息之所金火守入則兵起室南六星曰雷電主興雷動蟄明動則震雷作角動則雷電非時擊物壘壁陣十二星在羽林北橫列營室之南天之垣壘也星衆而明則安寧希而動則兵革起不見天下亂五星入天軍皆爲兵起金火水尤甚羽林軍四十五星三三而聚散在營室之南天

軍也主軍騎又主翼王也星衆而明則安寧希而動則兵革起不見天下亂金火水守入兵起鈇鉞三星亦曰鈇鑕在八魁西北主誅夷不明則斧鑕不用移動則兵起有星入之爲大臣誅北洛師門一星在羽林西南天之藩落也亦曰天軍藩之候門長安北門曰北洛門以象此也主非常以候兵明大則軍安微弱則兵起金火守之有兵災一曰有星守之虜入塞北洛東南九黑星曰八魁主張禽獸之官也客星入之多盜賊兵起金火入亦然北洛側一星曰天綱主武帳天子游獵之所金火守之則兵起室西南

二星曰土公吏主土工之官也搖動則有修築之事隋志云土公吏主司過失金火守之爲災螣蛇二十二星在營室北若盤蛇之狀居於河洛謂之天蛇星主水蟲微則國安明則不寧移南大旱移北大水客星守之水雨爲災水物不收

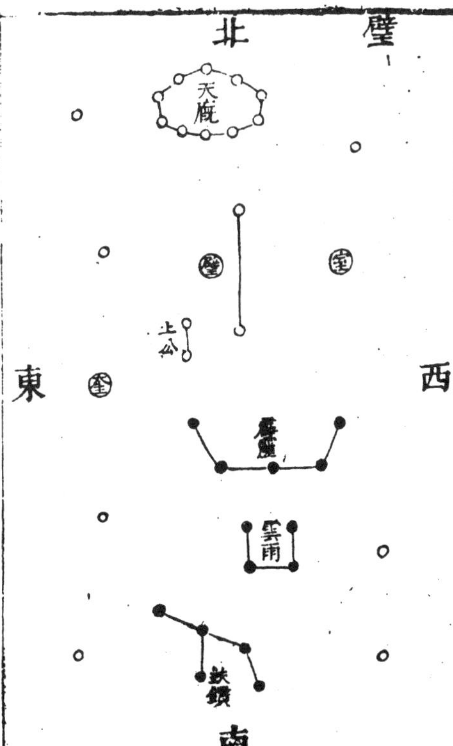

壁九度九尺下爲天中道主文章天下圖書之秘府亦主土工明則圖書集道術行小人退君子進失色大小不同天子重武賤文圖書隱蔽回邪用事星動則有土工離徙就聚爲田宅事日月食損賢臣五星孛犯兵起土公西南五星曰霹靂主典雷奮擊明而動則兵興不明則吉霹靂南四星曰雲雨明則多水火守之大旱土公二星在壁南主土工之官占動搖則土工作天廐十星在東壁北蓋天馬之廐今之驛亭明而動則郵驛有兵事鈇鑕五星在天倉西門刈具也主斬芻飼牛馬明則牛馬肥暗則損耗

西方七宿

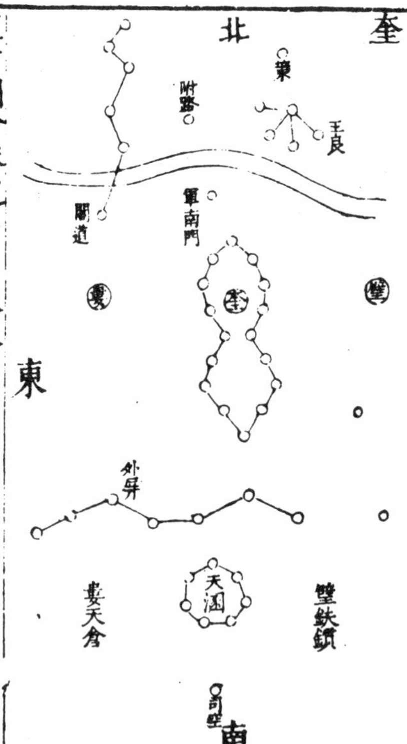

奎十六度天之武庫也石氏謂之天豕亦曰封豕主兵九尺下爲天之中道又主溝瀆西南大星謂天豕目亦曰大將占明則天下安動則兵亂開闔無常則有白衣稱命於山谷者客星守入兵起金火守有水災隋志云若帝淫佚政不平則奎有角角動則有兵不出年中若𤇆𤇆有光則近臣謀上又或有溝瀆之事又曰奎中星明水大出日月食五星犯皆有凶奎南七星曰外屏以蔽天溷也占與天溷同天溷七星在屏南天之廁也不見則人不安移徙亦然天溷南一星曰司空主水土之事大而黃明天下安容星入之多土工天下大疫軍南門一星在天將軍西南主淮河出入搖動則軍行不見則兵亂閣道六星在王良前飛道也從紫宮至河神所乘也一曰王道星張衡云天子游別宮之道又曰王良旗又曰紫宮旗亦所以爲旗表而不欲其搖動一星不具則輦道不通動搖則宮掖之內兵起附路一星在閣道南旁別道也備閣道之敗覆而乘之也一曰太僕主禦風雨亦游從之義也占與閣道同王良五星在奎北居河中天子奉車御官也其四曰天駟旁一星曰王良亦曰天馬其星動爲策馬故曰王良策馬亦曰

王梁梁爲天橋主禦風雨水道故或占津梁其星移主有兵亦曰馬病客星守之橋梁不通金火守之皆兵憂前一星曰策王良御策主天子僕御在王良旁若移在馬後是謂策馬搖動或移徙則爲兵也

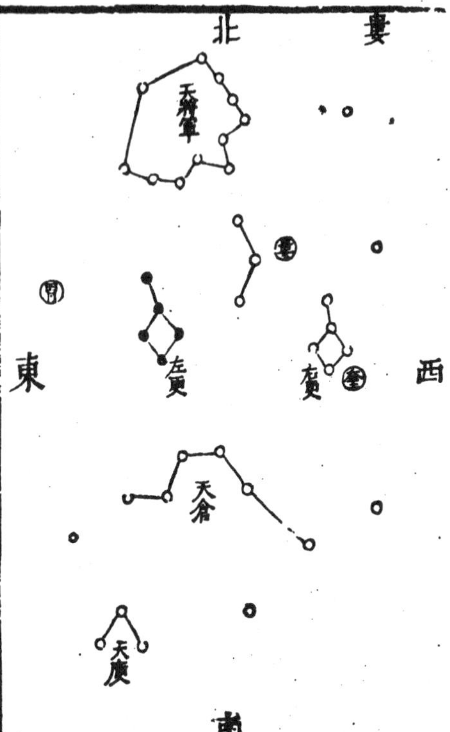

婁十二度下九尺爲日月中道亦爲天獄主苑牧犧牲供給郊祀亦爲興兵聚衆動揺則聚衆星直則有執主之命者就聚則國不安金火守之則宮苑之內兵起日月食宮內亂金木火土犯凶水犯吉孛入兵起月暈兩軍各退左更五星在婁東山虞也主山林澤藪之事亦主知仁　右更五星在婁西牧師也主養牧牛馬亦主禮義金火守之山澤有兵其占兩更同兩更者秦爵名天倉六星在婁南倉穀所藏也占星黃相近則歲大熟開則饑中多小星則穀多少則虛耗明則豐暗則歉不見則大饑天倉西南三星

曰天庾積粟之所占與天倉同天將軍十一星在婁北主兵大星天之大將外小星吏士也占微暗則兵將亾大將星搖兵起將出小星不具兵起

大起天船九星在大陵北居河中一曰共星主渡亦主水
旱不在河中津河不通水泛溢或曰占明大則水泛溢中
四星欲其均明則天下安不明則兵喪移徙亦然客彗入
爲大水有兵大陵中一星曰積尸占明則人死如山張衡
云一名積屍積尸明而大其旁星多則天下人多死喪或
疾起火守之大疫天下多哭泣若不見而暗皆吉天船上
一星曰積水主候水災占明大則兵水俱起

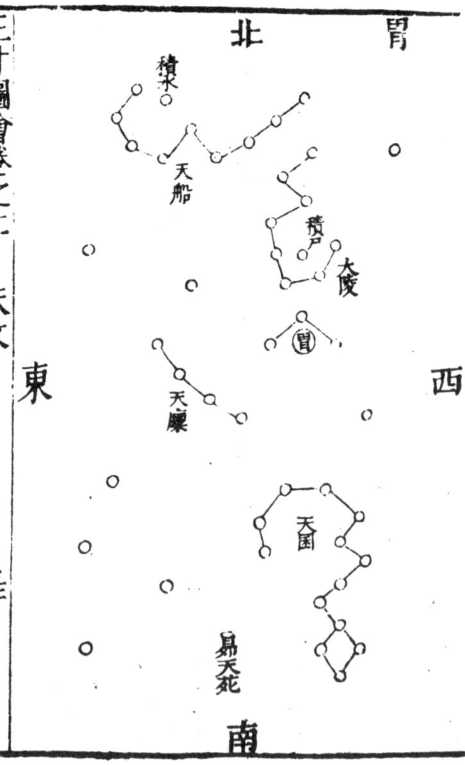

胃十五度天之廚藏五穀之倉也又名大梁占明則四時
和平天下晏然五穀豐稔不明則上下失位星小則穀輸
運又云動有運事就聚則穀貴人流小則穀少暗則凶荒
五星犯日月食孛侵並有灾天廩四星在胃南一曰天廥
張衡云主積蓄黍稷以供享祀春秋所謂御廩也占與天
囷同天囷十三星在胃南倉廩之屬主給御粮也明大而
光潤其色黃則歲豐微變常色則不吉爲饑饉中多小星
則穀食多金火守入灾即起太陵八星在胃北一曰積京
主喪墓明而大或中星多或芒角動搖則天下多死喪兵

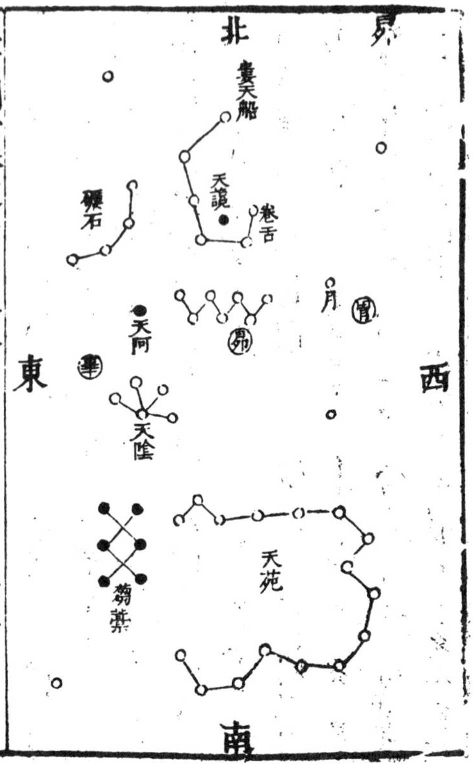

昴十一度下爲日月中道天之耳目也主西方又爲旄頭胡星也又主喪主獄甘氏云主口舌奏對若大而明則君無佞臣天下安和暗小則近臣被誅搖動則君信讒殺忠良張衡云昴明則獄訟平暗則刑罰濫六星與大星等大水主有白衣之會七星黃兵大起動搖有大臣下獄大而俱動若跳躍者胡兵大起一星不見皆兵喪之象也天阿一星在昴南天陰西皆黑星並主人禍福又曰主察山林妖變不見則陰陽不和天陰五星在畢柄西主從天子弋獵之臣預陰謀也占不明則吉明則禁言漏泄天苑十六星在昴畢南如環狀天子之苑囿養禽獸之所也主馬牛羊明則馬牛羊盈希則死芻藁六星在天苑西以供牛馬之食也一曰天積天子之藏府也星盛則歲豐穰希則貨財散張衡云不見則牛馬暴死火守之則火災起卷舌六星在昴北河中天讒之外主口語以知讒佞張衡云主樞機曲而靜則賢人用直而動則讒人得志卷舌移出漢則天下多妖佞之言其旁星繁則人死如丘山天隕一星或曰天讒在卷舌中主醫巫占與從官同礪石四星在五車北主磨礪鋒刃明則兵起如常則吉金火及客星守之兵動

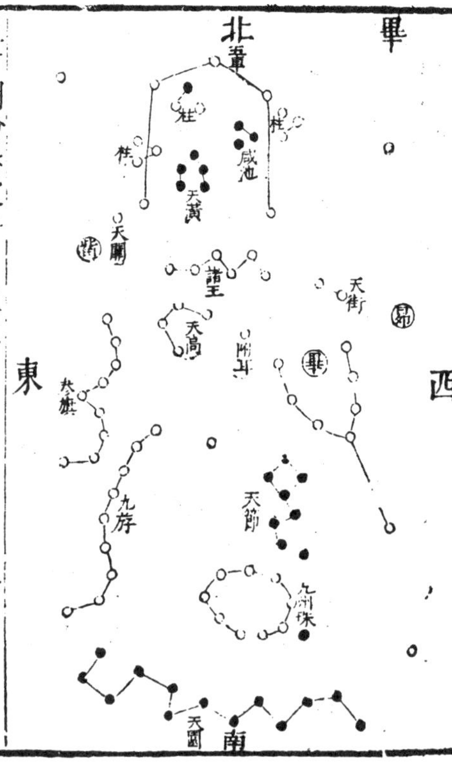

畢八星十七度主邊兵主弋獵又主刑罰其大星曰天高一曰邊將主四夷之尉也星明大則夷來貢天下安失色則邊兵亂一星亡則爲兵喪動搖邊域兵起有讒臣離徙天下獄亂就聚法令酷甘氏云畢主街巷陰雨天下雨師也故明而移動則霖潦及街壅塞明而定則天下安張衡云畢爲天馬又爲罕車日月食邊兵出將衰木犯有軍功月宿則多雨昴畢間二星曰天街三光之道也主伺候關梁張衡云主國界也街南爲華夏街北爲夷狄金火守之胡夷兵起明則王道正暗則兵起移徙不見則關梁斷絕

附耳一星在畢下或曰附畢口大星之下次天高東南隅主爲君德得失伺愆邪察不祥星盛大則中國微有盜賊邊候驚邦國反鬧兵連年移動則讒佞行兵火起邊陲尤甚若入畢中兵大起天節八星在畢南或曰在附耳南主使臣之所持也宣威德於四方明吉暗凶諸王六星在五車南天漢之中主宗社藩屏王室也察諸侯存亡占明則諸侯奉上天下安不見或暗則宗社傾危臣下專擅動搖則四方兵起天高四星在參旗西北或曰在座旗西北近畢北臺榭之高主遠望氣象占不見則官失其守陰陽不

和五車五星在畢東北五車爲五常舍舍主天子五兵又主五穀豐稔張衡云天子兵車舍也西北角大星曰天庫主太白秦也次東北星曰天獄主辰星燕也中央星曰司空主鎮星楚也次東南星曰天倉主歲星魯衛也次西南星曰卿主火或曰主熒惑魏也五車爲西宮均明則吉暗則國絕粮動搖或變色則兵大起蓋五星有變各以其所主而占之三柱九星在五車中一曰三泉一曰休一曰旗車之柱也五星均明柱皆具則倉庫實不具則其國絕食且兵起天子得靈臺之禮則五車三柱均明也五車三柱

有蝕大咎以其國占之三柱出車外則兵出三柱入車內兵乃入柱出一月米貴三倍饑一年出兩月米貴六倍饑二年出三月米貴十倍饑三年柱出不與天倉相近米穀運出千里柱倒立尤甚火入守天下旱金入守兵起水入月暈主大水不爾則有赦天潢五星或曰天潢在五車中主河梁津渡之處占不見則河梁不通咸池三星亦在五車中天潢南魚鳥之囿也金火犯之則有大災隋志云月五星入天潢兵起道不通天下亂易政或曰咸池明有龍墮死虎狼害人大兵起天關一星在五車東南畢東北亦曰

天門日月五星所行之道也主邊塞事主關閉占芒角有兵五星守之貴人多死移徙若與五車合大將軍披甲或曰破甲參旗九星在參西五車之間天旗也指麾遠近以從命者也占直則兵動於外曲直不如常則王者斬伐不當於理明而希則邊寇作芒角動則兵大起隋志云參旗一曰大旗一曰天弓主司弓弩候變禦難玉井西南九星曰九斿天子之旗也主邊軍進退占搖動則九州分散人民失業信令不通金火守之兵起天苑之南十三星曰天園衡曲而列植果菜之所也占曲而鉤果菜熟否則饉

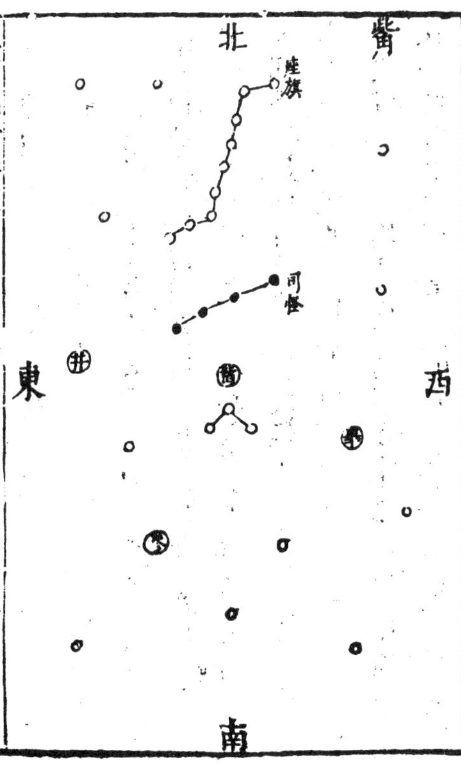

觜一度爲白虎首在參之右角如鼎足形主天之關明大則天下安五穀熟移動則君臣失位天下旱隋志云觜觿爲三軍之候行軍之藏府主葆旅收斂萬物明則軍儲盈將得勢動搖而變色盜賊群行葆旅起動搖將有逐者張衡云葆旅野生之可食者金火守國易政兵起災生日食臣不忠月食君害臣五星犯災生孛客星犯兵起座旗九星在司怪西北主別君臣尊卑之位占明則國有福或曰有禮暗或不見則上下無章司怪四星在井鉞前候天地日月星辰禽獸蟲蛇艸木之變與天高同占

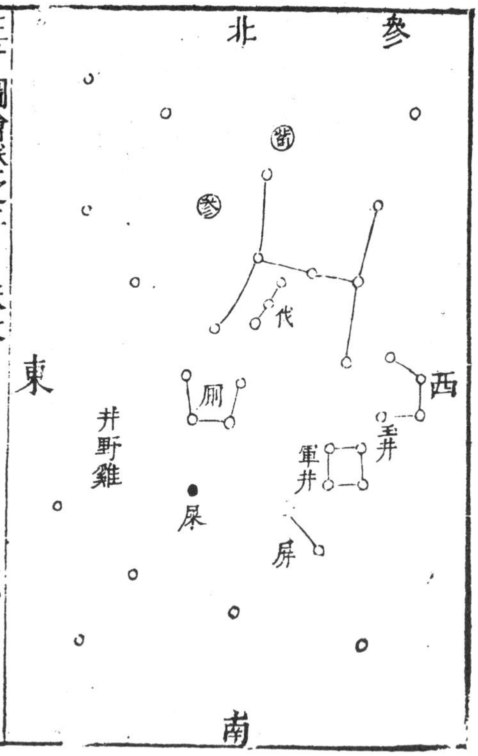

參七星伐三星十度上爲五星日月之中道甘氏曰參爲忠良孝謹之子明大則臣忠子孝移動殺忠臣一曰參伐一曰大辰一曰天市一曰天鉞主斬刈又爲天獄主殺伐又主權衡所以平理也又主邊城爲九譯故不欲其動也參曰獸之體或曰白虎之體其中三星横列者三將軍也東北曰左肩主左將軍西北曰右肩主右將軍東南曰左足主後將軍西南曰右足主偏將軍故黄帝占參應七將軍也或曰軒轅氏中央三小星曰伐天之都尉也主胡鮮戎狄之國故不欲明又曰七將皆明天下兵精也王道闕

則芒角張伐星明與參等大臣謀亂兵起參星失色則軍散敗參芒動搖則邊候有急天下兵起差戾則君臣不和移徙則客伐主又曰斬伐之事參左足入玉井中兵大起秦地大水崩頽山石爲怪金火來守則國易政兵起災生日月食則田荒米貴五星犯災甚玉井四星在參西足下水象也參足若突出玉井則虎狼暴害人屏二星在玉井南屏爲屏風客星入之四足蟲大疾人亦多死不見則國内大人寢疾玉井東南四星曰軍井行軍之井也軍井未達將不言渴名取此也又曰主軍營之事占不見則軍中無水天厠四星在屏東溷也主天下疾病黄吉青赤白皆凶不見占與屏同天屎一星在厠南色黄則吉他色皆凶占與厠同

三才圖會

天文三卷

雲間元翰父王圻纂集

男思義校正

南方七宿 井

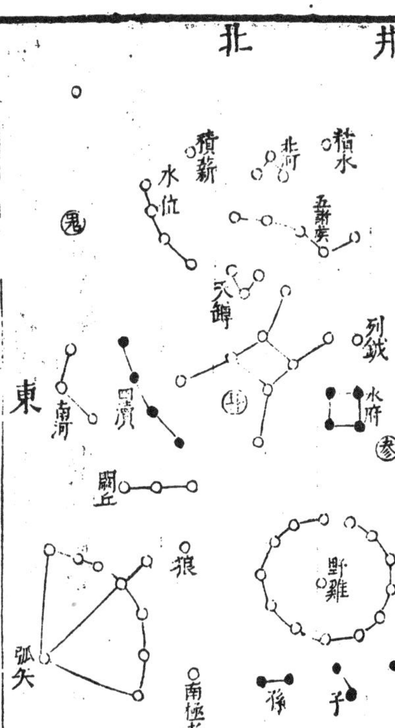

井三十四度甘氏云井八星在河中主井泉日月五星貫之爲中道石氏謂之東井亦曰天井主諸侯帝戚三公之位故明大則封侯建國搖動失色則誅夷侯戚廢戮三公帝師受殃張衡云天之南門也黃道所經爲天之亭候主水衡事法令所取平也王者用法平則井明而端列月宿之則有風雨之應又曰井爲天子府暗芒角并日月食五星逆犯大臣謀亂兵起中六星不欲大明明則卽有水災列鉞一星附井之前主伺奢淫而斬之故不欲其明大與井齊或搖動則天子用鉞於大臣南河三星北河三星分

夾東井一曰天高天之闕門主關梁河南曰南戍或曰南戒一曰南宮一曰陽門一曰越門一曰權星主火北河曰北戍或曰北戒一曰北宮一曰陰門一曰胡門一曰衡星主水兩戍之間三光之常道也南界以限蠻夷北界以限戎狄星經云兩河六星為關梁之限知邪偽也南星不見則南道不通北星不見則北道阻遏或河戒動搖則中國兵起天罇三星在五諸侯南主盛饘粥以給酒食之正也張衡云以給貧餒占明則年豐暗則年荒或曰暗吉五諸侯五星在井東北近北河主刺舉戒不虞又曰治陰陽察得失一曰

主帝星一曰帝師或曰帝心二曰帝友三曰三公四曰博士五曰太史又曰五大夫此五者常為帝定疑議占明大潤澤大小齊等則天下大治為國之福芒角則禍在中不明則上下相猜忠良不用張衡又云赤則豐暗則凶荒積水一星在北河北所以供酒用也占不見為災又主候水災積薪一星在積水東以備庖廚之用明則人主康微則有咎火守之大旱水府四星在井西南水官也占與水位同水位四星在井東主水衡又主瀉溢流也故巫咸氏贊曰水位四星瀉溢流移動近河北則國没為江河若水火

及客星守犯之百川盈溢四瀆四星在井南軒轅東或曰軒轅西江河淮濟之精也占明大則水泛溢軍市十三星如錢狀在參東南或曰南河南天軍貿易之市客星入金火守之軍大饑或曰占動搖變色則軍大饑野雞一星在軍市中主變怪也占芒角動搖為兵災移出則諸侯兵起軍市西南二星曰丈人丈人東二星為子子東二星為孫丈人主壽考之臣不見人臣不得通子與孫皆侍丈人之側相扶而居不見為災守常無咎闕丘三星在南河東南主象魏天子之雙闕諸侯之兩觀也金火守兵戰闕下狼

一星在井東南大而明為野將主殺掠色有常不欲變動或動搖盜賊作胡兵起人相食躁則人主不靜馳騁天下張衡云居非其處則人相食色黃白而明吉黑凶赤芒角兵起金火守之亦然弧矢九星在狼東南天弓也以備盜賊當向狼弧矢動移不如常多盜賊明則兵大起狼弧矢張天下爭亂又曰天弓張天下盡兵主與臣相誅張衡云引滿則天下兵起老人一星在弧南一曰南極主壽考常以春分之日見於丙春分之夕没於丁秋分之夕見於丁候之南郊明大則人主有壽天下安寧不見則人主憂也

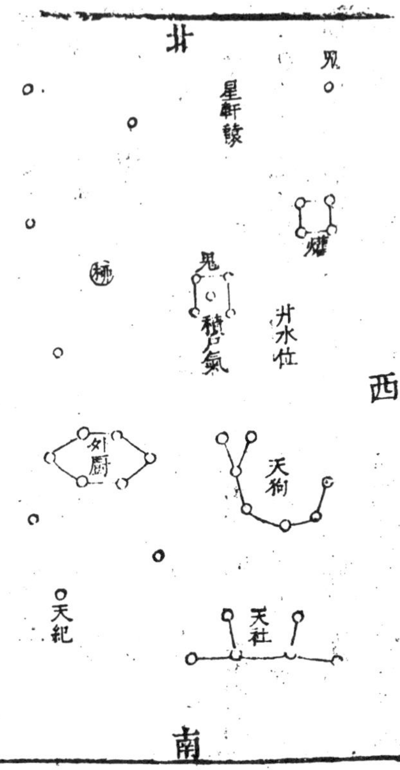

輿鬼二度爲日月五星之中道主死亾疾病張衡云主祠事天之目也又主視明察奸謀又主斬殺東北星主積馬東南星主積兵西南星主積布帛西北星主積金玉隨其變占之中央一星名積尸氣者一曰積尸但見氣而已主死喪祠祀一曰鈇鑕主誅斬一名鬼質星鬼星明五穀成不明則人散動而光則賦斂傜役多星移徙則人愁政令急鬼欲甘忽忽不明則吉明則兵起大臣誅主人民流亾甘氏云積尸搖動失色則疾病鬼哭人荒軒轅西四星曰爟亦曰烽爟上烽火備警急占以不明安靜爲吉明大則邊庭緊急搖動芒角亦然又曰明吉暗凶天狗七星在鬼西南狼之東北横河中以守賊也占移徙則盜賊起金火犯之人相食外廚六星在柳南天子之外廚也占與天廚同弧南六星爲天社在老人東南直明則吉社稷安動搖則臣謀上微暗則危隋志云共工之子句龍能平水土故祀以配社其精爲星外廚之南一星曰天紀主知禽獸齒歲金火守之或不見則禽獸多死

柳十四度爲天之中道甘氏云主飲食倉庫酒醋之位明大則人豐酒食搖動則大人酒死失色則天下不安饑饉流於道路不過三年必應張衡云柳爲朱雀之㖔或曰朱鳥之咮天之厨宰也主尚食和滋味隋志云又主雷雨一曰天相一曰天庫一曰　又主艸木星明大臣愼重國安厨食具備王命輿輔佐出星直則天下謀伐其主就聚則兵鬬國門酒旗三星在軒轅右角之南宮酒官之府也主享宴飲食五星守於旗天下大酺有酒食財物之賜及錫爵宗室占星明則多懽娛事

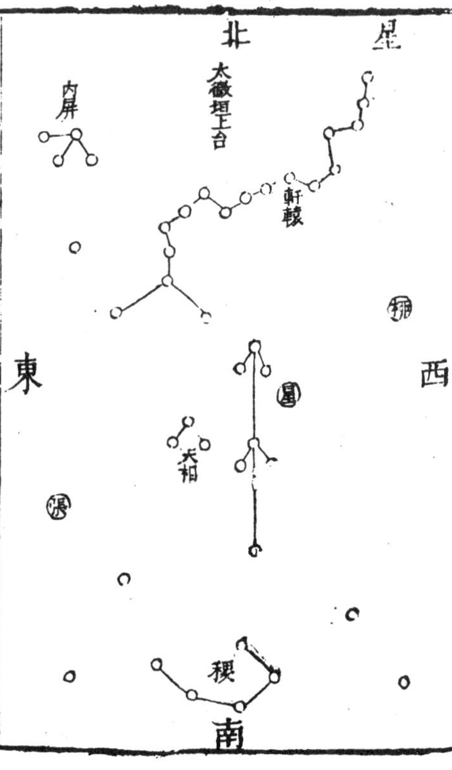

星七度甘氏云主后妃御女之位亦爲賢士若失色茲動則后妃死賢士誅明大則道化成張衡云七星爲朱鳥之頸或曰頸一名天都主衣裳文綉隋志云主急兵守盜賊又爲賢官主急事故欲其明則王道昌暗則賢良不用天下空虛天子有疾動則兵起離則易政失色茲角則后妃死賢臣誅月食兵饑婦人災木犯人安火犯旱金土水犯俱災月暈孛犯兵起軒轅十七星在七星北黃帝之神黃龍之體又主后宮后妃之主女士職也一曰東陵一曰權星主雷雨之神南大星女主象也次北一星夫人也屏也

上將也次北一星妃也次將也其次諸星皆次諸妃之屬也女主南小星女御也左一星小民小后宗也右一星大民大后宗也占欲其色明潤黃小則吉也張衡云軒轅如龍之體主雷雨之神後宮之象焉陰陽交合感爲雷激爲電和爲雨怒爲風亂爲霧凝爲霜散爲露聚爲雲立爲虹蜺離爲背璚分爲抱珥此十四變皆軒轅主之其星欲小而黃明則吉移徙則國人流亡明而大則後宮爭競東西角張而振則后族以橫敗水火金守之女主惡也漢書云軒轅爲權太微爲衡月五星守犯者如衡吉內屏四星在

中台南權之北執法平刑之官也占明則刑罰平暗則否酒旗南三星曰天相丞相之象也其占明而小則相賢芒角大則相尊移徙則相易稷五星在七星南主農政也取平百穀焉明大則歲大豐不明則儉不見則人相食

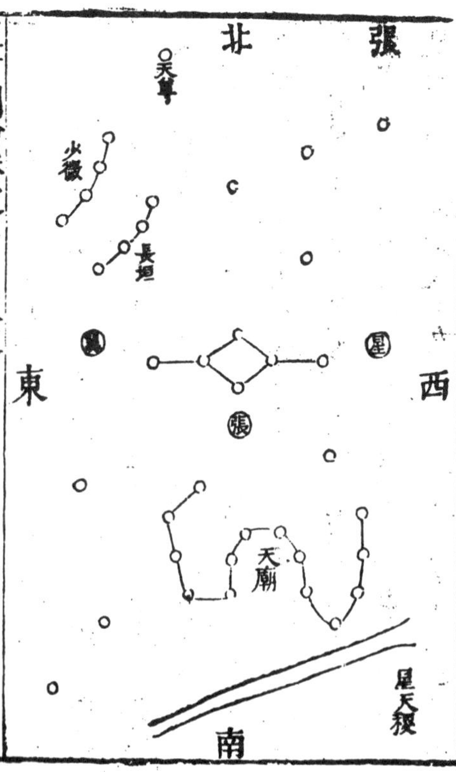

張十七度爲朱鳥嗉甘氏云主太廟明堂御史之位上爲天之中道若明大則國強盛失色宗廟不安明堂宮廢隋志云主珍寶宗廟所用及衣服天厨飲食賞賚之事星明則王者行郊祀大禮得天之中動則賞賚移徙天子有逆人就聚有兵金火守之有兵起或云主貢物色細無光王者少子孫日食虧修禮也月食大滂魚行人道火孛犯兵起土水犯國不寧張南十四星曰天廟天子祖廟也客星守之祠官有憂其占與虛梁同長垣四星在少微南主界域及胡夷火守之胡人入中國太白入之九卿謀反少微

四星在太微西南北列士大夫之位也一名處士亦天子副主或曰博士官一曰主衛旅門南第一星爲處士第二星爲議士第三星爲博士第四星爲大夫明大而黃則賢人舉月五星犯守之處士女主憂宰相易太尊一名天尊在中台北貴戚也明則吉暗則凶不見則國有大憂

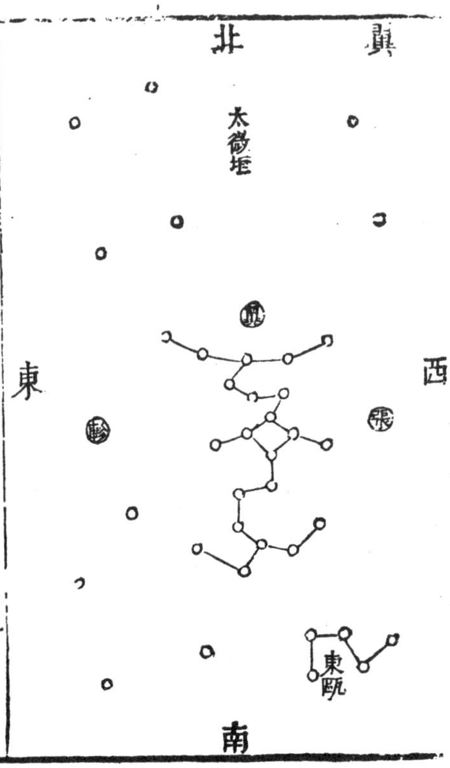

翼十九度爲鶉尾甘氏云主太微三公化道文籍失色則民流日月交食五星並逆芒動則化道不行文籍壞滅移動則三公廢明大則化成隋志云翼爲天子之樂府主俳娼戲樂又主夷狄遠賓負海之客明大則禮明樂興四夷來賓動則蠻夷使來離徙則天子舉兵以伐四方或云明則禮樂興暗則政教失日食臣僭月食婦人憂五星孛流客犯大凶又東甌五星在翼之南蠻夷星也張衡云主東越穿胸越裳諸夷金火守之其地有兵芒角動移則夷兵內叛

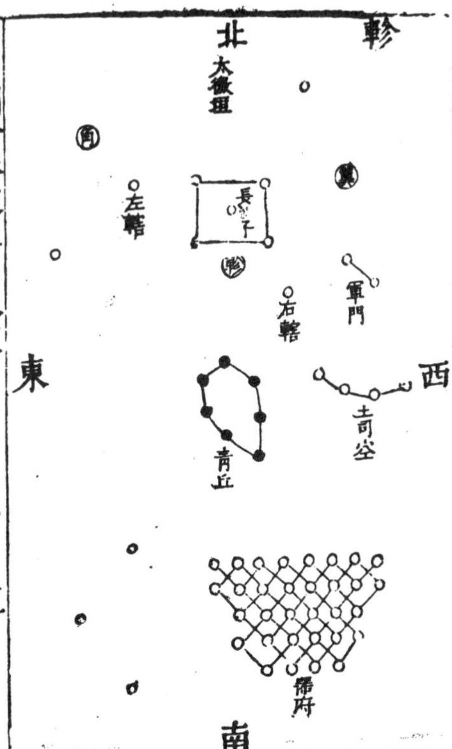

軫十七度甘氏云軫　星主將軍樂府歌懽之事五星犯之失位亾國女主政人失業賊黨掠人禍生於百日之內若明大則天下昌萬民康四海歸王張衡云軫爲冢宰輔臣也主車騎明大則車騎用一云明大則車騎動隋志云主載任亦主風有軍出入皆占於軫又主死喪明則車騎備搖動則車騎用離徙則天子憂就聚則兵大起軫轄星附軫兩旁主王侯左轄爲王者同姓也右轄爲異姓占不欲明明與四星等則兵大起遠軫則國大凶轄舉主南蠻侵張衡云轄不見國有大憂長沙一星在軫之中主壽命也長沙明則人主壽子孫盛軍門二星在青丘西天子六軍之門也主營候豹尾威旗占移徙則道不通土司空四黃星在軍門南主土功巫咸氏云金火犯之天下田不得耕女不得織隋志云一曰司徒主界域占明則吉青丘七黑星在軫東南主東方三韓之國占與東甌同軫南三十二星曰器府主樂器之府也占明則音律調理暗則淫聲進正樂不和也

堯典四仲中星之圖

堯典仲春中星之圖

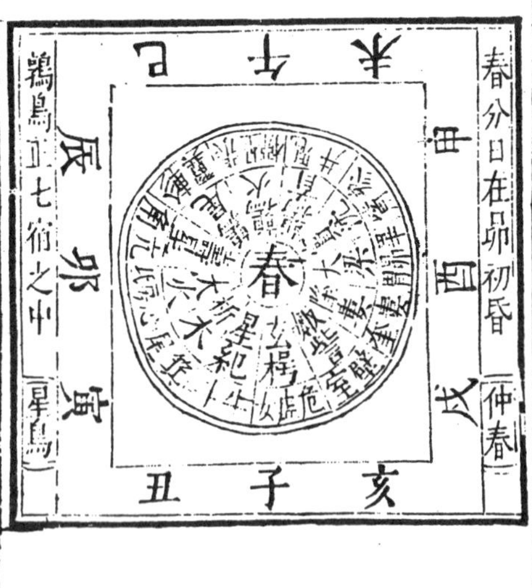

堯典仲夏中星之圖

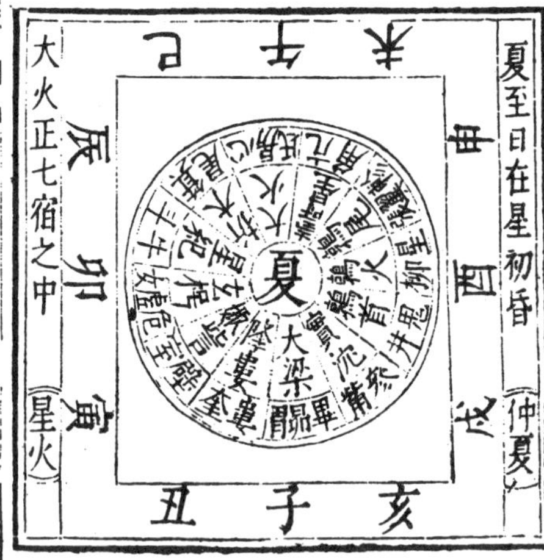

堯典仲秋中星之圖

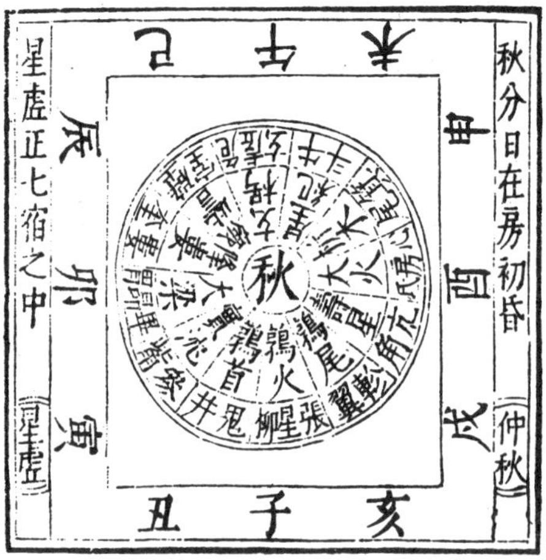

堯典仲冬中星之圖

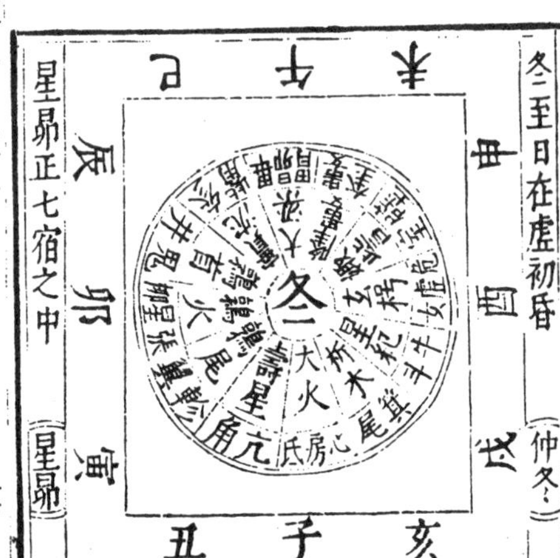

二十八宿環列於四方隨天而西轉東方七宿自角至箕是爲蒼龍以次舍而言則房心爲大火之中南方七宿自井至軫是爲鶉鳥以形言則有朱鳥之象虛者北方七宿之中星昴者西方七宿之中星星本不移附天而移天傾西北極居天之中二十八宿半隱半見各以其時所以必於南方而考之仲春之月星火在東星鳥在南星昴在西星虛在北至仲夏則鳥轉而西火轉而南虛轉而東昴轉而北仲秋則火轉而西虛轉而南昴轉而東鳥轉而北至仲冬則虛轉而西昴轉而南鳥轉而東火轉而北矣來歲

仲春鳥復轉而南循環無窮此堯典考中星以正四時其簡而明異乎月令之星舉月本也

月令十二月中星之圖

正月日在營室昏參中旦尾中

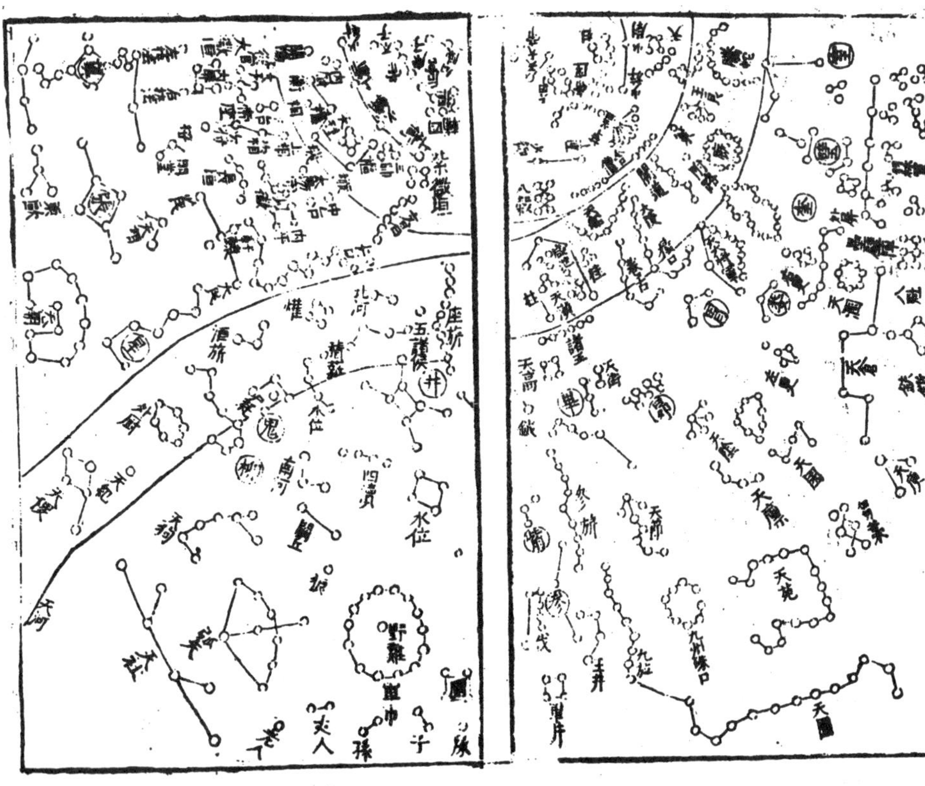

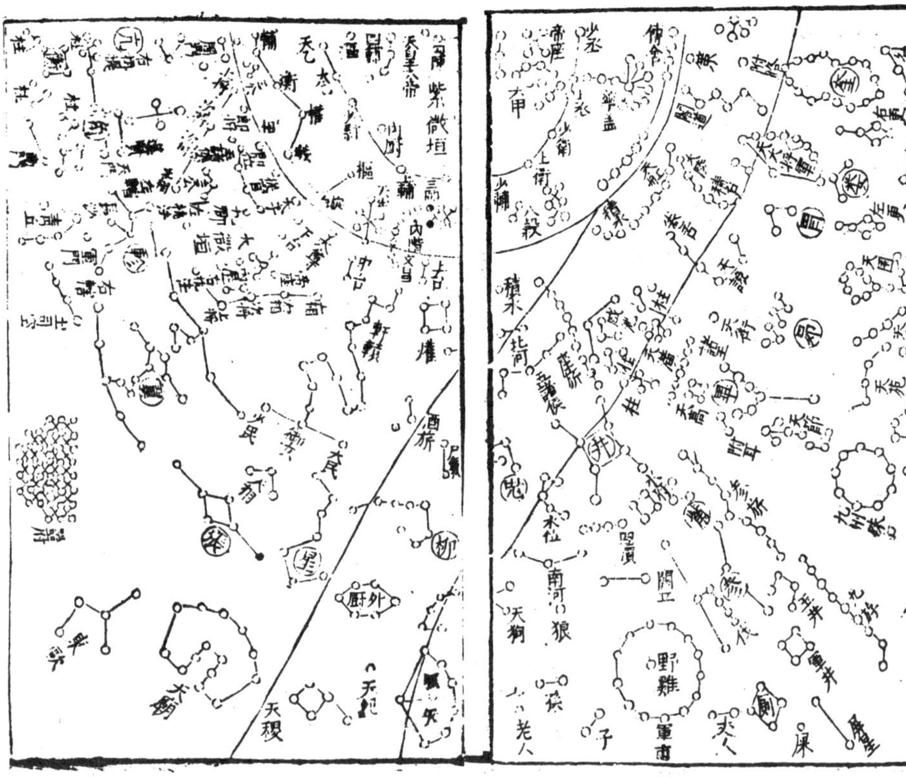

二月日在奎昏弧中旦建星中

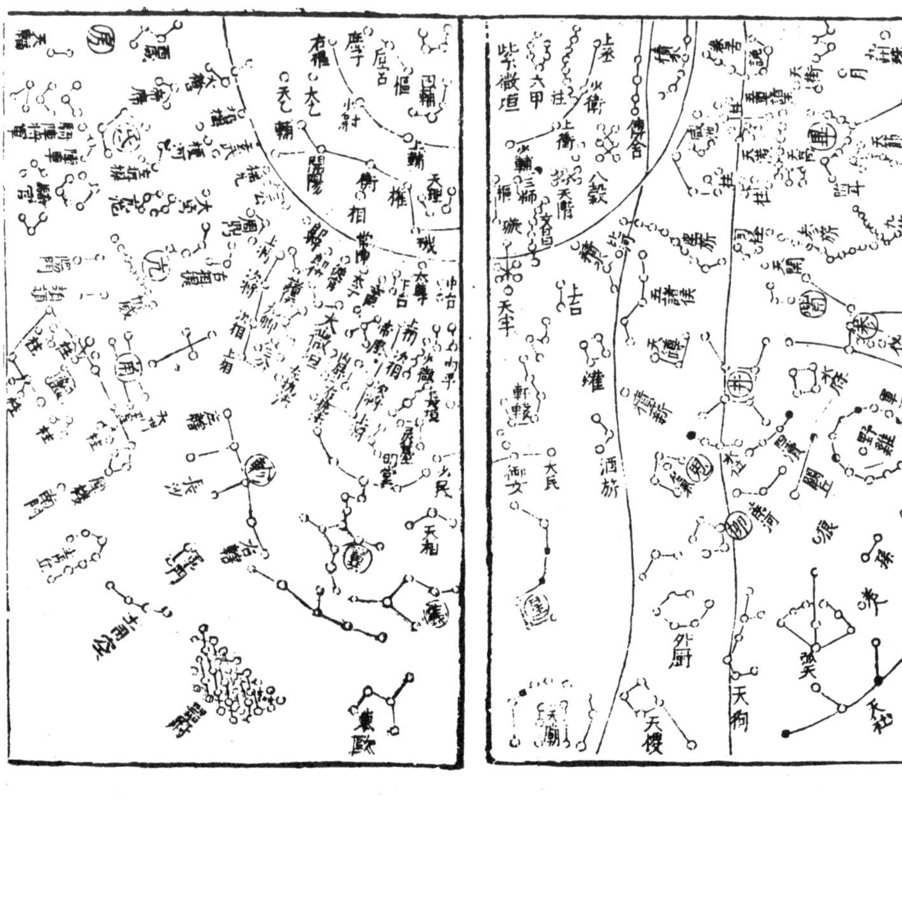

三月日在胃昏七星中旦牽牛中

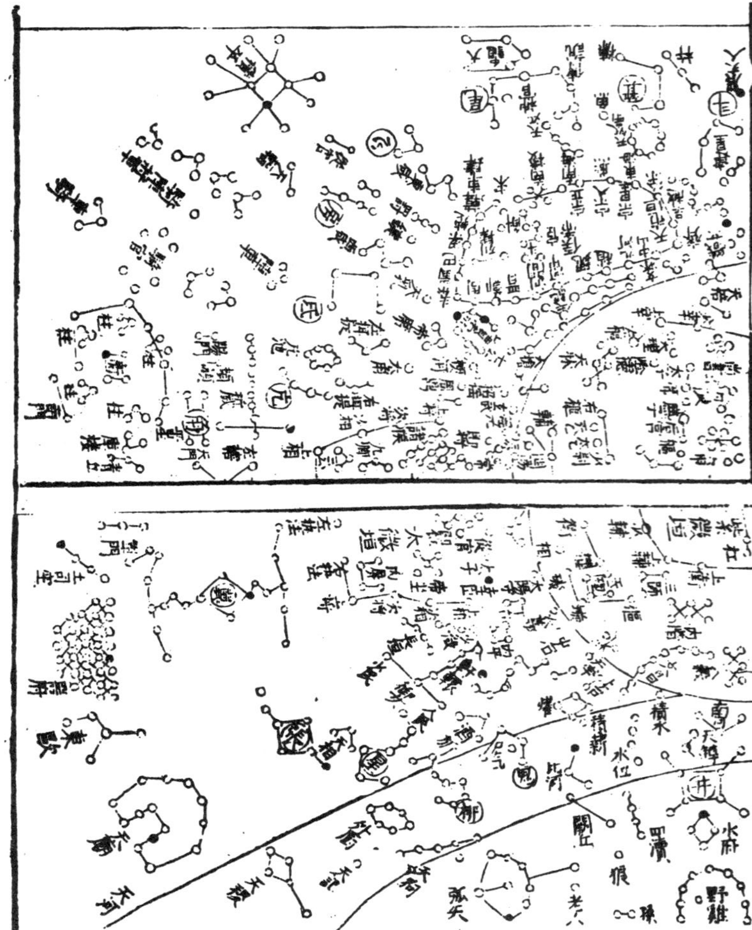

四月日在畢昏翼中旦婺女中

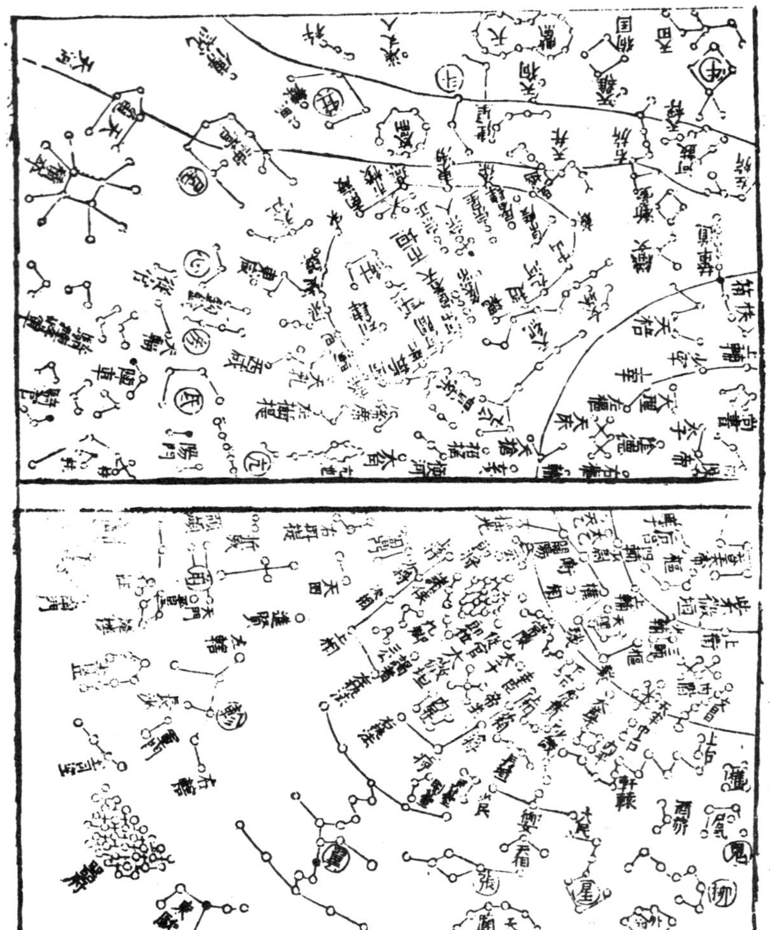

五月日在東井昏亢中旦危中

六月日在柳昏火中旦奎中

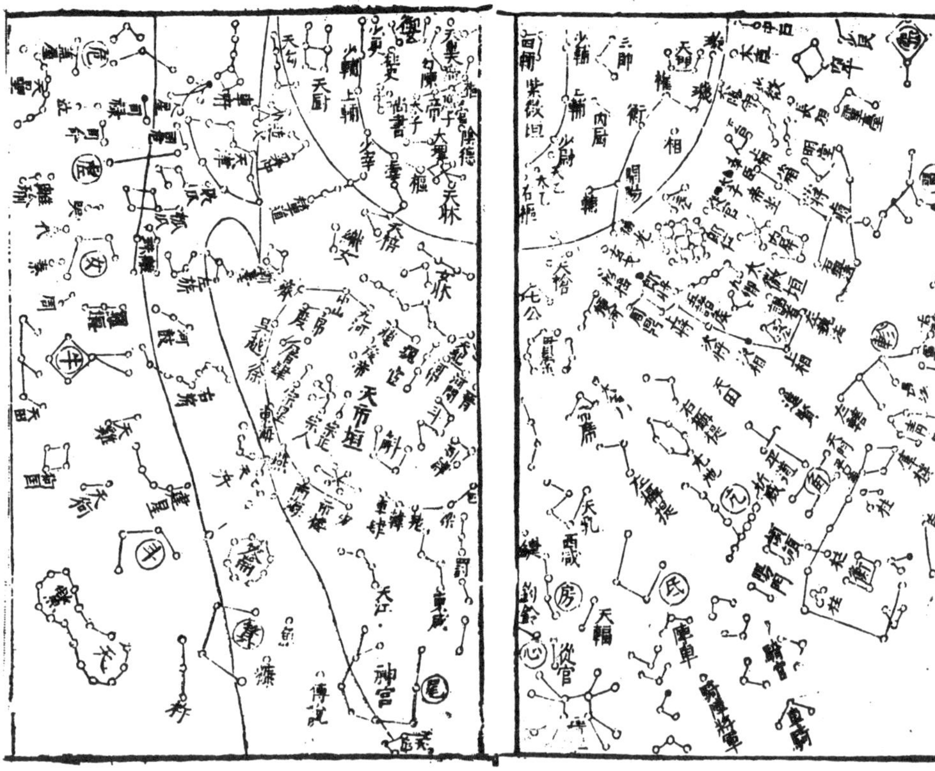

七月日在翼昏建星中旦畢中

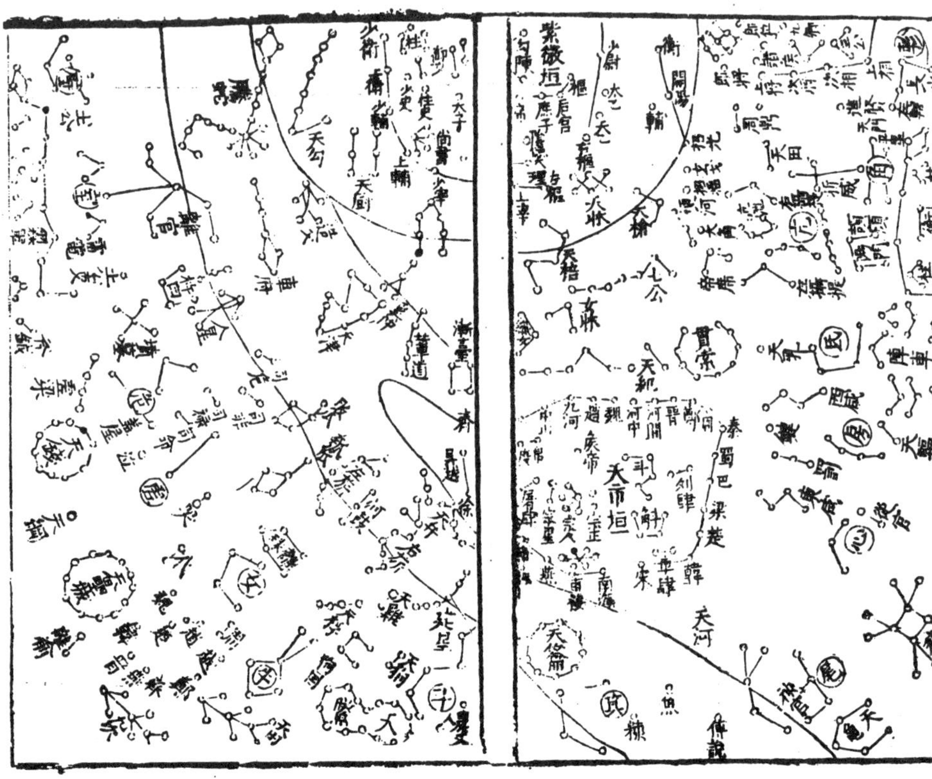

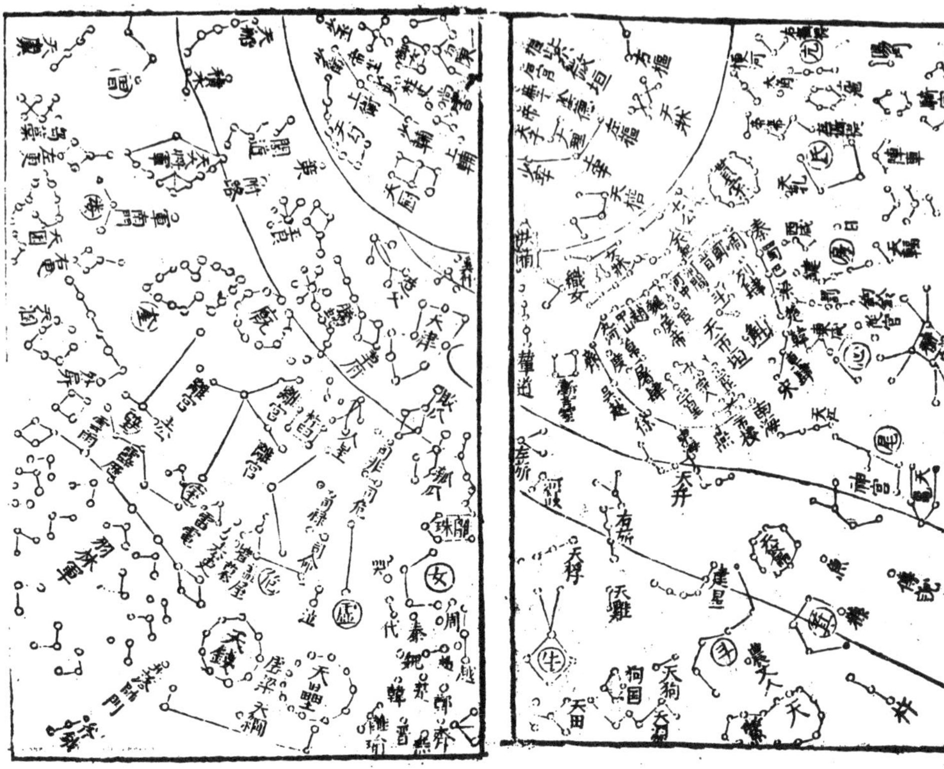

八月日在角昏牽牛中日觜中

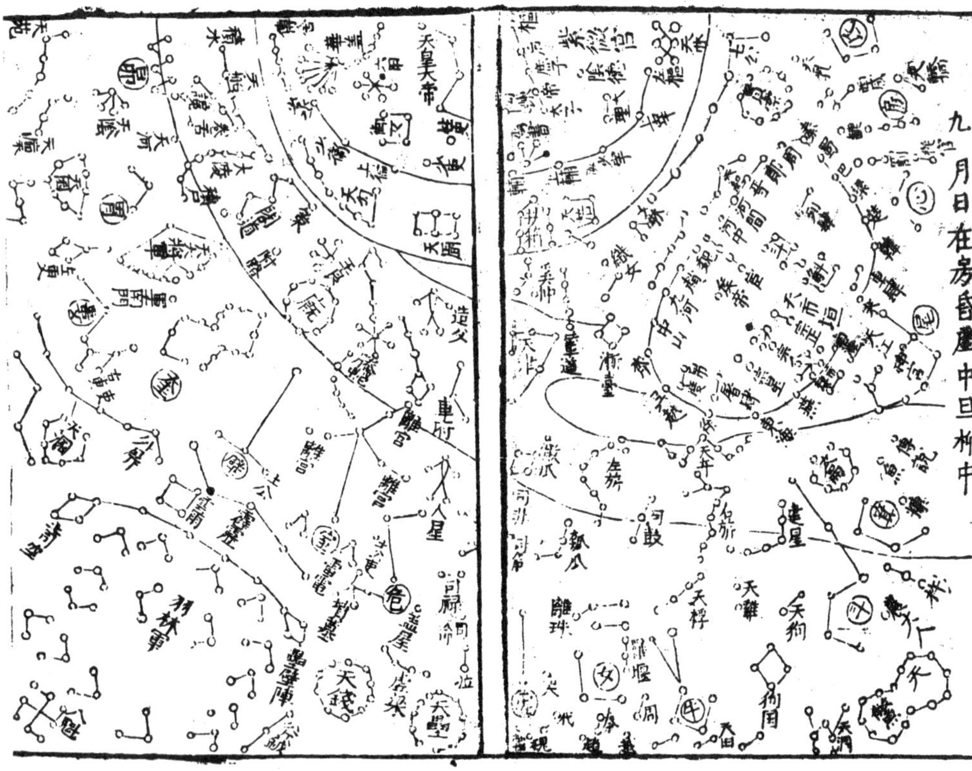

九月日在房昏虛中旦柳中

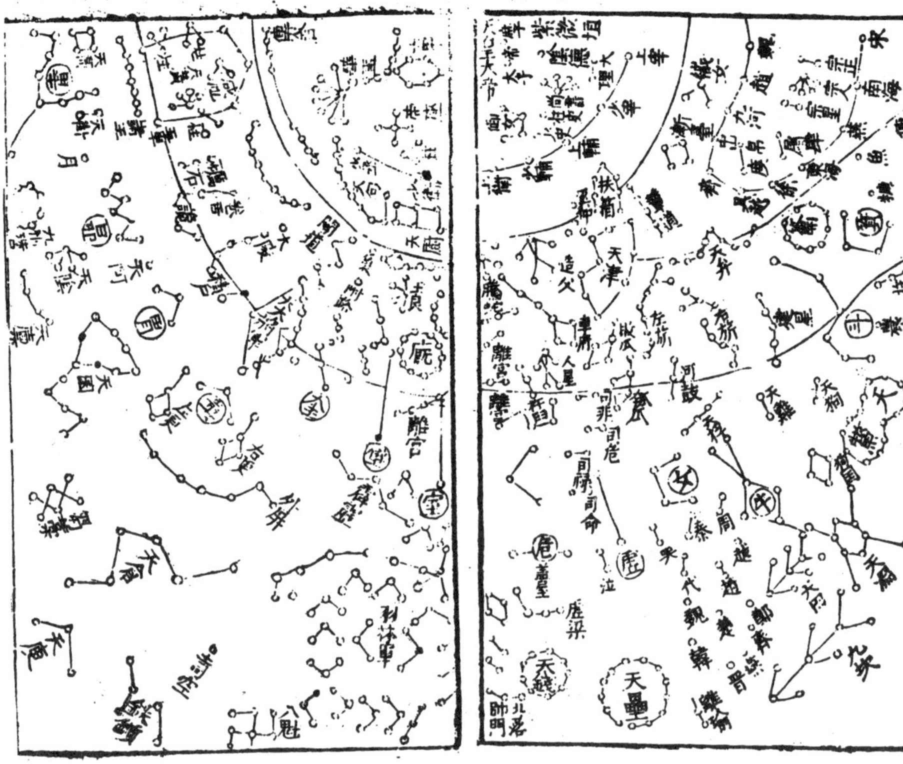

十月日在尾昏危中旦七星中

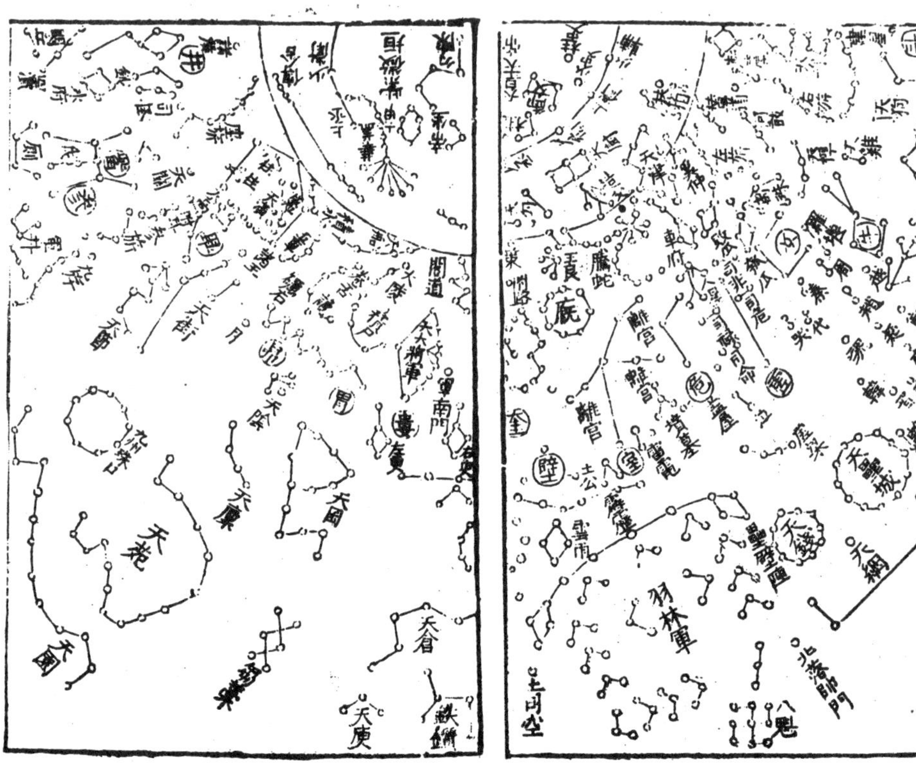

十一月日在斗昏東壁中旦軫中

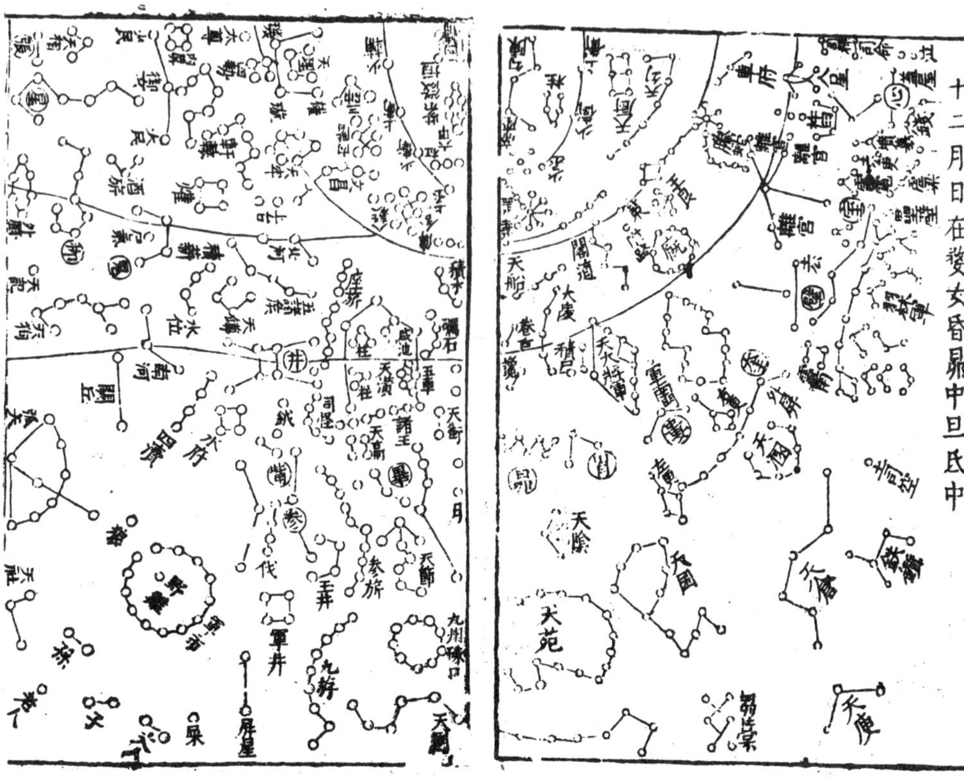

十二月日在婺女昏昴中旦氐中

書於仲春舉鳥而月令舉弧書於仲夏舉心而月令舉亢書於仲秋舉虚而月令舉斗書於仲冬舉昴而月令舉畢則書之中星常在後月令中星常在前盖月令舉月本書舉月中也月令旦昏之中星或舉朔氣或舉中氣猶書於七星或舉其明或舉其昏皆易見也　月令四時昏旦之中星皆協二十八宿之度惟仲春之月昏弧中旦建星中夫弧建二星不預於二十八宿之列而月令云爾者盖弧屬於井建屬於斗故也曆書舉昏旦中星者取其示人以中而已如仲春之月昏東井中旦南斗中然考之二十八宿東井南斗其度最濶中者昏旦井斗之度雖中井斗之星甚遠故秦之為曆慮其非示人以中之意乃是井度之中其昭然當中者莫如弧星故取以代井焉視斗度之間其昭然當中者莫如建星故取以代斗焉其實弧屬井建屬斗耳賈逵曰建星即斗星謂建之度即斗之度此説是矣若李奇謂古以建星為宿今以牽牛為是大不然　月令仲秋之月昏弧中案尚書之中日星鳥不同者如鄭康成之意南方七宿總為星鳥井鬼則鳥星之分故知鳥星與此同也按仲夏昏亢中尚書云日永星火不同者按鄭

谷孫顥云星火非謂心也昴之三十度總爲大火其爲大火之次有星者月令舉其月之初朔書則總舉一月之初中故不同也按仲秋之月昏牽牛中書云宵中星虛仲冬之月云東壁中書云日短星卯不同者亦是月令舉其朔尚書總舉月之初中理亦不異孔安國注書一所舉著者皆云七星竝見是畢見之義不謂南方之中

按十二月昏中星以堯典四仲中星例之經曰日中星鳥則以南方朱鳥七宿井鬼柳星張翼軫七宿中之星星正於南方之午位至呂不韋月令曰仲春昏弧中以弧中較之弧去井十五度矣又二十度至鬼二度又柳十四度則差三十度有奇矣仲春既差則仲夏之星火仲秋之星虛仲冬之星昴皆差三十度有奇由是觀之鳥退於三月火退於六月虛退於九月昴退於十二月矣今以正月昏參中逐月考二十八宿度數爲圖于前間有差之多者便于觀覽也

中星歲會圖

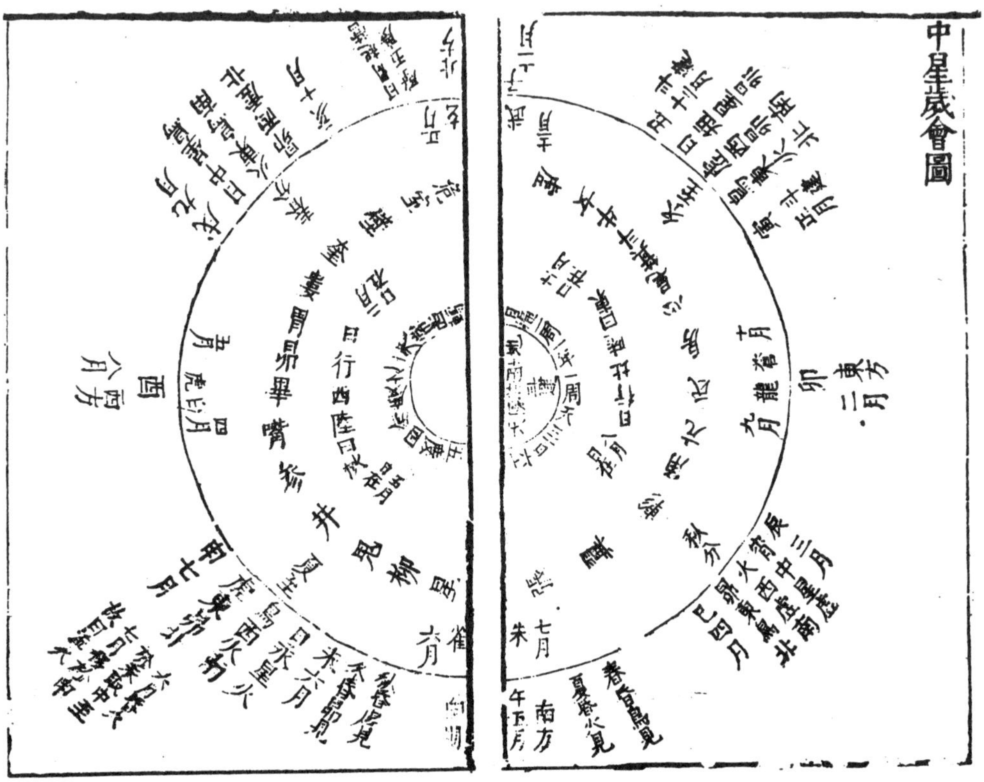

春季夏季中星

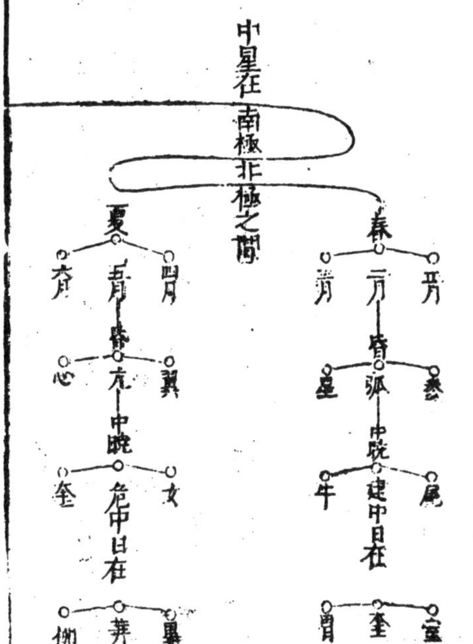

秋季冬季中星

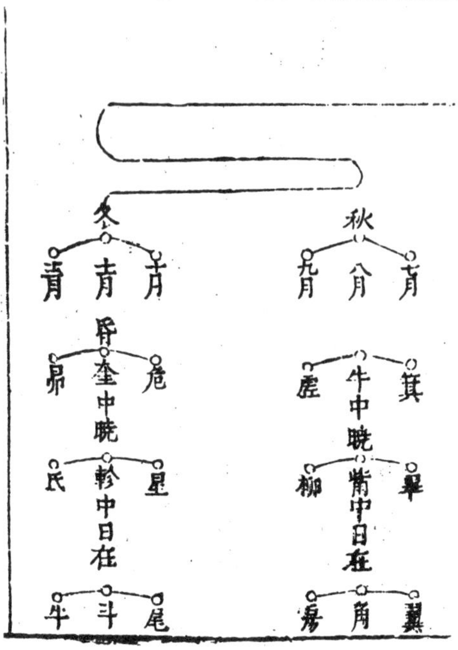

經星昏明迭見之圖

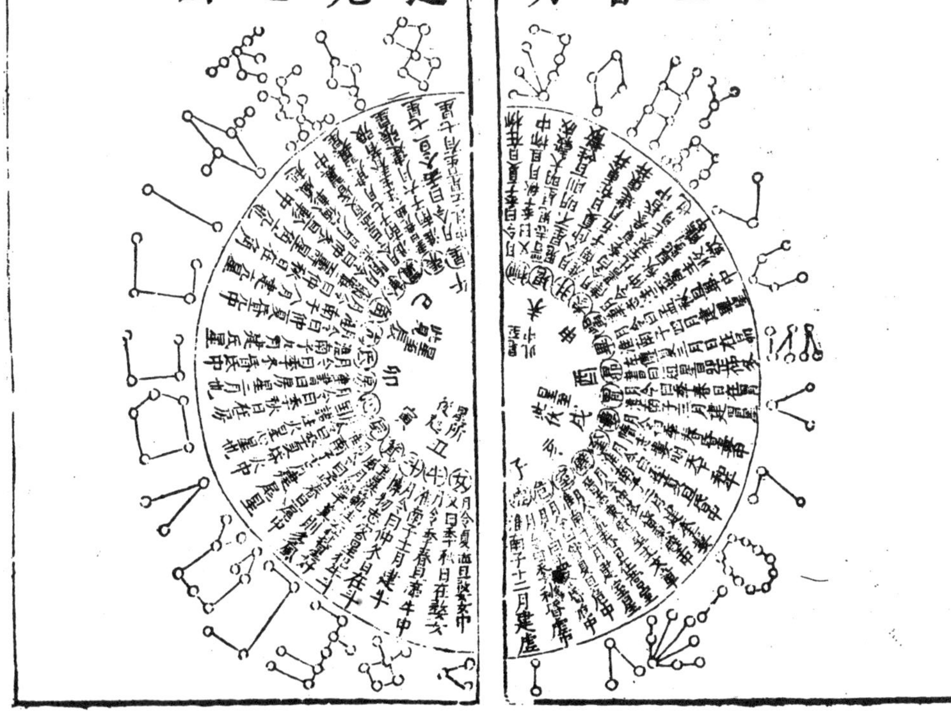

堯典疏曰二十八宿隨天轉運更互在南每月各有中者洪範四曰星辰注云二十八宿迭見以叙節氣疏云二十八宿昏明迭見若月令十二月皆紀昏旦所中之星所以叙節氣也隋書天文志云庖犧氏仰觀俯察以天二十八宿周於圓穹之度以麗十二位也隨天而轉謂之經星堯典四仲迭見之星則以午爲正月令昏旦迭見之星則以未爲中葢星辰之運始則見於辰終則伏於戌自辰至戌正于午而中于未故堯典言日永火星以正仲夏是以午爲正也月令至于季夏乃曰昏火中則是以未爲中左傳曰火星中而寒暑退詩曰定之方中亦皆以未爲中也

玉衡隨炁指建圖

孝經緯大雪後玉衡指子冬至指癸小寒指丑大寒指艮立春指寅雨水指甲驚蟄指卯春分指乙清明指辰穀雨指巽立夏指巳小滿指丙芒種指午夏至指丁小暑指未大暑指坤立秋指申處暑指庚白露指酉秋分指辛寒露指戌霜降指乾立冬指亥小雪指壬大雪漢志云玉衡北斗也

招揺逐月推移圖

淮南子孟春招揺指寅仲春指卯季春指辰孟夏指巳仲夏指午季夏指未孟秋指申仲秋指酉季秋指戌孟冬指亥仲冬指子季冬指丑漢志云閏月無中炁斗斜指兩辰之間晉志云北斗者七政之樞機陰陽之元本運乎天中而臨制四方以建四時輔星傳乎開陽所以佐斗而成功者也

大東總星圖

織女天女也牽牛服駕也啓明長庚皆金星也以其先日而出故謂之啓明以其後日而入故謂之長庚天畢畢星也狀如掩兎之畢也箕斗二宿以夏秋之間見於南方云北斗者以其在箕之北也

七月流火圖

火大火心星也以六月之昏加於地之南方至七月之昏則下而西流矣

火伏於九月至十月昏旦並不見惟冬至後旦中至正二三四皆見日後也

左傳張趯曰火星中而寒暑退服虔注云旦中而寒退昏中而暑退

日月周天圖

太陽之精順天左旋天行一日常過三百六十五度四分度之一仍過一度日亦一日一周而比天不及一度積三百六十五日四分日之一而與天會

太陰之精亦順天左旋一日常不及天十三度有奇不及日十二度有奇積二十七日有奇而與天會積二十九日有奇而與日會

五星周天圖

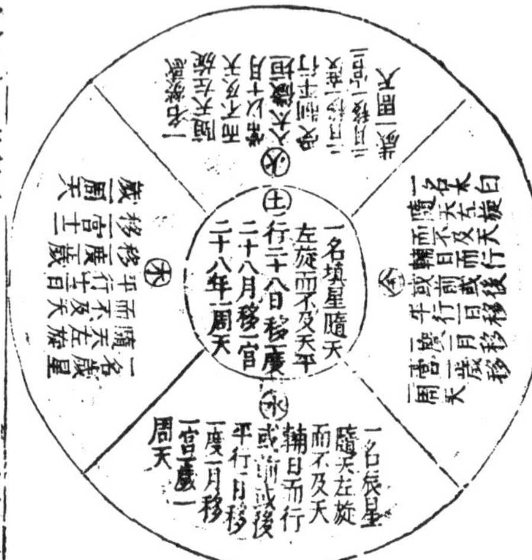

七曜政紀

日循黃道東行一日一夜行一度三百六十五日有奇而周天行東陸謂之春行南陸謂之夏行西陸謂之秋行北陸謂之冬行以成陰陽寒暑之節是故傳云日爲太陽之精主生養恩德人君之象也人君有瑕必露其慝以告示焉故日行有道之國則光明人君吉昌百姓安寧人君乘上而王其政太平則日有五色其有變異皆由君德有虧故天變應之也日變色有暈軍破無暈喪侯王其君無德其臣亂國則日赤無光日色失所臨之國不昌日晝昏行人無影至暮不止上刑急下不聊生不出一年有大水日晝昏烏鳥群鳴國失政日中烏見主不明爲政亂國有白衣之會將軍出旌旗舉日中有黑子臣擅威福虧傷君道有黑氣黑雲乍三乍五臣廢其主陰侵陽臣掩君之象有亡國有死君日食星見有殺君有大水天下分裂王者宜修德以禳之

月者太陰之精也其形員其質淸日光照之則見其明日光所不照則謂之魄故月望之日日月相望故形員也二弦之日日照其側故半魄也晦朔之日日照其表故不見

也其行有遲疾其極遲則日行十二度強極疾則行十四度半強遲則漸疾疾極漸遲二十七日半強而遲疾一終矣又月行之道斜帶黃道十三日有奇在黃道表　又十三日有奇在黃道裏表裏極遠者去黃道六度二十七日有奇陰陽一終張衡云對日之衝其大如日日光不照謂之暗虛暗虛逢日則日食値此星亡今曆家月望行黃道則値虛闇矣虛暗有表裏深淺故食有南北多少月爲太陰以之配日女主之象也以之比德刑罰之義也列之朝廷諸侯大臣之類故君明則月行依度臣執權則月行失度

大臣用事兵刑失理則月行乍南乍北女主外戚擅權則
或進或退也月變色將有殃月晝明姦邪並作君臣爭明
女主失行陰國兵強中國飢天下謀僭數月重見國以亂
亡

歲星曰東方春木於人五常仁也五事貌也仁虧貌失逆
春令傷木氣則罰見歲星歲星盈縮以其舍命國其所居
久其國有德厚五穀豐昌不可代其對爲衝歲乃有殃歲
星安靜中度吉盈縮失次其國有災不可舉事用兵又曰
人主之象也色欲明光潤澤德合同又曰進退如度姦邪

息變色亂行主無福又云主大司農又主齊吳主司天下
諸侯人君之福又曰歲星主歲五谷欲春不動動則饑農
赤而角其國昌黃而沉其野大穰張衡云歲星者東方之
精蒼帝之子一名攝招一名重華一名應星一名紀星晉
灼曰太歲在四仲則歲行三宿太歲在四孟四季則歲行
二宿二八十六三四十二而行二十八宿十二歲而周天

熒惑曰南方夏火禮也視也禮虧禮失逆夏令傷火氣則
罰見熒惑熒惑主使其行無常出則有兵入則兵散各以
舍命國所居久國受殃爲亂爲賊爲疾爲喪爲兵爲飢

逃約巳或曰鉤巳芒角動搖變色乍前乍後乍左乍右其
殃愈甚其南丈夫喪北女子喪周旋止息乃爲死喪寇亂
其野亡地其失行而速兵聚其下順之戰勝其所居國殃
還至者小久乃至者當小反大巳去而復還居之殃則尤
甚又曰熒惑主大鴻臚主死喪主司空又爲司馬主楚越
以南又司天下群臣之過司驕奢亡亂妖孽主歲之成敗
又曰君子遑遑小人浪浪不有亂臣則有大喪人欺吏吏
欺王其入守犯太微軒轅營室房心主命惡之張衡云熒
惑爲執法之星其精爲風伯之師或童兒歌謠嬉戲晉灼

曰熒惑常以十月入朝太微受制而出行列宿司無道出
入無常也二歲而周天

鎮星曰中央或曰填星季夏土信也思心也仁義禮智以
信爲主見言視聽以思爲主故四星皆失鎮乃爲之動動
有盈疾王不寧縮有軍不復所居之宿國吉得地及女子
有福不可以去之災地若有女憂居宿久其國福厚易則
薄失次而上二三宿曰盈有主命不成不乃大水失次而
下曰縮后戚其歲不復不乃天裂地動一曰鎮爲黃帝之
德女主之象主德厚存亡之機司天下女主之過又曰天

子之星也天子失信則鎮星大動張衡云鎮星黃帝之子女主之象也一名地侯主歲晉灼曰當以甲辰之始建斗之歲鎮行一宿二十八歲而周天

太白曰西方秋金義也言也義虧言失逆秋令傷金氣則罰見至太白進退以候兵也高卑遲速靜躁見伏用兵北皆象之吉反之則凶其出西方失行夷狄敗出東方失行中國敗未盡期曰過參天病其對國又曰太白出高用兵深吉淺凶卑兵用淺吉深凶始出大后小兵弱始小后大兵強太白芒角所指順之吉逆之大凶日方南太白居其

南日方北太白居其北爲贏侯王不寧用兵進吉退凶日方南太白居其北日方北太白居其南爲縮侯王憂用兵退吉進凶也若經天天下革昧人更生是謂亂絕人民流亡晝與日爭明強國弱小國強女主昌又曰太白主大臣其號上公也大司馬位謹候此張衡云太白者白帝之子一名火政一名官星一名明堂一名文表一名太皞一名終相一名天相一名天浩一名序星一名梁星一名威星一名太囂一名大爽晉灼曰當以正月甲寅與熒惑辰出東方二百四十日而入入四十日又出西方二百四十日

入入三十五日而復出東方出以寅戌入以丑未一歲而周天

辰星曰北方冬水知也聽也知虧聽失逆冬令傷水氣則罰見辰星星見則主刑主廷尉主燕趙又爲燕代以北宰相之象赤爲殺伐之氣戰鬬之象又曰軍于野辰星爲偏將之象無軍爲刑事和陰陽應效不效其時不和出失其時寒暑失節邦當大飢當出不出是謂擊卒兵大起在於房心間地動亦曰辰星出入躁疾當主夷狄又蠻夷之象也亦主刑罰之得失色黃而小地大動光明與月相連其

國大水張衡云辰星一名勾星一名熒一名伺星晉灼云當心二月春分見奎婁五月夏至見東井八月秋分見角亢十一月冬至見牛牛出以辰戌入以丑未二旬而入晨候之東方夕候之西方一歲一周天

總論七政之運行

爰自混元之初七政運行歲序變易有象可占有數可推由是曆數生焉夫日月星辰有形而運乎上者也四時六氣無形而運乎下者也一有一無不相爲俟然而二者實相檢押以成歲功蓋日窮于次月窮于紀星回于天此有形之運於上而成歲者也五日爲候三候爲氣六氣爲時四時爲歲此無形之運於下而成歲者也混元之初日月如合璧五星如連珠自此運行迨今未嘗復會如合璧連珠者何也蓋七政之行遲速不同故其復會也甚難日之

行天也一歲而一周月之行天也一月而一周歲星之周也常以十二年（世俗以年爲歲者蓋本於此）鎮星之周也以二十八年熒惑之周也以二年惟太白辰星附日而行或速則先日或遲則後日速而先日昏見西方遲而後日辰見東方要之周天僅與日同故亦歲一周天焉夫惟七政之行不齊如此此其所以難合也世之觀漢史者見其論太初曆之密日月如合璧五星如連珠而遂以謂五星會於太初之元年殊不知此乃論太初曆之周密推而上至於混元之初其數之精無有餘分故有是言在太初之年實未嘗如合璧如連珠也何以言之五星之會常從鎮星五星之行鎮星最遲故諸星從之而會以曆考之漢高祖之元年五星聚于東井蓋鶉首之次也自高祖元年至太初元年凡百有二年也鎮星二十八年而一周當是之時鎮之周天蓋已三周而復行半周有餘凡八次矣進在玄枵之次安得有日月如合璧五星如連珠起于牽牛之初乎（牽牛星紀之次）也

二十八宿分野之圖

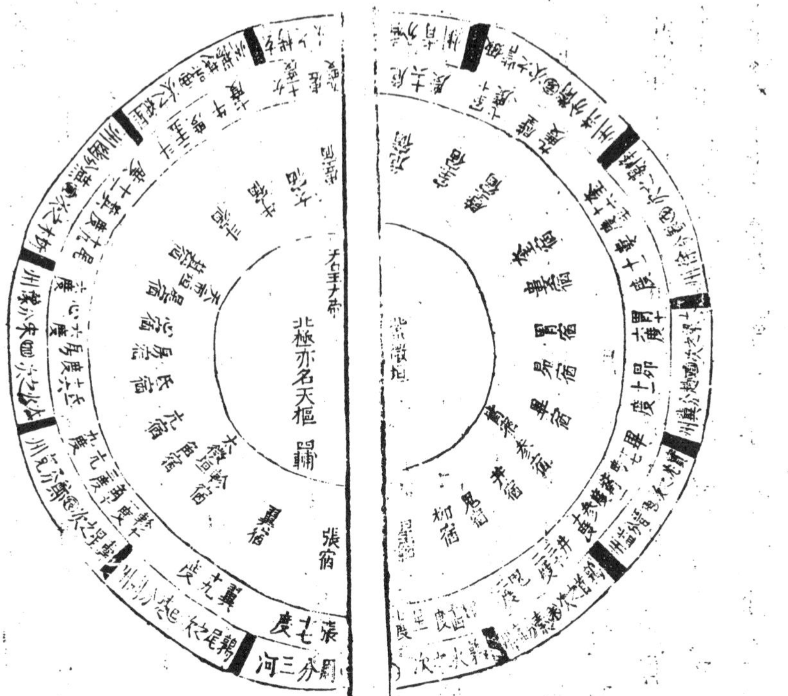

書十二次以求月之晦朔而歲成矣疏曰十二次亦曰十二辰日月之所會也晉志云班固取三統曆十二次配十二野其言最詳又有費直說周易蔡邕月令章句所言頗有先後魏太史令陳卓更言郡國所入宿度今附而次之自軫十二度至氐四度爲壽星於辰在辰鄭之分野屬兗州自氐五度至尾九度爲大火於辰在卯宋之分野屬豫州自尾十度至南斗十一度爲析木於辰在寅燕之分野屬幽州自南斗十二度至須女七度爲星紀於辰在丑吳越之分野屬揚州自須女八度至危十五度爲玄枵於辰

在子齊之分野屬青州自危十六度至奎四度爲娵訾於辰在亥衛之分野屬并州自奎五度至胃六度爲降婁於辰在戌魯之分野屬徐州自胃七度至畢十一度爲大梁於辰在酉趙之分野屬冀州自畢十二度至東井十五度爲實沈於辰在申魏之分野屬益州自東井十六度至柳八度爲鶉首於辰在未秦之分野屬雍州自柳九度至張十六度爲鶉火於辰在午周之分野屬三河自張十七度至軫十一度爲鶉尾於辰在巳楚之分野屬荊州此班固所志也其費直蔡邕之說所先後或一二度或三四度多

不過六度又陳卓范蠡鬼谷先生張良諸葛亮譙周京房張衡並云角亢氐辰鄭兗州房心卯宋豫州尾箕寅燕幽州斗牛女丑吳越揚州虛危子齊青州室壁亥衛并州奎婁胃戌魯徐州昴畢酉趙冀州觜參申魏益州井鬼未秦雍州柳星張午周三河翼軫巳楚荊州皆不計星度舉其大綱耳

按二十八宿纏度諸家之說互有不同蓋天行與七政運移不得均齊故歷代治曆者立爲歲差之法如堯時冬至纏在虛一度夏至柳十四度春分胃十二度秋分氐十度至唐開元大衍曆冬至日躔斗十度夏至井十度春分奎七度秋分軫十四度由此觀之七政曆數自堯至唐二千年間其差如此無怪乎歷代談天之互異也但晉虞喜約以五十年日退一度失之太過宋何承天又倍其數約以百年退一度失之不及乃劉焯取二家之中以七十五年差一度蓋庶幾近之矣唐僧一行復推大衍曆以八十三

年而差一度而古今治曆始皆宗其法然元郭守敬又謂六十六年而差一度說者以爲至精至密何至今二百年來臺官推演又多不合然則列宿纏度烏可執一論耶余之刻是圖也止從宋鄭樵所著二十八宿纏度次數而一切紛紛不一之說未敢盡錄欲後世之有志推步者隨時考驗以求合乎天斯可矣

諸曆黃道宿度圖

宿	統天	開禧	會天	授時
斗	二十二度半	二十二度太	二十三度	二十三度四十七分
牛	六度八十六分	七度	七度	六度九十分
女	十度九十五分	十一度	十一度	十一度十二分
虛	九度二十八分太	九度少七十九	九度少七十七	九度
危	十六度十一分	十六度	十六度	十五度九十五分
室	十八度四十五分	十八度少	十八度少	十八度三十二分
壁	九度八十六分	九度太	九度太	九度三十四分
奎	十六度三十分	十八度	十八度	十七度八十七分
婁	十二度六十五分	十二度太	十二度太	十二度三十六分
胃	十五度六十分	十五度少	十五度少	十五度八十一分
昴	十一度九分	十一度	十一度	十一度
畢	十六度十分	十六度半	十六度少	十六度半
觜	六分	半度	半度	二十五分
參	九度半	九度半	九度半	十度二十六分
井	二十九度九十六分	三十度半	三十度半	三十一度
鬼	二度十七分	二度半	二度	二度十一分
柳	十三度二十五分	十三度半	十三度少	十三度
星	六度七十五分	六度太	六度太	六度三十一分
張	十七度八十六分	十七度太	十七度太	十七度七十九分
翼	二十度三十八分	二十度少	二十度少	二十度
軫	十九度	十八度太	十八度太	十八度太
角	十二度九十九分	十二度太	十二度太	十二度八十七分
亢	九度十四分	九度太	九度太	九度五十六分
氐	十六度三十六分	十六度少	十六度少	十六度四十分
房	五度六十六分	五度太	五度太	五度四十八分
心	六度四分	六度	六度	六度二十七分
尾	十七度九十五分	十八度	十八度	十七度九十五分
箕	九度二十分半	九度	九度	九度五十九分

參依成度所在算定其當年月躔各依本曆黃道

黃道宮次圖

分野	宿度 統天曆 開禧曆 會天曆 授時曆	宮分次舍
吳	斗四度 秒九十二 三十五分 秒二十九 三十分 秒九十七 三十四分 秒八十五 斗十度	入丑 星紀之次
齊	女二度 秒九 九十五分 秒九十三 九十一分 秒八 九十二分 三十六 六分秒	入子 玄枵之次
衛	危十三度 秒一十七 四十七分 秒八十二 三十六分 秒八十七 四十分 危十二度 六十四分	入亥 娵訾之次
魯	奎二度 秒二十五 二十七分 秒八十六 三十八分 秒二十九 三十六分 七十三分 奎一度	入戌 降婁之次
趙	胃四度 秒一十五 一十九分 秒二十 二十三分 秒七十九 二十三分 七十四分 胃三度	入酉 大梁之次
晉	畢七度 秒次 八十二分 秒七十二 九十六分 秒八十三 九十四分 八十八分 畢六度	入申 實沈之次
秦	井九度 秒八十九 四十二分 秒六十八 三十三分 秒一 四十分 秒九十四 井八度	入未 鶉首之次
周	柳四度 二十七分 柳五度 秒三十四 九十六分 秒一十八 九十六分 秒八十 八十六分 柳三度	入午 鶉火之次
楚	張十五度 秒四十四 六十二分 秒四十四 五十二分 秒七十九 五十七分 秒六 二十六分	入巳 鶉尾之次
鄭	軫十度 秒空 六十五分 秒二十四 五十六分 秒一十六 五十分 九十七 七分秒	入辰 壽星之次
宋	氐二度 秒五十一 七十四分 秒二十三 七十七分 秒六十九 七十七分 秒五十二 一十四分	入卯 大火之次
燕	尾三度 秒六十一 八十六分 秒八十七 九十七分 秒六十七 九十七分 一十五 一分秒	入寅 析木之次

右宮分各依赤道四正歲差變爲黃道

前圖分野宿度宮次皆依鄭樵通志所載與統天開禧會天授時諸曆不無歲差之異今具列於左以便查覽

三才圖會

雲間元翰父王圻纂集
男思義校正

天文四卷

五辰之圖

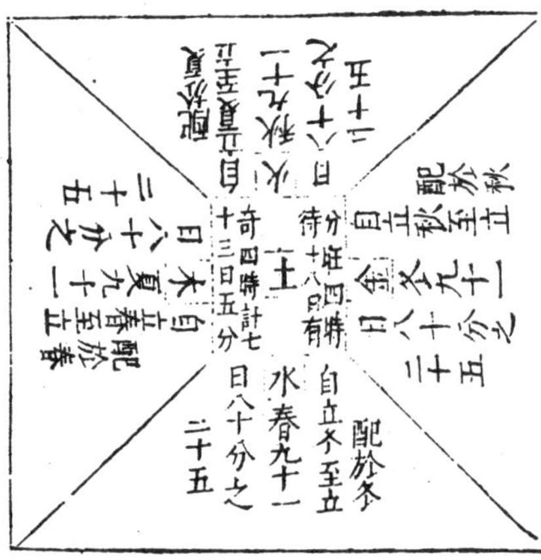

孔氏曰五行之時如四時也言撫順五行之時則衆功皆成禮運曰播五行於四時蓋四時者氣也五行者象也四時各分九十二日八十分之二十五爲一時之正而五行則以木配春以火配夏以金配秋以水配冬而土則分旺於四時每季一十八日有奇胡氏旦曰五行在地爲物在天爲時順其時而撫之故仲春斬陽木仲夏斬陰木所以撫木辰季春出火季秋納火所以撫火辰司空相阪隰以撫土辰秋爲徒杠春達溝渠以撫水辰又春德在木布德施惠順木辰也餘倣此

天地儀

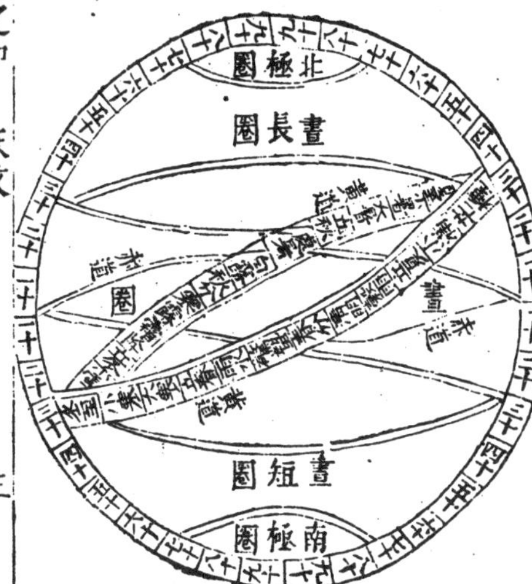

利山人山海地輿圖外三圖天球載周天遠近晝夜長短冬長晷影相差之數及天度之槩若南北二極內外以綰中天則有有影無影圜影二四般之地皆言日輪之遠近與此圖並布令纂入圖併詳歲令氣候中一年八季之下其山海圖中圈為地球內載天地包羅其中萬國畧紀山川人俗方物總分為五大州茲圖其大槩以備攷覽

天河圖

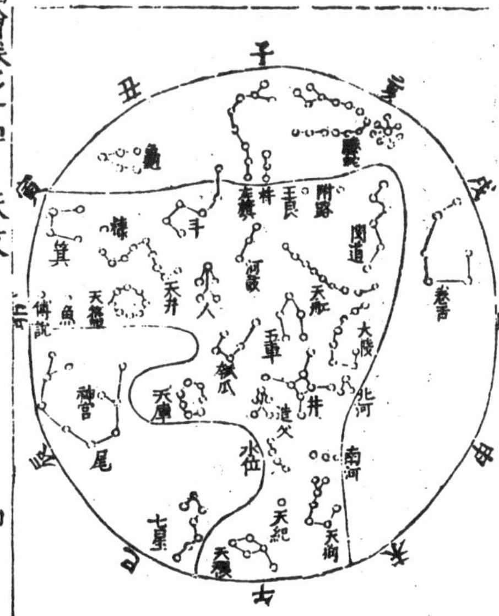

天漢起東方經箕尾之間謂之天河亦謂之漢津乃分為二道其南經傳說魚淵天籥天弁河鼓其北經箕貫龜下次絡南斗奎左旗至天津下而合南道乃西南行又分夾匏瓜絡人星杵造父騰蛇王良附路閣道北端大陵天船卷舌而南行絡五車經北河之南入東井水位而東南行絡河南闕丘天狗天紀天稷在七星南而没張衡云漢津者金之氣也

日月次舍交會之圖

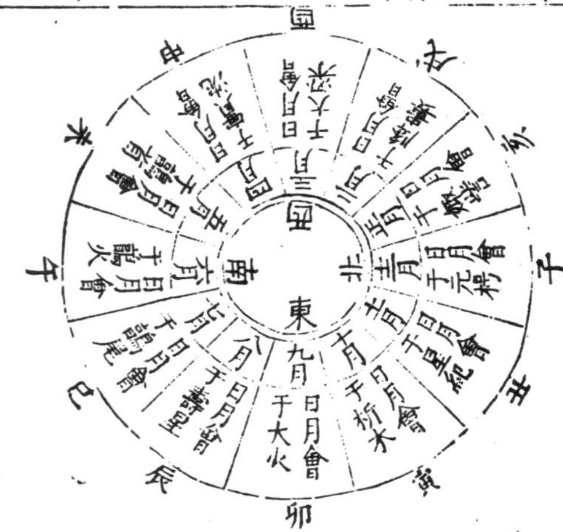

堯典曰厤象日月星辰敬授人時注云日月所會厤象其分節是謂日月交會於十二次也左傳云日月之會是謂辰月令注云日月之行一歲十二會蓋周天三百六十五度四分度之一日行遲一日經一度一歲一周天月行速一日經十三度一月一周天更行二十九度半方與日相會也

太陽中道之圖

中陸去南北極各九十一度半強春分日行中陸自春分而夏至漸行至北陸為夏至之日道自夏至而秋分由北陸而轉中陸為秋分之日道自秋分而冬至漸行至南陸為冬至之日道自冬至而春分由南陸而轉中陸為春分之日道

日有永短由地有升降春秋分時地適當天之中其日出卯入酉且行中陸故長短勻由春分而夏至陽日升地日降而下其日出寅入戌且行北陸故永由秋分而冬至陰日降地日升而上其日出辰入申且行南陸故短

二儀圖

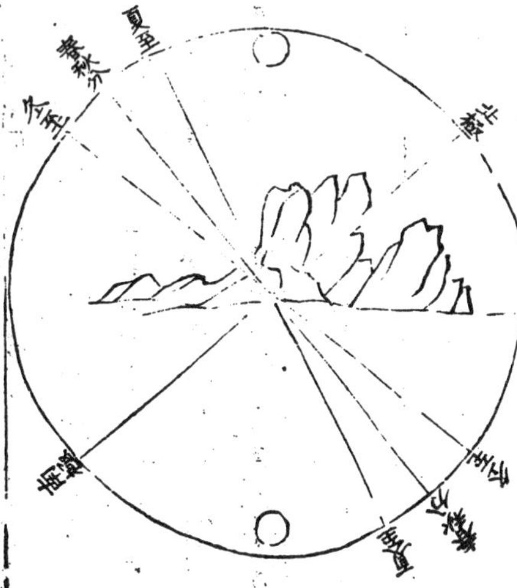

北極圖

極以其橫亘在中不動謂之天樞樞樞軸也太乙如人主北極如帝都天樞則指朝廷人主所在也衆星附於辰天無星處皆辰也北辰是北極五星中第三星之旁天壤處是天之樞紐也其小星則爲極星所謂太乙也蓋天運左旋而轉之右凡日月衆星皆動只北極出地三十六度而不動

日蝕圖

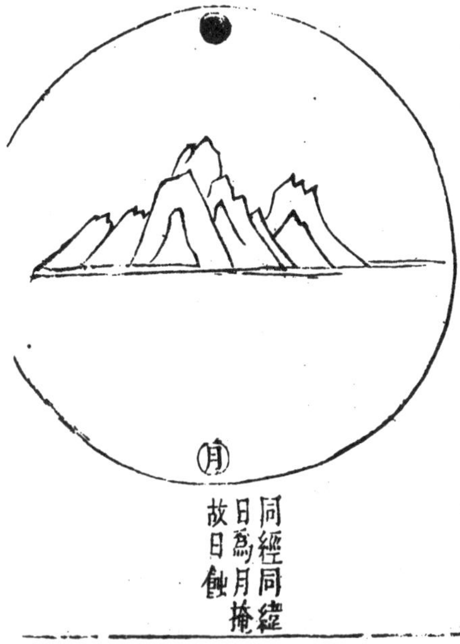

同經同緯日爲月掩故日蝕

月蝕圖

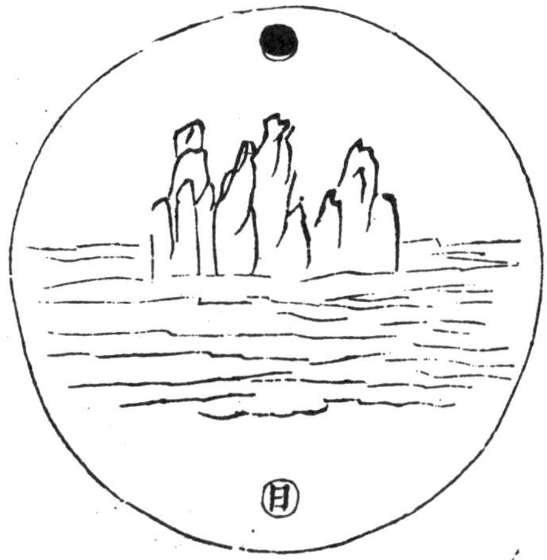

對月之衝其大如日日光不照謂之暗虛暗虛逢月則月爲之蝕

論日月食

詩十月之交篇日有食之晦朔日月之合東西同度南北同道則月掩日而日爲之食望而日月之對同度同道則月亢日而月爲之食按月掩日而日食之說易曉月亢日而月食之說難曉先儒有謂日之質本陰陰則中有闇處望而對度對道則月與日亢爲日中闇處所射故食此横渠之意即詩傳之所本也其說尤可疑夫日光外照無處不明縱有暗在內亦但自暗於內而已又安能出外射月使之失明乎惟張衡之說似易曉衡謂對日之衝其大如日月光不照謂之暗虛暗虛逢月則月食値星則星亡今曆家望月行黃道則値闇虛矣値暗虛有表裏淺深故食有南北多少按暗虛之說無以易矣但曰其大如日則恐大不止此蓋月食有歷兩三個時辰者若闇虛大只如日則食安得如此久今天文家圖暗虛之象可以容受三四個月體有初食食既食甚之分可見暗虛之大不止如日而已但不知對日之衝何故有暗虛在彼愚竊以私意揣度恐暗虛只是大地之影非他物也蓋地在天之中日麗天而行雖天大地小地遮日之光不盡日光散出地之四

外而月常得受之以爲明然凡物有形者莫不有影地雖小於天而不得爲無影既曰有影則影之所在不得不在對日之衝矣蓋地正當天之中日則附乎天體而行故日在東則地之影必在西日在下則地之影必在上月既受日之光以爲光若行値地影則無日光可受而月亦無以爲光矣安有不食者乎如此則暗虛只是地影可見既是地則其大不止如日又可見矣不然則日光無所不照暗虛既曰在對日之衝何故獨不爲日所照乎臆度之言無所依據姑記于此

日月冬夏九道之圖

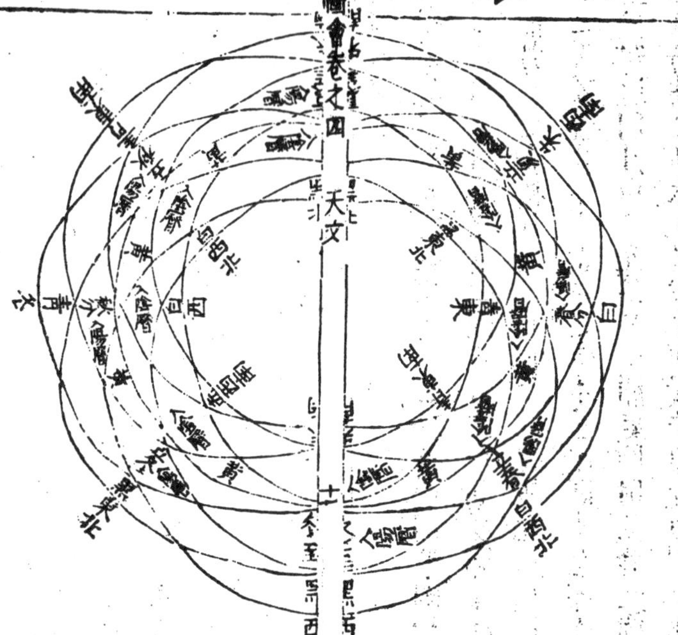

日有中道月有九行說見洪範本傳合以陽曆陰曆之說推之凡月行所交以黃道內爲陰曆外爲陽曆冬夏入陰曆夏入陽曆月行青道冬至夏至後青道半交在春分之宿當黃道東立冬立夏後青道半交在立春之宿當黃道東南至所衝之宿亦如之　冬入陽曆夏入陰曆月行白道冬至夏至後白道半交在秋分之宿當黃道西立冬立夏後白道半交在立冬立秋之宿當黃道西北至所衝之宿亦如之　春入陽曆秋入陰曆月行朱道春分秋分後朱道半交在夏至之宿當黃道南立春立秋後朱道半交在立夏之宿當黃道西南至所衝之宿亦如之　春入陰曆秋入陽曆月行黑道春分秋分後黑道半交在冬至之宿當黃道北立春立秋後黑道半交在立冬之宿當黃道東北至所衝之宿亦如之　四序離爲八節至陰陽之所交皆與黃道相會故月行有九道所謂日月之行則有冬有夏也

三才圖會卷之四　天文　十三

上弦圖

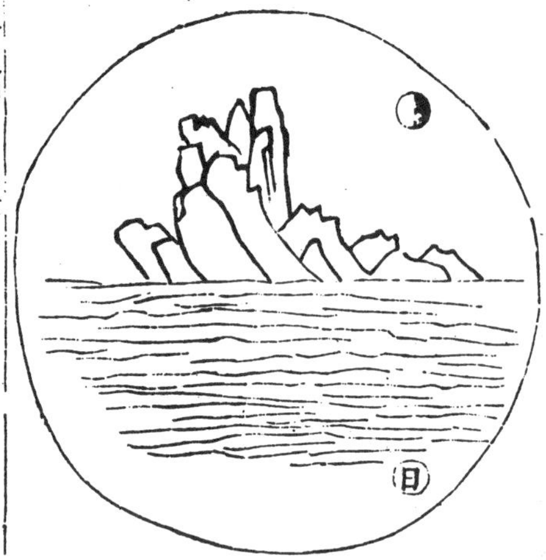

弦之日日照其側人觀其旁故半明半魄是爲近一遠三上弦是月盈及一半如弓之上弦也

下弦圖

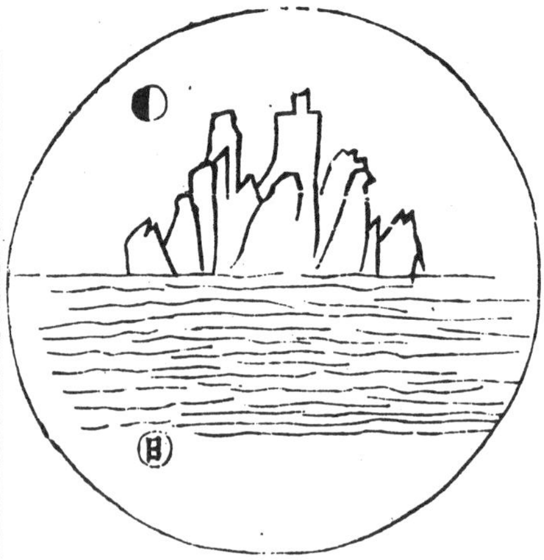

弦之日日照其側人觀其旁故半明半魄是爲近一遠三下弦是月虧一半如弓之下弦也

三才圖會卷之四　天文　十四

朔月圖

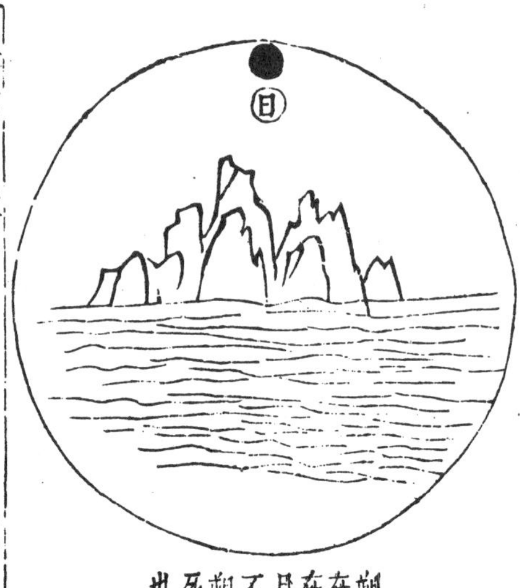

朔之日日在其表人在其裏日月相疊故不見其明朔蘇也月死復蘇生也

晦月圖

晦之日日在其表人在其裏月月相疊故不見其明晦灰也月死爲灰也

月望圖

月望之日日月相望人居其間盡覩其明是謂相與爲衡分天之中而爲望也

明魄晦朔弦望總圖

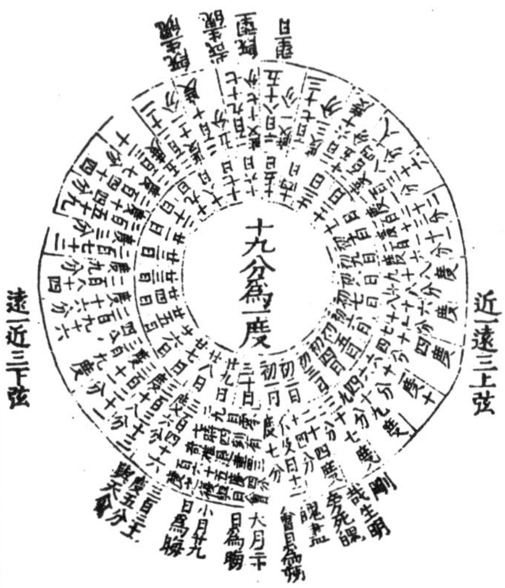

論晦朔弦望

夫天運一周日移一度月移十三度十九分度之七日舒月速當其同謂之合朔舒先速後近一遠三謂之弦相與爲衡分天之中謂之望以速及舒光盡體伏謂之晦凡一十二晦朔而歲成焉張衡靈憲曰日譬則火月譬則水火則外光水則含景故月光生於日之所照魄生於日之所蔽當月則光盈就日則光盡也皇極外書言月本黒受日之光而白與靈憲之說合矣此所以有晦朔也星家於諸緯行度皆能著曆惟月行最速未及八刻移一度不可著曆其爲算法積分成度求之久遠易致差謬欲明其要不若求之晦朔日之所次則月之所會也自朔日計之每日行十三度十九分度之七至晦又求之會則弦望所次皆可得而推雖不中不遠矣日月之行皆有盈縮日盈月縮則後中而朔月盈日縮則先中而朔故曰雖不中不遠矣日月之會是爲十二次十二次之所會則十二朔之所紀十二晦朔雖曰成歲常有餘分盖日行三百五十六日有二十五刻而周天月行二十九日有五十三刻強而與日會凡三百五十四日有三十七刻而十二晦朔終矣每歲

餘十日有八十八刻三歲餘三十二日有六十四刻而置
閏受二十九日有五十三刻尚餘三百有十一刻通十九
歲計之共餘二百六日有七十二刻凡置七閏受二百六
日有七十一刻乃無餘分故楊雄太玄十九歲爲一章一
章者閏分盡也按六曆諸緯與周髀云日月同起於端度
日舒月速凡日行十九周月行二百五十四周而復會子
端是爲一章後漢制曰閏七而受其歲十名之曰章是也
四章爲蔀首是也二十蔀曰紀紀法一千五百二十年三
紀爲元韓子曰四千五百六十歲爲元是也此所以書十

二次以求月之晦朔而歲成也
夫日舒而月速其相會也以速而及舒月之會日常以二
十九日半強而相及（半強謂四百四十九分也）蓋日行速而月行遲故
也是故一歲之周凡十有二會焉以其序而言之十有一
月會于星紀之次十有二月會于玄枵正月會諸娵二月
會降婁三月大梁四月實沈五月鶉首六月鶉火七月鶉
尾八月壽星九月大火十月析木夫會則爲晦晦而復蘇
明於是乎生焉是之謂朔月之行速漸遠於日以周天言
之其近日也九十一度有奇其遠於日也二百七十四度
有奇是之謂近一遠三謂之弦此蓋謂上弦也其行上遠
而與日對去日百八十二度六十二分有奇是之謂相與
爲衡分天之中謂之望蓋日與月相望故也其行過中遠
於日也二百七十四度有奇其近日也九十一度有奇亦
謂之近一遠三謂之弦此蓋下弦也上弦在於八日下弦
在於二十二日望在於十五日此其常也上弦或進則在
七日或退則在九日下弦或進則在二十一日或退則在
二十三日望或進則在十四日或退則在十六日此皆其
變也

日月相會必在初一日日月相望或在十五十六十七日
如在初一日卯時以前相會則十五日爲望酉時以後相
會則十七日爲望卯時以後酉時以前相會則十六日爲
望如望日之或先或後則月之大小與上下弦之或先或
後亦可知也

冬夏風雨圖

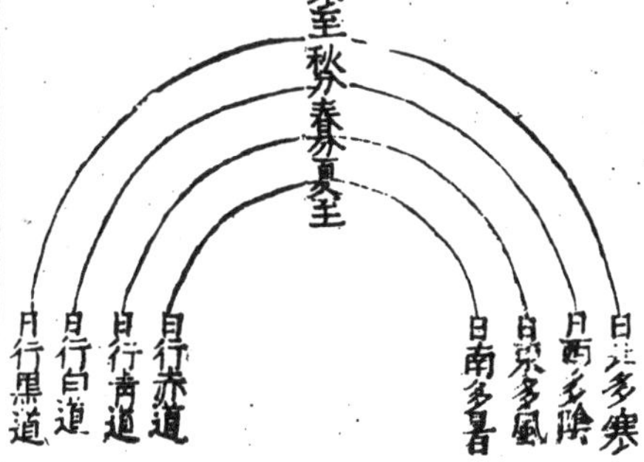

日行失度出陽道多旱風出陰道多陰雨月失中道北入箕則大風揚沙西入畢則滂沱多雨按班固天文志日有中道月有九行九行者黃道一而餘四道各二黃中而四道各出其旁其色皆隨方配云陽用事則日自北而南近南則晝漸長氣漸溫極于南故晝極長為暑陰用事則日自南而北晝退而短近北則漸短極于北則愈短故日月之行自東以極乎北進乎春夏極乎南退為秋

盈虛納甲圖

八卦配五行之義本於月變易之義體有消長盈虧出沒之方而納象震兌乾巽艮坤卦爻奇偶所取也坎月體水之精陽麗陰中故光有盈虧其行遲疾借日光初三始生明受一陽光昏見庚上象震故震納庚初八上弦受二陽光昏見丁上象兌故兌納丁十五為望日初入時全受三陽光昏見甲上象乾故乾納甲十六朝日初出月在辛上始死魄虧一陽光象巽故巽納辛二十三下弦日初出月在丙上消二陽光象艮故艮納丙至晦日月與日會于乙全消三陽光盡象坤故坤納乙離日也陽在陰外坎離得

乾坤之中爻上之位故坎納戊陽土離納己陰土乾六位
納三甲三壬坤六位納三癸三乙始甲乙終壬癸包八子
所納括始終也位無戊己寄居中央王天地之元根離得
乾外陽故配乾之外壬坎得坤外陰故配坤之外癸是以
乾甲兌丁巳丑屬金巽辛震庚亥未屬木艮丙坤乙屬土
坎癸申辰屬水離壬寅戌屬火皆從合也
日爲陽象陽中含陰離二陽在外一陰居中故離爲日之
正體月爲陰象陰中含陽坎二陰在外一陽居中故坎爲
月之正體日無遲速月有盈虛卦有變化時有配納月麗

于日而有明日晦朔而象坤出于庚而震上弦于丁而
兌盈于甲壬而乾退于辛而巽消于丙而艮終于乙癸而
復于坤此一月之消息盈虛也地法因之以推八卦之變
分配各位以統十二辰之方亂以五行之位蓋本乎此也

日月風雲氣色圖

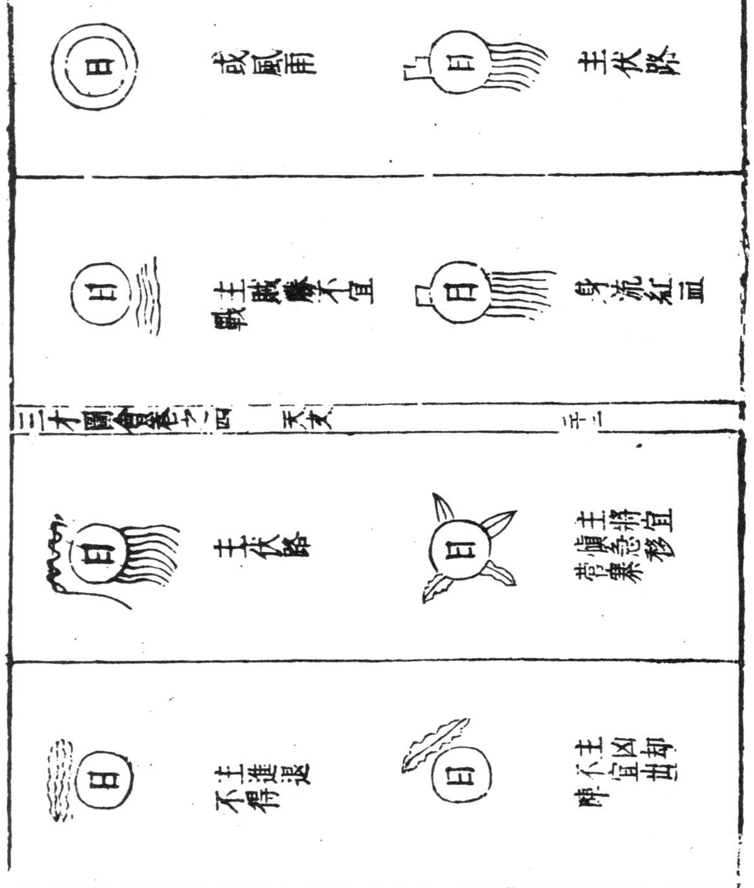

主將宜愼不宜動有賊伏兵大凶

主有鬪戰更風雨午時定有賊至無風有虛驚

臨陣青雲主大凶色如日光射軍大勝

若雲紅大凶不宜出戰急宜安營

主賊伏兵不宜行動宜下寨

主此雲大凶不宜進退安寨勝

主大凶只宜安營寨防之吉

主三日後有賊鬪戰

主大凶急宜防營即有賊來攻寨

此雲卯時見主有喜信至如日午見主凶敗信至

此雲青黃大吉若見赤黑紅大凶

寅申日少勝吉先敗後勝

此雲大凶急下營寨保之

主有驚險不可戰

此雲賊兵伏路主將宜愼之

主軍宜安營不動決有凶

此雲大驚怕人後悔之不三日敗

此雲紅暗大凶若紅光遮或赤宜下寨

此雲黑青凶如有黃雲護之在內則吉

此雲有賊將使人來投降吉

此雲從日紫青色吉黑色凶半黃吉在上則吉在下則凶與日半吉

此雲貫日不宜遠行用事宜退不宜進

此雲三日後有戰如黑來日卯時有驚

此雲貫日賊亂大鬧赤則大凶青則不雨

此雲穿日却有凶信至及横事凶

此雲隨日主將宜慎急下營寨草賊即至

日出光芒進退皆凶急宜隄防主將慎之

此雲畔日主賊伏兵

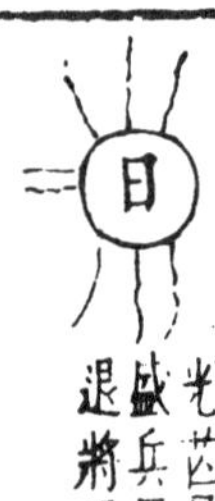

光芒暈日紅則盛兵黑則敗將退將平善

殺氣臨主將宜急移營寨火賊並急

黑雲遶日紅則大凶主將宜慎如霧應幾

黃赤吉青黑凶此雲從日不宜戰戰則必輸

黃紅吉青黑凶

日生闕主將宜慎黃則或有雨小吉黑爲兇耀凶

此雲主七五月或二六九月信至軍中無事若無信軍中定移此必動軍定到寨

黃紅白吉青黑大凶

主大旱

主干戈

主淚流紅流血

主風雨黃者風白者雨

主美風

大宜行兵主吉

主天下太平之兆

主余信重

主信至

主官失

主賊伏路等軍大凶

主三日後戰宜脩武備具

此星主凶宜進軍執鬬則吉退則大凶

主滕蛇大凶不宜進不宜退急安營寨

主將不利宜安營寨不宜動

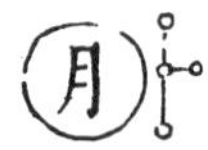

主將不利速宜安營寨有賊沖陣

主三軍指節軍將遠宜慎防有賊侵營寨

此二星隨月宜進兵賊人大敗

此雲從月下生毛不問五色皆凶

此雲從月下近主將宜隄防不宜進兵戰則敗

此雲若見青紅黑赤主將家有不吉

此雲黃白蓋月則吉若紅赤黑則大凶

見黃雲隨月主將宜戰大吉黑主凶

此雲隨月主將宜慎防賊兵伏路

此星近月兩邊慎防虛驚慎之則吉

此雲銜月紅黑大凶宜慎軍必不戰

此等紅雲主大凶防賊侵軍赤白色主風雨

二星從月三軍不欲急進兵百戰百勝

色雲衝月急進兵軍敗將大敗

黑雲衝月三星倚側主將宜慎戰勢大得三日有軍信至

黑氣臨月死損軍兵將亦難保急宜更改

此氣遶月一重敗兵二重三重將損軍亡

黑氣刑月主賊亂殺入營慎則無虞

紅雲壓月黑氣之卯時賊兵至

勝蛇之形不宜進兵退亦不吉宜守營寨

此雲不吉不可進軍慎守營備之

三敗星倚月而行不宜進退

白雲從月將雄兵鋭宜午時進軍大勝

賊星倚月軍憂不歇將亦皇皇急宜備之

四星護月失精兵將不宜出入

三星侵月三軍指節賊勢大動三日後見

此雲遶月主凶殺不宜進軍進軍必敗

此雲從月不戰則吉陽會者勝陰會者敗

此雲影月急宜下營防有賊來相侵敵

此雲五色捧月大吉黑色謂之黑雲吞月凶

此星宜進軍戰大勝不宜緩

此二星主防明日午時中賊敗去

三星隨月即宜進兵必大勝

雲暗月光切忌明日卯時有賊沖營

此雲主戰昔日黃巢沖寨明日退則吉

此雲主將宜坐營戰兵勝不宜出寨有黑雲來沖合凶

此星兼月宜慎防兵防賊偷營

此星有賊來攻軍寨三日內見主將宜慎防

此雲銜月賊來侵營不宜動三日後見之

此星映月主有軍馬大敗急宜進兵大勝遲則大凶秋前看之

此星隨兵大勝退則大凶

三星映月軍心搖動主將宜慎吉凶

三星背月軍主逃亡

三星遶月防營中有黑色人偷開門戶放賊偷營主將宜慎

三星隨月主邊廷大亂三日後見

凡觀天氣在戌亥二時靜觀月主水忌巳主三六九月主大忌一四七見之軍即到寨

此雲白黃吉不戰賊自敗若紅黑紫色大凶賊若人侵軍宜慎若見黑色軍有災禳免之

此雲白黃吉若紅赤紫色主將宜慎之謹守營寨三日後有賊來侵攻

此雲主有交加大戰主將宜謹備用防賊侵軍

三才圖會卷之四 天文 三五

此雲出在西方白黃大吉若紅黑紫赤大凶

此雲出在甲乙上吉亦要白黃吉若紅黑紫赤大凶

此雲出西方大吉亦要白黃明朗若紅赤黑紫氣相穿相貫即凶

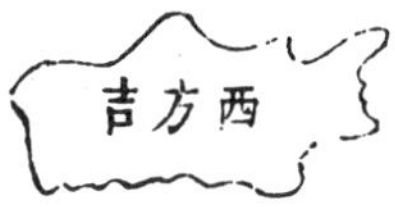

此雲出西方大吉亦要白黃方吉若紅赤黑色凶

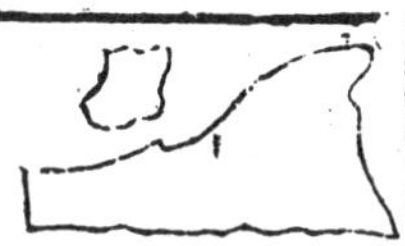

此雲說與下圖同

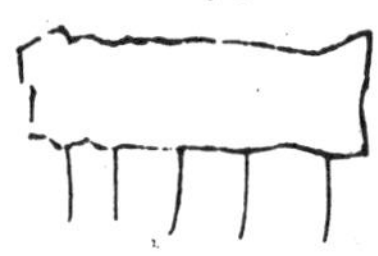

此雲紅黑紫然火樣下面有紅路生者賊勢猖獗如白黃青氣沖起白氣生出雖天動三六九日一四七見之

此雲出在西方大吉亦紅白黃色方吉如見紅黑赤紫色切謹大凶等此宜仔細視之

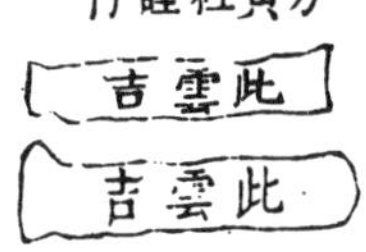

此雲說同上

三才圖會卷之四 天文 三六

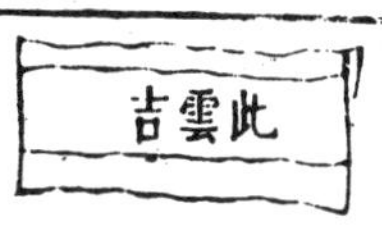

此雲出在西方大吉軍陣中見此雲氣決勝千里之外

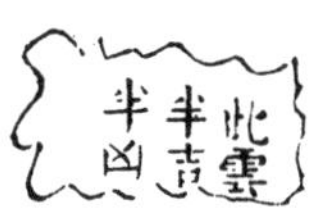

此雲氣如紅白黑赤有牙大凶若黃明朗即吉

見此雲氣如紅黑赤主大凶賊勢猖狂主將宜避之只宜守營不宜動去

三才圖會卷之四終

地理圖序

余與允明蓋年家兄弟也而今又爲兒女戚云海上俗好遊閒長者家兒輙厭棄筆研允明以名御史子獨能讀父書仰視俯畫遠稽近述稱穆叔之言與余同青衫而事廣文旣不得志乃補太學上舍又躑躅於六館因謝去故所業益肆志於牙籤縹帙之間以爲通天地人謂之儒今帖括之士徒工射覆稍拾溹圃柱下暨東西京之唾餘即自名博雅而其紕繆之極遂至亙墻又何論辨琅邪與滑國乎故抽御史公所藏手櫛心沐差次成一家言曰天文地理人物總之曰三才圖會而此其地理一種也昔孟堅志地理寫習俗之好尚與人

民之錫夷纖悉畢具然文則詳矣圖則未備文忠指掌上自春秋下至汴宋其間因革離合亦纖悉畢具然一切名山大川靈蹤閟勝圖無聞焉竟使考太公之履者藉爲指南而卧少文之遊者尚苦迷津兼之者允明此書矣或謂食肉不食馬肝不爲不知味不然無不善畫者莫能圖豈非以其無當於染翰猶瞽者之於五色哉此余所謂射覆之談非通儒之見也夫周禮辨方而聚米猶足覘虜倘熟於夷險亦經濟之裨也漢時邑名有船司空郁夷之類皆著於圖經今試質之學士有能識其地者乎誠攷其建置亦多識之資也

高皇帝肇造函夏著寰宇通志以示天下

向方歷年幾三百陵谷且易位非我允明憲章此道不幾於之燕而轅越乎則雖謂鼓吹　聖製可也允明侍其御史公遊足跡殆半天下余不肖不出戶庭犹之坐井今因計偕始由江而淮由淮而洛抵於神都以續食所經覆視紙上毫髮不爽乃知允明之學識其大者是編也權輿於御史公而允明實卒其業余之獨詳於允明者以此昔君家元魯世傳青箱今觀允明之於御史公青箱百世猶新矣

年家弟唐國士譔

三才圖會一卷

雲間元翰父王圻纂集
男思義校正

地理一卷

地與海本是圓形而合為一球居天球之中如雞子黃在青內有謂地為方者乃語其定而不移之性非語其形體也天既包地則彼此相應故天有南北二極地亦有之天分三百六十度地亦同之天中有赤道自赤道而南二十三度半為北道據中國在北道之北日行赤道則晝夜平行南道則晝短行北道則晝長故天球有晝夜平圈列于中晝短晝長二圈列于南北以著日行之界地球亦有三圈對于下也　查得直行北方者每路二百五十里覺北極出高一度南極入低一度直行南方者每路二百五

山海輿地全圖

外三圈天球定天度晝夜長短節候

圖中橫竪三十六方每方中各十度

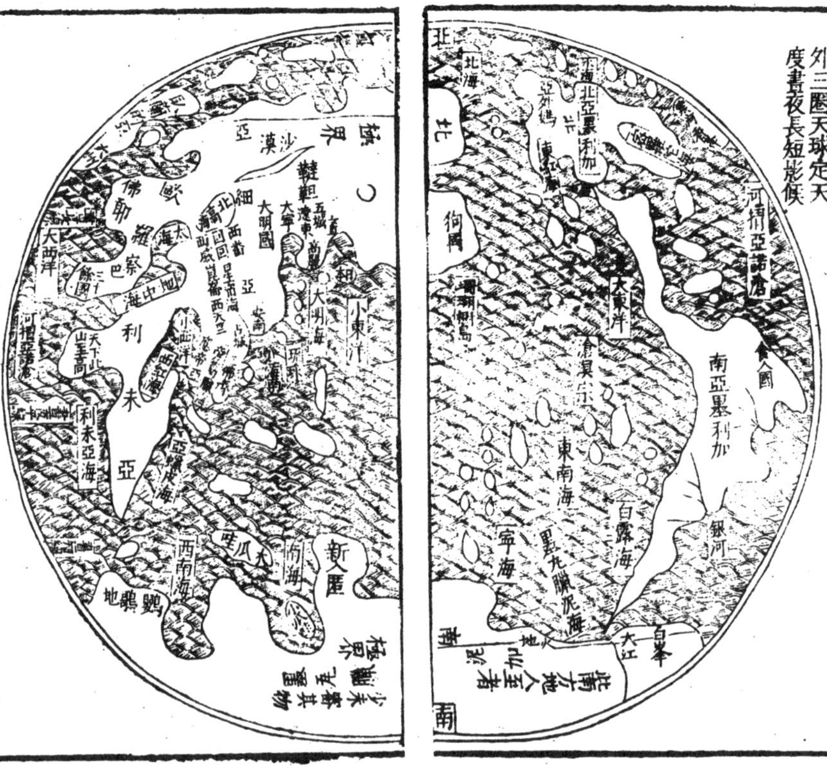

內一圈地球分天地五州區域之界

地球橫竪經緯界線別方隅稽度數

十里覺北極入低一度南極出高一度則不特審地形果圓而並徵地每度廣二百五十里則地之東西南北各一週有九萬里實數也是南北與東西數相等不異天地厚二萬八千六百三十六里零三十六丈上下四旁皆生齒所居渾淪一球原無上下蓋在天之內何瞻非天總六合內凡足所佇即爲下凡首所向即爲上不專以身之所居分上下也予自太西浮海入中國至晝夜平線已見南北二極皆在平地畧無高低道轉而南過大浪山已見南極出地三十二度則大浪山與中國上下相爲對待矣　以

天勢分山海自北而南爲五帶一在晝長晝短二圈之間其地甚熱帶近日輪故也二在北極圈之內三在南極圈之內此二處地俱甚冷帶遠日輪故也四在北極晝長二圈之間五在南極晝短二圈之間此二地皆謂之正帶不甚冷熱日輪不遠不近故也又以地勢分輿地爲六大州曰歐邏巴曰利未亞曰亞細亞曰北亞墨利加曰南亞墨利加曰墨瓦臘泥加

歐邏巴南至地中海北至臥蘭的亞及氷海東至大乃河墨河的湖大海西至大西洋　利未亞南至大浪山北至

地中海東至西江海仙勞冷祖島西至河摺亞諾滄郎此
州只以聖地之下徵路與亞細亞相聯其餘全爲四海所
圍　亞細亞南至沙馬大臘呂宋等島北至新增白臘及
北海東至日本島大明海西至大乃河墨河的湖大海西
江海小西洋　南北亞墨利加全爲四海所圍南北以微
地相聯　墨瓦臘泥加盡在南方惟見南極出地而北極
常藏焉其界未審何如故不敢訂之惟其北邊與大小爪
哇及墨瓦臘泥峽爲境也大約各州有百餘國
圓球平圖爲線合連東西二海形爲一方　每十度一方

爲經緯線東西緯線數天下之長自晝夜平線爲中而起
上數至北極下數至南極南北經線數天下之寬自福島
起爲一十度至三百六十度復相接　凡地在中線以上
主北極則實爲北方中線以下主南極實爲南方也釋氏
謂南贍部洲並計須彌山出入地數謬也
又用緯線以着各極出地幾何蓋地離晝夜平線度數與
極出地度數相等但在南則者南極出地之數在北方亦
然故視北京隔中線以北四十度則知京師北極高四十
度也南京離中線以上三十二度離福島以東一百三十

度也視大浪山隔中線以南三十六度則知大浪山南極
高三十六度也　凡同緯之地其極出地數同則四季寒
暑同態焉若兩處離中線度數相同但一離南一離北其
四季晝夜刻數均同惟時相反耳此之夏爲彼之冬也
同經線處並同辰而同時見日月蝕矣晝夜時辰遠近以
中線度之不差蓋日輪一日作一週則每辰行三十度而
兩處相違三十度謂差一辰故脈女直離福島一百四十
度而緬國離一百一十度則女直于緬國差一辰凡女直
之卯爲緬之寅時也餘倣是詳見全圖茲畧載以覽攷

自古帝王之御世者必一統天下而後爲盛羲農以上疆
理之制世遠莫之詳矣其見諸載籍者謂黃帝畫野分州
得百里之國萬區帝嚳創制九州統領萬國堯遭洪水天
下分絶爲十二州使禹平治水土更制九州列五服禹繼
唐虞之盛塗山之會執玉帛者萬國而四百年間迭相兼
并逮商受命其能存者纔三千餘國亦爲九州分統天下
及周克商尚有千八百國而分天下爲九畿至成王時仍
曰九州厥後諸侯相吞列國耗盡陵夷至於戰國天下分
而爲七秦并六國罷侯置守分天下爲四十郡漢因秦制

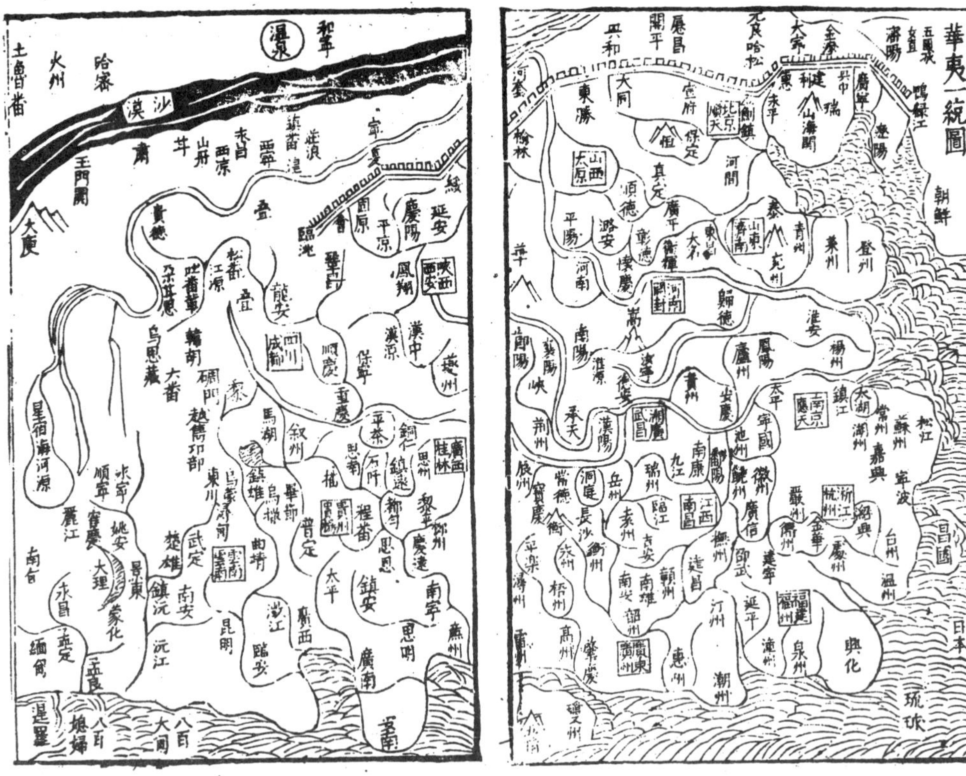

加置郡國武帝攘胡開越四履彌廣分天下爲十三州郡皆置刺史旣而三國鼎峙至晉始合爲一置州凡十有九未幾南北分裂至隋復合爲一盡廢郡爲州唐承隋後置州愈多貞觀初分天下爲十道開元中又增至十五道宋承五季削平偏據至道末分天下爲十五路宣和中又增至二十六路元氏以夷狄入主華夏內立中書省一以領腹裏諸路外立行中書省十以領天下諸路然其地西北雖過於前而東南島夷則未盡附惟我

皇明誕膺

天命統一華夷幅員之廣東盡遼左西極流沙南越海表北抵沙漠四極八荒靡不來庭而疆理之制則以京畿府州直隸六部天下分爲十三布政司曰山西曰山東曰河南曰陝西曰浙江曰江西曰湖廣曰四川曰福建曰廣東曰廣西曰雲南曰貴州以統諸府州縣而都司衛所則錯置於其間以爲防禦總之爲府一百四十九爲州一百二十八爲縣一千一百五而邊陲之地都司衛所及宣慰招討宣撫安撫等司與夫四夷受官封執臣禮者皆以次具載於志焉顧昔周官詔觀事則有志詔地事則有圖故今

復爲圖分置於兩畿各布政司之前又爲天下總圖於首
披圖而觀應天下疆域之大了然在目而我
皇明一統之盛冠乎古今者垂之萬世有足徵云

五鎭四海五瀆

東鎭沂山東安王在沂州南鎭會稽山永興公在越州中
鎭霍山應聖公在晉州西鎭吳山成德公在隴州北鎭醫
巫閭山廣寧公在營州東海廣德王在萊州界南海廣利
王在廣州界西海廣潤王在同州界北海廣澤王在洛州
界江瀆東廣源王在益州立春祭淮瀆南長源王在唐州

立夏祭河瀆西靈源王在同州立秋祭濟瀆北青源王在
洛州立冬祭漢瀆溪源王在梁州

十大洞天

第一王屋洞小有清虛天周迴萬里王褒所理在洛州王
屋縣第二委羽洞大有虛明天周迴萬里司馬季主所理
在武州第三西城洞太玄總眞天周迴三千里王方平所
理在蜀州第四西玄洞三玄極眞天廣二千里裴君所理
在金州第五青城洞寶仙九室天廣二千里甯眞君所理
在蜀州青城縣第六赤城洞上玉清平天廣八百里王君
所理在台州唐興縣第七羅浮洞朱明耀眞天廣一千里
葛洪所理在博羅縣屬修州第八句曲洞金壇華陽天廣
百五十里茅君所理在潤州句容縣第九林屋洞左神幽
墟天廣四百里龍威丈人所理在蘇州吳縣第十括蒼洞
成德隱眞天廣三百里平仲節所理在台州樂安縣

三十六洞天

霍童山霍林洞天三千里在福州寧德縣太山蓬玄洞天
一千里在兗州乾封縣衡山朱凌洞天七百里在衡州衡
山縣華山總眞洞天三百里在西嶽常山總玄洞天一百

里在北嶽嵩山司眞洞天三千里在中嶽峨嵋山虛凌太
妙洞天三百里在嘉州峨嵋縣廬山洞虛詠眞洞天三里
在江州潯陽縣九天使者四明山丹山赤水洞天一百八
十里在越州餘姚縣劉樊得道會稽山極玄陽明洞天三
百里在越州會稽縣夏禹探書方白山德玄洞天五百里
在京兆磐屋縣太上所現壇西山天寶極玄洞天三百里
在洪州南昌縣洪崖所居大圍山好生上元洞天三百里
在潭州醴陵縣傳天師所居石室仙壇潛山天柱司玄洞
天一千三百里在舒州桐城縣九天司命武夷山昇眞化

玄洞天百二十里在建州建陽縣毛竹武夷君鬼谷山貴玄思眞洞天七十里在信州貴溪縣華蓋山容城太玉洞天四千里在溫州永嘉縣王笥山太秀法樂洞天百二十里在吉州新淦縣蓋竹山長耀寶光洞天八十里在台州黃巖縣葛仙公所居都嶠山太上寶玄洞天八十里在容州白石山秀樂長眞洞天七十里在容州北源勾漏山玉闕寶圭洞天三十里在容州有石室丹井九疑山湘眞太虛洞天三十里在道州延唐縣洞陽山洞陽隱觀洞天百五十里在潭州長沙縣幕阜山玄眞太玄洞天二百里在鄂

州唐軍縣吳孟上昇處大酉山大酉華妙洞天一百里在辰州界金庭山金庭崇妙洞天三百里在越州剡縣褚伯玉沈休文居之麻姑山丹霞洞天一百五十里在撫州南城縣麻姑上昇仙都山仙都祈仙洞天三百里在處州縉雲縣黃帝上昇青田山青田大鶴洞天四十里在處州青田縣葉天師居之天柱山大滌玄蓋洞天一百里在杭州餘杭縣天柱觀鍾山朱湖太生洞天一百里在潤州上元縣良常山良常方會洞天三十里在茅山東北中茅君所居桃源山白馬玄光洞天七十里在朗州武陵縣金華山

金華洞元洞天五十里在婺州金華縣有皇初平赤松觀紫蓋山紫玄洞盟洞天八十里在韶州曲江縣

七十二福地

地肺山在茅山有紫陽觀乃許長史宅石磕源在台州黃巖縣嶠嶺東仙源在溫州白溪南田在處州青田玉瑠山在溫州海中青嶼山在東海口崆峒山在夏州黃帝所到郁木坑在吉州玉笥山玉梁觀乃蕭子雲宅武當山在均州七十二洞君山在岳州青草湖中桂源在連州抱福山廖先生宅靈墟在台州天台山司馬天師居處沃州在越

州剡縣天姥岑在台州天台南劉阮迷路處若耶溪在越州南樵風徑巫山在夔州大仙壇清遠山在婺州浦陽縣東白山安山在交州安期先生居處馬嶺在郴州蘇耽上昇處鵞羊山在長沙縣許君斬蜃處洞眞壇在長沙南嶽祝融峯洞宮在長沙北洞靈源在衡州南嶽招仙觀上峯閩山在溫州安國縣貞白先生修藥處爛柯山在衢州信安縣龍山在信州貴溪縣天師宅勒溪在建州建陽縣靈應山在饒州北施眞人宅白水源在龍州金精山在虔州虔化縣張女貞修道處閣造山在吉州新淦縣天師行化

處始豐山在洪州豐城縣逍遥山在洪州連西山許眞君修道處東白源在洪州新建縣鍾眞人宅鉢池在楚州北王眞人修道處論山在丹徒縣毛公壇在蘇州洞庭湖中包山七十二壇劉根先生修道處九華山在池州青陽縣竇眞人上昇處桐柏山在唐州桐柏縣淮水上源平都山在忠州酆都縣陰君上昇處緑蘿山在常德武陵北章觀山在澧州澧陽縣抱犢山在路州上黨莊周所居大面山在蜀州青城山羅眞人所居虎溪在湖州安吉縣方眞人修道處元晨山在江州都昌縣馬跡山在舒州王先生修

洞淵法處德山在朗州武陵縣善卷先生居古名枉山雞籠山在和州歷陽縣玉峯在藍田縣商谷在商州上洛縣四皓所隱處陽美山在常州義興縣張公洞長白山在兗州中條山在河中永樂縣侯眞人上昇處霍山在壽州雲山在朗州武陵縣四明山在梨州魏微上昇處緱氏山在洛州緱氏縣子晋上昇處臨卭山在卭州臨卭縣白鶴山相如所居少室山在河南府連中嶽翠微山在西安府終南太乙觀太隱山在明州慈谿縣天寶觀白鹿山在杭州天柱山吳天師所隱大若巖在温州永嘉縣貞白先生修眞誥處嶸山在萊州嶗嶸山仙公會眞處西白山在越州郯縣趙廣信上昇處天印山在昇州上元縣洞玄觀仙公行化處金城山在雲中郡三皇井在温州仙巖山沃壤在海州東海縣三疎修道處

北直隷古冀州也京師即金元舊都也宸山帶海有金湯之固眞定以北至於永平關口不下百十而居庸紫荆山海喜峯古北黃花鎮險阨尤著故薊州保定重兵屯馬山後諸州故我大寧都司地也自國家棄以與虜則居庸之外所恃以爲藩籬者宣府耳廣平以南四方水陸畢會於臨清轉漕京師輻輳而進若天津又海運通衢也河間眞定保定之間多達兵營塢其人性獷難馴且東安霸州武清而東野曠人稀姦宄伏匿頗基腹心之患遊山一帶則樵採耕牧之利居多姦人每竄其中有司病之盖賦煩民

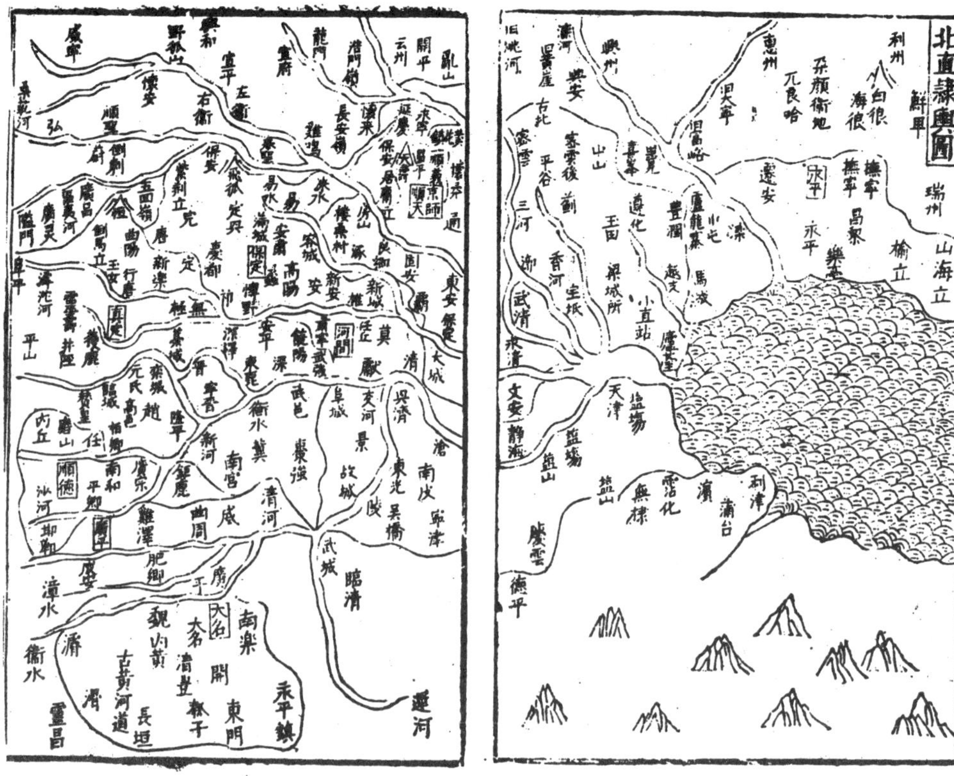

北直隸輿圖

困戶口流亡雖畿甸同風而順天之馬政河間之水潦其患爲尤烈焉其所屬府八州一十七縣一百一十五又州二屬縣一總爲里三千三百有零戶四十一萬八千七百八十九口三百四十一萬三千二百五十四夏秋二稅共米麥六十萬一千一百五十二石絹四萬五千一百三十五疋棉花一十萬三千七百四十八觔鈔九貫馬艸八百七十三萬七千二百八十四束

順天之州五縣二十有二爲涿州（四十六里）通州（三十二里）昌平（二十七里）霸州（二十一里）薊州（二十六里）附郭之縣爲大興（四十九里）宛平（一百四十二里）外爲順義（二十七里）良鄉（二十五里）密雲（十九里）懷柔（一十四里）固安（十八里）永清（二十一里）東安（四十四里）香河（一十里）屬通爲三河（三十六里）武淸（二十一里）漷（一十五里）寶坻（三十二里）屬涿爲房山（一十六里）屬霸爲文安（四十四里）大城（二十三里）保定（六里）屬薊爲玉田（十六里）豐潤（二十二里）遵化（二十三里）平谷（十三里）其名廣陽燕山（漢宋）其山鎭曰天壽（本名燕山從大行西來北至幽州）曰西山（與天壽聯絡）曰玉帶（昌平）曰幽都（昌平）曰龍山（順義）曰黍谷（懷柔鄒衍吹律生黍即此）曰密雲曰白檀（密雲曹操破烏丸於此）曰孤山（通州）曰靈山（三河）曰獨鹿（涿州）曰大房（房山）曰莫金（霸州）曰崆峒（薊州）曰南龍（遵化）曰朝月（豐潤）曰妙峯（平谷）曰徐無（玉田山出不灰木生火石）曰燕山（玉田）曰小

泉玉田其川曰玉河源自玉泉曰大通河自玉河曰盧溝河本桑乾河又名
渾河源出山西大同桑乾山經太行山出宛平曰清河曰官河曰榆河俱昌平源曰固
安河即易水
保定之州三爲祁一十四里爲安一十四里爲易三十八里縣十有七附
郭爲清苑二十四里外爲滿城二十里爲安肅一十六里爲定興二十一里
爲新城三十六里爲唐二十二里爲博野二十一里爲慶都二十一里爲容城
六里爲完一十八里爲蠡二十七里爲雄一十四里祁之屬爲深澤一十一里爲
束鹿十七里安之屬爲高陽一十四里爲新安一十七里易之屬爲淶
水二十五里其名上谷秦清苑宋其山曰郎曰松曰伊祁完縣堯母

所居曰唐唐縣一名唐嵒曰抱陽滿城曰班妃安肅曰大雄雄曰龍跡易
曰石龜淶水其川清苑河曰龍泉慶都曰方順河滿城曰拒馬河
源出淶山曰滹沱河東鹿曰易水安州
河間之州二爲景一十八里爲滄二十八里縣十有六附郭爲河間
二十七里外爲獻二十七里爲阜城二十六里爲肅寧一十四里爲任丘二十三里
爲交河一十五里爲青一十七里爲興濟一十里爲靜海一十九里爲寧津
二十五里景之屬爲吳橋一十五里爲東光九里爲故城八里滄之屬爲
南皮九里爲鹽山二十七里爲慶雲一十一里其名河間漢瀛海宋其
山曰西山青曰天胎東光其川曰滹沱河獻曰胡盧河阜城卽衡

漳之別名曰漳河東光曰衛河景曰濡水任丘春秋齊侯北伐燕盟于濡水卽此曰
易水任丘
眞定之州五爲定三十四里爲冀一十七里爲晉一十九里爲趙二十里爲
深一十七里縣二十有七附郭爲眞定一十八里外爲井陘一十三里爲
獲鹿一十一里爲元氏一十七里爲靈壽一十三里爲藁城一十三里爲欒城
一十三里爲無極一十三里爲平山二十一里爲阜平一十一里定之屬爲新
樂一十一里爲曲陽二十五里爲行唐二十二里冀之屬爲南宮三十里爲
新河一十二里爲棗強二十七里爲武邑二十三里晉之屬爲安平一十二里
爲饒陽一十七里爲武強一十四里趙之屬爲柏鄉十里爲隆平一十一里

爲高邑二十里爲臨城一十三里爲贊皇一十二里爲寧晉二十里深之
屬爲衡水七里其山曰雲鳳井陘曰抱犢獲鹿曰石溜元氏曰黃元氏
曰盧平山曰文靈壽曰大派阜平曰嘉定曰少容曲陽曰箕行唐許由棄瓢
巖洗耳溪巢文碑曰紫微冀曰鼓城晉曰武強武強曰鈞盤臨城韓信敗陳
餘于此曰檀贊皇周穆駐蹕于此高百餘丈曰紫金深其川曰滹沱河自鴈門經
靈壽至直沽入于海曰綿蔓河井陘源發山西平定曰松陽河靈壽源發楸山曰交河
欒城來自平山曰滋河平山入滹沱曰泒河阜平源自山西經縣曰沙河新樂源自山西
繁峙曰告河行唐自楊川嶺曰漳河冀州源自山西曰夾河武邑清漳分流曰饒河
饒陽西南胡盧河寧晉源自順德卽大陸澤又廣阿澤曰恒水曲陽出恒山北谷至行唐曰滏

水 冀州俗名祜滏渠 曰索盧水 棗強衛河支流泠河達于海 曰澧水 隆平漳河分流 曰泲水 高邑一名白溝發源贊皇 曰泜水 臨城自元氏 曰槐水 贊皇源自黃少嶺 曰滏水 定州源自恒山北谷 曰黑水 定州俗謂黑曰盧不流曰奴漢置盧奴縣

順德之縣九附郭爲邢臺 三十二里 外爲沙河 一十九里 爲南河 一十六里 爲平鄉 一十三里 爲廣宗 一十二里 爲鉅鹿 一十四里 爲唐山 一十五里 爲內丘 一十九里 爲任 一十九里 其名鉅鹿 秦 襄國 隋 其山曰風門曰石門 邢臺 曰黑 沙河 曰堯 唐縣山堯始封於此山石五色錦章 曰蓬鵲 內丘扁鵲採藥于此 其川狼溝河 南和 曰濁漳河 平鄉源自山西潞州鳩山 曰澧河 任縣 曰遠活水 府城舊名蓼水流經任縣爲蔡水 曰百泉水 府城平地出上源一名澧河渦水 曰泜水

唐山 曰礪水 內丘 曰落漠水 平鄉

廣平之縣九附郭爲永年 三十二里 外爲曲周 三十二里 爲肥鄉 四十八里 爲雞澤 一十一里 爲廣平 一十九里 爲邯鄲 三十里 爲成安 二十七里 爲威 十里 爲清河 八里 其名廣平 漢 武安 隋 其山曰聰明曰紫荊 廣平 曰天臺 肥鄉 曰紫 邯鄲 雞澤 雞澤 其川曰洺河 府城北源自遼州太行山 曰拳壯河 廣平 曰石家河 肥鄉源自漳水支流達東漳河 曰西河 邯鄲源出紫山 曰漳河 源出河南磁州西山經成安廣平肥鄉曲周入洺河 曰滏水 府城南從邯鄲經永年達曲周東北流去

大名之州一爲開 一百二十二里 縣十附郭爲元城 三十八里 外爲大名 一十九里 爲南樂 四十二里 爲魏 四十八里 爲清豐 四十二里 爲內黃 三十四里 爲濬 五十里 爲滑 八十九里 爲東明 一十九里 開之屬爲長垣 一十八里 其名魏郡 漢 陽平 魏 其山曰沙麓 府城東 曰洪洋 開州 曰愜 大名 曰大伾 濬禹貢導河至于大伾即此 曰白馬 滑 曰秋 頓丘廢縣帝嚳葬此 其川曰漳河 魏 曰雝馬河 大名 曰沙河 引漳河 曰衛河 自衛輝縣經濬縣內黃與淇漳滹沱合 曰滑河 滑 曰淇水 臨河廢縣源出林慮山歷濬縣入河 黎水 濬即衛淇合流 澶水 頓丘廢縣伏流曰繁泉 濮水 開州即莊子垂釣處 繁水 南樂 湯水 內黃

永平之州一爲灤 六十七里 縣五附郭爲盧龍 一十一里 外爲遷安 二十二里 爲撫寧 一十七里 爲昌黎 二十六里 灤之屬爲樂亭 二十七里 其名孤竹 古 北平 秦 其山曰陽 府城有李廣射虎石 曰黃臺 遷安 曰兔耳 撫寧

曰碣石 昌黎禹貢注北平驪城縣秩海有石如甬道數十里山頂有大石如柱常昭以爲舊在河口海濱世久漸淪入海已去岸百里今平州東鄰海三十里遼望其山穹窿似冢有石特出山頂如柱即此 曰橫山 灤州 其川曰海 府城南一百六十里連遼東抵直沽 曰溟海 昌黎 曰灤河 自口北開平經遷安至盧龍入海 曰陽河 撫寧出口北列屹山 曰沂河 灤州 曰清水河 樂平自馬城北 曰鮮龍水 府城出遼西馬山 曰沮水 府城二渠入灤

隆慶州之縣一爲永寧 五里 其名廣寧 晉 嬀川 唐 縉 遼 其山曰東巖 其川嬀川 合乾河 曰龍灣河 永寧 保安州其名武定 遼 德興 金 其山曰磨笄 曰涿鹿 黃帝破蚩尤于此 其川曰桑乾河 源自渾源州一名漯水

萬全都司領衛十有一曰宣府左曰宣府右曰

宣府前曰萬全左曰萬全右曰懷安曰保安右曰懷來曰隆慶右曰開平曰龍門守禦千戶所一曰興和曰龍門堡五曰長安嶺曰鵰鶚曰赤城曰雲州曰馬營其名上谷其山翠屏（萬全右）獨石（開平）其川洋河（宣府）曰水溝口河（懷安）保安州（七里）其名武定上谷

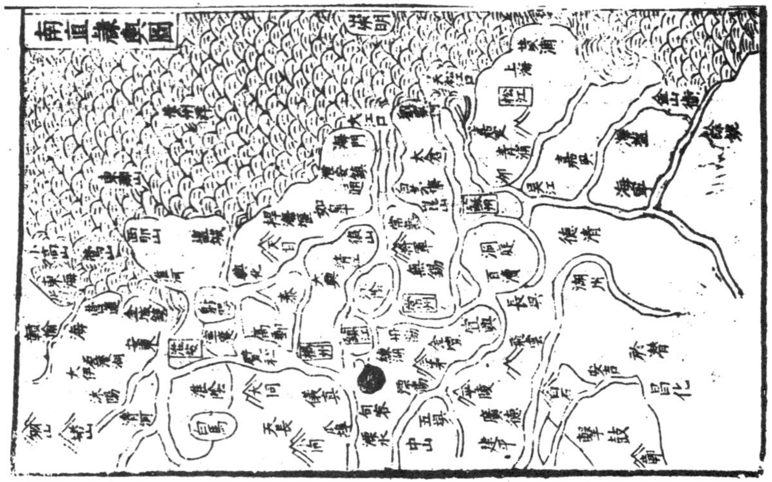

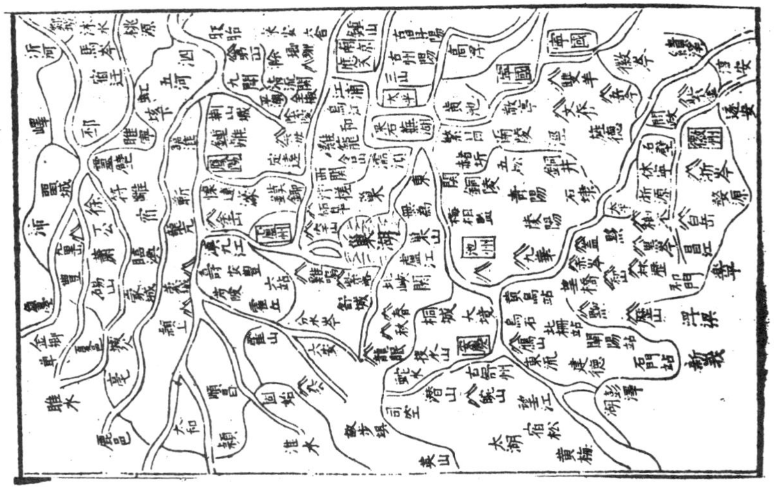

南直隸古揚州地南京即六朝舊都也　國家創業實基於此然江限南北古今恃爲天險江北則徐潁一州瓜連數省北稱雄鎮故淮安特建文武重職雖職司轉運亦示控扼之勢焉江南則安慶西控全楚爲江表門戶沿海兵戍本以備倭而崇明常熟之民與江洋一帶出沒波濤肆行剽掠故今江防海備其重一也若廬州則民習游惰地不盡利鳳陽習俗本同加以高墻留守之冗費故易以岀饑蘇松則賦重役繁徃徃日困邇來吳淞淤塞旱潦俱豐沛之間濁河泛溢幾淪魚鱉蓋水利之講莫甚於此時

也徽州多山少田民逐末利風俗用偷池州在山麓江滸
軍民統理不一寇盜因以竄匿鎮江則當京口之衝蟞山
圍水海潮出沒土田歲易處民勞甚矣其屬府十四屬州
一十三縣八十八又州四屬縣八總爲里一萬三千七百
四十三戶一百九十六萬七千四百三十九夏秋二稅共
米麥五百九十九萬五千三十四石絲一十萬九千九百
一十觔絹三萬九千四百五十二疋麻布二千七十七疋
鈔八千七百七十錠馬草五百八萬四千二百一十七包
應天之縣八附郭爲上元二百二里爲江寧七十四里外爲句容二百

三才圖會　地理一卷　廿二

五十二里爲溧陽二百三十六里爲溧水二百五十五里爲江浦二十里爲六合
一十七里爲高淳一十二里其名金陵楚秣陵秦建業吳建康晉集
慶元其山曰鍾山曰石頭曰聚寶曰茅山句容三峯三茅君居第八洞天
福地曰石屋溧陽歐冶鑄劍于此曰定山江浦曰峨眉六合其川曰大江自岷
山合沔漢豫章諸水自都城西南過鎮江東流入海凡二百里名揚子江古稱天塹限南北即此曰中江
溧陽即禹貢三江今名永陽江曰滁河六合自滁和二界三汊合曰秦淮水上元始皇時鑿曰
溧水溧陽
鳳陽之州五爲壽州四十八里爲泗州五十里爲宿州七十里爲潁
州五十五里爲亳州四十一里縣十有三附郭爲鳳陽三十九里外爲臨

淮四十里爲懷遠四十八里爲定遠三十三里爲五河二十五里爲虹縣一十
九里壽之屬爲霍丘二十七里爲蒙城三十八里泗之屬爲盱眙三十七里
爲天長一十里宿之屬爲靈璧四十一里潁之屬爲潁上一十三里爲
太和三十里其名濠梁鍾離俱古其山曰萬歲皇城曰鳳凰治北曰
荊山懷遠即卞和採玉所曰塗山懷遠有禹會村曰韭山曰華蓋俱定遠曰鹿
鳴虹曰八公壽州淮南學仙謝玄禦苻堅處曰大別霍丘曰北狼蒙城曰碧山
泗州曰第一盱眙有米芾三大字曰龜山盱眙禹鎖渦神巫支祁於此山足曰治山天長
曰相山宿曰磬石靈璧其川淮水自桐柏山至壽合肥至于懷遠合渦水入泗至清河
口會泗水東入海曰濠水東源出鍾乳山西源出鏌鋣山濠梁即莊子觀魚處曰洛水自定遠入

三才圖會　地理一卷　二十三

淮曰渦水自黃河東合淮水入海曰淝宿州源出龍山入淮曰濉水宿州名小河源出夏
邑入淮曰潁水上通古汴下達淮泗曰汝水潁原發汝州天息山入淮曰黃河達淮泗
曰漳河曰沱河五河入淮曰澮河霍丘自六安州晋河嶺入東河史河出兗州固始經
霍丘入淮曰直河泗由汴達河曰得勝河天長漢高破英布於此
蘇州之州一爲太倉二百三十里縣七附郭爲吳縣五百二里爲長
洲七百七里爲崑山四百五十一里爲常熟六百四十一里爲吳江八百二十里爲
嘉定九百五十里太倉之屬爲崇明六百一十里其名吳會本吳會稽二郡
姑蘇山吳郡東漢平江宋其山曰虎丘曰天平曰馬鞍崑山曰
虞常熟曰寶嘉定永樂間築其川曰大海嘉定東俗謂之海沖崑山常熟亦皆濱海曰三

江崑山禹貢三江既入松江七十里分流東北入海爲婁江東南流爲東江併中江爲三江口范蠡乘舟即此 曰大江常熟北連大海 曰吳江吳江源出太湖一名松江又名松陵江亦曰笠澤流經崑山入于海 曰青龍江曰白鶴江俱嘉定出吳松 曰石湖府西南范成大爲亭觀勝絶 曰太湖府城西南即震澤也周官曰具區史記曰五湖圖經云貢湖遊湖胥湖梅梁湖金鼎湖帝昭云胥湖蠡湖洮湖滆湖太湖謂之五湖

松江之縣三附郭爲華亭六百四十里 外爲上海四百里 爲青浦二百九十九里 其名雲間其山曰九峰其川曰海東百里 曰青龍江曰松江曰三泖

常州之縣五附郭爲武進四百二十里 外爲無錫四百二里 爲江陰

三才圖會　地理一卷　二十四　五百廿六

四百二十九里 爲靖江五十五里 爲宜興三百四十二里 其名延陵古 毗陵漢 晉陵晉 其山曰横曰錫無錫古銘云有錫兵天下爭無錫寧天下清 曰君江陰名曲春申君 曰荆南宜興 其川曰大江曰間江無錫即太湖別浦 其藪曰太湖府城東即震澤具區

鎭江之縣三附郭爲丹徒二百一十里 外爲丹陽二百七十里 爲金壇二百一十里 其名京口三國 南徐宋劉 丹陽唐 其山曰北固曰金山江中每大風起勢若浮動名浮玉 焦山江光焦先隱此故名旁有海門二山 曰繡毬丹陽 曰大坯金壇 其川曰大江即楊子江一名京江 曰伊婁河

楊州之州三爲高郵八十六里又增 爲泰州一百十里七 爲通州三十九里 縣七附郭爲江都二十八里一百 外爲儀眞四十里一十 爲泰興二百一十一里 高郵之屬爲興化七十二里 爲寶應二百三十里 泰之屬爲如皐四十二里 通之屬爲海門一十九里 其名淮海維揚古 江都廣都漢 其山曰甘泉曰城子儀眞 曰孤泰興 曰神居高郵 曰昭陽興化 曰雲山寶應 曰天目泰州 曰摩訶如皐 曰狼通州 其川曰楊子江儀眞經通泰入海 曰白塔河府 曰獅子河儀眞 曰游龍河如皐

淮安之州二爲海州一百一十六里 爲邳州四十七里 縣九附郭爲山陽一百二十里 外爲塩城八十五里 爲清河四十六里 爲安東五十五里 爲桃源四十八里 爲沭陽八十一里 海之屬爲贛楡五十里 邳之屬爲宿遷

三才圖會　地理一卷　二十五　五六十

五十九里 爲睢寧二十六里 其名淮陰古 山陽晉 其山曰鉢池曰韓山沭陽信追項羽於此 曰朐山海州即始皇東巡界 曰孔望海州孔子問官郯子登此 曰羽山海州殛鯀處禹貢羽畎出此因名 曰葛嶧邳州禹貢嶧陽孤桐即此 曰磬石邳州泗濱浮磬出此 曰馬陵宿遷 曰仙掌睢寧 其川海海州南接朐山北接贛楡西起州 曰淮河府北自泗州龜山北流入府界東流入海 曰老鸛河曰故沙河曰清河清河泗水下流 源自泰安州經徐州至邳州東爲直河境西爲沙河又南而下至縣西北三汊河口分大小二清河達淮 曰漕河安東通海沂 沭河沭陽職方蜜舊名漕渠沂沭即此 曰舊黄河邳 曰沂河邳入泗達淮 曰漣水安東沭水分流 曰羌水贛楡源自沂州東流經界入海 曰劍水贛楡源自沂此三峽山 曰泗水宿遷出山東泗水縣陪尾山源有泉四四泉俱導西南過徐州東南過邳入淮

濉水濉寧源自靈壁至宿遷入泗水曰濁水即古邗溝自寶應北流入淮即
廬州之州二爲無爲四十九里爲六安七十里縣五附郭爲合肥
四里外爲舒城四十五里無爲之屬爲巢縣三十里六安之屬爲英
山二十七里爲霍山一十二里其名廬江合肥漢金斗以分野入斗多其山
曰雞鳴肥水所出曰青陽余闕所居曰龍眠舒城曰治父廬江曰紫芝無爲
曰臥牛巢巢父許由隱此曰武陟六安曰英山英山其浸巢湖巢曰白
湖廬江其川曰金斗河源出雞鳴山曰裕溪河無爲源出巢湖曰石塞河
舒城陽山發源柘皋河巢白沙河六安州一名淠河曰肥水府城
安慶之縣六附郭爲懷寧四十六里外爲桐城五十九里爲潛山五十
三才圖會　地理一卷　二十六　五之二十五
八里爲大湖六十五里爲宿松四十六里爲望江二十二里其名皖城春秋古
舒國晉熙晉同安隋其山曰大龍曰盛唐桐城漢武作歌曰潛山
潛山曰白雲太湖曰靈隱宿松曰小孤宿松曰麒麟曰鳳凰俱望江其
川曰大江環府曰青山渡河源出皖山曰沙河太湖曰楊溪長河望江
曰桐陂水源出龍眠繞桐城曰潛水出潛山曰皖山潛山
太平之縣三附郭爲當塗一百六十九里外爲蕪湖三十八里爲繁昌
一十二里其名姑孰古當塗晉其山白紵本名楚山曰龍山府城南十里孟
嘉落帽處曰采石李白着宮袍泛舟此曰牛渚溫嶠燃犀即此曰靈山蕪湖曰鳳凰
繁昌其川曰大江府西曰魯明江蕪湖

寧國之縣六附郭爲宣城二百一十七里爲寧國六十里爲涇縣六十
四里爲太平一十九里爲旌德四十一里爲南陵八十七里其名丹陽漢宣
城晉其山曰陵陽城內曰洪公寧國曰水西涇曰黃山在太平縣三十
里黃帝浮丘鍊丹于此有三十二峯二十六源平二十四溪十八洞八大嵒李白詩黃山四千仞三十二蓮峯曰
華容旌德呂山南陵有石室舊傳孔子嘗遊後人置石室其川麻川水源出黃山流至太平
曰磻石水太平源出黃山徽水旌德源出徽嶺
池州之縣六附郭爲貴池二十七里外爲青陽一十六里爲銅陵一十
六里爲石埭一十里爲建德九里爲東流七里其名池陽古秋浦隋
其山曰齊城南曰九華青陽舊名九子李白改曰五松銅陵曰金城石埭曰
三才圖會　地理一卷　廿七　五百十五
博陽建德曰歷山東流西枕歷池故名其川曰大江自東流入府境曰銅陵河
銅陵源出南長山曰五溪水青陽源出九華山曰舒溪水自太平入石埭其浸曰
秋浦城西南如瀟湘曰丁家洲銅陵
徽州之縣六附郭爲歙縣三百一十五里外爲休寧二百五里爲婺源
一百六十四里爲祁門四十六里爲黟縣二十四里爲績溪二十五里其名新都
吳新安晉其山曰烏聊城內曰松蘿休寧曰大鏞婺源曰祁山祁門
曰歷黟曰石照績溪其川曰浙溪水休寧曰婺水婺源源出大廣山曰
吉陽水黟縣曰揚之水出大鄣北入歙縣曰登水績溪
廣德州之縣爲建平一百一十四里其名桐汭其山曰橫山曰建

牙伍牙(建平子胥伐楚還吳經此建牙)其川大源溪(自寧國府大闕山經州界達于江)
和州之縣爲含山(一十八里)其名歷陽(晉名南豫劉宋)其山曰梁山(城南)
曰華陽(含山)其川横江其浸歷湖(今名麻湖訛)
滁州之縣二爲全椒(一十二里)爲來安(七里)其名滁陽南譙(東晉)永
陽(唐)其山琅琊(城南十里)曰南岡(全椒)曰石固(來安)其川曰滁河(出廬州達江)
曰來安水(源出盱眙至來安)
徐州之縣四爲蕭縣(四十六里)爲碭山(二十五里)爲豐縣(一十九里)爲沛
縣(二十七里)其名彭城(有三大字)其川曰泗水(源自山東泗水過沛至城達淮)
曰汴水(自河南開封過蕭通泗)曰濉水(州城南項羽敗漢兵水不流即此)

山東古青州地外引江淮内包遼海西面以臨中原而川
陸則悉會於德州自海道既廢遂以其西境爲餽運通衢
南盡邳徐北泝天津歲有河患築塞挑濬之勞舟車牽挽
之役所在不免而兖州水潦爲害則民之疾苦莫甚焉矧
京儲邊餉之外王祿是供六郡徵輸於斯爲急而青濟
之間號多鑛賊禁戢尤難公私盜交病之若遼陽自爲區
域地本膏腴舊皆郡縣民用安土設衛以來生齒稍稀惟
遷徙謫戍之人多歸焉雖漸規恢復可也登萊本海運故
道然勢險難圖稽之往蹟則平度州東南有南北新河盖

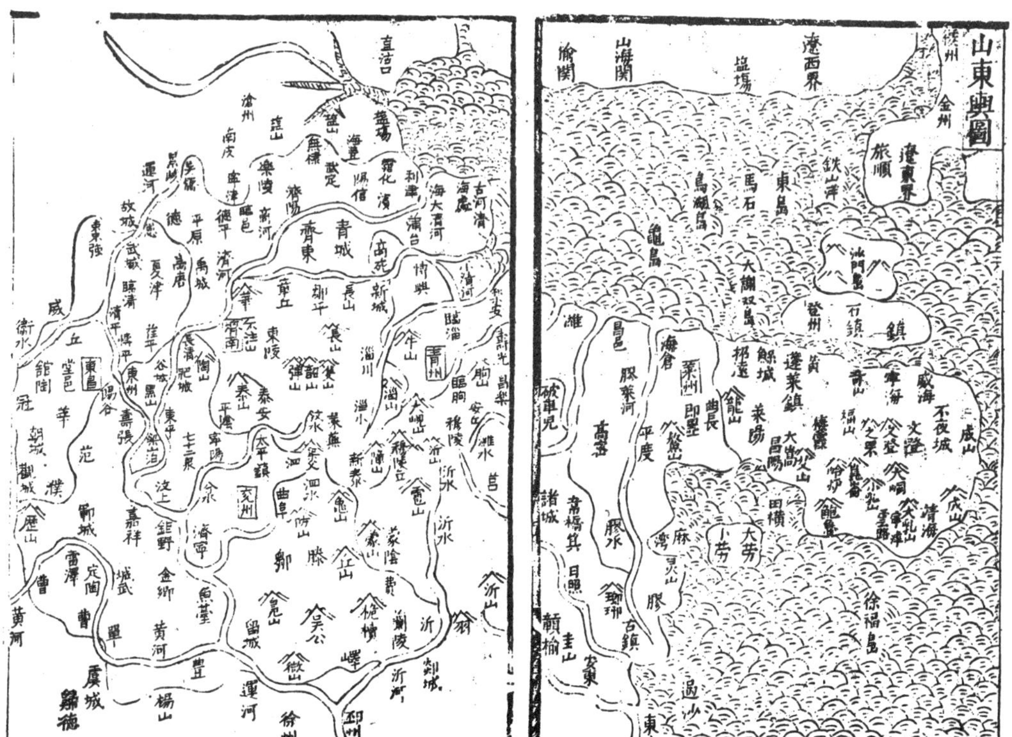

當治闕以達安東則避開洋之險宜亦有可講者其所屬承宣布政使司治濟南左右布政使二左右參政二左右參議二領府六屬州一十有五縣八十九總爲里六千四百戶七十七萬五百五十五口六百七十五萬九千六百七十五夏秋二稅共米麥二百八十五萬一千一百一十九石絲二千一百一十一斤絹五萬四千九百九十疋棉花五萬二千四百四十九斤馬草三百八十一萬四千二百九十束

濟南之州爲泰安九十三里爲德州三十四里爲武定九十八里爲濱州

三才圖會　地理一卷　卅

七十八里縣二十六附郭爲歷城九十八里外爲章丘一百三里爲鄒平五十七里爲淄川八十里爲長山六十五里爲新城四十五里爲齊河二十七里爲齊東五十五里爲濟陽五十八里爲禹城五十六里爲臨邑三十二里爲長清四十四里爲肥城三十二里爲青城三十三里爲陵縣三十二里泰安之屬爲新泰二十八里爲萊蕪四十二里德之屬爲德平四十一里爲平原四十六里武定之屬爲陽信一百一里爲海豐四十三里爲樂陵五十六里爲商河六十八里濱之屬爲利津四十里爲霑化四十一里爲蒲臺六十九里其名濟南其山鎮曰泰山泰安東岳岱宗也高四十餘里二峯東曰日觀雞鳴可見日西曰秦觀可望長安又西曰越觀可望會稽又有東西二天門望秦獨秀雞籠老鴉獅子蓮花懸石諸峯百丈馬棚鴿諸

崖石經石壁豐鄣桃花諸峪迴馬雁飛黃峴思鄉諸嶺牛心龍口試劍龍紋虎阜諸石迎陽呂公諸洞王母白鶴白龍諸池又有明月嶂登仙臺下有東西中三溪曰歷山城南相傳舜耕處曾鞏嘗辨其非曰函山城南泰山北麓曰黌山章丘鄭玄注書于此有草似薤曰鄭公書帶草曰大峪鄒平曰夾谷淄川即齊春會盟處曰長白長山抱朴子曰即泰山副岳繡江源自此山高二千九百丈周六十里雲雨長白醴泉寺即范仲庵讀書處曰方山長清即水經玉符山曰陶山肥城范蠡浮海出齊止此曰石閭泰安漢封泰山禪此曰亭亭泰安曰梁父泰安曰雲雲泰安曰宮山新泰曰原山萊蕪淄水出其陰汶水出其陽曰馬谷海豐其川曰海濱及利津霑化海豐曰大清河即濟水之故道自兗州府東北流經本府長清齊河歷城濟陽齊東武定青城濱蒲臺利津等界入海曰小清河一名濼水即濟南源發府城西趵突泉東北經章丘鄒平新城入海曰清河一名

三才圖會　地理一卷　卅一

繡江源發章丘會仙山合百脉入小清河曰漯河章丘源長白山入小清河曰汶水三源一自太山旁仙臺嶺一自萊蕪源山一自萊蕪寨子村至泰安合曰墊汶與徂徠小汶河合入濟水經五汶北汶嬴汶紫汶浯汶牟汶汶其流同曰泮水源發太白分水嶺曰萌水一曰明水源發淄川甲山

兗州之州四爲曹州二十八里爲濟寧五十六里爲東平三十三里爲沂州一百三十八里縣二十有四附郭爲滋陽二十四里外爲曲阜一十六里爲寧陽三十五里爲蘭陵新十里爲鄒縣二十九里爲泗水二十五里爲滕縣八十七里爲嶧縣四十五里爲金鄉二十三里爲魚臺二十七里爲單縣五十二里爲成武二十二里曹之屬爲曹縣六十八里爲定陶一十八里濟寧之屬爲嘉祥二十四里爲鉅野三十五里爲鄆城二十二里東平之屬爲汶

上四十八里爲東阿四十四里爲平陰一十九里爲陽穀三十九里爲壽張十一五里沂之屬爲郯城一十八里爲費縣八十二里其名東魯古任城

魯郡隋泰寧宋其山曰尼山曲阜一名尼丘山昔叔梁紇與顏氏禱於此而生孔子今其麓有宣聖廟西南有觀川亭遺址東有坤靈洞曰甑山城東曰雲山寧陽曰嶧山鄒縣始皇刻石禹貢嶧陽孤桐曰昌平鄒孔子生于昌平鄉即此曰龜山泗水縣蒙即此曰桃山滕縣

曰君山嶧曰陽山金鄉曰棲霞單曰文亭武城曰曹南曹州即詩南山朝隮曰景山曹縣即詩景山與京曰髣山定陶曰兩城濟寧曰郗山嘉祥曰金鄉鉅野曰獨孤鄆城曰黃華東平曰蜀山汶上曰穀城東阿即張良得黃石所

曰孔子平陰曰梁山壽張曰艾山沂曰蒙山費即書蒙羽詩奄有龜蒙一名東山

三才圖會　地理一卷　廿二

即孟子云曰馬陵郯城即古瑯琊其川曰會通河濟寧曰濟河汶上禹貢濟東出乎陶丘北又東至于荷又東北會于汶又北東入于海水經謂王莽後今水不同今汶水由濟河以入于海也曰蓼河鄒源自九龍山曰王祥河沂州源出王祥廟後即臥冰處曰泗水自陪尾四泉竝出循泗水經曲阜入濟寧分流曰洙水城東即孔子居曰汶水發泰安州經寧陽平陰汶上注濟河曰沂水自尼山入泗水即浴沂地曰汜水曹州漢高即位即此曰涑水源自費下沂鄒縣入邳州湖澤

東昌之州三爲臨清三十五里爲高唐三十九里爲濮州二十八里縣十有五附郭爲聊城二十三里外爲堂邑一十七里爲博平一十六里爲茌平三十六里爲清平一十六里爲莘縣一十八里爲冠縣二十七里臨清之屬爲丘縣二十八里爲館陶二十八里高唐之屬爲恩縣三十七里爲夏津二十四里爲武城二十一里濮之屬爲范縣二十三里爲觀城一十一里爲朝城二十一里其名博平唐其山曰崔山府城曰歷山濮有舜廟曰陶山館陶禹貢陶丘曰西山恩縣曰弇山莘其川曰會通河府城入衛河曰衛河館陶

青州之州一爲莒州二百七十里縣十有三附郭爲益都二百一十里外爲臨淄五十六里爲博興一百四十里爲高苑二十八里爲樂安九十九里爲壽光一百三十二里爲昌樂九十八里爲臨朐一百一十四里爲安丘一百一十里四里爲諸城二十八里爲蒙陰五十里莒之屬爲沂水一百四十三里爲日照八十三里其名齊郡秦北海漢其山曰雲門城南曰牛山臨淄曰商山高苑曰孤山昌樂伯夷北海之濱即此山側曰沂山臨朐周禮青州之鎮曰東泰山即此

三才圖會　地理一卷　廿三

曰峿山安丘曰瑯邪諸城即齊景云曰蒙陰蒙陰曰浮來莒州曰文峰沂水曰孤金日照其川曰海樂安曰孝婦河益都曰小清河高苑東西二丹河東丹出昌樂西丹出臨朐曰白狼河二源一出臨朐丹山一出昌樂小玉莊平地湧泉如輪二源合西北入海曰南北二陽水南出石膏山北出九迴山曰淄水城西源泰安州萊蕪原山出至壽光入濟水曰澠水源出臨淄西申門中池曰康浪水臨淄齊威歌康浪之水白石粲曰二岳水東出壽光西出縣西合流入海曰瀰水源出沂山國語曰具水汶水自沂山入安丘曰濰水自箕屋山韓信龍且陳此曰沭水源自沂山即周禮其浸沂沭

登州之州一爲寧海八十四里縣七附郭爲蓬萊六十六里外爲黃縣五十里爲福山二十九里爲棲霞五十二里爲招遠五十四里爲萊陽一百

四十一里寧海之屬爲文登七十四里其名東牟後魏其山曰羽山府城東南卽書發縣曰萊山黃縣萊爲陽主曰之罘福山史始皇登刻石封禪書發刻石武帝至此有兩閭冉石鑄尚存萬歲曰斉山遠招曰岠嵎山霞棲曰五龍陽萊曰大崑崙文登寧海秀故有太冠群白頂山本烟霞名姑洞餘曰文登士登文登此論秦皇功德集文曰成山登封禪山爲書成日主其川曰海東坡有詩曰原疃河萊州源入海鐵山曰太河入海自棲霞曰五丈河海入自發寧海曰黑水自府城入海合黑石山峹水曰寄水神山入海自府城萊曰之罘水蓬萊自羽山入海曰呂水文登自昌山入海其澤猱養萊陽舊周職方其澤藪卽此屬幽州

萊州之州二爲平度一百二十五里爲膠州九十三里縣五附郭爲掖

三才圖會　地理一卷　卌

縣八十三里平度之屬爲濰縣九十三里爲昌邑一十五里膠之屬爲高密八十八里爲卽墨八十五里其名東萊漢其山曰寒同城東一名神山掖水出爲曰金泉平度梗防風曰孤山濰廟在斉曰陸山昌邑光封此霍曰膠山爲膠州一名膠水源鐵橛曰礪阜高密曰石城卽墨發源於此淮涉曰不其漢鄭康成教授此山下書帶草大如薤長尺有其川曰掖河自府城東入海小沽河城馬自府鞍山入海曰白浪河自濰山入海擂鼓曰濰水自寄韓信入海壅沙卽處曰墨水自平度入海墨山曰膠水自鐵山入橛海曰淮涉水自卽墨城山入海

遼東都司領衛二十有五州二附郭之衛爲定遼中定遼左定遼右定遼前定遼後爲東寧外之衛爲海州爲蓋州爲復州金州爲廣寧左廣寧右廣寧中爲義州爲寧遠寧左屯廣寧右屯廣寧中屯廣寧前屯廣寧後屯爲寧遠爲瀋陽中爲鐵嶺爲三萬爲遼海其州爲安樂爲自在其名東平遼遼陽金其山曰首山都司城西南高麗唐太宗駐蹕華表都司東六十里因丁令威化鶴名曰石城蓋州曰屛風復州曰大墨州曰醫巫閭廣寧衛西北鎭五里有舜十桃花二州洞水以此爲金呂幽州公岩之鎭北鎭廟爲曰大圍遼東曰萬松廣寧前屯曰長白其三萬南衛流爲鴨綠北流爲混同千里自直周八十其川曰渤海都司城南海之旁出曰渾河名小遼水自塞外曰遼河源出塞外入海曰混洞江長白自海注曰鴨綠水都司城東馬訾水出靺鞨之白山卽唐東夷傳

山西古冀州地背臨朔易表裏河山盖有俯挹中州之勢馬忻代以北虜數內侵故入同特設征鎭與延綏宣府互爲聲援雁門偏頭寧武並置關戍雖烽火之警不殊而套賊爲急且保德河曲之間與虜僅隔一河稍或撤備則門庭皆勍敵矣若蔚州之鎭徙臨晉之屯卒潞城之逋民並以山谷阻深乘時抄暴要亦不足屯結也然邊餉旣廣宗室彌蕃一切供輸自歲賦之外皆仰給河東之鹽課三晉之民勞瘁甚矣而邊卒方且叫嗷待餉帥臣號令爲之不行此則積習流弊非漸圖之不可也其所屬承宣布政

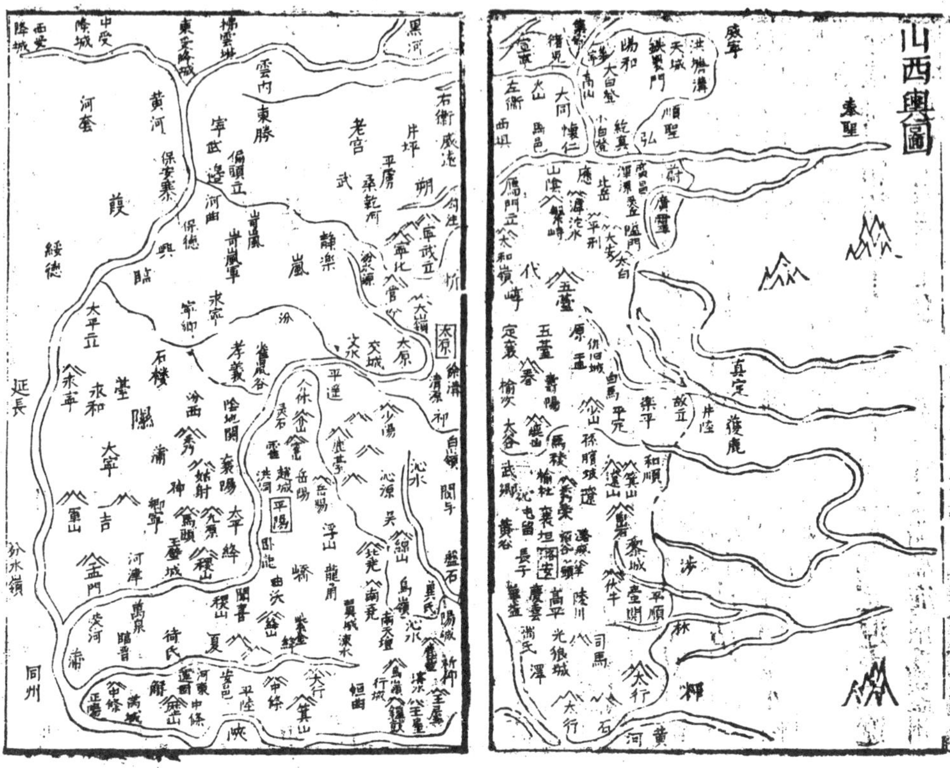

山西輿圖

使司治太原左右布政使二左右參政三左右參議四領府五屬州一十有五縣六十有六州四屬縣一十有一總爲里四千四百四十里有零戶五十八萬九千九百五十九口五百八萬四千一十五夏秋二稅共米麥二百二十七萬四千二十二石絲五千斤絹四千七百七十七疋馬草三百五十四萬四千八百五十束

太原之州六爲平定三十三里爲忻六十三里爲代治陰廣武雁門震武軍近肆州邊頻爲岢嵐一十一里爲保德五里爲石四十里縣二十二附郭爲陽曲八十六里爲太原五十四里爲榆次一百七里爲太谷八十三里爲祁四十五里

爲徐溝一十九里爲清源一十八里爲交城四十三里爲文水七十九里爲壽陽三十里 爲盂二十三里爲靜樂二十八里爲河曲七里平之屬爲樂平一十里忻之屬爲定襄二十五里代之屬爲五臺一十五里爲繁峙一十九里爲崞三十九里岢之屬爲嵐二十二里爲興一十二里石之屬爲寧鄉一十三里其名晉陽古太原秦冀寧元其山曰方山城東曰石室太原西南篆字人莫能識曰麓臺榆次曰灰泉太谷曰幘山祁曰錦屏交城曰白虎文水曰渦山壽陽曰紫金臨曰白馬盂曰天柱靜樂曰蒙山平定曰少山樂平恒山佐命清漳水出此曰夏屋曰雁門代州雁出其門又雁門塞曰秦戲繁峙滹沱之水出焉曰五臺五臺五峯高出雲表頂皆有土故云世傳文殊

師利所居清涼山此曰正陽崞曰程侯忻程嬰匿趙孤於此曰聖阜定襄曰岢嵐
岢嵐高二千丈曰石樓興曰翠峰保德曰呂梁石州東禹貢治梁及岐春秋梁山崩即此
曰屏風寧鄉其川曰黃河西北自大同經保德岢嵐興入平陽石樓曰滹沱河源出
繁峙泰戲山歷代州崞忻定襄五臺盂入眞定曰汾河府城西出靜樂管岑山經太原清源文城文水汜至
平遙介休南入平陽靈石曰晉水出太原懸甕流分三派並入曰涂水榆次大涂源入磚嶺小涂
源鷹山曰象谷水太谷曰通光水祁曰文水文水曰步渾水交城曰
清源水清源曰湫水臨曰牧馬水盂曰洮水平定曰沾水樂平曰
清漳水樂平出沾嶺曰慮虒水五臺曰雲中水忻曰名源水岢嵐曰
赤洪水石州曰清河水寧鄉其藪臺駘澤太原即晉澤

平陽之州六爲蒲八十七里爲解三十一里爲絳五十一里爲霍二十里爲
吉二十二里爲隰三十一里縣二十九附郭爲臨汾百五十一里外爲襄
陵七十二里爲洪洞八十九里爲浮山一十七里爲趙城三十七里爲太平五十
四里爲岳陽一十八里爲曲沃六十八里爲翼城八十四里爲汾西一十五里爲
蒲九里蒲之屬爲臨晉六十三里爲榮河三十八里爲猗氏一十一里爲萬
泉四十里爲河津三十六里解之屬爲安邑九十五里爲夏六十六里爲聞
喜六十六里爲平陸五十二里爲芮城四十四里絳之屬爲稷山七十三里爲
絳四十里爲垣曲二十七里霍之屬爲靈石二十五里吉之屬爲鄉寧
一十六里隰之屬爲大寧一十里爲石樓一十三里爲永和一十乙里其名

河東泰平河隋晉寧元其山曰姑射即莊子云曰三磴襄陵曰晏
山洪洞曰浮山浮山曰羅雲趙城曰臥龍曲沃曰澮高翼城曰汾西汾西
曰翠屏蒲縣曰中條蒲州曰首陽蒲州即禹貢雷首上有夷齊墓曰五老臨晉曰
孤山萬泉曰龍門河津曰檀道解州曰玉鈎安邑曰湯山聞喜曰箕山
平陸許由隱處曰九原絳州晉諸大夫葬處檀弓所載即此曰稷神稷山稷播穀于此曰太
行絳縣西北諸箕支脉曰折腰垣曲曰霍山霍爲冀州之鎭今爲中鎭曰介山靈石介之
推隱曰壺口吉州禹貢即壺口曰蒲子隰州堯師蒲伊子隱此曰翠微大寧曰石樓石樓
蒲水出曰北樓永和其川曰黃河北自石州寧鄉經石樓永和大寧吉州河津榮河蒲州東
歷芮城平陸垣曲入河南曰汾河源出岢嵐州流經靈石趙城臨汾縣界其南歷襄陵太和絳州稷山河津

榮河注于河曰沁河出沁州曰澮河源翼城曰第一河蒲縣曰平水出府
城平山曰澇水源浮山曰晉水源平山曰潙汭水蒲源自歷山入河書釐降即此
曰涑水霍曰鄂水鄉寧
大同之州四爲渾源一十一里爲應二十里爲朔八里爲蔚二十六里縣
七附郭爲大同三十六里外爲懷仁九里應之屬爲山陰七里朔之
屬爲馬邑五里蔚之屬爲廣靈八里爲廣昌四里爲靈丘成州靈丘郡十
里其名雲中代郡戰國其山曰白登府城東七里有臺即冒頓圍漢高處曰清
涼懷仁曰恒山渾源州即北岳水經謂之玄岳曰雁門應曰黃花山陰曰燕京
朔汾水出焉曰紫金馬邑曰高是蔚州滋水所出曰千夫廣靈曰白石廣昌曰

太白虞丘其川曰黃河自右東勝歷嵐武州南入太原府界曰桑乾河出馬邑曰武州川武州曰渾源川渾源曰居延川朔州蘇武嘗留此澤曰㶟水源出馬邑曰豐水廣陵曰涞水源頭昌滋水靈丘

汾州之縣三爲孝義三十里爲平遙五十八里爲介休四十六里爲靈石一十七里爲武鄉三十里爲寧鄉一十里附郭爲汾陽九十五里其山曰狐岐孝義勝水出焉曰介山介休子推隱處曰麓臺平遙郭山海經所云其川曰汾河城東曰文水城東曰左水孝義曰勝水孝義狐岐出源曰中都水平遙曰連山水介休

遼州之縣二爲榆杜三十二里爲和順三十二里其名爲樂平其山

曰遼陽城東曰箕山城東南七十里石壁中文字人莫識曰秀容榆杜曰首陽和順其川曰漳水和順

沁州之縣一爲沁源一十六里武鄉已改屬汾州其名義寧隋陽城唐其山曰龜山曰銅鞮曰縣山沁介子推自焚所曰護甲一名侯甲涅水出馬曰石盤山武鄉其川曰漳河自伏牛嶺州治西南曰沁河沁出綿山曰涅水武鄉

潞安今陞爲府之縣八附郭爲長治外爲長子爲屯留襄垣六十二里爲襄垣八十里爲潞城九十二里爲壺關九十六里爲黎城四十九里爲平順三十一里其名上黨秦言地高與天爲黨昭義唐隆德宋其山曰壺關城東曰發鳩長子曰三峻屯留曰仙堂襄垣曰伏牛潞城曰大王壺關曰白巖黎城其川曰漳水源自長子發鳩山與清漳曰交漳水潞城曰涅水襄垣

澤州之縣四爲高平一百六十一里爲陽城一百十四里爲陵川三里爲沁水五十五里其名高都北齊長平隋其山曰太行州南曰羊頭高平神農嘗五穀於此曰王屋陽城禹貢曰析城陽城曰馬武陵川曰石樓沁水其川曰沁河沁水曰白水州城曰丹水源出高平仙公山曰蒲水淅水俱陸川

永寧州之縣一爲臨一十五里舊屬太原今屬汾州府

陝西輿圖

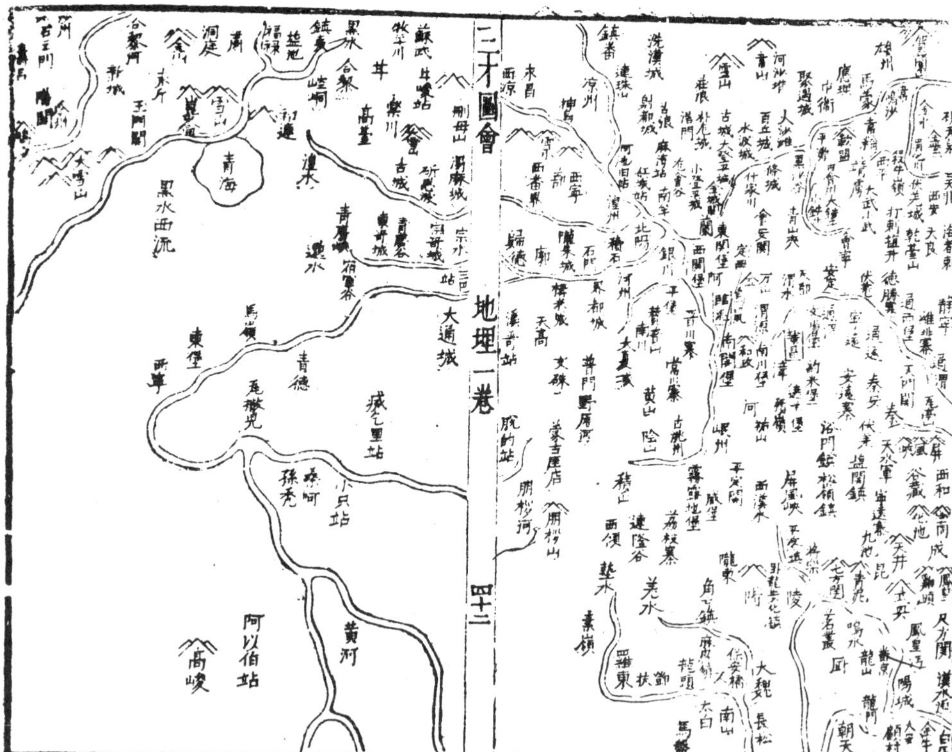

陝西古雍州地山河四塞形勝甲於天下然平凉固原一帶畜牧蕃滋外之屏蔽胡騎漸已侵入豐鎬之墟若延慶則原野蕭條兵亦精勁寧夏則跨有賀蘭山黃河之險虜難馳驟故爲備差易盖　本朝開拓以來受降故城久棄不守自移鎮榆林河套盡爲虜有烽火盡達於內郡矣甘凉以西左番右達而肅州尤孤故土魯番輒肆侵犯以爲河西憂洮岷西寧則地入西羌實與四川同患且亦不剌以殘孽竄居西海番人漸以南徙　國家既失茶馬之利而逋寇生齒日繁則西境腹心之禍也若漢中之襟喉巴

蜀潼關之保障全陝並稱重地而險在我矣然所在罄力以供邊奉　宗室而平凉尤甚閭閻愁苦又何加焉其所屬承宣布政使司治西安左右布政使二左右参政六左右參議七領府八屬州二十一縣九十四總爲里三千五百九十七戶三十六萬三千二十七口三百九十三萬四千一百七十六夏秋二稅共米麥一百九十二萬九千五十七石絲綿三百六斤絹九千二百一十八疋棉花一萬七千二百七十二斤布五十八萬八千九百九十疋京運年例并鹽課銀共四十六萬四千五百二十三兩有零馬

草一千八百四十三萬六千七百餘束茶馬司三課茶共五萬一千三百八十四斤河渠提舉司一

西安之州六爲商州二十八里爲同州三十九里爲華州四十九里爲耀州一十八里爲乾州一十八里爲邠州二十七里縣二十九附郭爲長安五十五里爲咸寧八十一里外爲咸陽一十二里爲興平一十七里爲臨潼五十二里爲高陵一十四里爲鄠縣二十三里爲藍田二十九里爲涇陽四十四里爲盩厔四十四里商之屬爲鎮安一十八里爲洛陽二十里爲山陽一十二里爲商南一十五里同之屬爲朝邑六十五里爲郃陽七十里爲澄城六十四里爲白水二十九里華之屬爲華陰二十四里爲渭南八十六里爲蒲城

六十七里耀之屬爲三原三十四里爲同官二十二里爲富平四十四里乾之屬爲醴泉二十一里爲武功一十六里爲永壽一十里邠之屬爲淳化一十八里爲三水一十一里其名京兆漢永興宋安西元其山曰終南山產金銀銅鐵及合離草丹青樹曰驪山臨潼東曰石樓盩厔曰牛首鄠曰嶢山藍田曰嵯峨涇陽曰冢嶺商曰商洛商南四皓隱處曰太華華陰白虎通云西方太陰用事萬物生華故云有芙蓉明星玉女三峯曰玄象山渭南曰金粟蒲城曰玄扈洛南黃帝時鳳銜圖曰磬石耀曰堯門三原曰中山富平曰嶻嶭同官曰龍門韓城即禹貢三秦記龍門懸泉兩傍有山水陸不通魚鱉莫上故江河大魚困暴鰓曰梁山乾即古公踰者曰明月永壽曰九嵕醴泉曰太白武功山高恒積雪望之皓然故名諺曰武功太白去天三百山下軍行不得鳴鼓角鳴則疾風暴雨立至上有洞即道書第十一洞天又曰南山瀑布非朝即暮曰武功連太白曰惇物武功曰紫微邠曰石門淳化曰洛雁峯華山李白登之曰此山最高呼吸之氣想通帝座恨不携謝眺驚人詩來問青天其川曰黃河自龍門下曰渭河出臨洮渭源鳥鼠山經府城北曰灃水出終南入渭曰滈水自南山石壁注渭曰滻水自藍田入灞曰灞水自秦嶺曰戲水臨潼自驪山曰冷水出臨潼脉浮曰潚水盩厔曰楚水商出楚山曰丹水商自竹山曰灙水郃陽曰郃水郃陽曰白水白水曰澽水韓城曰數水華曰赤水渭南曰頻水富平曰武水乾曰汭水自隴州汧源弦蒲藪即職方其川涇汭曰樊川城南樊噲食邑

鳳翔之州一爲隴州三十八里縣七附郭爲鳳翔四十里外爲岐

山二十九里爲寶雞四十九里爲扶風一十九里爲郿都一十七里爲麟遊十一七里隴之屬爲汧陽一十五里其名扶風漢岐陽西魏其山曰雍山城西雍水所出山形四面不見四方故云曰岐山岐山山有兩岐亦名天柱曰梁山岐山太王踰梁曰石鼓寶雞有十石鼓周宣時物今在國子曰陳倉寶雞秦文公伐雍南山梓樹輒大風似兒語云使人被髮朱絲繞樹伐之有青牛走入灃水騎擊不勝墮地復上髮解牛畏不復出因置髦頭騎曰茂陵扶風曰太白郿曰青蓮麟遊曰隴山隴曰岍山隴汧水白即禹貢云曰龍泉汧陽曰馬鞍汧陽其川曰渭河寶雞曰汧河隴曰雍水城西北曰湋水自岐山曰漆水扶風曰汭水隴即周職方川云其藪弦蒲藪隴

漢中之州二爲寧羌四里爲金州四里縣十四附郭爲南鄭二十

里外爲褒城七里爲城固二十里爲洋縣三十六里爲西鄉一十五里爲
鳳縣九里爲沔縣五里寧羌之屬爲畧陽四里金之屬爲平利八里
爲石泉八里爲洵陽一十七里爲漢陰七里爲白河八里爲紫陽五里其
名漢川後周興元唐其山曰天臺城西北有石可作硯金曰蓮城褒城曰
斗山城固山有五穴通崑崙長安武當青城龍山有肉芝即千歲蝦蟇食之延壽曰寒泉洋曰
金竹西鄉曰南岐鳳曰大巢沔本作西唐避諱改每二三月穴出魚長八九寸即丙穴曰
嶓冢沔即禹貢嶓冢導漾曰玉女畧陽高千仞曰天柱金曰藥婦平利曰十
八盤石泉曰紫荊洵陽曰雲門漢陰其川曰漢江自嶓冢始出曰漾南合沔東流
爲漢曰褒水一名黑龍江自太白山曰沔水沔漢一水二名人木皆多慶曰華陽水

讓水褒城文水城固盆水洋源秦嶺曰子午水西鄉曰丙水沔
平涼之州三爲固原九里爲涇州二十七里爲靜寧一十一里縣七附
郭爲平涼二十三里外爲崇信五里爲華亭二十三里爲鎮原二十三里涇
之屬爲靈臺二十里靜寧之屬爲莊浪七十里爲隆德五里其名安
定漢涇原宋其山曰崆峒城西曰五馬崇信曰樺嶺華亭曰東山
鎮原曰六盤開城曰回中涇曰保巖靈臺曰隴山靜寧曰盤龍莊浪曰
美高隆德其川曰涇河自岩曰汭水自隴曰策底水華亭曰蒲水
鎮原曰陽晉水自西蕃界東至鎮原曰大黑水開城曰三香水靈臺曰苦水
莊浪曰好水隆德

鞏昌之州三爲秦州四十九里爲階州一十三里爲徽州六里縣十四
附郭爲隴西三十三里外爲安定一十九里爲會寧一十二里爲通渭一十
六里爲漳縣六里爲寧遠一十七里爲伏羌一十二里爲西和七里爲成縣
九里秦之屬爲秦安一十里爲清水八里爲禮縣一十九里階之屬爲
文縣三里徽之屬爲兩當八里其名隴西秦天水漢漢陽東漢其
山曰西山城西廣漢水自出曰西巖安定曰雪山會寧曰玉狼通渭曰西
傾漳即禹貢曰石門寧遠曰朱圉伏羌即禹貢俗名白崖山曰祁山西和即諸葛出師處
曰仇池成曰嶓嵺秦州即禹貢導漾云上有異草名花骨空食之令人無子曰九龍秦安
曰寶蓋清水曰臥龍階曰伶倫徽曰鸑鷟兩當鳳州以此得名其川曰

渭水府北自鳥鼠同穴曰漳水漳曰六漢水成曰忠義水徽曰西
漢水西和曰清水清水曰紫水階州漢封璽書武都紫泥即此泥又出上品雄黃色如雞冠
曰兩當兩當
臨洮之州二爲蘭州七里爲河州四十里縣三附郭爲狄道十二
五里外爲渭源四里蘭之屬爲金縣一十里其名隴西秦武始宋
金城隋其山曰西傾府城西南即禹貢曰崆峒府界曰鳥鼠渭南俗曰青雀
鳥鼠同穴鳥名鵌鼠名鼵曰龕山金曰皐蘭蘭其川曰黃河源自西域崑崙山禹
貢導河自積石蓋自積石至河州界流經城北過湟水入焉又東北越亂山中過寧夏出塞外始轉而東南入中國
出西傾曰洮河城南自蕃奔放浩然聲如萬雷曰渭河源自渭曰恒水自西傾

慶陽之州一爲寧州四十八里縣四附郭爲安化三十二里外爲合水一十八里爲環縣四里寧之屬爲眞寧二十一里其名北地秦弘化隋安化唐環慶宋其山曰太白城北黑水發源太白曰子午合水黃帝葬衣冠處曰烏崙環曰撫琴眞寧其川曰黑水河源太白曰建水合水自子午

曰瀘水寧

延安之州三爲鄜州五十一里爲綏德一十里爲葭州八里縣十六附郭爲膚施七十二里外爲安塞二十里爲甘泉二十三里爲安定九里爲保安八里爲宜川二十四里爲延川九里爲延長一十一里鄜之屬爲洛川二十四里爲中部二十四里爲宜君二十八里綏德之屬爲清澗一十

里爲米脂一十二里葭之屬爲吳堡三里爲神木五里爲府谷六里其名上郡秦金明元魏其山曰嘉嶺城東南宋范仲淹大書嘉嶺山三字鐫石曰五龍膚施曰伏陸甘泉曰三堆安塞曰九吾保安曰孟門宜川曰清脣延川曰獨戰延長山險峻一人獨戰可當千曰龜山鄜曰玉仙中部曰玉華宜君曰疏屬延德州山海經貳負之臣曰危與貳負殺窫窳帝乃梏之疏屬山桎其右足反縛兩手與髮係之山上木在開題西北漢宣帝時人與盤石室中得一人反縛徒裸被髮群臣莫曉劉向言之曰筆架清澗曰龍眼神木曰五虎府谷其川曰黃河城北曰洛河甘泉曰吃莫河保安不勝船筏曰無定河清澗一名銀水即圁水以潰沙急流深淺不定故名曰葭蘆葭曰延水府城曰汾川水宜川曰清化水膚施曰大理水綏德曰三川水鄜

曰涅水中部曰慈烏水宜君曰庫利川甘泉土沃田豐曰屈野川神木

寧夏衛隸陝西都司衛有四曰寧夏曰寧夏前曰寧夏左曰寧夏右屯其名朔方漢懷遠後周其山曰賀蘭城西其川曰黃河城東南居人漑渠漑田

寧夏中衛古靈州地其形勝東阻大河西據沙山其山曰沙山其川曰黃河

洮州衛軍民指揮使司其名洮陽後周臨洮隋其山曰東隴曰西傾即禹貢其川曰洮河源自西傾初冬冰凝凍丸如彈蔽水下俗呼爲珠子淩曰納憐河自治藏族曰白水江自香藏族

岷州衛軍民指揮使司其名和政唐西和宋其山曰岷山城北山黑無樹木其川洮河

河州衛軍民指揮使司其名抱罕隋安鄉唐其山曰積石即禹貢城西北曰雪山四時有雪其川曰黃河

靖虜衛其名會寧其山曰烏蘭其川曰河水

文縣守禦軍民千戶所其名陰平晉文臺唐其山曰南山曰天牢傳即姜里曰太白其川曰黑水自素嶺

陝西行都指揮使司領衛十二附郭爲甘州左甘州右甘州前甘州後外爲肅州爲山丹爲永昌爲涼州爲鎮番爲

莊浪爲西寧守禦千戶所二爲鎮夷爲古浪其名張掖武威酒泉西平俱漢其山曰合黎卽禹貢導弱水至于合黎祁連本名大山曰焉支山丹卽匈奴歌使我婦女無顏色曰金山永昌城北麗水自出曰白嶺涼州曰崆峒肅曰崑崙肅曰蘇武鎮番衛城東南相傳卽蘇武牧羝處曰大松莊浪曰積石西寧卽禹導河曰三危沙州卽竄三苗及禹貢導黑水云曰三隴流沙積玉門關外有三斷石塊大其川曰西海西寧俗名青海曰瀦野澤涼州卽禹貢曰弱水卽禹貢云在其州西域傳弱水在條支自長安西行萬二千里曰渥洼水沙州天馬所生

河南古豫州地闢闕中夏四方輳進盖彰德則控河北嵩洛以蔽山南南陽汝寧直走襄黃之郊而開封則其都會也由開封以泝衛河可以漕山東沿汴泗可以漕淮故言形勝者次闢陝焉然分建 宗親班祿幾至百萬民亦勞矣且歸睢陳三州一帶地兼數省統轄非一姦人嘗藉以首難彰德道出魏趙之間軍民左右屬盜雖斂跡而牽制之患實與歸德同若汝七郡之地山水環互民物茂實則汝寧爲優鑄山獵野依憑險固強弓利弩出乎其間則河洛爲著然土地未闢教令未馴非加意拊循則寇盜刦奪

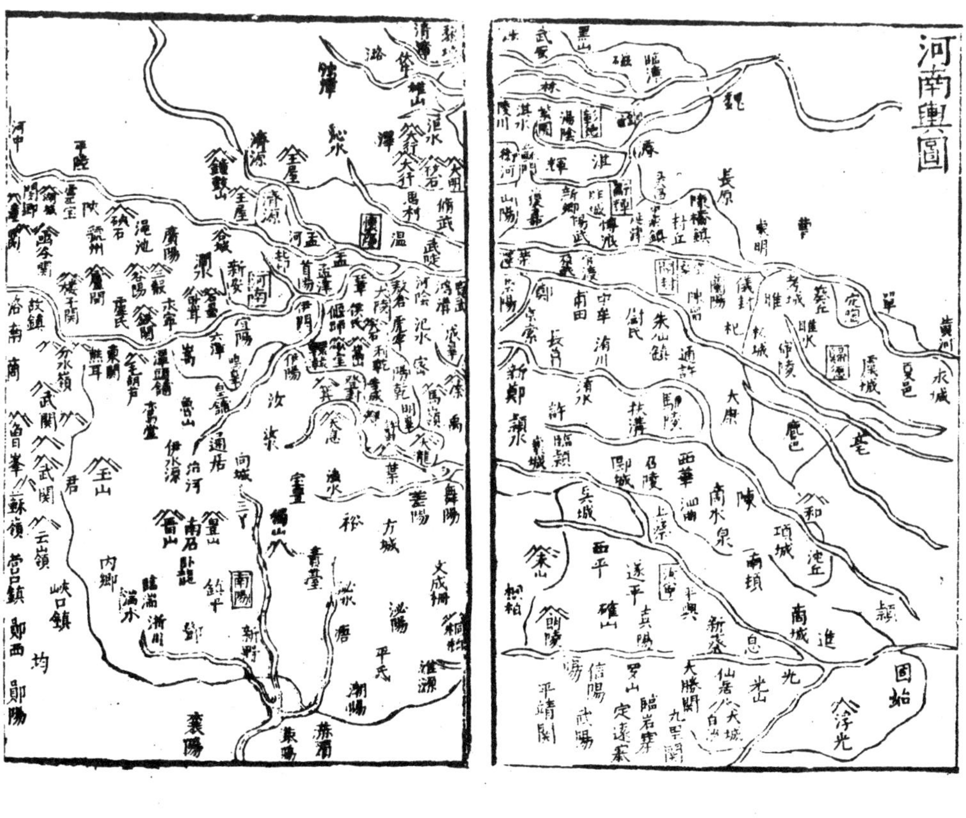

之禍歲不免矣其所屬承宣布政使司治開封左右布政使二左右叅政三左右叅議三領府八屬州一十二縣九十有七總爲里三千八百八十里半戶五十八萬九千二百九十六口五百一十萬六千一百七夏秋二稅共米麥共二百四十一萬四千四百七十七石內除起運外止該存畱米麥并棗子棗株米共八十六萬八千八百六石有零每歲祿米該用粟麥一百四萬六千二百零絲三十五萬三千六百四十三兩絹九千九百五十九疋棉花三百四十二斤馬草二百二十八萬八千七百五十四束

開封之州四爲陳六十二里爲許四十八里爲鈞七十六里爲鄭三十六里縣三十附郭爲祥符一百七十五里外爲陳畱四十八里爲杞一百二十二里爲封丘四十三里爲延津二十七里爲尉氏二十五里爲洧川二十八里爲鄢陵二十九里爲扶溝二十九里爲中牟三十七里爲通許二十四里爲太康二十五里爲陽武五十一里爲蘭陽三十八里爲儀封二十一里爲原武二十三里爲陳之屬爲商水一十四里爲西華二十六里爲項城一十七里爲沈丘一十五里爲許之屬爲臨潁二十二里爲襄城三十二里爲郾城二十五里爲長葛三十五里鈞之屬爲新鄭二十八里爲密二十七里鄭之屬爲滎陽一十五里爲滎澤一十六里爲河陰一十一里爲汜水一十四里其名大梁戰國魏名陳畱漢

汴梁元其山曰夷山府城曰黑陽原武曰酸棗延津曰黑山封丘曰首山襄城曰邢山新鄭曰子產塚上有曰禹山鈞州曰狗脊中牟曰雲壠密曰梅山鄭曰嵩渚滎陽曰敖山河陰即敖倉曰方山汜水曰開陽密曰汴河源滎陽大周山入河曰金水河鄭州入黃河曰石梁河臨潁曰巴河陳畱曰汝河襄城入黃河曰雙洎河洧川即溱洧二水流曰睢水陳畱下邑曰汜水汜水入黃河曰溵水郾城曰鄭水自鄭入汴京水自鄭嵩渚山入汴曰索水自滎陽小陘山入京曰須水自滎陽萬山入汴曰潁水自登封潁谷入淮曰溴水自大隗山入潁水曰洧水自密入黃河其澤圃田即職方豫州在中牟

歸德之州一爲睢三十九里縣八附郭爲商丘七十二里外爲寧

陵七十里爲鹿邑四十三里爲夏邑四十一里爲考城一十二里爲永城二十四里爲虞城古虞縣東虞州輝州穀熟併爲柘城九里其名商丘古亳邑碭郡秦睢陽漢其山曰虞曰芒碭其川曰黃河曰西湖曰南湖歸德

河南之州一爲陝三十五里縣十三附郭爲洛陽八十八里外爲偃師三十六里爲鞏二十九里爲孟津二十五里爲宜陽六十八里爲登封四十四里爲永寧六十七里爲新安一十八里爲澠池二十八里爲嵩五十六里陝之屬爲靈寶五十九里爲閿鄉二十五里爲盧氏二十四里其名周南洛陽古三川秦河南漢其山鎮曰嵩山鄧封中岳三尖東太室西少室曰首陽偃師

曰轘轅羣有十二曲將去復還故名漢於此置關曰女几宜陽白蘭香神女上升遺几在焉曰
北邙府城北連偃師鞏孟津多唐漢陵冢曰金門永寧竹可笙管曰青要新安曰白石
澠池澗水自出曰三塗嵩曰砥柱陝即禹貢云三門禹鑿通河南曰鬼門中曰神門北曰人門
曰峴山靈寶曰閿山閿鄉曰熊耳盧氏即禹貢云其川曰伊水自盧氏悶頓嶺
入洛有金曰洛水源陝西冢領入河曰瀍水自洛陽城入洛曰澗水自澠池白石入
洛曰宜水宜陽曰渡水登封曰潁水登封自陽乾山曰玄滬水永寧自陽虛山
入洛曰穀水永寧自熊耳曰少水新安山海經瞻渚之上少水出曰澠水澠池自馬頭山
曰劉澗水偃師曰橐水陝州曰菑水靈寶自常烝
南陽之州三爲鄧三十七里爲裕三十二里爲汝九十二里縣十五附郭

三才圖會　地理一卷　五四

爲南陽二十二里外爲鎮平七十里爲唐二十里爲泌陽四十里爲桐
柏一十八里爲南召二十里鄧之屬爲內鄉三十五里爲新野二十二里爲
淅川一十八里裕之屬爲舞陽四十四里爲葉三十二里汝之屬爲魯山
四十六里爲郟四十六里爲寶豐四十里爲伊陽三十一里其名南陽泰其
山曰豫山城東曰杏花鎮平曰桐柏唐淮水自出曰銅山泌曰紫金
鄧曰熊耳內鄉曰方城裕即曰方城以爲城曰箕山舞陽曰黃城葉即子路問津
曰崆峒汝廣城嘗隱處曰魯山魯山曰峨眉郟其川曰淯水城東曰湍
水鄧州自熊耳曰淮水唐自桐柏曰泌水即詩曰比水唐自大胡曰淅水內鄉
曰丹水自陝西商縣竹山曰汝水自嵩水嶺曰滍水自魯山

汝寧之州二爲信陽一十七里爲光一十二里縣十二附郭爲汝陽
三十三里外爲新蔡一十二里爲西平二十七里爲上蔡三十六里爲遂平二十
八里爲真陽一十五里信陽之屬爲羅山二十一里爲確山二十二里光之
屬爲光山三十八里爲固始七十二里爲息二十八里爲商城二十三里其名
汝南秦淮康宋其山曰天中府城北曰蟠山確山曰石城信陽曰
洪山遂平曰羅山羅山曰浮光光山曰安陽固始其川曰沙河確山自桐
柏入汝曰明河自信陽天目山曰汝水自天息入淮曰淮水自桐柏山曰溱水
自青衣山入淮曰滇水入淮曰汝水入汝曰澺水府城南曰鮦水新蔡曰澌
水信陽曰潢水光州曰紫水光山曰淠水固始

三才圖會　地理一卷　五五

彰德之州一爲磁四十里縣六附郭爲安陽八十四里外爲湯陰
四十三里爲臨漳三十九里爲林三十五里磁之屬爲武安三十五里爲涉二十
八里其名魏郡漢鄴郡晉唐其山曰韓陵府城東北曰賀蘭磁曰五
巖湯陰曰東峒臨漳曰太行林爲中州巨鎮曰隆慮林負太行接恒嶽景最奇絕曰
鼓山武安曰崇山涉其川曰西河安陽曰洹水安陽曰漳河一出長子
一出字平入衛河曰洺河出磁州太行入漳注河曰羑水出湯陰鶴山入湯水曰滏水
磁出神麕如湯出滏入漳河曰淅水自陵川入洹水
衛輝之縣六附郭爲汲四十里外爲胙城二十五里爲新鄉五十里
爲獲嘉一十八里爲淇二十六里爲輝五十二里其名古衛周朝歌魏汲

郡晉 其山曰神山城西一名仙翁 曰同盟獲嘉 曰蘇門輝晉孫登隱處 曰朝陽淇 其川曰黃河自新鄉入原武 曰衛河自蘇門入濬縣 曰蘄脛河淇卽紂云 曰清水自輝合淇 曰淇水自林縣大號山入衛

懷慶之縣六附郭爲河內二百一十六里 外爲濟源七十六里 爲修武六十一里 爲武陟七十四里 爲孟三十一里 爲溫三十三里 其名覃懷古河內漢 其山曰太行府城北二十里 曰王屋濟源禹貢云云 曰天門修武 曰紫金孟 其川曰沁河出沁州綿山 曰丹河自澤州 曰濟瀆濟源 曰淇水自王屋 宣王陂修武孔子之聞趙殺鳴犢

三才圖會

雲間元翰父王圻纂集
男思義校正

地理二卷

浙江古揚州地崇山巨浸所在限隔然嘉湖與江淮相表裏嚴衢以徽饒爲郛郭左信都右閩關大海東蟠繞出淮揚之境斯固四通八達之區也安吉長興以西本山越巢窟界在廣德之間上無兼轄之司訟許繁興頗號難治嘉湖寧紹四郡則震澤東海之所經也淵衝淤塞大遺三農之害而鹽徒之患次之處州之民多依山盜鑛動至數千持之則激緩復馳縱慶元松溪一帶歲被倭暴溫台金海而南信宿達於福寧估客良便之然不能不防他寇也若倭夷奉珍入貢則風帆直指寧波突至倏來黠詐叵測先

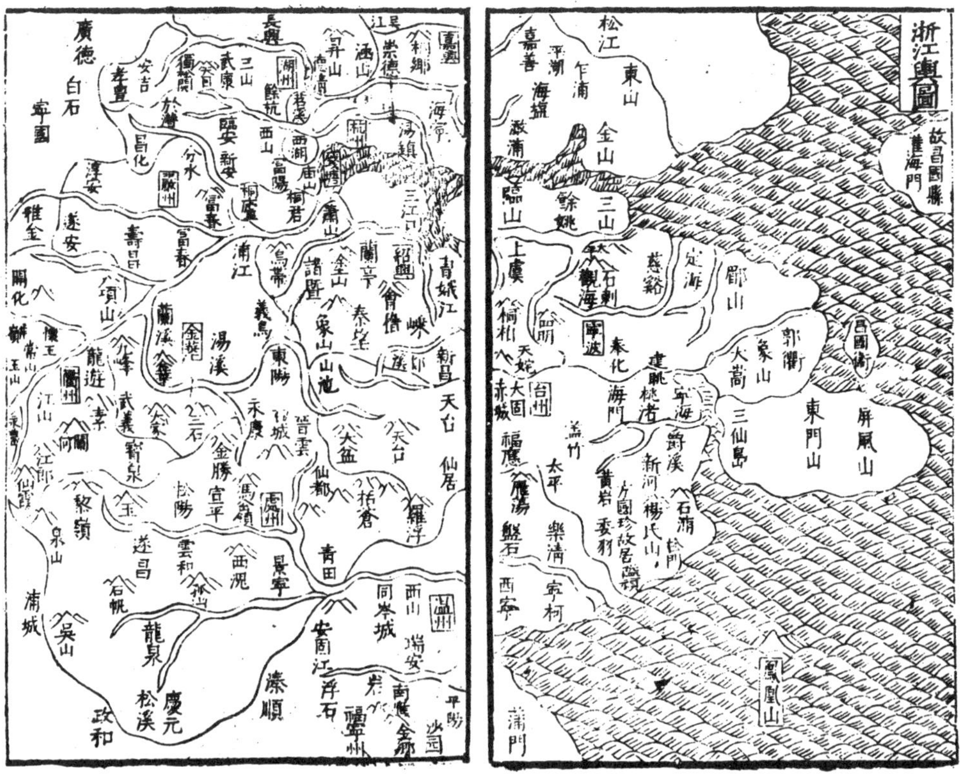

事而備其在定海乎其所屬承宣布政使司治杭州左右布政使二左右叅政五左右叅議二領府十一州一縣七十五總爲里一萬八百九十九戶一百二十四萬二千一百二十五口四百五十二萬五千四百七十一夏秋二稅共米麥二百五十一萬二百九十九石

杭州之縣九爲錢塘三百七十三里爲仁和三百七十三里附郭外爲海寧四百八十四里爲富陽七十五里爲餘杭七十三里爲臨安四十六里爲於潛一十二里爲新城一十四里爲昌化十里其名錢塘陝武林山因古杭隋其山曰吳山南治東曰孤山城外西湖曰黃山餘杭曰天目臨安道家第三十四洞天山下兩湖若目因名曰石柱於潛上有古篆十數字秦時刻曰青牛新城曰千傾

昌化其川曰海寧海潮錢塘江通海八月十八漁子戲潮曰浙江水出歙玉山經建德合婺溪過富春爲浙江浙者折也曰富春江富春曰龍江新城曰西湖自武林有十景五湖秋月蘇堤春曉斷橋殘雪雷峯落照南屏晚鍾麯院風荷花港觀魚柳浪聞鶯三潭印月兩峯插天周回三十里

嘉興之縣七附郭爲嘉興三百八十里爲秀水二百三十二里外爲嘉善二百四十里爲海鹽一百六十里爲崇德三百一十一里爲平湖一百二十一里爲桐鄉一百七十八里其古名檇李周嘉禾其山曰五臺府治西北有石刻法華經曰胥山子胥廟在曰秦住海鹽秦皇登此曰金粟海鹽有石篆書三十八字天冊元年刻曰陳山崇德出曰龍湫平湖曰甑山桐鄉其川曰海海鹽曰鶴湖

（嘉善有湖產鶴）曰分湖（嘉善產巨蟹味殊絕）

湖州之州一爲安吉（九十三里）縣六附郭爲烏程（一百六十七里）爲歸安（三百九里）外爲長興（二百六十七里）安之屬爲孝豐（三十五里）爲德清（三百五十七里）爲武康（六十三里）其名吳興（吳）霅川（川）其山曰峴山（城南）曰包山（烏程卽古夫椒夫差所棲）曰吳山（長興）曰天目（安吉）曰德清（德清）曰天泉（武康）其浸曰太湖（烏程長興卽禹貢震澤周職方具區）其川曰苕溪（治西自天目松嶺）曰霅溪（治南以合四水霅然有聲）曰畫溪（長興）曰餘英溪（武康）

嚴州之縣六附郭爲建德（八十六里）外爲淳安（八十一里）爲桐廬（五十三里）爲遂安（五十八里）爲壽昌（二十九里）爲分水（一十八里）其名嚴陵（以子陵居）

三才圖會　地理二卷　四

新都（吳）新定（唐）其山曰烏龍（嶺有三灣九曲）曰南山（淳安）曰東泉（淳安）（東北有紫端峯如青芙蓉出泉三派金東注）曰富春（桐廬子陵隱處前臨大江有東西二釣臺）曰石英（遂安產白石英）曰巖同（壽昌山有五峯曰華蓋羅帽玉露慶雲景星）曰慶雲（分水）其川曰新安江（淳安）曰東陽（城東南）曰桐江（桐廬自天目）曰軒駐溪（淳安）曰天目溪（分水）

金華之縣八附郭爲金華（二百五里）外爲蘭谿（二百四十五里）爲東陽（二百二里）爲義烏（一百四十五里）爲永康（一百二十三里）爲武義（九十三里）爲浦江（一百三里）爲湯溪（八十五里）其名東陽（吳）金華（梁）寶婺（宋金星與婺女爭華故云）其山曰金華（府城北黃初平叱羊處）曰蘭陰（蘭谿）曰東白（東陽）曰雞鳴（義烏）曰石城（永康）曰白陽（武義）曰仙華（浦江）其川曰縠水（城東南）曰龍門水（蘭谿）曰蘭谿（以岸多蘭茝卽縠水也）曰畫溪（東陽如畫）曰五雲溪（義烏自五雲山）曰花溪（武康）曰熟溪（武義）曰湖溪（浦江）

衢州之縣五附郭爲西安（一百六十五里）外爲龍游（一百九十三里）爲常山（一百六里）爲江山（一百二十七里）爲開化（一百六十里）其名姑蔑（春秋）三衢（唐有三衢山又路通三越）其山曰崢嶸（治城後）曰東華（龍游）曰三衢（常山）曰江郎（江山頂有池產碧蓮金鯽）曰蟠桃（開化）其川定陽溪（城東）縠溪（龍游）文溪（江山）曰金溪（開化）

處州之縣十附郭爲麗水（一百二十八里）外爲青田（一百六十六里）爲縉

三才圖會　地理二卷　五

雲（一百八里）爲松陽（一百六里）爲遂昌（七十五里）爲龍泉（一百六十六里）爲慶元（五十九里）爲雲和（五十九里）爲宣平（六十里）爲景寧（六十六里）其名括蒼（因山）縉雲其山曰南明（城南有米芾書南明山字又有葛仙翁隸靈崇二字）曰石門（青田）曰萬松（縉雲）曰吏隱（縉雲李陽冰退居於此有臺曰志歸多題詠篆刻石壁有吏隱山三楷書）曰初暘（縉雲有李陽冰初陽山三篆字）曰百仞（松陽）曰唐山（遂昌）曰鳳凰（龍泉）曰百丈（慶元）曰牛頭（雲和）曰白馬（宣平）曰勅木（景寧）其川曰大溪（城南）曰小溪（青田）曰松溪（松陽）曰雙溪（遂昌）曰秦溪（龍泉）曰浮雲溪（雲和）曰虎踏溪（宣平）曰盧栢溪（景寧）

紹興之縣八附郭爲山陰（二百十里）爲會稽（二百二十一里）外爲蕭山

一百四十二里爲諸暨一百七十五里爲餘姚三百二里爲上虞一百四十八里爲嵊九十九里爲新昌三十二里其名會稽東漢東揚劉宋其山曰臥龍城內曰葛城東句踐採葛作絺處曰會稽城東南揚州鎮山上多金玉砆石山周廻三百五十里有陽明洞即三十六洞天之第十一曰蕭山蕭山曰苧羅諸暨曰歷山餘姚舜支庶所封取象名曰東山上虞安石居此靈運於此讀書曰塗山山陰曰秦望會稽曰沃洲新昌曰四明餘姚曰五泄諸暨曰丹池嵊二十七洞天曰天姥新昌十六福地其川曰海山陰北曹娥錢青浙江三江海口曰姚江餘姚曰鏡湖城西南曰若耶溪城南寧波之縣五附郭爲鄞四百五十一里外爲慈谿三百八里爲奉化一百四十九里爲定海九十六里爲象山三百三十二里其名甬東即越置吳王處四明唐以

山名慶元宋其山曰四明城西南周迴八百里二百八十峯道書謂丹山赤水之天上有四窗穴通日月星辰之光曰蘆山慈谿曰寶化奉化曰雪竇奉化曰丹小奉化山下洞有丹霞二字曰梓蔭定海石有人刻懲忿窒慾四字曰象山象山其川曰海鄞慈曰灌門海定海曰鄞江城東一自奉化一自上虞曰奉化江奉化曰大浹江定海曰瑞龍河象山曰慈谿慈谿東海董黯築室及溪供母故名

台州之縣六附郭爲臨海一百七十三里外爲黃巖八十六里爲天台三十八里爲僊居八十八里爲寧海一百六里爲太平五十六里其名赤城梁章安陳天台唐其山曰大固城內曰委羽黃巖劉奉林控鶴墜翮道書第二洞天歷石坊曰赤城天台上赤狀如雲霞望之如雉堞曰寒石天台唐寒山子居曰天台天台道書上應台星八重視如一帆高一萬八千丈周廻八百里去天不遠路由福溪水險淸石橋廣不盈尺長數十丈下臨絕澗忘其身能濟者梯巖壁援藤葛始得平地有瓊樓玉闕天堂碧林醴泉曰韋羌仙居上有石壁刻字科斗十曰蓋倉上有石刻貞逸二字其川曰海城東夾堅志寧海縣東海中有尾閭其水湍急陷爲大渦者十餘舟楫不可近蓋東海泄水處曰三江城西曰永臨江黃巖曰始豐湖天台曰百步溪臨海曰曹溪仙居曰柴溪寧海

溫州之縣五附郭爲永嘉二百八十四里外爲樂淸一百七十一里爲平陽二百四十一里爲瑞安一百二十八里爲泰順一十八里其名東甌漢永嘉晉東嘉唐其山曰華蓋城東道書十八洞天曰仙巖瑞安道書二十六福地曰鴈蕩樂淸天下奇秀谷邃峯疊曰玉蒼平陽曰分水泰順

江西古揚州地當吳楚閩粵之交險阻旣分形勢自弱安危輕重常視四方若保境和民則九江獨據上流牽制沿江州郡且寄遍南康濱臨巨湖盜舟四出不可無備南贛之間則汀漳雄韶諸山會焉連州跨境林谷茂密盜賊之興斯爲淵藪故設巡撫重職提師以臨之袁州地逼長沙通民客戶頗難譏察而南昌建昌饒州　宗室固在民疲供億視臨吉瑞信撫諸郡殆有加焉故凡江西之民朴質儉苦有憂勤之思　弘治以來賦役漸繁土著之民少壯者多不務穡事出營四方至棄妻子不顧而禮俗日壞惡

江西輿圖

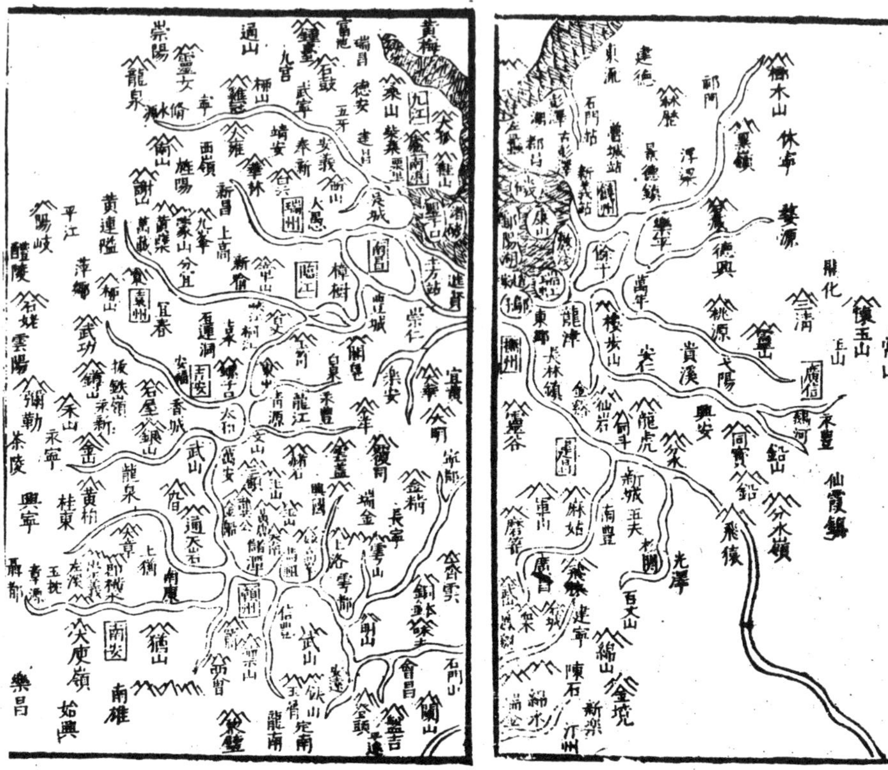

少間出表其所屬承宣布政使司治南昌左右布政使二左右參政三左右參議三領府一十三州一縣七十五總爲里九千九百五十六里半戶一百五十八萬三千九十七口七百九十二萬五千一百八十五夏稅米麥八萬八千五十九石五升八合三勺秋糧官民米二百五十二萬八千三百五十五石八斗二升絲八千二百三斤絹一萬一千五百一十六疋布一千三百四十一疋鈔九千九百七十九錠

南昌之州一爲寧八十七里縣七附郭爲南昌五百九十三里爲新建

三才圖會　地理二卷　九

二百一十四里外爲豐城三百七十七里爲進賢二百八里爲奉新一百四十九里爲靖安二十八里爲武寧五十四里其名豫章漢以豫章生庭洪都隋隆興宋其山曰西山城西曰龍門豐城曰棲賢曰壇石進賢縣治舊据斷有云尉遲恭監修曰百丈奉新有柳公權書禪師碑曰石門靖安有寶峯院權德輿碑曰玉桃武寧曰南山寧州有釣磯玉濟石積雪石黃庭堅題字其川曰章江城西曰豐曲江豐城曰富水豐城自羅山曰龍溪水奉新自藥王山曰修水寧

饒州之縣七附郭爲鄱陽三百二十一里外爲餘干一百五十四里爲樂平二百四十里爲浮梁一百一十四里爲德興七十二里爲安仁八十二里爲萬年六十四里其名鄱陽秦芝城其山曰芝山城北曰藏山餘干趙汝愚讀

書處理宗爲書梅巖二字曰石虹餘干石室旁石崖有古篆八十三字難辨曰石城樂平曰青
峯浮梁曰歲寒德興有周光歲寒二字曰紫雲安仁其川曰鄱江城南曰樂
安江樂平曰錦江安仁曰昌江浮梁曰鄱陽湖鄱陽即禹貢彭蠡曰餘水
餘干曰鄱源水自浮梁曰建節水德興
廣信之縣六附郭爲上饒一百一十二里外爲玉山五十九里爲弋陽
七十一里爲貴溪一百一十二里爲鉛山五十七里爲永豐六十七里其名上饒
唐其山曰靈山城西北有七十二峯郡之鎮山也道書云三十三福地有龍池曰水南玉山
曰龜峯弋陽有三十二峯曰象山貴溪陸九淵讀書處曰鬼谷貴溪道書十五洞天有蘇
秦臺張儀井鬼谷子居此曰龍虎貴溪兩石對峙如龍昂虎踞二十二福地漢張道陵所居曰鵞湖

鉛山龔氏嘗畜鵞此曰靈鷲永豐曰仙巖貴溪有二十四巖曰鬼谷洞鬼谷山周迴四
里容千人其川曰上饒江府城北入境曰弋陽江弋陽大石面如鐫弋字名曰玉
溪玉山曰鄰溪貴溪曰永豐溪永豐自福建建寧
南康之縣四附郭爲星子二十八里外爲都昌五十九里爲建昌八十
四里爲安義四十六里其名星渚地匡廬山其山曰廬山府西北世傳周
時匡俗兄弟七人結廬隱此故名其山疊嶂九層崇巖萬仞周廻五百里南方巨鎮道書第八洞天山有凌霄獅子
諸峯曰石壁都昌靈運有精舍詩曰元辰都昌五十一福地曰雲居建昌
九江之縣五附郭爲德化一十六里外爲德安一十八里爲瑞昌一十一
三里爲湖口一十七里爲彭澤一十八里其名潯陽晉九江隋其山曰

廬山城南曰大孤城東南彭蠡湖曰博易德安即敷淺原根盤三十里一邑之重鎮曰赤
顏瑞昌赤松子遊曰石鍾湖口曰小孤彭澤
建昌之縣四附郭爲南城一百五十三里外爲新城七十八里爲南豐
一百二十三里爲廣昌二十一里其名盱治水建武南唐其山曰鳳凰城北
郡之七山曰麻姑城西南周迴四百里即三十六洞天曰東巖新城曰金嶂南豐曰中
華廣昌其川曰龍溪廣昌曰盱水自血木嶺曰九曲水新城
撫州之縣五附郭爲臨州四百四十八里外爲崇仁二百二十四里爲金
谿一百八十三里爲宜黃六十五里爲樂安二百一十六里爲東鄉一百二十一里其
名臨川吳其山曰龍會城西曰華蓋崇仁曰雲林金谿爲縣巨鎮上有三十

六峯曰曹山宜黃曰豐村樂安其川曰汝水上接盱江經金谿曰連樊水城西
北曰臨水城西自崇仁臨川山曰西寧水崇仁自華蓋曰福水金谿自閩曰清
江水金谿可漚楮爲紙名曰宜黃水宜黃自黃土嶺曰鼇溪樂安自芙蓉山
臨江之縣四附郭爲清江二百五十三里外爲新淦二百二十五里爲新
喻二百六十七里爲峽江一百八十二里其名臨江宋其山曰閤皂府東形如
閤色如皂第三十三福地曰玉笥新淦第十七洞天第八福地有三十二峯六洞二十五壇十一亭臺其餘
諸勝尤多曰蒙山新喻其川曰清江府南曰象江新淦曰袁江自袁州
吉安之縣九附郭爲廬陵六百三里外爲泰和二百五十五里爲吉水
四百三十卯半爲永豐三百二十五里爲安福二百十七四爲龍泉六十七里爲

萬安九十三里爲永新一百八十三里爲永寧四十二里其名廬陵安成漢
螺川山其山曰青原城東南曰武山泰和曰朝元吉水曰龍華永豐
曰北華安福曰玉泉龍泉曰芙蓉萬安曰秋山永新有七十二峯
曰玉笥永寧其川曰贛江城東章貢二水合流曰王江廬陵曰雲亭江泰和
曰盧江吉水曰恩江永豐曰吉文水吉水曰盧水安福曰遂水龍泉曰
翠亭水永新

瑞州之縣三附郭爲高安二百八十六里外爲上高一百六十七里爲新
昌一百二十三里其名高安唐瑞陽宋其山曰鳳凰府治後曰寶蓋
上高曰黄檗新昌其川曰蜀江自袁州曰斜口水上高曰鹽溪水新昌

三才圖會　地理二卷　十二

袁州之縣四附郭爲宜春一百四十八里外爲分宜一百九里爲萍鄉
一百三十里爲萬載一百四里其名宜春隋其山曰袁山城東北高士袁京居
此曰鍾山分宜曰九嶷萍鄉曰金雞萬載其川曰宜春水城西曰泉
江水萍鄉曰康樂水萬載

贛州之縣十附郭爲贛一百一十一里外爲雩都一百五里爲信豐六十里
爲興國七十七里爲會昌六里半爲安遠五十五里爲寧都一百一十七里爲瑞
金八十五里爲龍南五里爲石城九里其名章貢二水贛城宋改其山曰
崆峒城南爲雩都案山曰金精寧都三十五福地曰太平雩都曰盤古會昌曰陳
石瑞金曰南山信豐曰欣山安遠曰上洛興國有石壁可書有木客能詩曰松梓

龍南曰樓蓋石城曰白芧寧都其川曰貢水自汀州新樂山曰章水自南安府
都山曰贛水城北曰虔化水寧都曰雩水自雩都曰湘洪水會昌曰綿
水瑞金曰廉水安遠曰濊水興國曰三江水龍南

南安之縣四附郭爲大庾一十六里外爲南康一三十一里爲上猶六里
爲崇義七里其名横浦郡其山曰聶都城西南山海經云聶都之山諸水出焉
曰石君南康曰龍鳳上猶曰大庾嶺城西南其川曰南江自聶都山
曰南埜水南康曰猶水自湖廣桂陽上猶曰九十九曲水自上猶

湖廣古荊州地襄鄧抗其頭顱蘄黄引其肘腋江陵制其腰腹伸滕南向足以雄視諸州若郧陽之保商陝郴桂之跨閩粤辰沅之捍蔽雲貴大江中貫五溪外錯荊楚阨塞斯其備焉蓋二儀效靈山川獻秀故王氣獨鍾於　潜邸然襟江帶湖所至民惟水患寇盜亦復乘之過此則永寶之間謹備苗夷而已矣　宗藩碁布歲賦日煩楚俗慓輕鮮思積聚於是四方流民失業者多赴焉故其民率呰窳難治谿洞諸蠻本以漢法羈縻差易馴擾惟永順保靖世席富強每爭奪獲罪輒假戰功自贖奸謀徧搆驕横滋萌

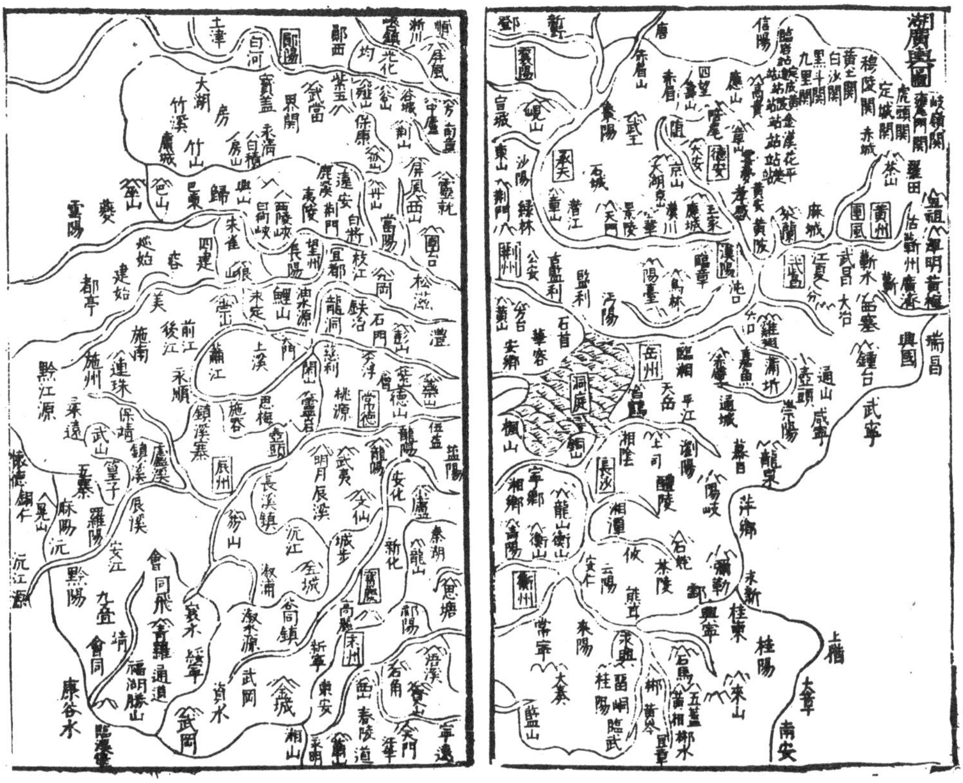

朝議不明猥加徵發使遠方之民坐困且久而玩敵將貽異日之憂謂宜定令毋輒輕發斯則善矣其所屬承宣布政使司治武昌左右布政使二左右參政四左右參議五領府一十有五屬州一十四縣九十九外直隸州二屬縣八總爲里三千四百七十六里半戶五十三萬一千六百八十六口四百三十三萬五千五百九十夏秋二稅共米麥豆芝麻二百一十六萬七千五百五十九石絹二萬七千九百七十七疋布七百五十疋鈔一百七十五貫

武昌之州一爲興國四十六里縣九附郭爲江夏六十三里外爲武

昌三十九里爲嘉魚二十一里爲蒲圻三十里爲咸寧一十六里爲崇陽十一六里爲通城一十五里興國之屬爲大冶三十九里爲通山六里其名郢渚雲夢南郭江夏漢武昌吳其山曰黃鵠城西南曰鍾山興國曰武昌武昌曰鍾臺咸寧曰龜湖嘉魚曰白石蒲圻曰梧桐通城曰東方大冶曰龍泉崇陽其川曰大江江夏曰塗水城南曰陸水通城曰鸚鵡洲城南

漢陽之縣二附郭爲漢陽一十九里外爲漢川八里其名漢陽後周其山曰大別城東北卽禹貢曰陽臺曰小別漢陽其川曰大江城東南上接瀟湘洞庭諸水曰漢水城北卽禹貢漾東流爲漢曰沔水城西南合漢入江

黃州之州一爲蘄六十四里縣七附郭爲黃岡八十六里外爲蘄水七十六里爲羅田四十九里爲麻城一百三十里爲黃陂四十七里蘄之屬爲廣濟五十三里爲黃梅四十二里其名齊安南齊永安隋其山曰赤壁城西北曰龜峯麻城曰魯臺黃陂二程讀書處曰石柱羅田曰玉臺蘄水曰鳳凰蘄曰黃梅黃梅曰明水廣濟其川曰大江城下曰龍驤水黃陂曰浠水蘄水曰鈷鉧潭水蘄曰黃梅水黃梅

承天之州二爲沔陽四十四里爲荊門六十四里縣五附郭爲鍾祥一十一里外爲京山二十一里爲潛江二十三里沔之屬爲景陵二十六里荊之屬爲當陽五里其名郢中古石城後周富水唐竟陵其山曰

三才圖會　地理二卷　十六

楠木治東曰京源京山曰黃蓬城南曰五華景陵其川曰漢江治西曰澨水京山曰雲夢城東即禹貢曰三澨水城東南即禹貢云左傳云句澨漳澨雍蘧澨太宰皆水邊地曰滄浪水城北曰回河水曰西江水曰白沙水景陵

德安之州一爲隨一十八里縣五附郭爲安陸八里外爲雲夢五里爲孝感二十九里爲應城九里隨之屬爲應山一十里其名安陸宋劉漢東隋其山曰章山禹貢曰陪尾城東即禹貢曰大洪隋曰葛藤雲夢曰五家應城曰九嵕孝感曰洞庭應山其川曰漢東河應山曰涓水城西自陪尾東入漢曰漳水城西自大洪清濁相採爲文與涓合如蝃蝀曰溠水漻水均水浪水俱隨其澤曰雲夢安陸即禹貢周職方

荊州之州二爲夷陵七里爲歸六里縣十一附郭爲江陵二十五里外爲公安三十二里爲石首三十一里爲監利二十二里爲松滋二十二里爲枝江八里夷陵之屬爲長陽三里爲宜都四里半爲遠安二里半歸之屬爲興山二里爲巴東九里半其名郢都春秋南郡秦江陵唐荊南宋其山曰龍山城西北孟嘉落帽處曰龍蓋石首曰着紫枝江曰九岡松滋曰楊林監利曰內方荊門曰紫蓋當陽二十三洞天曰黃牛陵曰荊門宜都曰方山長陽曰楚臺歸楚襄建曰石門巴東其川曰大江城南自岷曰荊漢江荊門曰沮江漳江當陽曰沱江當陽即禹貢曰潛江潛江曰清江長陽曰川江松滋

三才圖會　地理二卷　七

岳州之州一爲澧三十里縣七附郭爲巴陵五十七里外爲臨湘八里爲華容二十二里爲平江五十里澧之屬爲石門二十五里爲慈利五十八里爲安鄉一十一里其名巴陵宋劉岳陽宋其山曰巴丘城南拜屠巴蛇於洞庭積骨爲丘名曰君山城西南洞庭湖中十二峯曰望城臨湘曰禹山華容禹濟川登曰幕阜平江一名天岳山高一千八百丈周迴五百里石岩有篆云夏禹治水嘗至此又二十五洞天曰太浮澧谷中石室鹿池十八洞曰黃石石門曰騎龍慈利曰古田安鄉其川曰大江城西北曰三江城下岷江爲西澧江爲中湘江爲南曰蘭江澧又名佩浦即澧有蘭曰洞庭湖城西南即禹貢九江曰澧水慈利曰汨水平江

鄖陽之縣七附郭爲鄖四十一里外爲房一十五里爲竹山四十九里爲

上津八里為竹溪九里為鄖西八里為保康十里其名錫穴秋未鄖鄉
隋其山曰龍門鄖永曰南山房曰方城竹山十里有曰黃龍上津其
川曰沮水房漳沮之左傳江漢沮漳曰鼇水竹山曰吉水上津
襄陽之州一為均九十里縣六附郭為襄陽二五十里外為宜城
七十一里為南漳三二十五里為棗陽四五十里為光化三十二里為穀城四八十里
其名襄陽其山曰峴山城南即羊祜墮淚碑曰鹿門漢龐德公居
俱曰太嶽太和曰五車曰荊山
有二曰牛頭曰襄椒山曰穀山曰馬窟
其川曰漢江曰曾河曰淯河曰漳河曰滾河
陽曰泌河曰滄浪水禹貢
辰州之州一為沅七十里縣六附郭為沅陵五八十里外為盧溪
二十里為辰溪八十里為溆浦四十里沅之屬為黔陽一二十里為麻陽
七里其名沅陵盧溪酉陽其山曰大酉
天妙洞曰武山盧溪曰五城辰溪曰大溆浦溆曰高明曰羅
公黔陽曰壺天沅陵其川曰酉水北城西曰辰水東城曰沅水
曰漵水沅曰溆水浦溆曰五溪曰武溪盧溪曰[illegible]水

溪辰溪曰洪江黔陽曰西溪麻陽
常德之縣四附郭為武陵漢義陵
沅江五十里其名武陵漢義陵
梁山北城曰淳于陵武曰綠蘿曰桃源
滄山浪山曰白馬洞其川曰洞庭湖
沅江龍陽曰沅水曰枉水曰朗水南武曰延溪水曰滄浪龍陽
山自一曰鼎口水曰芷水龍陽曰武陵溪西城
衡州之州一為桂陽三六十里縣八附郭為衡陽外為衡山為
耒陽三八十里為常寧七十里為安仁二八十里為酃九二十里桂陽之屬為
臨武四三十里為藍山二八十里其名湘東衡陽吳衡山隋其山曰
衡山曰舜峯曰龍渡曰九疑曰岣嶁峯曰熊耳曰伊山
曰朱陵洞曰馬阜曰雲秋
來水曰馬水其川曰湘水曰蒸水曰祝融曰舂水曰耒水上瀆
吳水
永州之州一為道三五十里縣六附郭為零陵三十六里外為祁陽

一十三里爲東安八十里道之屬爲寧遠六十三里爲永明一十八里爲江華
四里其名零陵漢營陽晉其山曰西山城西曰祁山祁曰黃華
東安曰營道道曰九疑寧遠相傳舜登曰白鷺永明曰吳笔江華其川曰
湘江城北曰盧洪江東安曰瀟水城外曰永水城南自永山曰祁水祁陽
曰營水道曰舜源水曰春水寧遠曰遨曰掩水永明曰淹水曰
砅水秦水江華曰浯溪祁陽有顏字磨崖碑曰濂溪道州
長沙之州一爲茶陵五十里縣十一附郭爲長沙三十五里爲善
化二十里外爲湘潭二十二里爲湘陰四十六里爲寧鄉二十一里爲瀏陽
七十一里爲醴陵二十八里爲益陽二十三里爲湘鄉七十一里爲攸四十五里爲
三才圖會　地理二卷　二十
安化一十九里其名星沙星熊湘熊繹封此三湘湘潭湘鄉湘陰其山曰智
度城北曰嶽麓善化卽衡山七十二峯曰洞陽瀏陽卽二十四洞天曰東臺湘鄉曰
司空攸左右有三十六峯曰大峯安化有七十一峯曰五溪益陽曰黃陵湘陰舜二
妃墓在湘潭曰隱山醴陵卽十三洞天曰雲陽茶陵曰石鼓寧鄉其
川曰靳江善化曰資江益陽曰汨羅江湘陰卽屈潭曰東江茶陵曰青
草湖湘陰曰漣水涓水三十六灣水湘鄉曰文浦水沫水攸水
攸曰涓水湘潭曰渌水醴陵綠水河書字
寶慶之州一爲武岡四十三里縣四附郭爲邵陽四十六里外爲新
化二十六里爲城步一十三里半武岡之屬爲新寧八里半其名邵陵

吳邵陽其山曰高霞城南曰扶陽邵陽曰梅山新化曰武岡武岡曰
雲山武岡有七十一峯第六十九福地橦水新寧其川資水城北禹貢九江之一曰都
渠水武岡曰夫夷水新寧
郴州之縣五爲永興二十里爲宜章七十里爲興寧一十五里爲桂陽
一十五里爲桂東五里其名桂陽漢郴江水其山曰文明城南曰仙
母永興有宋令徐經孫刻漢壽字于石巖曰石角永興石刻有天下奇觀字曰義通曰石
含桂陽曰桃榔宜章其川曰郴水城東曰桂水城西南曰潮水永興曰
資興水興寧曰耒水桂陽曰武水曰章水宜章
靖州之縣三爲會同二十八里爲通道五里爲綏寧三十五里其名渠
三才圖會　地理二卷　廿一
陽宋其山曰寶漢城東北曰白社會同曰風門綏寧曰福湖通道其
川曰沅江會同
施州衛軍民指揮使司屬湖廣都司編戶三里領軍民千
戶所一曰大田宣撫司四曰施南曰散毛曰忠建曰容美
安撫司八曰東鄉五路曰忠路曰忠孝曰金峒隸施南曰龍
潭曰大旺隸散毛曰忠峒曰高羅隸忠建長官司七曰搖把峒
曰上愛茶峒曰下愛茶峒東鄉五路領曰劍南忠路領曰木冊高羅
領曰鎮南曰唐崖直隸施州衛
隸容美之長官司四曰椒山瑪瑙曰五峯石寶曰水盡源

逼塔平曰石梁下峒其名清江後周清化唐其山曰容星城西
其川曰鐵溝水曰潮貢水城東
蠻夷長官司五曰鎮遠曰隆奉曰西泙曰東流曰臘壁峒
永順軍民宣慰使司隸湖廣都司領州三曰南渭曰施溶
曰上溪長官司六曰臘惹峒曰驢遲洞曰施容溪曰麥著
黃洞曰白崖洞曰田家洞其名靈溪唐會溪宋
保靖州軍民宣慰使司隸湖廣都司領長官司二曰五寨
曰筸子坪其名保靖宋

四川古梁州地劍閣表雲棧之固瞿塘鎖巴峽之流地饒
而險阨然奸宄內作懸軍東馬勢不相及有難猝定者況
上列　親藩重兵外戍諸所供餽咸取給焉且松潘以孤
城介在番域而寄咽喉於龍州千里轉運輒為番蠻所遮
斯則巴西之隱禍也烏撒芒部諸夷雖犬牙形格仰我鼻
息然內相黨結數啓兵釁且於叙瀘有脣齒之重要在因
俗撫綏攜其私黨而已乃若碉門之臂視諸番播州之冨
藏四省殆與蜀相為盛衰者焉建昌六衛僻處西徼目為
奧區民夷安業非所憂矣其所屬承宣布政使司治成都

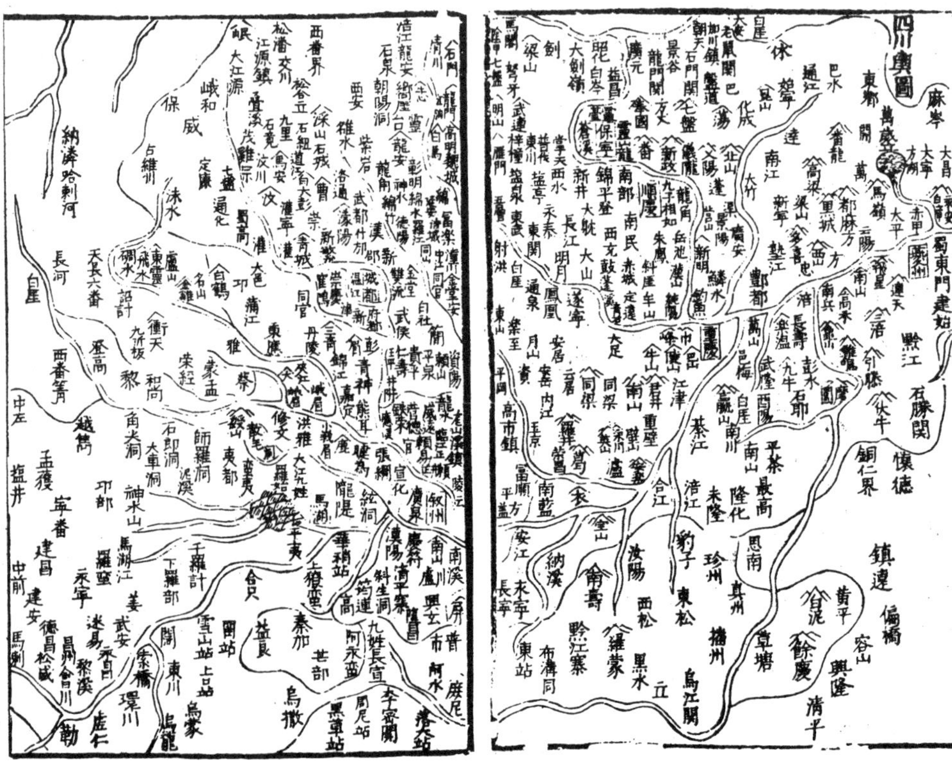

左右布政使二左右參政二左右參議二所領府十州二十
一縣一百有九軍民府三宣慰司二宣撫司一安撫司五
長官司一總爲里一千二百五十戸一十六萬四千一百
一十九口二百一十萬四千六百七十夏秋二稅共米麥
一百二十萬六千六百六十石絲二萬六千五百三十三斤綿
花七萬二千八百五十斤鹽課提擧司一領仙泉等鹽
課司十五龍州等衛所額辦折色小引鹽一十萬九千一
百七十七引成都建昌等府衛額辦課茶共四十八萬九
千八百八十五斤

成都之州六爲崇慶二十二里爲漢州九里爲綿州六里爲茂州四里
爲威州六里爲簡州二十里半縣二十六附郭爲成都一十四里爲
華陽一十一里外爲雙流五里爲溫江十里爲新繁四里爲金堂八里爲
仁壽二十二里爲新都十七里爲井研四里爲郫縣八里爲灌縣六里爲資
縣七里爲彭縣六里爲安縣六里爲內江一十六里爲崇寧二里爲石泉四里
簡之屬爲資陽七里崇慶之屬爲新津七里漢之屬爲什邡四里
爲綿竹七里爲德陽六里綿之屬爲彰明三里爲羅江三里茂之
屬爲汶川六里威之屬爲保縣四里其名蜀郡秦益州成都漢
郫城錦官錦里其山曰武檐治北曰宜城雙流曰麗元新都曰金臺金堂

曰石矩仁壽曰磨玉井研曰逍遙簡有石漢安元年四月十八日會仙曰玉京資
曰華蕚內江唐范宗凱讀書賦華蕚樓因名曰青城灌岷山第一峯有七十二小洞八大洞道書第
五洞天乃神仙都會之府曰丹景彭曰金馬崇寧曰石紐石泉曰龍安安曰
多融崇慶博物志有物如獼猴七尺人行健走曰假一名馬化能竊美婦曰石磬彰明曰岷
山茂江水自出直上六十里曰龍池羅江曰七盤汶川曰雪山威州有九峯積雪夏不消
其川曰岷江茂之一四瀆曰錦江城南一名二江汶江此水濯錦鮮明又曰內江外江曰
沱江新繁即禹貢岷山導江別爲沱曰青白新繁趙抃過此名云曰大皂溫江曰珠江
資江資曰中江內江曰馬江曰郫江曰味江崇慶曰羅江羅江曰
玉輪江汶州曰蘭溪水仁壽曰赤水曰雁水簡州曰湔水石泉曰平

谷水威州曰白沙水灌曰黑水安曰綿水曰洛水曰石亭水
漢曰廉水曰讓水彰明曰涪水曰安昌水曰潺水綿
保寧之州一爲劍州三里縣九附郭爲閬中十里外爲蒼溪十里
爲南部九里爲廣元三里爲巴縣二十六里爲昭化二里爲通江六里爲劍
之屬爲梓潼二里爲江油二里其名巴西晉閬中唐其山曰天
目城東曰大劍山劍一名梁山郎山海經云曰禹跡南部曰雲臺蒼溪高四百丈曰
王望巴曰秋錦通江曰龍門昭化曰石燕廣元曰太華江油曰長卿
梓潼司馬相如嘗於此讀書其川曰嘉陵江自鳳翔至保寧曰巴江巴江二流中貫勢若
巴字曰白水江川陝至昭化曰涪江自西羌至劍曰潼江水梓潼

順慶之州二爲蓬州十里爲廣安二十一里縣八附郭爲南充十一里外爲西充八里蓬之屬爲營山四里爲儀隴八里廣安之屬爲渠縣一十一里爲大竹一十八里爲岳池一十五里爲隣水一十七里其名巖渠劉宋南充唐其山曰大方城西曰南岷西充上有九井十三峯曰鳳凰蓬曰衮山營山曰儀隴儀隴有石刻儀隴字曰白鶴廣安曰巖渠渠曰隣山大竹曰石龜岳池上刻龜峯二字其川曰嘉陵江治東曰渠江渠曰西溪西充曰鶩水儀隴曰篆水廣安曰潛水渠曰隣水大竹曰岳池水岳池曰靈溪水岳池曰金泉城西宋江萬里有金泉二字崖上

叙州之縣九附郭爲宜賓二十八里外爲慶符六里爲富順一十一里

爲南溪一十九里爲長寧一十七里爲高縣一十七里爲筠連四里爲珙縣九里爲戎縣一十一里其名犍爲漢南溪唐叙南元其山曰朱提城西出銀諸葛書漢嘉金朱提銀采之不足以自食曰石城城西曰石門慶符多蘭有春蘭秋蘭鳳尾蘭素蘭石蘭竹蘭春蘭花生葉下素蘭花生葉上黃庭堅云蘭一幹兩三花蕙十花香不足曰馬腦富順最高曰龍騰山南溪有黃庭堅暑亭三字石刻曰桂輪南溪右壁有黃庭堅大桂輪山四字曰寶旗戎其川曰大江城東一名蜀江出茂州曰馬湖江城南一名瀘水即諸葛五月所渡曰青衣江南溪曰金川富順一名中江曰黑水城東南即禹貢

遵義之州一爲眞安縣四爲遵義爲桐梓州之屬爲仁懷爲綏陽俱萬曆時平播後建

重慶之州三爲合州四十二里爲忠州七里爲涪州一十二里縣十六附郭爲巴縣九十二里外爲江津三十八里爲長壽二十二里爲大足二十七里爲永川二十五里爲營昌二十七里爲綦江四里爲南川五里爲黔江十一里半合之屬爲銅梁二十七里爲定遠一十四里爲璧山一十二里忠之屬爲酆都四里爲墊江一十二里涪之屬爲武隆二里爲彭水八里其名巴郡秦南平唐其山曰金山城東即禹后曰瀛山城南崖峭有四十八里曰長壽長壽曰固城江津曰三華大足曰龍洞永川曰葛仙榮昌曰最高南川曰西陽黔江曰銅梁合曰巴嶽銅梁曰武勝定遠曰倚天忠曰平都酆都七十二福地之一有唐碑曰望州涪曰登青武隆曰摩圍彭水

洞天福地蠻人呼天爲圍云其川曰岷江自岷山經嘉叙瀘過府至涪合黔江過忠萬雲安夔歸出峽曰涪江自嘉陵江經合州至城北入岷曰巴江城東曰黔江涪曰南江南川曰嘉陵江合曰巖渠江合州來經渠州廣安曰南洋水彭水曰几水江津

夔州之州一爲達州八里縣十一附郭爲奉節四里外爲巫山四里爲大昌二里爲雲陽九里爲大寧二里爲萬縣四里爲開縣七里達之屬爲新寧七里爲梁山十里爲建始五里爲東鄉五里其名永寧巴東漢固陵蜀漢雲安唐其山曰白帝城東曰赤甲曰白鹽城東曰陽臺巫山曰石柱大寧曰金頭大昌曰漢城雲陽曰都歷萬曰盛山開曰翠屏達曰龍神新寧曰高梁梁山曰石乳建始其川曰岷

江城南一名蜀江曰開江新寧曰清江曰墊江開曰大寧河巫山曰大
瀼水曰東瀼水
馬湖之長官司四曰泥溪曰平夷曰蠻夷曰沐川馬湖部落其
名龍湖漢為牂牁犍為其山曰赤崖曰寶屏城東曰雷番城西有隋萬歲三大
字曰書樓平夷曰大鹿蠻夷曰夷都沐川其川曰馬湖江蠻夷
潼州之縣七為射洪四里為鹽亭三里為中江五里為遂寧一十七里
為蓬溪六里為安岳二十里為樂至七里其名梓潼蜀漢昌城西魏新
城隋東川宋其山曰牛頭州西南曰金華謝洪曰高山鹽亭曰銅
官中江曰玉堂遂寧曰蓬萊蓬溪曰雲居安岳其川曰郪江州西南曰

三才圖會　地理二卷　廿八

涪江州北自吐番曰射江射洪自劍州曰中江中江曰梓潼水鹽亭
嘉定州之縣五為峩眉六里為洪雅三里為夾江一十五里為犍為
九里為榮縣七里其名犍為漢眉山隋其山曰高標州西曰峩眉
峩眉周廻千里有石龕百十二大小洞四十曰平羌夾曰金粟犍為曰榮德榮其
川曰陽江治西曰岷江州東曰瀆江州東曰羅目出峩眉山曰符文水
峩眉曰夷情水峩眉曰天津水峩眉曰青衣水夾江曰漢水犍為
眉州之縣三為彭山二十五里為丹陵五里為青神四里其名齊通
南齊眉山隋通義唐其山曰蟇頤城東曰峩眉城南自岷延袤三百曰象
耳彭山曰龍鵠丹陵李壽讀書於此孝宗有御書石曰熊耳青神其川曰玻瓈江

蟇頤山下曰松江城東南曰醴泉江城西曰思濛江城南曰武陽山彭山曰
魚蛇水青神曰赤水彭山曰灘泔水丹陵曰磨鍼溪象耳山下李白讀書云云
瀘州之縣三為納谿三里為合江二十里為江安二十里其名江
陽漢瀘川唐其山曰寶山城西曰擬旗納谿曰月臺合江曰漢陽
江安其川曰瀘江城東曰資江城北曰支江城北曰綿水江安
邛州之縣三為威遠四里為大邑七里為蒲江五里其名臨邛其山
曰銅官邛卓氏及鄧通鑄錢處曰鶴鳴大邑曰九仙蒲江其川曰斜江邛
曰鄰水曰邛水邛蒲水蒲江曰文君井曰火井邛
雅州之縣三為名山三里為榮經二里為盧山三里其名蒙山西魏

三才圖會　地理二卷　廿九

臨邛隋雅安隋盧山唐其山曰雅安治西曰蒙山名山曰邛崍
榮經其川曰平羌江城北曰青衣江盧山曰長濆江城東南自邛崍曰周
公水城東自周公山曰沐水城東曰榮經水榮經曰聖水蘆山
東川軍民府其名東川蒙氏其山曰絳雲弄府西南一名烏龍高峻百
里有十二峯其川曰金沙江府西
烏蒙軍民府其名牂牁漢烏蒙酋其山曰雪山府西其川曰
金沙江府西南
鎮雄軍民府其山曰翠屏城東其川曰盤江城西
芒部軍民府其郡名芒布酋其山曰烏通府北其川曰白水

江府西北
播州宣慰使司領安撫司二爲草塘爲黃平長官司三爲
播州爲餘慶爲白泥其名播州唐 樂源遵義宋 其山曰鳳
山司東 曰拱辰餘慶 曰紫霄白泥 其川曰湘江平播後改爲府州縣
永寧宣撫司領長官司一爲九姓其名永寧宋 其山曰雪
山衛亦水 其川曰赤水河自芒部
龍安府之縣三爲平武爲江油爲石泉 其山曰馬盤司東 其
川曰白水江青州所 舊爲龍州宣撫司今改爲府
天全六番招討使司其山曰玉堡司西 其川曰和水司南

黎州安撫司其名沈黎漢 漢源唐 其山曰邛崍城北 其川曰
漢水城南
平茶洞長官司其山曰團山司治南 其川曰哨溪司治東南
松潘等處軍民指揮使司領千戶所一長官司十七曰占
藏先結簇曰蠟匝簇曰白馬路簇曰班班簇曰阿昔洞簇
曰北定簇曰山洞簇曰麥匝簇曰者多簇曰牟力結簇曰
祈命簇曰勒都簇曰包簇曰阿昔簇以上洪武中置 曰阿用簇正統
初 曰思曩兒簇洪武 曰潘斡寨正統初 安撫司四曰八郎永樂 曰
麻匝兒永樂中 曰阿角寨曰芒兒者正統初 其名交川唐 古松

產井松 其山曰金蓬城東南 其川曰播州河司城西
疊溪守禦軍民千戶所領長官司二爲疊溪爲鬱郎其名
臨翼唐 其山曰犛牛所城東 其川曰汶江所城西
四川行都指揮使司領衛六爲建昌爲建昌前爲寧番爲
越嶲爲鹽井爲會川爲瀘州守禦千戶所六建昌之屬爲
禮州二爲德昌爲打冲河四里 爲冕山橋爲打冲河中 左會
川八十之屬爲迷易長官司五建昌之屬爲昌州爲威龍爲
會濟越嶲之屬爲邛部鹽井之屬爲馬剌其名邛都 古越
嶲漢 西寧隋 其山曰青山城北 鐵石磐石燒成鐵鋼利

福建古閩越地以溫處衢信爲北藩建昌南贛爲右壁惠
潮爲外戶海爲門封壤促甚而重關內阻溪山秀美民用
以和然處人輒敢盜鑛流入政和壽寧之境大爲患害古
田福寧一帶本竊魚鹽之利山谷邃深逋寇每憑之而嘯
聚但不常出也海濱上下外遏倭寇之流近通琉球之貢
尤爲要害而海物互市妖孽荐興則漳浦龍溪之民居多
且汀之山尤廣人跡罕到獨與贛州聲勢相通提督兵備
實交治之而永春安溪沙尤之間則屬之捕盜官矣蓋簡
僻莫如邵武囂訟莫如漳州土沃民稀耕稼自給兵火不

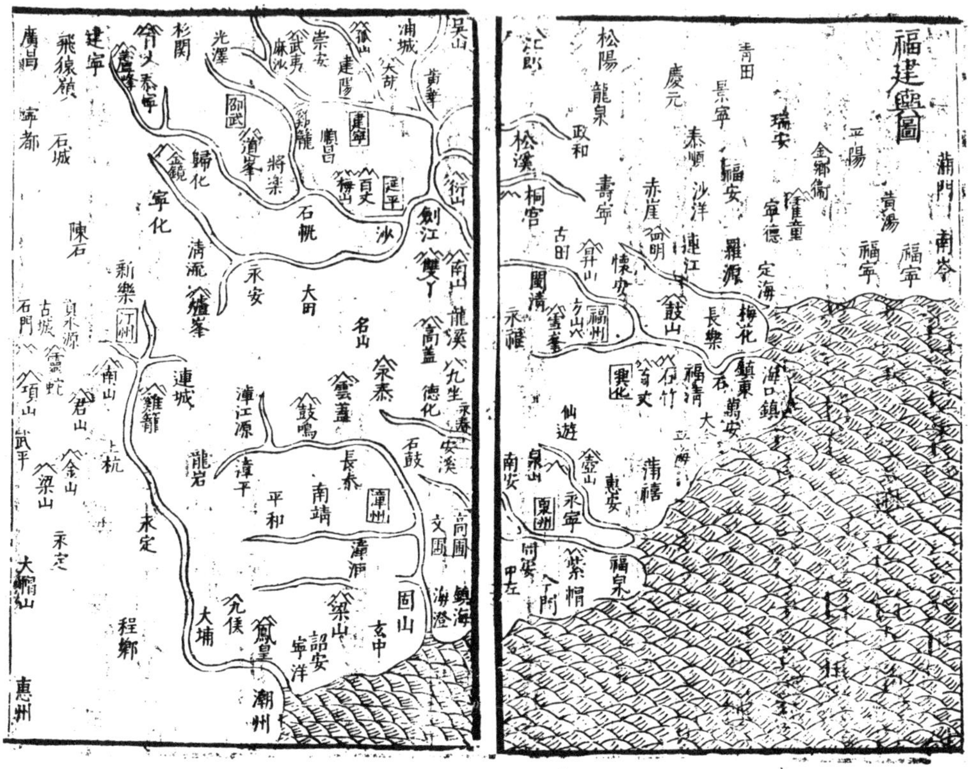

舶則八郡舟也其所屬承宣布政使司治福州在右布政使一左右參政三左右參議三領府八州一縣五十有八總爲里四千七百九十七里有零戶五十萬九千二百廿二百八萬二千六百七十七夏秋二稅共米麥八十八萬三千一百一十五石絲綿一百九十四斤絹六百疋苧六十五斤鈔一萬七百七十九錠都轉鹽運司歲辦鹽價八千八百七十八兩軍衛所屬馬步官軍四萬八千三百餘員名

福州之縣十附郭爲閩縣一百一十八里爲侯官六十三里爲懷安四十五里外爲古田五十三里爲閩清七十里爲長樂一百一十五里爲連江三十五里爲羅源一十六里爲永福九十里爲福清一百三十里其名閩中秦晉安晉長安唐三山城中有九仙山烏石越王山其山曰烏石治西南曰越王城內曰鼓山城東曰香鑪連江曰四明長樂曰高蓋永福曰玉融福清其川曰海城東南曰南臺江城南曰金瑣江城西一名金崎江曰螺江城西北曰連江連江曰白水福寧

泉州之縣七附郭爲晉江一百五十三里外爲南安四十八里爲惠安三十五里爲德化一十三里爲安溪一十八里爲同安四十八里爲永春一十四里其名清源唐溫陵地少寒其山曰泉山城北曰高蓋晉江曰梅花

南安曰臥龍（惠安）曰三秀（同安）曰高鎭（永春）曰閬山（安溪）曰五峯（德化）其
川曰海（城東正東六□可至琉球）曰晉江（晉江晉南渡避地衣冠）曰洛陽江（晉江唐宣
宗微行門類洛陽名）曰九溪（南安）曰藍溪（安溪）曰苧溪（同安）曰丁溪（德化）曰萬
家湖（郡城東）
建寧之縣八附郭爲建安（一百五十里）爲甌寧（一百九十九里）外爲建
陽（二百一十里）爲崇安（八十四里）爲浦城（一百五十八里）爲政和（五十九里）爲松
溪（六十八里）爲壽寧（二十五里）其名建安（吳）建溪（舊建州）富沙（城北有大伏洲）
其山曰黃華（治東）曰白鶴（城東）曰辰山（建安）曰靈鷲（甌寧）曰東山（建陽）
曰武夷（崇安峯巒大者三十六周廻百里道書第十六洞天）曰大同（浦城）曰洞宮（政和三十

六福之地）曰甚盧（松溪）其川曰東溪（城東）曰芹溪（建陽四十一福地）九曲潦遶曰
考亭溪（建陽考亭書院前即滄洲）九曲溪（武溪）七星溪（政和）松溪（松溪）
延平之縣七附郭爲南平（九十九里）外爲將樂（六十四里）爲沙縣（一百一
十四里）爲尤溪（一百九里）爲順昌（五十八里）爲永安（六十五里）爲大田（四十里）
其名延平（唐）劍浦（宋）其山曰九峯（城南）曰龜山（將樂）曰鳳凰（沙）
曰栟櫚（永安李綱目爲小武夷）曰金樓（尤溪）曰七臺（順昌高峯峭壁凡至千丈）其川
曰三溪（自沙曰西自建曰東丁字水曰南入海）曰尤溪（尤溪洲多尤姓故名木姓沈避王審知諱）
曰太史溪（沙七峯下宋李綱謫此名）曰梅溪（將樂）曰劍津（南平）
汀州之縣八附郭爲長汀（五十一里）外爲寧化（六十里）爲上杭（五十十

九里）爲武平（一十九里）爲清流（七十九里）爲連城（三十二里）爲歸化（四十五里）爲
永定（一十九里）其名臨汀（唐）鄞江內其山曰臥龍（城北）曰翠華（寧化）
曰南寶（上杭）曰靈洞（武平山有大洞三十六小洞二十八）曰蓮峯（連城元馬周卿取山中奇
勝隸書刻石蒼玉峽雲棧天梯冠豸桃源清如許芙蓉波金字泉白雲深處天光咫尺蒼谷虛靈小崆峒）其川
曰鄞江（城東）曰正溪（城南）曰汀水（溪水自北發源南流入海是天下之水皆東惟汀水
獨南丁位水合成文）
興化之縣二附郭爲莆田（一百九里）外爲仙遊（一十三里）其名莆中
（古）其山曰烏石（城中）曰壺公（城南山有五奇）曰二飛（仙遊）其川曰海（城東）
曰上溪（城西）曰瀨溪（城西南）曰荻蘆溪（城東北）曰三會溪（仙遊）

邵武之縣四附郭爲邵武（一百七十一里）外爲光澤（五十二里）爲泰寧（
一十里）爲建寧（一十里）其名昭武（吳名）樵川（溪）
漳州之縣八附郭爲龍溪（一百六十里）外爲漳浦（四十四里）爲龍巖（
六十八里）爲南靖（二十六里）爲長泰（一十九里）爲漳平（三十五里）爲平和（一十二里）
爲詔安（二十一里）其名漳浦（唐）清漳（水）其山曰登高（城中）曰岐山（
城東）曰梁山（漳浦山有大峯十二）曰龍巖（龍巖）曰三平（南靖）曰良岡（長泰）其川
曰海（龍溪漳浦）曰九龍江（龍巖）曰漳江（漳浦）曰羅溪曰藿溪（龍巖）
福寧州之縣二爲福安（三十二里）爲寧德（四十五里）其山曰大姥（州東）
曰霍童（寧德）其川曰長溪（州南入海）其名溫麻（晉）長溪（唐）其形勝

風俗多同福州

廣東古百粤地蓋五嶺之外號爲樂土由雄連可以向荆吳由惠潮可以制閩越由高廉可以控交桂而形勝亦寓馬海濱一帶島夷之國數十雖時時出沒要其志在貿易非盜邊也然諸郡之民恃山海之利四體不勤惟務剽掠有力則私通番舶無事則挺身爲盜桴鼓之警彌滿山谷凡以良民困於徵求通山之禁久弛教治不修而大征數舉之過也且容遷蒼梧征蠻府在馬軍旅之興殆無寧歲兵糧供餽咸以待之况地産珠池番物駢集本民用所興而內使數來采辦民反病之故外負富饒之名而內實

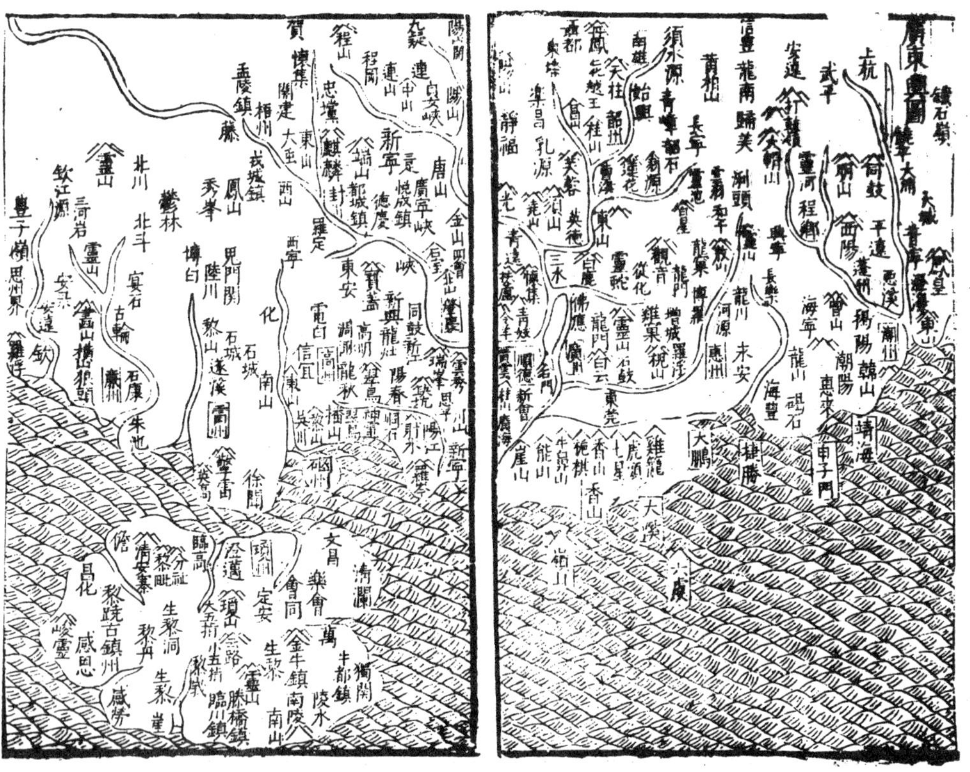

貧困者廣東是也其所屬承宣布政使司治廣州左右布政使二左右叅政二左右叅議三領府十屬州七縣六十九總爲里四千二十八里戶四十八萬三千三百八十口一百九十七萬八千二十二夏秋二稅共米麥一百一萬七千七百七十二石廣東鹽課提舉司領鹽課一十四海北鹽課提舉司領鹽課一十五二司本折色鹽價并引價銀共三萬七千二百八十兩軍衛所本都司所屬馬步官軍三萬九千四百餘員名

廣州之州一爲連一十七里縣十五附郭爲南海一百三十九里爲番

禺一百三十九里外爲崇化三十里爲順德一百一十四里爲東莞一百八十里爲增城九十八里爲香山三十六里爲新會二百二十八里爲清遠一十七里爲從化三十里爲龍門一十七里爲新寧四十里爲三水五十一里連之屬爲陽山六里爲連山二里其名羊城古南海秦其山曰越秀城內少北曰番曰禺城內東南曰白雲城北曰金榜順德曰金牛東莞曰大溪東莞海中有三十六嶼周廻三百里曰羅浮增城博羅有璇房瑤臺七十二所曰三洲香山海中曰崖山新會海中帝昺陸秀夫赴海處曰大羅清遠曰白鶴連曰陽巖陽山曰天梯連山其川曰海城東曰東江北江西江南海曰龍江順德曰增江增城自東銅山曰湟水連曰越溪城東曰陽溪陽山

韶州之縣六附郭爲曲江二十六里外爲樂昌一十五里爲仁化二里爲乳源一十五里爲翁源一十二里爲英德十里其名始興吳廣興劉宋韶陽山其山曰韶石府城東北傳舜南巡此曰昌山樂昌産石可爲懸磬竹可管籥曰白星仁化曰雲門乳源曰靈池翁源有老人隱此池因名翁水曰臯石英德其川曰曲江一名相江湞水武水抱城曲回曰湞水城東自大庾嶺曰武水城東自郴州曰桂水城西自桂嶺曰瀘水府境曰溫水樂昌曰三瀧水樂昌有新瀧𡸁瀧腰瀧曰瀧頭水英德曰隆水曰沱水曰風水曰湟水英德曰會湞水仁化曰曹溪城東南曰零溪宣溪梨溪府城曰靈溪樂昌曰吳溪恩溪仁化曰翁溪翁源曰滑溪清溪桃溪桂溪英德曰錦石溪仁化

南雄之縣二附郭爲保昌四十四里外爲始興七里其名凌江保昌宋其山曰青嶂城東南曰洪崖保昌曰白牛始興曰桂山始興九齡故宅曰大庾嶺城北亦曰梅嶺其川曰凌江水城西曰湞水曰鰱水曰修仁水曰長圍水曰昌水府城曰肥水曰墨江水始興

惠州之縣八附郭爲歸善四十五里外爲博羅五十六里爲海豐四十里爲河源一十里爲龍川八里爲長樂一十里爲興寧七里爲和平三里其名梁化梁龍川隋海豐唐博羅宋其山曰羅浮博羅十大洞天之一山浮海來傅於羅山名山高三千六百丈周廻三百里十五嶺三十二峯可望滄海有鐵橋鐵柱人迹罕到又有鐵魚伏虎石阿耨夜樂池曰保障海豐曰梧桐河源曰紫雲龍川曰蒿螺

長樂巨鎮曰神光興寧其川曰東江曰西江府東西曰麗江海豐曰槎
河河源曰通海河興寧曰豐河城西縣東
潮州之縣七附郭爲海陽三百里外爲潮陽一百二十里爲揭陽
一百三十里爲程鄉一十八里爲饒平十六里一百四爲大埔七十里惠來
其名義安晉潮陽唐鳳城山其山曰鳳凰城北曰海陽海陽曰
龍首潮陽曰黃岐揭陽曰梅峯程鄉其川曰海城南曰練江潮陽曰程
江程鄉曰鳳水鳳凰出城北自曰鱷溪城東曰玉窖溪揭陽
肇慶之州二爲德慶羅定縣十二附郭爲高要里一百外爲四
會六十三里爲新興五十八里爲陽春二百四里爲陽江五十里爲高明十一

八里爲恩平二百二十里德慶之屬爲瀧水定州西羅爲封川一百四十里爲開
建四里羅定之屬爲東安西寧其山曰石室城北有門岩神仙下鄉松臺臺星
巖高要四會曰香山德慶上多香草曰金岡四會曰新寧新興曰射木陽春曰海
陵陽江曰天黃瀧水曰豐壽封川曰忠讜開建其川曰海陽江西南曰漠
陽江陽江曰新江曰大江城南蒼梧水城南古賁水城北曰晉
康水德慶曰龍江水四會曰博麻水陽春曰罷江水陽江曰瀧水瀧水
曰龍吟水開建曰瀘溪水新興其名信要隋端州唐
高州之州一爲化州三十七里縣五附郭爲茂名四十六里外爲電
白四十六里爲信宜五十五里化之屬爲吳川二十七里爲石城四十六里其

名高源漢高興其山曰東山城北東曰麗山化浮梁一名曰銅魚
電白曰白馬信宜曰近信吳川曰謝建石城其川曰海電白名有騾馬水吳川茂
犀龍鯉珠籠狀如肺有四眼六足吐珠文鼈曰鑑江城東曰麗水江信宜曰大河電白
曰茂名水化曰龍化水石城曰洞雷水吳川
廉州之州一爲欽州里一十縣三附郭爲合浦二十六里外爲石
康里一十欽之屬爲靈山三十里其名合浦漢珠官吳其山曰
大廉城東曰十萬欽曰白石石康曰綠盧靈山其川曰珠母海城東
南海中有平江縣梅青嬰三池有蚌合浦曰廉江城北卽合浦江分爲五江曰欽江欽自崖山入海
曰南岸江靈山曰思鄉水石康曰羅浮水欽

雷州之縣三附郭爲海康三百里外爲遂溪四十八里爲徐聞九十
里其名海康唐雷陽雷水之陽春夏多雷至秋日則伏地中狀如彘又雷聲近簷宇又國史補
人取食之其山曰擎雷城南八里曰圖洲遂溪海中曰石門徐聞其川曰海
城東十里曰羅湖水城西曰三鴟水遂溪曰古源水徐聞
瓊州之州三爲儋州四六里爲萬州三十九里爲崖州一千二十里縣十
附郭爲瓊山一百四里外爲澄邁五十六里爲定安三十里爲文昌十三
八里爲會同七十里爲樂會一十二里爲臨高六十七里儋之屬爲昌化九十里
萬之屬爲陵水九十里崖之屬爲感恩九十里其名珠崖漢瓊山瓊
管唐其山曰蒼屹城西曰松林儋曰赤隴萬曰石版崖曰澄

邁澄邁曰毗耶臨高曰黎母定安曰王陽文昌曰雷朴樂會曰峻靈昌化
曰文筆陵水曰息風感恩其川曰南陵江城東南曰大江儋曰建
江定安曰南龍江感恩曰黎母水城東曰南陵水萬曰大河水崖
曰南橋水文昌曰陵柟水陵水曰天塘溪會同曰棋子灣峻靈山側

廣西古百粤地當嶺南右偏三江襟帶提封甚廣然內給藩封外困邊圉而風聲氣習又視廣東特異如府江綿亘八百里則巳半爲苗夷所有阻兵江道肆爲寇竊不但古田荔浦數縣苦其蠶食而巳潯州則大藤峽跨在黔鬱二江之間諸蠻巢穴在焉剽掠四出急則投竄雖有上隆州五屯所扼其咽吭不足制也若興安西延六峒與武岡州陽峒接壤從實據之是爲桂林北境之患柳慶以西則八寨號爲盜區洛容懷遠並罹荼毒而賓州其襟喉矣然右江一帶惟岑氏最強思田既巳殘破則泗城州猶嬰獒之

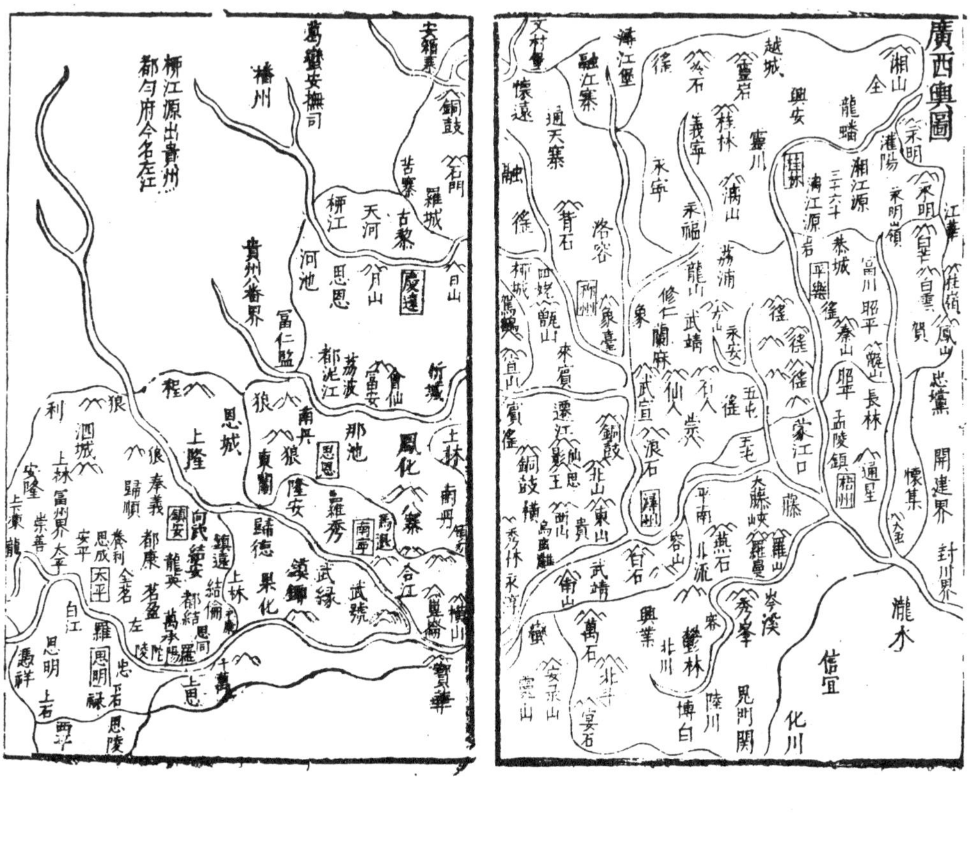

虎計非削弱不可也且南寧控遏兩江坐躡交趾桂梧保障或者其在是乎其所屬承宣布政使司治桂林左右布政使二左右叅政三左右叅議三領府一十有一內羈縻三屬州四十有八內羈縻三十三縣五十有二內羈縻五長官司三總爲里一千一百八十三里半戶一十六萬六千九十口一百五萬四千七百六十七夏秋二稅共米麥四十三萬一千三百五十九石鈔一百四錠軍衛所屬馬步官軍一萬二百餘員名

桂林之州一爲全三十八里縣九附郭爲臨桂一百三十九里外爲興安二十里爲靈川五十里爲陽朔一十三里爲永福一十二里爲義寧一丁二里爲古田一十里爲理定五里全之屬爲灌陽八里其名桂林秦始安吳建陵唐八桂本出仙經靜江唐其山曰桂山治東曰書堂全曰龍蟠興安石洞有魚四足兩角俗名鯢魚爾雅云鯢似鮎聲如小兒四足曰靈巖靈川曰陽朔陽朔曰鸞鏘荔浦宋廿叔興詩云娥英恐是古傳曰鳳巢永福曰修仁修仁曰天柱古田其川曰湘灕二江城下曰想思江陽江城南曰銀江靈川曰荔江荔浦曰白石水永福曰黃源水古田曰灌水灌陽

平樂之州一爲永安五里縣六附郭爲平樂六里外爲恭城一百二里爲富川二里爲賀六里爲荔浦三里爲修仁二里其名昭潭唐其

山曰棠城東曰銀殿恭城曰白雲富川丹霞福地曰橋山賀有七十一峯其川曰灕江城南曰平川江恭城曰富江富川曰臨水賀曰龍門灘賀水深百尋大魚登此躍化龍不爲曝腮點額

梧州之州一爲鬱林四十三里縣九附郭爲蒼梧一十二里外爲藤四十四里爲容一十六里爲岑溪七里半爲懷集四里鬱林之屬爲博白三十三里爲北流二十里爲陸川一十五里爲興業七里其名蒼梧其山曰金石城東曰南山藤曰容山容曰都嶠容第二十洞天曰丁蘭岑溪曰麻嶽懷集曰信立鬱林曰大荒博白曰銅石北流曰勾漏北流第二十二洞天曰鳴石陸川曰北斗興業其川曰大江城南本鬱黔二水合桂江抵廣東入海曰桂江城西曰思良江城北曰藤江藤曰榕江容曰黃華江岑溪曰南流江鬱林曰峽山水城北曰江簡水蒼梧曰懷溪水懷集曰南立水博白曰綠藍水北流曰崑崙水陸川曰龍穿水興業

南寧之州四爲橫一十五里爲上思三里爲歸德一里爲果化一里縣四附郭爲宣化五十二里外爲武緣一十五里爲隆安一十里橫之屬爲永淳七里其名晉興晉朗寧唐永寧宋其山曰馬退城北曰鳴石橫山海經長石之山洪水出多鳴石曰思陵武緣曰龍章永淳其川曰八尺江曰庖水城東南曰清江曰鰐江曰橫槎江曰武流江橫

潯州之州一爲武靖縣三附郭爲桂平二十四里外爲平南三十

六里為貴三十六里其名桂平梁潯江唐其山曰白石城南二十一洞天
曰鷰石平南曰南山貴有二十四峯峭拔甲於一郡其川曰潯江曰黔江城北
曰鬱江城南曰烏江平南
太平之州十五為太平四里為恩城二里為安平五里為養利二里
為萬承二里為左州四里為全茗一里為鎮遠一里為思同四里為茗
盈一里為龍英二里為結安二里為結倫一里為都結一里為上下凍
一里縣四為崇善二里為羅陽一里為陀陵四里為永康一里其名麗
江古名其山曰青連城北曰龍蟠太平曰隴馬思城曰帽山安平曰古
嵩養利曰馬鞍萬承曰端坐全茗曰牛角龍英曰城門結安曰印山都結
三才圖會　地理二卷　四十六
曰八峯上下凍曰淥空陀陵曰淨瓶永康曰青龍羅陽
柳州之州二為象十里為賓一十五里縣十附郭為馬平七里外為
洛容五里為羅城五十二里為柳城一十里為懷遠九里為融七十里為
來賓九里象之屬為武宜八里賓之屬為遷江二里為上林八里八
寨長官其名象郡泰龍城唐其山曰仙奕城南曰象山象曰
古漏賓曰屏石洛容曰鳳凰羅城曰烏蠻柳城曰武牢懷遠曰銅鼓
融曰賈利來賓曰石羊武宣曰堡檳遷江曰古祿江林其川曰柳江
城南洛青江洛容龍江柳城曰潭江融曰大江來賓曰古漏水賓曰
大藤峽水武宣

慶遠之州二國初有那地州今有永安長官司為南丹一十九里為東蘭一十二里
縣七附郭為宜山三十七里外為天河一十八里為思恩二十二里為河
池一十八里為忻城一里為那地二里南丹之屬為荔波一十六里永定
長官六里永順長官六里其名龍水唐宜陽山其山曰天門拜
相城北曰孟英南丹曰水巖荔波曰北陵天河曰暗嶺思恩曰屏風河池
曰龍塘忻城其川曰龍江城北曰洛蒙江城南曰金城江河池曰烏
泥江忻城曰思吾溪天河曰帶溪水思恩
思明之州六為思明一里為上石西一里為下石西一里為忠一里
為祿永平永順近沒入安南為西平永平近沒入安南縣一為憑祥憑祥洞憑祥鎮
三才圖會　地理二卷　四十七
其山曰叵團治西南曰鳳凰上思曰藏旦忠曰棟包西平曰逐象
思明曰古望上石西曰白樂下石西其川曰明江上思曰上思江上思
思恩軍民之縣一為鳳化近華其山曰筆架其川曰馱蒙江
鎮安之州一為田田之屬為上林一里其山曰邕筆城北其川
曰馱命城南
泗城州之縣一為程一里其山曰凌雲治北其川曰澄碧水治東
利州古百粵地漢屬交趾其山曰白麗治北其川曰阪麗水
奉議州古百粵地其山曰石門城東南其川曰右江城北
向武州之縣一為富勞二里古百粵地其山曰武城城南曰坡

州（[illegible]）其川曰枯榕江（城南）
都康州古百粵地其山曰𡺸顯（治北）其川曰邑爐江（治東）
龍州古百粵地其山曰吽抱（城南）其川曰龍江（城南）
江州之縣一爲羅白（羅高知土）其地古百粵其山曰波漢（治後）曰
羅高（羅白）其川曰絲眉水（治南）曰朧冬水（羅白）
思陵州古百粵地其山曰峙壁（治東）其川曰念削水（治前）
上林長官司（一十里）古百粵地其山曰潺芭（治東）其川曰馱娘
（治西）
安隆長官司（泗城州地長土）古百粵地

雲南古梁州裔境地城郭人民夷居十七蓋人自爲險勢
難統一者也必知其領要則雲南臨安大理永昌鶴慶楚
雄順號沃壤然元安路納交阯金騰地擁諸甸瀾滄聯絡
寗麗曲靖彈壓烏蠻王公設險於斯要矣而土酋大者元
江武定景東麗江小者姚安北勝鄧州霑益以兵力稱
桀向背靡常蓋自麓川難夷滇境粗安則沐氏世與有力
焉惟尋甸一帶風土絕異兵衛漸疏故諸羅搆釁相尋而
木邦孟密亦恃其險遠至今不聞悔禍咎在撫綏失策而
已其所屬承宣布政使司治雲南左右布政使二左右叅

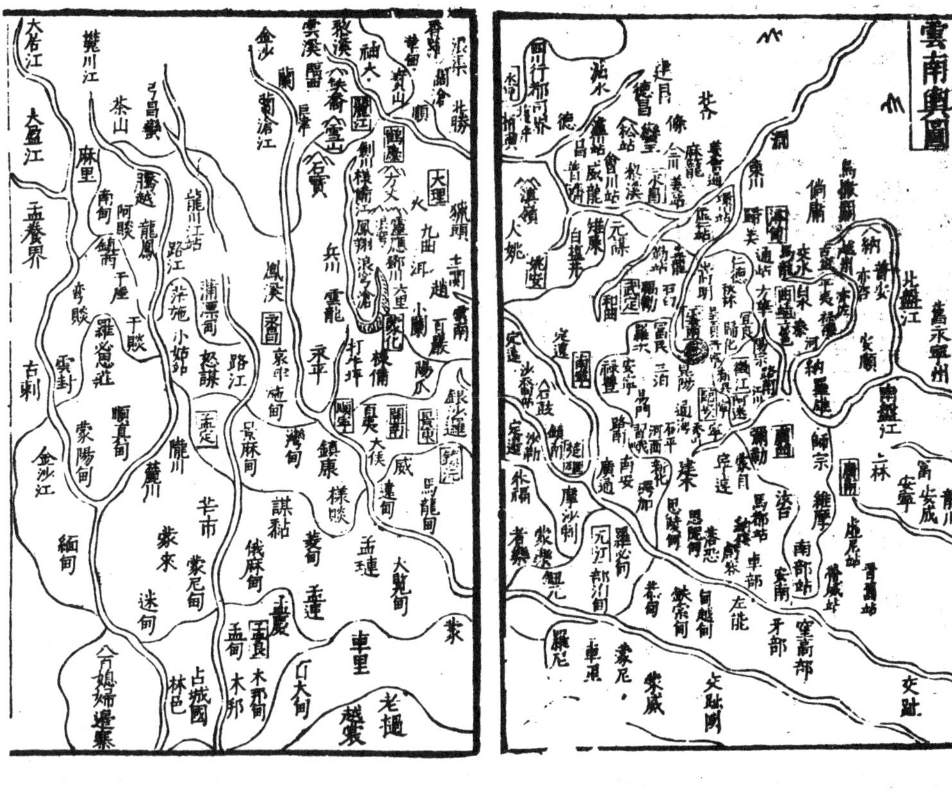

政四左右叅議三領府二十有二内覊縻一十屬州四十有二内覊縻十四縣三十有二内覊縻四長官司六宣慰司九宣撫司三總爲里六百四十有四戶一十三萬二千九百五十八口一百四十三萬三千一百一十夏秋二稅共米麥一十四萬五百八十八石塩課提舉司黒白等塩井額辦本折色小引塩五萬六千九百六十五引軍衛所屬漢土韃馬步官軍八萬一千四百餘員名

雲南承宣布政使司領府二十二曰雲南　臨安　澂江　廣南　廣西　楚雄　鎮沅　景東　大理　永昌

蒙化　永寧　順寧　軍民府七曰曲靖　尋甸　元江　姚安　武定　鶴慶　麗江　州二曰新化　北勝　都司一曰瀾滄　直隷長官司六曰者樂甸夷名者㲋曰鈕兀(兀也)曰芒市　曰孟璉曰茶山曰麻里軍民宣慰使司六曰孟養　車里　木邦　老撾　緬甸　八百大甸　宣撫司三曰于崖　南甸　隴川　禦夷州四曰鎮康　灣甸　大候　威遠　禦夷府二曰孟定　孟良　軍民指揮使司一曰騰衝

雲南之州四爲晉寧(五里)爲安寧(十里)爲昆陽爲嵩明(九里)縣九附郭爲昆明(二十七里)外爲富民(三里)爲宜良(四里)爲羅次(三里)晉之屬爲歸化(二里)爲呈貢(四里)安之屬爲祿豐(三里)昆陽之屬爲三泊(三里)爲易門(二里)其名滇國(春秋)益州(漢益之言隘也)建寧(蜀漢)晉寧(晉)其山曰五華(城內)曰碧雞(城西南金形如雞碧如馬)曰靈芝(富民)曰筰箐(宜良)曰秀嵩(嵩盟)曰敕寧(嵩盟五峯霧結蠻謂三爲敕云)曰竹雄(楊林縣今省)曰金砂(晉寧)曰三台(呈貢)曰岱晟(安寧)曰直摩前裒(羅次蠻語譯語云子望母)曰玉龍(羅次)曰姚陵(祿豐)曰長松(昆陽)曰白鶴(三泊)曰蒙低梨巖(易門)其川曰滇池(城南一名昆明池周廣五百餘里史記滇源廣末狹似倒流故云滇)曰螳螂川(自滇迴安寧昆陽富民)曰渠濫川(昆陽)曰大池江(宜良)曰盤龍江(嵩盟一名滇池河源)曰安寧河(安寧)曰星宿河(祿豐)曰太保河(晉寧)曰農納水(富民)

臨安之州五附郭爲建水(八里)外爲石屏(八里)爲阿迷(一十四里)爲寧(七里)爲寧遠(七里)縣四爲通海(二里)爲河西(四里)爲蒙自(十里)爲嶍峨(七里)長官司九爲納樓(茶甸)爲教化(強現三部)爲王弄(大小二部)爲虧容(舊鐵容甸)爲溪處(溪處甸部軍民副千戶)爲思陀(官桂泥路)爲左能(舊思陀甸)寨爲落恐(件溪落恐部軍民萬戶)爲安南(褒古捨資千戶安南道防送軍)其名通海建水(蒙氏)秀山(段氏)其山曰判文(城南)曰棠玉(石屏名棠玉)曰烏克(阿迷)曰萬松(寧)曰諸葛(通海)曰祿溪(河西)曰目則(蒙自)曰龜山(嶍峩)曰美裒(蒙自)曰曲通(納樓茶甸)曰波步(教化三部)曰溪處(溪處甸)曰思陀(思陀甸)

日碧玉峯寧州其川日曲江城北東日婆兮江寧日祿里江河西
日合流江峨嵋日虧容江虧容甸日洛夫河石屏日高河寧日魯
部河三教化部
藏江之州一爲新興二里爲路南二里縣四附郭爲河陽八十里外
爲江川二里爲陽宗五里路南之屬爲邑市其名河陽蒙氏其山
日羅藏西治日醫神江川日夾浦陽宗日靈照新興日照籍路南日木
龍邑市其川日鐵赤河路南日巴盤江自宜良入繁邑市廣西界
廣南之州一爲富四里其地宋時爲特磨道儂智高之裔居
之其名廣南元其山日蓮花北城東日王泉宮其川日西洋

江引城
廣西之州三爲師宗六十里爲彌勒六十里爲維摩五里其地梁
州界古滇國東南境其山日吉輸南城東日高來師宗日盤江
彌勒日小維摩大維摩維摩其川日巴盤江師宗日巴甸江彌勒
楚雄之州一爲南安五里爲鎮南五里縣五附郭爲楚雄十里外
爲廣通四里爲定遠五里爲定邊五里爲嶍嘉一里其名威楚段氏其
山日微溪西城日會基定遠日和朱一里日螺盤定遠日里初嶍嘉
日石鼓南鎮日表羅南安其川日龍川江北城日馬龍江南鎮
濩沅之長官司一爲吝祿其山日烏蓮北治日馬容谷錄
其川日杉木江南治日南浪江谷錄
昇東古柘南也漢時未有其地唐時南詔蒙氏爲銀生府
之地其名開南其山日蒙樂其川日瀾滄江日大河南治西
大理之州四爲趙八里爲鄧川二十里爲賓川二十里爲雲龍二里
縣三附郭爲太和六十里趙之屬爲雲南一十五里鄧川之屬爲
浪穹二十五里長官司一爲十二關協州之地其地梁州之界其山
日點蒼西城日三耳趙日寶泉雲南日臥牛鄧川日靈應浪穹日三
峯雲龍日九曲東洱河其川日西洱海城東古榆河也葉榆日樣備江自劍
川趙入經浪穹至江浪日大江趙日葡萄江浪穹鄧川日瀾滄江雲龍自吐蕃王

下石日禮社江趙
蒙化漢爲益州郡地其名陽瓜唐其山日巍山城南東其川
日瀾滄江城南西
永寧之長官司四爲剌次爲瓦魯爲革甸爲香羅俱在中麗江
其地昔名樓頭賧地接吐蕃人名若盤唐時屬南詔蒙氏
其山日千木府南城日六桯剌次日許如革甸日卜瓦香羅日剌
不瓦名魯其川日勒汲河自西至北治日羅易江府東流至濾
順寧之地本蒲蠻名慶甸宋以前不通中國雖蒙氏段氏
亦莫制元泰定中始內附其山日俟山北城其川日瀾滄江

曲靖之州四爲霑益（一十四里）爲陸凉（六里）爲馬龍（四里）爲羅雄（二里）縣二附郭爲南寧（三里）外爲亦佐（二里）其名興右（蜀漢）南寧（唐）石城（蒙氏）其山曰妙峯（城西）曰龍華（霑益）曰木容（陸凉）曰伯刻（馬龍）曰羅莊（霑益）曰矣層（亦佐有清泉夷語水爲矣）其川曰白石江（城北）曰盤江（霑益）曰東河（馬龍）

尋甸古滇國地昔爨剌蠻居此其名仁德（元）其山曰月狐（城東北）其川曰阿交合溪（東南）

姚安之州一爲姚（四里半）縣一爲大姚（四里半）其地本滇國葉名弄棟（漢）其山曰東山（城東）曰四奇（大姚）其川曰青蛉河（府南）曰大姚河（大姚）

武定之州二爲和曲（七里）爲祿勸（八里）縣三和曲之屬爲元謀（五里）爲南甸（四里）祿勸之屬爲石舊其山曰三臺（城西北）曰佐丘（和曲）曰住雄（元謀）曰烏蒙（祿勸）曰法塊（石舊）其川曰金沙江

鶴慶之州二爲劍川（一十八里）爲順（三里）其地東漢爲永昌郡西北境唐時爲析木詔之地其名鶴川其山曰方丈（城南南詔名山凡十七此其一）曰石寶（劍川）曰公山（順）其川曰樣共江（自麗江）

麗江之州四附郭爲通安（一十三里）外爲寶山（六里）爲蘭（四里）爲巨津（六里）縣一爲臨西（二里）其地古滇國梁州之界其名麗江其山曰雪山（府西北一名玉龍山）曰阿郍（寶山）曰雪盤（蘭）曰金馬（巨津）曰華馬（巨津麼些部名國花馬云）曰果鋪（臨西）其川曰金沙江（巨津寶沙古名麗水源）曰瀾滄江（蘭州自吐蕃東漢永平始通）

元江之長官司一爲因遠羅必甸（八里）其地古西南夷極邊之境唐時南詔蒙氏以屬銀生節度其山曰玉臺（城東凡二十五峯）其川曰禮社江（一名元江）

永昌府（九里）領州一爲騰越（八里）安撫司一爲潞江（元永昌地）縣二附郭爲保山（一十八里）爲永平（八里）長官司二爲鳳溪（元永昌地）爲施甸（石甸）其名哀牢（古）永昌（漢）其山曰九隆（城南山有九嶺）曰矩場（安撫司東）曰和丘（永平）曰鳳溪（鳳溪）曰摩蒼（施甸）其川曰瀾滄江（城東北漢明帝兵開博南行者愁怨歌曰漢德廣開不賓度博南越瀾津渡瀾滄爲他人度處舊竹索橋今鐵柱）曰銀龍江（永平）曰潞江（安撫司東）

直隸新化即馬龍他郎甸地舊本二甸爲阿僰諸部蠻所據元時內附至元間併之國初改長官司今改爲州其山曰徹崇（司北）其川曰摩沙勒江（自大理）

直隸北勝其地唐貞元中南詔異牟尋始開其地名北方睒徙彌河白蠻及羅落麼些諸蠻以實其地號成偈睒其名善巨（蒙氏）其山曰烏洞（州西）其川曰金沙江（自麗江）

直隸瀾滄都司之州一爲浪渠（三里）其地元爲北勝州其山曰白角（浪渠）其川曰羅易江（司州東）

孟養之地名香柏城元時置雲遠路國初爲雲遠府其山曰鬼窟（司境極險隘）

車里之蠻名車里倭泥貉獛蒲剌黑角諸蠻雜居自古不通中國元伐交趾經其部降之其山曰猛永其川曰沙本江

木邦之舊名孟都一名孟邦元時立木邦路

老撾其俗呼曰撾家自古不通中國國初永樂二年其酋

備方物入貢

緬甸爲古西南夷不知何種舊有江頭太公馬來安正國蒲甘緬王五城其川曰金沙江

八百大甸其世傳其土酋有妻八百各領一寨因名八百媳婦元時招附

干崖之地舊名干賴賧曰渠瀾賧白夷居之元時內附其山曰雲晃（司南）其川曰雲晃河（司南）

南甸之舊名南宋其俗民皆百夷與木邦同其山曰溫泉（司東）其川曰小梁河（司東北）

隴川之地舊爲麓川皆白夷所居元置麓川路國初歸附正統中叛平之置司於隴把其山曰馬鞍

鎮康之蠻名石賧本黑僰所居元時內附

灣甸之蠻名細賧元時內附

大侯之蠻名孟祐白夷所居元時內附其山曰昔彌（州東）其川曰瀾滄江（蠻彌山東南麓）

威遠之地爲唐南詔銀生府舊爲濮落雜蠻所居大理時爲白夷所居其山曰蒙樂其川曰谷寶江

孟定之舊名景麻元爲孟定路

孟艮之蠻名孟指自古不通中國國朝永樂四年來歸附

騰衝地漢爲永昌郡西境即越賧地僰騾峨昌三種蠻居之唐置羈縻州其山曰來鳳（司城南）曰高黎共（城東北一名昆崙岡夷語訛高良公）其川曰大盈江曰龍川江

者樂甸本馬龍他郎甸猛摩之地夷名者島國初分置長官司其山曰蒙樂（司東原有毒泉人畜飲之即死）其川曰景來河（自景東）

鈕兀長官司使蠻名也兀自古不通中國國朝宣德七年歸附

芒市長官司其地舊曰怒謀曰大枯賧曰小枯賧即唐史

所謂茫施蠻其山曰青石其川曰麓川江西司

孟璉長司官

茶山長司官

貴州古西南夷羅施鬼國地地里蠻夷並同滇境而山箐峭深地瘠寡利夷性猾詐殆有甚焉故泗城州恣其狼吞伺竊外戶則守在永寧芒部盤據廣土蹲伏北藩則憂先畢節若思南石阡銅仁數郡界在鎮筸酉播夷峒之間鴟張豕突貽患寔深況地雜東川烏蒙諸部師旅繹騷每與川湖同其災害而軍民歲計又大半仰給於二省兵荒交值時有弗繼之憂且水西普安凱里諸酋富甲他夷地連肘腋逞奸自禍患豈一朝故知梟獍之資不忘格鬬而爭強奪職乃其兵端焉然夷虜自相剪伐貴在因俗以時撫

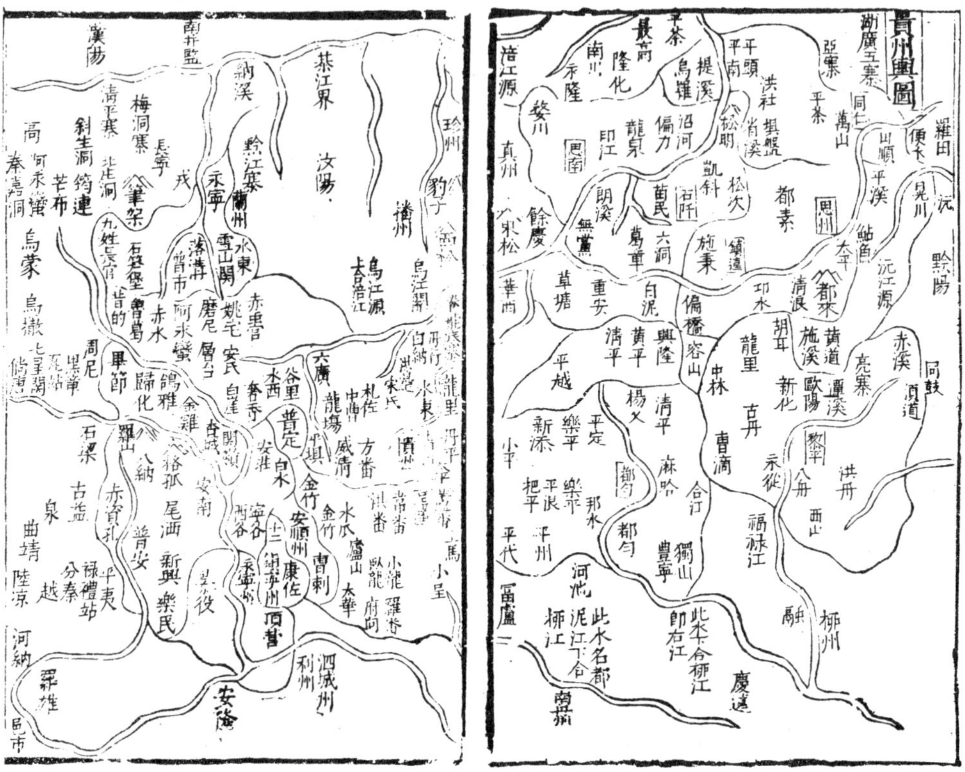

定不足煩　國家力也其所屬承宣布政使司治貴州右布政使一左參政二左右參議三領府九宣慰司一州四屬州三縣十安撫司一長官司五十六總爲里七百七十有九戶一十四萬八千九百五十七口五十一萬二千二百八十九夏秋二稅共米麥一十四萬八千九百四十八石有零洞蠻麻布二百五十九條課程稅鈔一十三萬六千四十六貫四千二百八十八文稅銀二十九兩九錢三分三釐九毫都司衛所屬馬步官軍三萬七千四百一十七員名

貴州承宣布政使司　領宣慰使司一　府十曰貴陽　鎭遠　平越　黎平　都勻　思州　思南　銅仁　安順　石阡　安撫司一曰金筑　貴州衛四　畢節　赤水　烏撒　永寧　州一　普市　外衛六　威清　平壩　普定　安莊　安南　普安州四　安順　普安　永寧　鎭寧　軍民指揮使司五曰新添　平越　龍里　清平　興龍　州一　黃平

貴陽之縣一爲新貴長官司十爲貴竹貴州無瘴爲水東水東寨爲中曹蠻夷白納阿谷寨爲青山青山遠地爲劄佐落邦爲龍里龍里縣爲白納白納縣茶山爲底寨爲乖西蠻夷乖西軍民府爲養龍坑宿徵

宣慰之屬長官司十二爲甯番金石番太平軍衛爲方番河中府爲洪番永勝軍爲臥龍番南寧軍爲金石番太平軍爲小龍番應天府爲大龍番應天府爲羅番渴鸞軍爲盧山爲上馬橋上橋縣爲小程番武勝軍爲盧番淨海軍

木官里克度里通州里其地荊梁二州之南境其山曰石門其川曰烏江河城北

鎭遠之縣二附郭爲鎭遠三里外爲施秉一里長官司二爲邛水十五洞蠻夷五里爲蠻偏橋二里其山曰石崖治北其川曰鎭遠河南府

平越之州一爲黃平縣四爲湄潭爲餘慶爲甕安爲龍泉萬曆時平播後建

黎平之長官司十三爲潭溪蠻夷三里爲八舟蠻夷二里爲洪州泊里蠻夷四里爲曹滴洞蠻夷六里爲古州蠻夷二里爲西山陽洞蠻夷二里爲湖耳蠻夷一里爲亮寨蠻夷一里爲歐陽蠻夷一里爲新化蠻夷一里爲中林驗洞蠻夷一里爲赤溪湳洞蠻夷一里爲龍里蠻夷一里縣一爲永從二里其山曰太平城東其川曰福祿江西府

都勻之州二爲麻哈犵狫寨爲獨山一里縣一爲清平舊有九姓獨山

州合江州陳蒙爛土豐寧三長官司領長官司八附郭為都匀外為邦水一里為平州為平浪為樂平為平定麻之屬為合江獨之屬為丹行其山曰六洞平州其川曰平洲河

思州之長官司四附郭為都坪峨異溪蠻夷四里外為都素蠻夷二里為施溪一里為黃道溪二里其地昔楚之黔中其名寧人唐其山曰江頭城西其川曰任溪河城西

思南之長官司四為水德江四里為蠻夷為沿河祐溪三里為朗溪蠻夷二里縣二為婺川四里為印江四里其地荊州荒裔春秋戰國為楚黔中其名寧夷其山曰石馬城北其川曰水德

三才圖會　地理二卷　六十二

江治東

銅仁之長官司六附郭為銅仁五里外為提溪一里為烏羅三里為省溪一里為大萬山為平頭著可一里其山曰東山治東其川曰銅仁大江銅仁小江治西南北

石阡之長官司四附郭為石阡五里為龍泉坪二里為葛彰為苗民其地荊州南裔其名石阡元其山曰知府府東其川曰烏江府西自四川播州

金筑之長官司三為木瓜為麻響為大華大化其地古荒服其山曰天臺

都匀軍民指揮使司新添之長官司五附郭為新添外為小平伐為丹平為把平寨為丹行其地古荒服其山曰筆峯城南其川曰甕城河衛城西南

平越之長官司一為楊義其地古蠻夷名黎蛾里寨其山曰杉木箐楊義其川曰馬場江平播後改為府州縣

龍里之長官司二為平伐為大平伐其地古西南邊徼其山曰谷峽大平其川曰加牙河平伐

清平興隆古西南地夷舊有長官司二曰清平曰平定其山曰葛貢清平其川曰冊溪江平定黃平州

畢節赤水烏撒之地本荒服西南夷其山曰木稀衛東其川

三才圖會　地理二卷　六十三

曰響水河城東

永寧本諸葛營地有馬跪泉

普市其地古蠻夷其山曰木案城東舊為千戶所今改州

威清其地本貴州宣慰司其山曰銅鼓城西其川曰的澄河城西

平壩其地古西南夷其山曰馬頭城東其川曰東溪城東

普定古羅甸國後為羅鬼犵狫可剛苗蠻成居其名普川

安莊其山曰環翠治北其川曰白水河城南

安南其地古西南夷夷名尾灑其山曰尾灑城南行華言水下北
川曰盤江城東
安順之長官司二爲慕谷寨二十九里爲西堡四里其地古荒服
其山曰巖孔州東其川曰谷龍河西堡
鎭寧之長官司二爲十二營慕二十九爲康佐四寨其地古荒服
其山曰猫兒一十二里其川曰公具河十里
普安梁州之界其名牂牁漢興古蜀漢其山曰八部城東其川
曰盤江州東北
永寧之長官司二爲慕役四寨爲頂營三寨其地爲古荒服其
山曰安龍箐寨役其川曰白水河慕役

雲間元翰父王圻編輯
男思義校正

地理三卷

九邊總說

今之四夷北虜爲患國初設大寧都司屯重兵鎭之其地繞出山後而遼東宣府大同勢相連屬自偏頭關逾河跨西北大虜之警守在東勝在今河套之北近受降城即其地河套之南又有榆林在今延安府綏德州北境實爲六鎭後棄大寧移置都司於保定而宣府遼東勢始分矣正統以來有司又失守東勝大虜乃得逾河而偏頭關迤西遂有河套之虞因循既久有司又不肯以時巡套東勝之鎭併近內地形勢愈弱於是所賴以衛

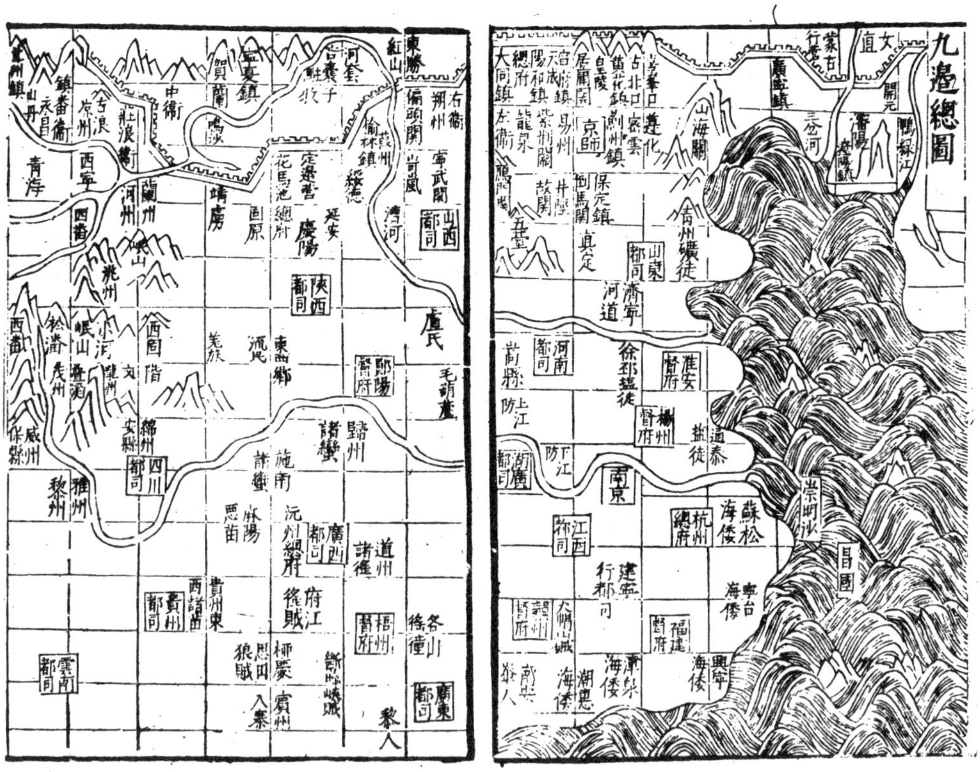

京師防邊虜者不過遼東宣府大同榆林四鎮而已夫四
鎮所領各堡亦有精壯苟足其糧餉守備等官勤加巡哨
爲之牽連援救自足以各守地方督率耕牧從古備邊之
道也今則撫臣假調操以自固夫各城本爲牽連所領各
堡地方今有統屬而設今凡各堡精壯士卒盡聚鎮城名
曰調操以習攻擊實乃自爲備禦之計遂致各堡地方徒
以老弱疲病者守之虜寇縱橫無復能爲耕牧者矣將師
假按伏以爲奸夫精壯既畢集于鎮矣又每假按伏爲辭
調兵四出以致各堡不得備禦而堡中老弱反受供億騷

擾之苦軍士乏正支之糧而將師等官反以尅減行糧爲
務地方屢失糧餉屢乏實此之故矣若哈密之失守土魯
番之拒命則由近日文臣貪功冒制失宜失中國之信不
足爲慮大虜自套來者則亦不剌一種竄于陜之西海地
方蔓延至於西寧使一帶地土不得耕種士民不得安業
直抵洮岷頗難制禦則其勢有可慮者今惟有痛革調操
按伏之弊堅壁固守勤加巡哨爲耕牧長計而無狃近利
乃可爲也其治南蠻之道則在率土著良民得以自相守
望一或不支爲之連屬附近地方策應之如湖廣之永靖

廣西之狼兵置之不復徵調民足相死不害其不毒民無貪
功之文臣無貪利之武將亦不數年而晏然矣

遼東圖說

遼東禹貢青冀二州之域舜分冀東北爲幽州卽今廣寧
以西地青東北爲營州卽廣寧以東地三面瀕夷一面阻
海特山海關一線之路可以內通亦形勝之區也歷代以
來地皆郡縣我
朝盡改置衛而獨於遼陽開元設安樂自在二州以處內
附夷人其外附者東北則建州毛憐女直等衛西北則朶
顏福餘泰寧三衛分地世官互市通貢事雖羈縻勢成藩
蔽是以疆場無北之患顧東北諸夷屋居耕食不市

獵警備差緩而西北則俗仍邊北竊發頗多若大舉入寇則亦鮮矣故遼東夷情與諸鎮異要在隨勢安輯處置得宜先事申嚴防守不墮俾恩威並立足制其心斯計之上而俘斬論功則第二義也開元廣寧並據襟吭金復海蓋頗稱沃野海上自劉江之捷倭寇絕跡弘治中曾一見之未及岸而遊若今則晏然久矣三岔河南北亘數百里遼陽舊城在馬草木豐茂更饒魚鮮自

國家委以與虜遁遂進據腹心限隔東西守望勞費遼人每憤憤焉論者率欲截取而屢作屢輟無亦爲啓釁邊方之慮乎他如華馬市之姦欺糾驗放之抑勒塞請開之貢路禁驛傳之騷繹增臺軍之月給教百姓之儲蓄專制一方者不得不任其責矣又按始河東十四衛皆自登州海運給之有海船十餘隻直抵遼陽鎮嶺以達開原城西老米灣然久廢使法行至今遼陽之匱安得至此極也明聖造邦良自有深意乎其屬衛二十五所十一關二營堡一百馬步官軍九萬九千八百七十五員名馬九百零九疋子粒二十六萬一千四百六十七石歲運銀一十八萬五千二十四兩米一十二萬四千六十六石歲辦草二百四

十萬五千二百一十一束豆七萬五千二百二十九石六斗

薊州邊圖

參見附圖一

三才圖會　地理三卷　八

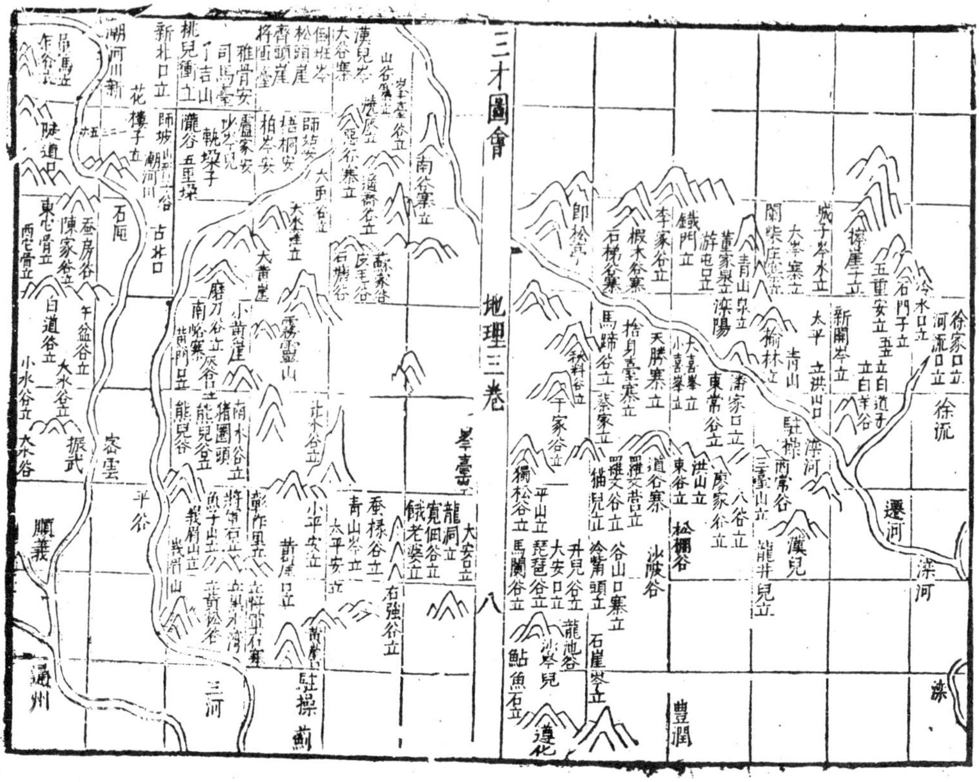

三才圖會　地理三卷　九

薊州圖說

右本鎮東自山海關起西迄居庸白洋若鞏華城東西延袤千有餘里徃恃三衛爲外藩兵衛寡薄近增益漸多又分爲十區區有守備若叅將將以總兵居中都護而永平密雲昌平隆懷諸處又增置兵備道監焉密矣顧屬夷渝處戎索解弛門庭肘腋可爲戒心則夫伐其謀以携其交修吾備而固吾圉折衝決勝其必有道乎

又城塞論曰長城應始東北乎曰應始夫　神京在燕大寧淪失天壽與異域爲鄰宣府與遼東隔絕汲汲圖營以

賓後背猶懼其晚也今當先城宣大而後大城　京役虜
版築之屬興則寬其諸役恐三衛之有競則啗以微資土
可築則土築而磚甃石可劚則石劚而灰灌自居庸迄山
海以爲衷遍其下列堡寨以爲援先之以京營出戍次之
以招募成家此當舉天下之力以事之舉遷都之輕重以
較之而不可以勞費論也
按女直永樂初歸附設奴兒干都司衛百八十四所一十
四兀良哈永樂初歸附設朶顏福餘泰寧三衛女直許歲
一貢三衛歲二貢歲每一千六百人近有數進益貢數又

賞賜欵宴給馬價何其費耶此正羈縻之道也若拒而費
於攻防而費於守其費亦若相當
按朶顏在漁陽塞外福餘泰寧建州海西在遼陽塞外皆
我藩籬今皆通迤北爲我邊患恐數年之後北虜見京東
塞外水草蓄牧之利將并朶顏建州我東塞亦與北虜爲
鄰如宣府大同矣亟諭東虜毋引賊入入室自受其害如
景泰時事諸酋或有悔悟者不然憂未已也其屬關一百
一十三寨七十二營四十三堡六十一城一十一馬步官
軍七萬八千六百二十一員名糧四十六萬八百餘石料
豆六萬七千五百餘石子粒米麥一萬三千七百七十八
石六斗布絹折鈔銀二萬兩綿布一十二萬一千六百餘
疋綿花絨六萬六千三百餘斤草四十萬三千餘束
山東河南北直隷司府起運稅糧麥豆三萬四千五百八
十八石二斗布一十三萬三千九百疋棉花八萬一千五
百斤絹二千疋海運兌軍本折米二十四萬石軍民屯折
色草銀二十一萬六千九百六十兩零夏秋二稅本色折
絹米一千一百四萬九千二百石草九萬七千六百八十
四束

薊州内三關圖說

太祖既逐元君廼即古會州之地設大寧都司營州等衛
而封寧王與遼東宣府東西並建以爲外邊又命魏國公
徐達起古北口至山海關增修關隘以爲内邊神謀遜哉
遠矣
成祖文皇帝靖難後兀良哈部落内附廼改封寧王於江
西徙大寧都司於保定散置營州等衛於順天之境而以
大寧全地與之授官置衛令其每年朝貢二次每次衛各
百姓往來互市永爲藩籬即朶顏泰寧福餘三衛是也遼

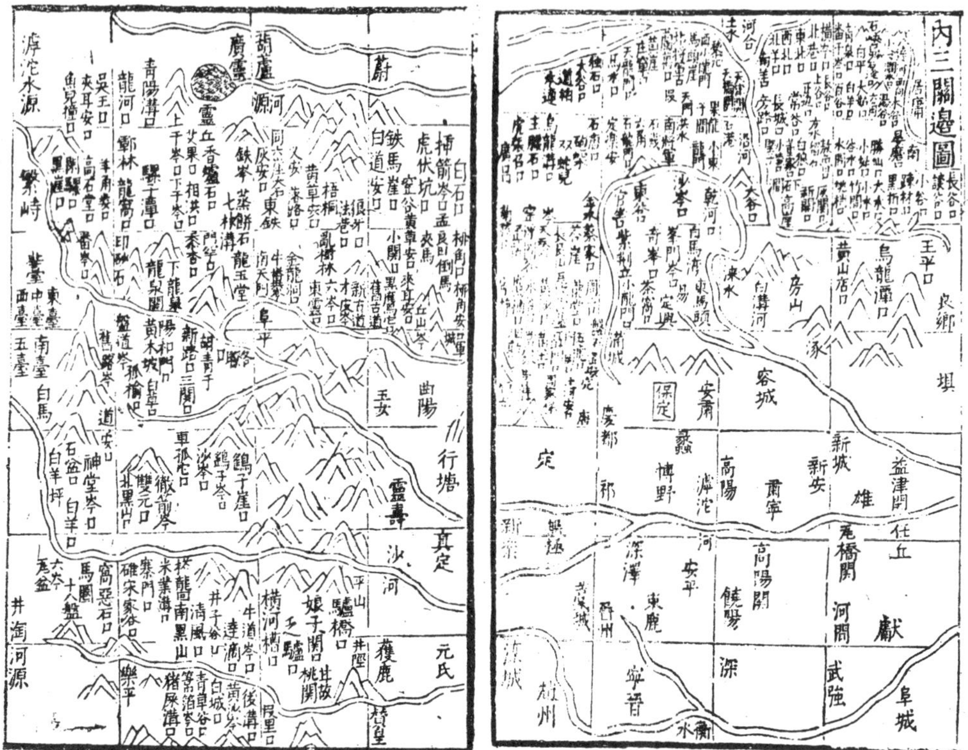

東宣府自此隔涉聲援絕矣正統以前夷心畏服地方寧謐但令都指揮或都督於喜峯口密雲等處鎮守驗放別無多官土木之變頗聞三衛爲也先嚮道乃命都御史鄒來學經畧之此後因而添設大監叅將等官而夷情亦變詐不同然尚未敢顯言爲寇也弘治中守臣楊友張瑄因燒荒掩殺無辜邊釁遂起正德以來部落既蕃朶顏獨盛陽順陰逆累肆侵噬花當則脅求添貢把兒孫深入虜掠動稱結親迤北恐嚇中國叅將陳乾魏祥俱以重兵前後陷沒他可知矣故三衛夷情難與往日例論禍機所伏不

三才圖會　地理三卷　十三

待知者而知黃花鎮擁護陵寢京師後門今本兵逃亡止餘二百河間等衛之戍空名無實此其單弱極矣議者謂更當增戍而關外間田可募爲兵此亦一策也古北口潮河川俱稱要害而潮河川殘元避暑故道尤爲虜衝作橋則浮沙難立爲塹則漲水易淤都御史洪鍾雖曾設有關城勢孤難守今須塞川大建石墩數十令其錯綜宛轉不礙水路庶幾可以久乎喜峯口三衛入貢之路撫賞諸費久累軍丁近聞取諸馬場子粒似矣建昌營自裁革內臣之後以其兵多於燕河營

乃復添設遊擊甚爲紕謬夫遊擊之名謂居中乘便四面馳擊也今偏在東隅其謂之何矧東去燕河營叅將止五十里西去太平寨叅將止六十里不爲贅員且掣肘乎愚嘗謂薊鎮在今當重其事權總兵須與掛印同巡撫駐薊其遊擊駐三屯營若燕河馬蘭客雲三叅將則仍舊而以太平寨併入建昌爲一叅將則庶乎體統正而緩急有濟矣且設關於外所以防守立營於內所以應援今關營提調既分爲二則關獨當其害但肆爲觀望耳假令營之提調即司所直之關責有攸歸其復將誰諉又本鎮額兵原

少豈口甚多除分戍之外消耗之餘所在單弱言之寒心是故存留京操之士益募土著之兵設險修關嚴烽遠諜選將練兵足食明法曲突徙薪之計不可一日不講也又按偏頭寧武鴈門三關乃通南北之路爲大同太原所達東勝城在偏頭關西北地倚狼居胥山東勝與三受降城相存亡正統後東勝不守而河套漸失偏頭關因以岌岌寧武處三關之中當華夷之要衝爲東西之援應寔陽方溫嶺神地義井之門戶外接八角堡內綴岢嵐一守備一千戶居之自偏頭徂鴈門似落莫矣

居庸關所轄撞道等口墩寨七十有三城二堡三屬馬步官軍一萬三千七百六十二員名子粒米二千六十石新增餘地折色銀三百五十兩余丁承稅米三百三十石馬四百二十二疋

東路撞道等口一十三共馬步官軍一百七十八員名

中路雙泉等口三十六共馬步官軍七百七十員名白羊口堡馬步官軍五百八十一員名馬六十疋迤西六墎軍四十名

四路柏峪等口三十七共馬步官軍五百三十三員名

長峪城馬步官軍二百七十二員名

紫荊關所轄沿河等口七十六屬春秋輪班并備禦常守馬步官軍共五千八百八十六員名子粒米一千七十四石馬四百一十二疋馱鎗馬八十疋

外一層自東而西沿河等口五十二共馬步官軍一千二十七員名

浮圖峪口馬步官軍四十三員名馬八十疋

內一層自東而西白石等口二十四共馬步官軍一百七十三員名

倒馬關所轄周家堡等口一百一十有五關二屬常守備
冬馬步官軍共五千八百一十三員名子粒米一千六十
石備冬騎操馬一百三十疋
東北路周家等口六十六共馬步官軍四百九十七員
名
插箭嶺口常守官軍三百員名
西南路龍泉等口五十一共馬步官軍一千四百四十
一員名

宣府圖說

宣府漢上谷郡也國初常忠武王破虜于漠北即元之上
都設開平衛守之置八驛東則涼亭沈河賽峯黃崖四驛
接太寧古北口西則桓州威虜明安隰寧四驛接獨石
成祖文皇帝三犂虜庭皆自開平興和萬全出入嘗曰滅
此殘虜惟守開平興和太寧遼東甘肅寧夏則邊境可永
無事矣後太寧既以與虜興和亦廢而開平失援難守宣
德中遷徙衛於獨石棄地蓋三百里土木之變獨石八城
皆破雖旋收復而宣府特重矣宣府山川糾紛地險而狹

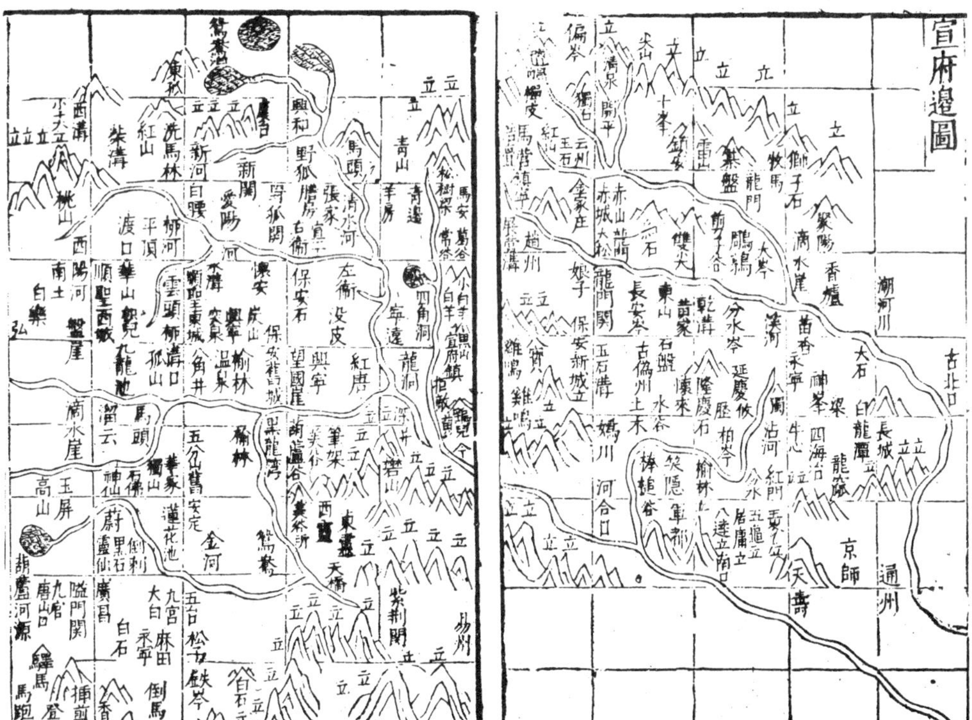

分屯建將倍於他鎮是以氣勢完固號稱易守然去京師
不四百里鎖鑰所寄要害可知北路獨石馬營一帶地雖
懸遠然兩阻長安嶺虜難徑下中路之葛峪大白陽青邊
諸堡西路之柴溝洗馬林萬全諸城南路之東西順聖皆
稱虜衝警屢至馬東路永寧四海冶及龍門所則三衞窺
伺之地而四海冶上通開平大路下連橫嶺兒又要地矣
今考塞垣所據險亦幾盡第時異勢殊有不可不爲之經
畫者若曰補長峪城鎮邊城之募軍重浮圖峪插箭嶺之
防守罷茂山衞京操之士以益紫荊築李信屯交界之堡

以固兩鎮此豈容已乎且宣府軍士素稱敢戰矣乃近年
叅將都勲出境燒荒遇虜二十騎而潰闞山王經前後陷
没此猶可諉也若滴水崖郭舉之叛及諸軍告糧而譟此
則漸不可長況伊邇大同耳目習染可不慮哉是故有撫
綏之將而後有節制之兵有節制之兵而後有疆圉之固
籌宣府者此其大計矣至於邊儲一節則員外楊守謙所
論蓋得權宜之術附見於後以備一時叅考云守謙曰嘗
聞弘治中宣府各城粟交之積多至有六七年者少亦不
下三四年今則止數月耳倉廒僅存瓦礫場地鞠爲茂草
或勢家佃以爲業邊鎮敝壞乃至此極使遇也先火篩之
變將何以待之宣府至京師僅三百餘里有必不得已之
事則空運之策可行也此蓋先朝所已試者又按邊軍月
餉法曰折色者六月本色者六月在邊者折銀七錢在內
者折銀六錢又曰本折間支此諸邊之通例也然春夏禾
稼未登粟價騰踊邊臣苦於蓄積之未多也則固與之折
銀秋冬粟價稍平倉廩稍積則始與之本色當其騰踊也
銀一錢或止易粟六七升或四五升是一月折銀猶不及
半月之粟如之何其不饑而疲且死也說者謂宜於歲例

之外每鎮發銀十餘萬兩遇大熟之歲則於歲例招買之
外糴粟六七萬兩中熟亦糴三四萬兩俱別儲之每春夏
粟價騰踊若歲例之粟尚足支持者勿動惟騰踊之甚不
可支持者借支二三月秋熟之後卽於歲例内招買者補
償仍別儲之如此則士得實惠而所省亦且數倍卽緩急
亦有所濟矣
按輿和在萬全都司野狐嶺之外乃陰山之麓元之中都
地宜耕牧居民亦盛宣德間棄守龍門虜踰野狐嶺過宣
府又開平去獨石遂失桓州興州興安宜興肥要邊地開

平四日程則有玻瓈谷諸要地興和四日程則有哈剌罕之險哈剌罕卽五雲關關內諸山乃陰山之脊澗壑天塹能守玻瓈谷以衛開平戍五雲關以固興和大興耕牧則萬全勢重京師益壯宣府阻山崎道守力亦勁西達不能繞而東下榆林以西虜入止以防守迂道腹裏勢不迫敵患在大同爲華戎捷徑直抵紫荊更無重險順聖東西二城爲宣府重地且邇大同陽和二城失守不惟警困都邑抑爲宣府切近之災偏頭寧武鴈門三關乃通南北之路爲大同太原所達東勝城在偏頭關西北地倚狼居胥山

東勝與三受降城相存亡正統後東勝不守而河套漸失偏頭關因以岌岌

又按大同地勢平衍無據且增套警而腹裏間道直衝京輔其鎮西衛朔州諸路四衝保德岢嵐河曲及太原平陽甚易議者欲於三岔路口八柳樹堡嚴戍之若三關緊要已已之變徵調七千餘去又河南山西歲運掛籌屯糧逋負給馬弊昔許襄毅裁占役禁掊尅恤調遣有益地方而梁總兵家丁雖能畏虜今反資虜近又有私賂黑毛虜汰事流大壞以守正居之其誠爲難矣

宣府鎮領衛一十有五城三馬步官軍一十二萬六千三百九十五員名通鎮馬六萬六千九百八十疋屯糧六萬二千三百零二石地糧三萬九千一百五十三石有零團種糧一十一萬五千八百八十六石有零公務驛傳糧一萬四千三百三十三石稻田徵米一千一百七十九石有零草二十二萬六千九百七十一束

大同邊總說

大同古雲中地川原平衍故多大舉之寇西則平虜威遠中則右衛水口等處皆稱要害蓋虜南犯朔應諸城必窺之路也東則天城陽和爲虜入順聖諸處之衝而平虜西連老營堡與偏關近虜繞出套便涉其境故大同稱難守馬先年邊政嚴明警備差緩自多故已來大邊已失二邊之內棄爲王庭墩軍驕惰警報不明至有與虜通貨入而後報者他可知矣以地利言則議者曰五堡夬不可不復高山聚落之戍是宜當增以人事言愚以爲正紀綱明法

大同外三關圖

令今第一義也夫張文錦之敗是彼處置乖方而激成之也李瑾之死則是處文錦之事未善而養成之耳今日之事愚又有隱憂矣默化潛奪不震不驚爲天下回觀聽非豪傑之士忠義之臣其孰能任之吁可易言哉夫修五堡有三利焉藩屏外固内地獲安一也沃土茂田富庶可期二也二邉既復宣寧等縣棄地亦可漸理三也文錦失處而致變後人懲噎而廢食可乎高山聚落二堡蓋在鎮城兩腋間實爲東西虜衝募軍分駐則按伏之費省犄角之勢成無容議矣顧募軍之糧所宜亟補耳北虜貢路例在

大同先襄毅巡撫時三年三貢各邉寧謐者數年往歲榆林欵塞說者謂似涉和議拒而不納豈典章未諳耶夫北虜稱欵難也又自疑阻然則歲歲侵暴而勞費者是當然耶河南山西歲運多不及額而屯田又多逋負是故足食之計非例外發銀專官糴買吾無策矣若夫馬之衰耗弊在各城槍兌此在軍士之言當事者不可不知耳偏頭寧武鴈門三關各稱要害而偏關逼近黃河焦家坪娘娘灘羊圈子等處皆套虜渡口往來蹂躪歲無虚日尤爲難守今防守之兵半是民壯馬又小弱非太僕寺所兌者扶傷救

死之不服而責以敵愾之氣難哉或謂已亡之變大同徼山西之兵防禦者蓋幾七千今在鎮城止供薪水門戸之役而坐糜糧餉分毫無益若改戍三關給以太僕寺之馬民壯數千盡爲除革此不惟邊防有賴而所省亦且不貲矣夫魏尚李廣皆守雲中尚給士卒饗軍吏無所不至廣遠斥堠就水草頓止人人自便是以能用其衆以制匈奴今之邊臣有能愛將士若此者乎先褻毅然撫之日雖不敢擬之古人至裁占役禁掊尅恤調遣優死傷未嘗不誠心以求之是以鎮人至今不能忘焉今平日恩德既無以

結其心臨時節制又無以宣其威不幸有變遂因而爲姑息之政姑息必疑疑則阻威之不服而恩之不感是成驕悍之習雖魏尚李廣豈能馭之哉由今之道馭今之兵厝火積薪因以爲安吾不知大同所終也

按東受降城在廢東勝州東北八里中受降城在大同府城西北五百里秦漢九原縣地西受降城在古豐州西北八十里相距各數百里

又按成化間余子俊奏大同山西宣府一帶邊關內外文武守臣隨方經略躬率士馬遍歷邊關登高履險凡四十餘日度地定基東自四海冶起西至黃河止長亙一千三百二十里二百二十三步舊有墩一百七十座內該增築四百四十座大約今年八月始事明年四月可以告成工視昔延綏修邊之費雖曰有加實一勞永逸之功也

上然之卽　勑所司預備器物是奏也子俊欲以築墩責成於邊臣而以閱實付任於科道計功筭數行之惟艱且自欲還京而以重付人蓋不近人情之甚者已及後物議然不平蓋有自云余子俊奏大同宣府并偏頭關等處欲大發兵夫修築墩臺計用糧一十五萬四千八百石防護

官軍馬用豆共八萬五千五十石銀七萬七千四百兩鹽二十五萬八千引請詳議措置奏至戸部會議軍民轉運疲敝未可再勞宜准巳運宣府者除放支外見在若不必轉運卽補作宣府來年修造之數其大同亦儘見在者放支以候來年會計子俊原擬于山東等處添派俾足前數其銀以糴糧料內摘撥鹽於順聖川等處辦給用從之

大同鎮屬衛八所七堡五百八十三馬步官軍舍餘土兵共五萬四千一百五十四員名糧料布花屯糧屯草及京運年例通共銀七十七萬五千一百八十八兩七錢五分

屯糧一十二萬七千七百一十一石屯草一十七萬六千四百一十一束秋青草三十七萬二百一十束年例銀七萬兩例鹽七萬引馬四萬六千九百四十四疋山西起運夏秋二稅糧料二十九萬一千四百七十五石夏秋稅糧折布一十八萬二千五百疋綿花絨八萬斤草二百四十四萬四千八百五十束河南起運小麥九萬六千石

榆林圖說

榆林舊治綏德而棄米脂魚河等處於外幾三百里虜輕騎入掠鎮兵出禦之每不及而返虜得設隙焉成化九年都御史余子俊建議徙鎮榆林堡襟吭既據內地遂安邊墻東起黃甫川西至定邊營長亘凡千二百餘里連墩勾堡橫截河套之口內復塹山湮谷是曰夾道地利亦得矣彼時虜少過河軍士得耕牧套內益以樵採圍獵之利地方豐庶稱雄鎮焉自虜據套以來邊禁漸嚴我軍不敢擅入諸利皆失而鎮城四望黃沙不產五穀不通貨賂於是

榆林邊圖

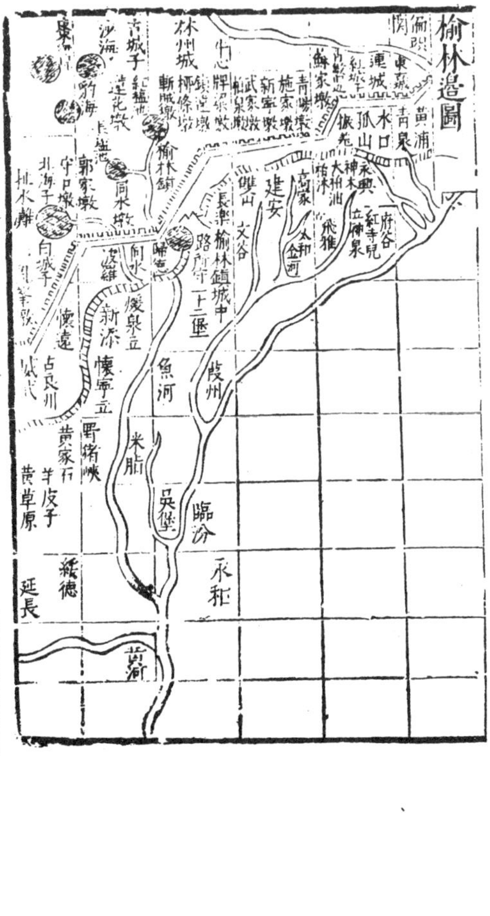

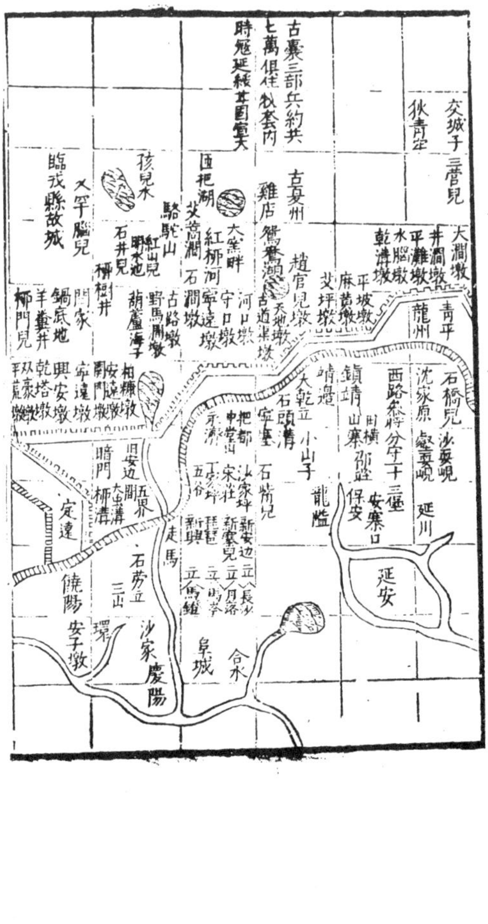

一切芻糧始仰給腹裏矣弘治中布政文貴奏改西延慶三府本鎭之稅爲拋荒折色者一萬餘石正德中侍郎馮清又改三府本色盡爲折色自是軍用始窘遂有米珠薪桂之謠況有節募新軍而糧未增尚在額內支給又邊邑凋敝災傷所免及拖欠者復百有餘萬焉得不窮困至於今日之極也嘉靖七年鎭城餓莩幾萬言之痛心嗚呼此鎭將士懷忠畏法死無怨言敢勇當戰虜所素憚迺今年年犒服不得一飽傷哉脫有黠虜知虛實以重兵壓境及客兵旣集日費益廣更以一軍駐魚河之地即糧

道阻絶不兩三月而楡林坐困矣今之計者不憂積薪之火猶待然眉之救豈知此鎭迫於寇門糧道險遠即束手臨時雖千金如山不可食也況今攢法已壞飛輓之計失在官糴一貫數倍戊子之歲束草價至二錢有餘他可知矣愚故以爲論楡林者急在芻糧他非所慮愚又以爲本色不復則楡林未可知也至於募軍之糧及災傷所免戶部處補自是當然何今邊臣之哀之不已乎夫事有改作而後善者不可執一論也今三邊芻糧至難處矣愚謂黃河自陝州而上至綏德近境春初時皆可舟行若

計治河郡縣改徵本色水陸接運而上則楡林其少蘇乎再於延寧且固適中之地另設倉場各以戶部官一員主之每鎭每年于鹽銀十餘萬令其糴買儲蓄專備客兵之用出入稽考一歸戶部邊官無得那移借貸客兵一年不至則有一年之積如是數年或可少裕也諷今日各邊有事而後徵兵請糧及客至則糧價正踊銀爲錄用所者又當萬萬矣套地長幾二千里橫至數百里亦漢武朔方地也唐猶內屬韓公築三城於河外史稱其功夫拒河爲守尚不能固乃能遏虜於河外其置烽候千八百所所

須萬人而史云減戍此皆不可曉者近有復套之議謂當循唐舊又謂當復守東勝則楡林東路可以無虞審時度力愚不知計所出矣西路最稱要害而安邊定邊連接花馬池更爲衝劇築墻設險事有不容已若沿邊困弊之邑屬相依當擇賢令旌以異等令其撫綏招來庶幾可以保全乎

按天順中延綏用兵日久戶書楊鼎上疏曰阿羅出往牧河套日入寇掠始今三年請師古人自黃河轉運爲倉法且言三門之上有小河可通延綏如以所運糧草各倉貯

水次泝流儹運庶幾不乏且可順帶解塩數十萬以充淮
課則國利大有增益詔悉從之然以衆議竟沮不行
榆林鎮屬營六堡二十有八馬步官軍四萬九千二百五
十員名馬二萬四千四百四十六疋糧料一十八萬九千
七百二十八石有零民糧三千九百有零草八十八萬一
千二百六十束

寧夏固蘭圖說

寧夏亦朔方地也鎮城所據賀蘭山環其西北黃河在東南險固可守漢唐舊渠皆在厥田上上人易爲生成化以前虜患多在河西自虜據套以來而河東三百里間更爲敵衝是故窺平固則犯花馬池掠環慶則由花馬池之東入靈州等處則淸水營一帶是其徑矣築墻晝守始自巡撫徐廷璋此千古卓然之見而總制楊一淸王瓊唐龍皆常增築更益敵臺足禦竊發矣顧兵寡勢分難當大舉之寇豈人謀地利有未盡耶今之論者以固原爲堂奧嚮石

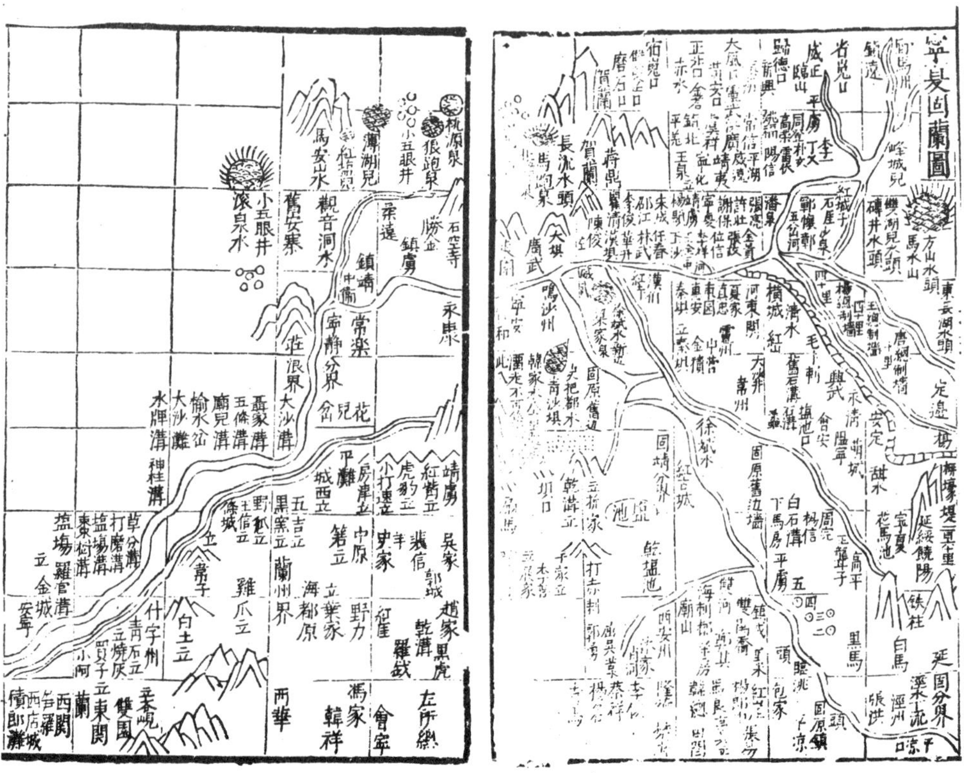

潢至花兒岔爲二門花馬池一帶爲二門謂有重險矣不知賊已入大門則堂奧無用風雨飄忽之所及內地村聚之民豈欲收保而無由也嘗聞之弘治以前虜住套不常間有連歲不入者我邊每歲於河東時決其出入則戒嚴出則解嚴蓋水泮後即不復能出入矣今虜渾脫飛渡數萬立濟經年住套安爲巢穴遁逃教誘盡知我內地虛實此可與往日論哉而花馬池一帶適其利涉之境遊騎出沒無日無之宜乎延寧固靖終歲不得少息也試嘗籌之若擇花馬池便利之地大建城堡添設參遊移總制居之分屯重兵于清水武興等營今三百里之間旗幟相望刁斗相聞其鐵柱泉等處水草大路盡建墩堡此不惟得扼吭先制之計東援榆林西援寧夏亦常山蛇勢也又洪武以來虜出入河套往來甘涼者自賀蘭山後取道自總兵杭雄敗後遂以山前爲通衢趙瑛周尚文禦之皆敗由此不已愚不知寧夏所終也或曰舊墩賸寧主直出山外有驚卽聞易於遁絕今年廢矣或又曰赤木黃峽等口舊皆疊石固塞防守有人今亦不然是以莫之禦虜也夫敗軍法背木陣也嘗聞先輩毅云成化中敗軍法重無苟免者是以邊臣知畏地方少事弘治中太平盈賜稍已解弛至正德則一故事耳今寧夏失機屬而舊將畏然無事求之各邊無不然者此不可爲邊民痛哭哉鎮城南北僅百里東西止二百餘里耳王瓊屢遷關而城平虜棄地盡八十里一何易也今虜愈近而民利金帑著謀者一至是乎若山南作塹以遏西來之寇則得之矣中衛偏在西隅雖地狹易守顧山後之虜規靖虜者數有之宜計故事六自賀蘭山直西至鎮番內皆漢武舊地今棄之矣果知所論而城守之則莊涼靖固中衛俱安枕矣嗚呼豈易言哉豈易言哉

固原開城縣地也成化以前虜未嘗至固安會之間得以休息所備者靖虜一面耳自弘治十四年火篩入據之後遂爲虜衝于是始改立州衛以固靖甘蘭四衛隸之設總制參遊擊官屹然一巨鎮矣鎮與寧夏爲脣齒花馬池一帶邊入謂之大門若併力堅守花馬池則固原自可無虜而響石溝至靖虜一帶修築又在所緩蓋力分則勢弱寇已入門主人束手故愚以爲總制不駐花馬池則固原未可息肩也靖虜一帶每歲黃河冰合一望千里皆如平

地若賀蘭山後之虜蹈氷馳蹄則蘭靖安會之間便為禍階調兵防守候在氷凍而西鳳臨鞏之卒多未經戰豈能捍禦愚又以為不添沿河之堡不屯常戍之兵則固原又未可息肩也徵調客兵他鎮有事則然無事則已若固原防守之戍每歲凡四閱月而芻糧不為之處尚在本兵額內支給如之何其不告乏乎小鹽池批驗舊在固原蓋來商旅納偵賄期以塡實此地而王瓊移置下馬房其見偏矣夫固原中制之地總督所在戎務攸關此特一隅之論耳若夫任將任官足食足兵之計孰不知之孰不能言之

體權盡變存乎其人焉耳

寧夏鎮屬衞二所四營四堡一十有八備禦馬步官軍三萬七百八十七員名馬四千一百八十疋糧料二十萬七千五百五十七石有零民糧四千六百九十石有零草一百三十六萬一千五百餘束

固原屬衞三所四營一堡一十五馬步官軍二萬八千八百三十員名馬八千六百七十三疋糧料一十三萬九千九百一十五石折色糧折草一十四萬九千五百八十兩年例銀五萬兩草三十二萬八千一百三十七束布五萬七千九百四疋綿花二萬六千七百三十四斤京運年例銀五萬兩

莊涼寧永圖說

按延綏紀功兵部郎中楊琚奏延綏慶楊二境東接偏頭關西至寧夏花馬池相去二千餘里營堡迂疎兵備稀少以至河套達賊屢為邊患近有百戸朱長年七十餘自幼熟游河套親與臣言套內地廣田腴亦有鹽池海子葭州等民多出墩外種食正統間有寧夏副總兵黃鑑奏欲偏頭關東勝關黃河西岸地名一顆樹起至榆溝速迷都六鎮沙河海子山火石腦兒鹹石海子回回墓紅鹽池百眼井甜水井黃沙溝至寧夏黒山嘴馬營等處共立十三城

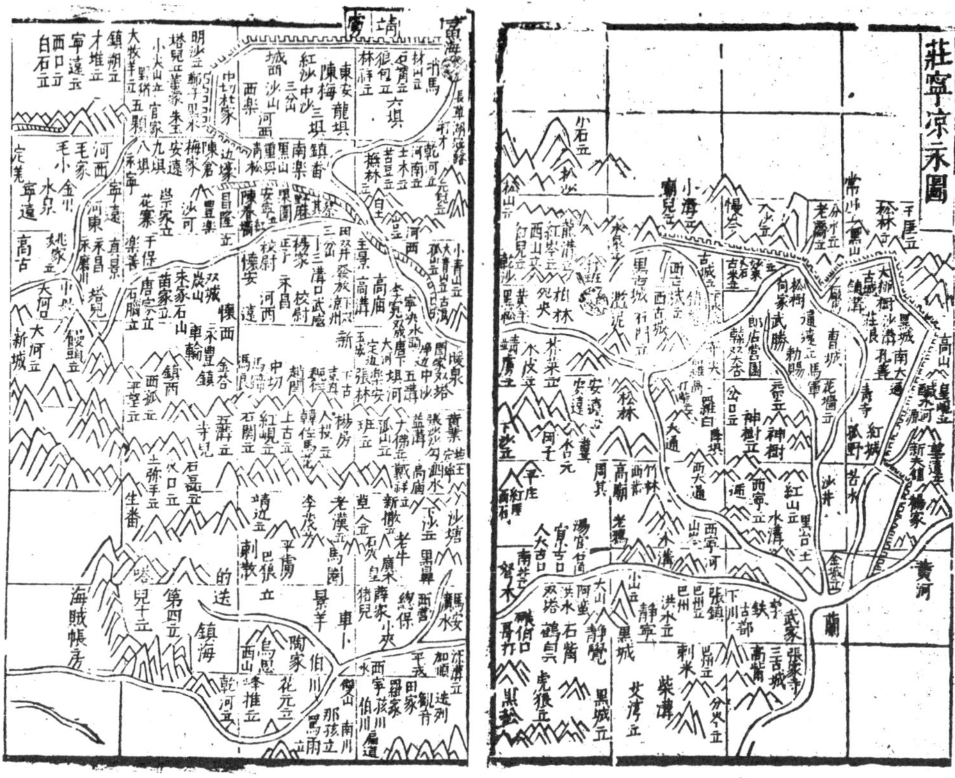

堡七十三墩臺東西七百餘里實與偏頭關寧夏相接惟隔一黃河耳當時議者以爲地土平漫難據已之後總兵官石亨又奏欲將延綏一路營堡移徙從直道雖不免暫勞一時軍民之力實爲萬世防邊之長策也

莊浪衛屬堡一十一漢土馬步并召募官軍共一萬八百五十六員名馬共三千四百六十七疋糧料二萬三千九百一十三石民運糧銀三萬一千九百九十一兩二錢兼支銀四千四百四兩四錢塩糧一萬四千四百四十九石三斗塩糧銀四千六百五十兩草二十八萬六千一百九

十四束布一萬一千一百八疋綿花四千一百六十五斤

西寧衛屬所一堡五馬步并召募官軍八千五百員名馬并新買共四千七十二疋糧料三萬三千四百一石有零塩糧五千三十八石四斗草三十七萬二千七百九十一束年例銀二萬五千四百五十兩七錢布一萬九千六百五十四疋棉花七千四百六十四斤

涼州衛屬所一堡八馬步官軍一萬八百五十八員名馬二千五百二疋糧料四萬五千五百二十三石七斗四升民運本折色糧銀四萬一千三百九兩三錢八分塩糧一

萬六千四百八十三石九斗二升草四十一萬五千一百
八十六束年例銀二萬兩兼支銀三十三兩三錢七分布
一萬九千九百六十四疋綿花八千四十五斤
鎮番衛屬堡二馬步官軍四千九員名馬一千四百七疋
糧料七千四百三十八石有零民運本折色糧銀五千二百一十二兩
鹽糧一萬三千四百二十一石一斗草一十八萬九千九
十七束布九千八百一十六疋棉花三千七百一十五斤
永昌衛屬堡五馬步官軍八百三十二名馬一千三百三
十九疋糧料一萬四千八百三十九石民運本折色糧銀
一萬三千二百二十九兩四錢五分鹽糧一萬三千六百
一石三斗草一十三萬五千八百一十七束布八千四百
零四疋綿花三千
一百五十一斤

甘肅山丹圖說

甘肅即漢之河西四郡武帝所開以斷匈奴右臂者蓋自蘭州爲金城郡過河而西歷紅城子莊浪鎮羌古浪六百餘里至涼州爲武威郡涼州之西歷永昌山丹四百餘里至甘州爲張掖郡甘州之西歷高臺鎮夷四百餘里至肅州爲酒泉郡肅州西出嘉峪關爲沙瓜赤斤苦峪以至哈密等處則皆燉煌郡地也洪武五年宋國公馮勝下河西遁以嘉峪關爲限遂棄燉煌焉自莊浪岐而南三百餘里爲西寧衛古曰湟中自涼州岐而北二百餘里爲鎮番衛

甘肅山丹圖

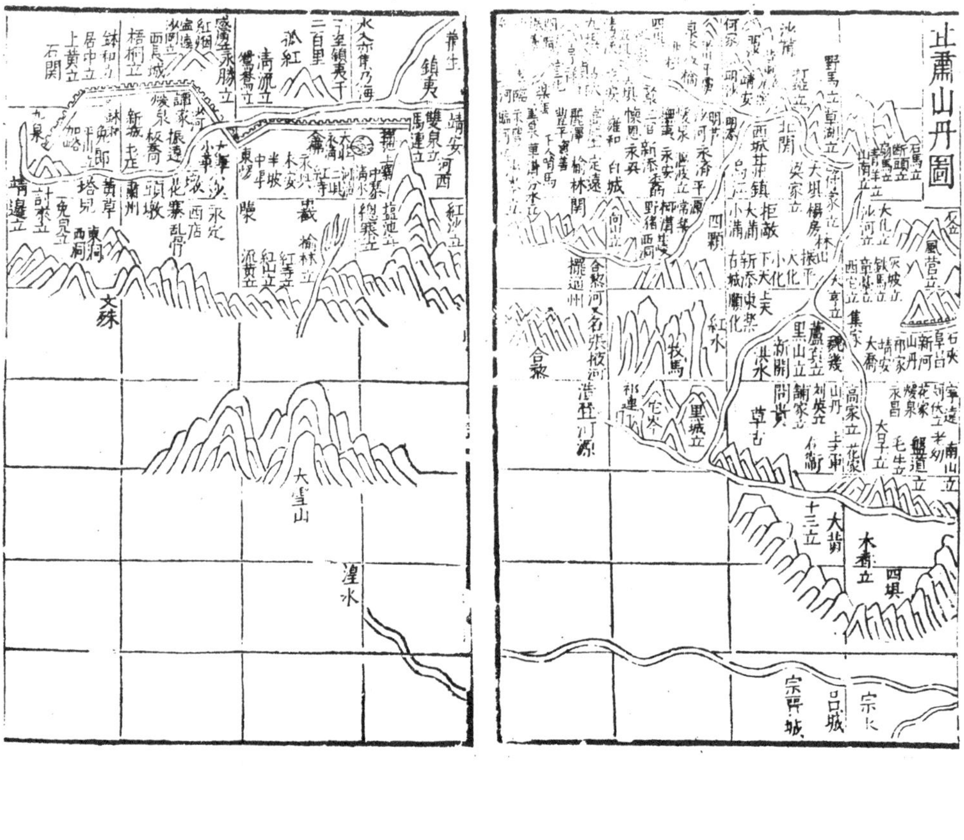

衛古曰姑臧此河西地形之大畧也夫以一線之路孤懸綫二千里西控西域南隔羌戎北遮胡虜經制長策自古已難況茲凋敝之餘非豪傑任事之臣其孰能爲之且哈密廿肅藩籬諸番領袖成化以來陷于土魯番恢復之議至勤累朝顧在今日有難者二有當緩者四不可例以往日何也哈密累敗之餘喪亡畧盡譬之垂死之人身不自持縱令復國豈能固守此一難也恢復之計曉諭不從必煩聲討虛喝謾恐難以震動試言今日可復能爲襄毅深入之事乎此二難也往建哈密以其能制諸夷爲藩蔽也

今不能夷立之何益是故哈密者昔爲要區今爲散地盛衰之會殊強弱之形異耳當緩一也哈密轉徙之衆已長子孫身事讐國遺我以難是彼無共天之義我有同舟之急此何爲乎當緩二也累朝以哈密之故勞費萬狀議論無已是以夷人視之爲奇貨以爲中國一日不可無哈密也今日索金幣明日求進貢今日送金印明日還城池譬之以果餌兒舞弄在手假令自今不復言哈密恢復事彼當何爲乎以爲將遂有哈密也則豈待中國棄之而後取之以爲不能則哈密猶舊也況閉關絕貢可以制諸夷之

命乎當緩三也赤斤蒙古安定曲先等衛亦皆中國藩蔽赤斤等衛破于土番安定等衛破于海賊何不聞爲彼恢復而切切于哈密乎當緩四也審于六者之間則哈密可復不可復宜復不宜復圓機之士必當破衆說而建長策矣至於亦不剌者延北遁冦盤據西海吞并屬番爲西南患項歲已許內附尋因其敗弱而棄之頗爲失計何也甘肅之患北虜倏去倏來南番坐守之夷耳惟土魯番自兩犯甘肅以來累肆荼毒漸不可長若收海上之虜置之哈密近境結以恩德西制土番北制瓦剌此千載一時也倘

有成績即令職西域之貢何所不可議者秖恐别起事端而不思遠地無于秖云夷心叵測而不知窮虜易用視今日自據西海散處河岷何如耶矧以虛縻得實用借虜地爲干城得失利害不較可知又今河西屯田敝矣二千里內計丁一萬七千耳防守不設耕種難也累遭殘破生聚難也廢削無已休養難也是故人益貧口益耗食益歉兵益弱而屯田益不興矣近日差官添築新堡廣招佃種似矣豈有舊堡未完而更能實新堡者乎豈有不爲防守而敢遠耕者乎豈有將不休養而人得生聚者乎又譬之家

政農桑薪水賓客祭祀之類動必相連豈有餘事皆廢而一事獨舉者乎是故有將而後有兵有兵而後有人有人而後有土有土而後有財有財而後兵益振屯益舉矣他如李淮之議曰欲將見堡量給以馬無事令其瞭望而耕耘有事得以聯絡而馳逐拯溺救焚此其近策矣蘭州舊有管糧郎中而不司支放與宣大事體少異已失事宜或又令其歷在催徵不更遠乎若以省叅一官專駐蘭州以督逋課如近時山東河南京運事例而移郎中於甘州如宣大例則稽察歸于戶部催科便于本省是或一道也西

寧控十三番族四堡六千戶所近又益以海寇之擾亦要地矣不令屬莊浪而另設叅將易瓚之議是也若我成祖以夷治夷建寺立僧之法蓋有深意今有講其故者乎西域之貢番文動數百紙詐目相仍騷擾無益若給符限年勒以名數庶可久可繼之道也嗚呼病于塞而求通傷于困而思起今日之甘肅豈一事耶舉其大者聊以見緩急而已

按往時恃番爲藩虜猶有忌今大被殘戮率爲所收臂指益多爪牙加利矣重以遺回寄寓所在成丘一線阸途譬諸喉咽有物爲梗喘息弗繼矣故覈實政以屯田修農事以積穀相泉脉而鑿井不可以一夕弗講也

按甘州古張掖郡肅州古酒泉郡極西北重鎮地倚合黎山山丹界甘肅之中焉支山在山丹東南五十里祁連山在酒泉張掖南連亘一帶古匈奴失此地嘗曰亡我祁連使我六畜不蕃亡我焉支使我婦女無姿

本朝設行都司於甘州以肅州爲都司門庭肅州城西六十里爲嘉峪關乃強胡要塗關外即沙州衛古三危山在焉有羈縻六鎮古煌燉地土番所居西北有鎮夷所尤孤

危其地雖險薄於鹽利華夷欲之

甘州衛屬堡八馬步官軍三萬三千八百九十四員名馬八千七百五十一疋糧料六萬五千七百九十七石有零民運本折糧布銀一十萬七千三百九十五兩一錢二分鹽糧二萬六千八百一十四石八斗草一百一十萬一千四百八十九束年例銀四萬兩

山丹衛屬所一堡八馬步官軍八千五百八十二員名馬二千七百七十八疋糧料一萬七千五百一十三石六斗民運本折糧布銀一萬二千五百三十二兩五錢鹽糧四

千九百三十二石草三十六萬四千一百七十束
肅州衛屬所一關一堡四馬步官軍一萬一千二百六十七員名馬四千六百五十四疋屯糧料二萬七千五百九十六石有零擅糧一萬六千九百四十石有零民運銀一萬三千二百二十一兩草五十三萬四千七百八十七束折色草銀一百七十九兩五錢布二萬一千三百二十二疋綿花八千四百八十八斤毛襖五百六十二領

洮河圖說

謹按洮州鎮皇蘭峙其南黃河經其北有長城之險河州鎮東遶洮河西峙積石南盤雪嶺北距黃河此皆天造地設以屏翰全陜者也昔嘗陷於吐蕃今皆歸我版圖設官分職鎮以重兵但其地竊近番虜人性勁悍好習弓馬以畋獵為生茲雖設憲臣於岷州屯戍卒於重鎮恐矛平日久人心懈弛況邇者俺酋禮佛建寺盤據河外往來張掖酒泉威刼屬番睥睨茶馬官是地者其預防之策可容已乎可容已乎其洮州鎮屬衛一關五寨二堡二十四馬步

洮河圖

官軍土兵共六千九百七十五員馬三千七百一十六疋
各處民運糧民屯糧共三萬九千八百六石草八千七百
五十九束布八千四百疋綿花三千三百斤
河州鎮屬衛一所一關二十四堡三馬步官軍併召募壯
丁共一萬一千五百九名馬二千三百六十四疋各處民
運糧併本處民屯糧共四萬八千五百五十石草六萬一
千九百六十束屯草折糧一千六百七十七石本色塩糧
三千三百六十石折色塩銀二千一十二兩五錢

松潘建昌圖說

謹按天全六番等處無險而險在雅州故禁門紫石二關
以雅州所屬之巴蜀地居極高而烏蒙特甚烏蒙南臨六
詔東控諸蠻故畢備諸種羅羅土獠蠻夷人悉聚疊州生
吐番界四川松潘陝西洮州之中且東接陝西岷州其地
山多層疊番虜出沒為患不細
松潘衛小河所三路新舊屯田二千八百五十九頃七十
畝主客官軍各兵一萬一千六百八十四員名額坐各倉
糧九萬九千三百八十一石　布政司原額茶課一十九

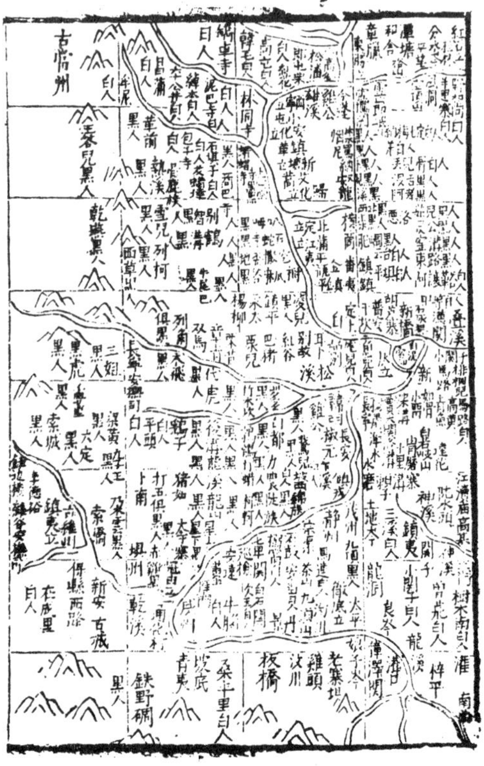

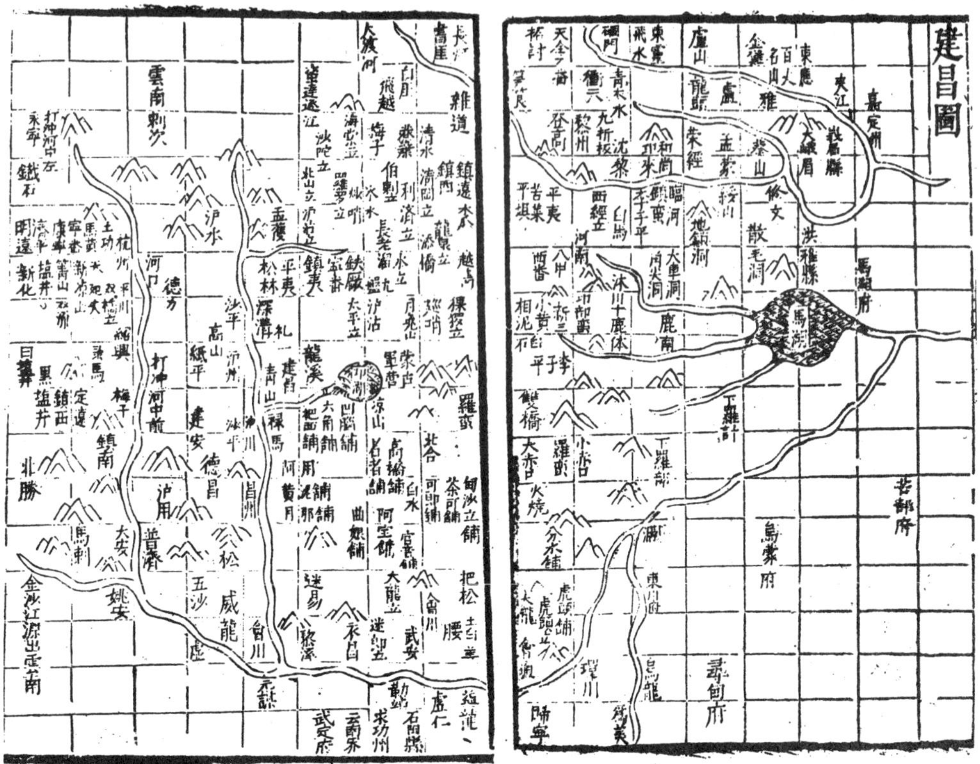

萬二千九百四十四斤零原額塩銀七萬八十四兩零
茂州衛疊溪威州灌縣四路主客官軍一萬四千一百五
十二名守禦所新舊屯田八百五十六頃七十四畝額坐
各倉糧十萬三千九百十七石外倉二十收糧十萬三千
九百一十七石
安綿壩底石泉四路各官軍兵六千四百五十二員名額
坐各倉糧三萬一千一百一十八石

麻陽虔鎮圖說

按圖考牒贛東南境蓋界閩汀漳廣韶潮惠慶諸府地重
巒複嶺巖峭巉絕綿歷盤紆奚啻千里其人皆依負險阻
剛獷頑悍矧今所稱大帽岑岡高沙下歷浰頭橫江諸巢
穴唇齒車輔脉絡貫通兵之用本不易加以財力詘乏拘
攣牽顧益難矣全賴　皇靈震疊臺憲修明牧宰威懷本
強內實則先聲屆折馴擾彈壓寖寖革心矣故標本緩急
內外療治醫國者必致詳焉

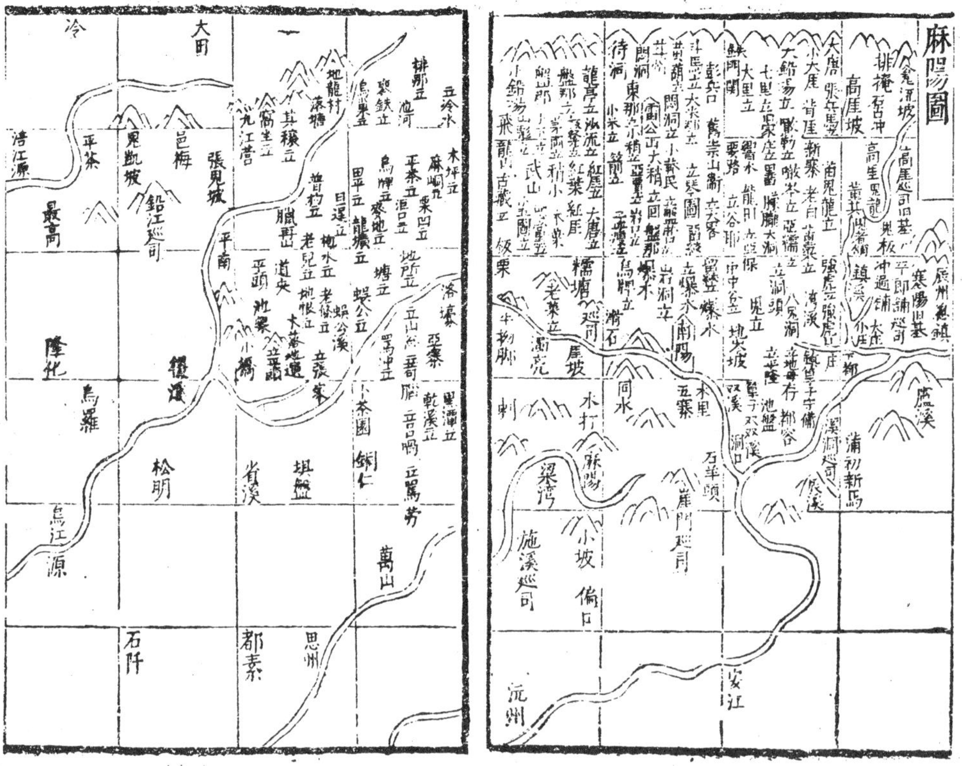
麻陽圖

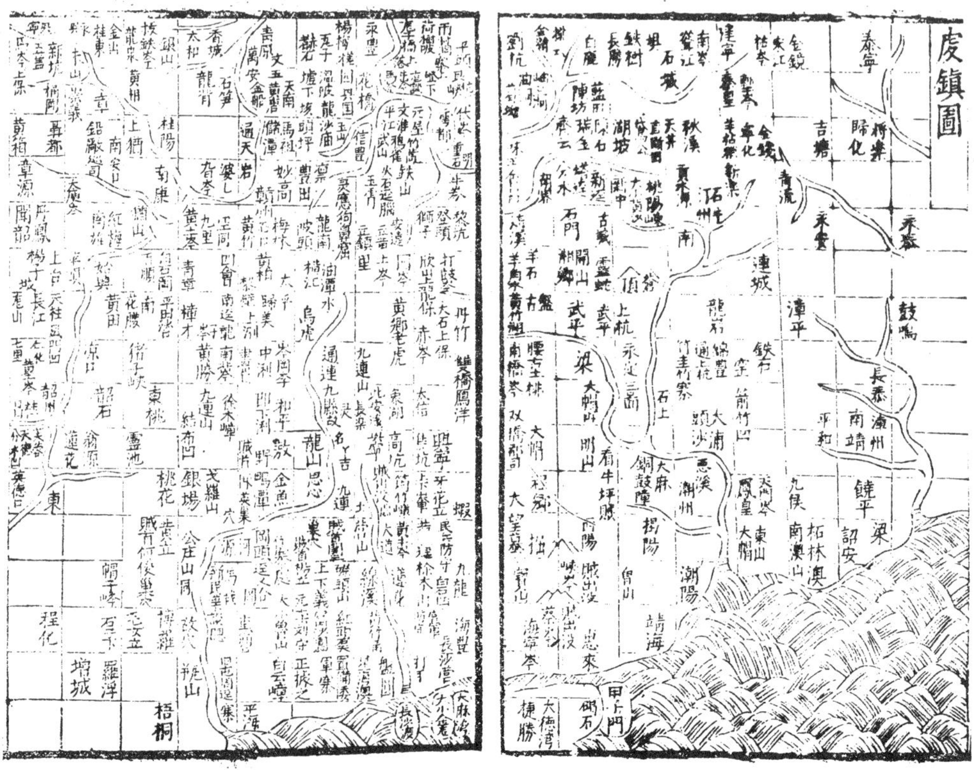
虔鎮圖

麻陽虔鎮轄布政司四府九州一縣六十有五衛七屬所
二十有二通共官六百一十四員軍三萬八千七百二十
三名纂險共二百五十六處

三才圖會

雲間元翰父王圻纂集

男思義校正

地理四卷

参見附圖二

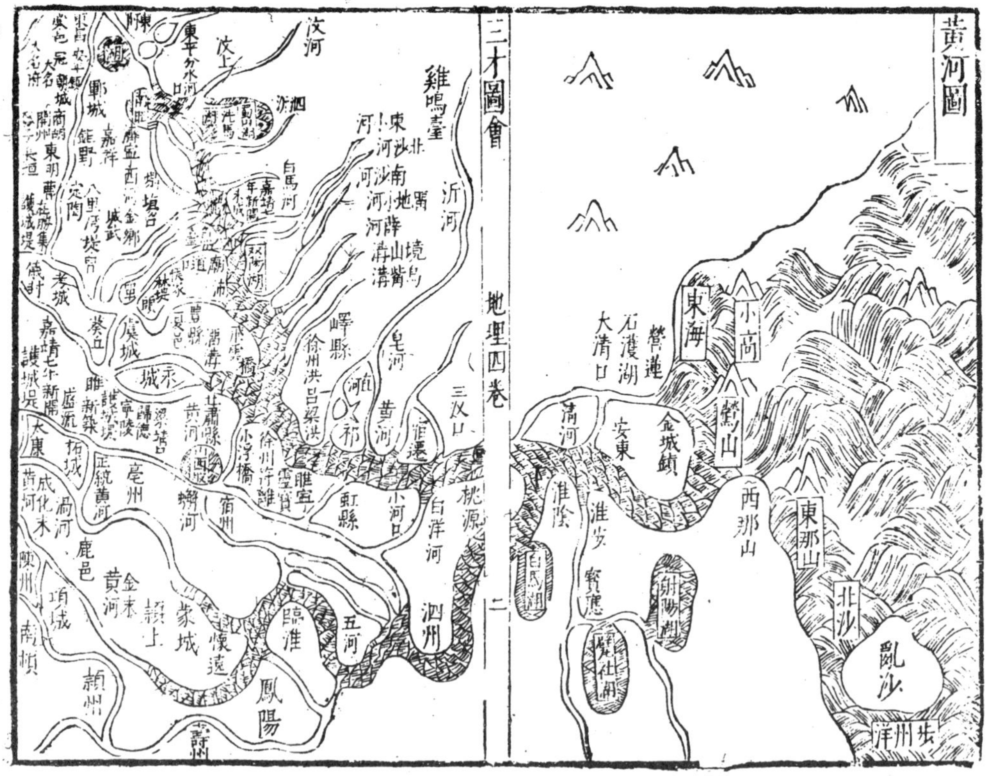
黄河圖
三才圖會 地理四卷 二
東海
小高
鬱山
西那山
東那山
北沙
亂沙
洋州
金城鎮
安東
清河
淮陰
淮安
寶應
石濩湖
大清口
鸞蓮
桃源
白洋河
泗州
五河
臨淮
鳳陽
懷遠
蒙城
潁上
虹縣
小河口
雎寧
徐州
邳州
沂河
雞鳴臺
汶河
汶上
亳州
潁州
鹿邑
曹縣
考城
儀封

三才圖會 地理四卷 三
中受降
東受降
西受降
東勝
偏頭關
河西
保德
黄河
陝州
桐城
靈寶
閿鄉
潼關
華陰
華州
蒲州
大寧關
烏延城
榆林
銀川
蘭州
寧夏
甘州
西傾
洮州
大行
懷慶
武陟
溫
孟津
偃師
河南
洛河
伊河
新安
澠池
七津
三門
汜水
滎陽
滎澤
鄭
新鄭
長葛
許州
鄢城
潁水源
商水
扶溝
鄢陵
洧川
朱仙鎮
陳留
通許
封丘
滑縣
新鄉
衛輝

黃河源圖

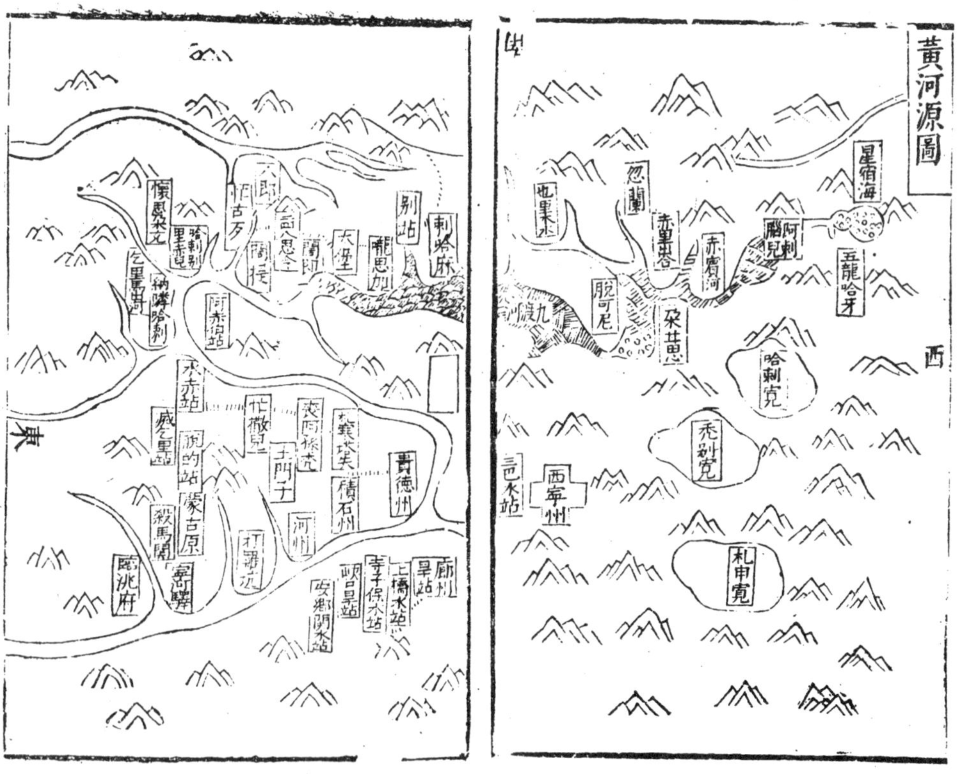

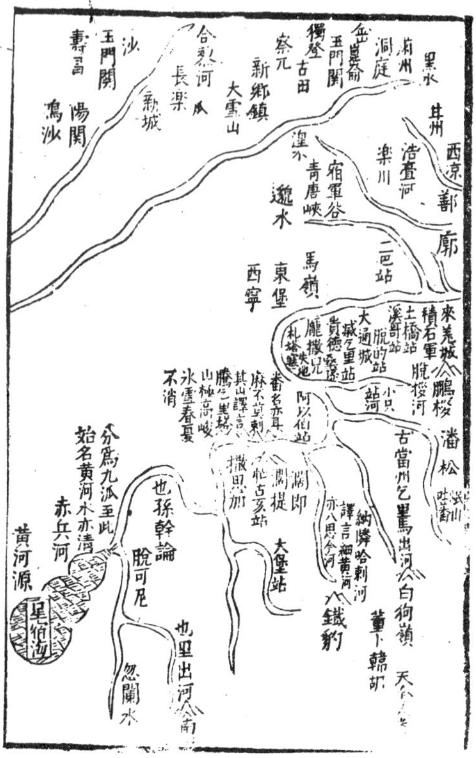

古今治河要畧

賈讓治河三策隄防之作近起戰國齊與趙魏以河爲境齊地卑下作隄去河二十五里雖非其正水尚有所遊盪時至而去則填淤肥美民耕田之或久無害稍築室宅排水澤而居之湛溺固其宜也今隄防陿者去水數百步遠者數里此皆前世所排也今行上策徙冀州之民當水衝者放河北入海此功一立河定民安千載無患謂之上策若廼多穿漕渠旱則開東方下水漑冀州水則開西方高門分河流富國安民興利除害支數百歲謂之中策若繕

完故隄增卑倍薄勞費無已數逢其害此最下策也
歐陽修曰河本泥沙無不淤之理淤常先下流下流淤高水行漸壅乃決上流之低處此勢之常也然避高就下水之本性故河流已棄之道自古難復是則決河非不能力塞故道非不能力復所復不久終必決於上流者由故道淤而水不能行故也智者之於事有所不能必則較其利害之輕重擇其害少者而爲之猶愈害多而利少
歐陽玄至正河防記治河一也有疏有濬有塞三者異焉釃河之流因而導之謂之疏去河之淤因而深之謂之濬

抑河之暴因而扼之謂之塞疏濬之别有四曰生地曰故道曰河身曰減水河生地有直有紆因直而鑿之故道有高有卑高者平之以趨卑高卑相就則高不壅卑不瀦慮夫壅生潰瀦生湮也河身者水雖通行身有廣狹狹難受水水益悍故狹者以計闊之廣難爲岸岸善崩故廣者以計禦之減水河者水放曠則以制其狂水豚突則以殺其怒治隄一也有剏築修築補築之名有刺水隄有截河隄有護岸隄有縷水隄有石船隄治埽一也有岸埽水埽有龍尾欄頭馬頭等埽其爲埽臺及推捲牽制薶挂之法有用土用石用鐵用草用木用栰用絙之方塞河一也有缺口有豁口有龍口缺口者已成川豁者舊常爲水所豁水退則口下於隄水漲則溢出於口龍口者水之所會自新河入故道之源也曰折者用古筭法因此推彼知其勢之低昂相昂相準折而取勻停也
宋濂曰夫以數千里湍悍難治之河而欲使一淮以疏其怒勢萬萬無此理也分其半水使之北流以殺其力河之患可平矣譬猶百人爲隊則力全莫敢與爭若分爲十則頓損又各分爲一則全屈矣治河之要孰踰於此

胡子曰茲論固然然又當因勢否則宋人回河之患可鑒已 劉天和曰河之水至則衝決退則淤塡而廢壞閘座衝廣河身阻隔泉源害豈小耶前此張秋之決廟道口之淤新河之役今茲數百里之淤可鑒已議者有引狼兵以除內寇之喻眞名言也故先朝宋司空禮陳平江瑄之經理亦惟導汶建閘不復引河且於北岸築堤捲埽歲費億計防河北徙如防寇盜然百餘年來縱遇旱涸亦不過盤剝寄頓及抵京稍遲爾未始有壅塞不通之患也惟汶泉之流遇旱則微匯水諸湖以淤而狹引河之議或亦慮此

然國計所繫當圖萬全無已吾寧引沁之爲愈爾蓋勞費正藝而限以斗門澇則縱之俾南入河旱則約之俾東入運易於節制之爲萬全也若徐呂二洪而下必資河水之入而後深廣惟當時疏濬愼防禦相高下順逆而利導之

河源說

按漢使張騫持節西域訪河源以爲二水發葱嶺趨于闐滙鹽澤伏流千里至積石而再出唐薛元鼎使吐蕃訪河源得之悶磨黎山世之論河源者率皆本此莫知其非也至元始命都實爲招討使佩金虎符往求之四越月而得

其說如圖所載還具以聞其弟濶濶出援其說翰林學士潘昂霄撰爲記而臨川朱思本於八里吉思家得帝師所藏梵字圖書譯之與潘互有小異俱出元史黃河本東北流歷西蕃至蘭州凡四千五百餘里始入中國又東北流過廣境凡二千五百餘里始轉河東又南流至蒲州凡一千八百餘里通計屈曲九千餘里而張騫所訪乃在其西萬里外蓋爲吐蕃遮隔不得假道故也世之受蔽於外舍近求遠者何以異此朱思本姓名因河源記始傳其爲圖與所記山水道里不少差舛特存之以代輶軒之對或言天下之山皆原於崑崙今觀之圖豈足與辨未能實諸而徇傳聞不獨於山然也

又

朶甘思之東北鄙有大雪山自腹至頂積雪常不消山最高卽所謂崑崙也自八九股水至崑崙約計二十日程河行崑崙南半日程又四五程至濶卽及濶提二地相屬又三日程始至四達之衢是謂哈剌別里赤兒崑崙之西人跡罕到多處山南其東山益高地益下岸亦益狹有狐可一躍過也又行五六日程有水西南來名細黃河又兩日

程有水南來名乞兒馬出二水合流入河河北行轉西至崑崙北二日程水過之北流少東又北流約行半月程至貴德州州隸河州元所置吐蕃宣慰司也又四五日程始至積石禹貢所謂導河積石其地也又五日程至河州安鄉關又一日程至打羅坑東北行又一日程洮河水南來入河又一日程至蘭州過北十渡至鳴河州過應吉里州正東行至寧夏南又東行卽東勝州也世言黃河九折彼地有二折蓋乞兒馬出及貴德州必赤里也　睿夫曰言河源者惟此二說爲近余旣删次河源爲圖記復倣經

修詞曰河源于星宿海滙爲二澤流合三山岐爲九度行二千餘里經崑崙山由山南又合二水北流折而西復過崑崙之北又轉而東又北行二千餘里至於積石

九曲考

黃河出星宿海在中國西南直四川馬湖府之正西三千餘里雲南麗江府之西北一千五百里自西而東合諸流水其流漸大行二十日至崑崙繞崑崙西南折而東而北而西又繞崑崙之北又轉而東北行二十餘日歷雲中九原至大寧始入中國道崑崙山名地首上爲權勢星一曲

也東流千里至規共山地名地契上爲距樓星二曲也郊南千里至積石山名地肩上爲别符星三曲也邠南千里入隴首抵龍門地名根上爲官室星四曲也南流千里至卷重山名地咽上爲卷舌星五曲也東流貫砥柱觸淤流山名地喉上爲樞星以運七政六曲也西距卷重山千里東至雒會名地神上爲紀星七曲也東流至大伾地名地肱上爲轄星八曲也東流至絳水千里至大陸名地腹上爲虛星九曲也

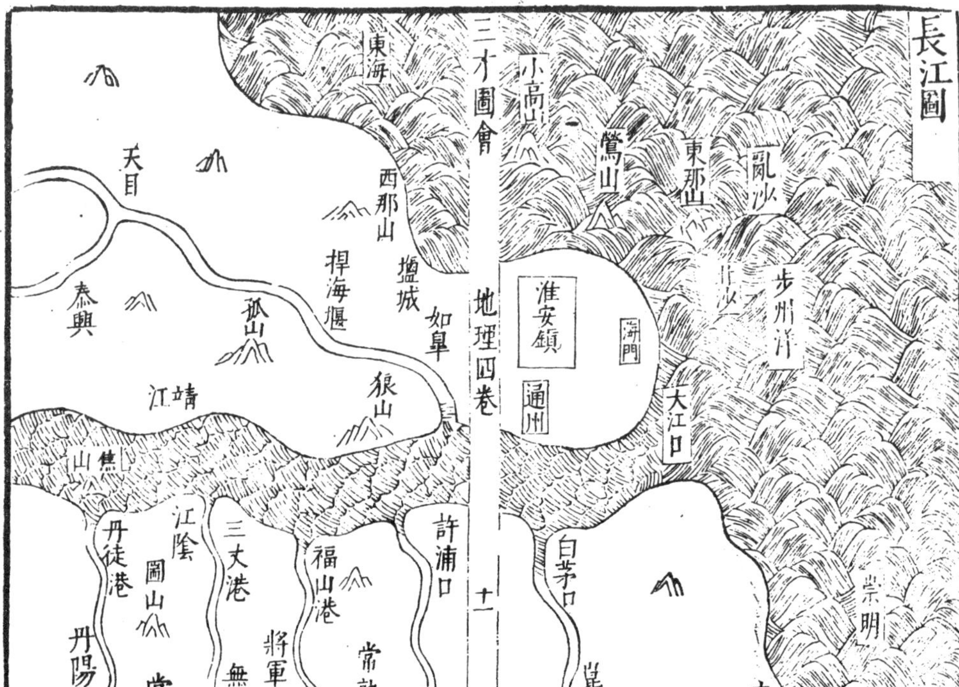

參見附圖三

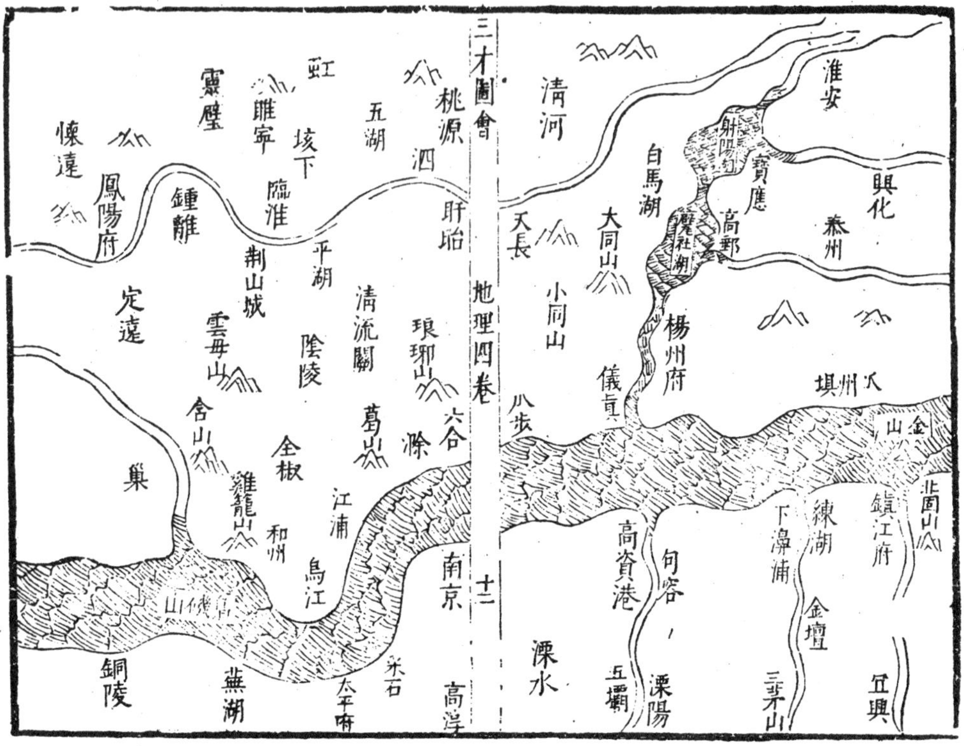

清河
淮安
白馬湖
射陽湖
寶應
興化
高郵
甓社湖
泰州
大同山
天長
小同山
揚州府
儀真
瓜州
八步
金山
鎮江府
焦山
練湖
下蜀浦
高資港
句容
金壇
溧水
五壩
溧陽
三茅山
宜興
虹
靈壁
睢寧
懷遠
鳳陽府
鍾離
臨淮
垓下
五湖
桃源
泗
盱眙
平湖
荊山城
定遠
清流關
琅琊山
陰陵
雲母山
葛山
六合
滁
含山
全椒
雞籠山
江浦
和州
巢
烏江
南京
銅陵
蕪湖
采石
太平府
高淳

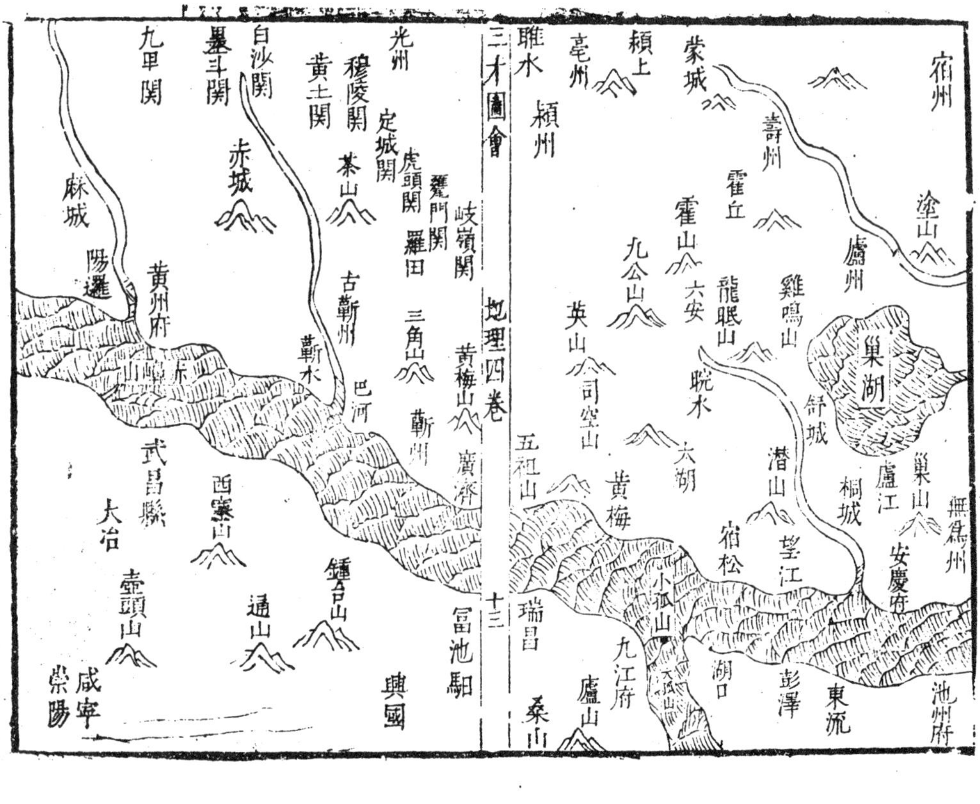

九里關
墨斗關
白沙關
黃土關
穆陵關
光州
定城關
虎頭關
鬱門關
羅田
岐嶺關
睢水
亳州
潁州
潁上
蒙城
宿州
赤城
茶山
麻城
陽邏
黃州府
古蘄州
蘄水
巴河
三角山
黃梅山
蘄州
廣濟
霍丘
壽州
霍山
九公山
六安
龍眠山
雞鳴山
塗山
廬州
巢湖
英山
司空山
皖水
舒城
五祖山
黃梅
潛山
桐城
廬江
巢山
無為州
武昌縣
大冶
西塞山
壺頭山
通山
鍾台山
咸寧
崇陽
興國
富池驛
瑞昌
九江府
小孤山
宿松
望江
安慶府
湖口
彭澤
東流
池州府
廬山
桑山

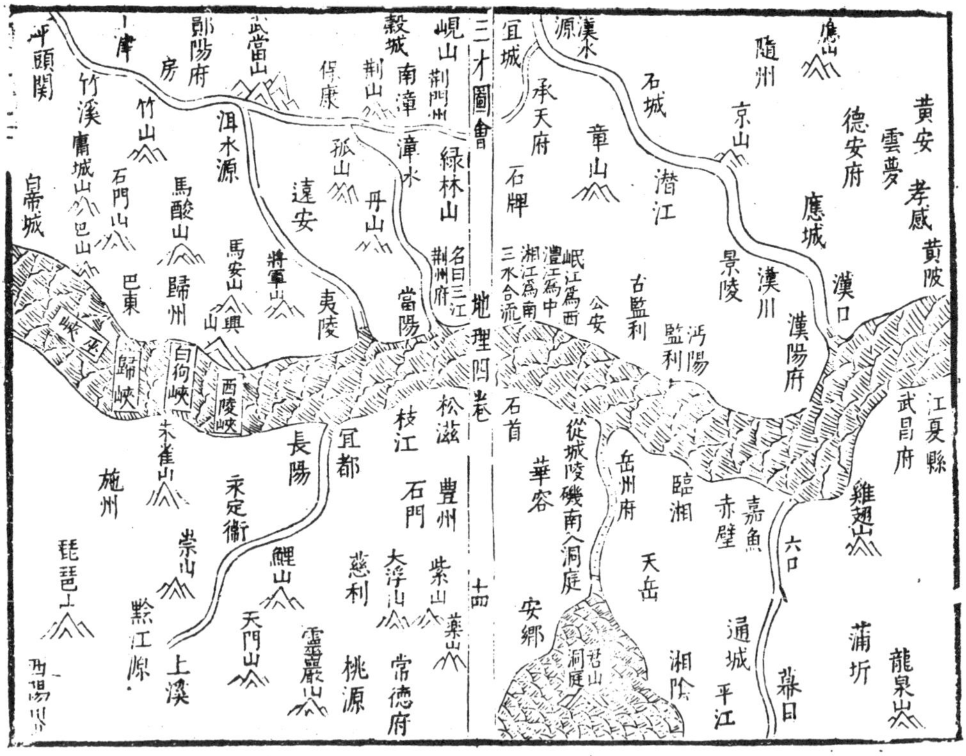
三才圖會
地理四卷
十四
黃安
孝感
黃陂
雲夢
德安府
應城
漢口
隨州
京山
石城
漢水
源
宜城
承天府
章山
潛江
景陵
漢川
漢陽府
石牌
古監利
公安
監利
汴陽
江夏縣
武昌府
雞翅山
石首
從城陵磯南入洞庭
岳州府
臨湘
赤壁
嘉魚
六口
華容
天岳
安鄉
湘陰
通城
平江
蒲圻
龍泉山
君山
洞庭
當陽
綠林山
漳水
南漳
峴山
荊門州
荊山
保康
穀城
武當山
鄖陽府
房
竹山
竹溪
上津
平頭關
白帝城
石門山
馬酸山
歸州
巴東
馬安山
興山
遠安
孤山
丹山
將軍山
夷陵
沮水源
歸峽
白狗峽
西陵峽
朱雀山
施州
永定衛
長陽
宜都
枝江
松滋
豐州
石門
慈利
大浮山
紫山
崇山
鯉山
天門山
靈巖山
桃源
常德府
藥山
琵琶山
黔江源
上溪
酉陽

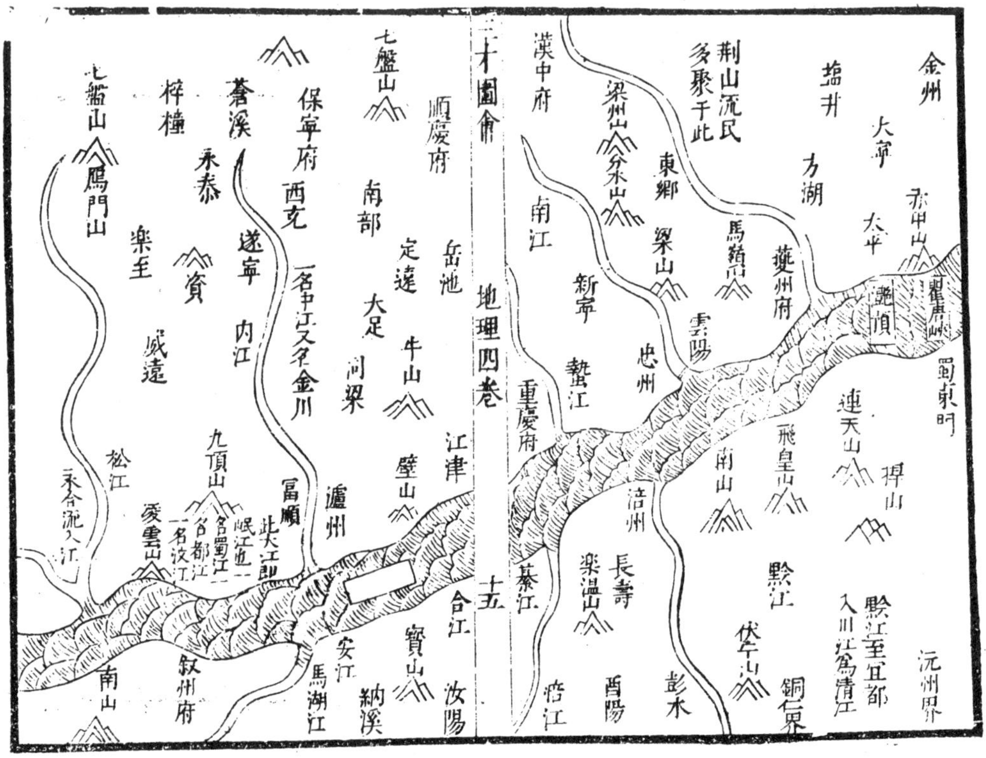
三才圖會
地理四卷
十五
金州
大寧
太平
方湖
鹽井
荊山流民多聚于此
漢中府
梁州山
分水山
東鄉
梁山
馬鞍山
夔州府
瞿唐峽
蜀東門
南江
新寧
墊江
忠州
雲陽
連天山
飛皇山
南山
重慶府
涪州
長壽
樂溫山
黔江
黔江至宜都入川江為清江
沅州界
銅仁界
彭水
酉陽
涪江
綦江
七盤山
順慶府
南部
岳池
定遠
大足
牛山
銅梁
壁山
江津
合江
寶山
納溪
汝陽
瀘州
保寧府
西充
蒼溪
永泰
遂寧
梓橦
七盤山
鳴門山
樂至
資
威遠
內江
一名中江又名金川
九頂山
富順
松江
永合流入江
叙州府
南山
馬湖江
安江

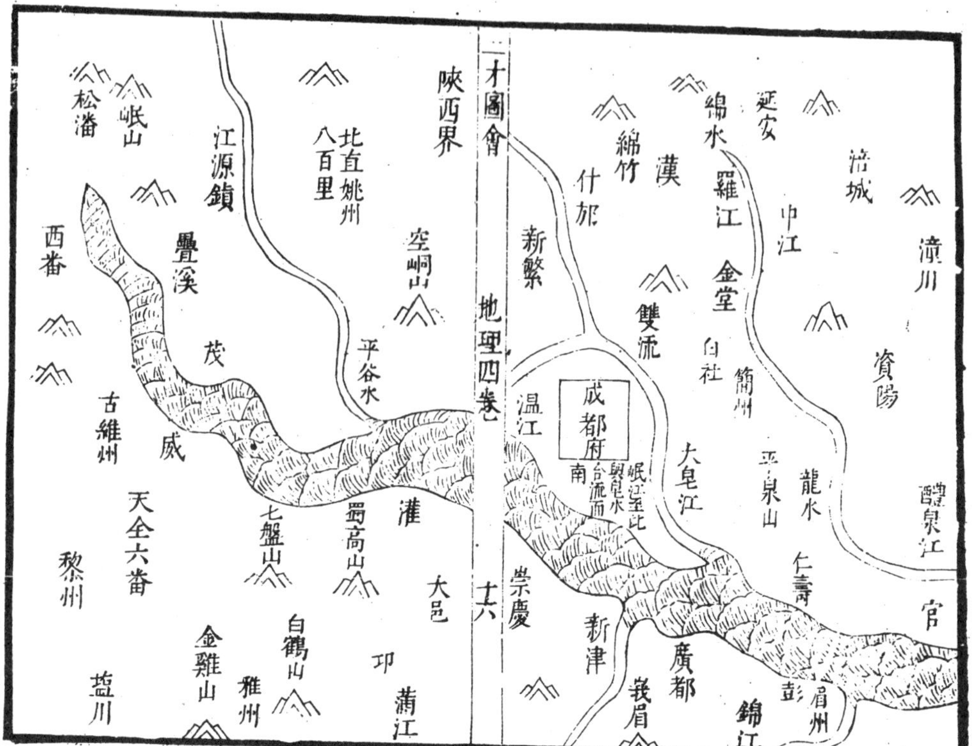

長江出岷山其原實自西戎萬山來至嘉州而沫水自嶲州大渡河穿夷界十山以會之至敘州而馬湖江會之至重慶而嘉陵江自利閬果合等州會之至涪州而黔江合南夷諸水會之至萬縣而開江水自開達等會之然後總而入峽是江自峽而西受大水凡八及出峽而下岳陽則會之者洞庭河所受南北諸水也又自是而下鄂渚則會之者漢口所受興元諸水也又自是而下黃州東四十里則會之者巴河也又自是而下九江則會之者彭蠡今名鄱陽河所受江東西諸郡水也又自是而下則會之者浣

水所受淮西諸水也然後總而入海是以自峽而東又受大水凡五畧天下之水會於江者居天下之半其名稱之大而可考者凡十有三故曰江源其出如甕而能滔滔萬里入海而受者衆也

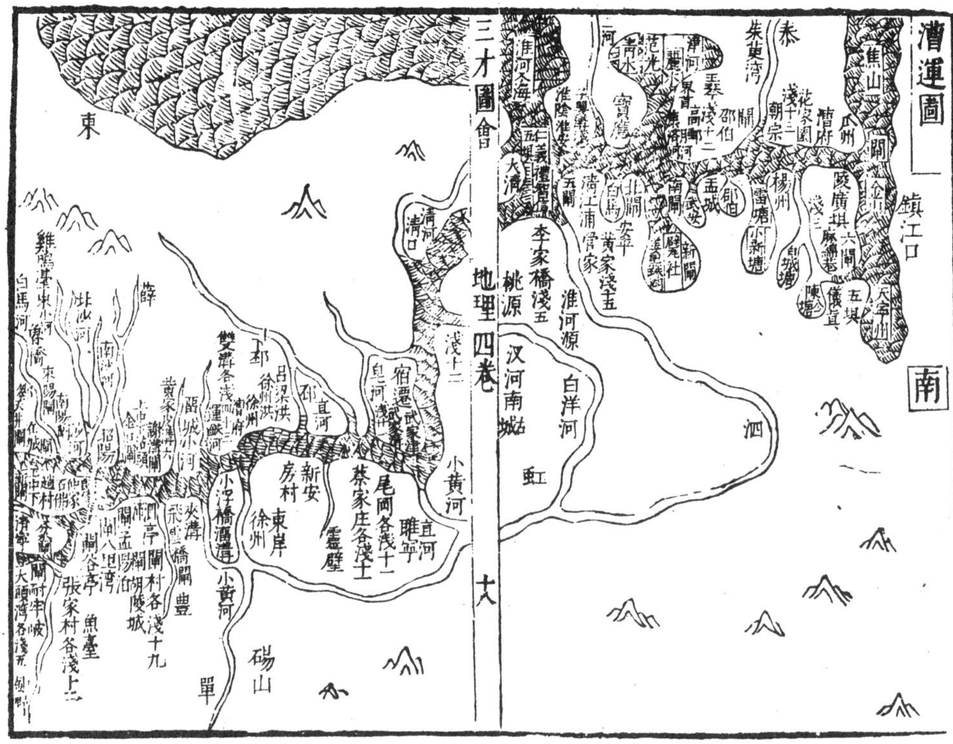

漕運圖
鎮江口
南
東
三才圖會
地理四卷
十八
泗
虹
白洋河
汉河南岸
桃源
李家橋淺五
淮河源
清河口
小黄河
徐州
單
碭山

参見附圖四

東
三才圖會
地理四卷
十九
天津衛
衛河入海
靜海
滄
興濟
青
保定
新
奉
泗沂水
汶河
汶上
嘉祥
黄河
洸河
東平

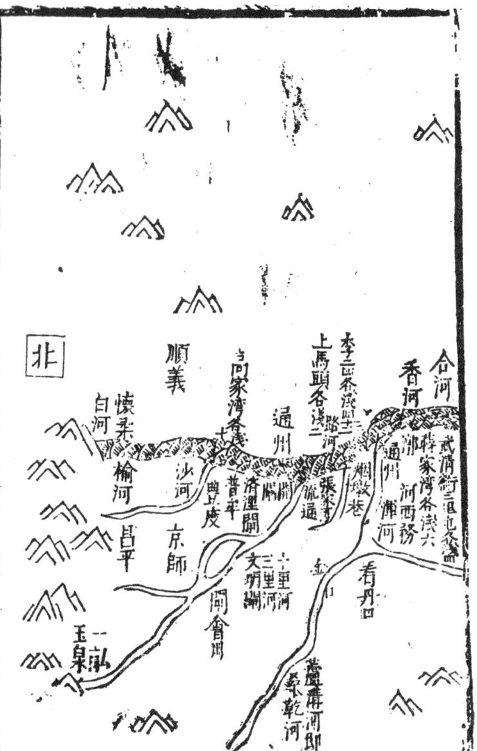

漕運說

瓜州歷漕府有二百里抵南口閘南口又幾二百抵淮口清江清江三百里抵呂梁洪中歷黃家李家武家溝諸淺呂梁水最險七八十里歷徐州洪徐州約二百里至謝溝合昭陽之水又約五百里至沙灣張秋張秋幾三百里過臨清臨清約四百里經滄州界又稍上三百餘里至衛河由天津稍下約三百餘里至張家灣共四千餘里水淺動必四五月方達京師通計天下兌軍糧米運赴京通等倉支放者歲額四百萬八千九百九十八石九斗九升三合兌軍三百三十萬五千餘石支運七十萬餘石兩淮運司有開河銀每引一張徵銀三分每年共計引課七十餘萬徵銀二萬一千餘兩　我朝舊轉運至周忱變爲兌運至滕昭變爲長運古者天子中千里而爲都諸侯中百里而爲都天子之都所貢入者不過五百里諸侯之都所貢入者不過五十里如禹貢所載青州則自汶達濟徐州則自徐達河蓋天子賦其方物而所運非米也春秋以來其法始詳秦饋粟於晉自雍及絳吳開溝於邗自江達淮然不過借之以濟一時之急耳自秦攻匈奴使天下

飛芻輓粟轉輸河北率三十鍾致一石而民於是告病矣漢都關中調度悉仰山東然其費甚省也自武帝有事四夷于是引渭穿渠置六輔渠以便漕路而經費漸廣焉唐之都猶漢而粟取於江淮故運道所經止於河渭江南之粟積揚州汴河之運積河陰河船之運積渭口渭口之運入太倉於法爲便其後李杰開梁公堰齊澣開廣濟渠盧暉開通濟渠韋堅開廣運潭而惟恐運之不廣矣汴宋漕運分爲四路江淮之粟自汴河入陝西之粟自黃河入陳蔡之粟自惠民河過之京師之粟自廣濟河過之蓋其都

四通八達之地故漕運爲便所可恨者改轉運而爲直達之法也元建都於燕而漕運則由海道二十六年始鑿會通河然汶渠雖開而海運如故則元之取足於海運者多矣國初定鼎金陵惟遼餉用海運其時會通河尚通二十四年河決原武漫安山湖而會通遂淤永樂間肇造北京糧道由江入淮由淮入黃河至陽武發河南山東丁夫陸運至衛輝仍用船由御河水運至北京後同知淄正建言始命工部尚書宋禮復開會通又命刑部侍郎金純自汴城北金龍口開河分水達魚臺縣塌場口以益漕河其後

平江伯陳瑄繼理而潤色之用老人白英策築壩于東平州之戴村社橫亘五里遏汶水東流入海故道令盡出南旺以三分之一南流二注于北浚濟寧臨清之河築平望高郵之堤鑿徐呂二洪之巨石浚儀眞瓜州之潮港開白塔之河疏清江之浦自徐至於臨清建閘四十有七以蓄洩水自淮至於通州置舍五百六十八居卒以治緣堤置倉於淮安徐州通州以便轉輸于是江淮一帶萬里通津尺寸之水盡爲國家有而直沽之海運遂廢矣都河洛而思禹功宋司空陳平江之績亦遠矣哉顧揚州一帶止於邵伯白馬等湖濟寧一帶止於昭陽南旺等湖所慮旱魃爲災諸泉不應則會通恐非常恃之道元亦借黃河水以濟之而近來患在於河至不淤且決故劉莊襄有引狼兵除內寇之諭河之不可濟於運誠消長相持之勢也或云江勢至京口頗下丹陽裏河患淺練湖高據宜厚所瀦而時洩之又云濟寧地獨高宜增金口堰規制遏泗水以注濟寧又云引沁河自懷慶府武陟郭村至徐州出沛縣以益二洪又云自開封祥符迤北七十里開鑿通衛河出淮又云江中運道之徑自常州西河勝新河出江或自孟瀆

出江入泰興白塔河出揚州灣頭可省瓜州搬壩之費又云自昌平白浮村神仙泉過雙塔榆河引玉泉諸水進都城繞至通州置閘以宣節之可省漕卒脚價之費吁司國計者誠酌而用之或者其有裨乎

前代所運之夫皆以民丁今則以兵運前代所運之粟皆以轉遞今則以長運前代之漕卒猶有番休今則歲歲不易矧自儀眞至潞河高郵湖堤及徐呂二洪俱稱最險而臨清又爲漕河要害之地設有警邊關之騎不旬日可至司國計者可不預爲之處哉

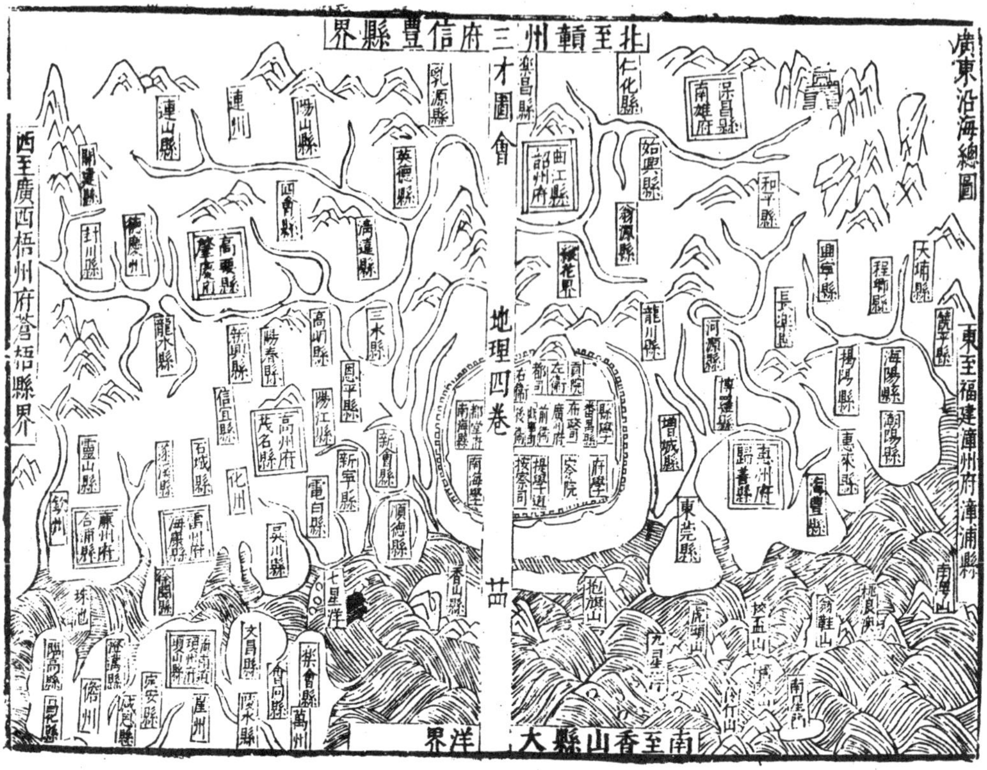
廣東沿海總圖
北至贛州三府信豐縣界
東至福建漳州府漳浦縣
西至廣西梧州府蒼梧縣界
南至香山縣大洋界
三才圖會
地理四卷
廿四
儒學
府學
七星洋
連州
連山縣
陽山縣
乳源縣
英德縣
仁化縣
樂昌縣
韶州府
曲江縣
南雄府
保昌縣
始興縣
翁源縣
和平縣
從化縣
龍川縣
河源縣
長樂縣
興寧縣
程鄉縣
大埔縣
饒平縣
海陽縣
揭陽縣
潮陽縣
惠來縣
海豐縣
惠州府
歸善縣
博羅縣
增城縣
東莞縣
香山縣
順德縣
新會縣
新寧縣
恩平縣
陽江縣
電白縣
吳川縣
三水縣
四會縣
廣寧縣
高要縣
肇慶府
德慶州
封川縣
開建縣
龍水縣
新興縣
陽春縣
高明縣
信宜縣
高州府
茂名縣
化州
石城縣
遂溪縣
雷州府
海康縣
徐聞縣
廉州府
合浦縣
靈山縣
欽州
崖州
萬州
會同縣
樂會縣
陵水縣
文昌縣
定安縣
澄邁縣
儋州
感恩縣
昌化縣
抱旗山
南亭門

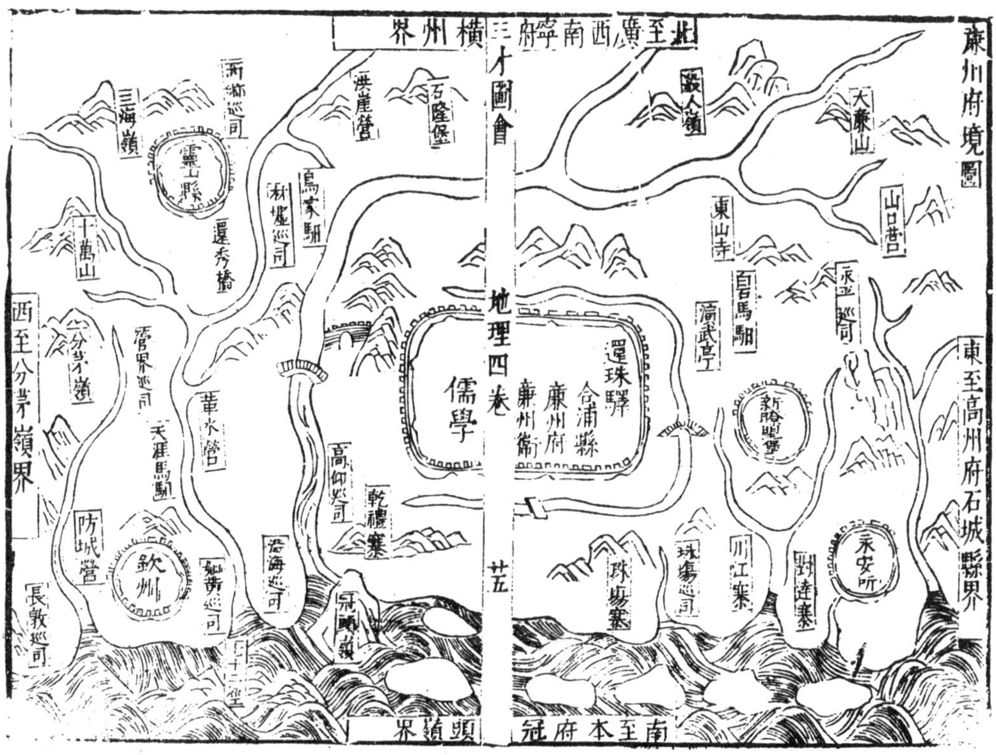
廉州府境圖
北至廣西南寧府橫州界
東至高州府石城縣界
西至分茅嶺界
南至本府冠頭嶺界
三才圖會
地理四卷
廿五
儒學
還珠驛
合浦縣
廉州府
廉州衛
新寧驛
靈山縣
欽州
永安所
大廉山
山口營
東山寺
白石馬驛
永平巡司
淸武亭
川江寨
對達寨
珠場巡司
珠場寨
乾體寨
高仰巡司
冠頭嶺
沿海巡司
鹽人嶺
石隆堡
洪崖營
烏家驛
林墟巡司
還秀橋
三海嶺
西鄉巡司
十萬山
分茅嶺
管界巡司
天涯馬驛
華水營
防城營
如昔巡司
長墩巡司

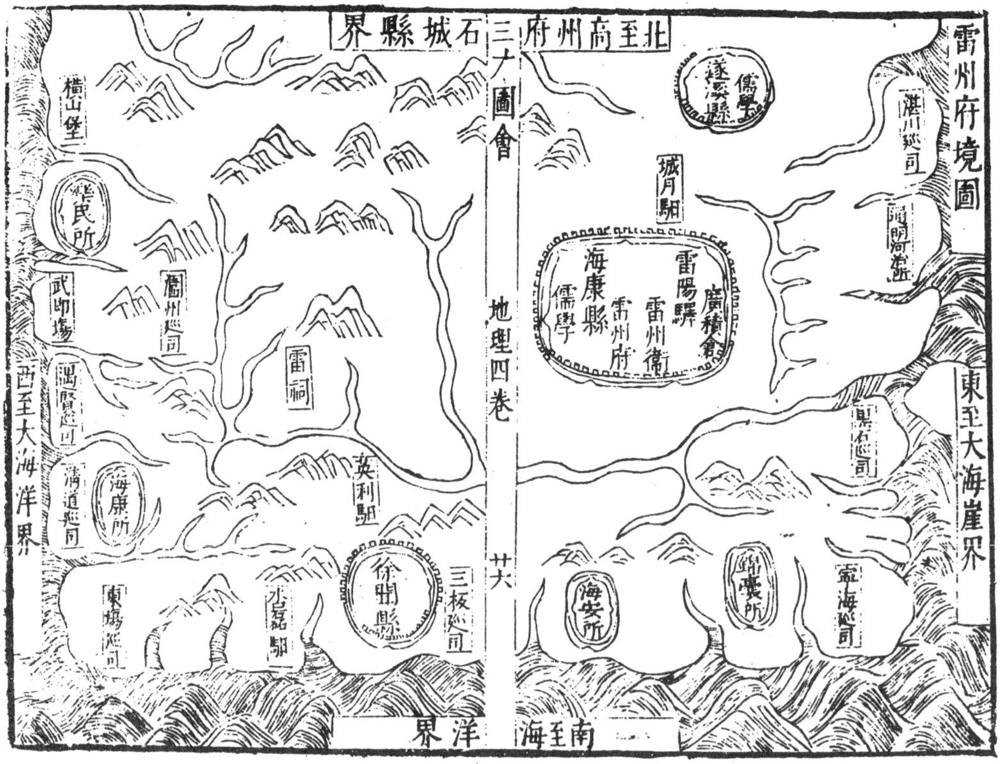
雷州府境圖
北至高州府石城縣界
東至大海崖界
南至海洋界
西至大海洋界
三才圖會
地理四卷
廿六
遂溪縣
儒學
湛川巡司
城月驛
廣積倉
雷陽驛
雷州衛
雷州府
海康縣
儒學
東至大海崖界
黑石巡司
海安所
錦囊所
寧海巡司
橫山堡
樂民所
武郎場
雷州巡司
雷祠
英利驛
清道巡司
海康所
徐聞縣
三板巡司
東場巡司

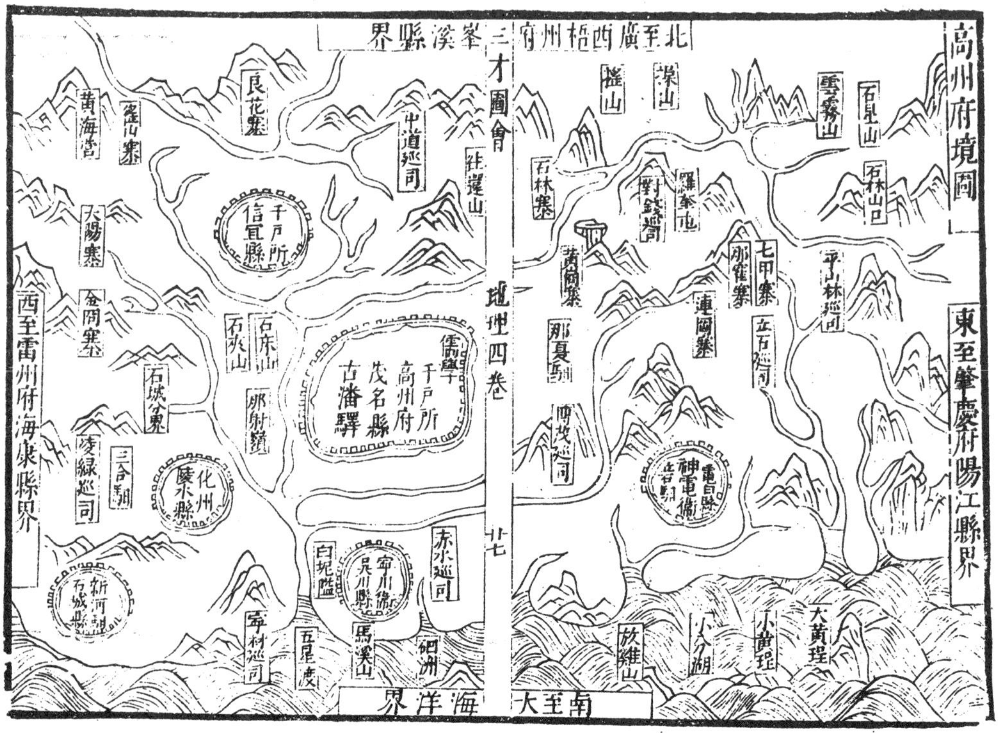
高州府境圖
北至廣西梧州府岑溪縣界
東至肇慶府陽江縣界
南至大海洋界
西至雷州府海康縣界
三才圖會
地理四卷
廿七
黃海營
良花寨
中道巡司
往還山
信宜縣
千戶所
大陽寨
金岡寨
石東山
石灰山
儒學
千戶所
高州府
茂名縣
古潘驛
那射驛
石城寨
凌綠巡司
化州
陵水縣
新河巡司
石城縣
白坭塩
吳川縣
赤水巡司
馬踏山
五星渡
硇洲
雲霧山
石呈山
石林山巴
平山林巡司
羅峯屯
七甲寨
連岡寨
那夏驛
神電衛
電白縣
放雞山
小黃瑠
大黃瑠

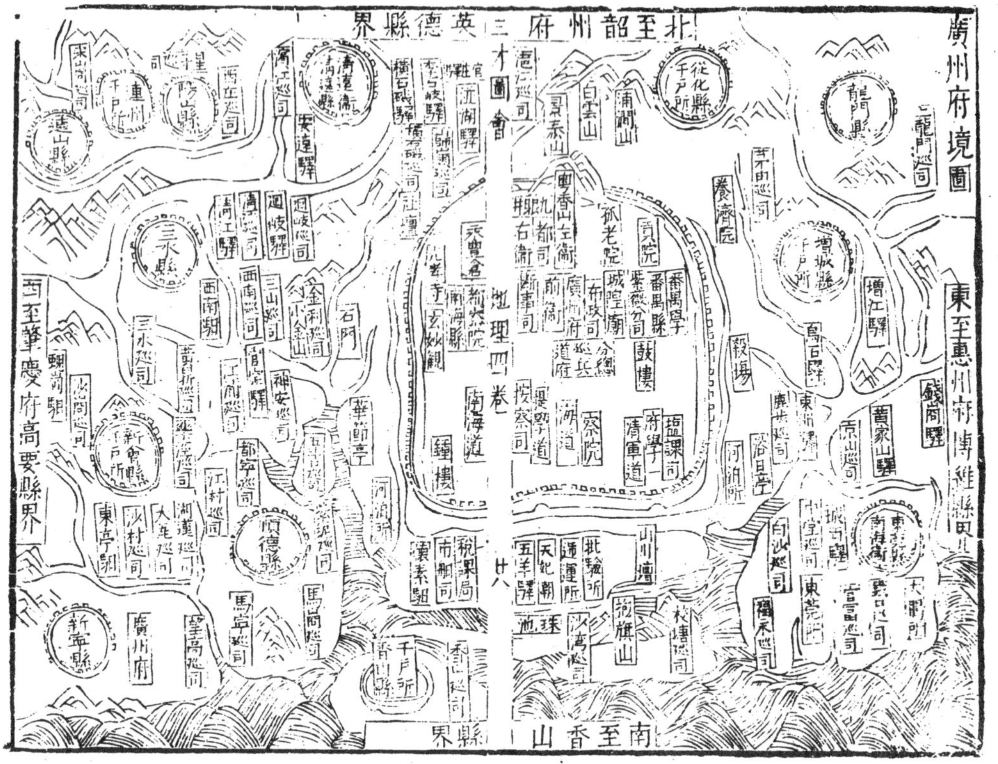
廣州府境圖
北至韶州府三英德縣界
南至香山縣界
東至惠州府博羅縣界
西至肇慶府高要縣界
三才圖會
地理四卷
廿八
廣州府
鍾樓
鼓樓

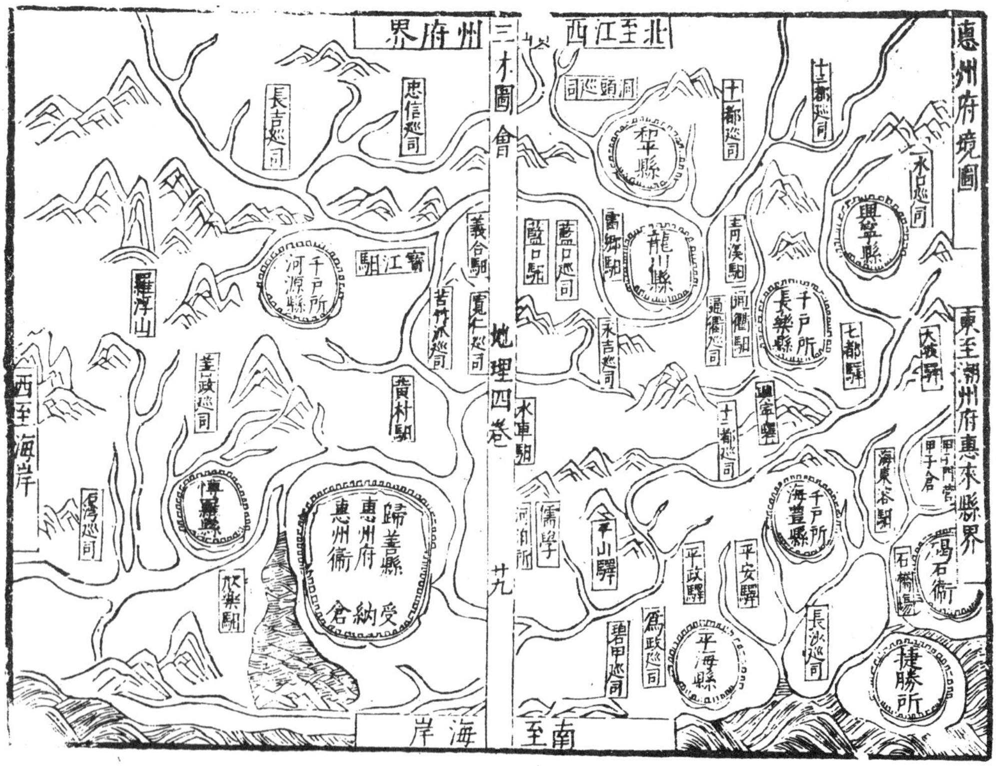
惠州府境圖
北至江西三州府界
南至海岸
東至潮州府惠來縣界
西至海岸
三才圖會
地理四卷
廿九
歸善縣
惠州府
惠州衛
受納倉
河源縣
千戶所
龍川縣
長樂縣
興寧縣
和平縣
海豐縣
捷勝所
平海縣

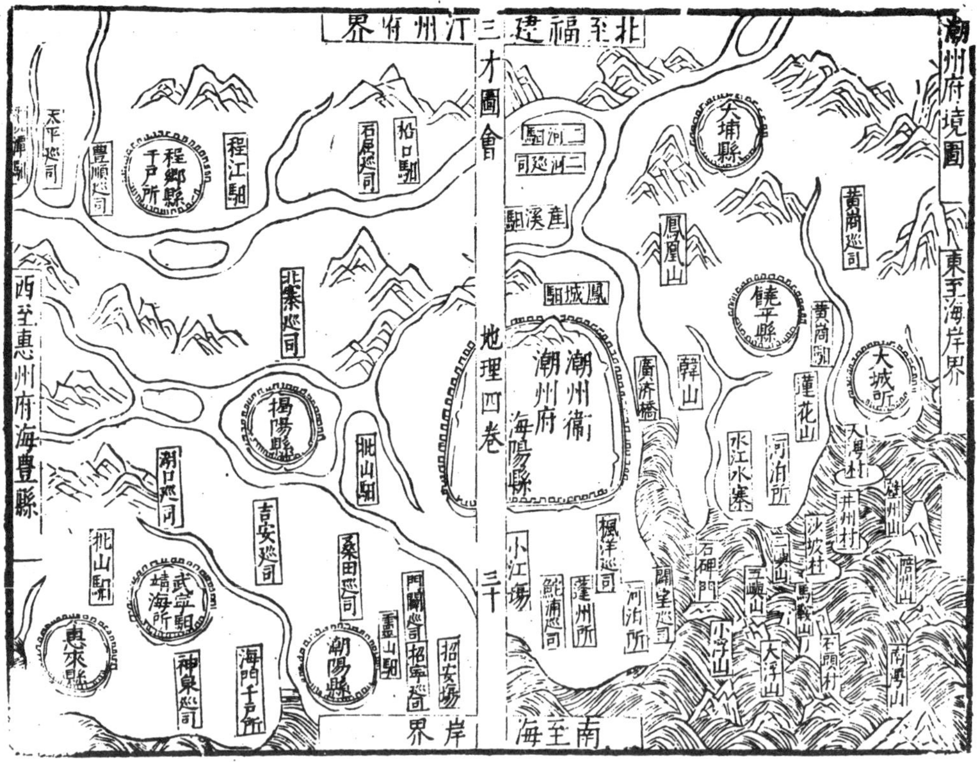

廣東要害論

廣東列郡者十分為三路西路高雷廉近占城滿剌諸番中路東莞等澳水賊倭寇不時出沒東路惠潮與福建連壤漳舶通番之所必經其受海患均也故舊制每歲春汛各澳港皆設戰艦秋盡而掣回泊水寨至今日則不然倭奴衝突莫甚於東路亦莫便於東路其次則南頭等處又其次乃及高雷廉三府勢有緩急事有難易分兵設備亦當因之故舊例戰船中東二路不過二十艘今則各宜增益而柘林為尤甚蓋柘林去水寨一日之程警報未易猝

達寇若乘虛而入柘林危矣無柘林是無水寨也官兵每秋掣班必以柘林為堡控賊咽喉附近大城所軍互為聲援庶保無虞焉耳嘗聞南洋灣鄉夫在於東路屢勝眞倭烏艚船子弟兵昔在中路首擒亞八此皆宜素養者也編號定甲更番作息無事則隨宜農商以養其財聽用則時使休閑以養其力有警則預給工食椎牛釃酒以養其氣恩威相濟務得其心有不戰戰必勝矣雖然亦未也沿海港口賊舟何處不可衝入斷賊入路策之要也奸民與賊交通餽之酒米餽之衣服餽之利器斷賊內交策之要也

海防者不可以不知

瓊館論

天下郡邑濵海者有之未有若瓊之四面環海者其東西廣九百里南北一千一百四十里長山峻嶺生岐熟三黎錯居其間而五指腹心盡爲黎據群岡之中定安尢險郡邑封疆及四面而環列占城暹羅諸番西南外峙東北又與閩浙諸洋相通稍或撤備則門庭皆勍敵矣廣東處南海之邉而瓊又當其南實南徼之要害也

國朝設府統州縣十三復設海南衞統內千戶所五外守

禦千戶所六各海口咸置烽堠瞭戍指揮部軍統轄之名曰備倭巡捕巡司散布分列海寇望幟而知有備然黎防之制瓊澄臨樂文定諸地舊置營戍事久寖弛元有烱鑑不可不戒也近因辛丑之亂舉兵討平珠崖駐設黎將事雖大定而險終在黎未爲吾有議者欲於羅活岡據以重兵逞以歲月置官兵鎮之其陵水要區之鄰於崖者則界以十字路斷其往來竄伏更於黎衆民稀如感恩者繕城郭甲兵以衞之噫必如是而後爲久安之計乎

廣福人通番當禁論

倭奴擁衆而來動以千萬計非能自至也由內地奸人接濟之也濟以米水然後敢久延濟以貨物然後敢貿易濟以向導然後敢深入海洋之有接濟猶北陲之有奸細也奸細除而後北虜可驅接濟嚴而後倭夷可靖所以稽察之者其在沿海寨司之官乎稽察之說有二其一曰稽其船式蓋

國朝明禁寸板不許下海法固嚴矣然濵海之民以海爲生採捕魚蝦有不得禁者則易以混焉要之雙桅尖底始可通番各官司於採捕之船定以平底單桅別以計號違

者燬之照例問擬則船有定式而接濟無所施矣其二曰稽其裝載蓋有船雖小亦分載出海合之以通番者各官司嚴加盤詰如果採捕之船則計其合帶米水之外有無違禁器物乎其回也魚蝦之外有無販載番貨乎有之即照例問擬則載有定限而接濟無所容矣此須海道嚴行設法如其寨責成其官某地責成其哨某處定以某號某澳朿以某甲如此而謂通番之不可禁吾未之信也

福建沿海總圖

三才圖會 地理四卷 卅四

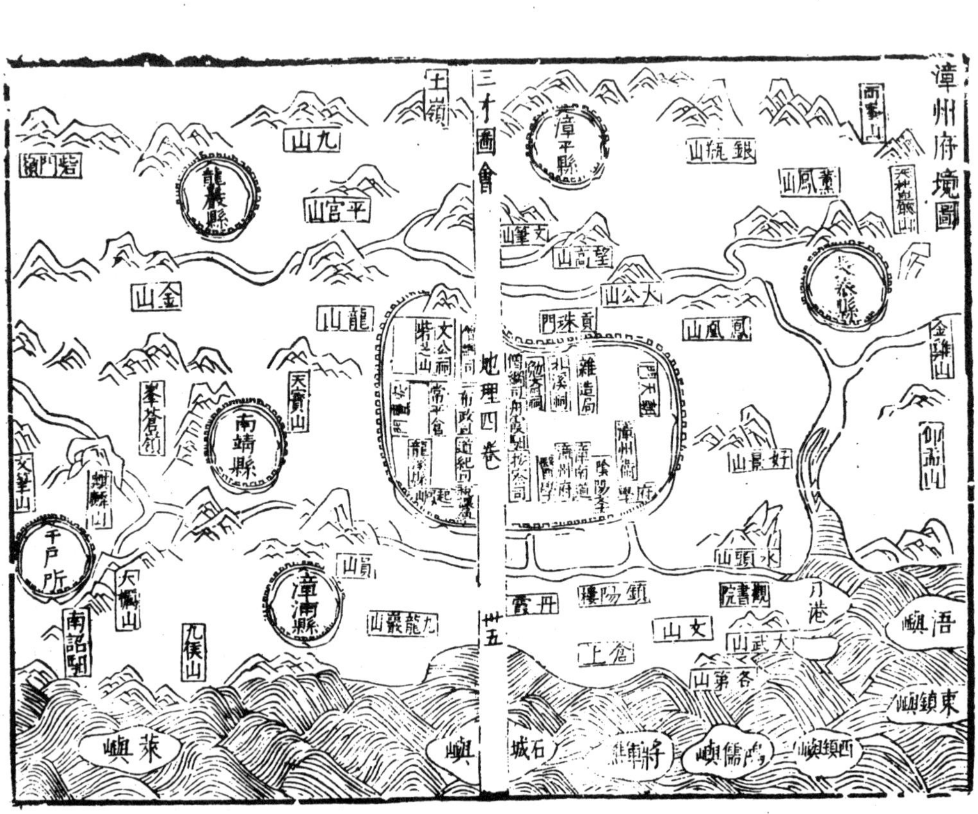

漳州府境圖

三才圖會 地理四卷 卅五

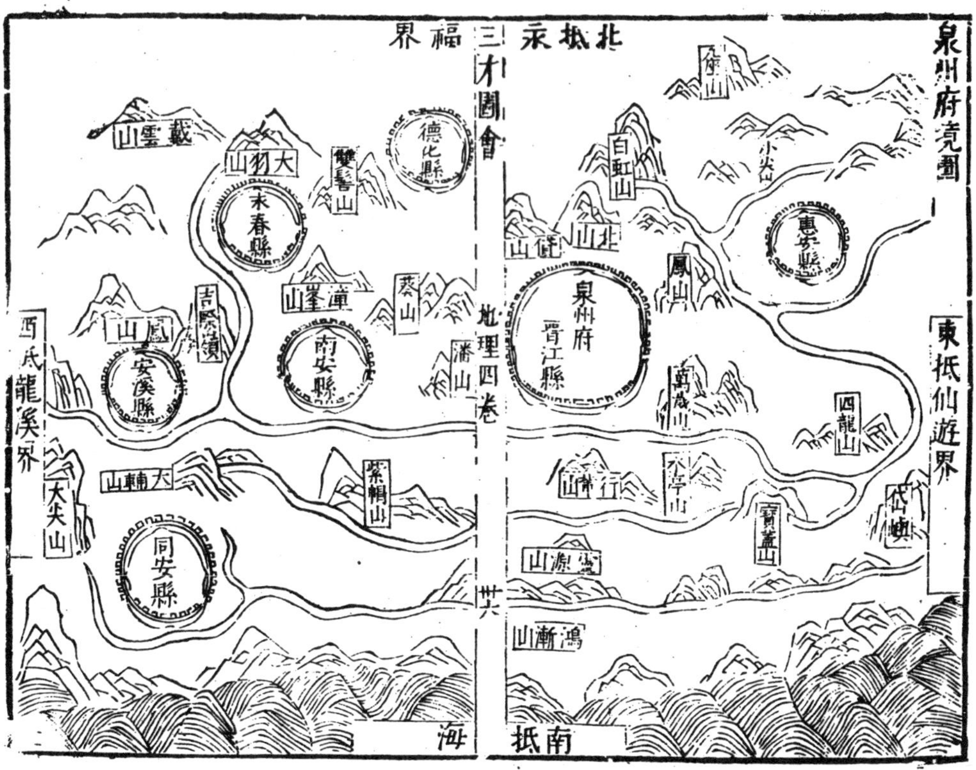
泉州府境圖
北抵永福界
東抵仙遊界
西抵龍溪界
南抵海
三才圖會
地理四卷
廿六
泉州府
晉江縣
惠安縣
南安縣
安溪縣
同安縣
永春縣
德化縣
大羽山
戴雲山
雙髻山
北山
白虹山
鳳山
四龍山
大尖山
大輪山
紫帽山
鴻漸山
寶蓋山

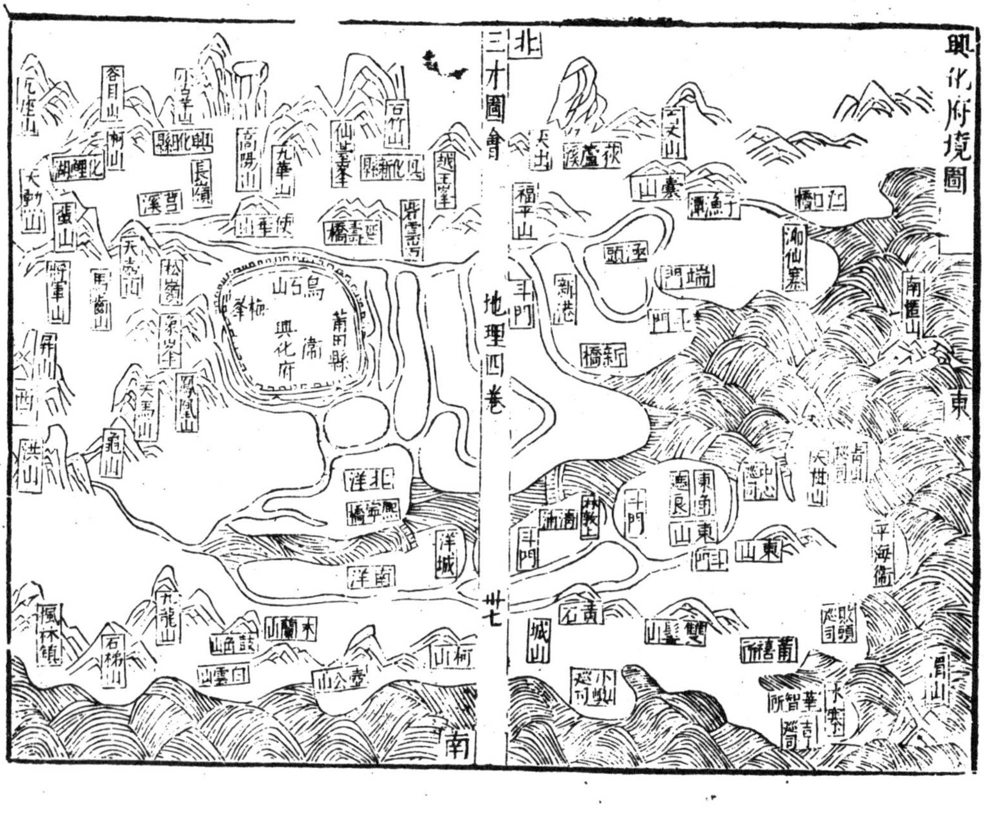
興化府境圖
北
南
東
三才圖會
地理四卷
廿七
興化府
莆田縣
烏石山
興化縣
仙遊縣
湄洲
新橋
平海衛
九華山
九龍山
壺公山
白雲山
鼓角山
木蘭山
城山
黃石
雙髻山

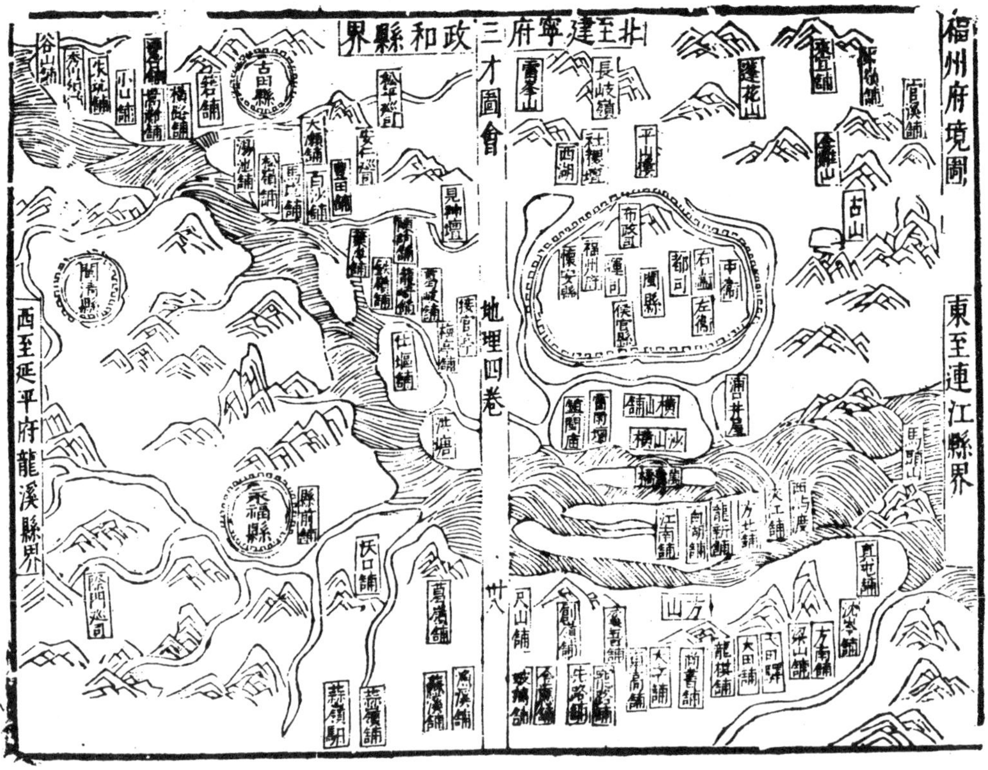
福州府境圖
北至建寧府政和縣界
東至連江縣界
西至延平府龍溪縣界
三才圖會
地理四卷
廿八
古田縣
閩清縣
永福縣
福州府
布政司
都司
閩縣

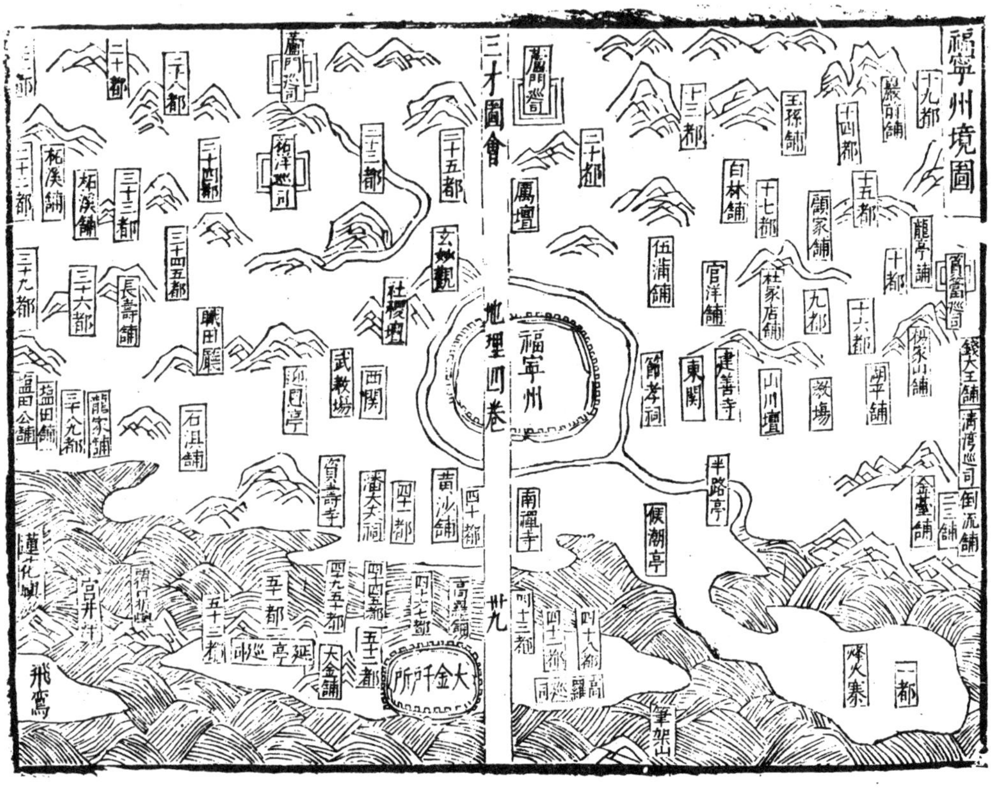
福寧州境圖
三才圖會
地理四卷
廿九
福寧州
大金千戶所
東關
西關

福洋要害論

三四月東南風汛番船多自粤趨閩而入於海南澚雲蓋寺走馬溪乃番船始發之處慣徒交接之所也附海有銅山玄鍾等哨之兵若先分兵守此則有以遏其衝而不得泊矣其勢必拋於外浯嶼外浯嶼乃五澚地方番人之窠窟也附海有浯嶼安邊等哨守之兵若先會兵守此仍撥小哨守把要緊港門則必不敢以泊此矣其勢必趨於料羅烏沙料羅烏沙乃番船等候接濟之所也附近有官澚金門等哨守之兵若先會兵守此則又不敢以泊此矣其

勢必趨於圍頭峻上圍頭峻上乃番船停留避風之門戸也附海有深扈福金哨守之兵若先會兵守此則又不敢以泊此矣其勢必趨於福興若越於福興計其所經之地在南日則有岱墜湄州等處在小埕則有海壇連盤等處在烽火門則有官井流江九澳等處此賊船之所必泊者也若先會兵守此則又不敢泊矣來不得停泊去不得接濟船中水米有限入力易疲將有不攻而自遯者況乗其疲而夾力攻之豈有不勝者哉

福洋五寨會哨論

烽火門水寨設於福寧州地方以所轄官井沙埕羅浮爲南北中三哨其後官井洋添設水寨則又以羅江古鎮分爲二哨是在烽火官井當會哨者有五　小埕水寨設於福州府連江縣地方以所轄閩安鎮北茭焦山等七巡司爲南北中三哨是在小埕寨當會哨者有三　南日水寨設於興化府莆田縣地方以所轄冲心莆禧崇武等所司爲三哨而文澚港哨則近添設於平海之後是在南日當會哨者有四　浯嶼水寨設於泉州府同安縣地方上自圍頭以至南日下自井尾以抵銅山大約當會哨者有二

盖銅山水寨設於漳州府漳浦縣地方北自金山以接浯嶼南自梅嶺以達廣東大約當會者其哨有二

由南而哨北則銅山會之浯嶼浯嶼會之南日南日會之小埕小埕會之烽火而北來者無不備矣

由北而哨南則烽火會之小埕小埕會之南日南日會之浯嶼浯嶼會之銅山而南來者無不備矣哨道聯絡勢如常山會捕合併陣如魚麗防禦之法無踰於此

福寧州論

八閩之地二面當海者二興泉是也一面當海者二福漳

是也冠閩要衝晉江之深扈獺窟興化之冲心平海龍谿之海門漳浦之島尾南靖之九龍寨溪皆是也然莫有如福寧州之尤險者蓋大地情勢自西北而東南至於福建盡之矣而福寧尤在福建之東南突出海中如人吐舌然其左爲甌括海居東面其右爲福興海居南面福寧獨當東南北三面之海倭船入冠必先犯此水寨之設職此之故也舊寨在州東北五六十里三沙海面永樂初所置抽用福州中左二衞福寧衞大金千戶所軍守之秦嶼羅浮官井洋胥屬馬正統間焦宏倡議風濤難泊徙今松山之

下必復舊而後可

廣福浙兵船當會哨論

大海相連地畫有限若分界以守則孤圍受敵勢弱而危陳戢捕之謀能不有賴於相須乎愚考入番罪犯多係廣福浙三省之人通夥流刼南風汎則勾引夷船由浙而下達於福寧蔓延於興泉四方無賴又從而接濟之向導之若欲調兵勦捕攻東則竄西攻南則遯北急則潛移外境不能以窮追緩則旋復合綜有難於卒殄此夷船與草撇船之大勢也又有一種奸徒見本處禁嚴勾引外省在福建者則於廣東之高潮等處造船浙江之寧紹等處置貨紏黨入番在浙江廣東者則於福建之漳泉等處造船置貨紏黨入番此三省之通弊也故福建捕之而廣浙不捕不可也廣浙捕之而福建不捕亦不可也必嚴令各官於連界處會哨如在福建者下則哨至大成千戶所與廣東之兵會上則哨至松門千戶所與浙江之兵會在浙江者下則哨至流江等處與烽火之兵會在廣東者上則哨至南澳等處與銅山之兵會遇有倭患互爲聲援協謀會捕賊勢豈有不孤窮而海患豈有不戢寧者哉

三才圖會

雲間元翰父王圻纂集

男思義校正

地理五卷

浙江沿海總圖

南直隸沿海總圖

山東沿海總圖

遼東沿海總圖

海運圖

海市圖

浙江沿海總圖

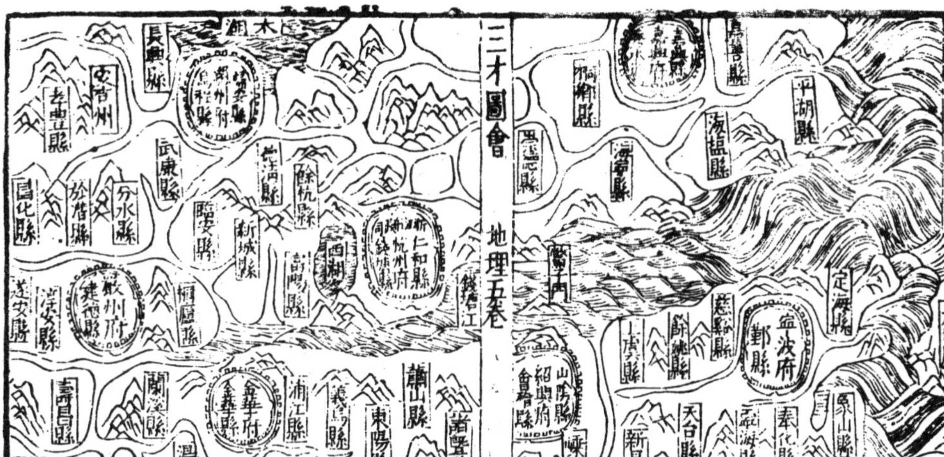

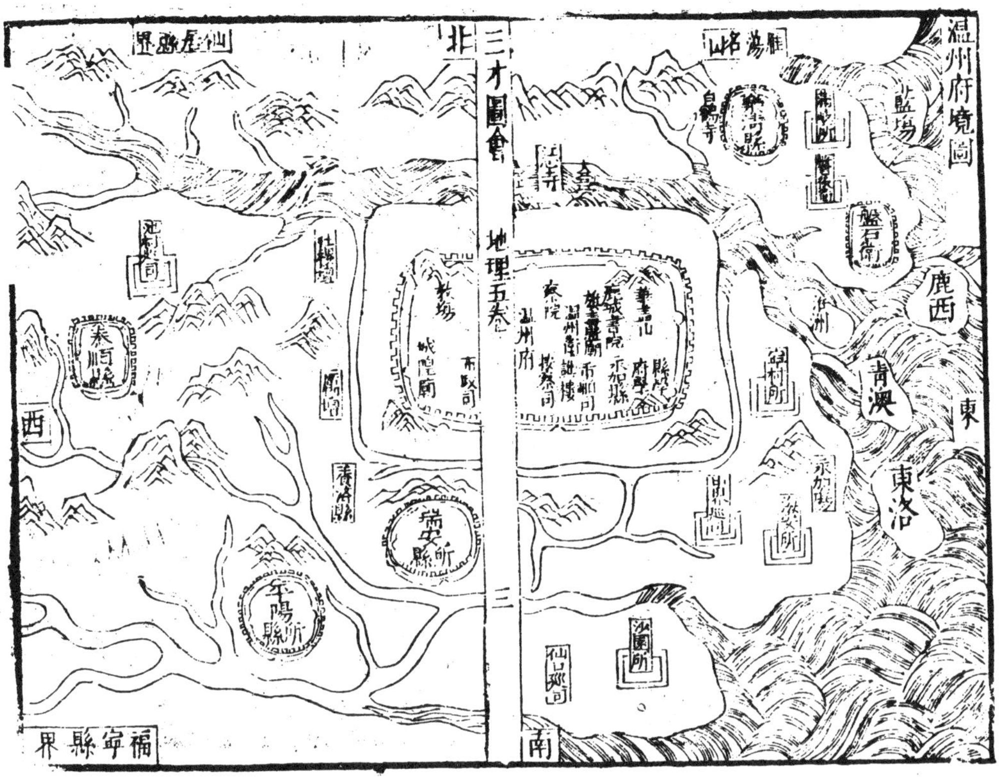
溫州府境圖
三才圖會
地理五卷
三
北
南
西
東
鹿西
青澳
東洛
監場
盤石衛
雁蕩山
溫州府
永嘉縣
瑞安縣
平陽縣
泰順縣
海安所
仙口巡司
福寧縣界

台州府境圖
三才圖會
地理五卷
四
臨海縣
台州府
赤城驛
東湖
白塔
天台縣
仙居縣
水家洋
黃巖縣
太平縣
寧海縣
朱家關
大部營
送官亭
新河所
松門衛

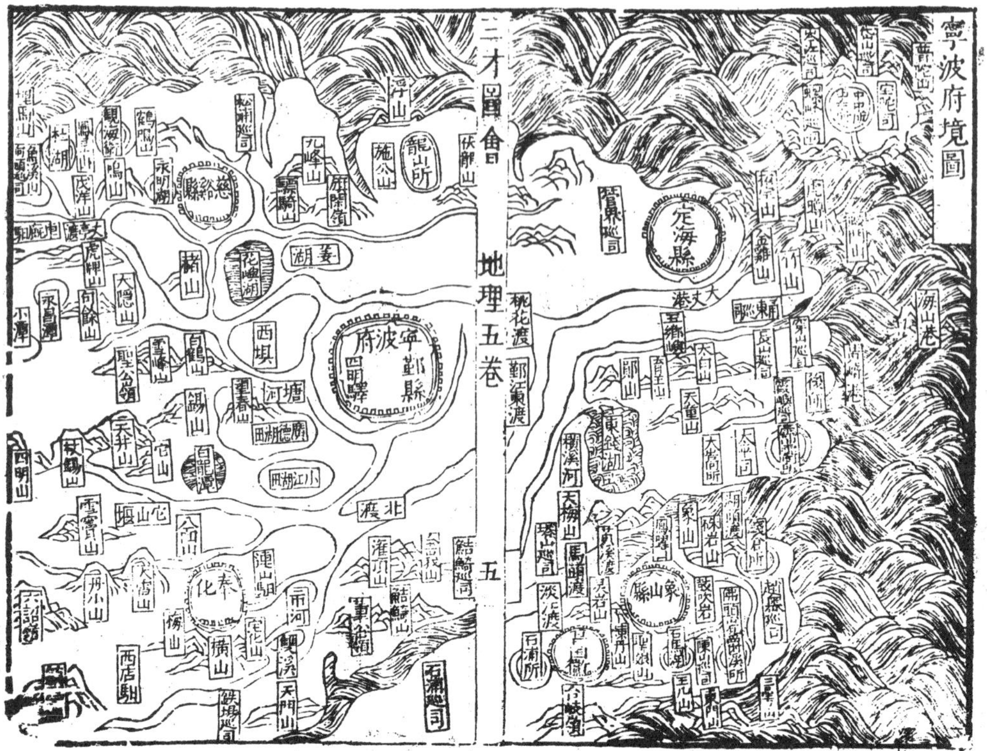
寧波府境圖
三才圖會
地理五卷
五
寧波府
鄞縣
四明驛
定海縣
慈谿縣
奉化
象山縣
龍山所
施公山
伏龍山
浮山
九峯山
姜湖
西埧
北渡
桃花渡
鄞江渡
大隱山
西明山
石浦所
石浦巡司
西店驛
天門山
大嵩所
天童山
太白山
東錢湖
小江湖
大浹港

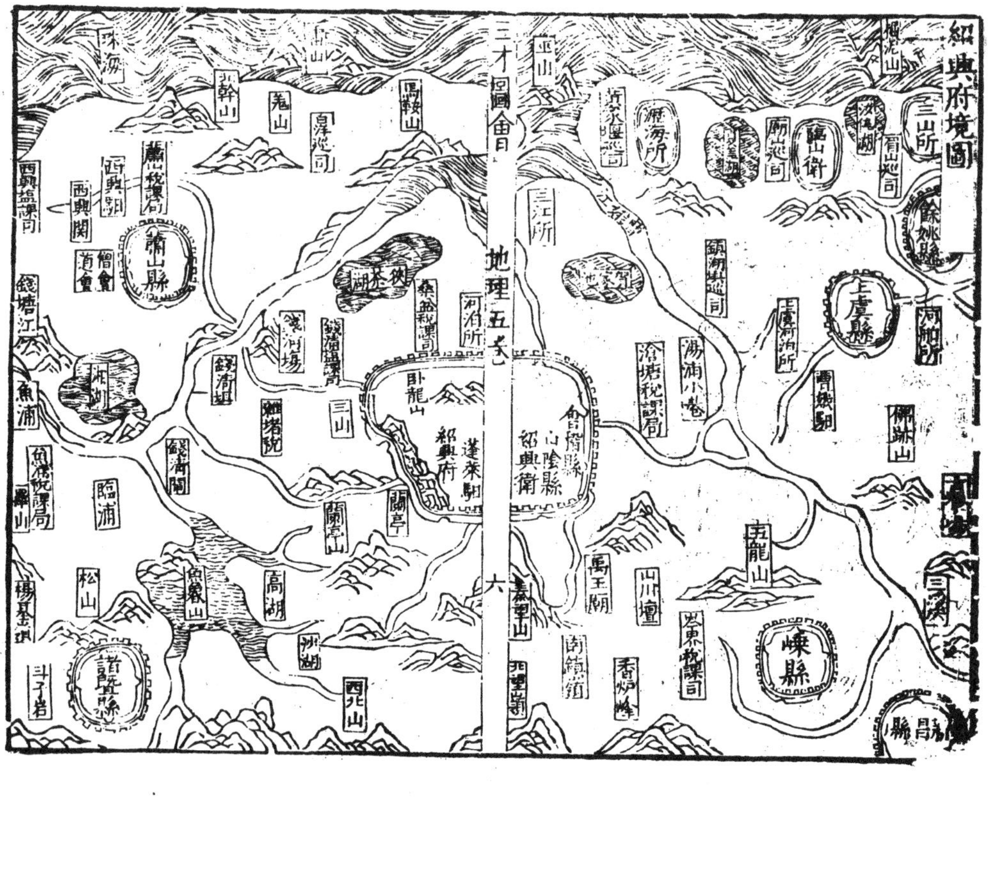
紹興府境圖
三才圖會
地理五卷
六
紹興府
會稽縣
山陰縣
紹興衛
蓬萊驛
臥龍山
蕭山縣
餘姚縣
上虞縣
嵊縣
諸暨縣
臨山衛
三山所
瀝海所
三江所
五龍山
禹王廟
山川壇
西興驛
西興關
錢塘江
魚浦
臨浦
松山
高湖
西北山
香爐峰
蘭亭
斗子岩
湯浦小巷
曹娥驛
龕山

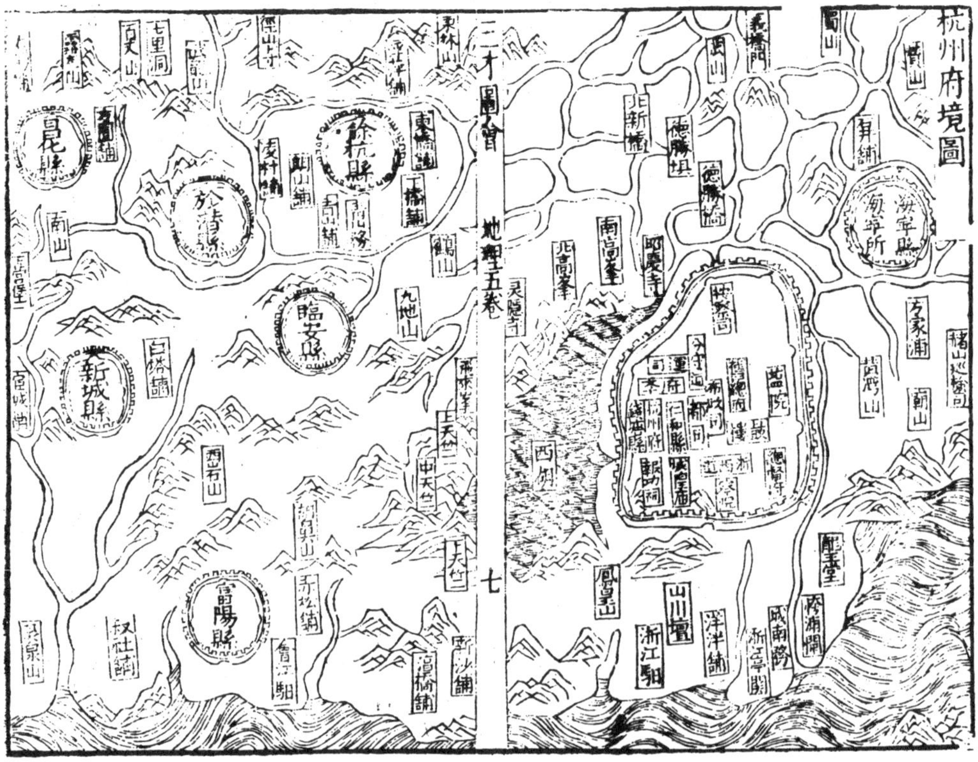
三才圖會
地理五卷
七
海寧縣
海寧所
餘杭縣
臨安縣
於潛縣
昌化縣
新城縣
富陽縣
杭州府
錢塘縣
仁和縣
西湖
浙江驛
山川壇
鳳凰山
南高峯
北高峯
靈隱寺
北新橋
德勝壩
上天竺
中天竺
西石山
南山
鶴山
百丈山
七里洞

杭州府境圖

三才圖會
地理五卷
八
嘉興府
嘉興縣
秀水縣
嘉善縣
平湖縣
桐鄉縣
崇德縣
海鹽縣
乍浦所
澉浦所
秦駐山
白塔山
金粟山
汾湖
當湖
馬場湖
橫山

嘉興府境圖

浙洋守禦論

國初浙江沿海設把總指揮者四定臨觀一總也松海昌一總也金盤一總也海寧一總也諸總皆設大戰艦而惟海寧不設者何曾嘗至定海登跳而默識之其外為寧波洋北與蘇州洋相對僅數百里浙之東為寧紹西為嘉興而杭獨處於西底乃腹內地未為海也海上戰船閘聲即出把截賊豈能直搗乎且海寧沙淺無港可泊故但設備外戶而堂奧自安矣愚考浙海諸山其界有三黃牛山馬墓長塗冊子金塘大榭蘭秀劍山雙嶼雙塘六橫韭山檀

頭等山界之上也灘山滸山羊山馬蹟兩頭洞漁山三姑霍山徐公黃澤大小衢大佛頭等山界之中也花腦求芝絡華彈丸東庫陳錢壁下等山界之下也此倭寇必由之道也海防莫急於舟師舊制邊海衛所各造戰船有七百料五百料四百料二百料尖艄之殊向因賊船不大七百料停造久矣其餘五百料之類亦以不便海戰改造福清等船復調發廣東橫江烏尾船額稅蒼沙民船又有小哨草撇船軍駕八槳船裝火器出奇埋伏划網船四參六總分哨守各洋港一參將四人杭嘉湖一寧紹一台州一溫處一把總則原係指揮四人今因地方多事衛所寫遠分而為六曰定海曰昌國曰臨觀曰松海曰金盤曰海寧裁去備倭總督而各把總以都指揮體統行事分轄諸衛每值春汛戰船出海初哨以三月二哨以四月三哨以五月小陽汛亦慎防之每年六七八月十一二月風潮險惡正月二月風色不常舟皆不可行三月至五月東北風多倭來便易十月小陽汛亦可渡海寇有停泊海島乘間而至者故春秋皆當防也其南哨也至鎮下門南麂玉環烏沙門等山交於閩海而止其北哨也至羊山馬蹟灘滸衢山等處交於直海而止錢為浙直分綜之處則交相會哨遠探窮搜復於沈家門列兵船一枝以一指揮領之馬墓港列兵船一枝以一指揮領之舟山駐劄把總兼督水陸賊若流突中界也則沈

家門馬墓兵船北截過長塗三姑而與浙西兵船相為掎角南截過普陀青龍洋韭山而與溫台兵船相為掎角賊若流突上界也總兵官自烈港督發舟師北截之於七里嶼觀海洋而參將自臨山洋督兵應援南截之於金塘崎頭洋而石浦梅山港兵船為之應援是故今日之海防自內達外有三重馬會哨於陳錢分哨於馬蹟羊山普陀大衢為第一重出沈家門馬墓之師為第二重總兵督發兵船為第三重備至寧也所患者海氛溟濛咫尺難辨風濤欻忽安危叵測兼之潮汐有順逆哨報有難易奸將往往

藉以規避吾何從而綜覈之哉自海上用師以來擊來賊者僅一二見而要去賊者不過文其故縱之愆識者謂宜以擊來賊之賞優於追去賊之賞縱來賊之罰嚴於縱去賊之罰風汛時月正副總兵不拘警報有無而親出海洋嚴督各總僇力用命以遏海寇於方來則何邊鄙不寧之有

舟山論

信國公湯和經畧海上區畫周密獨於舟山似有未安者蓋洪武間倭犯中界犯玉環犯小護寨皆浙東海濱信國

所親見也其來也自五島開洋衝冐風濤困眩精神者數日至下八陳錢而始少甦然孤懸外海曠野瀟條必更歷數潮泊普陀烏沙門之類而後得覘我兵虛實以為進止若定海之舟山又非普陀諸山之比其地則故縣治也其中為里者四為嶴者八十三五穀之饒魚鹽之利可以食數萬眾不待取給於外乃倭寇貢道之所必由寇至浙洋未有不念此為可巢者往年被其登據卒難驅除可以鑑矣我

太祖神明先見置昌國衛於其上屯兵戍守誠至計也信國以其民孤懸徙之內地改隸象山止設二所兵力單弱雖有沈家門水寨然舟山地大四面環海賊舟無處不可登泊設乘昏霧之間假風潮之順襲至舟山海大而哨船不多豈能必禦之乎愚以為定海乃寧紹之門戶舟山又定海之外藩也必修復

太祖之制而後可

浙直福兵船會哨論

浙東地形與福建連壤浙西地形與蘇松連壤利害安危各有輔車相依之勢故

上命浙江巡撫總督浙直福分哨各官互為聲援而不許

自分彼已畫地有限責任相聯此

廟謨之所以為善而海防之所以為固也愚考海中山沙南起舟山北至崇明或斷或續暗沙連伏易於閣淺賊舟大者不能東西亂渡如遇東北風也必由下八陳錢馬蹟等山以犯浙江而流突乎蘇松如遇正東風也必由茶山西行以犯淮楊而流突乎常鎮如遇正北風也必由琉球以犯福建而流突乎溫台三途寔遙瞭望難及須總兵官撥游兵把總領哨千戶等船往來會哨以交信票為驗其在浙

江也南則沈家門兵船哨至福建之烽火門而與小埕兵船相會北則馬墓兵船哨至蘇州洋之洋山而與竹箔沙兵船相會江北在蘇松也南則竹箔沙兵船哨至洋山而與浙江之馬墓兵船相會北則營前沙兵船哨至茶山而與江北之兵船相會諸哨絡繹連如長蛇群力合并犄如扛門南北夾擊彼此不容首尾遂受捆於一時殆將靖寇患於無窮矣

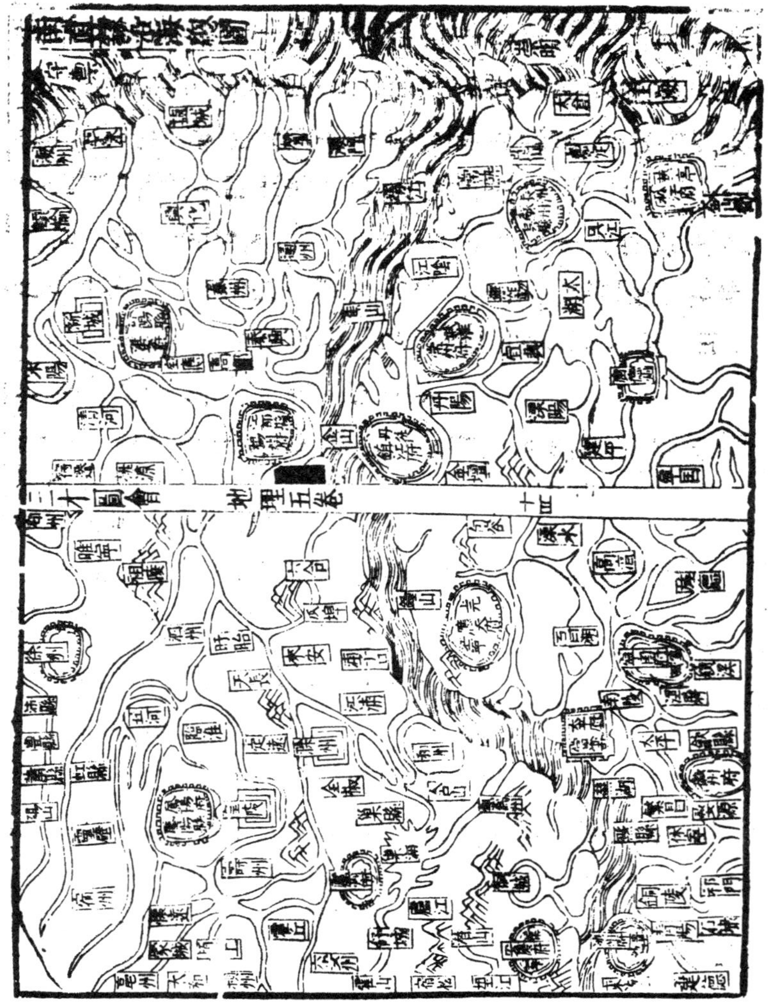

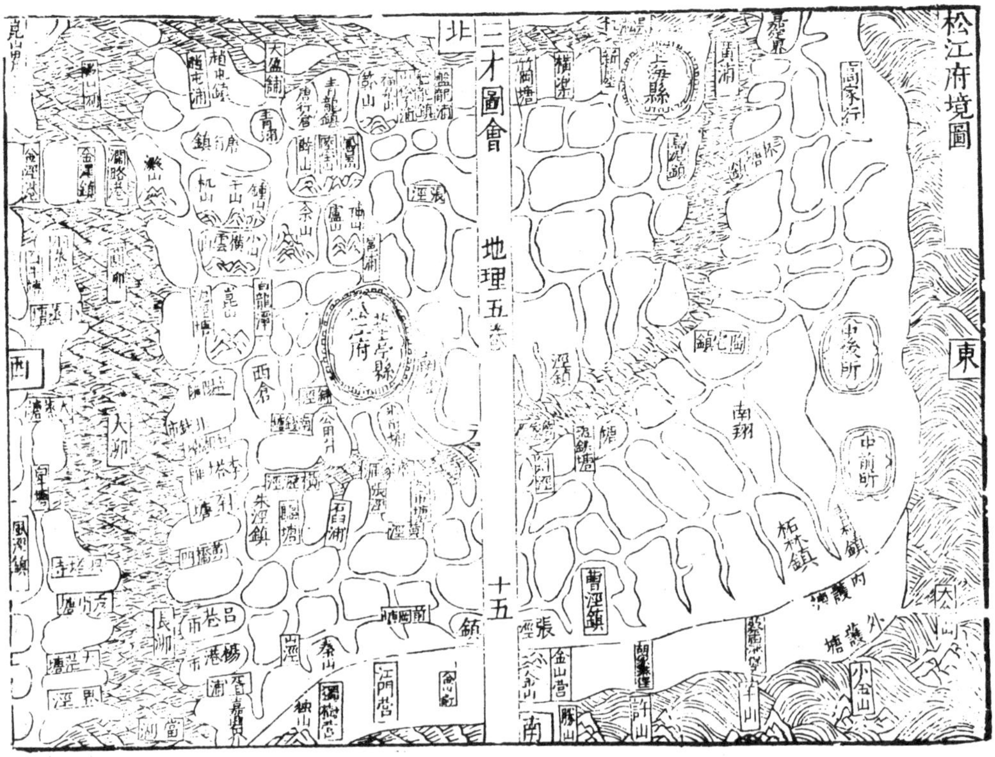
三才圖會
地理五卷
十五
東
西
北
南
上海縣
華亭縣
松江府
南翔
柘林鎮
曹涇鎮
朱涇鎮
金山營
江門營
小金山
許山
內護塘
外護塘
中後所
中前所
大盈浦
呂巷市
泖湖

松江府境圖

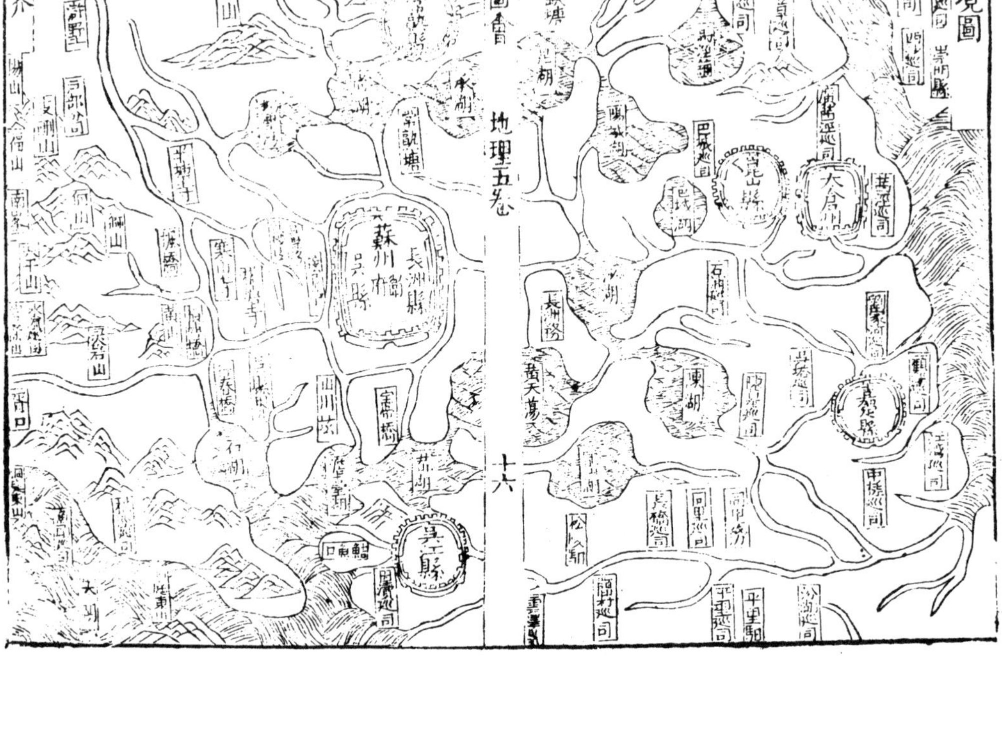
三才圖會
地理五卷
十六
江陰縣界
無錫縣界
蘇州
長洲縣
吳縣
吳江縣
崑山縣
太倉州
嘉定縣
東湖

蘇州府境圖

常州府境圖

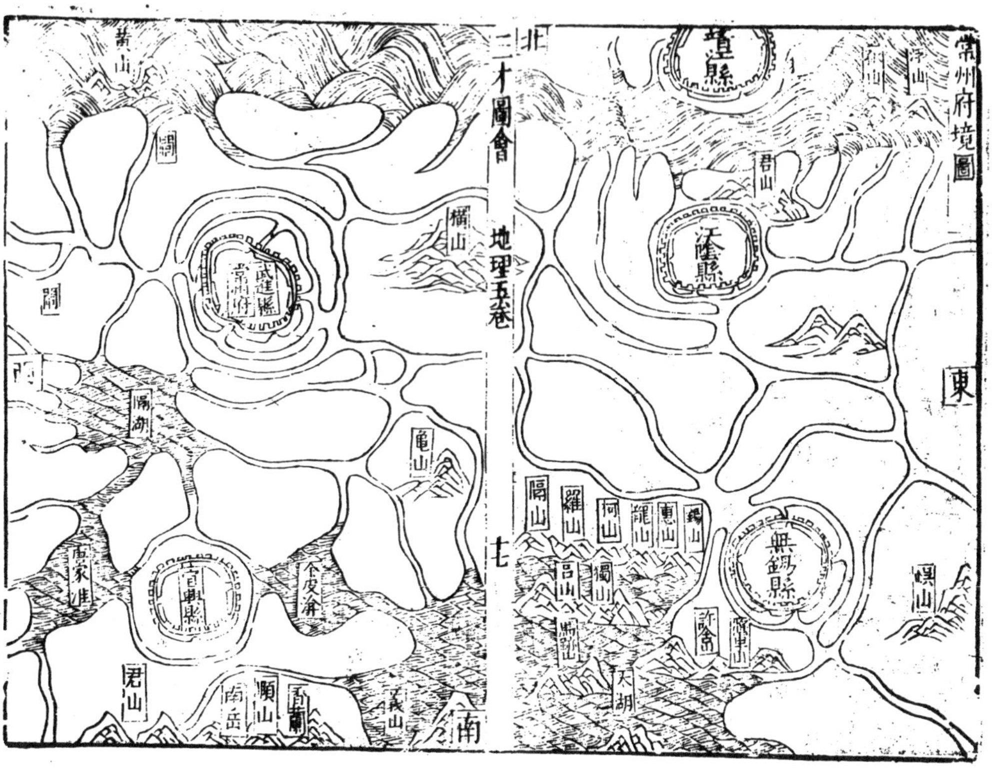

三才圖會　地理五卷　七

鎮江府境圖

三才圖會　地理五卷　十八

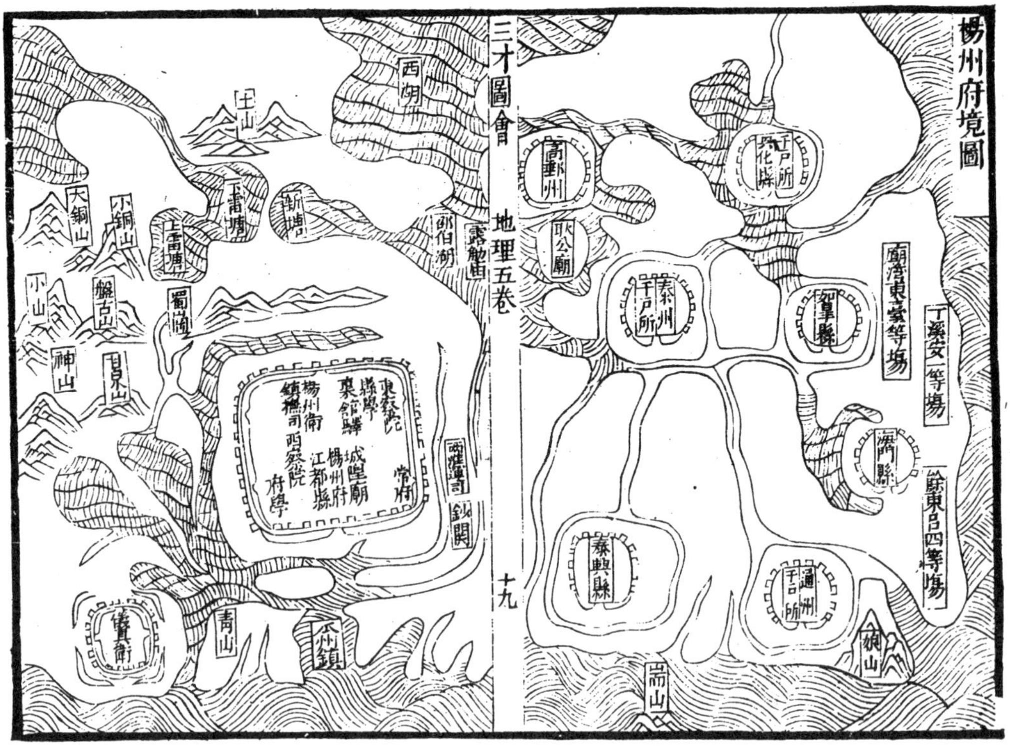
三才圖會 地理五卷 十九
高郵州
興化縣 千戶所
耿公廟
泰州 千戶所
如皐縣
廟灣東臺等場
丁溪安豐等場
海門縣
餘東呂四等場
泰興縣
通州 千戶所
狼山
西湖
土山
大銅山
小銅山
上雷塘
下雷塘
新塘
邵伯湖
小山
盤古山
蜀岡
神山
甘泉山
東察院
縣學
揚州衛
鎮撫司
西察院
府學
江都縣
揚州府
城隍廟
兩淮運司
鈔關
儀眞衛
青山
瓜州鎮

揚州府境圖

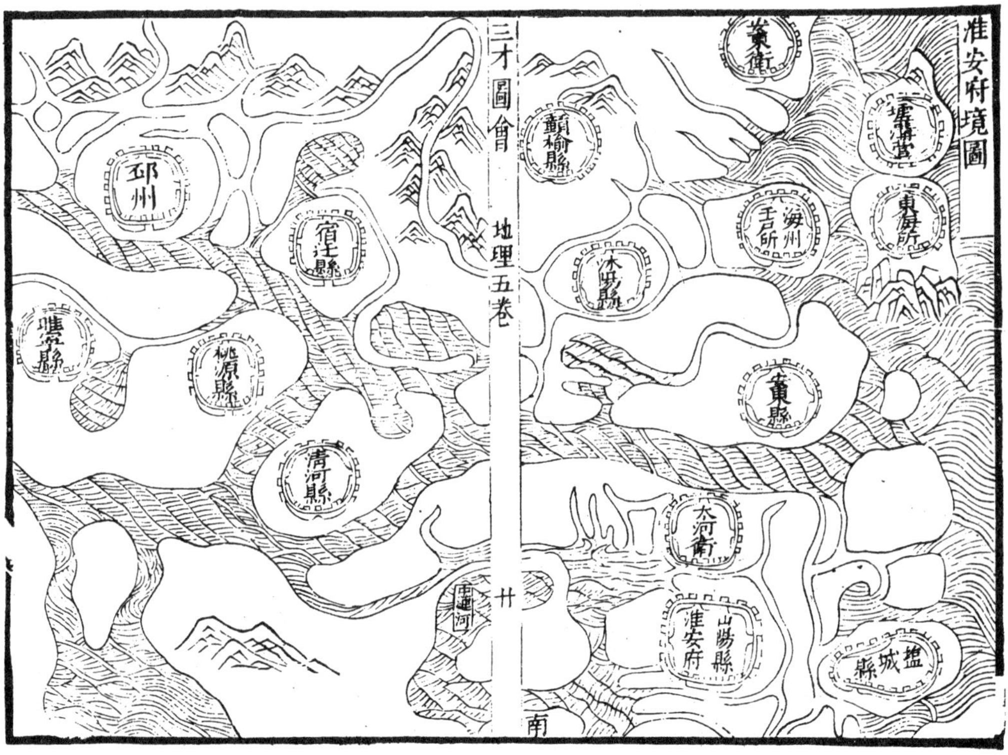
三才圖會 地理五卷 廿
安東衛
贛榆縣
海州 千戶所
東海所
邳州
宿遷縣
沐陽縣
睢寧縣
桃源縣
清河縣
大河衛
淮安府
山陽縣
鹽城縣
運河
南

淮安府境圖

蘇州水陸守禦論

蘇州爲畿輔望郡濱於大海自吳淞江口以南黃浦以東海壖數百里一望平坦皆賊逕道往因不能禦之於海致倭深入二府一州九縣之地無不創殘其禍慘矣今建議松江之有海塘而無港口者則自上海之川沙南匯華亭之青村柘林凡賊所據以爲巢窟者各設陸兵把總以屯守之而金山界於柘林乍浦之間尤爲直浙要衝特設總兵以爲陸兵之統領又於其中添建游兵把總一員專駐金山往來巡哨所以北衛松江而西援乍浦也至於蘇州

之沿海而多港口者則自嘉定之吳淞所太倉之劉家河常熟之福山港凡賊舟可入者各設水兵把總以堵截之而崇明孤懸海中尤爲賊所必經之處特設叅將以爲水兵之領袖又於其中添置游兵把總二員分駐竹治營前二沙往來會哨所以巡視海洋而警報港口也內外夾持水陸兼備上之可以禦賊於外洋下之可以巡塘而拒守亦既精且密矣但調募客兵不如調土着之兵可調習而有常官造戰船不如顧民間造私船反堅久而省費是在當事者詳行之而已

江北設險方畧論

淮楊二郡介於江淮之間東瀕大海賊舟出沒三面隄防爲難

國初備禦之制淮安設衛二內屬所五外屬所五楊州設衛三內屬所十四外屬所三復建兵府雖職司轉漕實示控扼之勢蓋南北之咽喉非他郡比也愚考其地形起自東南蓼角嘴以抵姚家蕩綿延三四百里除安豐等三十六場俱在腹內不爲要害要害之處乃通州也狼山也楊樹港裏河鎮也餘東餘西等場也蓼角嘴呂四場也掘港

新閘港也廟灣劉庄金沙場也其尤要者有三曰新場出入至近逼近楊州也曰北海所從以通新閘港且有鹽艘聚泊也曰廟灣其爲巨鎮而通大海口也當事者須設把總三人一駐新港一駐北海一駐廟灣更用陸路遊擊一員駐劄海安則東可以控狼山通州海門之入而西可以捍衛楊州矣

江淮要害論

天下之水在北莫大於河在南莫大於江常鎮淮楊當江河入海之際雖極大艟艦皆可乘潮而入近歲倭寇往言

分刼其心之狡實欲自長江以趨留都自淮河以窺中原而終不敢深入者由四府之防禦堅也必水陸常會哨互援蒼福諸船順流以遏賊峰或出賊後賊若登岸則以團練之兵禦之此常勝之形也四郡無患則中原留都可以高枕而臥矣

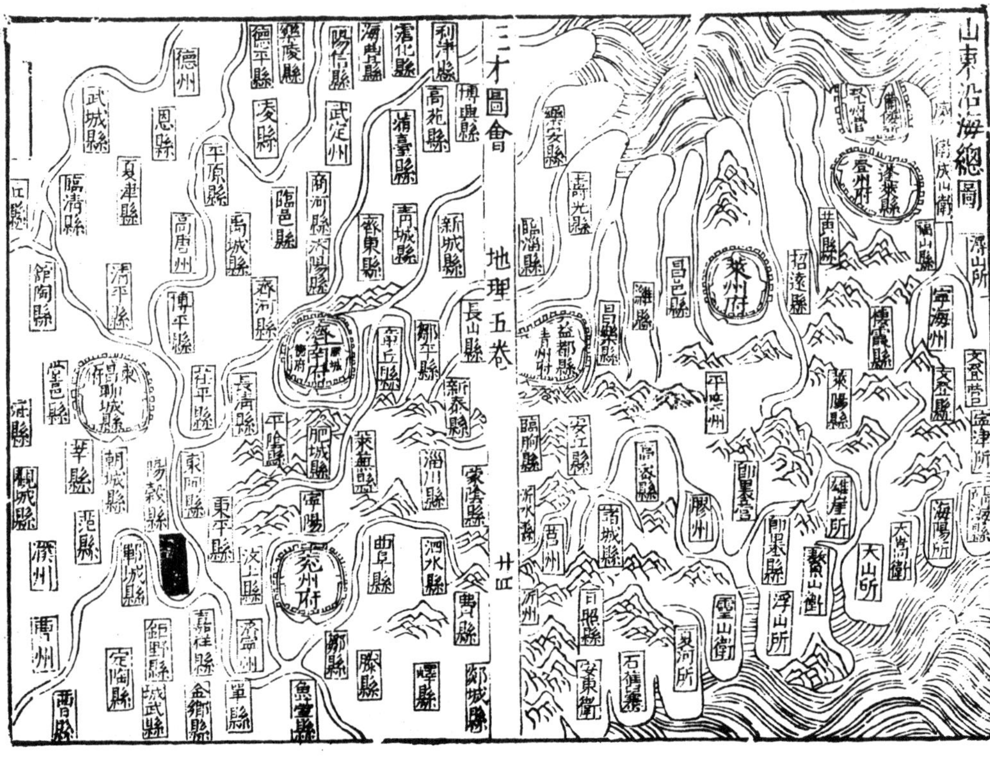

登州府境圖

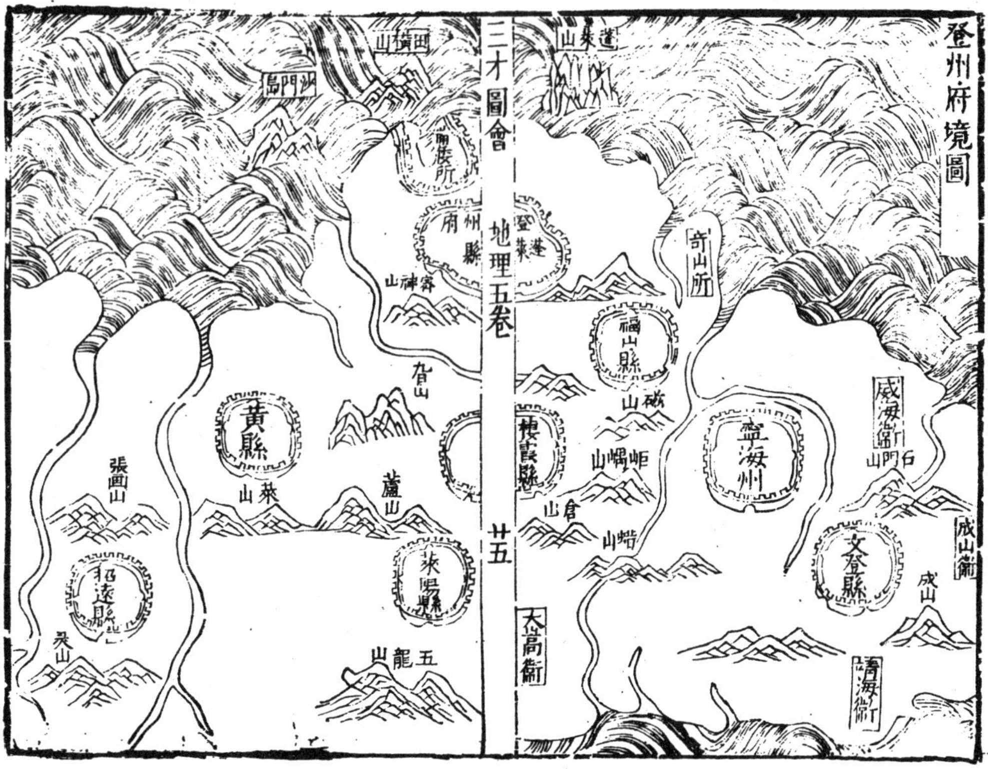
田橫山
沙門島
登州府
蓬萊縣
寄神山
奇山所
福山縣
磁山
寧海州
威海衛
石門山
棲霞縣
岠嵎山
蒼山
黃縣
萊山
盧山
招遠縣
萊陽縣
文登縣
成山衛
成山
大嵩衛
靖海衛
五龍山

萊州府境圖

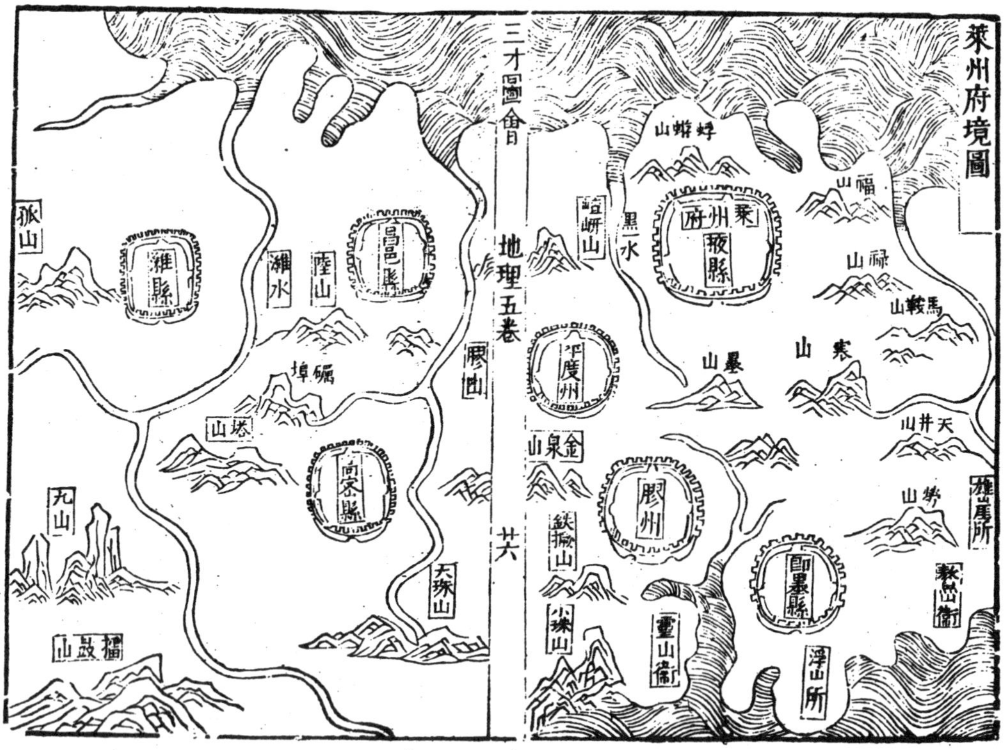
萊州府
掖縣
黑水
祿山
馬鞍山
寒山
平度州
金泉山
膠州
天井山
勞山
即墨縣
小珠山
靈山衛
浮山所
孤山
濰縣
濰水
昌邑縣
陸山
塔山
高密縣
九山
大珠山
擂鼓山

山東預備論

倭患之作嶺嶠以北達於淮揚靡不受害而山東獨不之及者豈其無意於此哉亦以山東之民便於鞍馬而不便於舟楫無過沓下海之人爲之嚮導接濟焉耳然邇年青齊之兵多爲所擄安知其中無識海道而勾引者乎愚觀山東諸郡民性強悍樂於戰鬭倭之短兵不足以當其長鎗勁弩倭之步戰不足以當其方軌列騎萬一至此是自喪其元也所虞者登萊突出海中三面受敵難于隄備

國朝專設備倭都指揮一員巡海副使一員分駐二郡衛所森嚴墩堡周備承平日久不無廢弛甲明振厲庶幾其無患乎雖然倭船至岸而後禦之亦末矣孰若立水寨置巡船制寇於海洋山沙策之上也嘗聞宋以前日本入貢自新羅以趨山東今若入寇必由此路但登萊之海危礁暗沙不可勝測非諳練之至則舟且不保何以迎敵而追擊乎故安東以北若勞山赤山竹蒿旱門劉公芝界八角沙門三山諸島乃賊之所必泊而我之所當伺焉者也若白蓬頭槐子口橋雞鳴嶼夫人嶼金嘴石倉廟淺灘亂礁乃賊之所必避而我之所當遠焉者也必嚴出洋之令勤會哨之期交牌信驗習熟有素則將來

廟堂或修海運以備不虞之變亦大有賴焉獨禦寇云乎哉

遼陽沿海總圖

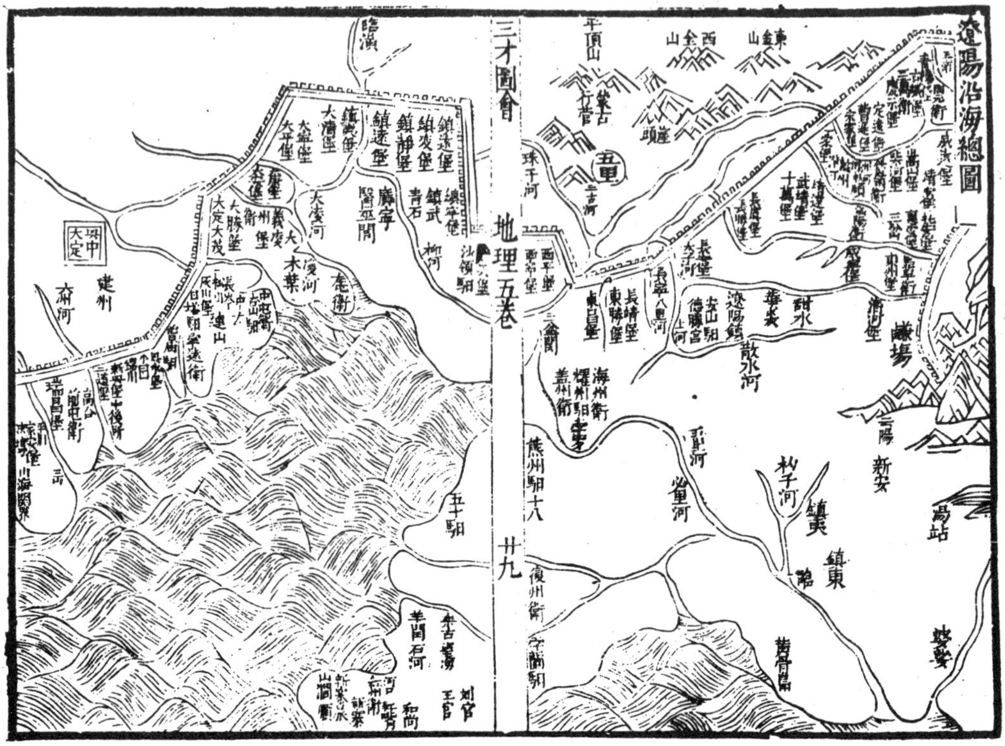

三才圖會
地理五卷
廿九
遼陽沿海總圖
平頂山
西金山
東金山
五臺
珠子河
蒙古
大定
建州
大淩河
大木葉
廣寧
青石
醫巫閭
鎮遠堡
鎮靜堡
鎮安堡
鎮武
大清堡
大平堡
大寧堡
柳河
義州衛
閭陽驛
十方寺
遼陽鎮
散水河
海州衛
耀州驛
蓋州衛
熊州驛十八
復州衛
羊官堡
五十驛
牛家
杉子河
新安
東鎮
鴨鶻
鳳凰城
湯站

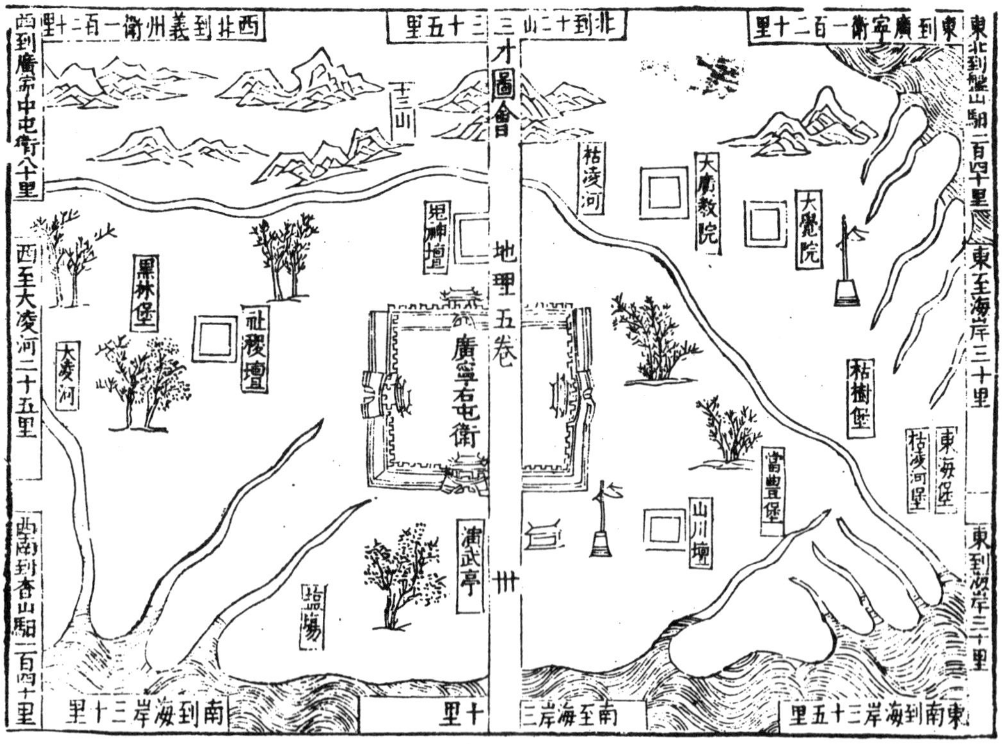

三才圖會
地理五卷
卅
西北到義州衛一百二十里
三十五里
北到十三山
東到廣寧衛一百二十里
東北到盤山驛一百四十里
東至海岸三十里
東到海岸三十里
東南到海岸三十五里
南至海岸三十里
南到海岸三十里
西南到杏山驛一百四十里
西至大凌河二十五里
西到廣寧中屯衛八十里
十三山
枯凌河
大廣教院
大覺院
鬼神壇
廣寧右屯衛
黑林堡
社稷壇
大凌河
枯樹堡
東海堡
枯凌河堡
當豐堡
山川壇
演武亭
塩場

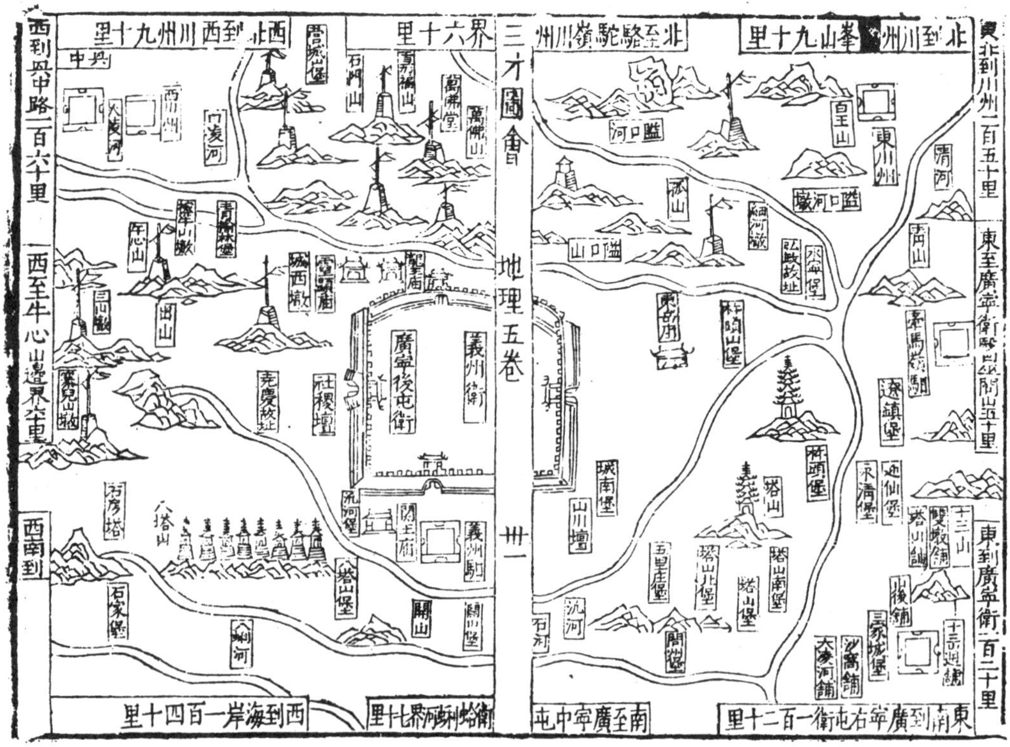
三才圖會
地理五卷
卅一
東北到川州一百五十里
東到廣寧衛一百二十里
東南到廣寧右屯衛一百二十里
南至廣寧中屯
西到海岸一百四十里
義州衛
廣寧後屯衛
義州驛
社稷壇
關王廟
山川壇

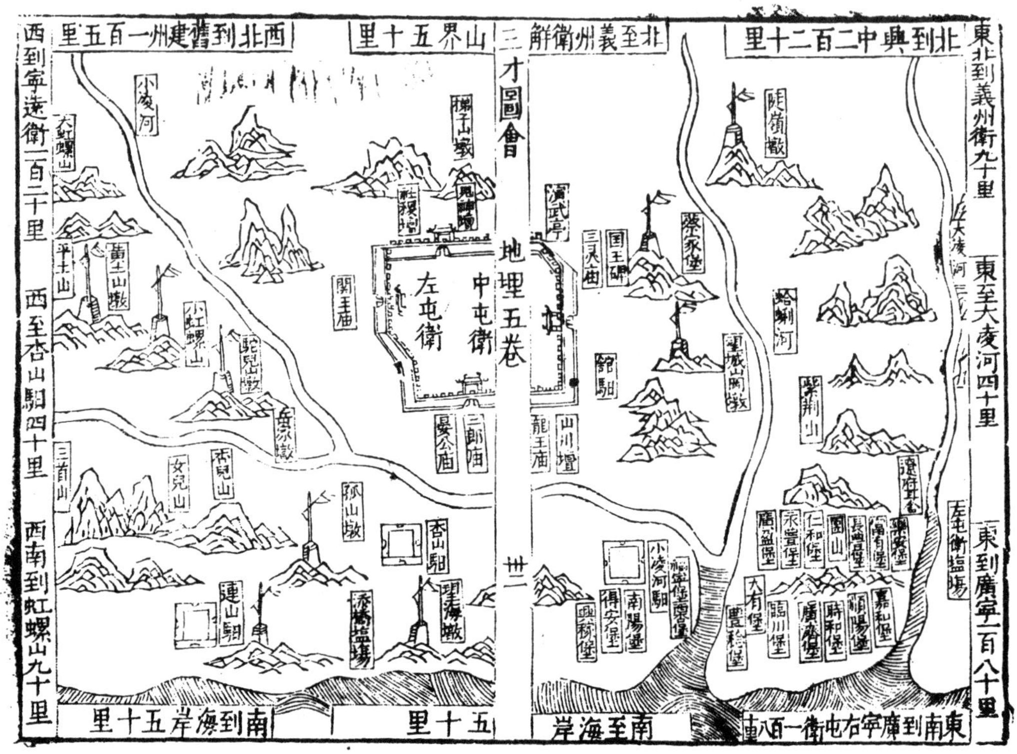
三才圖會
地理五卷
卅二
北到興中二百二十里
北至義州衛
西北到舊建州一百五十里
東北到義州衛九十里
東至大凌河四十里
東到廣寧一百八十里
南至海岸
南到海岸五十里
西到寧遠衛一百二十里
西至杏山驛四十里
西南到虹螺山九十里
中屯衛
左屯衛
關王廟
山川壇
杏山驛
連山驛
蛤蜊河

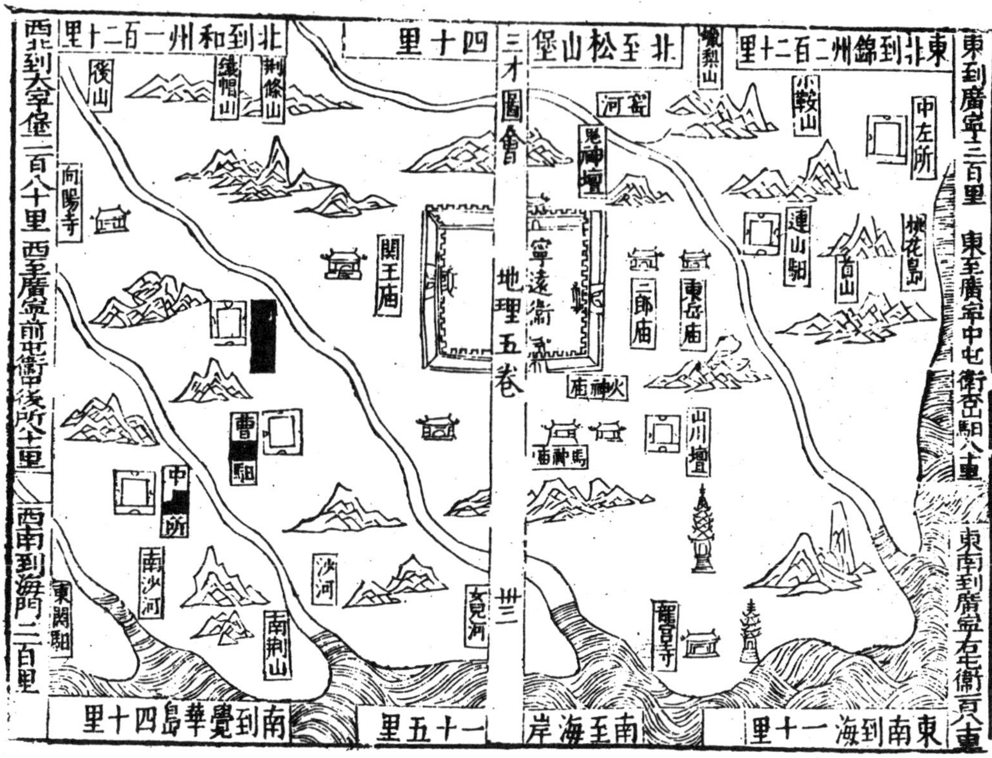
三才圖會
地理五卷
卅三
北到和州一百二十里
四十里
北至松山堡
東北到錦州二百二十里
東到廣寧三百里
東至廣寧中屯衛杏山驛八十里
東南到廣寧右屯衛一百八十里
東南到海一十里
南至海岸
一十五里
南到覺華島四十里
西南到海門二百里
西北到大寧堡二百八十里
西至廣寧前屯衛中後所六十里
寧遠衛
關王廟
二郎廟
東岳廟
火神廟
馬神廟
山川壇
鬼神壇
中左所
連山驛
桃花島
小鞍山
向陽寺
曹莊驛
中右所
南沙河
南荊山
東關驛
沙河
龍宮寺

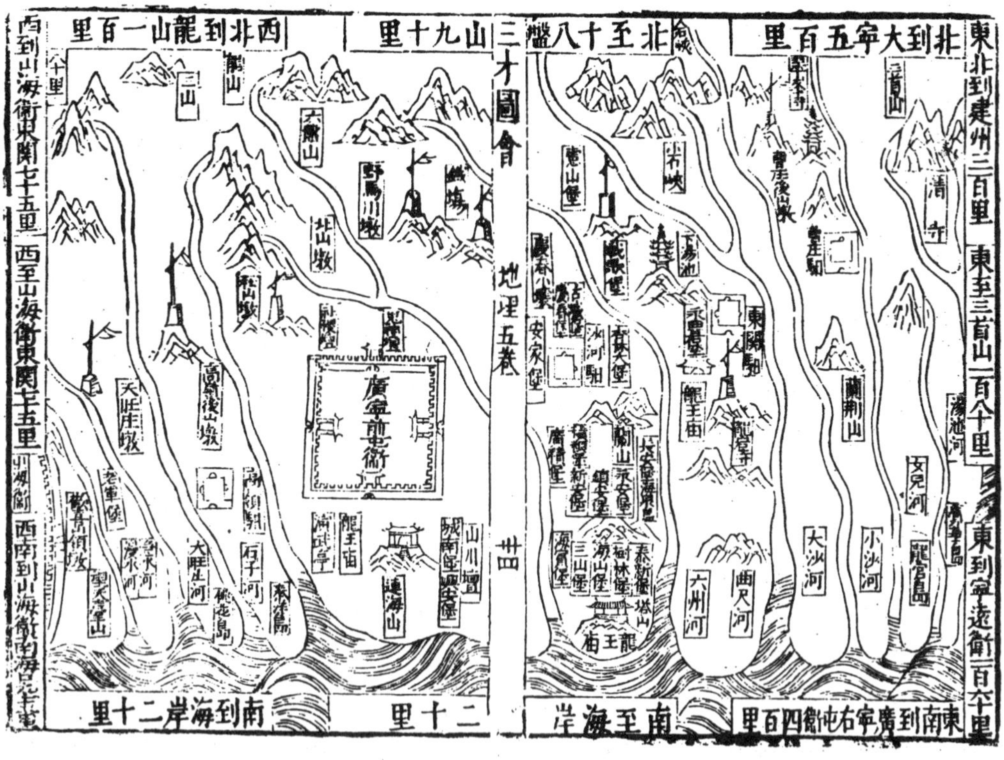
三才圖會
地理五卷
卅四
西北到龍山一百里
山九十里
北至十八盤
北到大寧五百里
東北到建州三百里
東至三首山一百八十里
東到寧遠衛一百六十里
東南到廣寧右屯衛四百里
南至海岸
二十里
南到海岸二十里
西至山海衛東關七十五里
廣寧前屯衛
龍王廟
城隍廟
山川壇
望海山
大沙河
小沙河
六州河
曲尺河
三首山
東關驛
大寧後山墩
天旺庄墩
石子河
龍王廟

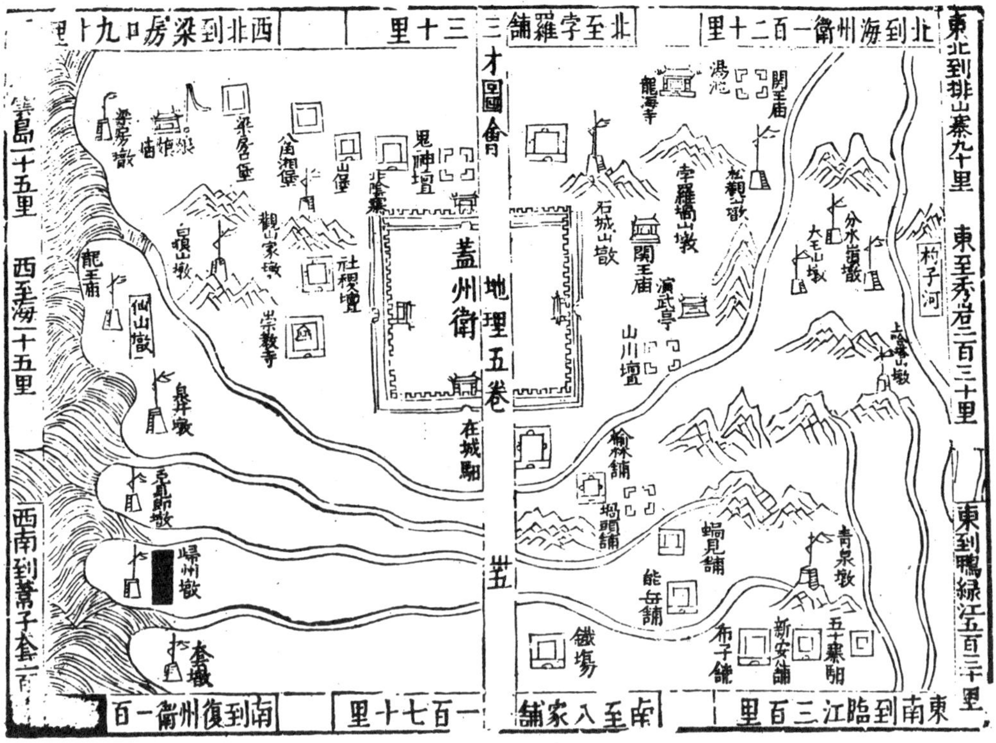
西北到梁房口九十里
三十里
北至孛羅鋪
北到海州衛一百二十里
東北到排山寨九十里
東至秀岩二百三十里
東到鴨綠江五百三十里
東南到臨江三百里
南至八家鋪
一百七十里
南到復州衛一百
西南到蓉子套一百
西至海二十五里
筭島一十五里
三才圖會
地理五卷
蓋州衛
在城驛
廿五
鬼神壇
山川壇
社稷壇
崇教寺
觀山家墩
石城山墩
閻王廟
演武亭
李羅鋪山墩
龍王廟
仙山墩
梁房堡
榆林鋪
蝸兒鋪
能母鋪
鐵場
新安鋪
布子鋪
青泉墩
分水嶺墩
杓子河
歸州墩
套墩
龍海寺

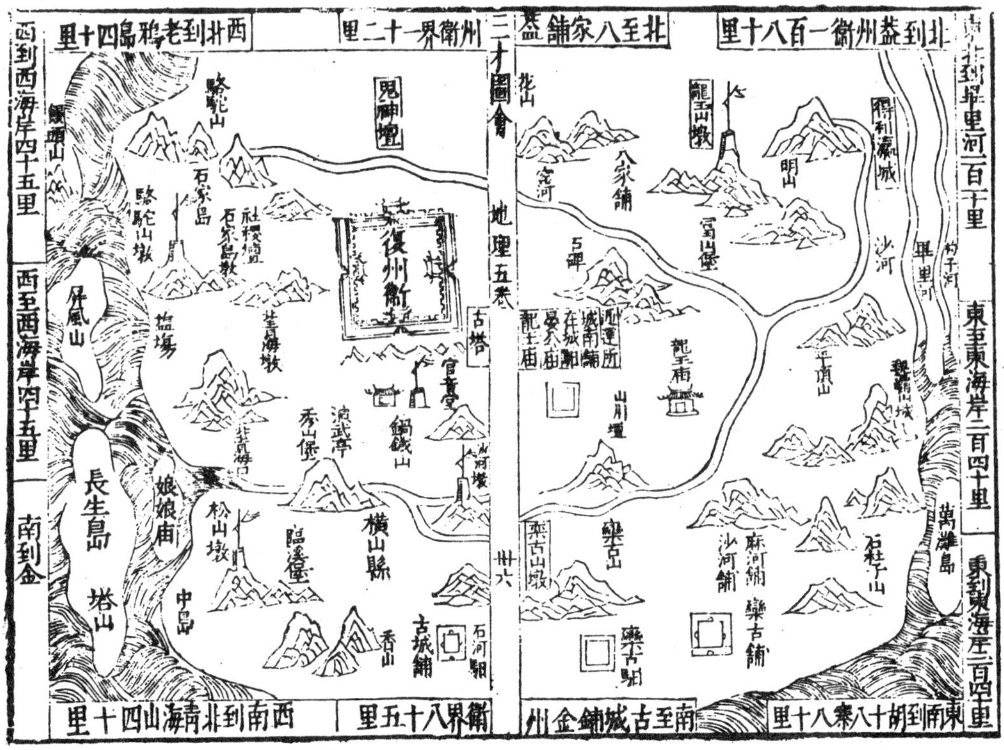
西北到老鴉島四十里
州衛界一十二里
北至八家鋪蓋
北到蓋州衛一百八十里
東北到岸里河一百十里
東至東海岸二百四十里
東到東海岸二百四里
東南到胡十八寨八十里
南至古城鋪金州
衛界八十五里
西南到青山海四十里
南到金
西至西海岸四十五里
西到西海岸四十五里
三才圖會
地理五卷
復州衛
廿六
鬼神壇
龍王山墩
得利嬴城
明山
八家鋪
駱駝山
石家島
駱駝山墩
社稷壇
石家島墩
屏風山
鹽場
長生島
塔山
娘娘廟
松山墩
臨溪臺
橫山縣
秀山堡
演武亭
官音堂
鍋鐵山
古塔
龍王廟
山川壇
欒古山
欒古山墩
麻河鋪
沙河鋪
欒古鋪
沙河
萬灘島
中島
香山
古城鋪
石河驛

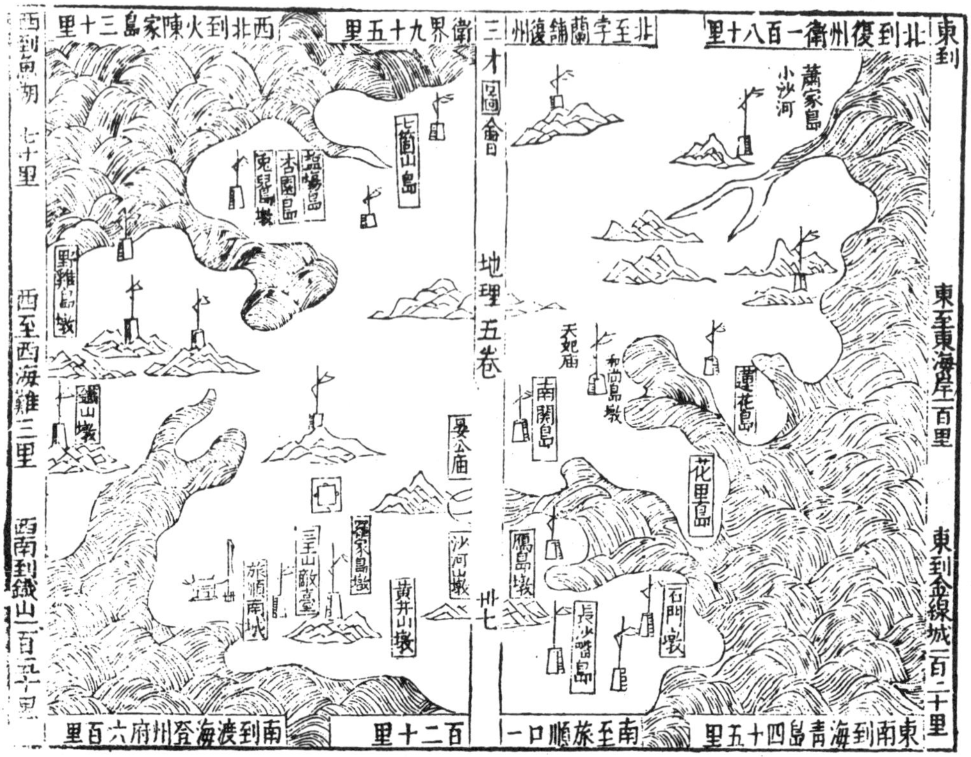

遼東軍餉論

遼東古營弁地也其背爲沙漠苑當吉列迷諸部落在焉其面爲滄溟其餘氣爲朝鮮遼陽東踰鴨陸江而控朝鮮國朝設瀋陽遼陽三萬鐵嶺四衛統於開元以遏北狄之衝金復海蓋旅順諸軍聯屬海濱以防島夷之入烽堠星聯營寨棊布東北籓籬可謂固矣洪武間倭寇嘗以玩南方之心而玩遼東遼東之人以禦北狄之法而禦倭寇斬滅無遺海氛蕩熄劉江金線島之捷是已二百年來邊備如故倭豈能遽犯哉所虞者其地千有餘里衛所軍旅凡

九萬九千八百七十五員名止藉山海關一路饋餉我朝北都燕而遼漕江南粟又自京師達於遼陽飛輓不繼遼卒輒吗呶待餔甚至凶荒士卒相食萬一難守密邇畿輔虜騎乘間何以禦之此其患不在兵之不強而在食之不足食足則兵強兵強則守固矣邇者登萊運米達遼甚便惜其不多愚謂

國初軍屯商中之制至爲精當而大壞極弊司國計者當深念而亟圖之不當專責之幕帥而巳也

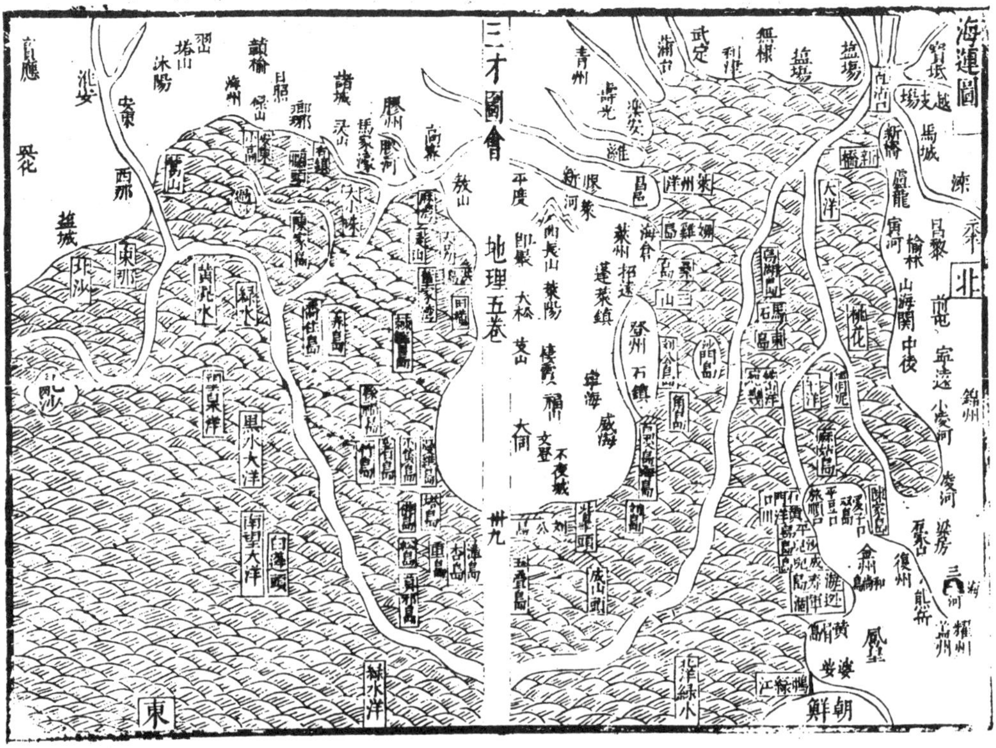
三才圖會
地理五卷
卅九
海運圖
北
東
朝鮮
青州
登州
萊州
蓬萊鎮
威海
膠州
安東
淮安
鹽城
馬城
新寧
錦州
復州
蓋州
黑水大洋
綠水洋
東那
黃水
綠水

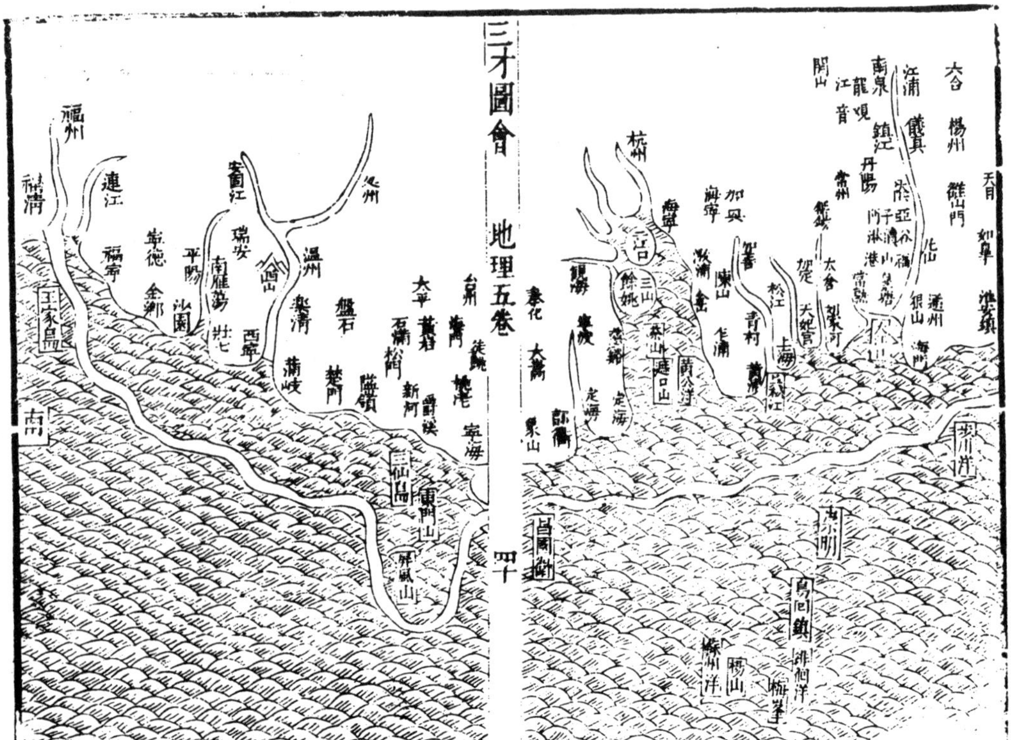
三才圖會
地理五卷
四十
南
福州
連江
福寧
寧德
溫州
瑞安
樂清
台州
寧海
象山
杭州
海寧
紹興
寧波
定海
上海
太倉
常熟
常州
丹陽
鎮江
揚州
通州
如皋
太平
黃岩
王家島
三佛島

朱清張瑄者海上亡命也久爲盜魁出沒險阻若風與鬼刼掠商販人甚苦之至元二十一年伯顔建議海運乃招二人授以金符千戸押運糧三萬五千石仍立海道萬戸府三以清瑄與羅壁爲萬戸韓千戶百戸所領虎符金牌素銀牌船大者不過千石小者三百石自劉江港出楊子江盤轉黄連沙嘴月餘始至淮口過膠州牢山一路至延真島望北行轉成山西行到九皐島劉公島沙門島放萊州大洋收界河兩月餘抵直沽實爲繁重至元二十六年增糧八十萬石二月開洋四月直沽交卸五月還復運夏

糧至八月回一歲兩運是時船小人恐懼至元二十七年朱萬戸請長與李福四押運自楊子江開洋落潮東北行離長灘至白水緑水經黒水大洋北望延真島轉成山西行入沙門開萊州大洋進界河不過一月或半月至直沽漕運利便是歲加朱爲浙江省叅政張爲浙江鹽運司都運如是者二十餘年大德七年招兩浙上戸自造船與脚價十一兩五錢分撥春夏二運延祐以來各造海船大者八九千小者二千餘石歲運三百六十萬石京師稱便迤一南番貢亦通葢自上海至直沽內楊村馬頭凡一萬三千

三百五十里不出月餘可以達省費不貲若長樂港出福州經崇明以北又自古未有之利也我
朝洪武三十年猶倣其制歲運七十萬石以給遼東至永樂間通會河成始不復講議者恒有意外之慮以爲人生一日食不下咽則死亡立至會通河固南北之咽也訪求故道擇才而任之[illegible]其權抑亦可爲先事之防即使有如清與瑄者亦且消其驍獷而誘以自效有博采王憲使獻膠萊河之說因其垂成之功督以畫一之法使表裏兼資叅酌利害以甦漕卒之困而求無疆之利憂世君子豈

無是心哉

蜃說　林景熙

嘗讀漢天文志載海旁蜃氣象樓臺初未之信及登樓遠望第見滄溟浩渺中矗如奇峰聯如疊巘列如碎岫隱見不常移時城郭臺榭驟變歘起如衆大之區數十萬家魚鱗相比中有浮圖老子之宮三門嵯峩鐘鼓樓翼其左右簷牙歷歷極公輸巧不能過又移時或立如人或散如獸或列若旌旗之飾甕盎之器詭異萬千日近晡冉冉漫滅

三才圖會

雲間王圻纂輯

男思義校正

地理六卷

順天京城圖　京都盈水圖
西苑圖　南海子圖
盧溝橋圖　西山圖
玉泉圖　黃金臺圖
居庸關圖　薊丘圖

龍跡山圖　孔水洞圖
善化山圖　叢臺圖　三泉圖
應天京城圖　金陵山水圖
後湖圖　鍾山圖
雨花臺圖　鳳凰臺圖
石頭城圖　白鷺洲圖
觀音閣圖　燕子磯圖
牛首山圖　茅山圖
華陽洞圖　巢湖圖
八公山圖　荊山圖
瓊花觀圖　浮渡山圖
潛山圖　小姑山圖
瑯琊山圖　大洞圖
邳侯城圖　歌風臺圖
戲馬臺圖　寄寄亭圖

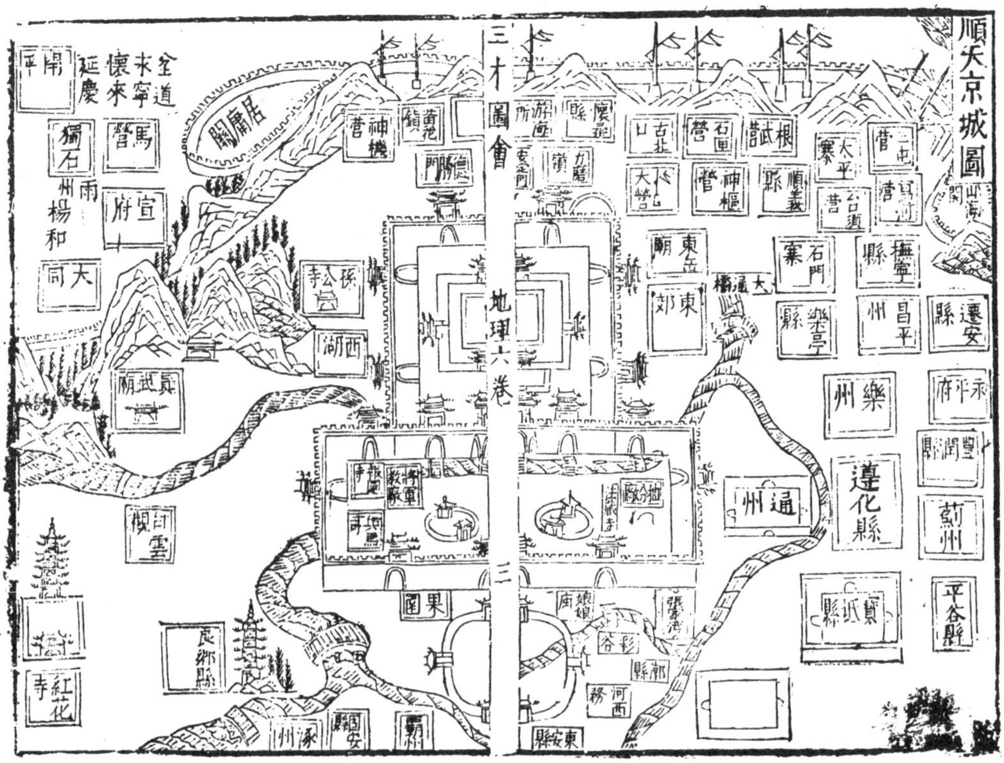

京師古幽薊之地左環滄海右擁太行北枕居庸南襟河濟形勝甲於天下誠所謂天府之國也遼金元雖嘗於此建都然肯以夷狄王中國不足以當形勢之勝至我成祖文皇帝乃龍潛於此及纘承大統遂建爲北京而遷都焉于以統萬邦而撫四夷眞足以當形勢之勝而爲萬世不拔之鴻基自唐虞三代以來都會之盛未有過焉者也

燕都古冀州并州之域職方氏稱燕北曰并州其川滹沱漚夷其浸淶易禹貢敘冀州云恒衞既從大陸既作故淶易恒衞燕之實也昔召公始封於是迨其衰也秦欲併之猶懼督亢之地水網繆而難入及荊卿獻圖而大喜曹胤儒云燕南之地以水爲固葛莫間諸淀鉤聯埂道如綫耳陳貫所謂天造地設者也

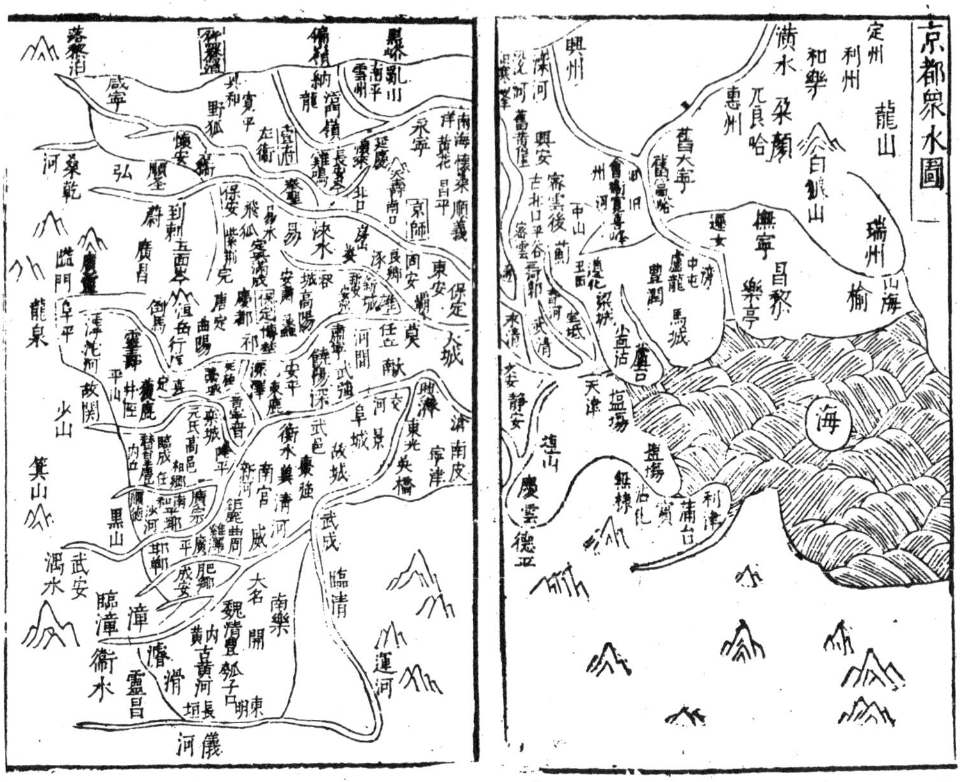

西苑圖

三才圖會　地理六卷　六

西苑在皇城内中有太液池瓊華島池周圍深廣波光澄澈緑荷芳藻含香吐秀游魚浮鳥競戲羣集島皆奇石巉巖磊砢下瞰池水上有廣寒殿棟宇翬飛金碧交暎複閣危榭左右拱向喬松古檜烟雲繚繞隱然蓬萊仙府也京師八景有曰太液晴波曰瓊島春雲謂此又苑之東北有萬歲山高聳明秀蜿蜒磅礴上揷霄漢隱暎宮闕皆禁中勝境也

西苑記畧

初入苑門即臨太液池蒲葦盈水際如劍戟叢立芰荷翠

潔清目可愛循池東北行於柳杏桃草色鋪岸如茵花香襲人行至椒園松檜蒼翠東樹分羅中有圓殿金碧掩映四面豁敞曰崇智南有小池金魚作陣游戲其中西有小亭臨水芳木匝之曰翫芳又北行至圓城自兩掖洞門而升上有古松三株枝幹槎枒形狀偃蹇如龍奮爪拏空突兀天表前有花樹數品香氣極清中有圓殿巍然高聳曰承光北望山峰嶙峋萃葎俯瞰池波蕩漾澄澈而山水之間千姿萬態莫不呈奇獻秀於几窻之前西有長池跨池下過石橋而北山曰萬歲怪石參差爲門三自東西而入

有殿倚山左右立石爲峯以次對峙四圍皆石贔屭䶌齶薜封蔓絡佳木異草上偃旁綴樛葛薈翳兩掖疊石爲磴崎嶇折轉而上巖洞非一山畔並列三殿中曰仁智左曰介福右曰延和至其頂有殿曰清虛寒氣逼人雖盛夏亭午暑氣不到殊覺曠蕩蕭爽與人境隔異曰廣寒左右四亭在各峯之頂曰方壺瀛州玉虹金露其中可跂而息前崖有壁夾道而入壁間四孔以縱觀覽而宮闕崢嶸風景佳麗宛如圖畫下過東橋轉峯而北有殿臨池曰凝和二亭臨水曰擁翠飛香北至艮隅見池之源云是西山玉泉

逶迤而來流入宮墻分派入池西至乾隅有殿用草曰太素殿後草亭畫松竹梅於上曰歲寒門左有軒臨水曰遠趣軒前草亭曰會景循池西岸南行有屋數連池水通焉以育禽鳥有亭臨水曰映輝又南行數弓許有殿臨池曰迎翠有亭臨水曰澄波東望山峯倒蘸於太液波光之中黛色嵐光可掬可挹烟霞雲濤朝暮萬狀又西南有小山子遠望鬱然日光橫照紫翠重疊至則有殿倚山山下有洞洞上石巖橫列竅孔泉出迸流而下曰水簾其淙散激射飛薄濺灑最爲可玩水聲泠泠然潛入石池龍昂其首

口中噴出復潛繞殿前爲流觴曲水左右危石盤折爲徑山畔有殿翼然至其頂一室正中四面簾櫳欄檻之外奇峯回互茂樹環擁異花瑤草莫可名狀下轉山前一殿深靜高爽殿前石橋隱若虹起極其精巧左右有沼沼中有臺臺外古木叢高百鳥翔集鳴聲上下至於南臺林木陰森過橋而南有殿面水曰昭和門外有亭臨岸沙鷗水禽如在鏡中遊覽至此而止

南海子圖

南海子在京城南二十里舊爲下馬飛放泊內有按鷹臺永樂二十年增廣其地周圍凡一萬八千六百六十丈乃域養禽獸種植蔬果之所中有海子大小凡三其水四時不竭汪洋若海以禁城北有海子故別名曰南海子

盧溝橋圖

盧溝橋在京城西南三十五里跨盧溝河金明昌初建本朝正統九年重修其長二百餘步石欄刻爲獅形每蚤波光曉月上下蕩漾曙景蒼然一奇也爲京師八景之一名曰盧溝曉月

盧溝河本桑乾河又名漯河俗呼渾河亦曰小黃河以流濁故也其源出山西大同府桑乾山經太行山入宛平縣境出盧溝橋下東南至看丹口分爲二派其一流至通州高麗莊入白河其一南經固安至武清縣小直沽與衛河合流入于海

西山圖

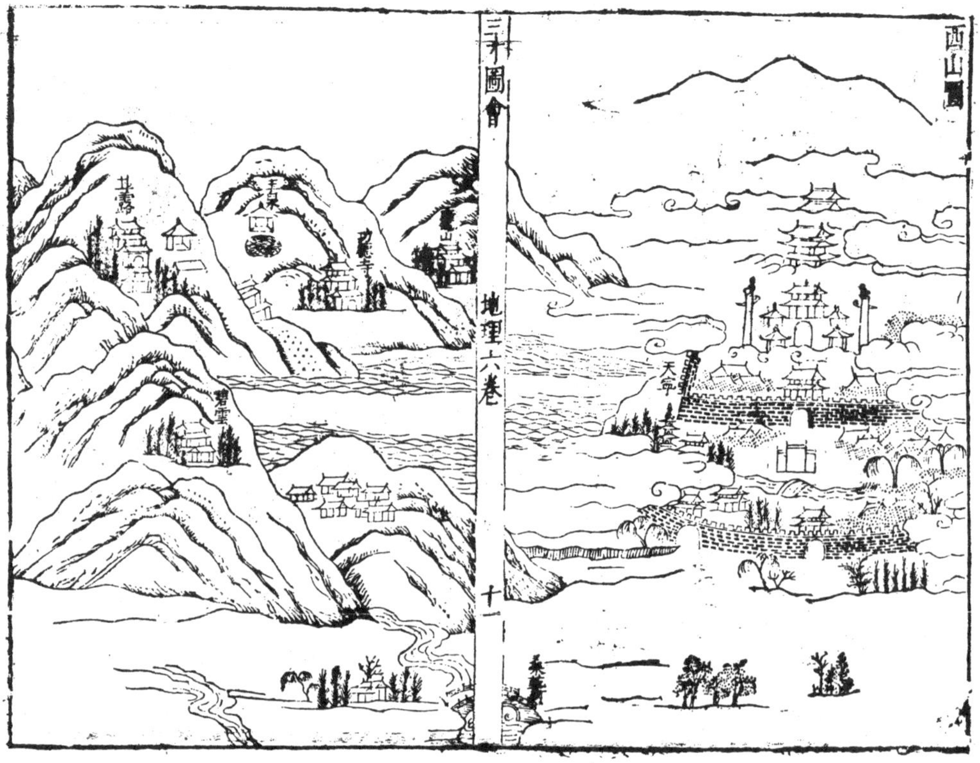

西山自太行聯亘起伏數百里東入于海而都城中受其朝拱靈秀之所會屹爲層峯滙爲西湖湖方十餘里有山趾其涯曰甕山其寺曰圓靜寺左田右湖近山之境於是始勝又三里爲功德寺洪波衍其東幽林出其南路盡叢薄始達于野乃有玉泉出于山噴薄轉激散爲谿池上有亭 宣廟廵幸所駐蹕處也又一里爲華嚴寺有洞三其南爲呂公洞一竅深黑投之石有水聲數步不可下竟莫有窮之者又二十里爲香山樓宇臺殿與石高下其絕頂勝甕山其泉勝玉泉又二十里爲平坡寺俗所謂大小青居之洞絕孤僻其勝始極而山之大觀備矣

玉泉山圖

玉泉山在府西北三十里頂有金行宮芙蓉殿故址相傳章宗嘗避暑於此山畔有三石洞一在山西南其下水深莫測一在山之陽南又有石崖崖上刻玉泉二字

西湖在玉泉山下泉水瀦而爲湖環湖十餘里荷蒲菱芡與夫沙禽水鳥出没隱映於天光雲影中實佳境也

玉泉在玉泉山東北泉出石罅閒因鑿石爲螭頭泉從螭口噴出鳴若雜佩色若素練味極甘美瀦而爲池廣三丈許池東跨小石橋水經橋下東流入西湖爲京師八景之一名曰玉泉垂虹

黃金臺圖

據史記昭王爲郭隗改築宮而師事之新序通鑑皆言築宮無臺字後漢孔文舉謂昭築臺以延隗梁任昉謂臺在幽州燕王故城中土人呼賢士臺亦爲招賢臺始有臺名而無黃金字李善引上谷郡圖經曰黃金臺在易水東南八里昭王置千金其上以延天下士水經注云固安縣有黃金臺遺址沿久或訛而此地亦據圖經得名耳

居庸關

居庸關在府北一百二十里兩山夾峙一水旁流關跨南北四十里懸崖峭壁最爲要險淮南子曰天下有九塞居庸其一焉關之南重巒疊嶂吞奇吐秀蒼翠可愛爲京師八景之一名曰居庸疊翠

薊丘圖

薊丘在舊燕城西北隅即古薊門也舊有樓館並廢但門存二土阜旁多林木蓊鬱蒼翠爲京師八景之一名曰薊門烟樹

龍跡山圖

龍跡山在易州城西南三十里石上有僊人及龍跡西麓谷有一坑大如車輪中有四穴春則風出東夏出南秋出西冬出北嘗有僧法猛入其東穴見石堂石人欲窮諸穴忽聞有人厲聲云其餘三穴皆如東者不宜更入猛乃止

孔水洞圖

孔水洞在大房山東北上有懸崖千尺餘下有石窟潤二丈許泉水從中湧出深不可測時有白龍出見輒化爲魚又嘗聞音樂之聲唐胡詹記嘗有人篝火浮舟探之行五六日莫究其源但見仙鼠晝飛頳鱗時見開元間每旱必遣使投金龍玉璧金泰和中忽有桃花流出其辦如當五錢許

善化山在濬縣西北三十五里去內黃縣西南六十里山有三峯如鼎峙南北連跨巨岡左右溪澗不翅百數西南峯近西有黒龍潭上有龍祠又有仰泉如盆者七十二春夏水常不減山產紫班石又名枉人山相傳紂殺比干於此故名居人以其能興雲致雨目之曰善化

叢臺在邯鄲縣東世傳趙王臺是也登之可望太行諸山亦古都會形勝之地岑參詩云客從長安來驅車邯鄲道傷心叢臺下一旦生秋草

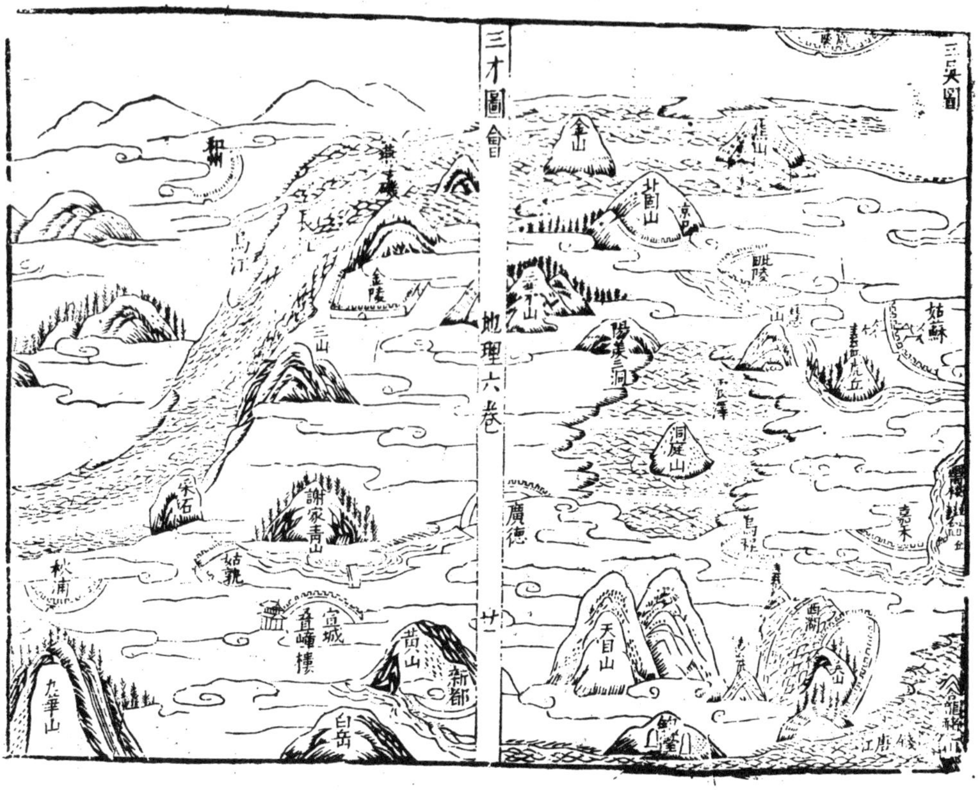

三吳水經謂吳興吳郡會稽通典謂吳興吳郡丹陽似有不同不知春秋之吳都在蘇常之間故蘇有吳縣常有荆溪漢封之吳都會稽會稽非紹興之會稽卽常蘇嘉杭也三國之吳初爲會稽太守封吳侯後建國之地非吳然以初統蘇松常鎮杭嘉湖最久也在秦之時置會稽郡漢武分湖州爲丹陽郡順帝又統爲吳郡三國又獨以湖爲吳興總不脫一吳字也至於蘇杭嘉湖顯名吳者以吳名之日久又在於前三國之吳世既短而松常鎮交晉唐又更爲晉陵江都徐兗等名不同故耳

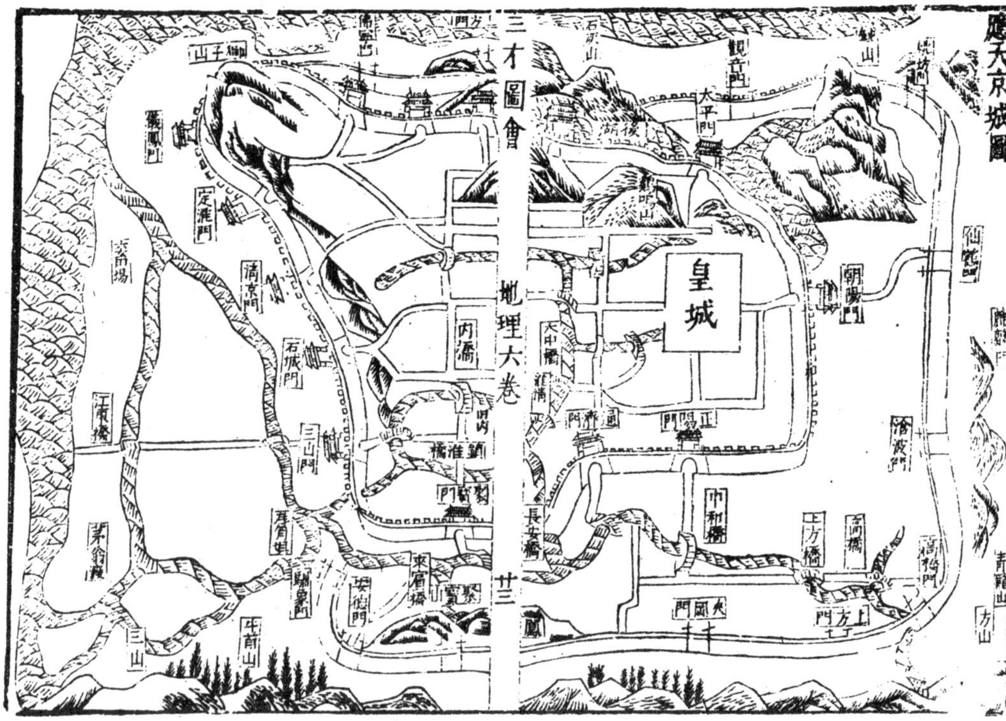
應天京城圖
三才圖會
地理六卷
廿三
皇城
觀音門
太平門
朝陽門
正陽門
通濟門
聚寶門
三山門
石城門
清涼門
定淮門
儀鳳門
鍾阜門
金川門
神策門
仙鶴門
麒麟門
滄波門
高橋門
安德門
鳳臺門
大馴門
上方門
上方橋
中和橋
長安橋
大中橋
內橋
鎮淮橋
江東橋
獅子山
石灰山
鍾山
青龍山
方山
三山
牛首山
茅翁渡

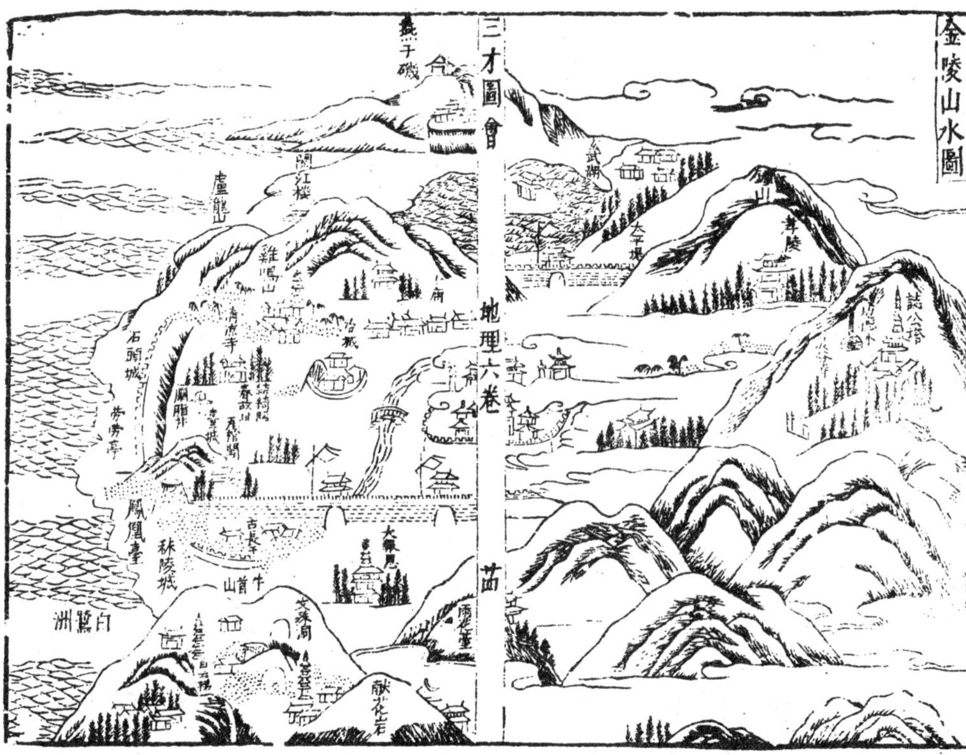
金陵山水圖
三才圖會
地理六卷
廿四
燕子磯
閱江樓
盧龍山
雞鳴山
清涼寺
石頭城
鳳凰臺
秋陵城
大報恩寺
牛首山
文殊洞
獻花岩
白鷺洲
玄武湖
孝陵
太平堤
誌公塔

金陵諸山圖說

唐志稱東南名山衡廬茅蔣金陵有二焉蔣山故名鍾山實都邑之鎮武侯所謂鍾山龍盤是也宋周應合山川序云鍾山之左自攝山臨沂雉亭衡陽以達於東又東爲白山大城雲穴武岡以達於東南又南爲土山張山青龍石硊天印彭城鴈門竹堂以達於南又南爲聚寶戚家梓桐紫巖夏侯天闕以達于西南綿亘至三山而止於大江所謂龍蟠之勢也鍾山之右近之爲覆舟雞籠在宮城之後又北爲直瀆大壯觀四望以達於西北又西北爲幕府盧

龍馬鞍以達於西是爲石頭城亦止於江所謂虎踞之形也

金陵諸水圖說

金陵在大江東南自慈姥山至下蜀渡古稱天塹巨浸此江之境也秦鑿淮吳鑿青溪運瀆楊吳鑿城濠宋鑿護龍河元鑿新河國朝開御河城濠今諸水交錯互流支脉靡辨據經考之自方山之岡壟兩涯北流西入通濟水門南經武定鎮淮飲虹三橋又西出三山水門沿石城以達於江者秦淮之故道也自太平城下由潮溝南流入大內又西出竹橋入濠而絕又自舊內旁周繞出淮清橋與秦淮合者青溪所存之一曲也自斗門橋西北經乾道太平諸

橋東連內橋西連武衛橋者運瀆之故道也自北門橋東南至於大中橋截於通濟城內旁納秦淮又自通濟城外與秦淮分流繞南經長干橋至於三山水門外與秦淮復合者楊吳之城濠也自昇平橋達於上元縣從飲虹橋南接大市橋者護龍河之遺蹟也自三山門外達於草鞋夾經江東橋出大成港與陰山運道合者皆新開河也東出青龍橋西出白虎橋至柏川橋入濠者今大內之御河也若城外落馬澗諸水不能悉載焉

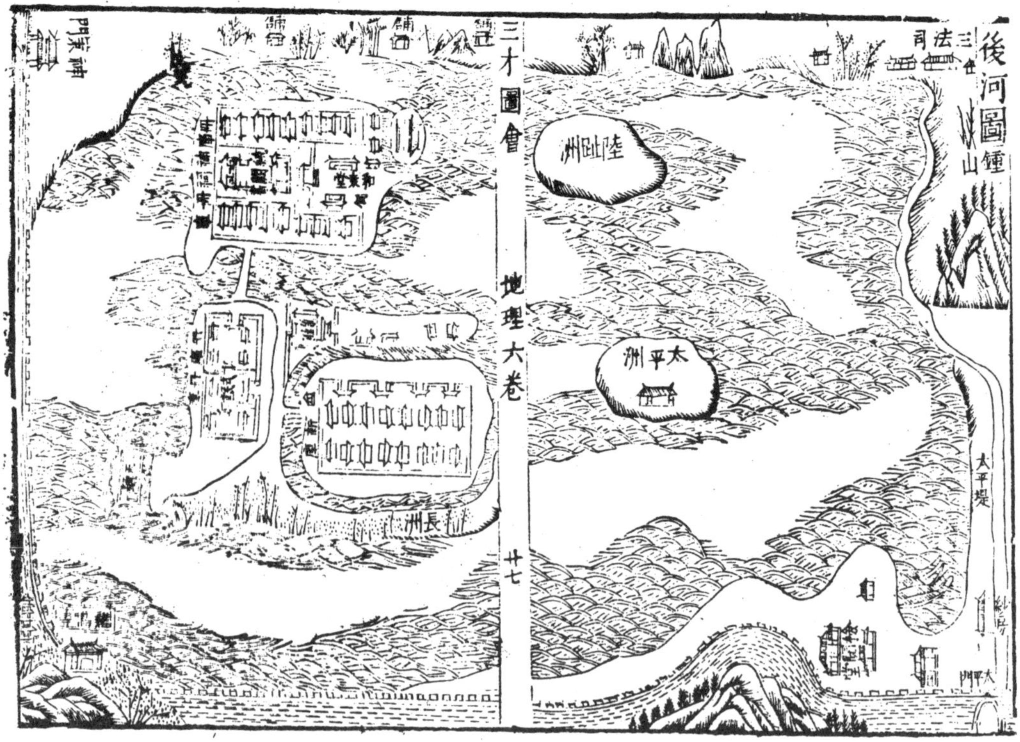

尾過湖必出太平門命舟行可七八里許一望渺漫光映上下微風播揚文漪聿興蕩漾烟波之上莫不情暢神爽若游仙焉其差峩霄漢之表王氣鬱葱而峙乎東南者鍾山也疊連如屏如幃在西北者幕府山也巒嶺偃蹇盤伏於地而松森其上者覆舟山也挺拔而凸出城頭殿閣參差浮屠聳空者雞鳴山也山東西一帶列如懸榜者世傳臺城也崚嶒背水而出者島嶼也傍視三法司隱隱錯落雲水之湄重岡疊阜逶迤連於其外藹然而鸞鳳峙騰然而蛟龍走矣其中遠近芳洲相聚如五星紅紫烟花畢絢如

匹錦鷗鷺鳧鴻載飛載鳴鰷鱨鰋鯉以潛以泳巳目飫而心怡及望一高丘相傳郭仙瘞也四圍樹林蔽日復下故道向新建籍庫過石橋延佇其上騁望雲水茫茫清風颯颯湖上諸宇在蒼烟杳靄間不啻蓬萊閬苑也

鍾山圖

鍾山在府東北周廻六十里漢秣陵尉蔣子文逐盜死於此吳大帝爲立廟封蔣侯大帝祖諱鍾更名蔣山齊周顒隱此其山磅礴奇秀比諸山特高　孝陵所奠緹垣絳闕翠柏萬樹肅入禮成見鬱葱王氣隱隱起萬緑間

靈谷即鍾陵東麓也入禪林行五里松下乱枝蔽虧天日鹿呦呦千百爲群狎客而過上無梁殿擊景陽鍾殿皆甃甋作三券不設榱桷鍾製朴而平脣望之知有古色殿右一啞鍾勅置於風日之下前朝選入爲禁鍾不鳴歸之則鳴於寺中下殿試響埠左入過琵琶街拍手試之艮如彈絲云其下多疊甕乃梁昭明太子讀書處遶廊觀吳偉畫壁已蝕不存入塔禮誌公猶肉身也左立一異香如鳳目倚以錫杖婆娑竟乃引至八功德水掬而飲之昔法喜禱求西域阿耨池以七日得之者梁以前嘗取以給御案故在峭壁寺東自遷誌塔亦從之而湧舊池遂涸

雨花臺圖

雨花臺在府南三里據岡阜最高處梁武帝時有雲光法師講經于此感天雨花

鳳凰臺圖

鳳凰臺故基在江陰縣治之南劉宋元嘉中有鳳凰集此山因築臺其上故名今爲南京覊都臺在魏國公園中唐李白詩鳳凰臺上鳳凰遊鳳去臺空江自流卽咏此

石頭城圖

石頭城在府西二里吳據石頭爲城故名諸葛亮云石頭虎踞是也又名城洞在石頭西嶺下臨大江當斬絶之處有洞戸眞誥云此中有洞天也

白鷺洲圖

白鷺洲在府西南江中唐李白詩二水中分白鷺洲卽此宋曹彬嘗大破江南兵於此

觀音閣圖

出觀音門循磴道抵觀音巖巖逼霄漢恠石礌垂大江南來帆檣僅在扉履間昔達磨於此折蘆而渡寺負山横起垣檻如率然閣在其西亦傍巖懸搆下築江唇爲基上交九柱置牟首馬凭之可瞰大江

燕子磯圖

自觀音巖道舊徑西而數百步乃至燕子磯飛崖掠江如燕尾然亦巖之分脉也江水抱其三面以鐵鎖曳磯趾上植丘亭標之江上陰風怒號勢欲飛動上東山覗瓜步群峯杳耿如落鴈

金陵多佳山牛首爲最山據城之南初名牛頭以雙峯竝峙若牛角然佛書所謂江表牛頭是也晉王丞相導嘗指曰此天闕後又名天闕山云三里抵山舍西上二里達弘覺寺門内二井其左曰白龜池右曰虎跑泉後僧以其險更甃爲井而虎泉尤清洌庭中銀杏一株圍可二丈經修廊東行緣石魚貫上登觀音閣憑闌俯視第見浮圖之尖再上有舍身臺及辟支佛足跡下至兜率巖窔洞上突出如屋久之至文殊洞前有屋一楹既而登山之背觀蕭昭明飲馬池徑可丈餘冬夏不涸下而西至辟支洞廣差勝

文殊石浮圖立其前辟支舍利所藏處也浮圖有石刻二其一宋皇祐二年記不著撰人中載誌公答宋明帝語云昔辟支佛冬居於此其一乃如愚居士詞字絕類黃太史西下經禪堂旁室闔其門有竅如錢日光射浮圖影倒挂佛案紙上不可曉也五里至獻花巖石益奇麗中虛深可十步儼若堂宇相傳唐高僧嬾融嘗居其中有百鳥獻花之異巖因以名山故有幽棲寺今名華巖巖之南曰屯雲亭又南曰芙蓉閣閣嵌巖石登其上群峯攢蹙在眉睫山之最佳處也北下僧廬其扁曰無邊風月可坐眺遠又下

有軒曰無塵又二里出山

茅山圖

茅山有三峯最高者爲大茅峯草被之其緑如傳而茂樹清泉復相映帶上山二里至崇禧萬壽宮其東有東西楚王澗自華陽洞西三水合流趨宮之前相傳昔楚威王游憇於是宮蓋梁陶貞白華陽下館入門有崇臺三級甃石堅緻名拜章臺宋徽宗時物宮又有陶貞白王遠知祠出宮東行折而南約五里經胡山亭又上緣崖而行道益峻險金壇諸山遠列雲霧疎悚不暇又一里爲聖祐觀據峯之巔大茅君昇仙處東北五里閱喜客泉甃以石圓徑丈深可半尋衆鼓掌卽湧沸津津如散珠否則湛然山復有撫掌泉在昭明讀書臺下與此泉同誠異蹟也泆澗東折數百步二碑屹立草中其一宋景祐間賜觀額勑牒其二晏元獻五雲觀記又東百步至華陽洞道家書謂三十六洞之八周百五十里名金壇華陽之天上巨巖如削有華陽洞三大字旁多昔人題名洞外兩石相拒狀如掀脣後人累甓爲垣以防失足而復亭其上以俟游者自其左循石級俯首而入巖泉點滴下多積水蓋洞有五門此南面之西便門也洞右東下數百步有石柱洞口偪仄容僅一人經仙人洞西折歷馬迎街度石梁上元符萬壽宮宮陶

貞白故宅中亦有拜章臺臺之右二碑刻宋理宗書聖德仁祐之殿六大字并前元賜印劍環山省劄登方丈茅峯當其前歲庚戌三月三茅君現形大茅峯西足躡祥雲金光繞身食頃而散出山一里入崇禧觀其右王法主墓墓前二石表猶是唐物北折幾二里有古松千株殿角出其中者祠宇宮也宮祠三茅君道祖有唐刻石北折五里至玉晨觀卽所謂金陵地肺天下第一福地者也東晉陽羲許長史父子並於此得道其前池曰雷平眞誥謂昔雷氏養龍之所池之南爲伏龍岡上有唐玄靜先生李含光墓觀門

列石古檜十四傳爲許長史手植大逾合抱紋皆左紐觀東檜下有古井石闌刻字已半漫剥晉許眞人丹井觀之兩廡及庭古碑二十有五其間梁刻者一唐刻者六南唐刻者二登白馬老君殿前有周眞人池其水已涸老君像龕仙人展上公像山志稱上公高辛時人法堂東有陰陽井井二穴而共一水以其氣分寒煖此許長史舊迹飲之可以愈疾

華陽洞圖

華陽洞在句容縣三茅山茅君兄弟飛昇之處祠宇壯麗林谷幽窈有喜客泉水清澈聞人聲則泉底泡沫纍纍出水面如貫珠有禮眞壇宋徽宗所賜玉印寶劍尚存爲聖朝祝釐之所洞中幽暗崎嶇有滴水聲道書三十六洞天之一也洞門有亭可憩

巢湖圖

三才圖會　地理六卷　四三

巢湖在廬州府巢縣西一十五里一名焦湖周圍四百餘里港汊大小三百六十占合肥舒城廬江巢四邑之境漢永平中湖嘗出黃金郡國志昔有巫言居巢縣門石龜口出血當陷爲湖未幾有人以猪血戲塗之巫見之驚走地果陷又青鎖高議古巢一日江水暴漲尋復故道港有巨魚萬斤三日乃死合郡皆食之獨一姥素好善不食忽有老叟曰此吾子也不幸罹此禍汝不食其肉吾將厚報之東門石龜目赤城當陷姥日往視有稚子欺之以朱傅龜目姥見忽登山而城陷爲湖

八公山圖

三才圖會　地理六卷　四四

八公山在鳳陽壽州東五里淝水之北淮水之南漢淮南王安與其賓客八公俱登此山學仙今山有安故臺及石上有人馬迹晉謝玄禦苻堅陳肥水堅望見八公山上草木皆爲旌旗狀秦師遂敗廬州巢縣亦有八公山謂淮南王修煉之地然巢縣者非是蓋廬州至晉方名淮南而鳳陽漢初即謂之淮南也

朐山圖

朐山在淮安海州城南四里上有雙峯如削俗呼馬耳峯傍有龍潭水極清冽秦始皇東巡至朐山界即此又有石棚山即朐山東北嶺有巨石覆巖上其山如棚嶺甚高峻了無花木宋石曼卿判海州使人以泥裹桃李爲彈拋擲其上數年間花若錦繡又名錦巖

瓊花觀圖

瓊花觀在揚州城內又名蕃釐觀其瓊花一名玉蕊花或云唐所植天下獨一株故宋歐陽修作無雙亭以賞之元至正間朽以八仙花補之鄭惠肅辨其不同者有三瓊花大而瓣厚色淡黃不結子而香葉柔而瑩澤八仙花小而瓣薄色微青結子而不香

浮渡山在安慶府桐城縣東九十里曰浮渡山自地視之如瀟自江視之如浮不峻不麗其中巖壑相屬多石石多屈曲可觀其崖三百有五十其最著者三十有六其峯七十有二其少南爲石龍峯其峯蜿蜒如龍人行龍脊上其東爲陸子諸巖陸務觀有詩其巖聯綿如千步廊郎之槩如延之謟如謂之廊巖其南爲會勝巖其巖洞而且邃可屋可樓景象皆萃山巒翕集其東有穿心巖其巖空曠可數百武又其東下爲石門其門綽如也又其東南爲金谷巖高而敞倍於會勝其上有屋有塔其西南有峯千仞歸

然俯江其上有仚巖其西上爲大通巖視諸巖尤勝有古砦有龍湫人謂之天池云又有井其水淵洄不溢不涸深不可測其内有浮苴草木蓊然木今伐矣而其根猶著水上其西下爲張公巖其中亦有井甘而且洌又其西爲西峯諸巖巖亦有可居者中有滴水巖其上有門僅可望天日坐其中冷然生寒久則毛髮俱灑矣其南下漸平曠有浮山寺今廢其上多芝蕙蘭桂白石唐宋人石刻其週五里其高三里

灊嶽在安慶府潛山縣西北二十里一曰天柱山一曰灊山一曰皖山漢武帝以霍嶽遠在衡山欲南狩乃移近於灊山登封之故今爲霍山亦以爲霍嶽云然灊山聳其北皖山揖其南兩山削壁如拱如輔疊嶂層巒拒雲聚日空青積翠萬仞如翔遠之不見分即之不見合雪山盤其東俗以爲天柱山磅礴重厚如俯如集霍屏褭其西嶢崖絶壁眞若屏立是山也仰摩層霄俯瞰廣野瑰奇秀麗不可名狀有峯二十有七其最奇者在灊山有天柱峯其峯突出衆山之上屹然獨尊峭拔如柱傍連二峯其勢昂峙一

曰飛來其巔有巨石如人置於其上一曰三台上台如麗中台如倚下台如隨其嶺有七星池一方一圓週不滿丈深不滿尺其傍有獅巖曰大獅曰小獅其巖槎牙如對其中有洞曰司玄其洞空邃可容萬餘武石梯差差石欄礌礌可游可止曰桃源其洞有桃其花五色其實可食曰黑虎其洞如虎有煉丹上山中山下山昔人丹臺在焉相傳爲左慈煉丹處其東下少南有眞元宫有山谷有谷水有山谷寺其在皖山有棲峯其峯突然如結有獅峯昂然如顧有印峯其上有石如印其半有天祚宫其下有祭壇有

九井其傍有石床可容百人其井深淺不可測旱則殺一犬投其中卽降雲雨犬亦流出其在雲山有雪崖崖半色垂如雪瀑布萬仞丈冬夏瑩然如晴故又謂之晴雪其上有蓮崖有玉鏡池有芙蓉山鉢盂山其中有白雲巖巖下有石室石床石壁石門石臼石磴有丹竈其傍有石松其松如蓋松生石上不知其幾百年上有鬬牛石貂鼠石鸚鵡石酒甕石月牙石其石如牛如鼠如鳥如甕如牙其半有藏虎巖其下有太子閣昭明讀書處有廻龍橋武帝廻輦處有天柱寺其中有三十六庵其最著者曰芙蓉曰中峰

有仰天湖其湖瀟而注可灌可沃其在霍山視瀟皖若引若障其山之高七千有二十丈廣二百有五十里週八百里道家以爲第十四山司玄洞府其峻如擎其起如躍其止如蟠其落如踞云

小孤山圖

小孤山在安慶府宿松縣東南百有三十里其山初立江之北岸與南岸相對如關其水湍急極其險迅世謂之海門第一關今屹立於江心若柱而竚（成化甲辰忽衝北岸入江山遂在江中矣）無支峯無贅阜石壁峻拔遠之如菡萏出水近之如芙蓉凌波亭亭焉屹屹焉如削其水澎湃其南下爲彭浪磯其磯蹋爲馬當山其北下爲娥眉洲其渊如黛爲小孤祠其下有鐵柱（古彭澤簿焉克敏所鑄舟人賴以濟險）其上有山亭（人謂之梳粧亭）有石級凡百有十二其級紆曲其半有石隙可屋亭下數步有巖如斗可居其東有平石可憩其西有龍湫可汲又其上

有隙地可畦其山多苔壁多烟蘿其石多巉多古人詩刻其木多皺其高可數千丈其週可數百丈其挽如髩其脫如頹云

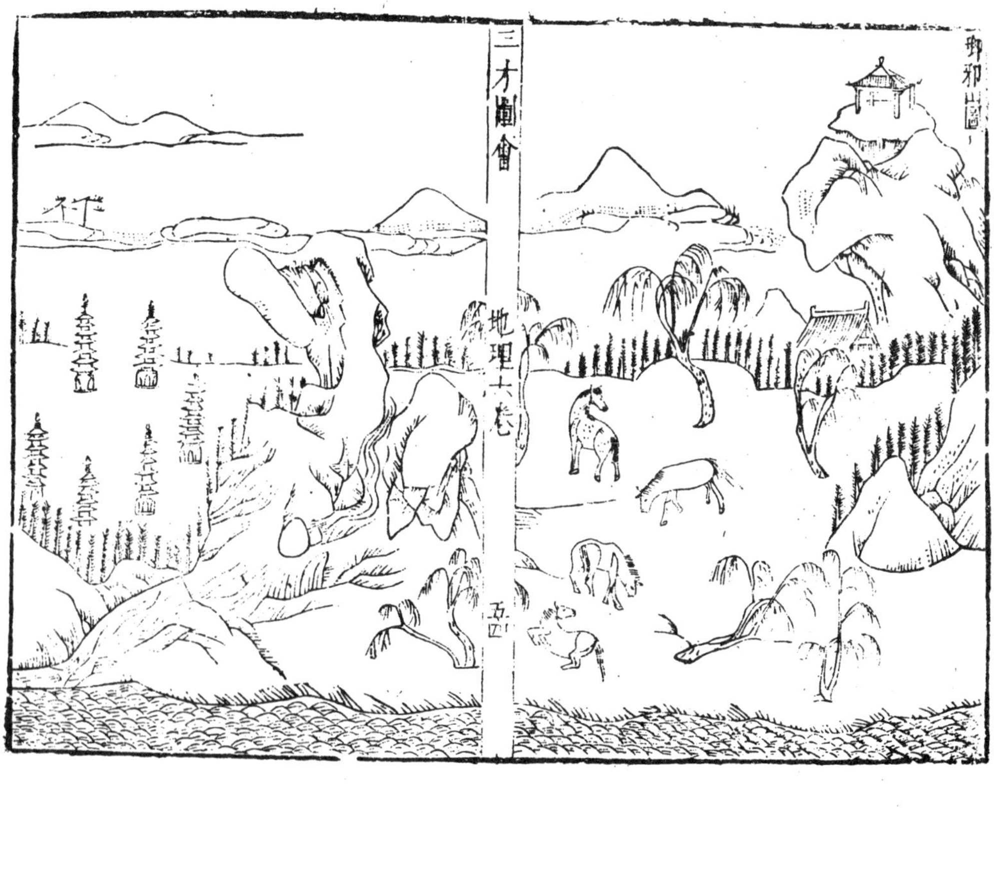

瑯邪山在州西南十里晉元帝潛龍之地帝嘗封瑯邪王山因以名秀麗偉拔爲淮東奇觀自驛西南出過平臯約三里所望豐山盤互雄偉出瑯邪諸峯上唐梁載言十道志又云豐亭山山上有漢高祖祠又有飲馬池世俗妄傳漢高祖曾飲馬于此國朝以山麓爲畜牧之塲别鑿池飲馬仍揭以舊名居人指云山下有幽谷地形低窪四面皆山其中有紫微泉宋歐陽公修所發泉上十餘步即豐樂亭直豐樂之東數百步至山椒即醒心亭由亭而西入天寧寺今皆廢惟凉烟白草而已山東南有柏子潭潭在深

谷底延袤畝餘色正深黑即歐陽公賽龍處上有五龍君祠　皇上初龍飛屯兵於滁會旱暵親挾雕弓注矢於潭約三日雨如期果大雨及御寶曆爲作欄楯護潭且新其廟廟側有時若亭復西行約三里許有泉瀉出於兩山之間分流而下曰釀泉潺湲淸澈可鑑毛髮傍岸有亭曰漸入佳境今亦廢惟四大字勒崖石間淳熙中郡守張商卿等題名尚存沿溪而上過薛老橋入醉翁亭亭久廢名人石刻頗夥兵後焚爇殆盡亭側有玻瓈泉又名六一泉石閫環之闌下壁以巨石中疏一竅通泉徑可五六寸手掬

飲之甚溫歷石徑一里所至回馬嶺回馬者建炎寇盜亢斥郡守向子伋因山爲寨植東西二門西曰太平東乃回馬也嶺之東有醴泉又其東南有栲栳山山之南有桃花洞又南有丫頭山山之下有熙陽洞宋熙寧初僧崇定獲佛舍利六百壘石爲四十九塔於道隅纍纍如貫珠塔雖廢幸有遺址可憑九鎖而至開化禪院院在瑯邪山最深處唐大曆中刺史李幼卿與僧法深同建即張文定公方平寫三生經處三門外有庶子泉泉出山罅中幼卿所發李陽氷所篆銘銘已亡張億書三字碑亦斷裂臥泉下石

崖上多諸賢題名泉之南有白龍泉有明月溪稍南有吳道子畫觀音須菩提像刻石壁上又稍南有華嚴池由明月而上入歸雲洞訪千佛塔遺址過石屏路俯窺大曆井井亦幼卿所鑿沿山腰陟磨陀嶺遠望大江如練鍾阜若小青螺在游氣冥茫中嶺下有瑯邪洞洞廣兩室中有一穴深巨測名人題識無異庶子泉

三才圖會　地理六卷　五七

大洞在廣德州城東北七十里廣數丈深不可測遊者秉燭而入有石燕群飛乳泉滴瀝神人佛像碁盤鍾磬之屬皆白石天成其東洞水深不可入昔傳神龍所居遇旱禱雨輙應

三才圖會　地理六卷　五八

留侯城在今沛縣張子房之封邑也史記云臣始起下邳與上會留臣願封留足矣遂封良爲留侯今土人呼留城云劉長卿詩云訪古此城下子房安在哉白雲去不反危堞空崔嵬伊昔楚漢時顛閒經濟才運籌風塵下能使天地開蔓草日巳積長松日巳摧功名滿青史祠廟惟蒼苔

歌風臺圖

歌風臺在沛縣漢高帝平英布還過沛留置酒沛宮悉召故人父老諸母子弟佐酒道故舊爲笑樂酒酣上擊筑自歌曰大風起兮雲飛揚威加海内兮歸故鄉安得猛士兮守四方於是起舞慷慨傷懷泣數行下謂父老曰游子悲故鄉千秋萬歲後吾魂魄猶思沛文中子曰大風安不忘危其霸心之存乎

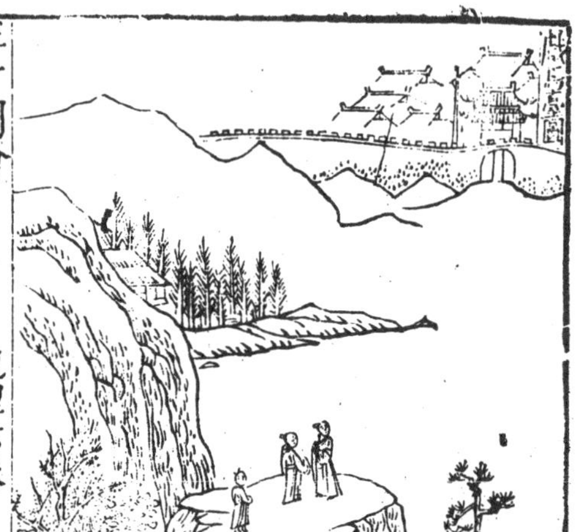

戲馬臺圖

戲馬臺項羽都彭城時戲馬之處也在今徐州雲龍山之麓英雄既逝景物亦非寳馬無聲佳人罷舞荒丘斷隴滿目蕭騷惟有禾黍離離動搖秋風耳

寄寄亭在清江浦戶部分司之署亭制甚小池水四抱架木以度邵文敬理餉時建篁墩程公所爲作記者也西崖李先生詩云寄寄亭中寄此身此身眞作寄中人後理餉者復建先春草亭於其南亭非故有宜晚堂陽明先生所題清江草堂者是也亭頗書甚佳匏菴吳公之筆云

三才圖會地理六卷終

三才圖會

雲間元翰父王圻纂集
男思義校正

地理七卷

九華山圖

采石圖

吳門控三江五湖之勝號東南奧區越絕書吳大城闔閭所築周廻四十七里陸門八象天八風水門八法地八卦有穹窿玄墓虎丘靈巖洞庭諸勝西北九里後避唐諱改虎爲武靈巖在城西二十四里吳王之別苑在焉有館娃宮琴臺響屧廊西施洞山頂有池下瞰太湖望洞庭西山滴翠叢碧如在白銀世界中洞庭卽包山在吳縣西南中有林屋洞吳王使威靈丈人入洞十七日不能盡因得禹書又曰林屋洞十大洞天之一也俱爲宇内絕景

吳門圖

姑蘇臺圖

姑蘇臺一名胥臺在姑蘇山越絕書曰闔閭起姑蘇臺聚材三年乃成高見三百里傳云麋鹿遊於姑胥卽此劉禹詩曰勾踐飲膽日吳王酒滿杯笙歌入海雲聲自姑蘇來李白詩云姑蘇臺上烏栖時吳王宮裏醉西施蓋傷之也

虎丘山寺圖

虎丘去州治僅數里中多小溪曲磵夾其間如抱月然其最幽麗者莫善和靖祠嘘青攢白外與天接其上有浮圖屹漢杪下瞰姑蘇可一掌轉浮圖而南世傳生公講堂痦石軒在馬軒側有劍池側立數千尺兩崖壁峭如剖水清寒瀌瀌鳴下有鉅石環敞磅礴可羅胡床十數座千人中有白蓮池白蓮挺挺華若丹碧又稍下小石路迤邐其間泉盆奇石盆怪俄斗折突起松篁豁然則和靖讀書處也吳王闔廬葬所中多金鳧玉鴈銅駝水精碧海丹砂諸物嘗有白虎盤據其巔故名晋司徒王珣及弟珉俱宅於此

天池山圖

按圖經山距吳縣西六十里由絕嶺而上山半有池逾數十丈因名天池晉太康中常產千葉蓮華又名華山山上有石鼓石屋又有龜巢石秀屏虎跑泉蒼玉洞宋紹興中張漢卿嘗居此號就隱山

玄墓圖

吳之山惟玄墓最僻而亦最奇面湖而險與丹崖翠閣望之如屏又名鄧尉法華障其前銅坑青支迤邐其左游龍界其右岡連嶺屬詭狀異觀相傳郁泰玄葬此故以名山又萬峯和尚修乘其下故亦名萬峯其陽有萬峯塔院山多美箭會尉崖巘間級石而上得浩公房湖閣閣下多高松風起則谷嘯水涌聲聞數十里其尤奇則在絕頂一登則洞庭諸山悉浮湖面山之麓有奇石甚詭麗緣溪至虎山橋橋亦在亂山中而六水繞出其下波聯震澤映帶不

靈巖山圖

靈巖山即古硯石山在吳縣西三十里亦名石鼓山闔廬養越美人於此上有兩湖續圖經云硯石山頂有三池一曰月池一曰硯池一曰翫華池雖旱不竭蓋吳時所鑿也山上舊有響屧廊其下有石室俗傳吳王囚范蠡之地又有嶬村其山出石可以為硯註硯石之名由此也吳郡志云登山見太湖諸山在銀濤中亦宇內絕景館娃宮西施洞響屧廊香水溪吳王井皆其跡也

天平山圖

天平山續圖經云在吳縣西二十里巍然特高群峯拱揖蓋一鎮山也吳郡志云此山在吳中最為崷崒高峻端正特立山皆奇石山半有白雲泉亦為吳中第一山頂正平有望湖臺下有白雲寺宋參政范魏公奏請賜名及公之先隴在焉姑蘇志云在支硎南五里最多奇石上有睹賢有逵公菴頭陀巖龍門大小石屋卓筆飛來諸峯望湖照湖石

支硎山圖

支硎山吳地記云在吳縣西十五里晉支遁道林嘗隱此山蘓志云平石爲硎山有平石又因支遁故以支硎號焉山有石室温泉及放鶴亭馬跡石皆道林盤桓處南有石門尤奇特東趾爲觀音禪寺續圖經所謂中峯南峯皆其山之別峯也

穹窿山圖

穹窿山續圖經云在吳縣西六十里越絶書云古赤松子採赤石脂處也吳地記云穹窿山東西二嶺栢趙名曰銅嶺此山特高峻比陽山尤高其頂方廣可百畆半山有泉名法雨下注石堰可以灌田東下有盤石高廣丈許世傳朱買臣讀書臺穹窿寺在焉北有紫藤塢百丈泉海雲菴西有白馬寺海雲庵姚少師隱處

洞庭山圖

洞庭山在府城西一百三十里峙太湖中一名包山亦名林屋山周廻一百三十三里重岡複嶺茂林平野閭巷井舍不異市邑又有上方下方石公龍頭金縲渡渚諸山縹緲峯其林屋洞毛公壇桃花塢諸跡尤爲奇勝漢書云下有洞穴潛行水底無所不通號爲地脉道書以爲第九洞天

馬鞍山圖

馬鞍山在崑山縣北廣袤三里狀如馬鞍峯巒蔚秀極目湖海百里無所蔽山出玲瓏石梁汝門慧居此上有浮圖其陽有慧聚寺東偏有山神寺西有文筆峯山頂有華藏寺南有桃源洞北有鳳凰石及春風亭正統間知縣羅永年植柏千章名郎官柏

虞山圖

虞山在常熟縣西北爲縣之鎮一名海虞山越絕書巫咸所居又傳虞仲隱於此因名雖無峯巒而蜿蜒起伏畧如臥龍山麓有雪井維摩庵太公石屋傍有石洞西北爲拂水巖崖石陡峻水奔注如虹凌風飛濺最爲奇勝自南而西有昭眞宮昭明太子讀書臺在焉又西有三沓石與石城石門諸峯錯峙下有石壇周八十歩

太湖圖

在吳郡之西南廣三萬六千頃中有山七十二襟帶三州蘸湖常也一名具區一名笠澤一名五湖虞仲翔云太湖東通長洲松江南通烏程霅溪西通宜興荆溪北通晉陵滆湖東連嘉興韭溪水凡五道故謂之五湖今湖中亦自有五湖曰菱湖莫湖游湖貢湖胥湖莫釐之東周三十餘里曰菱湖其西北周五十里曰莫湖長山之東周五十里曰游湖汾無錫老岸周一百九十里曰貢湖胥山之西南周六十里曰胥湖五湖之外又有三小湖曰梅梁湖曰金鼎湖曰東臯里湖而吳人稱謂則惟曰太湖云太湖有七十二

峯其發自天目迤邐至宜興入太湖峙爲諸山湖之西北爲山十有四馬跡最大又東爲山四十有一西洞庭最大又東爲山十有七東洞庭最大馬跡兩洞庭望之湫然如世外即之茂林平野閒巷井舍仙宮梵宇星布棊列馬跡之北津里夫椒爲大夫差敗越處也西洞庭之東北渡渚黿山橫山陰山秦餘長沙山爲大長沙之西衝山漫山爲大東洞庭之東武山北則餘山西南三山厥山澤山爲大此其上亦有居人數百家馬跡之西北有若積錢者曰錢堆稍東曰大凢小凢與錫山若連而斷舟行其中曰獨山

有若二梟相向者曰東鴨西鴨中有三峯稍南大墮小墮與夫椒相對而差小爲小椒爲杜圻范蠡所嘗止也西洞庭之北貢湖中有兩山相近曰大貢小貢有若五星聚曰五石浮曰茆浮曰思夫山有若兩烏飛且止者曰南烏北烏其西兩山南北相對而不相見見即有風雷之異曰大雷小雷橫山之東曰千山紹山曰曈浮曰東嶽西嶽世傳吳王於此置男女二獄也其前爲粥山云吳王飼囚者也有若琴者曰琴山若杵曰杵山曰大竹小竹與衡山近若物浮水面可見者曰長浮癲頭浮殿前浮與黿山相對而差小

者爲龜山有二女娟好相對曰謝姑有若立柱巉崪玉柱稍郤金庭其南爲峧山爲歷耳中高而旁下者筆格驥首若逝者石蛇有若老人立石公石虵石公石最奇與黿山龜山南北對面曰覓山山旁曰小黿山若螺者清浮二黿之間若隱者見曰鱉藍東洞庭之南首銳而末岐者曰箭浮若屋歒者曰王舍浮苧浮又南爲白浮浲厥之間有若笠浮水面者曰蒻帽有逸於前後追而及之者曰貓鼠有若碑碣橫者曰石牌是爲七十二然其最大而名者兩洞庭也

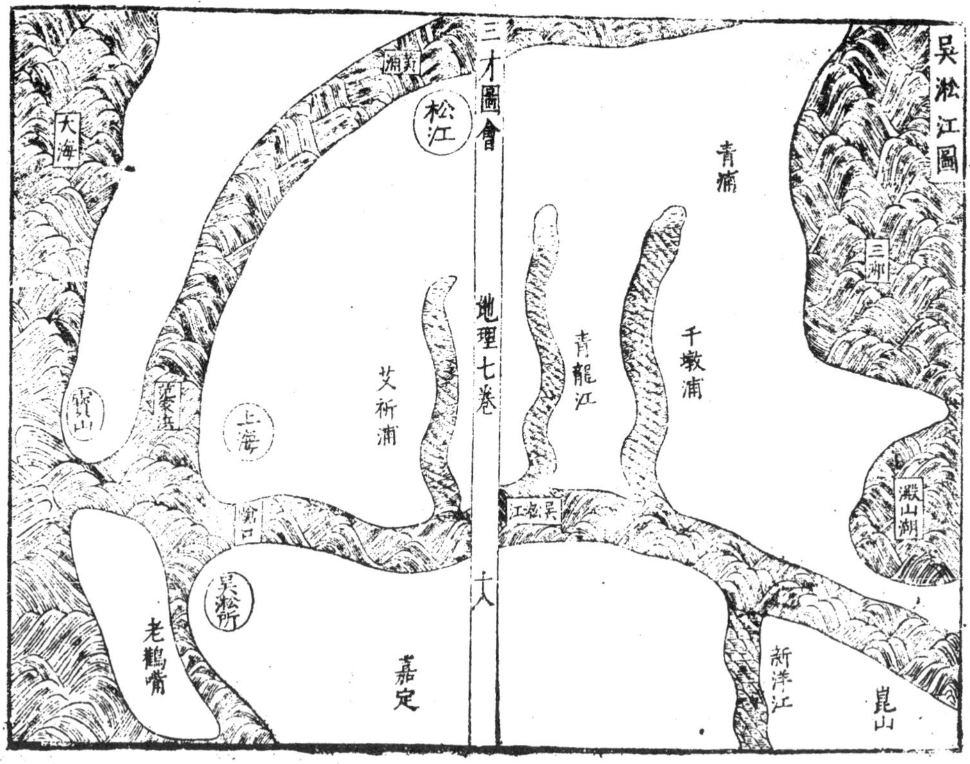

吳淞江圖

按吳淞江禹貢三江之一也一名松陵江其源自吳江長橋東流至尹山北流至甫里東北流至澱山北合趙屯浦又東合大盈浦又東合顧會浦又東合松子浦凡五大浦至宋家橋與黄浦合流入海是淞江洩太湖之水杭嘉湖與蘇松常同其利害者也開則六府均蒙其利塞則六府同受其害　隆慶四年巡撫海瑞借支軍餉及調取賑濟贓贖遵河夫無碍錢糧委松江府同知黄成樂上海縣知縣張嶺等尅期開濬查勘舊蹟自王渡起至宋家港口共長一萬一千五百七十一丈闊三十餘丈今議減半開河

面一十五丈底闊七丈五尺深一丈五尺六寸共計用工食銀六萬餘兩是歲大饑小民思盃自河工一興畚鍤雲集不兩月而告成百姓至今尸祝之　今上萬曆十五年以吳中歲遭水患奏請特設水利副使一員專管江南水利駐劄松江是歲以河道副使許應逵來董其事出帑金十萬佐修治費及至首濬吳淞然開濬未完而故道反塞甚至斷流不一年盡爲平壤豈氣數之偶然抑人爲之未盡歟

機山在府城西北二十里因郡人陸機得名山下有村曰平原亦以機爲平原内史故也

鳳凰山在府城北二十三里據九峯之首延頸舒翼宛若鳳翥故名華亭有九峯爲邑之勝此其一也

横雲山在府城西北二十三里一名横山或云因陸機答雲間今名山頂有白龍洞潛通澱湖深不可測

佘山在府城北二十五里舊傳有姓佘者養道於此因名東西二峯延亘數里招提蘭若隱見其中土宜茶有泉名洗心甚清洌

細林山在府城西北二十五里舊名神山唐天寶間改今名

崑山在府城西北二十五里陸氏之先葬此後生機雲時人比之崑山出玉因以名山

干山在府城北二十九里舊傳吳干將鑄劍於此因名又以形如天馬亦名天馬山山南舊有圓智寺

簳山在府城北四十里舊以土宜竹箭而名下有駱駝墩干將試劍石又有玉寶泉甫華洞山形雖小而遊覽者衆

小横山在横雲山東由絶頂至東北皆峯巒隱起壁立數

仞色盡赭遊人呼爲小赤壁畫壁斬然一罅如虎丘試劍石狀前有石可踞坐下瞰小澗亦九峯奇絶處也

三泖在府城西南三十六里太史公云泖之爲言茂也晉陸機對武帝三泖冬温夏凉圖經泖有上中下之名而舊縣圖又以近山涇圓者曰圓泖近泖橋闊者曰大泖自泖而上縈繞百餘里者曰長泖北有谷水一名谷泖或以爲泖之異名自圓泖分流東絕沈涇塘爲横浦入於顧會浦沈涇又自北入大盈浦黄橋門斜塘石湖塘自大泖分流古浦塘亦自圓泖分流俱合秀州塘今黄橋門塞水併入斜塘勢湍悍東入潢潦涇遂爲黄浦

嘉樹林

陳朝檜在松江府壽安寺殿墀左右陸龜蒙皮日休有重玄寺雙檜詩即此宋政和間朱勔畫圖以進有旨遣中使取之一夕風雨震雷碎其一其一尚存葉夢得避暑録以爲朱沖奉旨取平江白樂天手植檜與華亭悟空禪師塔前檜皆唐時故物按臨安志悟空塔亦有雙檜東坡詩所謂當年雙檜似雙童者乃在鹽官界石林蓋誤以靜安爲悟空也

慧山圖

慧山在無錫縣西七里數峯連綿雲林頗幽登之可望太湖有聽松閣漪瀾臺山下有靈池異花載在方志有眞儒隱客遺事故迹一名九龍山陸羽謂山陽有九隴若龍偃臥其泉伏湧潛泄論者以爲第二泉云

周處風土記謂漢張道陵脩仙於此洞靣西北其周五里脣有石相距丈許上一石横亘宛若門闕上皆飛巖峭壁嵌空邃深駭人心目下數百步洞盆空豁石壁三面儼如堂宇其通明處可方數丈謂之天窓雜樹蒙翳天光下垂傳爲吳赤烏中震霆所闢上石乳萬株異形詭狀不可摹繪時有泉下滴人黙承之出洞衣袂如故稍有言其滴處遂痕蹟必浣滌亦甚異也中一臺崇三丈面可坐百人俯瞰宜胷足不能措臺南石刻張公洞福地五字道書謂天下福地七十有二此其五十八也臺之下怪石紛錯若者

倚者銳而出者却而後者顛而欲仆者技而起者横理者端莊而拱者偃者夷者將斷而復續者與石乳皆蒼綠一色傳染不逮又有如笋之植如鳳之騫如禽之怒而走饑而噬蓋洞之妙至此洞西壁斜裂下多亂石其東一穴類洞而小人不敢入正南壁下其深黒處云可通後洞出洞半里東折觀後洞門石頗隘又東南數百步會仙巖孤峯側立數仞横理若鑿昔有人見二叟倚石遯形而入因以名巖其下空洞有泉出焉自右而趋潺潺有聲極可聽一斷碑横卧草際乃元延祐四年重修會仙亭記

善卷洞圖

善卷寺在國山東始於南齊建元蓋祝英臺之故宅也門有榜曰龍巖福地行松閒數百步泉上有亭翼然曰湧金寺唐太宗十年七月所建柱礎刻字猶有存因名曰唐殿其制與今絕異寺之後亂石離立泉交流其間數十步至小水洞上飛嵓突出巉峻可二十仞而大石翼其左右其中有竇形類偃月深莫可測水由是出客投以瓦石輙闐然鳴李司空碑謂徵時親見白龍騰出洞中蓋龍穴云水出洞潛行石下百步乃見其一南注經寺之鍾樓一東流至於寺門一自湧金亭南下與東流滙至玉帶橋入於溪鄉之人資灌田甚利復由平地登山計二里許西北循石磴而上至乾洞右崖有刻字曰仙李巖下小洞如甕覘之無所見洞左峭壁百尺一古木葉類榆朴根緣壁下垂附石而出復產枝葉人不知其根也前有一石蹲踞爲洞之主峯左白象右青獅相向而立象之形垂而獅之形則昂以炬燭照之中有玉柱高可丈餘大六圍下圓而上銳光潔如玉即唐張承吉所謂玉柱閟靈根者也石之白而方者高下井井儼如經畫曰仙人田瀦水尺許冬夏不枯洞北有丹竈可容三釜竈之後倚壁一石石上特伸一手巨

而且長色白如粉指甲宛然曰米堆鹽堆以形似名南有仙床倚壁如今僧之禪床石色皆青紅黃白相錯復緣石磴而下凡數百級則大水洞在焉水勢迅奔而其流由外而內入於小水洞而止聲如震雷且不盈溢不知其何受而何泄也由洞而進右一長石直亘於中左之長亘者比右稍狹若爲洞之第二門自外窺內洞益高水益深左右石皆碧色如肝肺倒垂者以四五百計聯屬不絕二洞上下相承不爽尺寸如巍樓然亦天下一奇絕也乾洞前有九斗壇山有九峯如覆斗故名梁武帝禱雨輙應寺之西

名國山山巔有封禪碑寺之後有三生堂唐李𧶘宋李剛李曾伯一姓而皆位至宰相沈石田詩所謂一姓轉身三宰相者也堂右偏石室刻壁仙庵三大字李曾伯所書乃祝英臺讀書處與梁山伯同事筆硯者舊有偃柏在寺前如臥龍今已腐爛滅跡矣寺門西有玉帶橋唐李丞相舍玉帶而建者又名勝義橋李曾伯書扁寺前有龍巖亭扁亦李曾伯所書也善卷者卽舜讓天下與善卷而不受逃之深山謂洞名以此

玉女潭圖

玉女潭在山半深谷中渟膏湛碧瑩潔如玉三面石壁下插深淵石梁亘其上石上微竅日正中下射潭心光景澄徹構重屋其上曰玉光閣亭曰靈應水伏流而南滙爲小池爲亭其上曰凝玉凝玉之西一渠緣石旋轉可以流觴曰流觴嶼古櫸一株根柯鬱蟠磊磈如石其下湍瀨潔洄與林映帶曰瓊樹湍漱玉軒在焉湍流西下折旋而南屬於灣碕石磥礧如龍馬下飲如砥柱中矗水奔注激射如鬬再折而東水盆駛石亦益奇夭矯如虬蟠如鼉奮飛流噴薄激沫成輪聲震巖谷行峽中曰虬鼉峽峽左石梁

㵎玉橋而北地産美箭間以江梅曰梅竹隩琅玕所聰玉齋在焉又北偃沼如初月曰生明池絶池爲梁曰陽凡橋陽凡而上爲玉虚堂北出因山爲臺壇爽虚出可以肆目曰大觀廊廊之後爲周室又後爲雲著臺又在後爲環玉岡雲著臺之左曰澄觀樓其前爲上元祠又前曰東岡別館爲護雲莊爲仙寓仙寓之南爲來仙橋由環玉岡而西轉出玉女潭之後叢祠負焉曰玉淸祠祠右隙也白礫累累散臥松竹間如群羊曰初平林西行百步巨石盤踞環而如墉曰盤玉陂西上繞出山椒曰縹緲亭亭下怪石林

立鯨騫獸伏競爲奇壯嘉木出石罅珽特修聳與石爭秀曰琪樹峽西爲集靈谷又西爲飛雲洞自此緣石逕而行曰瑶臺負臺爲室曰超宇宇後群石掀舞如花葉駢植聯延如睥睨曰芙蓉城石之又奇者曰天成碑曰雨霱曰小蒼屏曰青巖曰三珠洞曰二姑曰雙仙皆以狀類名而二姑雙仙之間有期仙螢東下二百歩爲文殊峯又東爲普賢峯觀音巖在焉山自環玉岡而下林巒巖竇可名者二十有三以其地在玉女潭之陽因名玉陽山而標其前曰玉陽洞天玉陽洞天之東金晶巖最勝深廣十尋其中石

壁奇峭水出壁下平流兩涯交絡如織瀨水石坻可羅坐十客水聚之如玦巖石晶瑩日射之灼爍如金故云金晶金晶巖之東稍南曰佛窟窅陋邃深詰屈不可窮其北爲回陽洞上有會仙橋踰橋而東爲鍾竇水激其中聲洪如鏞玉陽洞天之西龍湫最勝淵潛澄湛中空如室石皆下垂巉岈峰嵲不可名狀其後石壁揷水壁盡處有穴僅可容舟欹仄以入中空如外室而通明虚敞石尤奇麗緣石而上得穴甚隘傴僂而入轉出石室之上中空而下室石柱合抱色正白如玉曰玉陽洞龍湫之西曰水犀洞石壁

幽峭水潛行而南出於南洞盤石之下曰浮盤浮盤之南爲君陽洞洞凡三穴最後一穴稍深曰白龍藏湍激若龍揭水跳行可環游出入彼此嘯呼與水聲相雜亦一奇也

蛟山寺圖

蛟山寺在無錫縣之東南鄉山在平田蜿蜒如蟠虬上有萬松蒼翠茂蔚遠望之如碧雲焉寺甚幽山僧四五衆法堂右臨絶磵架屋數楹制如舟名山舫下有竇乳泉㶁聲淙淙於秋夜聽之尤宜傍有李忠定公祠

南岳寺圖

南岳寺在宜興縣南銅官山中四山廻合中一小山曰陽羨寺倚其麓頗荒寂惟修竹喬林飛泉恠石有足觀者產茶歲修貢焉盧仝詩云天子未嘗陽羨茶百草不敢先開花又有稠錫樹洗腸泉事亦不經詳見邑誌

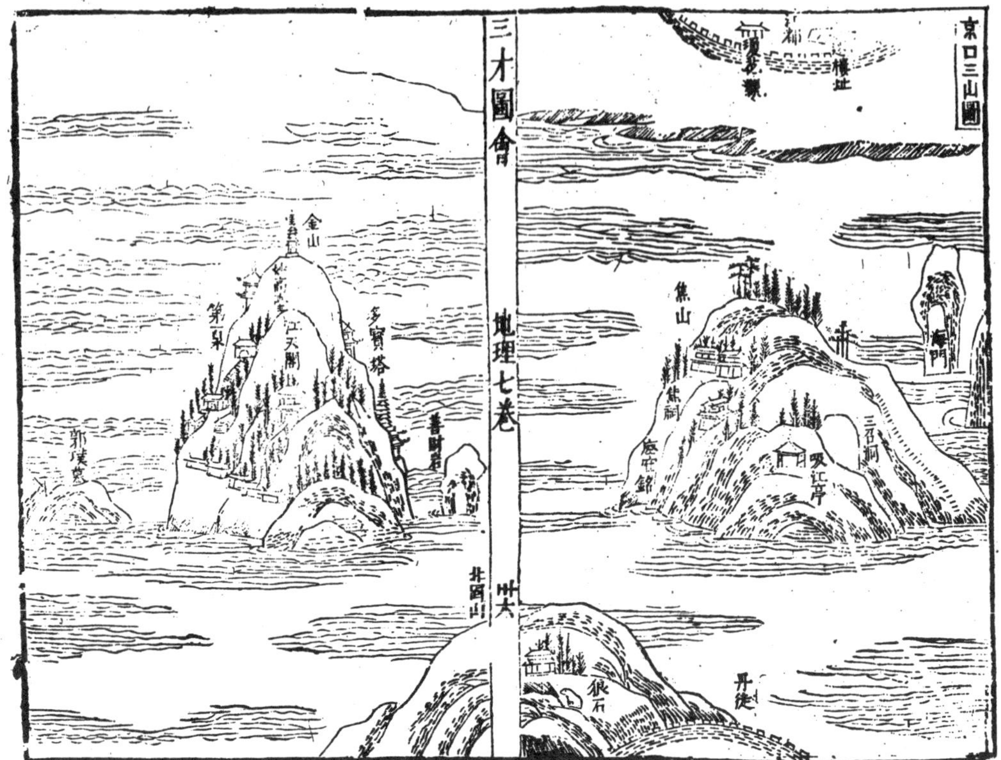

北固山在京口城北下臨長江元和郡縣志謂其勢險固故名梁大同十年武帝嘗幸此山易名北顧自山之岡而登里許至甘露寺門內稍右有鐵浮圖十級唐李德裕觀察浙西時所鑄後燬于火今之浮圖宋元豐間鑄非唐舊也登觀音殿殿前長江在目茫無畔岸殿側崖下有秋月潭濆之右為馬潤其水巳涸庭下有鐵鑊二僧云梁武帝植蓮其中以供佛者山之巔為多景樓把酒倚闌雲影陰江金焦兩山東西對峙如青螺列銀盤中最為奇觀北下山足有石室深可丈餘名觀音洞山之半為真武祠鞠場

有狠石蘇文忠公謂寺有石如羊相傳諸葛孔明坐其上與孫仲謀論曹公兵事今此石絕不類羊而亦不在寺中鞠場之左有小水渟泓深碧名鳳凰池其上山石壁立可玩山南有天津泉　高廟駐蹕山中賦詩有甘露生泉天降津之句因以天語名之

金山在楊子江心其勝槩為天下第一山下有石竝崎其前類雙闕然傳為郭璞葬處泉曰中冷味極甘洌陸氏水品以為東南第一水是寺曰龍游閣曰毘羅毘羅之南為妙高臺上故有楞伽室宋眉山蘇公嘗書經於此北日善

財樓大悲閣呑海留雲二亭據山之巔登而四望江波淼然臺殿皆在其下令人神爽飛越亭南石刻妙高臺及玉鑑堂六大字稍下有塔基二南北相向蓋宋曾丞相布所建燬於火經觀瀾亭循石級西下歲久石多斷裂俯視江波如行天上足甚危慄巖曰祖師中肖唐裴頭陀像即開山得金山因以名者也巖之右有洞深黑不可入有龍池旱歲禱之可致雲南左有龍王祠著祀典又有江山一覽烟雨奇觀二亭尤爲奇絶

焦山在府城東北九里峙江中即古之浮玉漢末河東焦

隱士光隱此山故名有普濟寺門榜曰諸山第一峯徐武功筆也上山二百步巖上刻浮玉二大字乃趙宋人書又前一石横出其刻字曰石屏與浮玉相對北折有江山壯觀亭三召洞洞石硿砑容可數人中像隱士光在漢末嘗三召不起故洞名焉閣曰觀音閣前修篁叢立而金山雄峙其前尤爲妙絶東折爲吸江亭相傳其址舊爲浮圖洪武燬於火遂易以亭又東經焦山嶺爲大悲亭即宋善財亭故址山之最高處也江波浩淼極目無際而雲檣風帆隱映遐邇又有自然菴面其前者汝山象山而象山去尤不遠瘞鶴銘在山之足石已崩裂墮江雖水落亦不復見古謂石有時而泐信哉

白岳在徽州休寧縣一名齊雲巖自白岳嶺過桃源覗下方平埜蒼然曰中和之亭過亭聽水聲泠泠曰桃花之磵磵南峭壁横截一竇如刓刻作捲蓬大橋狀高員伴闕一石楠扶疎如蓋直闕前曰東天之門入門飛巘欹空多成乳竇二石龍循洞門游氣如石甃然雜塑釋道應眞與中曰羅漢之洞稍西龍洞脊有飛泉洒下入碧蓮池濺乃如珠曰珎珠之簾崖西石壁上有如虎跡者曰黒虎之崖度天梯嶺入玄武觀中坐玄君塑像道流稱百鳥啣泥以成似神其說也左峯爲石鼓右峯爲石鍾夾觀兩峯爲輦路

觀後高峯千仞曰雲封之曰齊雲之巖直觀子立鑄鐵亭籠之曰香爐之峯觀西一小峯離立澗下曰捨身之崖踰浮雲嶺層巒刺天左龍右虎曰紫玉之屏峯側有石如虹卧泉一縷傍注爲洗藥池者曰鵲橋之峯橋左巨壁崛起横列如障穹然而樓閣其下曰紫霄之崖馴伏峯前昂首似欲長鳴而起者曰橐駝之峯丹楹桓礎架駝脊而築者曰無量壽佛之宮西北翠岫如螺髻者曰三姑之巖蒼顔黛色向文昌閣如矯首欲語者曰五老之峯朱閣隱隱扼山之吭曰西天之門山北向東西兩天門距可五里餘

黃山在宣歙境雄鎮東南山西之麓曰焦村蓬峯丹碧峭拔攢蹙若植戟若側弁若列戈矛若芙蓉菡萏之初開雲烟晴雨晨夕萬狀繇焦村南道二十五里至湯嶺仰視群峯猶在霄漢間瀑布聲訇礚如雷怪石林立又十里爲祥符寺寺前淙流走石間山皆古松名杉藤絡莎被蓊蔆龍茸有靈泉自硃砂峯來依巖通二小池池瑩徹廣可七尺深半之毫髮可鑒寺有南唐碑初名靈泉院宋祥符中改今額有龍池奔流噴薄瀉石潭中亭午照燭五色璀璨寺傍數峯凌空曰天都芙蓉硃砂其尤高者天都峯也又有

翠微寺寺庭有井泉此麻衣師卓錫處一峯卓然獨秀直峙東南隅曰翠微峯七十里至絕頂頂平廣倍尋環視數百里岡巒墟落歷歷可數又村北十里曰仙源觀林阜周密又踰輿嶺而南衆岫疊嶺效奇獻秀盡在一覽又自横嶺陟小丘道左竹杉陰森有潭曰白龍巨石谽谺洶湧衝激深不可測世稱黃帝與浮丘容成於此山上昇故名黃山

疊嶂樓在寧國府治陵陽山之第一峯晉謝玄暉之高齋也詩云結搆何迢遞曠望極高深窗中列遠岫庭際俯遙林唐獨孤及重建更名疊嶂而高齋廢矣李太白詩云誰念北樓上臨風懷謝公後作郡者別建高齋於其麓以復謝公之舊別有正心樓在疊嶂之西麓甚宏為江南第一樓云

敬亭山在寧國府西十里之霞石埠連峯如屏蒼翠鬱然晉謝玄暉守宣州時常登遊焉李太白獨坐敬亭山詩云衆鳥高飛盡孤雲獨去閑相看兩不厭只有敬亭山

齊山圖

齊山在池州府城南因唐刺史齊映得名山有仙人跡跡巨而且長紋劃顯然捫蘿而上爲翠微亭林木森蔚禽鳥飛鳴迴視下界真隔塵世臨九頂洞涉小九華則群石森立其數與九華等故以九華名由招隱巖南望天門則石耳諸山歷歷如指掌上青巖中有巒石塞道形如抱甕巖石爲壽字巖仰視宋張時修所刻壽字不爽毫髮又自蕉筆巖南至妙空巖穹然空隆乳溜凝結紺翠蒼緑潤如過雨妙空西上爲石鼓洞洞有石旁出如肺肝懸壁擊之鏗然可諧絃管又傍一石與前石無異擊之若槁木竟不知

造化之逞奇於泉石若此也西爲仙人橋廣僅咫尺長五之並跨兩崖膚理渾然不假人力三者於齊山爲最勝山之東有華蓋洞洞口石峙如門其中豁然上員如蓋下平[illegible]砥可坐數十人洞形九旋由大而漸入於小如螺尾然今之華蓋殿即此製也

九華山圖

九華山在池州府青陽縣治南三十里舊名九子唐李白以山頂有九峯如蓮花易今名高數千丈南望石埭西望貴池北由五溪抵山麓紆徑險峻躋攀而上五里有湧泉亭稍上有半霄亭又三里有碧霄亭有大小天仙橋踰橋三里有望江亭長江如帶有懷賢亭四面嶙峋其中廣依山爲化城寺寺數百楹寺東爲太白書堂前爲芙蓉閣西爲陽明書院西南里許有神光嶺嶺有塔寺舊傳地藏仙神之後光如火焰故名塔寺西崖有松曰五釵惟一本嶺西五里有文筆峯下列芙蓉峯嶺之南上有古仙峯下有洞深數里有石床石座或溪或崖入必以火東燕坐巖天賢臺龍女泉旁有白蟮穴稍南有平田岡金剛石幽勝奇觀塔東里許有東巖舊名捨身崖深無底止陽明嘗於絕壁題詩易今名又有遂谷巖巖有溪傍有石墩有東藏源源東爲中峯衆峯環外而此峯居中上睇日月下瞷雲雨清泉迸石翠霧凝空中峯之上有甘露泉味冽甘美有浮桃澗會仙峯其下有大還嶺斧柯嶺舊傳二仙對奕故名其東有列仙峯齊雲嶺嶺南香林峯金光洞望之若有金色照耀北曰煎茶峯下有呈鳳嶺有懸水有飲猿潭澌澌

水流遶北麓有仙人峯舊爲李白書堂基今有甘泉書院東北里許有鳧鴈峯有龍潭波流清徹色如蒼苔有綺霞峯有合澗二水合流下瀉爲千尺泉有弄珠潭漚浮如珠有赤壁峯下有集福橋西十里與中峯對峙有雲外峯有思賢巖巖半舊爲勝司諫書堂有頭陀嶺肖人首爲王秘書書堂嶺西有翠屏峯南有金沙泉其中爲無相寺東五里有羅漢峯其下有雙峯舊有卧雲菴下有清漪潭有處士巖清隱巖劉世踈嘗大書三字勒石有十丈洞石室四匾松檜森秀前泓一溪南有葛仙洞高二丈餘洞口如甕

茫無畔岸有三游洞洞深邃有三曲有上下華池雙峯下
曰下華池泉甘土肥產異茗有歸雲嶺有獨秀峯有野螺
峯有幘峯其下有觀音巖巖上有眞人峯又東北十里折
而南為廣勝寺有釣魚臺有雪潭流泉湧濆狀類雪花深
不可測其下有瓔珞泉北有雲巖洞怪石凌空廣邃如堂
奇花茂卉為九華絕勝傳有獵者逐鹿偶值其所再往不
可得有枕月峯月出從此峯而上又前有煉丹泉其上有
五老峯有獅子行道峯自廣勝東北十里有洪嶺嶺側有
虎跑泉東三里為蓮花菴前有清水潭上有蓮花峯峯頂

三才圖會　地理七卷　五十

有古松一本甚奇勝有石碑峯有招賢峯舊傳唐有隱者
讀書於此北有翠蓋峯五色蒼翠東有安禪峯梁杯度唐
道濟二禪師居焉有積稻峯勢如露囷北有寶陀巖下五
里有幽谷為廣福寺又五里有拾寶巖舊為甘贊行者之
宅今為圓寂寺其東有果老石伏虎巖舊傳伏虎禪師居
此巖下三里為曹冲菴舊為廣化寺又東上三里上有蓮
花峯有無極峯下有碧雲菴前有雲門峯上有碧雲峯峯
之半有石室西有螺髻峯靈龜石翠羽池百尺潭仙人塘
又東南三里為淨信寺上有春陽臺沉磯石並環瑰崛曲

北有黃䴉城南去五里有覆盂峯有雙溪上為福海寺前
有臥牛石西上五里有七布泉又上有九子峯其下為寺
前有文殊峯拱神峯諸峯森列如衆星拱北有石照其側
有天井有垂雲澗鬬雞石如兩雞互啄有三斧石南上里
許有特峯又南五里有石崖石翁石池石泉並崇峨清麗
為翠峯寺絕巘有滴翠峯烟嵐濛霧翠色如滴廬黃敬亭
隱在望中有石碑峯下有透碧巖南下有菖蒲澗舊生蒲
一寸九節右側有昇雲峯下有潭旱乾不竭雲興即雨有
翠微峯少微峯舊為費拾遺書堂少微之北有碧玉泉天

三才圖會　地理七卷　五十一

香嶺舊傳唐詔起拾遺不就使臣懼其逸也焚香諭旨故
名嶺側有風輪石有梅花峯有美人峯孤峯韜藏宛如淑
女素粧西南五里有青峭巒諸峯秀拔面挹其勝有玉甑
峯峯側有淨巾石北有雙石巖峭石雙聳夾道石壁插天
流泉傾下嘗有異物出焉東有漱玉灘兩石峭聳一瀑前
流如戛玉聲又有東陽澗有琉璃灘有雙闕峯凌空削壁
險峻無極不可以上稍次有天柱峯如柱插天為淨居寺
其側有展旗峯山如南去如旗幟然前有疊石塔欹而不
傾鳥集不棲北有普賢臺嶺外有龍游澗下有嘉魚池池

中有石臺舊傳竇子明李化文釣魚於此下有流觴澄百丈潭又東南十里有雲峯絕頂有天池峯菱芡菰蒲不種自生有鳳棲峯其下有碧桃巖舊傳趙之微嘗種桃其間以會群仙有二神峯比肩如兄弟然下有黃石溪平田千畝水旱無患上三里有石菴西南有天台寺蹟下有鉢盂峯勝槩效目爲化成寺東界又南十里勢聯九華有同山唐李化文墓有霞山崒嵂翹秀西南十里有白鶴山巖壑杳冥舊有白鶴真人廟貴池界東南五里有南陽山群巒積翠羅列如仙又三里有小魚龍洞由深谷而下有大魚

龍洞洞凡七洞口有水編筏秉燭乃可入內外有石肖獅象鍾鼓仙侶蓮花棋局抵七洞有石竇日光射入石穴流泉湧出劉夢得嘗愛終南太華以爲此外無奇愛女几荊山以爲此外無秀及見九華深悔前言之失也

采石圖

采石山在太平府城北二十五里昔人於此取石因名臨江有磯亦曰采石唐李白嘗乘月與崔宗之自采石至金陵著宮錦袍坐舟中即此又牛渚山下有磯曰牛渚去采石磯僅一里舊有險要備禦之地亦名然犀浦世傳下多怪物晉温嶠燃犀照之須臾見水族覆火奇形異狀或乘馬車著赤衣幘其夜夢人謂曰與君幽明道別何意相照即此

三才圖會

雲間元翰父王圻纂集

男思義校正

地理八卷

按泰山在山東濟南府泰安州五嶽之東嶽也博物志云泰山一曰天孫言爲天帝孫也主召魂東方萬物始成故知人生命之長短五經通義云一曰岱宗言王者受命易姓報功告成必於岱宗也東方萬物始交代之處宗長也言爲群嶽之長白虎通云王者受命必封禪封者增高也禪者廣厚也皆刻石紀號著已之功績以自效也天以高爲尊地以厚爲德故增泰山之高以示報天禪梁甫之趾以示報地漢官儀及泰山紀云盤道屈曲而上凡五十餘盤自下至古封禪處凡四十里出太安可二里所即入山

自是皆詰曲逶迤而上峯勢巑岏若相噬而傍多溪澗泉流磈礌間作悲鳴與旒吹相應久之至迴馬嶺又四里抵御障巖一曰御仗宋永定陵東封止仗衛處其前爲巨澗澗底白石砥平如玉色而嚴陡上廟其巔頗寬又行可三里抵黃現黃現者不知其所繇名有松五即所謂五大夫者也以厄於石不能茂而稍具虬虺狀又上里許爲百丈崖崖凹深如屋傍有石洞槎口而下黑其窕叵測也度石壁峪爲十八盤者三而穿中實曰天門行可里許爲元君祠元君者不知其所由始或曰即華山玉女也天下之祀

覆所福者趣焉祠宇頗瑰偉後一石三尺許刻李斯篆二行一石池縱廣及深俱二尺許亦曰玉女洗頭盆也自是左折而上里許曰嶽帝祠陋不能勝香火其後峭壁造天左為開元帝紀太山銘唐隸徑可二寸而巖勢若飛動左為蘸題東封頌字形頗秀媚尚可辨又有顏魯公題名自是益北上數百武為絕頂曰玉皇祠祠之前有石柱方而色黃可丈許所謂秦皇無字碑也其石非山所有或曰中有碑石冒之復折而東稍下百步復上百步石室冠之高如玉皇祠中有覆色石蓋方丈瑩潤可鑑云漢武帝所藏

金泥玉檢地傳云白雲起封中者是已其前地稍闢即所稱日觀秦觀越觀諸峯者蓋五鼓而起觀日出則為日觀西望而見秦則為秦觀南望而為越觀天霽日盆弄色其東南盡目力微白而晃漾者則為海直北而西隱隱一抹蒼碧若長城之堞者則為太行恒嵩至稍遠而淄澠濟泗千流疊帶近而諸山皆若培塿俄而諸山各出白雲一縷若冢中起稍上大如席几數百道則狂馳而遇輙合其起無盡其狂馳而遇亦如之頃刻遂徧成白玉地而仰視則空青瑩然上下異色所謂野馬絪緼信也

靈巖圖

循仙之陰至靈巖沿澗入夾道皆土檀脫膚而虬節入山門紅鶴滿林爲開山師法定雙鶴之瑞定師佛圖澄于石趙間剏寺無泉則見雙鶴棲山麓遂卓錫而視鶴立與錫卓處咸湧二池爲雙鶴卓錫二泉殿製三層二十八角中須彌南觀音北藥師東釋迦西阿彌各以其方鎮之爲寺正殿殿右一古柏不知種於何年折柏西有石竇于地下門扃不開爲皋班洞北數十武浮圖高十三級下與洞通爲辟支塔繇龍藏折而北過千佛閣片鐵高七尺作水田狀或古佛所遺衣身也爲鐵袈裟香積廚東石龜高六尺

空其中以盛甘露泉泉脉近塞而龜遂裂好事者引別流以存故實爲甘露亭又北攝而上後倚獅子巖前對雞鳴山鐵嶂正方如削下藏一洞洞下標一亭環四山而立夕陽之景收一寺盡矣爲抱靈亭遠望東巖縹緲有石如人立爲朗公山寺碑不下數百惟蔡卞書大碑一幅橫經四片爲隹刻寺南一山有穴穿見南天午視之如明星爛然冬日之午正與寺對爲通明竅

闕里形勝總圖

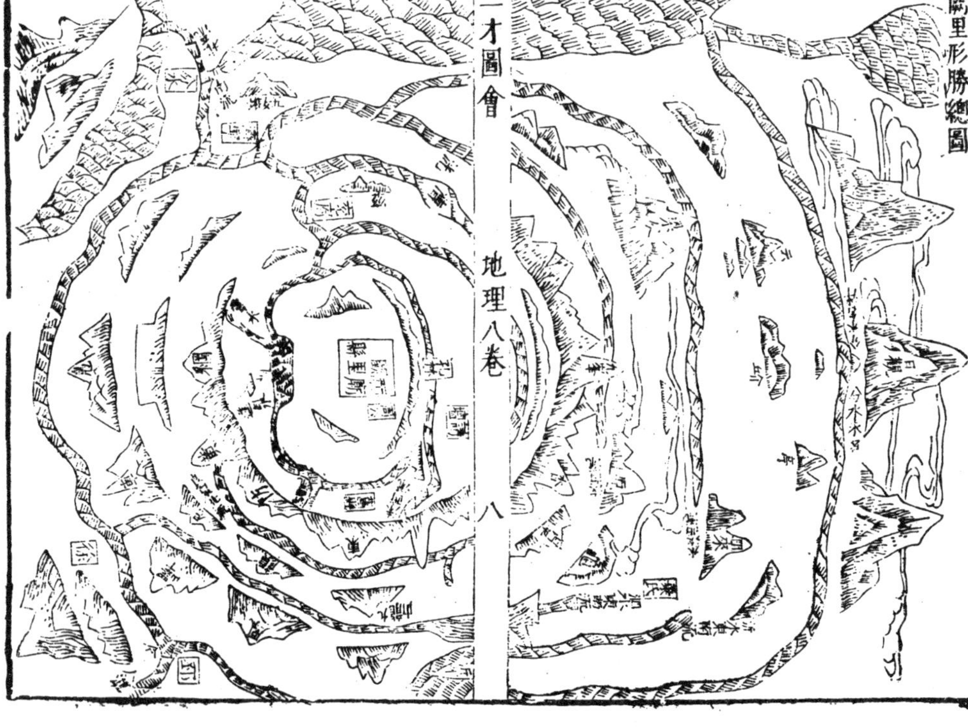

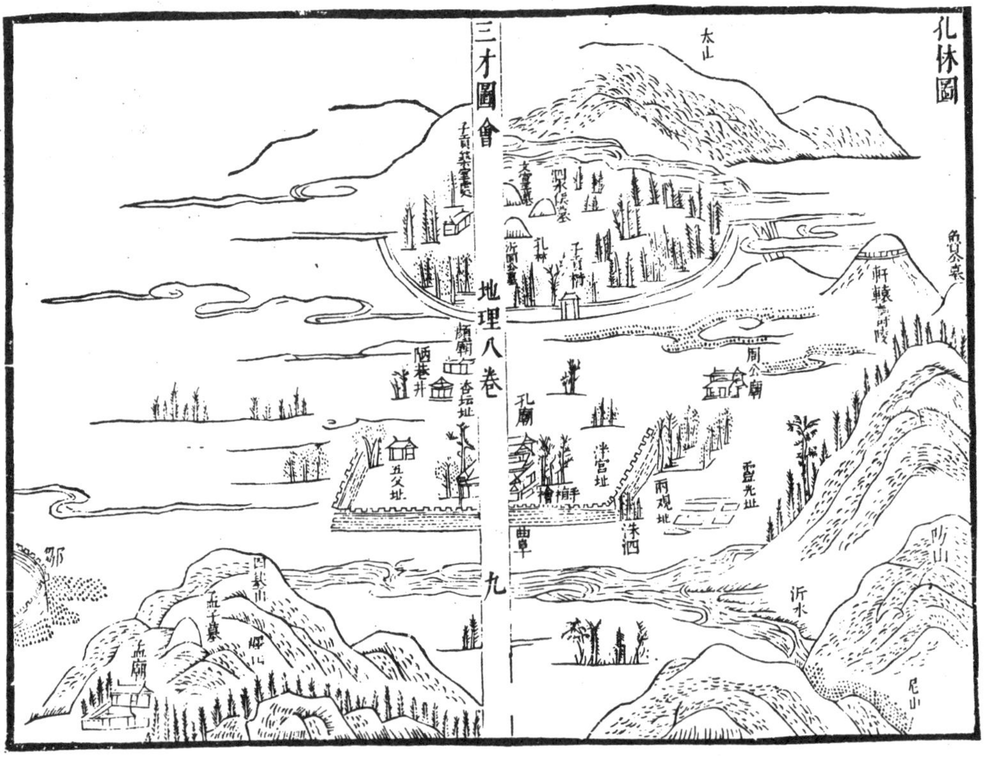

魯曲阜城殷殷猶存平岡周可二十里今城其西南隅也舊城南爲今麗譙北則倚孔林周文憲王廟峙城東北趾特隆起或謂舊當城心爲魯象魏抑然也孔廟直闕闠中高垣豐廈廊廡翼翼金鋪作闕碣石爲基不下王者宮大成殿塑聖賢像以次衮冕坐殿前爲杏壇殿陛至門檜柏多漢唐植種種奇貌其倚門左紋左紐子立者爲手植檜高不踰簷枯無寸幹爪之青理生意蟄焉前朝乃經兩度榮良異也門內外桓碑最古者一首紐製一尖製爲蔡中郎陳思王書左片石書五鳳二年六月四日成字爲西漢

人筆跡出廟門東爲衍聖公弘復宅次顏廟貌亞之博士君迓于中逵與登樂亭觀顏井廟前爲陋巷遺趾次出城一廟荒落獸神路檜柏隹行其下翠色欲滴衣袂者千步爲祀周文公處次西五里入林門內一枯楂立五十尺未什爲子貢楷路斜百餘武封高隱車爲文宣王墓前爲沂國公伋墓三墓皆東南向對防山而豐碑南向立林圜十里樹萬種不能盡識然無棘茨無鳥獸聲後泉泗水前拱洙流是爲孔家林問闕宮靈光則已蕪沒久矣林外崇墉如兩觀起者是爲魯北舊城云

瑯琊山圖

琅邪山在諸城縣東南一百五十里東枕大海齊景公欲遵海而南放于琅邪即此

大崑崙山圖

大崑崙山在登州府寧海州東南四十里與小崑崙連秀拔為群山之冠上有太白頂中有烟霞洞本名姑藴山仙經云麻姑嘗於此修道上昇餘跡尚存故名姑餘後世訛名崑崙元史云崑崙山丘處機與馬鈺譚處端劉處玄王處一郝大通孫不二同師重陽王真人於此

烟霞洞在大崑崙山金大定間有重陽王真人自關西抵崑崙謂山前大姓于氏曰我嘗修煉此山烟霞洞中盍往登焉于笑曰我世居此不聞有洞乃相與求之果有洞洞口有烟霞二字大多神異乃為立祠紀石焉

太白樓圖

太白樓在濟寧州城濟汶環遶沃野漫衍帆檣上下樓閣掩映頗稱登眺昔賀知章爲令時李白過之飲酒於此故名當時碑刻俱存元著作郎陳儼重修李白酒樓記其末有歌

勞山圖

勞山在萊州府即墨縣東南六十里海濱山有二其一高大曰大勞其一差小曰小勞齊記泰山雖言大不如東海勞逢萌歸自遼東養志修道於此

醫巫閭山圖

醫巫閭山在廣寧衛西五里舜封十有二山以此山爲幽州之鎮因是遂爲北鎮其山掩抱六里故又名六山上有桃花洞其中可容五六人又有聖水盆三其水自懸巖下瀉雖冬不氷又有仙人巖飛瀑巖山下有北鎮廟廟內有呂公巖上有北嶽行宮箕子祠

十三山圖

十三山在廣寧右屯衛北三十里山下有洞山上有池五代史胡嶠北行記東行過一山名十三山云此西南去幽燕二千里又遼史燕王淳討武朝彥至乾州十三山即此峯巒螺列大小相錯出山海關即望見之凝嵐積翠於大荒中若遠若近宛若圖畫海上一奇觀也

蓬萊山一名蓬丘山一名雲萊在東海中高一千里地方三千里上有金臺玉闕乃神仙之都上帝遊息之地海水正黑而爲溟渤無風而波浪萬丈不可往來惟飛仙間有能到者昔禹治洪水既畢乘蹻車度弱水而到此山祠上帝於北阿歸大功於九天又禹經諸五岳使工刻石識其里數高下其字科斗書非漢人所可曉今丈尺里數皆禹時書

五臺山在山西太原府五臺縣東北一百四十里環五百
餘里山有五峯高出雲表頂皆積土故為之臺佛經云北
方有文殊師利所居之地曰清凉山即此也山中圓光不
時呈現亦時有金蓮鉢囊纓絡花之瑞柳宗元曰雲代間
有靈山焉與竺乾鷲嶺角立相應

中臺高四十里頂平廣周六里頂西北有太華池取水禱
雨輙應正東左畔去臺五里有雨花池前二十里有飯仙
峰中臺宗也東南有翠峯西則有井露池

東臺高三十八里頂平廣周三里頂東畔有那羅延洞僅

三才圖會　地理八卷　十九

容人身側入洞中風寒盛夏有氷五色光彩嘗從內出又
東有樓觀谷內有習觀巖西北去臺十五里有華嚴嶺仙
人洞東南嶺畔二十里有明月池人傳以紙帛障目下覩
或見月在水中西南有清涼峯一名大羅頂南連望聖臺臺
下有東谷池西南石上有羅侯顯跡又有善才菴又東去
臺有溫湯池溫泉寺

西臺高三十五里頂平廣周二里頂上有魏文帝人馬跡
北有秘魔巖洞天陰中有聲如風西嶺畔有隆崖損身
崖去臺西北有八功德水東北下有文殊洗鉢池

南臺高三十七里頂平廣周一里南去七十里麓畔有聖
僧巖又名滴水巖西南二十里西崖畔有三賢巖又名七
佛巖東三十里交口下有聖鐘山狀如覆鐘西北十五里
有清涼嶺嶺西北有清涼泉上有羅漢洞東北竹林東南
十里有金閣嶺

北臺高三十八里頂平廣周三里名掛斗峯頂南畔有羅
侯臺臺頂有黑龍池即天井南下二十里有白水池與天
井連其水縈繫時聯設谷口入滹沱其麓有七佛池南又
有飲牛池東北有寶陀峯又名寶山產銀石碌又產天花

三才圖會　地理八卷　二十

菜東北一臺麓有金剛窟又名金剛洞去二臺各二十里
昔佛陀波利入此不出

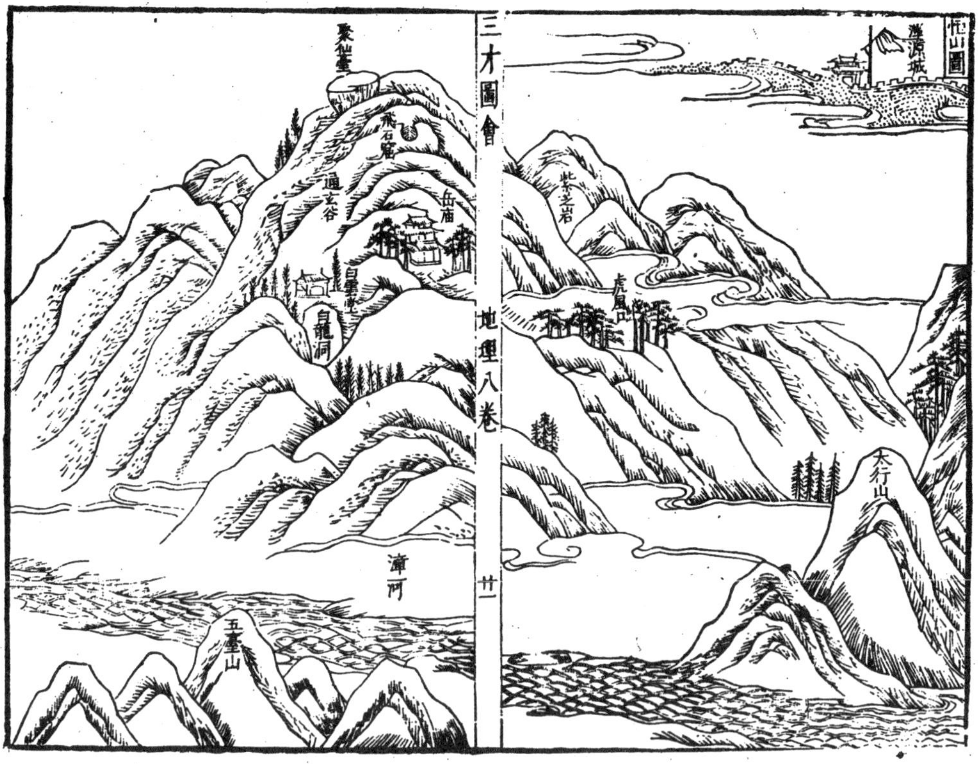

按恒山五嶽之北嶽也在山西大同府渾源州周官并州其鎮山曰恒山風俗通曰恒常也萬物伏北方有常不謂之常山高三千九百丈七尺上方三十里周廻三千里有太玄之泉神草十九種服之可度世管子云其山北臨代南俯趙東接河海之間早生而晚殺五穀之所蕃熟四種五穜馬後魏書云道武立廟於其上置侍祀九十人歲時祈禱水旱至文成帝東巡親禮其神焉

又

北嶽在渾源州之南爲舜北廵狩之所恣生于天縱盤于地其朐盪高雲其巔經赤日循坡東迤嶺北而上是多珍花靈草恣態不類姚芳李葩映戴左右山半俯窺高如綠虛歷空上七里是爲虎風口其間多橫松強柏狀如飛龍怒虬葉皆四衍登頫三里始至嶽廟之上上有飛石窟兩崖壁立豁然中虛相傳飛于曲陽縣今尚有石突峙故歷代怯升登就祠于曲陽以爲亦嶽靈所寓也又數十步許爲聚仙臺臺上有石坪東則漁陽上谷西則大同以南奔峯來趨北盡渾源雲中之景南目五臺隱隱在三百里外而翠屏五峯晝錦封龍諸山皆俛首伏脊于其下

白登在陽和城南三十里坡陀漫衍沙草荒翳有廢壘焉居人數十家如蜂房蟻垤史記漢高帝自將討韓王信居晉陽聞冒頓單于居代谷悉兵三十萬北逐之至平城兵未齊冒頓縱精兵四十萬圍帝於白登七日用陳平秘計乃得解圍去卽此地也

鴈門關在山西代州鴈門山因山以立凡山西之關四十有餘皆踞險保固而聳拔雄壯則鴈門爲最故趙之李牧漢之郅都備邊於此匈奴不敢近塞固皆一時良將而不可謂非地險以成之也出代州北行皆登陟盤繞之路溪水潺潺其民皆依山居高下置屋圖不可盡午上關折西躡高嶺絕頂四望則繁峙五臺聳其東寧武諸山帶其西王陽石鼓挺其南朔州馬邑臨邊之地在其北長坡峻阪茫然無際又見巍旌高旗飄飄雉堞之上寒林古塞依依斜陽之下頗動黃沙紫塞之思

單于臺圖

單于臺在今大同府邊外故榆林縣地漢武帝行過雲中勒兵十八萬登臺使人約匈奴與戰匈奴逃避不敢至

首陽山圖

首陽山在蒲州南四十五里爲伯夷叔齊隱處至山下謁
二賢祠門之外有古柏二其一大二十圍高三丈許形狀
殊怪其大圍數三之一二根相距數尺而幹上交若兄弟
之相倚者傳爲二賢手植殆未必然其亦千年物歟祠之
像爲宋元祐中所塑其前復塑一白鹿道士云二賢食薇
兼飲鹿乳故塑之此說不見傳記人鮮有知者祠下有歷
代石刻其最舊者唐開元十二年華昇卿碑也祠之右即
二賢葬處高墳並峙上多古柏且墳之前爲屋中豎山谷
老人碑及刻首陽山古賢人墓六大字先儒謂首陽即古

之雷首也禹貢曰壺口雷首至於大嶽蔡仲默云雷首在
蒲坂縣南蒲坂即今之蒲州蒲州之山無所謂雷首者今
首陽北數里有中條山州志謂此即雷首曰中條者以其
界河曲之間延綿不絕故名又謂中條之下有水曰雷澤
即舜所漁之地此又可見中條之爲雷首矣若雷首之獨
稱首山猶大華而曰華山匡廬而曰廬山此自昔皆然不
可謂首山爲泥名也

代王城圖

代王城在蔚州城東二十里遺墟故址尚存其巨成湯時
所封代子之國也或誤以爲漢文帝之遺非是按史記趙
無恤之姊爲代子夫人無恤欲滅代乃與代子好會於夏
屋山爲銅斗而長其柄使宰獻炙爲因柄擊代子殺之遂
人召其姊夫人聞代子死乃慟哭磨笄自刺而死今其地
有磨笄山俗稱馬頭山

禹門禹貢龍門也亦曰禹門渡云兩山石立河出其中廣百步世謂禹鑿所謂三月魚上渡而爲龍也其東岸曰看鶴臺尤孤峭不可下瞰西爲梁山即河梁也北曰建極宮道家祠神禹者也刻石十餘多元名臣文地極幽其間烟雲水石之聚虬蛇罔象之居相傳桃花開時河水噴激聲震萬雷殆異今也並河之東爲太史公墓前爲廟有晉永嘉中殷濟樹碑今皆圮於河下山過子夏墓墓在新豐里新豐南曰通化里即文中子講學處也又有東皐子黃頰山詩東皐子文中子弟也名績字無功以琴酒自娛隱黃

頰山題是詩山壁詩極不非唐以來人語宋熙寧初學公壽始訪其地刻石縣學因載所游其石陰附以龍門之歌

龍門兮天開河水兮天來我思古人兮何在哉

砥柱圖

砥柱在陝州東五十里黃河中以其形似柱故名禹貢謂導河東至於砥柱即此徃游砥柱循河而行至三門集津三門者中曰神門南曰鬼門北曰人門其始特一巨石而平如砥想昔河水汎濫禹鑿之爲三令水行其間聲激如雷而鬼門尤爲險惡舟筏一入鮮得脫者名之曰鬼宜矣三門之廣約二十丈其東百五十步即砥柱崇約三丈周數丈相傳上有唐太宗碑銘今不存蔡氏書傳以三門爲砥柱州志亦謂砥柱即三門山皆未嘗親履其地故謬誤若此又按隋書載大業七年砥柱山崩壅河逆流數十里

砥柱今屹然中流上無土木而河之廣僅如三門奚有崩摧而壅河逆流至數十里之遠蓋距河兩岸皆山意者當時或崩人遂以爲砥柱而史氏書之也孟子云盡信書不如無書有以哉

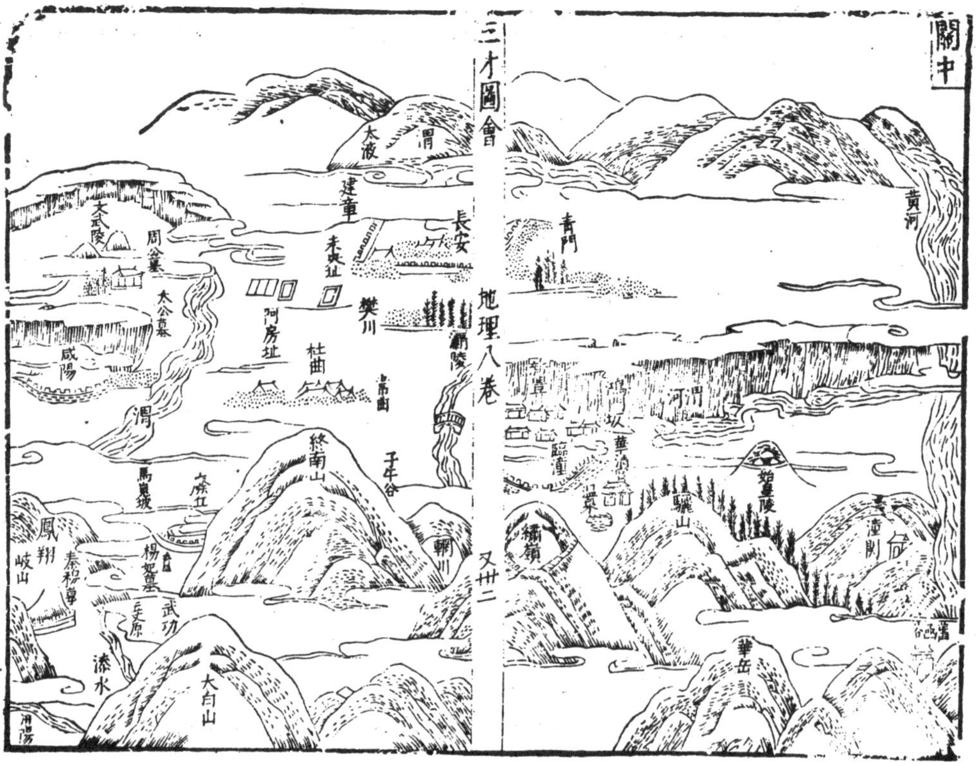

夫秦四塞之礫也雖偏鎮于西隅而國之形勢實爲天下雄固帝霸之業也若夫盤五而秀于南者則中南太乙焉崖隆乎㠊于西極而東望潼關者則華嶽焉東注咸陽則灃水之所導也其境有蘭池阿房之宮咸陽之南周之鎬京也茫茫四陵南北相望秦宮所營澧其鬱焉豈惟涇水之望陵哉西北臨乎幽國而奕奕者其梁山也絪緼而蒼蒼内有離宮別館昆明西陂輦道紆曲而相屬者秦之上林也鬱然起于鄠之東南者有紫閣峯焉其周之靈臺靡也亾矣横畫乎藍田者有秦嶺焉覇水之所出嶢關之所

鎮也截于西域而嫖姚之所開者其玉門之關乎環于漢陽而微茫者其鳥鼠乎限于北漠之陲匈奴倚垣而窺者此秦之長城紫塞也紆繳乎朔方而胡笳戰馬之所集者其賀蘭之山乎聲下龍門景入太華而浩蕩者黄河也而瀑布之渀漾者則太白馬荊山峙于河則大禹鑄鼎之墟也若夫太液曲江之池樂游細柳之原驪山之溫泉新豊之枌社隴山之九坂長安之章臺又有博望西郊芙蓉未央長樂建章甘泉之宫不可勝數其近而羅列者皆鍾秀于雍州其遠而環帶者皆隱耀於關中也

終南山在西安府城南出城行三十里經樊川漢將樊噲嘗食邑於此在唐爲韋安石別業又名韋曲岡巒廻繞松竹森映而水田蔬圃連絡乎其間秦中一勝地也岡之上登牛頭寺寺舊有唐貞元中徐士龍撰徧照禪師碑今不存所存者仙人丘長春詩刻離牛頭南行四十里至南終山入普光寺在山之麓道益峻險躡亂石目懸崖屈曲而上西有日月巖下刻石篆書松泉二大字又上至抱子巖紅玉泉洞又有八仙洞在山之西壁限以流泉非跣足不得入又上有石巖若老嫗憑巖而休左有圓石明可鑒物

謂之石鏡再上則儆源池也池一名太一湫其上環以群山雄偉秀特勢逼霄漢水廣可數丈深丈許錦鱗浮游人莫敢觸鱗之大有三二尺者自昔禱雨咸在於是其南即太一殿殿左有三官雷神二洞所謂金華洞者在山之最高處洞有積水然不能至也又從別道至興教寺內有三塔其中塔特高大爲唐三藏法師玄奘瘞身之所左爲慈恩基公塔右則大周圓測法師塔俱有銘寺之北舊有玉峯軒宋元豐四年知永興軍呂大防建今廢惟長安令陳正舉記石僅存

驪山圖

驪山在西安府臨潼縣南半里卽抵其麓經雷神殿東折門有綽楔榜曰溫泉池過北有室三楹啓其扃卽溫泉也人呼爲官池蓋非貴人不得浴此池四周甃石如玉環狀中一小石上鑿七竅泉由是出相傳甃石起秦始皇其後漢武帝復加修飾官池之左有泉曰混池以浴小民東行卽華清宮故址上有三清殿前臥一巨鍾視其欵乃華清物又有三碑右爲後魏溫泉頌惜多剥落左刻金尚元龍草字其陰刻劉子顒成道記子顒山中道士宋仁宗朝嘗見賜號凝真太師三清殿後爲玉皇殿面三清者七星殿也南上十五步爲玉女閣下有方池卽溫泉發源處飲之可以已疾每秋暮人取未熟柿投其中經宿食之不澁其石爲玉女洗頭池沐髮者多去瘡蝨山之半平坡朝元閣舊建於此山左肩曰東繡嶺右肩曰西繡嶺當時林木花卉之盛類錦繡然故名閣與華清之廢皆不知何時其易爲道士之居則後晋天福中也又上二里爲老君殿舊云天寶七年十月老君見於朝元閣南玄宗於其處立降聖觀琢白玉石爲像今尚存殿壁繪唐臣之像殆當時人筆其西南有泉名飲鹿槽今涸又上二里爲老母殿老母

卽唐李筌所從受陰符者山之巓舊有烽火樓昔周幽王欲媚褒姒舉烽火以來諸侯之處東行八里折而南二里至秦始皇陵陵内城周五里舊有門四外城周十二里其址俱存自南登之二丘竝峙人曰此南門也右門石梱猶露土中陵高可四丈昔項羽黄巢皆嘗發之老人云始皇葬山之中此特其虛塚其言當必有所授也

太白山圖

太白山在西安府郿縣城東南四十里鍾西方金宿之秀關中諸山莫高于此其山巔高寒不生草木上有鐵鑄山神牌三曰大阿福二阿福三阿福有湫池雖三伏亦凝氷蓋山巔常有積雪不消盛夏視之猶爛然故以太白名關中遇旱則登山取湫然山既高寒氷雪常凝身弱衣薄登门者多死俗傳以爲太白神能留人非也麓有毘谷仰兆谷于授樵秦押闔術處

武功山圖

武功山在西安府武功縣西百二十里郡志云晉有武氏者夫婦各擇棲鍊所夫居茲山婦止西昌之武岡同日賓仙故稱茲山爲武公而呼武岡爲武姥云山行至楓木凹卽武功東界也迤至北斗七星岡峭徑紆折高下循溪往水瀧瀧激石鳴抵平湛靜迄下行有所觸輒復作響千巖萬壑或峻矗入雲如筆竪笋攢或壁嶂排頓如植碑倚屛或倒崖作磬折狀或傑竦如弁冕執圭爲敬者又如龍鳳軒舉如虎豹躩且踞如飛走器物靡所彈述自山麓行叢林蒙翳瀑布鳴鳥在上自山半行空處翠濕衣泉瀑鳥聲

皆歸屐舃下時有偃樹橫澗以濟人而根葉具存時有石梯流如天生橋方竹龍草仙茅靈藥所在有之自楓木凹四十五灣約十五里許至迎仙橋橋北爲圖坪菴一名小桃源有二杏樹逼簷對峙各大丈餘東花西實至明年花實易向美此植物所無也山有五菴箕峯在圖坪南集雲行宮二菴在圖坪東北其西則九龍也因所通道置以憩謁者又十五里葛仙壇而張許二仙翼列者不知其由也謁者以壇爲頂聞白鶴峯猶高雲雨皆出其下白鶴仙居之武功水發源其顛源渟噴沫如芙渠發榮聞人語則愈盆溢出其爲行者所循溪皆其委也相傳爲葛仙煉丹池西北有雷崖谺洞嵌可容數百人路險絕遊者必緪援而升然人或褻之卽迅霆霹靂故名雷崖上有數十洞恍惚有人居其中可望而不可卽蓋爲葛仙藏書處又其阻有㳙雲山山有寺徑亦澁惟獵者時入焉荒基敗礎平疇帶溪沃田數千畝溝塍宛然皆柞棫充布亦避亂全生之區也

輞川別業在西安府藍田縣西南輞谷唐王維置別業於此其遊止有孟城坳華子岡茱萸沜辛夷塢木蘭柴等二十景與裴迪閑暇各賦以詩云

按華山五嶽之西嶽也在周官豫州其鎮山曰華山華山記云頂有池生千葉蓮花服之羽化因曰華山出城南三峯在望插天寒碧映入脾肺七里至雲臺觀周武帝時焦道廣居雲臺峯築此延之又南行二里至玉泉院宋端拱中建以居希夷先生者也院後有塚至五里關往時避兵者就險壘石爲關額曰通天第一門行四里爲希夷峽山勢壁立澗水經其中滙作小池從石室榜下之如琴如筑鳴聲悅耳希夷脫骨於此或云郎張超臥仙坪也半壁有穴飛抱之又里許至桫羅坪遂至桫羅菴菴外東面石壁

可數十丈鳴瀑掛壁而下有坎兩兩且上可容足趾道士郭全銘曰此通上方峯指石鑄爲西玄門唐金仙公主修眞於此駕鶴飛去白雲宮細辛坪在馬懸鐵鏁而上不似三峯時通人跡北望山頭有石如柱爲繫馬峯西望西山桃花盛開不知絶壁何緣着種或云風吹花片粘之輒生花雅淡不似人間穠豔花間似有物去來云山羊善走險棲嶔嵜中南有回峯青柯所從之路也四山高起奇秀滿前應接不暇閒寥中泉聲更自清迥每望前峯已如路絶既又踰馬至十八盤山最陡者十有八折乃得上故名盤盡峯回忽見垣屋鱗鱗綴前巘則青柯坪至矣地勢愈高天然之景爭獻秀爽視桫羅又過之遙見泉掛山腰如練此水簾洞也直下二千尺自蓮花峯來度石橋從左徑上可里許有回心石從此上千尺幢遊人見險心悸率退轉是名回心至千尺幢下蓋絶壁壁裂裂之兩旁稍施斧鑿斷樹枝横之以承足枝相離尺許凡千尺云西折上百尺峽峽似幢而裂在峽之内出峽登望仙臺方丈平石可佇立遠眺度二仙橋石梁跨壑草樹淸幽過車箱崖崖如車箱人緣輪以行乃至老君離垢絶壁有坎如西玄余上之

如幢如峽而險更甚謂老君犂華從此離垢氣垢云過擦耳崖崖峭立蹑處僅容足又下臨深壑復至一崖奇峭甚仰攀折全出石穴以上有鐵猿聾踞崖畔曰猢猻愁過此忽開朗則白雲峯也送至險際曰此閻王邊謂隣於鬼矣余攝衣以登了無所怖乃至日月崖謂兩崖高起日月出沒從山隙射之當是奇觀歷金天洞洞最宏敞又經三元洞洞似金天蒼龍嶺在其前嶺中起旁殺蜿蜒入雲人從龍脊行危甚石平處暫得休伏視下方松頂若蓬藋在蒼烟中濤聲萬壑凝泛巨海剛風時時捲人衣覆回嶺可百

丈其能褫魄兩傍穴石施鐵柱有仆有立郭云舊嘗有欄
漢武帝登山御道也度嶺背見雙梅貸出空際曰此將軍
樹矣自青柯以上無他樹多青松白楊山高風銳振撼
無定枝幹盤曲獨此二松挺然離立有石曰上馬石者從
者曰有風道人不知姓名遊行山頭一日天馬下之風道
人就石跨馬行空而去石旁有老松倒掛若虬龍下雲端
忽昂首攫拏至超雲山崖崖有宗土地祠謂華爲群山之
宗也已頹圮有四仙菴爲譚紫霄馬丹陽劉海蟾丘長春
修煉之所凡歷數險則玉女峯矣大石如龜殿立龜背壁

甍皆鐵郭云陶瓦則山風能颺去之也前一圓坎水紺碧
有聲或云下通黃河唐玄宗禱雨進簡於此刻龜腹爲石
爲玉女洗頭盆又其前石裂裂可五尺以石投之食頃猶
室舊有楊妓師事韓姑於此韓肉身猶在稿而不腐又南
爲三清洞王道人結菴其右上東峯岡石斜削可數十丈
稍鑿足跡無草樹枝蔓可攀躋從者手接而上之可達於
嶺有三茅洞前爲小殿殿左有巖臨崖遠眺當東峯盡處
東南壯三面無他峯碍蔽道人指點中條首陽諸山疑隔
數里黃河如綫則近縈山足矣村落比比云此同州此蒲

州此其其千里之內可俯而視也忽雲生首陽英英欲起
道人因言雲彌布峯巒即數日下方不雨一流動則下方
雨矣有時晴雲冉冉孤飛入谷忽已失之蓋歸雲也步前
岡老君碁所碁石方徑五尺三十二子鐵爲之重不可舉
與道人箕踞而語忽聞鼓聲塡之如雷余訝焉道人曰風
入巖坎耳俄而東壁有隙光啓窓片月方起光上射巖端
白雲纖潔如素錦臨崖端下望雲如飄棉飛絮平鋪萬里
僅山尖上出循岡北行觀仙掌巖巖壁黑色石膏自罅中
流出隨膏凝結黃白相間遠望之見其大者五岐如指後

人好奇遂謂巨靈擘山掌跡猶存右折觀新洞洞頗高廣
猶未訖工同州馬君怡額之曰迎陽蓋華當少陰迎陽以
妃合之令有生氣云又上之爲雷神洞復右折爲朝元洞
洞之下有賀老避靜處穴石垂雙鏁而下之鏁盡乃板道
以銅杙揷之峻壁而板載之銅杙之上復綴壁以鏁攀之
而行板道下背絕壁松林隨山麓起伏翠濤彌望賀所棲
室焉于突崖煬竈猶在室傍有巖高十餘丈遙覆其室朱
書全眞巖三大字蓋還出石穴復經閭王邉西折以上爲
避詔巖希夷表九重仙詔休教丹鳳銜來蓋此巖上覆如

屋恠狀與分宰之淸水巖晷等西上爲嶽殿下有希夷睡經旬鍾離雲房過馬候其息以紙墨作黑白圈圖之授純陽子曰先天混沌譜也又下爲老君煉丹之所石爐徑丈餘高可六尺北行爲西峯石罅二尺直下相傳陳香子斧劈之蜀有足跡或曰巨靈足也又北上爲西嶽大殿殿之北爲舍身崖之東稍折而下爲鎭嶽宮玉井在馬深可十丈圓徑半之記云池生千葉白蓮服之羽化又北上爲蓮花峯視諸峯不知更高幾許覺得身在太淸中峯之下有石窪如臼凡二十有八上應列宿自南而北如貫珠水經

其中曰崖端挂下山腹水簾洞洩之道人爲余指點雲臺白雲白羊松檜朝來玉掛玉秀毛女諸峯張超石羊黄神藏馬諸谷歷歷詳說山骨立五千仞洞背琢成山坳山罅有土乃有樹樹底多墮葉摧枝歲月朽腐無寸草石上生萬年松草類亦蘚類皆枯筮一雨還青記稱華山神林答犯之輙逢虎狼豈然哉山自靑柯以上樵者所不能到故棟梁之材千霄合抱皆得自全不獨樗櫟臃腫匠所棄也

磻溪圖

磻溪在鳳翔寶雞縣東南八十里卽周太公釣處石上有兩膝所著之跡其谷中石壁深邃林木修阻東南隅有石室蓋太公所居其水淸冷神異井泒注渭蘇軾有咏磻溪詩夜入磻溪如入峽照人炬火落驚猿山頭孤月耿猶在石上寒波曉更喧又有咏石詩聞道磻溪石猶存渭水頭蒼崖如有跡大釣本無鈎

崆峒山圖

崆峒山在平凉府西四十里上有問道宮黃帝問道于廣成子蓋在此山又山有玄鶴洞廣成洞香爐峯香爐峯一名香爐臺自香爐臺望側插石上巨下銳尤爲奇恠

仇池山圖

仇池山在肇昌府成縣西一百里寰宇記在成州上禄縣其山高峯萬仞自利州來其東西二門盤道可七里元和志載宋書氏胡傳云仇池方百頃四面斗絶高平地方二十餘里羊腸盤道三十六回山上有豐水泉煑土成鹽晉范曄後漢書河池方百里左右皆白馬氏

三才圖會　地理八卷　五二

崑崙山在陝西肅州衛西南二百五十里南與甘州山連其巔峻極經夏積雪不消世呼雪山

三才圖會　地理八卷　五三

金牛峽在漢中府寧羌州北五十里一名五丁峽秦惠王謀伐蜀患山隘險乃作五石牛每日置金于牛尾下詭言能糞金欲以遺蜀王王負力而貪乃令五丁力士開道引之秦因使張儀司馬錯引兵滅蜀宋胡曾詩山嶺千重擁蜀門成都別是一乾坤五丁不鑿金牛路秦惠何由得并吞

軒轅臺圖

軒轅臺在今延慶州境内相傳黄帝擒蚩尤之處遺跡尚存過人云胡騎過之皆遠引不敢近帝之威德眞萬世而不磨者乎李白詩云燕山雪花大如席片片吹落軒轅臺即此

三才圖會地理八卷終

三才圖會

雲間元翰父王圻纂集
男思義校正

地理九卷

南鴈宕圖　　江心寺圖

煙雨樓圖

嵩岳圖

按嵩高山者五岳之中嶽也在河南府釋名云嵩字或爲崧山大而高曰嵩白虎通云中央之嶽獨加高字者何嶽居四方之中而高故曰嵩高山漢武帝登中嶽聞有呼萬歳聲於是以三百戸封奉祠命曰崇高邑至後漢靈帝復改崇高爲嵩高焉戴延之西征記云其山東謂太室西謂少室相去十七里嵩其總名也謂之室者以其下各有石室焉少室高八百六十丈上方十里與太室相次雜道書云自嶽神廟東北二十里至一山名曰東龍門其東有三臺山昔漢武東廵過此山見學仙女遂以名焉南有許由

山高大四絶其北有頴水即堯聘許由處猶有壇墠昔周靈王太子晉吹笙作鳳鳴游伊洛間道人浮丘公接上嵩山三十餘年往來緱氏山近在嵩山之西也漢世有道士從外國將貝多子來於嵩高西麓種之有四樹與衆木異一年三花白色香美

自偃師沿洛河南行五里渡河十里登唐廬陵王墓石表猶存中一碑高大字漫滅不可讀二十里至轘嶺口兩山對峙巖道崎嶇乃唐高宗幸少林寺時所鑿山行八里至少林寺寺在少室山北麓有碑後魏孝文爲胡僧跋陀建

者唐太宗爲秦王時賜寺僧教有云王世充叨竊非據後遣天常法師等竝擒彼兇孽廓茲淨土少林僧至今以武勇聞寺佛殿爲後講堂堂後左有立雪亭昔僧慧可嘗侍達磨雪深處也不去卒嗣其法今僧巾稱爲二祖出西廊百步有露臺胡僧跋陀於此翻經天降甘露故名西北上二里至達磨菴六祖手植柏又上一室門外石刻達磨面壁之菴六大字宋蔡汴書室中塑達磨像案前石高僅二尺廣如之達磨之形宛然其上經閣後有古槐高十丈圍二十尺出寺東行十五里折而東可二十里至戒壇寺破

屋三楹中四碑刻元學士李溥元所書柰榜字徑四寸道偉可愛又旁有唐大曆二年勅戒壇碑寺左百步爲會善寺法堂中有後周嵩陽寺碑後刻云大唐麟德元年移植于此可謂古矣佛殿東偏有泉出自山中惟供寺僧之汲資灌溉則伏而不流東南行八里嵩山神祠祠在華蓋峰下蓋嵩山巍然中國之中周幾二百里群山拱列有類兒曹而黃蓋一峰在山東南盡處外有亭扁曰草參入門三重有石柏奇古或偃或俯或欹或屈而蟠或怒而攫或奮而欲騰又或如帷蓋之張幾二百株三門内左右列四嶽祠又有隆神殿壁繪古冑曰像歲久剝落謁嶽神殿西爲御祠祠多歷代碑刻南行二百折而東北又二里北麓入盧巖寺蓋唐盧鴻隱處後爲僧廬其上四里有盧巖上寺閒石壁飛瀑數丈北三里至嵩陽廢觀其中所存惟唐李林甫觀記元五祖堂記二碑有三古柏大可六人圍舊有石刻云漢武帝封大將軍其次亦可四人圍道士云此次將軍也皆形狀偉甚不可圖繪其又次亦可三圍予平生見古柏多矣未有若此之奇者又東三里據山陽爲崇福宮其後名萬歲山昔漢武臨幸聞空中呼萬歲者三因即其

地建萬歲觀唐更名太一宋於此奉安眞宗御容設提舉官勾以祝釐中故有奕棋樗蒲泛觴三亭今惟存泛觴石下山東行一里觀啟母石啟母石事見淮南子其說不經後之人蓋嘗辨之

蘇門山圖

蘇門山在衛輝府輝縣一名百門山乃百泉始出之山其地巖谷幽邃林樾茂密古名士多卜居焉上百泉書院肅謁先師像登蘇門徘徊嘯臺慨焉懷孫登之爲人史稱登居蘇門土窟中好讀易常撫一弦琴阮籍往候之與言終不答退至山半聞山嶺有聲若鸞鳳乃登嘯也稽康從之三年不言仙人巖在蘇門有仙人足跡巖石上刻曰仙人跡下嘯臺迤邐西轉約里半許至康節安樂窩拜其遺像康節范陽人幼從父古徙共城遂築室百泉之上名其所居曰安樂窩布裘蔬食躬爨以養父而李之才適攝共城令遂授以數學後人于此建祠專祀云出窩東行南下入三仙洞內塑丘劉譚三真人像乃其修真處也或以是爲登舊居之土窟誤矣降洞游集仙資福宮是書院之左隣乃蔡氏園址也而院西墻下有古白楊樹十四株大可蔽牛蓋數百年物也過院爲思親亭在蘇門之麓許師可爲衛輝路總管以其父魯齋嘗寓共城思之爲立亭過亭爲衛源廟廟世稱靈源公殿曰清暉郡邑之得名曰輝以此宋元皆封王至洪武初釐正祀典改稱衛源之神禱雨輒應廟中碑刻具載唐宋以來褒封之典近廟有湧金亭泉

仰出纚纚千萬窠滙爲巨池池方廣一頃餘水泠泠澄白日照之如金故名中有菰蒲荇藻魚鱉之饒亭正壁有蘇東坡書蘇門山湧金門六大字且多宋元來名士題詠埒湧金翼然而相對者噴玉亭也亭中有石碣刻靈源二大字即俗所謂聖井者而看花樓乃在湧金亭南池水中盛夏蓮荷芬郁翠色上浮扶疎葱蒨今改爲穠翠亭亭左曰洗心亭右曰雲橋定爲中流勝槩

銅雀臺圖

銅雀臺在彰德府臨漳縣治西魏曹操築并金虎冰井三臺相去各六十步其上復道樓閣相通中央懸絕鑄大銅雀高一丈五尺置之樓顛臨終遺令施繐帳于上朝晡使宮人歌吹帳中望吾西陵西陵操葬處也後臺俱毀土人掘地得瓦色頗青內平瑩印工人姓名皆八分隸書硯諺云人得此瓦為硯貯水數日不滲

太行山圖

太行山在彰德府城北二十里其山西自濟源東北接河內修武輝縣林縣至磁州界綿亘數千里間峰巖洞景物萬狀雖各因地立名然實皆太行也為中州巨鎮禹貢太行恆山至于碣石亦相聯屬之意

王屋山圖

王屋山在懷慶府濟源縣西百里禹貢曰底柱析城至于王屋是也又曰山空其中列僊宅之其內廣濶如王者之宮也按龜山白玉上經暨茅君內傳皆云大天之內有玄中洞三十六第一曰王屋之洞周廻萬里名淸虛小有之天杜甫詩憶昔北尋小有洞即此山也其絕頂曰天壇常有雲氣覆之輪囷紛郁雷雨在下飛鳥視其背相傳自古仙靈朝會之所濟源出城西走溝中四十里又折西南行十五里度秦嶺皆行山上踰五里至劍河堡南行又折西北行十五里陽臺宮在王屋山之麓唐司馬承禎修眞之

所也明皇御書寥陽殿三巨字殿中塑昊天上帝像旁侍十三元辰皆儼麗而白雲道院乃在寥陽殿之東曰白雲者承禎號也宋徽宗嘗游幸其中天尊殿壁繪神仙龍鶴雲氣升降葦節羽儀之屬甚奇蓋開元中人筆殿左有唐大中八年碑上刻睿宗與子微書并送還天台詩入道院見大鑊一徑丈深數尺勝國時物也宮之南有八仙嶺其勢如八仙飭冠佩下天拱揖而嚮陽臺又有仙猫洞燕眞人丹成雞犬皆仙去而猫獨不飛昇至今在洞呼之即應者又不老泉皆去宮不遠出陽臺宮東北行下山百餘武

謁烟蘿子祠祠前有洗參井祠卽烟蘿子宅址也烟蘿子者晉天福間人世傳烟蘿子佃陽臺宮田苦積功行忽一日於山中得異參闔家食之扳宅上昇云過祠北行磵道中褰亂藤履危石東西兩山壁立千仞風颼颼起巖谷林木間令人震恐磵道中行八里復上山坂壘嶮盤曲莫記層數乃循石磴入紫微宮仰視臺殿如在天上至門金書榜曰王屋山朝眞門門內爲天王殿榜曰天下第一洞天又上一層曰三清殿面對華蓋山如几案然又上一層曰通明殿設昊天上帝像至天壇絕頂西上二里至望仙坡

閱披雲子修煉之跡又上四里至憩息亭凡登絕頂者至此必飲若少憩故名其地有仰天池四面高而中凹舊有泉今涸過此則躡瘦龍嶺登一天門曰瘦龍者以山脊之癯如瘦龍露骨也過一天門登十八盤山石壁陡絕旋繞而上至躡雲蹻觀烟蘿子登仙石石上有足跡下有濶曰避秦溝又稍上則紫金巖巖之右有三官洞洞前有仙人橋少頃至南天門則愈陡絕手攀鐵索以上觀軒轅黃帝御愛松轉謁玉皇殿殿之東曰清風臺西曰明月臺皆巨石也又行數十武至絕頂入虛皇觀謁軒轅廟眞君祠乃陡三級瑤臺極其遐覽東曰日精峰日始出時晶彩爛然西曰月華峰月上時光華先見也於是東望海岱西眺崑丘北顧析城南俯黃河如線如嵩山少室隔河對峙咸聚目前下視華蓋諸山卑如培塿竊意天下奇觀無踰此者歸至北天門古松十數株夭矯如虬龍環列成行儼如侍衞皆千百年物也遂觀捨身崖志心石在東北虛巖之上突出一石闊尺許長丈餘勢欲飛墜下瞰峭壑神悸股栗又觀老子煉丹池池上有老子祠古碑存焉聞東北有王母洞與遂莫測人跡罕至且有虵虎潛其中下南天門一

里許游黑龍洞洞前有太乙泉一曰太乙池蓋濟水發源處也世傳析城之山升白氣于天落五斗峰化爲濕雲自石竇中滴水降太乙池云道士曰每歲諸元會日五更之初輙聞仙鍾自遠洞中發聲悠揚清婉可聽又曰日出沒時間有倒影之異

七賢堂圖

三才圖會　地理九卷　十六

七賢堂在衞輝府輝縣西南七十里山陽鎮晉王戎向秀阮籍阮咸劉伶稽康山濤俱隱於此世謂竹林七賢後人建堂祀之今爲道觀

黄華山圖

三才圖會　地理九卷　十七

黄華山在彰德府林慮山内山有三峰名仙人樓玉女臺魯般門其頂突出雲表名摩雲峰連峙若屏名連屏峰群峰磊落如仙人聚集名聚仙峰下有黄華谷北巖出瀑布又有抱犢岡馬鞍山棲霞谷景頗幽勝

兩越總圖

東海之墟有二越焉於越當其北甌越當其南其始一越也皆禹之後王勾踐之所治也漢時無終始自别爲東甌天台以北則於越之故都鴈宕以南爲東甌之别壤

西湖圖
三才圖會
地理九卷
二十
北高峯
九里松
孤山
和靖祠
望湖亭
錢塘門
岳王墳
棲霞嶺

參見附圖六

三才圖會
地理九卷
廿一
飛來峯
靈隱寺
下天竺
中天竺
上天竺
龍井寺
一片雲
湧金門

西湖在杭州府城外武林多山而語山之極高者南北二峰與孤山爲最乃登高覽勝者之所必由也其孤山有金沙井有六一泉有林逋放鶴寺逋墓在其南巨石山一名寶石山在西湖北高六十三丈周廻一十三里旁有石甑山上有七層古塔今稱爲保叔塔山麓有纜船石相傳秦始皇東游泥海艤舟於此舊志西湖本通海東至泝河塘南向大江也故始皇纜舟於此宋宣和中鐫此石爲佛遂名爲大石佛北有落星石二一在山北一在山後巖上巾子峰在落星石後西有參寥泉西爲寶雲山又西爲葛嶺

相傳爲葛洪煉丹之所嶺上有葛仙翁墓又西有虎頭巖山形突出若虎頭然葛嶺之西爲履泰山有棲霞嶺嶺下岳武穆王墓後有棲霞塢黃龍洞履泰之右爲仙姑山有張憲墓仙姑西爲青芝塢青芝塢西南爲慶化山水竹塢又西南爲駝巘嶺過行春橋入九里松唐刺史袁仁敬守杭植松以達靈竺凡九里前有小方池曰玉泉旱潦不竭折而南爲仙芝嶺西爲集慶山又西南過含澗爲武林山俗稱山在錢塘縣西一十五里高九十二丈周一十二里其峰之北起者曰北高峰山前有飛來峰晉咸和間西

僧慧理登而歎曰此乃中天竺國靈鷲山之小嶺不知何自飛來仙靈隱屈今復爾否因名山曰靈隱建靈隱寺命其峰曰飛來支分而回拱者又有石笋靈鷲稽留月桂蓮花諸峰有泓靑林玉乳射旭呼猿諸洞有三生石有煉丹井有冷泉亭又有蕭公伏苓白沙金沙諸泉有下天竺寺中天竺寺上天竺寺其淩空中峙者爲慧日峰今以淨慈寺後卷石刻慧日峰亦誤也又南曰烟霞嶺洞壑虛窈泉味清甘聲如金石與穹閭邵宇鄭獬名之曰水樂洞陟磴屈折而上曰南高峰在南北諸山之界玉屏山在南屏西

南其對曰赤山山之陰有筲箕泉赤山之北曰三台山三台山而北曰小麥嶺又西曰大麥嶺其傍有花家山西北爲靈石山又西爲雞籠山風篁嶺嶺上有龍井龍井之南爲九溪其西爲十八澗栗山在錢塘縣西十七里高六十二丈周十八里有石人嶺玉女巖過嶺爲西溪有大慈山在縣西南十里有虎跑泉南曰筆架山有忠節祠祀宋大學士徐應鑣又南曰包家山有冷泉峪多桃花號小桃源又南曰梯雲嶺慈雲嶺嶺之南曰龍山一名臥龍山有登雲臺珍珠泉宋籍田郊壇高禖壇遺址在馬稍南曰妙因

山月輪山在龍山南形圓如月其高聳者爲月輪峰有六和塔五雲山在龍山西南高百丈周十五里有井大旱不涸秦望山在錢塘縣南一十二里高一百六十丈輿地志秦始皇欲渡會稽登此南望因名有羅刹石定山在錢塘江上高七十五丈周廻九里有奇江濤至是輒抑過則漬怒若雷浮山在縣東南四十里海潮入錢塘江勢若雷霆而浮山峙於江中與漁浦諸山相望潮乃廻伏激射若神憑馬廟山在浮山南十里潮勢至此方殺西湖故明聖湖周繞三十里漢時金牛見湖中人言明聖之瑞遂稱明聖

湖介于錢塘又稱錢塘湖負郭而西故又稱西湖云也

錢塘圖

古今言潮者必推浙江亦謂銀山雪屋有頭數丈此爲異爾他江之潮第如湧水復與此不同何與曰浙江去潮生處近撇天沃日之勢方盛而不可遏赭山龕山杈于江口頓然斂覓就窄其勢必至于衝激奔射也他江去潮生處遠遠則必殺故但湧水而巳又何疑焉

大滌山圖

大滌山在餘杭縣西南一十八里中有日月分精金堂玉室人謂此山清幽可洗滌塵心故名大滌其中峰曰白鹿山上有許邁升天壇丹竈遺跡及大滌棲眞石室白茆歸雲鳴鈴龍虯諸洞有來賢巖有仙跡巖下有九瑣山縈紆凡九折曰天關曰藏雲曰飛鸞曰凌虛曰通眞曰龍吟曰洞微曰雲璈曰朝元有撫掌巖皷桃花飛瀑諸泉今洞霄宮在焉

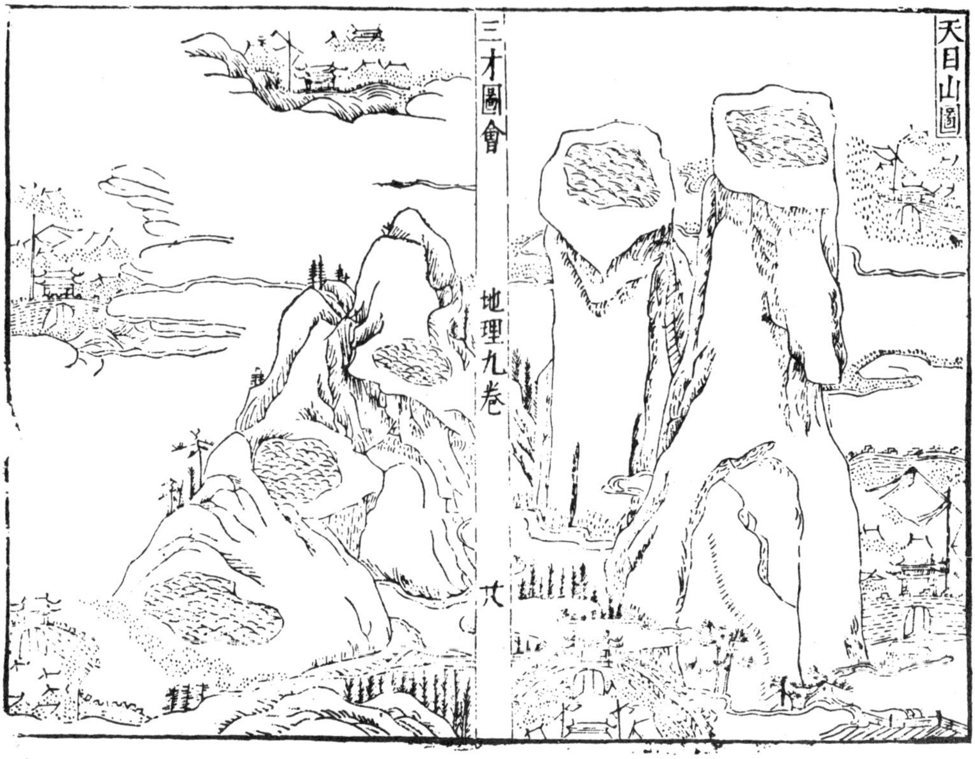
天目山圖

天目山據東西兩浙之勝岩巍峭拔石勢崚嶒蜿蜿蜒蜒横亘八百餘里其分支衍派莫知紀極洞玄集所謂三十四洞天者是也出臨安南門歴石虎山山甚惡其狀如虎踞又次早谿谿與龍谿相望其水勢蕩蕩發自天目相傳弘治間降水無涯不循龍谿故道衝嚙及陸徙而溺者動以千計遂成兩谿至今渡者甚難駕筏始得渡抵五山寺其山如五星分井排列目前及渡口谿水如沸問之或曰亦自天目來者也入孝豐縣過西山菴渡陳安踰横坎于涉崩谿次彭宅里有孤塚如堂封或曰是商大夫老彭墓

也惟旁有一碑仆且泐漫不可讀過鮑湖湖皆沙石水至則爲巨浸而入貢山正當其衝去縣二十五里上有石洞可容數百人又有硃砂洞多紅礫前代學堂縣址猶在焉蓋四山具瞻之地也自此待來嶺抵荻蒲寺寺多奇石類武康出湯口而西轉茆山長林下下有蒼松如虬極可愛更入金石鄉詢其故則曰黄金石尚存山畔已而見之多薜荔纏繞擊之有聲琅琅然又多黄色其上有白馬巖下有谿亦曰白馬互相掩映下谿而去次獨山山有梁梁有碑不數武轉入赤松子洞其洞谿以深幽以邃中有潺湲

聲水瀉如注石不工而屋乳不綴而旋或叩之輙亦有聲側身處隘不可入僅小口空洞無涯或以爲數年前有潛入不知所向者入洞延佇一小樓樓四面皆松篁葳蕤葱蔚而邨中編戶一覽殆盡次涉龍谿謁神龍祠長廊短桷皆金碧貌龍爲人似有乘雲行雨之狀歷堦而有碑記其事相厥地勢帝山坐鎮一方中有龍宮角則隆鱗則叙類非他山所能及入方村村不過一二家及河干村水村更覺牢落其獸蹄鳥跡縱横道左心甚恐又過寒村千絕無人烟疑其與塵寰相隔而天目境界至是始分矣又次長

潭其水色紺且黑噴石吞沙勢若跳珠或謂龍母在焉蓋今之所謂徐仙姑者是也仙姑亦人耳而孕爲龍其事亦不經者東入別有一潭隘不可涉轉上大坎頭歷香坂路皆傴久更上龜山次芫嶺其下坂如削猿猱飲澗者接臂不絕旁有波羅樹絜以百圍撫而盤桓有一小亭亭四面皆屏障而風藏屏獨列其上儼然如畫渡麻溪得觀印子石石如印纍纍可玩下此則俯而復隆奇花異草馥郁何限其上有小湖如練從空而落中有和尚田僅百畝自食其力初不知石壕吏之催科也更入大墓塘塘轉而灣爲

大洋爲中滐率多回穴至是則益不得方軌入汚塘仰見駐節廳有石如屋其玉壘金鏃猶在或以爲唐李靖討叛丹陽屯軍於此是亦未可知也念四跳正當廳前嶙峋硉矹斷崖峭壁迥出天表其下飛流滮滮淢淢嚙石成淵疑有蛟龍出没莫敢誰何相傳於潛每遇大旱吸水而歸輙雨雨足乃止其石如瑪瑙如琥珀如珠璣又或如浮磬有聲或如碣石有狀不可枚舉行者每動色入翔鳳林其上有平原一千五百丈中有兩湖湖有魚或以爲龍散子其中不可捕又有龍鬚草垂垂可愛相傳兩湖之水東通蕪

湖北漸安吉自安吉而逆泝之信有如所傳者復過雷神宅時未雨不聞作嬰兒聲東上眉峰岡岡去仙頂數十里野燒飛灰尚餘者金剛纂動輙曳裾徐徐却立始得進其巔皆奇石石如鋸板片片重重斷而復續者如勁什者如眠平者如鋪欵者如倚高者如千俯者如鞠合者如歸鸞雜者如去鴈北者如弟兄叙者如賓主其中有一峰獨聳馬上薄霄漢下耿江河東如臨安南如姑蘇西如宣城北如吳興皆在目前其下金牛鳳凰回龍諸山悉如蟻封而烟雲盡出其半

釣臺者漢嚴光隱處也兩崖削立夾縈婺之水而下桐廬蜿曲如游龍者七里水漲則磯激如箭山腰二巨石對峙突兀欲傾名以釣臺天作之矣好事者亭其上左垂綸百尺右罟罣一絲登臺而俯深淵水靛如緑玉山麓萬木參天其象欽流祠而顏之以聖人之清然乎哉山隔水為白雲原唐雄飛隱居其上有塚則宋謝皐羽所慟哭而終焉者也二子皆聞先生風如梁伯鸞葬于要離之側

金華山高千丈一名長山又名北山巔雙巒曰金盆曰玉壺壺水分兩派下下乎山之陽者由山橋以達于溪瀉乎山之陰者由鹿田而入于洞盆水惟一派落而為赤松澗山橋者兩崖峙百仞上有石橫跨之溪流下注焉故于諸澗于尤勝山之右為赤松山又右為知者寺寺在芙蓉峯西畔出城二十里乃至西去則為三洞東行乃望紫巖巖東三里則赤松宮也宮傍山為黃初平叱石處宮長松茂竹澗水如環流宮東北兩崖闢則小桃源在焉水石相搏時引出桃花數片可觴也返覩羊石色蒼白臥立各異態

遂過小橋西行三里爲東西鹿田俗稱玉女驅鹿而耕處也復五里爲三洞上朝眞中氷壺下雙龍雙龍外洞堪百搨石壁上現仙桃霞衣龍首左昻而尾右垂內一穴如碁顧水淙淙從中出卽伏流洞外舊有覆石可仰臥小舟以入入則見華蓋垂衣狻猊龜虵叮者爲田方者爲床滴者爲硯擊有聲者爲鍾嬌如玉者爲雙龍玆水捍石塞未入也登又一里至中洞窺黑穴無底徒聞水聲暴至久之乃有簾泉飛下三十餘丈盛以巨石雙石筍嶄然壁立于前復披莽三里至上洞大石如龜橫當其穴穴中數石如群

仙儷立內垂衣伸一足爲觀音此朝眞所由名也有石梁高掛白龍護其左蒼龍護其右又有天池深廣四畔峻不可下池之裏石崖如兩扉而啟其一極暗中遠望石扉啟處天光下燭蓋洞天漏明而人莫知其處北一里走紫微巖講堂洞梁錮孝標所卜築者洞飛霞涌水廣而紺碧如廈屋煞蓋不減外雙龍矣道書亦以此爲三十六洞天之一

爛柯山圖

爛柯山在府城南二十里一名石室下有石橋道書謂此山爲青霞第八洞天爛柯福地晉樵者王質入山伐木見二童子對奕質置斧於坐而觀童子與質一物如棗核食之不饑局終童子指示之曰汝柯斧爛矣質歸鄉閭已及百歲無復時人矣

三衢山圖

三衢山在常山縣北二十五里昔有洪水暴出泒兹山爲三道故名峭峰奇石玲瓏紺碧夭矯槎牙不可名狀上有巖洞名曰碧玉中有石室旁通二門榜曰玉龍

仙都山圖

仙都者鼎湖也世稱軒轅鼎成上昇而五色雲見故邑稱縉雲道書廿九洞天也山去縣二十里過桑潭遥見姑婦仙釋諸巖皆以意名之不甚肖再歷步仙橋懸崖千仞色白如抹名仙人榜上有謝康樂王龜齡朱晦翁諸刻覽畢下舟從小蓬萊穿合掌洞至龍舌洲復登嶠百級上忘歸洞下洞里許入玉虛宮宮右一石如天柱高數百丈方而圓半之巔有湖久雨則湖水溢下湖畔大木蘢從如虬龍此鼎湖峰也傍有伏虎巖蒼龍峽出峽登舟則順流經練溪上群玉臺登臺則傍覷五老峰蟻附若有所思

石門在青田境中發括蒼放舟踰石帆不五十里而至洞口雙峰鵠峙巖業入雲中是名石門迤邐而入平原石曠西南天達瀑布落馬擊天壁而瀉下潭掛流幾七十餘丈非烟非露亭以噴雪潭空洞沉碧疊石中流若砥柱當前揭而過則有歘洞在石壁下飛沫隨風時時入洞霑人衣俱濕李白云山光水色青於藍然哉上有軒轅丘道書以為玄鶴洞天云此地行溪澗中大都嵐氣依人曲曲如畫不獻瀑流之奇也自謝康樂創咏唐宋諸賢相繼有作

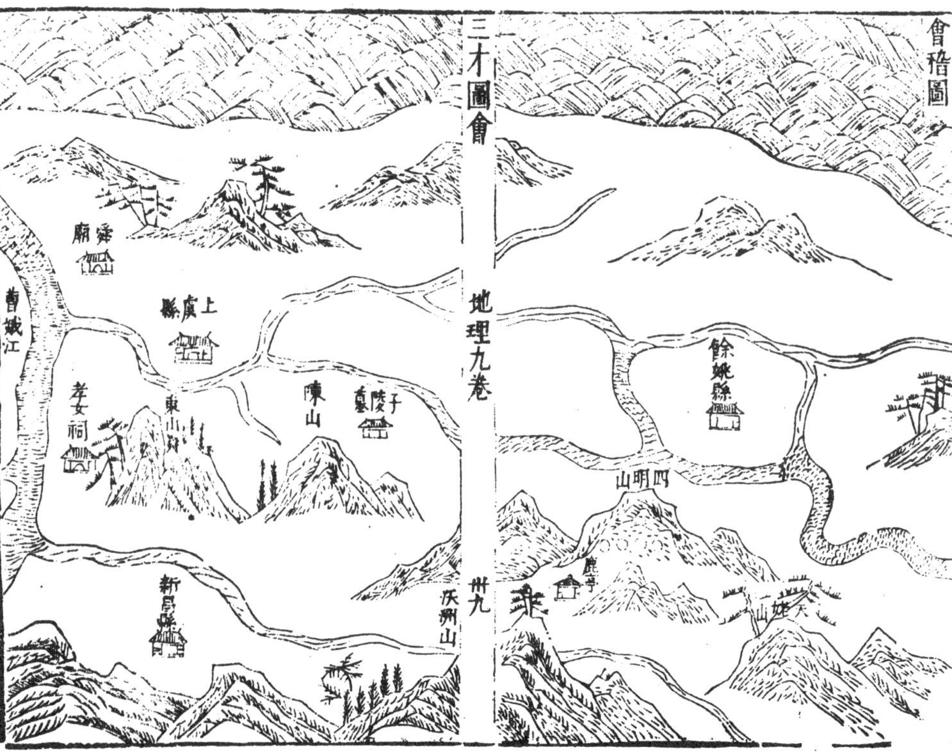

參見附圖七

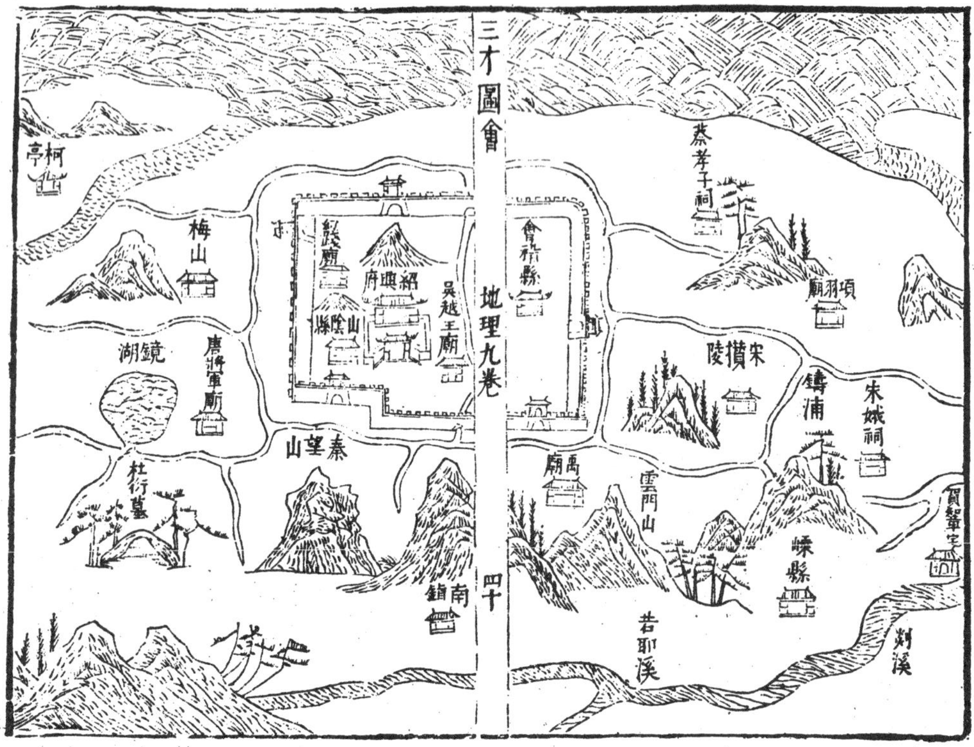
三才圖會
地理九卷
四十
柯亭
梅山
鏡湖
唐將軍廟
杜衍墓
秦望山
縣廳
紹興府
山陰縣
吳越王廟
會稽縣
南鎮
禹廟
雲門山
若耶溪
宋攢陵
鑄浦
朱娥祠
蔡孝子祠
項羽廟
嵊縣
賀知章宅
剡溪

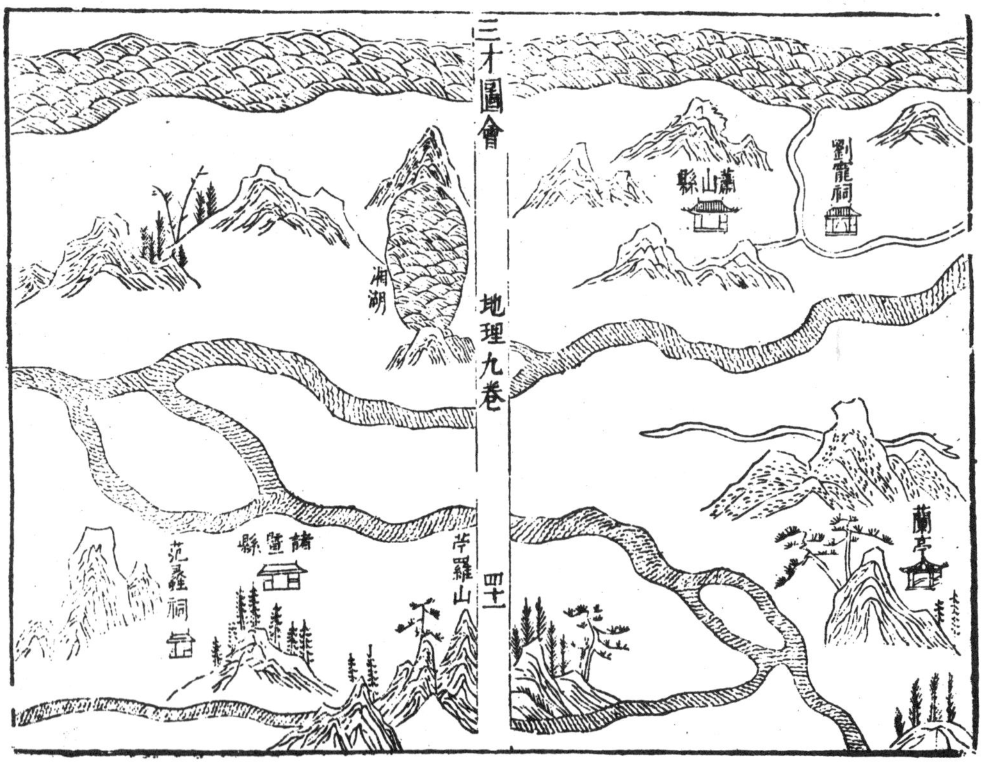
三才圖會
地理九卷
四十一
蕭山縣
劉寵祠
湘湖
諸暨縣
范蠡祠
苧羅山
蘭亭

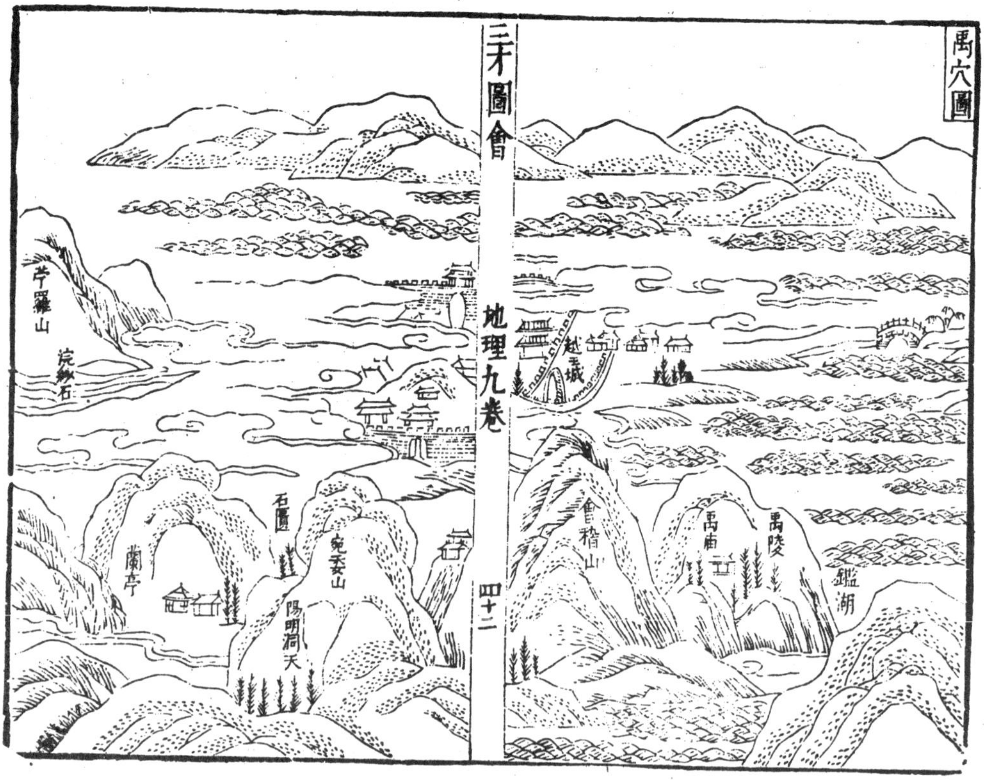

史記禹會江南計功而崩因葬焉命曰會稽會稽者會計也山之東也有雕隱若劍脊西嚮而下有窆石窆石之右是爲禹廟背湖而南嚮舊經禹廟之梅梁張僧繇畫龍於其上風雨夜飛入鏡湖人見梁上萍藻始駭異之乃以鐵維於柱禹廟之西曰中峰下有禹寺寺之後相傳爲禹陵陵有禹井有韭泉以禹韭飲食故名山之東北接官嶺其上有盤石屹立曰降仙臺下有名塢淘沙徑山南曰玉笥其別峰曰石傘曰香爐西北五里與宛委山相接宛委山上有石匱壁立中有孔穴號陽明洞即舊經云三十六洞

天之十一洞也夏禹發之得赤畦如日碧畦如月又中得金簡玉字之書悟百川之理賀知章纂山記曰黃帝號宛委穴爲赤帝陽明之府於此藏書大禹始於此穴得書復於此穴藏書人因爲之禹穴越句踐自夫椒之敗棲于會稽之石室服犢鼻著樵頭斫剉養馬蓋即此處也史記秦始皇上會稽祭大禹望于南海刻頌秦德今山下傳有始皇坐石竝無刻石惟縣西南七十里有刻石山一名鵝鼻山此山最高上有始皇刻石云李斯書山頂有巨石如屋中開插一碑于其中文皆爲風雨所剝隱約可見及司馬

遐自叙上會稽探禹穴然舊經諸書皆以禹穴繫會稽山之宛委山今里人以陽明洞外飛來石下爲禹穴又楊升菴謂蜀之石泉禹生之地謂之禹穴諸在此類皆流傳失眞矣過會稽自鏡湖逵楓橋美竹嘉樹相望十里而至王逸少之蘭亭亭有曲水有鵝池墨池曲水非其舊當是溪流失其處耳又去而入苧蘿村觀西施浣紗石拜范蠡祠群峰攢簇昔人謂行山陰道上如行鏡中信矣

東山圖

東山在會稽南晉太傅文靖謝公安石東山也巋然出衆峰間如鸞如鳳飛舞至山於千峰掩抱間得徑循石路而上今爲國慶禪院即文靖故居也絕頂有謝公調馬路止此山川始軒豁呈露萬峰林立下視烟海渺然天水相接蓋萬里雲景也文靖樂居其在兹乎山半有薔薇洞相傳文靖携妓處葛立之詩話云會稽臨安金陵皆有東山俱傳以爲謝安携妓之所

雪竇圖 四明附

雪竇在奉化之西出縣城十里日嶺之坂有石廟祀之又二石高與夫人肩鑄夾長石如巨鰌齒齒足玩又行四十里山霤明滅忽翠微有亭榜雪竇馬歷峻坂再數十盤近之乃至望官曲道樹宋應夢名山碑復行數百武入山門則平疇沃衍更忘其爲萬山之巔也中起一石阜廣弗盈畝柟柏森蔚海鶴巢之名含珠林東西兩澗水合爲閣道覆之名觀瀾閣南澗有沼石紋如錦名錦鏡池又折而南兩澗合流之水垂瀉于千丈巖下懸爲瀑布虎豹吼而震雷轟也寒飈從水中與飛沫俱起四顧戰戰不自持名龍

隱潭又行十里至妙高臺爲上雪竇舊有勝龕僧和庵巢其巾日令雙虎頸掛大竹筒來寺乞齋爲守龕弟子今僧去而龕廢矣此山奇峭幽邃烟雲滿壑亦海上之一奇也四明山者天台之委也高與華頂齊跨數邑自奉川雪竇入則直謂之四明行山中大約五六十里山山盤互竹樹葱蒨眾壑之水亂流爭趨入盆深猿鳥之聲俱絕悄然噏吻通顥氣覺與世界如絕不似天台近人也道書稱第九洞天峰凡二百八十二中有芙蓉峰漢隸四明山心字山四穴如天窗隔山通日月星辰之光故曰四明

招寶山圖

招寶山在定海城東一里所雄峻特立郡志山名候濤以番船貨寶來集其下故又名招寶山出城躡石磴迤北數步轉而東始履沙上襟帶草樹道南崖北巒隘且峻又數十步得平岡茂林空翠拂人襟袖禽鳥嚶鳴風颼颼爽令人樂而忘疲西南行數百步極峻險從者或援或推乃躋于巔立斥堠上四向空濶顧城邑廬舍歷歷可數江山林野層見疊出而大海茫無津涯與天為天忽颶風起驚濤拍天作萬雷聲駕之目眩心悸若風止日開迺見遠近諸島大小高卑或連或斷殊狀異態不可殫述蜃氣龍光隱見明滅沙禽水獸浪舶風帆出沒於雲濤杳靄間可喜可愕朝鮮日本諸夷之域皆在指顧中眞天下卓偉奇絕之觀也東北行直下山向盡有洞廣崇殆十尺其中莓蘚翠濕若染濤聲鳴嶼間出洞北數十武入一庵甚隘而幽勝前臨澗澗甚澄水草披白沙文石若組繡可愛其後青壁千仞不可上有泉出其中聲鏘鳴下石潭泉味冽且甘菴楣榜曰觀瀾

補陀山圖

補陀落迦山在定海東北故昌國縣海中佛書所謂海岸孤絶處往時高麗日本新羅諸國皆由此取道以候風信一名梅岑山其山有善財巖潮音洞盤陀石蓮花洋其勝稱絶

台中總圖

天台圖

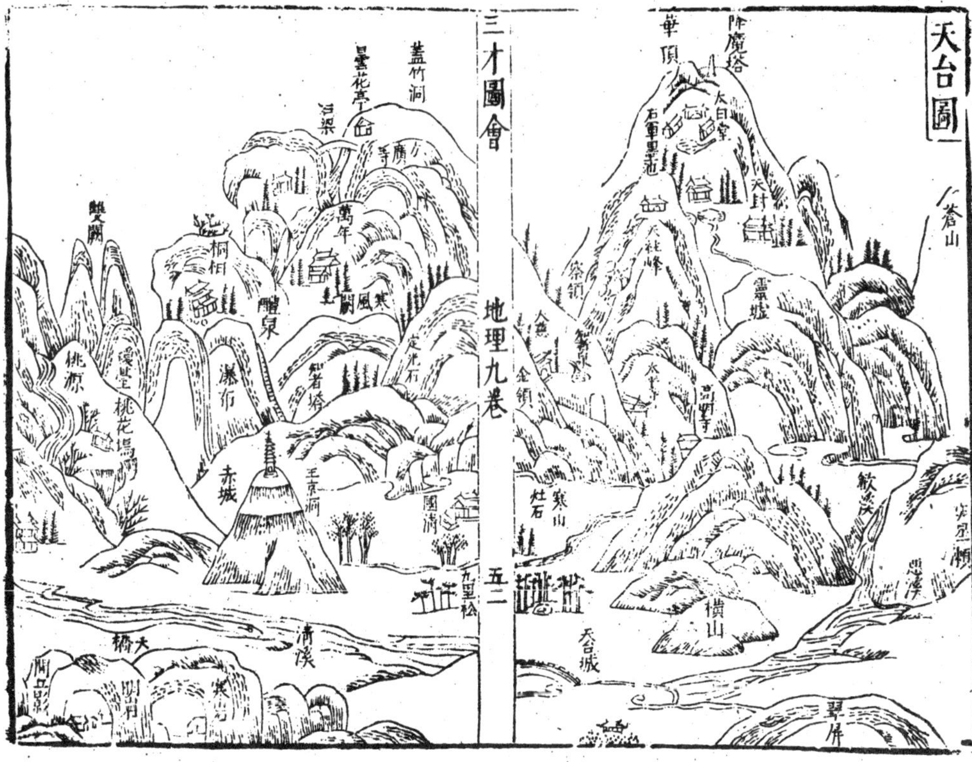

天台山在天台縣西一百一十里臨海記天台山有八重視之如一高一萬八千丈周迴八百里又云以高大之故上應天之三台星故稱台嶽游天台必自赤城始此山之南門也自是而北則循佛隴傍石橋由石橋東行則爲天封華頂西行則爲萬年桃源兩巖則爲洞天桐柏於是遂結束自赤城始赤城山純石霞色望之壁立如城具雉堞絕頂有浮屠七級西北有玉京洞金錢池寺廢無僧由九里松北行踰金地嶺與察嶺相連其下爲漢隱寺高察讀書堂又五里踰銀地嶺至大慈寺前觀佛隴二大字寺僧

曰此知顗師之初修地也又北行抵石橋先上曇華亭倚檻觀之見兩岸門立而石橋橫亘其上山北左右肩有雙泉飛出合流而來至橋乃伏出其下瀉爲瀑可百餘丈掛巖石間復由亭石麓下至新亭接其端而上則見石橋已在半天而噴雪之流自空中下擊潭水作疾雷聲震動林谷從山西行尋萬年寺由鐵船峽度羅漢嶺山椒水迴每數里輒一曲及至上方地則砥平如仰盂登妙蓮閣四眺則八峰迴抱而直南諸阜纍纍如列戟排衙兩澗水西寺門乃合流縈爲南出前林松杉成列東澗古松數株皆大

子圖鶴鸛多巢其上每休坐樹陰則聞鶴鼓牙及唳鶴之
音與風泉相雜翛然非復人世由此東北行至劉阮洞洞
去東澗二里而遠洞口如門有古木神祠沿澗而上兩山
綉壁參差夾水立水隨山曲時激石有聲曰鳴澗水端草
樹芊綿東崦特葱蒨可喜曰桃花塢又折而北上路漸艱
澁及水窮而路盡有巨潭渟澈如鏡中有洞門潜通山底
其深莫測此所謂金橋潭也即劉晨阮肇遇眞處潭之南
有盤石可坐仰望三峰倚天而東峰特秀上有石如綰髻
鬟曰雙女峰昔人見雙鬟戲水或曰乃其精靈所爲即寺

觀巖石亦奇怪又循董家廟小田鋪涉三四溪至廣巖寺
貧婆鍾鍾謁榮師肉身像師宋人習禪定多異跡時呼爲
榮羅漢死而不腐過寧國寺有寒明兩巖明巖大畧如寫
蕩雲巖但差小兩巖西面有唐帽乘馬痕相傳爲閭丘太
守像傍有大石筍如天柱峰正北洞寬平可列席旅會南
有小塘外有八寸關寒巖後洞北明巖右逕且廣可容百
馴而梵宇亦宏敞正寒山子所居由顧如嶺涉歡溪訪齊
處士高歡讀書堂于普慶寺舊號靈墟寔智太史註解涅
槃經處佛殿極壯麗有槃石智者嶺卓錫泉北望一峰摩

雲即華頂也中峰孤峭如華蓋諸峴拱羅寺毀僅餘數廊
泉木扶踈多檜杉欅櫧其旁近地有王羲之墨池李太白
讀書堂又迤從北上可三四里有望海尖登其絕頂則錢
塘烟樹括蒼峰巒皆隱約可見自此南行至文殊寺上高
由山脊行則凡邑內諸山皆若翔舞奔躍在輿馬左右直
南曰桐柏岡其地有臥龍玉女紫霄玉筍翠微蓮華玉泉
華琳香琳凡九峰而桐柏宮當其心平原曠衍有村落溪
流橋梁水碓道書稱爲金庭洞天唐司馬子微奉敕建爲
桐柏觀宋改爲崇道觀今復爲桐柏宮云西北宮有瓊臺

雙闕去宮可六七里瓊臺三面皆翠壁萬仞峭壁相向如
城郭周遭而臺則南向懸居其中折而東南可二里許爲
雙闕翠壁山至此忽中斷對峙如闕門路出其下而澗水
從之然巖石皆陡絕不可下覩而四壁之華葉曜日含風
綺繡紛錯秘香蓊鬱俯瞰百丈潭左臺在麓紆繞雙闕流
入雲溪屏息無譁其聽益遠與天台山之第一奇觀也出
洞門盤折而下行數里至福聖庄觀瀑布又迤而北至翠
屏山觀三井皆奇自文殊寺來謂桐柏已在平地及觀瀑
布二井始覺其地又在衆山之上乃復驚詫以爲大奇

鴈宕圖

鴈蕩山在樂清縣東九十里此山天下奇秀南有芙蓉峰下有芙蓉驛前瞰大海然未知鴈蕩龍湫所在後因伐木始見此山頂有大池相傳以爲鴈蕩下有水一潭諸峰皆峭峻險怪上聳千尺穹崖巨谷不類他山皆包在諸谷中自嶺外望之都無所見之谷中則森然干霄原其理當是爲谷中大水衝激沙土盡去惟石巋然挺立耳如大小龍湫水簾初月谷之類皆是水鑿之穴自下望之則高崖峭壁從上觀之適與地平以至諸峰之頂亦抵於山頂之地而世間溝壑之處皆有植土龕巖亦此類而今成皐陝西

大澗中之上洞及百尺迥然聳立亦鴈蕩具體而微者但此石彼土而既非挺出地上則爲深谷林莽蔽隔古人未見靈運之所不至理不足怪也

南鴈蕩圖

三才圖會　地理九卷　五八

南鴈蕩者以別于樂清鴈蕩也在平陽西南一百里北自夸嶺南自施巖皆名鴈蕩出平陽之南舟過荊溪而至智覺禪林石齒拄舟仍陸行先抵石門棲山左巨石欹空如琢右爲屏風三疊應之他不能盡名者如圭如笏如芝房燕壘備極巧態已乃兩石十仞夾峙名石華表則入石柱寺寺有數洞游人以西洞爲佳上窪下窩鍾乳自罅滴槽中云仙姑泉也前穴石爲月牖可攀望其外右行半里雙壁揷天石梁横跨之下俯深窅不可測聞峰頂亦有鴈湖而迷無所問大都視北鴈爲小而蜿蜒峭拔兩蕩無殊焉

江心寺圖

三才圖會　地理九卷　五九

江心寺者永嘉大江中孤嶼也城抱九山爲九斗門嶼與之對峙海濤日夜嚙其下左右造浮圖鎮之如兩龍角然當其青天不動滄海無波春日初長晴江似鏡塔影東擲晩渡爭喧憑江天闊而眺亦一樂也若夫隔江烟火如天星錯落則在雲陰之夕佳海潮奔激西去有聲自顧身在嶼中如泛銀河上下則月明之夕爲最

烟雨樓圖

按郡志烟雨樓在嘉興之馬場湖去治東南里許五代時中吳節度使景陵王錢元璙築臺爲登眺之所建炎中燬嘉定間吏部尚書王希呂致政還家因以址建樓有縉紳遨遊有司相繼拓治繕飭爲一方之勝元季楊苗之亂乃始毀之嘉靖戊申知府趙修浚内隍令民出土崇其故址嗣後士民漸加葺治稍復舊觀

三才圖會

雲間元翰父王圻編輯

男思義校正

地理十卷

楚江圖

滕王閣　在府城西章江門城上西臨大江唐高祖子元嬰都督洪州時建閣成命至封爲滕王因名其閣夾以二亭南曰壓江北曰挹秀後都督閻伯嶼重修

西山在府城西大江之外三十里一名厭原山又名南里山上有仙洞道書第十二天柱寶極眞天卽此其最幽絕處有香城蘭若宋余靖記初濟江十里有盤石名石頭津自石頭西行有梅嶺卽梅福學仙處嶺之南有葛仙峰下有葛仙壇上有煉丹井及鸞岡乃洪厓先生乘鸞所憩處西有鶴嶺王子喬控鶴所又有大蕭小蕭二峰世傳蕭史嘗遊其側旁有蕭仙壇又有水出山椒名吳源水高下十堰溉田萬餘頃西山之勢與廬嶽等而餘山則支附耳

仙巖圖

仙巖在饒州府安仁縣東南七十里巖半有穴二十四人不能到下有溪流漁舟人仰視穴中各有杵臼織機紡車床具水桶倉板之類每占其倉板開則歲豐閉則歲歉云

龍虎山圖

龍虎山東距信二百里西距饒三百里爲天下福地祖天師於此煉丹青龍白虎盤旋左右因以名山臺殿嵯峩朝錫額御書宋理宗居多其金碧琉璃與岩潭相輝映不可殫紀宮西演法觀壇則有壁羅洞闊二十餘丈中復有洞甚幽仄祖天師於此得神虎異書觀後水簾洞岩有祖天師煉丹爐其濯丹池萃日月交光之氣水自岩數百尺噴灑若珠簾玉箔人嘯泉下則水辟易其處久之復故宮東二十里曰象山屹嵲峻拔又名應天山頂乃平園池俱備十八代天師居此四十年人以山多虎鮮至者惟三元日

師乃下山授籙每風雨中常見師乘黑虎往來諸峰間宮東曰藐姑山藐姑居山修仙其弟來尋姑姑到移步若下山然而卒不往則又呼模空山居民結菴峰山後歲旱率童女績麻設齋以祀卽西山有石如坐人稱白石夫人青疫祈嗣者多應疑卽藐姑也藐姑對峙曰雲臺山唐葉天師煉丹處又於連峰上開湖因名塵湖山東南有龍鬚井十一代天師嘗於井上吹鐵笛聲聞數里宮南聖井山有龍潜焉投之金銀輒浮以楮幣則竟入苟不虔亦推出不內或出數百年物以荅人水黝黑產異魚四足而鱗鬣禱者

迎以歸雨隨至已乃送魚還井以爲常宋理宗勅三十五代天師檄井龍霖雨隨降因封廣潤侯理宗多御書以此宮南十里曰大夫山張文簡公宅面焉每張氏受一官輒山隆一石官大小隆石亦因之宮東南十六里曰鬼谷山天下第十六貴玄思眞洞天上有蘇秦臺張儀井或傳鬼谷王訓於此修道儀秦來受學焉又有孫臏寨龐公港又有鬼谷洞黝黑秉炬入中可容十許人內小石洞逼隘昔官醮投之金簡一幼童倒身入漸進見人物室廬一如人世久之出扶風間尋歸路則去故鄉數百年矣三十里曰

逍遙峰許眞君祠當石壁間彷彿如人印掌懸視掌痕溫其如玉宮前二十里曰仙岩祖天師始至信遂於此煉丹下有棊盤石居水中如底平可坐眺壁有大書仙岩二字岩上有仙人寺石山森布一峰中高曰天竺又有岩曰白華陡絕如削下臨不測宋熙寧寶月禪師自浦城來緣峭壁抵白華人跡往視之見師燕坐岩中自是通往來洞開二十四岩各具器物泛舟仰眺歷歷如新陰陽之鎔冶神鬼之造構若三人並立持論者爲三教岩若一人俯溪以觀水曰觀水岩中設棋枰若二人對奕者爲奕碁岩張機欲織

或空倚杼軸者爲機杼岩杵臼宛置者爲杵臼岩如屐一兩者爲木屐岩構架駢列染色猶有存者爲染具岩中安石磨磨傍置藥羅者爲藥羅岩若泥成竈有水淋火煅之色者爲丹竈岩中貯甕横欹不動者爲酒甕岩中横一棺者爲仙棺岩雜列鐵器泥爐側者爲鐵爐岩累木料而傍積白泥者爲泥料岩中爲一舟者爲仙船岩石榻設而白雲常覆者爲仙牀岩若重樓複閣者爲樓眞岩兩柱間一榧若將秣馬者爲馬廐岩張架若鷹矢積者爲鷹架岩後猊中伏者爲獅子岩若臥犬羊者爲仙犬岩爲仙羊岩昔

人浮舟游聞樂聲要妙出自岩中者爲仙樂岩岩有倉倉有門新舊開闔農家取以占歲者凡三所爲仙倉岩一木出尺餘繫汲器時斜閣木上時收入無定洪武間武士來游者拔弓射之木乃縮今猶見其半者爲轆轤岩北有鐘鼓岩仙岩下五里有馬祖岩巨石爲門緣石級入岩置屋石隙一小房中通天光一線夏凉冬温佳景也馬祖禪師於此銷蕩群魔宮南有張公洞洞有井宮東有佛井佛坐其上一枇杷樹偃蹇如龍覆之此蓋繫故實選列者而山川環怪不可以名狀也

匡廬山圖

東南有高山惟匡盧南康在山之陽九江在山之陰實二州之鎮盤據三百餘里左距彭蠡後阻江漢右扼全楚前俯豫章諸州有崇峰峻嶺飛泉絶壑良田良禾古之託於棲遯者接踵其幽蹊隱跡不可得而窮焉南康郡西北循湖之嶼至於山麓入曲阿五里涉淺水入徑有長松如堵陟巘復降抵開先寺寺宇經燬惟鐘樓偉麗僧廬佝鳴鶴峰高下爲構傍有臺相傳梁昭明讀書處實南唐元宗在潛邸嘗讀書于此後節度馮延巳改爲寺臺後崖半劖宋黄庭堅七佛偈跋字二寸許臺下多宋題刻則蝕不可讀

兩厓闘處入一深谷泉數疉而下注于潭曰龍池乃歷重巘上登之見隱隱從雲中直下如匹練所謂瀑布泉也香爐雙劒二峰出其右潭上絶壁劖龍虎二大篆相對池上卧石數丈劖廬山二字大約四尺第一山三字可五尺喬太宰宇寄題瀑布泉三篆宋嘉祐間劖刻布滿石上不能盡辯出寺北行緣諸峰下數里一徑而入曰萬杉寺志云古僧大超植杉萬本宋仁宗有御書金仙寶殿南宋有國泰清淨大書從五老峰前巘東行十餘里南出一徑環山帶溪溪石磥砢泉鳴石間鏗然若琴緣南崖微徑渡濯纓

橋從廻流山盤折而上及巔坐六合亭涉枕流橋從峽觀文公勅白鹿洞書院六字劖于峽石自潔二字劖于南厓枕流二字劖于湍中考自唐李渤與兄涉俱隱茲山養一白鹿因名循五老而西有良田數頃桑竹掩映廬舍負山者多棲居從西北行兩山夾澗而上田高下因之不絶凡數里轉大谷間奔崖墮石森羅碁布奔濤亂流砰轟若雷跨石梁長數十丈所謂三峽橋也從橋俯視泉瀉石面震撼林壑一石數丈横亘泉上往觀之毛髮直竦瞿塘灎澦不踰是險又二里至淵絶處一淵不可測渟泓如壁其源

蓋自五老峰三疊而下隱伏于草莽叢石間注之淵中淵側巨石平廣劖宋張安國玉淵二大篆書廣四寸字徑五六尺許又有康王谷陸羽泉右軍鵝池淵明栗里白鶴觀此匡廬之在南康者又南康從郡北城二十五里至白鹿洞口乃志云羅漢寺一徑入也自此峰巒澗谷縈廻陟降不計凡幾其間田廬雞犬林木掩映自成隱居行四十里皆闘彭蠡路漸西折有峰蔚秀爲天池峰徑紆仄不能方軌躡級二里至錦澗上一亭水從山夾中奔騰直下至澗數十疉觸石怒號澎湃入大溪而去有石梁數丈跨溪入

大峰口緣崖行皆石磴夾磴羣木蓊鬱十五里不絶奇根古幹與石交聳陰樾庇覆如行帷中磴甃盤折甚難陟峻數百折爲一亭曰錦繡半雲甘露可憩自甘露亭去宇道有巨崖鐫歐陽永叔廬山高篇當徑有石華表王陽明題廬山高于顚又百折復降至披霞亭行從大竹間竹皆尺圍道傍見一石剶稱物平施四大書不可考何時又數十步夾道皆朱權翠栢乃至天池寺寺前群峰環抱中一峰橫出其下曰鐵船峰白雲靑靄聚散無時飛泉競流淸響互荅入寺殿前一方池仰天池也少息從僧廊右登聚仙

亭亭之前爲文殊臺臺臨萬仞之上俯視其下則德化德安瑞昌建昌之諸山歷歷從橫地上若聚米然西北長江巨湖散若溝瀆又從小園仄徑陟有峰頂凡數十仞浮圖七級皆石甃上漸傾毁盖凌虛多烈風寺皆鐵瓦亦隳輪座下橫臨皆巨石乃宋咸淳時題刻此山之西南盡處匡廬之在九江者外又有樂天草堂三蘇堂錦繡谷飛雲洞白雲亭其勝不可殫述

彭蠡湖圖

彭蠡湖在南康府東南一名宮亭一名揚瀾左蠡一名鄱陽闊四十里長三百里巨浸瀰漫中有鴈泊小洲西接南昌東抵饒州北流入于江禹貢東匯澤爲彭蠡是也宋謝靈運詩攀崖照石鏡牽葉入松門三江事多往九派理空存唐李白詩謝公之彭蠡因此遊松門余方窺石鏡兼得窮江源前賞跡可見後來遊空存而欲繼風雅豈惟淸心寬雲海方助輿波濤何足論又有大孤山在湖中東南四面洪濤屹然獨聳上有神祠過者必致祭焉

馬當山在彭澤縣東北四十里橫枕大江山象馬形橫風撼浪舟船艱阻人爲立廟唐王勃舟過其下遇神人賜以順風一夕至洪都作滕王閣序陸龜蒙銘云天下之險者在山曰太行在水曰呂梁合二險而爲一吾又聞乎馬當

麻姑山在建昌府城西南一十里週廻四百里即道書三十六洞天之一山有五老萬壽等峰山麓有桃花源尋真亭山半有半山亭其前第二谷水飛流而下稍上一里許有瀑布飛下三百餘尺旁有雙練枕流湧雪雲關垂玉諸亭山門榜曰丹霞小有洞天門內有忘歸亭旁有水簾巖碧蓮池會仙亭又有仙都觀觀內有澗長流世傳麻姑於此山得道故名唐劉禹錫詩曾遊仙跡見豐碑除却麻姑更有誰雲蓋青山龍臥處月臨斗洞鶴歸時

靈谷山圖

靈谷曰在撫州府城南四十里中有石室靈像懸崖半岫有瀑飛流分於木杪映日望之如曳練宋王安石靈谷詩序云吾州之東南有靈谷者江南之名山也龍蛇之神虎豹翬翟之文章楩楠豫章竹箭之材皆自山出而神林鬼冢魑魅之穴與夫仙人釋子恢譎之觀咸附託焉

閤皂山圖

閤皂山在臨江府東六十里山形如閤色如皂故名相傳爲神仙之館道書以爲第三十六福地漢張道陵晉丁令威葛孝先皆嘗修煉於此山有凌雲峰漱玉泉投龍潭九龍塘磨劍池會仙橋着衣臺煉丹壇仙人石諸勝跡

玉笥山圖

玉笥山在新淦縣南六十里舊名羣玉峰道書為第十七洞天第八福地相傳漢武帝時有玉笥降壇上因名漢梅福晉郭桂倫彭真一袁景立梁杜曇蕭子雲皆嘗學道於此上有峰三十三洞六壇二十五亭臺各十一其餘泉池澗谷勝跡尤多

玉山圖

玉山在吉安府太和縣東八十里峻拔如筆架傍一峯尤尖聳周廻百餘里舊名義山晉永嘉有王子瑤修煉於此道成仙去唐因改玉山貞觀中有匡智者葉官與姪子大郎求仙至廬山遇異人曰此山陰也不如南求陽地二人南來入此山修煉得仙智上升而大郎尸解又名匡山上有三壇上壇王子瑤中壇匡智下壇匡大郎山下有崇元觀金文寺觀音定光岩又有十二境曰送龍潭釣魚臺駕鶴峯禮斗壇煉丹井衣冠塚圍棊石讀書石通仙橋白蓮池崇元觀滚泉池皆玉山之勝

蟠龍山圖

三才圖會卷之十 地理　三十二

蟠龍山在袁州府城南五十里自大路至山嶺凡三十六曲上有蟠龍寺唐末南平王鍾傳建寺四面皆峭壁雲漏瀑飛瀉前有龍王閣平挹雲峯蓋勝境也

金精山圖

三才圖會卷之十 地理　三十三

金精山在贛州府寧都縣西北一十五里道家以爲第三十五福地相傳漢張金華女麗英生禀瑞相年十五入山得道長沙王吳芮聞而聘焉麗英弗許乃昇高紿曰山有石室中通洞天若能鑿之當相見也芮大發兵攻鑿既通見女乘紫雲在半空語曰吾爲金星之精降治此山言訖而去因以名焉

大庾嶺圖

大庾嶺在南安府城西南二十五里磅礴高聳南樑南雄初嶺路峻阻唐張九齡開鑿新路兩壁峭立中塗坦夷其上多梅又名梅嶺其表有關曰梅關置官兵守之或傳梅福嘗隱於此嶺上有寺有婦人題云妾幼侍父任英洲司冦既代還以大庾有梅嶺之名而反無梅遂植三十本于道因題詩云英江今日掌刑回上得梅山不見梅輟俸買將三十本清香留與雪中開

黃鶴樓圖

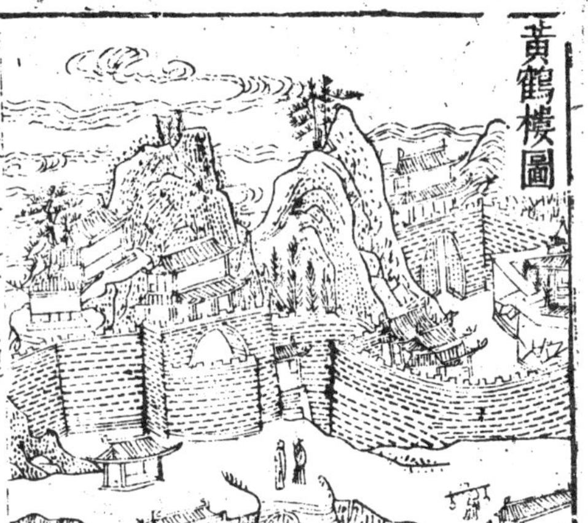

黃鶴樓在武昌府城西南圖經云費禕登仙嘗駕黃鶴返憩于此遂以名樓事列神仙之傳迹存述異之志觀其聳構巍峩高標巃嵷上倚河漢下臨江流重簷翼舒四闥霞敞坐窺井邑俯拍雲烟亦荊吳形勝之最或問黃鶴岳陽二樓孰勝曰岳陽勝是黃鶴勝製洞庭湖至岳州府乃收口岳陽樓在西門城上距府不百武正挹湖勝其製三層四面突軒狀如十字面各二溜水省城黃鶴山樓制方而補四隅爲圓頂三層高約五六丈每隅合九角每方四溜爲柱中外三起外二起四面各二十柱中一起四柱後接楹屋數間後石鏡亭湧月臺偎東亭觀音閣當其前閣畔黃鶴磯呂公洞值其後亦天下之壯觀也

赤壁山

赤壁山在武昌府城東南九十里唐元和志在蒲圻縣西二百二十里北岸烏林與赤壁相對即周瑜焚曹操船處圖經云在嘉魚縣西七十里其地今屬嘉魚宋蘇軾指黃州赤壁山爲赤壁蓋劉備居樊口進兵逆操遇於赤壁則赤壁當在樊口之上又赤壁初戰操軍不利引次江北則赤壁當在江南亦不應在江北宋李壁詩云赤壁危磯幾度過沙洲江上鬱嵯峩今人誤信黃州是猶賴水經能正訛

大別山圖

大別山在漢陽府城東北漢江右禹貢内方至于大別即此三國南北之際恒爲必爭之地一名翼際山一名魯山舊有魯肅祠因名

關羽洞在大別山之右其洞乃一巖穴三國時蜀將關羽嘗憩此故名傍有武安王廟一名藏馬洞

鎖穴在大別山陰漢口按漢董襲傳云孫權征黃祖祖橫兩蒙衝夾守沔口以栟櫚大紲繫石爲矴又晉王濬傳云晉伐吴吴人於磧險要害處皆以鐵鎖橫截之故名鎖穴今山陰二處有石穴俱存即其繫鎖處也

仙女洞圖

仙女洞在承天府京山縣東南四十里嵒谷競秀泉脉交流峭壁插天水紋紆石如篆洞有三門中有石床石枕石鏡臺宋時有道者秉燭入游數日而出即隨州也後有繼之者即遇迅雷暴雨不可復入

峴山在襄陽府城南七里晉羊祜每登此山置酒嘗謂從事鄒湛曰自有宇宙便有此山由來賢哲登此者多矣皆湮滅無聞湛曰公德冠四海聞望當與此山俱傳祜歿襄人感其德立祠刻碑其上見者莫不流涕杜預因名墮淚碑隆中山在府城西北二十五里下有隆中青既漢諸葛亮嘗隱于此

習家池在府城南八里後漢習郁嘗穿此池依范蠡養魚法中築釣臺臨歿謂其子曰必葬我近魚池後山簡鎮襄陽每出游多之池上置酒輒醉名曰高陽池

樊城在府城北漢江上與襄陽對峙卽周仲山甫所封樊國關羽圍曹仁于樊卽此西魏為安養縣唐改為臨漢縣

夫人城在府治西北晉朱序鎮襄陽苻堅遣將圍城序母韓氏謂城西北角必先受敝領百餘婢并城中女丁於其角築城二十餘丈賊攻西北角果潰衆守新築城賊遂引退襄陽人因名夫人城

大堤城在府城外唐李白大隄曲漢水横襄陽花開大隄暖劉禹錫詩酒旗相望大隄頭隄下連檣隄上樓日暮行人爭渡急槳聲咿啞滿中流

鹿門山圖

鹿門山在襄陽城外羣山盤拱襄江裳抱眞隱士之居也龐德公棲隱於此孟浩然夜歸鹿門歌云山寺鳴鐘晝已昏漁梁渡頭爭渡喧人隨沙岸向江村予亦乘舟歸鹿門鹿門月照烟中樹忽到龐公棲隱處岩扉松徑長寂寥惟有幽人自來去

武當山圖

武當山在襄陽均州從界山驛西行四十里至遇眞宮宮前開朗夷曠不甚峻始宮名會仙館仙人張三丰居焉故今東廊下有銅像東方丈有遺像各一與世所傳像稍異觀東二里曰修眞觀又東曰鵶鵲嶺上有太山廟出仙關其上有黑虎潭潭上有二石峻嶒中廣如屋可坐其下洞深莫測常有雲氣西北行四十里至紫霄宮宮負展旗峰下峰迤邐竦矗千仞壁削宛然皂纛形其左右有泉池四並清澈可汲欄甃礲琢甚工前左曰日池右曰月池前右曰大善泉後右曰上善泉從殿後右轉陟山椒有巖曰太

子巖巖名以帝故盖帝爲淨樂國王子也上有三大字甚深可辨其左曰蓬萊第一峰亦横刻巖上有泉一泓風吹餘瀝四散其濺如沫如珠可挹出道士院左折北上曰鍊丹巖右折西上曰七星巖又上爲三清巖絶險不可到杉檜桐梓陰翳甚鬱仰逼三公山頫瞰禹迹池擁大小寶珠二峰後負欻宮前古松數百株皆參天倚雲距此北十五里有觀曰復眞觀一名太子坡殿下有池曰聖母滴淚池相傳帝爲太子時棄家居此其母追泣故云直北十里曰龍泉觀在九溪渡天津橋上自此南折深入有巖曰玉虛

巖其路回阻窈窕沿流以入望之若窮行而愈出其上峰薄穹聳削可畫其旁萬山攢簇掩映松蘿蒙密絶不肖人境北數百步曰威烈觀觀祀唐太守姚簡貞觀中嘗爲武當節度感遇神人棄官隱此後時時著靈顯乃勑封威烈王西北四五里至南巖宮其右多重巖曲阜嶮岈之竅嵌空之洞從此自南天門循山左行過小天門緣崖峻折經大巖下陟殿中基在峻高處壁崖之半爲之又即其最上一乘爲圓光殿從殿後折而西行過元君殿坐南薰亭亭據崖杪萬景畢矚亭外有石拜一具縱廣十八道相傳爲

洞賓故物從元君殿東折上獨陽紫霄二巖獨陽有磚室一紫霄有石室一紫霄巖前有石龍頭横尺餘縱出欄外五六尺許下臨深壑數百仞甚峻西北二里有巖曰滴水巖中廣如厦下甃石爲池承泉注于外又里許曰仙侶巖云帝道成羣仙旅集賔迓下爲五花泉相傳神仙陶幼安得道於此直西有飛昇臺臺下有謝天地巖至險昔宋有人居此往來如飛有問訊者但云謝天地竟無他語後仙去人以是名之出南天門緣南崖可百餘步經北崖崖兩旁深峭直下中横一道如堵行者皆逡巡踧踖反足折西

北行過榔梅祠經朝天宮自是彌益高峻又前過摘星橋上一天門約可三里至二天門又里許至三天門三天門磴數千尺從高下直落強直如弦行者攀石欄緣絙仰脇息者數四然後得望一二其旁負土而爭出者爲巉累石而欲墜者爲崿種種異態顧睇不暇繚而曲往而復折而縈如窮而終計五六里乃可至絶頂飄然凌雲御氣神遊太虛不知此身尚在人間世也頂之出山曰天柱峰一名參嶺高出平地萬丈居七十二峰中帝昔於此冲舉絶頂東西九丈南北纔二丈四維皆石脊如金銀色有怪松數

株盤桓糾屈如龍蛇狀其高纔仞許甚奇頂中平置金殿乃　文皇製以奉神其中及外並純銅爲之外塗黃金制極工巧宛若渾成其梁楹鈎合處無半鏬若不假輳合者殿外爲臺臺外爲欄欄外爲城臺下置石梯懸崖間高出木末俯飛鳥之背而行其上曳踵跼趾目不敢旁游舉武肱石相搏闢四天門以像天關居然上界東西北三門皆絶壁不可行祇以備制相傳殿上五鼓東望見日出當不誣右下爲太和宮其旁錯置道院盖官之制隨地形故不能相屬自故道右折度朝聖門繞天柱峰後爲尹喜巖絶壁不可躋殿前四維諸峰不可盡名其對峙而起遍几案者爲蠟燭峰頂北爲顯定峯一名副頂峰孪巇薄天人跡稀及北爲獅子峰爲皇后峰峰之下巖曰王后巖又北有峰七其一曰貪狼峯次二曰巨門峰次三曰祿存峰次四曰文曲峰次五曰廉貞峰次六曰武曲峰次七曰破軍峰又總曰北斗巖再北爲中笏峰宛如朝士執圭鞠躬以趨東北爲萬丈峰正西曰大蓮峰小蓮峰肩望並秀亭亭然如芙蕖初發隱映清波其中則有大筆小筆二峯對峙蓮峰之門狀如卓筆又西曰大明峰曰千丈峯群山之下起

然獨出再西曰白雲巖傍一石穴如星曰星牖南爲仙人峰隱士峰下爲隱士巖時有神仙出沒或解衣披髮或奇形異狀或坐盤石或濯澗濱恍惚之間即失所在東南有峯五一曰中鼻峰二曰聚雲峰三曰手扒峰四曰竹篠峰五曰槎牙峰當均房往來之間石稜峭㟥行者不能以步其南爲竈門峰嵐烟瘴霧昕旦如炊又南爲玉筍峰迸地而出宛然新篁未籜也以其類人又呼曰石人山此外又有曰拄笏峰曰大夷峰柱笏如搢笏大夷坦如掌其中猛獸不可通其絶下曰萬虎澗澗濱石穴噫氣震響林樾其

外諸峰或如天丁拱立或如百官侍衛或倚如劒或列如墻或突如鶻或卓如筆炫目怵心雖更數十僕不能數從南巖以望五龍諸殿如在絇履下去巖而北過滴水仙侶二祠下青羊澗三十餘里山行多虎行者皆擐金執戟自衛澗陷大麓下如行簷底道傍怪石侵徑萬木交互成幄殆昔人所謂別爲一天者非耶踰澗西復緣山行陰磴苔蘚甚滑可二三里東向逆折而入其門北向門內爲道九曲其八折有龍井五左三右二水極寒澈其欄檻皆極精良右廊之陰有日月池二二池相距纔數尺月池色綠日

池色緇絕不類名字金魚可數百頭出游甚適正殿之左爲玉像殿像皆肖帝形高數寸凡蒼玉菜玉碧玉各一亦精緻並元人遺物下而折左出大門外並山西行下小谷澗水出焉所謂磨針澗也澗上有老姥祠折而右行過碑亭南數百步平聳如臺陳希夷誦經處也今號誦經臺又直下爲凌虛巖唐孫思邈宋陳希夷嘗居焉復從故道折而西上百餘步爲自然菴菴前右作小池而橋其上金魚十數頭聞人咳唾聲從橋下群起向客其頂爲靈虛巖險不可上宮南二十里曰紫蓋峰北有巖曰卧龍峰桃源峰皆幽勝東二百步曰雲毋巖曰楊仙巖昔有楊先生者仙去故名發五龍趨玉虛宮負展旗峰北蓋過真故址西南五里曰回龍觀其山巒蜿蜒若回顧然西十五里曰閼王廟宮南二十里有觀曰八仙觀相傳八仙嘗過之遇真東南行三十里至迎恩宮宮在石板灘當鄖襄孔道又十里至均州淨樂宮在焉傳稱玄帝生於淨樂之國故宮之宮半于城中其規模宏敞雖謝玉虛而佳麗過之至幡幄之垂悉綴以玉皆內降及藩國物也宮左有紫雲亭出大東門望江東岸巨石屹屹山麓昂聳如馬首平如几高數

十尺其上有亭曰滄浪亭可濯可詠可壺可奕景絕似嚴瀨釣臺亭中下率江岸左行百餘步上有觀音閣閣後有小石洞洞廣步有半甚森爽出閣道拏舟順流行六七里抵龍山山廣亘江口上有禹王廟一玉皇閣一卧龍亭一下有三義廟一皆附宮可觀游者

大洪山

三才圖會卷之十地理　甲

大洪山在德安府隨州城西一百二十里相傳爲慈忍盧尊者道場其山崛起一方巉然雲間四面陡險絶頂有湖湖旁有龍鬬崖又有明聖泉硫黄池仙女洞佛兒嶺鸛子山斷足巖皆此山之景也宋靖康間避寇者嘗依此山立寨備目保賊竟不能破

赤鼻圖

三才圖會卷之十地理　四一

赤鼻山在黃州府城西北漢川門外屹立江濱截然如壁而有赤色曰名一名赤壁磯以爲曹操敗走處非是周瑜與操遇于赤壁在武昌府樊口之上江之南岸蘇軾遊此作赤壁二賦非周瑜曹操戰處也

雪堂圖

雪堂蘓子瞻謫官黃州時所建也與竹樓相並公賦所謂步自雪堂將歸林皐者是也景不甚勝因公而著亦若竹樓之以王公傳云

竹樓圖

竹樓在黃州府治之東制度絶小南面江流風帆魚鳥之適亦自幽勝宋王元之建記云遠吞山光平挹江瀨幽閴遼敻不可具狀公退之暇披鶴氅衣戴華陽巾手執周易一卷焚香默坐消遣世慮江山之外第見風帆沙鳥烟雲竹樹而已

龍山在荆州府城西北一十五里晉桓溫九月九日同叅軍孟嘉登此山風落嘉帽今有落帽臺唐李白詩九日龍山飲黃花笑逐臣醉看風落帽舞愛月留人

洞庭湖在岳州府城西南禹貢九江孔殷註云即洞庭也沅漸元辰叙酉澧資湘九水皆合此故名九江又九江沅資湘最大皆自南而入荊江自北而過洞庭瀦其間名爲五渚戰國策云秦與荊戰大破之取洞庭五渚是也又雲夢湖青草湖與洞庭相連洞庭在北青草在南雲夢在西合爲一湖

君山在府城西一十五里洞庭湖中一名洞庭山又名湘山狀如十二螺髻山海經云洞庭之山帝之二女居之蓋堯女湘君始居於此故云上有楚興寺軒轅臺柳毅井傳書亭飛昇亭響山酒香山道書以爲第十一福地古今題咏最多

岳陽樓圖

岳陽樓在岳州府范仲淹記曰北通巫峽南極瀟湘遷客騷人多會于此覽物之情得無異乎若夫淫雨霏霏連日不開陰風怒號濁浪排空日星隱耀山岳潛形商旅不行檣傾楫摧薄暮冥冥虎嘯猿啼登斯樓也則有去國懷鄉憂讒畏譏滿目蕭然感極而悲者矣至若春和景明波瀾不驚上下天光一碧萬頃沙鷗翔集錦鱗游泳岸芷汀蘭郁郁青青而或長煙際空皓月千里浮光耀金靜影沉璧漁歌互答此樂何極登斯樓也則有心曠神怡寵辱皆忘把酒臨風其喜洋洋者矣

十房洞圖

三才圖會卷之十地理 四十八

十房洞在長沙府安化縣北二十里洞門廣丈餘門內若廳自廳入穴中有天窓左右列十房各有門鐘鼓備具後有石田石池

雲山圖

三才圖會 地理十卷 四十九

雲山在寶慶府武岡州城東南一十五里山有七十一峰宋郡守汪中立嘗建七十一峰閣於上道書以此山爲第六十九福地中有日華山月華山杏花塢袞龍洞猿藤水道候公洞

石鼓山圖

石鼓山在衡州府城東北三里有東巖西溪朱陵後洞水經註臨烝縣有石鼓高六尺湘水所經鼓鳴則有兵革事又有石鼓書院朱文公有記

衡岳圖

周官荆州其山鎮曰衡山徐靈期山獄記及盛弘之荆州記云衡山者五嶽之南嶽也周旋數百里高四千一十丈東南臨湘川自湘川至長沙七百里九向九背然後不見禹治水登而祭之因夢玄夷使者遂獲金簡玉字之書得治水之要山有三峯其一名紫蓋天景明徹有一雙白鶴徊翔其上一峯名石囷下有石室中常聞諷誦聲一峯名芙蓉上有泉水飛流如舒一幅練山海經云衡山一名岣嶁山其上多青雘鳥多鸛鶴

桃源洞圖

桃花源在常德府桃源縣桃源山山在縣南二十里其西南有桃源洞一名秦人洞洞北有桃花溪故老傳云晉太元中武陵人捕魚爲業緣溪行忽逢桃花林夾岸數百步前行欲窮其林便得一山山有小口從口入數十步土地平曠屋舍儼然有良田美也桑竹之屬阡陌交通鷄犬相聞其中往來種作男女衣着悉如外人自云先世避秦率妻子邑人來此既出得其船便扶向路處處誌之及郡下詣太守說如此(太守劉歆)太守即遣人隨其往尋向所誌遂迷不復得路

二酉山圖

太酉山在辰州府城西北四十里道書爲第二十六大酉華妙洞天上有龍湫甚靈禱雨即應山之巔有善卷墓小酉山在府城西北五十里山下有石穴其中舊有書千卷相傳昔人避秦隱學於此梁湘東王繹賦云訪酉陽之逸典謂此

九疑山圖

九疑山在永州府寧遠縣南六十里晋郭璞云其山九谿皆相似或云九峯參差互相隱映望而疑之故名峯各有一水四流灌於南海五水北注於洞庭九峯曰朱明石城石樓娥皇舜源女英蕭韶桂林杞林故老相傳舜登九疑九峯之外嶂山曰萬歲山有沙樹十二株大者七八圍小者計五圍樹在舜廟前

澹山巖在零陵縣其巖東南二門而入廣袤可容千人竇穴嵌空物象奇恠有不可得而狀者

十卷終

三才圖會

雲間元翰父王圻編輯
男思義校正

地理十一卷

蜀都圖

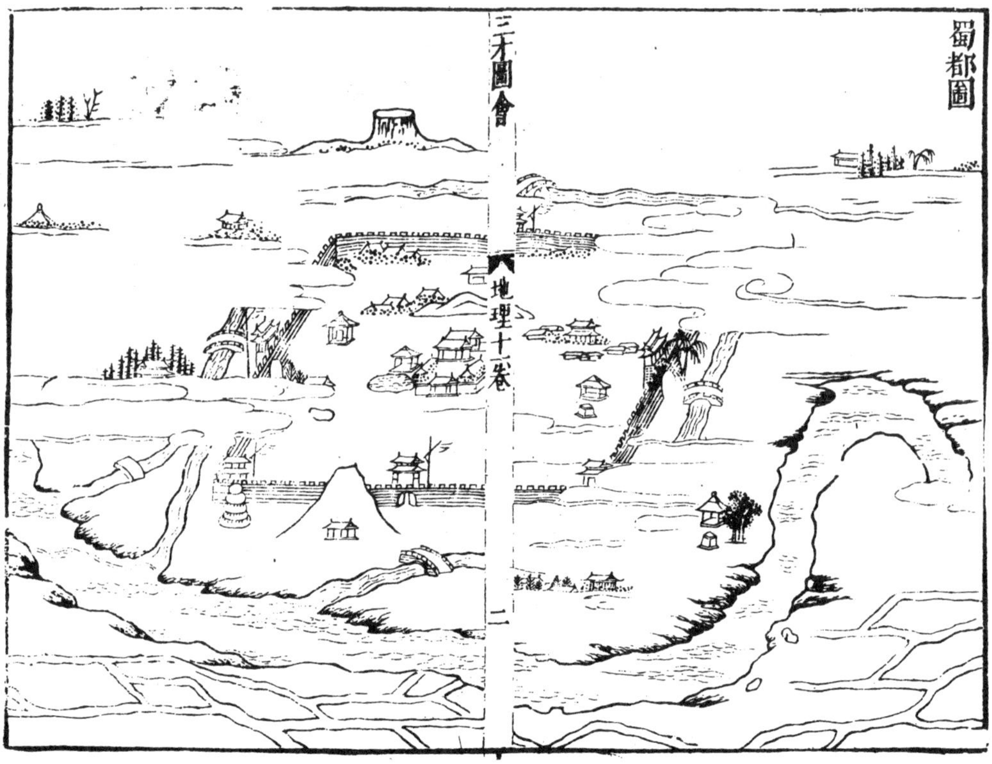

武擔山在成都府治北蜀記武都山精化女子蜀王開明納爲妃不習水土而死王遣五丁於武都山擔土爲冢蓋地數畝高七丈上有石厚五寸徑五尺瑩潔號曰石鏡用表其門又傳成都內及毗橋側有一折石長三丈云是五丁擔土擔漢昭烈卽位於武擔之南謂此

岷江卽四瀆之一也俗名汶江源出岷經茂州城下西南至威州又過汶川轉而東南至灌縣過金馬口至新津縣與皂江水合

浣花溪在府城西南五里一名百花潭按吳中復冀國夫人任氏碑記夫人微時見一僧墜汚渠爲濯其衣百花滿潭因名其潭曰浣花唐妓薛濤家潭旁以潭水造紙爲十色箋李義山詩浣花箋紙桃花色卽此

諸葛井在府城西南五里相傳漢諸葛亮欲通井絡王氣故爲此井

洗墨池在府城內成都縣南卽揚雄草玄洗硯之池

草堂在府城西南五里浣花溪上卽杜甫宅也甫詩萬里橋西宅百花潭北庄謂此

琴臺在府城西南五里漢司馬相如宅唐杜甫詩茂陵多病後尚愛卓文君酒肆人間世琴臺日暮雲

萬里橋在府城中和門外寰宇記著諸葛亮送費褘聘吳至此曰萬里之行始於此矣又唐史載玄宗狩蜀過此問橋名左右對以萬里玄宗歎曰開元末僧一行謂更二十年國有難朕當遠遊至萬里之外此是也遂駐蹕成都

錦江橋在府城東錦江街

昇仙橋在府城北七里漢司馬相如嘗題柱曰大丈夫不乘駟馬車不復過此橋

大慈寺在府東唐至德間建玄宗書大聖慈寺四字尚存

錦官城在萬里橋南因其有錦官故名猶合浦之珠宫也

嚴君平宅在府城西南隅卽嚴遵賣卜處又漢州東一里有君平臺綿竹縣有君平池

五塊石在府城南石有五塊高一丈餘下有海眼昔人嘗起其石風雨暴作

棧道圖

蜀中古稱益州天府明興則四川轄也汧渭之墟本秦屬乃入蜀咽喉故益門鎮在焉記入蜀者當自寶雞始寶雞古陳倉縣也出縣南門度渭水十五里至鎮關尹喜故宅在焉又十里而登山則入棧道矣高坪插雲顏以陳寶重關即大散關也關下水北流入渭南流入漢堪輿家謂爲中龍過脉云此爲虎豺晝夜伏道傍二十餘步則起獨樓雜以檻穽即二三烟突聚落亦斫木爲城環避之又過偏橋路絶處插棧崖壁間徧山架木下臨白水江源始眞棧也自寶雞至此覆屋咸以板眞西戎俗矣又上鳳嶺上下

五十里嶺南北水各入白水江是爲三岔者一去鳳一去褒一去郿也郿道在叢山枯壑中衆謂孔明出斜谷即此三岔十里水自松林北流亦合白水抵陳倉口路嶮巇僅容单人西行二百里可徑達沔之百丈坡韓淮陰明修棧道陰度陳倉者是又三十里至松林十里上柴關五里至其巔復下十里爲紫柏署前列雙峰左山深處有寺樹石蓊萃錯落棧中第一勝地也平砂如砥晴雨皆可人青山夾馳緑水中貫豐林前擁疊嶂後隨去來杳無其跡倘非孔追眞隱居之適矣關上流北仍白水南入黑龍江水深

處約二丈餘然皆巨石激湍漢張湯欲從此通漕于渭不知當時水石何似又行三十里而上七盤盤盡爲雞頭關一石如雞冠起逼漢下俯江水出白石盆兩崖突兀爲出棧最奇處鄭子眞耕焉稱鄭谷

青城山圖

青城山在灌縣西南五十里唐杜光庭記岷山連峰接岫千里不絕青城乃第一峯也前號青城峰後名大面山山有七十二小洞應七十二候有八大洞應八節道書以此山爲第五洞天乃神仙都會之府

雲臺山圖

雲臺山在蒼溪縣東南三十五里高四百丈山峰峻峭插天一名天柱卽漢張道陵昇處宋建永寧觀有洞曰麻姑芙蓉平仙浚仙池曰浴丹玉魚巖曰松根蟠桃又有九轉亭丹竈尚存山多榕栢有一絕大者中空可坐數人旁有亭名魁栢

平蓋山圖

平蓋山在南溪縣西一十五里有三山九隴惟此山一峰特出頂圓而平故名一名牛心山一名瑪瑙山漢眞人劉景鶴隱此煉丹有石洞深邃上有石穴圓如盞有水出焉往時遊人憩此掬水飲之取之不竭又有木葉紋如篆謂之符葉

十二峰在巫山曰望霞翠屏朝雲松巒集仙聚鶴淨壇上昇起雲飛鳳登龍聖泉沿峽首尾一百六十里唐沈佺期詩巫山峰十二合沓隱昭回俯眺琵琶峽平看雲女臺

瞿塘峽在府城東舊名西陵峽乃三峽之門兩岸對峙中貫一江灩澦堆當其口唐杜甫詩三峽傳何處雙崖對此門入天猶石色穿水入雲根白居易詩瞿塘天下險夜上信難哉岸似雙屏合天如匹練開

巫峽在巫山縣東三十里即巫山也與西陵峽歸峽並稱三峽連山七百里畧無斷處自非亭午夜分不見日月水

經云杜宇所鑿以通江水圖經云此山當抗峰岷峨偕嶺衡嶽凝結翼附並出青雲

灩澦堆在瞿唐峽口江心突兀而出水經云白帝城西有孤石冬出水二十餘丈夏即沒秋時方出諺云灩澦大如象瞿唐不可上灩澦大如馬瞿塘不可下峽人以此爲水候唐白居易詩見說瞿唐峽横斜灩澦根難於尋鳥道險過上龍門

峩眉山在嘉定州峩眉縣峩眉有三山爲一列曰大峩中峩小峩中峩小峩皆傳有游者今不復有路惟大峩其高摩霄爲佛書所記普賢大士示現之所峩眉縣出西門登山過慈福普安二院白水莊蜀村店十二里龍神堂自是磵谷舂淙林樾雄深轉至華林院過青竹橋峩眉新觀路至中峰院院有普賢閣回環十數峰繞之背倚白崖峰右傍最高而峻挺者曰呼應峰下有茂真尊者菴孫思邈隱峩眉時與茂真常相呼應於此云出院過樟木牛心二嶺及牛心院路口至雙溪橋亂山如屏簇有兩山相對各有

一溪出並流至橋下石壍深數十丈窈然沉碧飛湍噴雪奔出橋外則入岑蔚中可數十步兩溪合以投大壑淵渟凝湛散爲溪灘灘中悉是五色及白質青章石子水色麴塵與石色相得如鋪翠錦非摹寫可具牛心寺三藏師繼業自西域歸過此將闢山兩石鬭溪上攬得其一上有眉目以爲實瑞至今藏寺中此水遂名寶現溪自是登危磴過菩薩閣當道有楬曰天下大峩山遂至白水普賢寺自縣至此皆峻阪四十餘里然始是登峰頂之山脚耳泊白水詣普賢大士銅像宋初勅成都所鑄有太宗仁宗眞宗

宗三朝所賜御製御書百餘卷七寶冠金珠瓔珞袈裟金
銀缾鉢奩爐匙筯果壘銅鐘鼓鑼磬蠟茶塔芝草之屬又
有崇寧中宮所賜錢幡及織成紅幢等物內仁宗所賜紅
羅紫繡袈裟次至經藏亦朝廷遣尚方工作也正面爲樓
閣兩傍小樓便戸釘鉸皆以鍮石極備奇靡相傳純用京
師端門之制經書造於成都用碧硾紙銷銀書之卷首悉
有銷金圖畫各圖一卷之事經兼織輪相鈴杵器物及天
下太平皇帝萬歲等字於繁花縟葉之中次至三千鉄佛
殿云普賢居此山有三千徒衆共住故作佛鑄甚朴拙自

此登峰頂光相寺七寶岩其高六十里大略去縣中平地
不下百里又無復蹊磴斫木作長梯釘岩壁緣之而上意
天下登山險峻無此比者出白水寺側門便登黙心山言
峻甚足膝黙於心云又過峰門羅漢店大小扶掙錯喜歡
木皮里胡孫梯雷洞平凡言平者差可以託足之處也雷
洞者路左深崖萬仞磴道缺處則下瞰沉黒若洞然相傳
下有淵水神龍所居凡七十二洞歲旱則禱于第三洞初
投香幣不應則投彘及婦人衣履之類以振觸之往往雷
風暴發於此洞過新店八十四盤娑羅平娑羅者其木葉
如海桐又似楊梅花紅白色春夏開惟此山有之大抵大
之上凡草木禽虫悉非世間所有者季夏數日前雪大降
木葉有雪漬爛斑之跡草木之異有如八仙而深紫有如
牽牛而大數倍有如蓼而淺青聞春時異花尤多但是時
山寒人鮮能識之草葉之異者亦不可勝數山高多風木
不能長枝悉下垂古苔如亂髮挂木上垂至地長數丈又
有塔松狀似杉而葉圓細亦不能高重重偃蹇如浮圖至
山頂龍多又斷無鳥雀盖山高飛不能上自娑羅平過思
佛亭軟草平洗脚溪遂極峰頂光相寺亦板屋無人居中

有普賢小殿山頂有泉煮米不成飯倶碎如砂粒萬古氷
霜之汁不能熟物也登天仙橋至光明岩炷香小殿上木
皮盖之王瞻叔參政甞易以瓦爲霜雪所薄一年輒碎後
復以木皮易之翻可支二三年人云佛現悉以午云登岩
眺望岩後岷山萬重少北則瓦屋山在雅州少南則大瓦
屋近南詔形狀宛然瓦屋一間也小瓦屋亦有光相謂之
辟支佛現此諸山之後即西域雪山崔嵬刻削凡數十百
峰初日照之雪色洞明如爛銀晃耀曙光中此雪自古至
今未嘗消也山綿延入天竺諸番相去不知幾千里望之

但如在几案間下山游黑水過虎溪橋奔流激湍大略似雙溪而小不及始開山僧自白水尋勝至此溪漲不可渡有虎蹲伏其傍因遂跨之亂流而濟故以名溪黑白二水皆以石色得名黑水前對月峰棟宇清潔離黑水復過白水寺前渡雙溪橋入牛心寺飛濤濺沫襟裾皆濡境過清毛髮盡竦寺對青蓮峰有白雲青蓮二閣最佳牛心本孫思邈隱居相傳時出諸山寺中人數見之小說亦載招僧誦經施與金錢正此山故事有孫仙煉丹竈在峰頂又至淘米泉在白雲峽最深處去寺數里水深不可涉獨訪丹竈傍多奇石祠堂後一石尤佳可以箕踞宴坐名玩丹石

寺有唐畫羅漢一板筆迹超妙眉目津津欲與人語此寺卽繼業三藏所作業姓王氏耀州人隷東京天壽院乾德二年詔沙門三百人入天竺求舍利及貝多葉書業預遣中至開寶九年始歸寺所藏涅槃經一函四十二卷業於每卷後分記西域行程雖不甚詳然地里大略可考世所罕見出牛心復過東峰之前入新莪眉觀自觀前山開新路以游龍門竭歷數里欻至一處澗溪自兩山石門中湧出是為龍門峽也以一葉舟棹入石門兩岈千丈岩壁色如碧玉刻削光潤入峽千餘丈有兩瀑布各出一岩頂相對飛下嵌根有盤石承之激為飛雨濺沫峽舟過其前衣皆沾濕又數丈半岩有圓龕去水可二丈以木梯升之卽龍洞也峽中紺碧無底石寒水清非復人世舟行數十步石壁益峻水益湍亟回棹前去更奇昔嘗聞莪眉雙溪不減廬山三峽及至龍門則雙溪又在下風盖天下峽泉之勝當以龍門為第一然其路嶮絶亂石當道將至峽必捨輿躡草履經營傾步於槎牙兀臬中方至峽口盖大峨峰

頂天下絶觀蜀人固有罕游而龍門又勝游莪眉者亦罕能到非好奇喜事忘勞苦而不憚疾病者不能至焉

安樂山圖

安樂山在合江縣西五里三峰奇秀唐劉真人登仙於此上有延真觀及石櫃左有石棋局金線泉後有仙魚影隱隱石壁中右歷楠木臺仙人室十二盤至剪刀峽循山有石洞通南岩有石曰許由瓢又有芙蓉城滴水崖白猿洞

瓦屋山圖

瓦屋山在雅州榮經縣北一百二十里峰頂常現辟支普賢光相夜有神燈號辟支道場或問禪惠大師瓦屋何以木皮盖師曰錦府豈從機上織劍門寧自匣中開

邛徠山圖

邛徠山在雅州榮經縣東四十里本名邛笮故邛人笮人界也山巖阻峻凝水夏結冬則劇寒產竹高節中實堪爲杖

九折坂在邛徠山路阻峻回曲九折乃至山上漢王陽爲益州刺史行部至此嘆曰奉先人遺體奈何數乘此險後以病去及王尊爲刺史至此問吏曰此非王陽所畏道邪叱其馭曰驅之王陽爲孝子王尊爲忠臣

岷山圖

岷山在茂州羌之列鵝村一名鴻蒙即隴山之南首故稱隴首 又名汶焦山其蹟曰羊膊江水所出也山直上六十里崩之最高者遇大雪開泮望見成都

方廣岩圖

方廣岩在福州府永福縣東七都峭拔千仞上有石室可容千人室之內構閣三重上雨旁風皆石室庇之不假片瓦宋黃非熊讀書其中嘗撫山中之景爲十奇各有詩刻于石玉泉洞瑞松塢鐘磬石聽泉崖瀑布泉懸崖千丈散若瓊瑤響如琴筑龍樹岩靈洋谷詩尾泉有石如龍貫石崖中潑潑然僅見其尾有泉緣其尾而下注于石盂不盈不涸望仙臺清陰洞已上即所謂十奇也星岩仙掌仙樹仙墻仙芝石門石筍石竈石田石燈觀音影皆山中奇觀岩之路口有井曰白龍清洌而甘以瀹茗號第一泉

泉山圖

泉山一名北山一名齊雲山在泉州府崇陰里三十九都周環四十里爲郡之主山顔師古注漢書朱買臣所云越王所保之泉山是也宋錢熙詩巍峩堆壓郡城陰秀出天涯幾萬尋翠影倒時吞半郭嵐光凝處滴疎林龜岩在泉山之半巨石如龜中空可居唐林藻林蘊歐陽詹皆嘗讀書於此有石硯見存又有崇秀塢醉月石獅子岩在龜岩之畔有石巉然如獅子狀清源洞在泉山有上下二洞上洞名純陽在山巔乃東甌王避漢兵處後有石室宋裴道人仙蛻之所號蛻骨岩下洞名紫澤去上洞半里許有蔡

如金真人祠及丹竈上有百丈石山陰有梵刹四匝嶮峰疊巘寓目登眺如在天上郡人多遊焉杖藜泉在清源洞側若坎井然相傳蔡如玉手握藜杖拄地而泉出故名清源泉在清源上下二洞間深不過五六尺甘潔無比山以泉名蓋本於此云

九日山圖

九日山在南安縣連跨晉江縣界重九日邑人多登高於此無等岩高丈許鐫泉南佛國四大字唐僧無等建菴其側趺坐四十年菴今廢石佛岩在高上峰之巔陳洪進鐫佛像於大石上建菴以覆之翻經石梁普通中僧拘那羅陀嘗翻譯金剛經於其上一眺石在蓮花峰之巔高廣皆丈餘登其上則四方萬境舉在目中故名小清涼石方廣丈餘古木數株掩映其上登者必先憩於此石竈石盆石碾石硯四石皆在秦君亭側相傳唐隱士秦系遺物也自然礫石圓如彈丸周圍丈餘出於天成碧玉峽二石相並

如玉之立放生池在寺前上有翠光亭惠泉宋郡從事袁聞一重濬之陳知柔爲銘白雲井泉味甘冽相傳唐進士傳荀嘗旦汲井見雲覆水湧有龍躍其中又名釣龍井巳上皆九日山延福寺三十六奇中景也高士峯在九日山之西唐秦系隱于此上有石篆刻曰高士峯元張光道詩淡淡梨花寂寞春一聲啼鳥隔花聞高峯影射金鷄月渤海晴横碧嶠雲蓮花峯在九日山之北上開八石若蓮花然宋朱文公詩八石天開勢絶攀筭來未似此心頑巳呑綠白縈青外依舊筒中雲夢寬

岐山圖

岐山在漳州府城東十五里與鶴鳴山聯峙三峯秀聳龍江之上延袤十里許五代時僧楚熙居此石禪牀礱石爲之宋胡梅所詩空山危石平如掌雲鎖苔封自昔時不識山僧曾坐處幾回彈舌雨龍歸題詩石一石覆之其文字漫滅可識者數字而巳桃源口胡梅所詩洞門無鎖白雲深洞口閑來一問津安得當時種桃者相逢花下説前因誦經壇有石斜疊色如銀擊之有聲一作誦經石胡梅所詩昔人曾此月明中掃石焚香禮碧空千載臺空人不見野花啼鳥自春風一人泉在虛白巖出於石穴深不盈尺

清洌可愛以其水僅足供一人故名濳翁岩隋唐間有濳翁者修煉於此石碁枰虛白巖上覆全石下窈而平日華照耀洞然虛白千人洞在掛練石下洞口狹而暗其中寬朗可容千人黃巢之亂郡人多避於此胡梅所詩天生巖穴受千人隱隱幽深隔世塵不識人間經幾劫洞門依舊鎖閑雲謙師巖僧從僉坎石爲室居四十年因以爲號石室巖在岐山之上巨石如室其石廓然平朗正統初有僧絕塵者修行於此因作樓岩前以居嘗刳竹引水入厨竹節間生筍遂成叢竹今號瑞竹岩

栟櫚山圖

栟櫚山在延平府永安縣治北二十七都山多產栟櫚木故名宋鄧肅居其下自號栟櫚居士舊傳嘗有神仙往來其間峰巒巖岫不可勝數神剜鬼劃高下相屬烟雲出沒無時草木蒙茸四時一色宋李綱嘗目爲小武夷天柱峰與獅子巖並聳百餘丈如削射垜峰舊傳仙人嘗射於峰仙臺以此峰爲垜宋明道中畊者嘗得數十箭于臺側觀音巖在野雲洞側石壁萬仞集仙巖頭陀巖相傳唐有裴頭陀者鐵履渡江來居此山披荊榛創小菴坐側石罅日湧米二升以贍之客至則隨增後人大其竅米遂絕野雲

洞其中日夕雲霧吐呑降仙臺在山之上一石高大而平如臺然舊傳仙人時降其上足跡尚存臺下一石室碁局界畫分明有黑白數子左右蒼石可坐名爛柯石步雲臺走馬埒山絕頂寬廣而砥平相傳仙人走馬其上蹄跡尚存銅盤澗流十餘里瀦而爲潭泓渟涵碧接仙橋天池在山之上廣一里許水澄澈不涸金剛石寶盖石試石俱爲栟櫚山之奇勝也

劍津圖

劍津在延平府南平縣治東建寧邵武二水合流之所晉雷煥得二劍於豐城以一與張華留一自佩華死失劍所在其後煥子佩劍渡延平津劍躍入水化爲龍因名劍津亦名劍潭唐歐陽詹詩想像精靈欲見難通津一去水漫漫空餘昔日凌霜色長與澄潭生晝寒

延平書院在建津之陽宋嘉定間郡守陳宓建於南山下因稱李侗爲延平先生故名後守董洪徙建於此中有禮殿祠堂明誠忠恕中和敬義四齋及光風霽月亭本朝永樂初重建

壺公山圖

壺公山在興化府莆田縣山皆四面獨此山有八面高聳千餘仞郡治正對之山形方銳如圭首峙立如屏秀特端重蓋郡之鎮山也舊經云昔有隱者遇一老翁於絕頂忽見宮闕臺殿似非人間翁曰此壺中日月也後人因以壺公名山宋朱文公經莆望見壺山而南一面尤獨秀曰莆人物之盛皆兹山之秀所鍾此老作怪也讖云壺公山若斷莆田朱紫半水遶壺公山此時方好看蔡君謨興水利引水遶壺公山朱紫半朝宋劉克莊詩斫木人多山漸瘦結菴僧去石誰耕鳥歸半嶺銜斜日樵返疎林起暮烟蟹

井在山頂泉出石穴中其脉通海視潮盈縮中有雙蟹歲旱縣大夫率諸祈禱以茅葉引之置缶中迎歸即雨眞淨巖在山之絕頂莆中風物之勝一覽可盡靈雲巖在山之陽上有桃花洞蘸月池泉石奇勝爲莆人遊賞之地虎丘巖宋徐思仁云李習之謂凡山居以怪石奇峰走泉深潭老木嘉草新花視遠爲幽壺山虎丘巖殆兼有此景盤陀石法流泉濯纓沼石壁峰碧溪灣俱在壺公山號五奇

九鯉湖在興化府仙遊縣自興化府八十里始至九仙宮山自永福縣嶙峋起伏而來至此聳為一峰石上湧飛泉泉曰味甘世傳漢時有何氏兄弟九人飲此泉因各乘一鯉上昇故名俗呼何巖上有古何城城之東有石洞可坐百人下為何嶺宋陳讜書何嶺二大字刻于石湖曰仙湖水曰仙水縣曰仙遊俱以何氏九仙得名路旁有仙泉井宋陳照度仙水第一源記東有仙迹石南有侯坂高平山唐陳嶠世居之湖之右有九仙宮西有仙閣凡禱夢於此山者必通姓名籍貫於侯長者祭必以白鷄之雄者宮之

前左右兩山蟠踞環抱於湖紫翠如滴中一水沿石澗由宮之左而下匯於湖澄泓停蓄深不可測其水之由澗而下於湖者奔騰噴礴如飛雪舞空號為捲簾泉眞奇觀也澗口一巨室方正如屋橫亘其上雄跨東西絶無根據若以人力置之殊不可曉夜臥道士房濤聲如雷不能安枕宮之前有大石平曠下瞰於湖石上有穴如烟突其中水深不測蓋下通於湖者

蓮峯山圖

蓮峯山在汀州連城縣縣東七里許亭亭秀峙屹立於群山之表下妥上銳望若蓮花然故名舊云東田石元馬圄郎改名復取山間之奇勝者爲十三景以古隸書刻于石曰蒼玉峽曰雲棧曰天梯曰冠豸曰桃源曰清如許曰芙蓉波曰金字泉曰白雲深處曰天光咫尺曰蒼谷曰靈虚曰小崆峒其山雖險上則平曠可容萬人有寨有城有池有塹有雲樓宣武西南四門舊有蓮峯菴菴之左有丘氏書院又有開國彭侯祠有三君子堂及定光古佛道場今俱廢獨存玄真堂

武夷山圖

武夷山在建寧府崇安縣南三十里其峯巒大者三十六舊經第爲第十六洞天自洞天門出玄關至大王峯峯高五千餘仞絶頂投龍洞天鑑池有仙鶴巖者舊所繪鶴翎朱頂歲久不磨東有昇眞洞石壁中特谺開一室廣數丈而深倍之最北有幔亭峯其形如幄峯巒環繞烟鎖琪林又紫檜丹楓紅塵不染恍非人世西折則九曲在望其一曲水中石上題曰智動仁靜溪右爲大小觀音石獅子岩巍然獨立望之蹲踞昂首眞如狻猊石上刻九曲溪三字者水光石也右有鐵板障其色純黑壁立鏡削如砥轉至

二曲有玉女峯如美姝麗人之態稍低則粧鏡臺仙冠石以次並峙若爲玉女曉粧而有事者其側峯巒森秀中峯尤峻而聳者爲三峯石後名昇仙峯者張眞君之飛昇處也試劒石則控鶴仙人劒成而試之石分爲二故以試劒名也下有小九曲遊舟可入尤爲奇絶仙船岩峭壁間忽開一穴小船架於懸崖橫木之上所謂絶壑架船亦三曲之仙蹤也仙學堂則石壁環繞中有石屋几案具存盖仙家翰墨之館又名曰翰墨岩其他曰水樂曰車前肝聯肺附不可勝數曰仙機者於峭壁上谺開一洞木板橫亘如機杼狀又最勝者則大藏岩峻拔壁立下際深淵上接星斗人跡所不到猿猱所不能升乃有枯槎於石罅間以度舟船棺柩之屬外列陶器至今不朽或以爲仙各逞技巧理或有之金鷄洞在四曲稍斜朱晦菴所謂金鷄叫罷無人識月滿空山水滿潭者此也晦菴精舍後有大隱屏背倚大王峯懸崖瀑布俯瞰清溪碧流萬頃又其最也水之東流凡九曲而五曲爲最深盖山之自北而南者至北而盡傳有蛟龍居之在舟中仰視峭壁水勢洶湧令人心悸自眩南之天柱獨聳全石爲一峯拔地千尺玉光燦然與

水相映下有更衣石平正如几可以佇足昔魏王於此更衣以登天柱者道人謂天遊一峯獨號多景高深玄奧群峯之鼻祖也又從一二曲經龍門灣數折而達於六曲舍舟由仙掌峯入兩崖插天中間龍湫一道恍疑銀河落自九天天遊一菴隱隱瀑布林薄間捫蘿拾級上達磨崖絶壁多前人題識躋其巔前有萬峯亭亭後精廬數間道人修煉其中由是倚棹谿頭窮七八九曲之勝其溪之兩崖峯石夾立倒影插天水勢逆流如噴雲瀉雪山水明秀絶非偏勝眞所謂天造地設者也

七臺山圖

七臺山在邵武府城東南一百里連跨汀延邵三郡境上有七臺曰台星文殊普賢會仙獅子雲臺月臺有菴祀真濟劉大師菴前有百花洞乃劉蛻化處洞畔有石穴常乾每歲旱疾疫禱之有水汲之灑田則雨病者飲之亦愈

霍童山圖

霍童山在福寧州寧德縣神仙霍童所居洞天記謂霍林洞天是也唐司馬承禎於此修煉後駕鶴飛昇遂名鶴林又吳郡鄧元沛國王元甫暨褚伯玉於此授青精飯白霞丹景之法天寶間改名仙遊山僞閩封爲東岳山其中幽巖邃壑人跡所不到者不能悉數每天晴月皎居人往往聞空中有樂聲山之西有支提山那羅延巖西有神僧石窟葛公仙巖南有蘇溪鶴嶺北有菩薩紫帽二峰大童峰小童峰二峰並峙壁立無際左右弼峰仙經云茅君爲左弼仙卿韓衆爲右弼仙伯實劍巖霍林赤城洞泉淵廣

十丈傍近田資以灌溉都尉甘露坑水絶甘美飲之去疾延年俗傳羌君嘗與二大都尉會於此蓮花石石仙壇海鰌井廣五六丈其深莫測相傳中有海鰌甚巨或時出井面弄水久晴必雨久雨必晴有石廊長三十餘步又有石室室東有石橋橫跨澗上亦有搗藥石臼石盆石盂皆天成也

三才圖會

雲間元翰父王圻編集
男思義校正

地理十二卷

羅浮在增城博羅二縣邈處海上高三千六百丈袤直五百里峰巒四百三十二遊者自龍華寺有昌福夫人祠七里登山至延祥寺明月戒壇百尺壇鐵佛像御園柑子至山腰三里餘有寶積寺中閣御書閣中藏宋太宗真宗仁宗賜書錫杖泉景泰禪師駐錫之地銅佛像寺後羅漢巖有火通金壇山伏虎巖隋僧惠越居此佛跡石上山十里有大小石樓二樓相去五里其狀如樓鐵橋峰在羅浮二山相接處上界三峰上接鐵橋峰高三仞青羊巖在上界第三峰上有羊跡夜樂洞在上界三峰下犀牛潭試劒石在夜樂洞中軒轅曾於此試劒瀑布泉夜樂洞中鳳凰谷夜樂洞中鳳浴潭在鳳谷口有五色雲氣瑤石臺在浮山接鐵橋峰飛雲塔又云凌雲在山頂上即飛

雲峰夜半見日出瑤池在山頂又名龍母池阿耨池在飛雲塔之西夜樂池飛雲塔側池中夜有樂聲阿耨塔梁蕭詧建有三十六所泉源山羅浮二山接連處下接龍王坑泉分出東西流玉鵞峰一名鵝嶺龍首壇佛書云花首菩薩五百位於此壇上資福寺南樓寺在石樓之南故得名去延祥之西五里餘曰黃龍洞南漢於此建天華宮今呼爲西天華七星壇有古松十株甚奇獅子洞有道者菴花首臺在黃龍洞之西山背曰鳳凰岡何仙姑居此雲母溪內出雲母石循延祥而東七里餘抵冲虛觀葛仙居此丹竈有東坡書稱川丹竈四字衣冠塚葛仙尸解葬其衣冠蓬萊閣後遺履軒鮑仙葛仙夜談之所銅玉皇像及二侍從三尊南漢所鑄者觀後朱明洞道書云朱眞人所治朝斗壇在洞口近於壇獲銅龍一銅魚一黃野人庵野人葛仙

之門人也有陞虎守之庵釣魚臺在觀之左青雅谷蘇眞人常居此野人洞即王子晉書堂

王子靚唐人名守虎也觀之北曰酥醪觀葛仙北庵麻姑峰在觀之西南有彩雲壇常有白

鶴集其上觀之南曰觀源洞一名葛仙麻姑洗藥之所一名洗藥西北曰幽居

洞有鄭公書堂滴水巖在幽居洞之後長壽觀本南漢天華宮今呼爲天華宮中路直

上君子巖巖側通天有石出雲峰巖其下曰蝴蝶洞洞多蝴蝶云是葛洪遺衣所化

前曰水簾洞此中水石最勝劉丞相讀書於此張千此秘天漢橋路出藥槽其下

爲流杯池昔有八仙會飲於此石上有詩羅浮石刻篆書大字羅浮二字廣一丈一

許溪中又小石刻有篆書朱明洞長壽四字倒刻其上有詩東龍潭五龍潭南漢建赤龍堂有自冲虛

觀出會仙橋東行三里餘抵明福觀南漢建名九天觀亦名天觀迤邐至石

三才圖會　地理十二卷　四　壹百三十三

洞牛即仙人騎石虎處小水簾洞此處多隱者庵白鶴觀葛仙東庵東北至蛇穴

傳單道開穴中有蛇蜿蜒之所相又東數里至蓬萊洞丫髻峰又名雙髻峰

有劉仙堂石壇云劉高尚百丈尚打坐許峰下有試劍石有羅陽溪傍溪有龍潭

慈竹長二丈巨十圍其葉如芭蕉然即東林寺山之東西有香臺峰會眞峰櫻

桃峰桃毬峰刀子峰錦繡峰黃猿峰鉢盂峰致雲峰大旗

峰小旗峰雲母峰雞籠峰又有金沙洞石臼洞朱明洞太

和洞歐陽洞赤水洞白雲洞風洞雲雨洞白角洞大慈寺

洞古老洞桄榔洞大抗洞奇巘秀峰瀟流怪石不可名狀

南海神祠圖

三才圖會　地理十二卷　五

南海神祠在廣州省城東南八十里海口殿宇弘壯韓昌黎

碑刻在焉有浮天閣一峰甚高上有亭曰浴日登望巨海浩渺無

際見崖山如浮漚天光中有黑子如小豆漾漾而至祠下

則萬斛巨舟也中門外有達奚司空像衣冠悉唐制庭有

一木餘葉菁蔥不知名相傳自西域移來者祠中有

馬援銅鼓較大者徑四五尺小者亦二尺

海珠寺圖

海珠寺在廣州會城西南江中蒼梧湟中橫浦諸水皆會於此入海而山居其中圓而秀若珠浮水面佛宮據其上幽靜奇絕法界之外無容足之地矣

粵王臺圖

粵王臺在今廣州治漢南粵王趙佗所建上有五層之樓控連山望遠海嶺表奇觀也宋之問詩云江上粵王臺登高望幾回南溟天外合北戶日邊開張九齡詩云城隅百雉映水曲萬家開里樹桄榔出時禽翡翠來二詩足以盡臺之勝矣

砂高臺圖

砂高臺在今南海之金山粤江環遶孤峰獨立蘇東坡過南海時常登遊焉作詩云前世德雲身是我依稀猶記砂高臺蓋記其實也上有東坡祠像

韶石山圖

韶石山在韶州府城東北八十里山之石怪奇有三峰四挨盤龍駱駝獅子虹蜺鳳闕馬鞍等名而韶石雙峙如闕相傳舜南巡登此山石上奏樂因名唐韓愈詩暫欲繫船韶石下上賓虞舜整冠裾宋王安石詩怪石巉巖上泬寥昔人於此奏簫韶

觀音巖圖

觀音巖在英德縣崇山臨江石竇谽谺中偪側無可觀者後洞中白石懸岩上望之宛如白猿俗傳大士所降猿精妄語也石牖外出懸壁數仞藤樹交蔭如世所圖普陀巖

白鶴峰圖

白鶴峰在惠州府之東迤山盤錯江水旋遶蘇東坡謫惠州時所居宅也有思無邪齋德有鄰堂左右有朱墨二池中祠公父子兄弟之像外古榕數株積翠如雲蔭覆隆密可愛

東山圖

東山在潮陽府潮陽縣治東與韓山相接上有一巨石有七孔若北斗狀中一孔出水不盈不涸又有二峰曰雙旌石唐韓愈遊覽之地亭榭多見於此宋鄭原詩尋泉行處僻就石坐來寒

七星岩

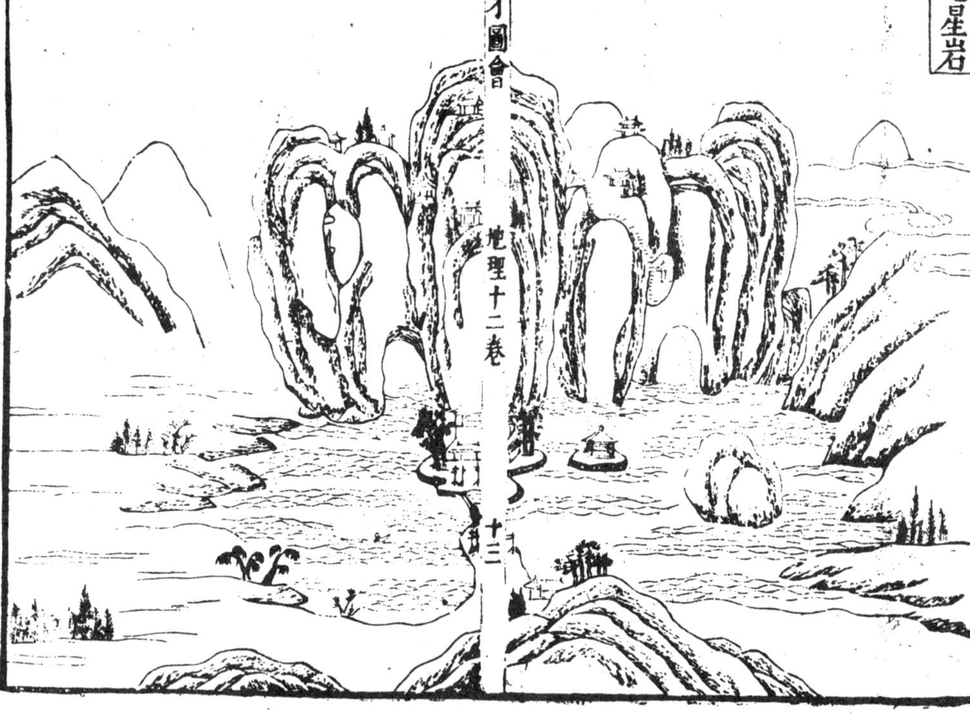

七星巖在肇慶郡城北其峰嶙峋葱鬱森列碁布如隕星麗地錯落凡七其中一峰宏開巖竅虛明昭曠可容數百人嘉石穹窿清泉映帶誠一方之奇觀也巖外構亭數楹扁曰臨竅引石爲梯直抵巖所巖內築臺高三尺方廣若干丈又有石室詭怪萬狀崖斷穴露呀然而闢鏩嵌崆剡巀嶭掀層巔劃巨石頑青老碧將墮復屹交撐互揹如竦如立龍蛇盤蟄煙雲出没中敞平地廣畝側環翠壁踰仞滴乳成桂凝嵐作萕圖經謂帝觴百神之所亦九九小洞天之一也谿泉清冷林鳥啁哳猿跳獸擾藤刺薜纒春葩夏飈秋菊冬桂皆常景物何足詑尚

桂林

桂山在府治東三峰連屬城中望之前峰拔起如獅子昂首狀有巖桂生其巔次峰宛轉横亘一方俗號北山從峰巃嵸鬱積是爲疊綵巖舊號越王山頂有石壇世傳五代時馬殷所築

獨秀山在府治北直聳五百餘丈如卓筆然環頫諸峰獨爲雄秀

伏波山在府治東北又名伏波巖突起千尺與獨秀山相望下有還珠洞可容二十榻石如蒼玉旁有懸石如柱俗號馬伏波試劒石巖上有巨人跡復有紫白二紋長數丈

蜿蜒相向有圓暈直其首如二龍戲珠舊名玩珠洞宋張維易曰還珠張孝祥大書於石洞前石脚插入灕江

七星山在府城東二里舊名七星巖七峰列如北斗旁有小峰如輔星緣磴而上山半有亭曰簪帶絕頂有道院超出塵表

彈丸山在府城東二里下有泉奔流迅激東注于灕江山之西北及溪中有石如彈丸因名

西山在府城西三里一峰峻拔如立魚狀俗號石魚峰餘峰環列

隱山在府城西三里唐李渤出鎮見石門大開有水泓澈乃芟薙蕪穢跡通巖穴石林磴道若天造靈府不可窮究因號隱山上有朝陽夕陽南華北牖嘉蓮白雀六洞吳武陵韋宗卿有記

灕山在府城東南三里灕水之陽一名雉山又名沉水山其山孤拔下有澄潭旁有洞穴南北直透上有怪石欹危藤蘿縈茂土人嘗避亂其中

華景山在府城北三里下有洞深廣如廈屋中多唐人遺刻

寶積山在府城北三里與華景山相連多詭石帷木山東隅有巖石乳融結舊名呂公巖

舜山在府城北五里一名虞山屑巖臨江有舜祠并唐人磨崖刻記祠後有韶音洞宋張栻記云虛明以長石色青潤可愛而地之勝有若天成焉

穿山在府城東南五里山巔有穴通透望之如月輪挂空

南溪山在府城南七里聳拔千尺煙翠凌空下臨南溪

辰山在府城東北一十里山有三巖下巖曲折而入石室穹然中巖乳石多奇怪上巖有一亭可眺望

中隱山在府城西一十里山有三巖下巖深廣如積大艘中巖明爽有乳石凝結上巖差小舊有寺懸崖製屋恍然非人境

堯山在府城東北一十五里環桂之山皆石此獨多土中有堯祠按史傳堯封履不到蒼梧以西與舜山相對人慕堯舜之風因名

侯山在府城西一十五里高聳如公侯端冕之狀

讀書巖在獨秀山下有石榻石牖如環堵之室可坐十客劉宋太守顏延之曾讀書其中後人因以其五君詠刻於

石側

曾公巖在七星山下石門谽谺中有澗水左旋東流伏于石下舊名冷水巖宋曾布帥桂跨澗為石橋榜以今名

屏風巖在府城東北五里一名程公巖屹立高百餘丈中有平地可容百人仰視鍾乳倒垂狀如瓔珞登石磴五十餘級有石穴通明昔人嘗即其處作壺天觀而名其洞曰空明

劉僊巖在府城南七里相傳仙人劉仲遠居此磴道攀援而上石室高寒旁有穿雲僊蹟兩巖

棲霞洞在七星山畔入洞門下行百餘級始得平地盛暑無炎歊

水月洞在府城南二里濱江三洞惟水月最佳洞門透徹山頂高數十丈其形正圓望之儼如月輪

龍隱洞在七星山前兩崖石玉立仰視洞頂有龍跡其下水深莫測湧激如在三峽中盛暑泛舟其間凉風襲人又名龍隱巖

風洞在七星山後洞口低下當戶陰風襲人宋柳開有銘刻于石

白龍洞在府城南七里俯瞰南溪唐李渤嘗名以玄巖改曰白龍洞以洞中乳石凝結如白龍狀

湘灕二江源出海陽山流五里分為二南灕水又名桂江漢討南粵戈船下瀨將軍出零陵下灕水即此行二百里合癸水至府城下合相思江入梧州界北為湘水合越城嶠水至全州又合洮灌二水入永州界

西湖在府城西三里環浸隱山六洞闊七百餘畝勝槩甲於一郡湖久廢宋經略張維築斗門復舊

訾家洲在府城東南先是訾家所居因以名之雖巨浸不

能没自古以爲浮洲唐柳宗元有記

省春巖在七星山之右如簷楹前有石乳承溜又如枯槎倒挂長七尺餘桂林四際溪山不留寸土惟此平田廣疇一望豁如故今長行春者耕于此山勢西東夕陽不入洞前甃以瑶臺圍以石檻右有小洞二三穿山而過架以層樓更衣燕息此延賓之善地也

韶音洞在虞山下入其中虛明以長仰而視之石去人僅尺許色青潤可愛瞰其旁多蹲踞蜿蜒如虎豹龍蛇者

眞仙巖圖

眞僊巖在柳州府融縣東五里仰視高遠青白錯雜靈壽谿貫串中出玲瓏清響如環珮聲中有白石巍然如天尊像舊名靈巖山又名老君洞宋咸平中改爲眞仙巖順太宗御書百二十軸藏于内張孝祥磨崖大書天下第一眞仙之巖

都嶠山圖

都嶠山在梧州府容縣南二十里山有八峰曰兔子馬鞍八疊雲蓋香爐仙人中峰丹竈而八疊奇秀最高有南北兩洞皆天造地設道書第二十洞天即此南洞寬坦中列浮屠大像北洞差狹爲星壇凡八中峰絕頂有室曰中宮院

勾漏山圖

勾漏山在梧州府北流縣東北一十五里石峰千百皆矗立特起其巖穴勾曲穿漏故名山有寶圭洞即道書第二十二洞天也洞有三石室相傳葛洪嘗於此脩煉

白石山圖

白石山在潯州府城南六十里兩峰並立下有巖洞即道書第二十一洞天通客縣勾漏洞世傳葛洪煉丹嘗往來其間洞之上會仙巖有煉丹竈及八仙石存焉

昆明池圖

滇池在雲南府城南一名昆明池一明滇南澤周廣五百餘里合盤龍溪諸水匯爲此池中產衣鉢蓮花下流爲螳螂川中有大小䑓衲二山史記滇水源廣末狹有似倒流故曰滇漢武帝欲伐滇國於長安南穿昆明池象之以習水戰

五華山在府城內上佛寺

螺山在府城北舊名盤神山有巨石色皆深碧如螺髻下有潮洞門有盤瓠廟基

商山在螺山北連峰疊巘丹崖翠壁若鸞停鵠立下有冷泉土人云浴之可去風疾

石鼻山在府城西一十里山有白石狀如人鼻

玉案山在府城西二十五里一名列和蒙山秀麗多泉石石有碁盤山北平坡中有三泉如盆池郡人春日遊賞于此山中有玉案蘭若

文殊山在府城北二十五里一名蒙滞雄山上有文殊堂及文殊泉

金馬山在府城東二十五里西對碧雞山中隔滇池山不甚高而綿亘西南數十里上有長亭下有金馬關

碧雞山在府城西南三十里東瞰滇澤蒼崖萬丈綠水千尋月印澄波雲橫絕頂雲南一佳景也漢宣帝時方士言益州金馬碧雞可祭祀而致遣王褒以祀至蜀而卒顏師古謂金形如雞碧形如馬未知果否

太華山在碧雞山西北

點蒼山圖

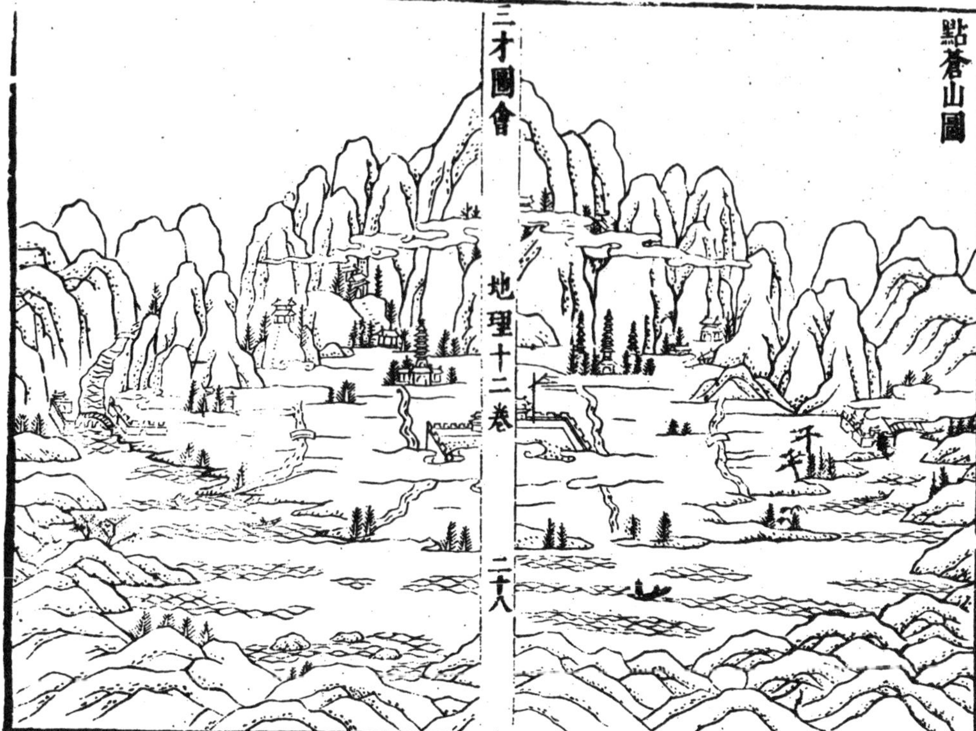

點蒼山在大理府太和縣治西五里凡十九峰連脊屏列内抱如弛弓然峰各夾澗自山椒縣瀑注為十八溪翠嶺條分青嶂並峙山色翠黛殷潤歷秋冬不枯高六十里接連雲氣滇西山川聯絡拱揖蒙氏竊據封為中嶽上有馮河周廻萬步五月積雪皓然山本青石山腰多白石穴之膩如切肪白質黑章片琢為屏有山川雲物之狀唐李德裕平泉莊醒酒石即此產也夏秋之交山腰複橫雲截如玉帶頗號奇觀其陽多山茶其陰多丹桂又有木蓮躑躅花樹並高數丈春日紅白錯襍被于谿谷中巖號雪山世

傳為佛苦行之地草石皆作旃檀香氣叢林列刹諸峰錯前襟榆水碧瀾萬頃望榆水東百里則有雞足山百里有畢鉢羅窟遺靈勝蹟偏在茲區按一統志記其峰溪自南而北一曰斜陽峰陽南溪二曰馬耳峰葶溟溪三曰佛頂峰莫殘溪四曰聖應峰青碧溪五曰馬龍峰龍溪六曰玉局峰綠玉溪七曰龍泉峰中溪八曰中峰桃溪九曰觀音峰梅溪十曰應樂峰隱仙溪十一曰雪人峰雙鴛溪十二曰蘭峰白石溪十三曰三陽峰靈泉溪十四曰鶴雲峰錦溪十五曰白雲峰芒湧溪十六曰蓮花峰陽溪十七曰五

臺峯萬花溪十八日蒼琅峯霞移溪十九日雲弄峯至此則山海相接環海之外復有諸山日青巔日雞嵩日玉几日羅筌日曩葱日龜日蛇若拱若揖西向點蒼其間石窟勝景不可殫數要之不若鎮山之奇麗云

西洱海一名葉榆水河出浪穹縣罷谷山下數處涌起如珠世傳黑水伏流別派也自太和縣西北來滙於縣東為巨津形如月生五日遶縣西南由石穴中出盤廻點蒼山後是爲濞水與漾水合又會蘭倉江而入南海蘭倉即黑水也海首有石穴八九月產油魚人謂水鹹故肥河尾產

細鱗魚皆魚族之至美而河海鹹淡亦頗徵焉八月望夜河海正中有珊瑚樹出水面漁人往往見之冬月海風水面起火高數丈莫知其故水中有三島日金棱日赤文日玉几水涯有四洲口青莎鼻日大貫淜日鴛鴦日馬簾九曲日蓮花日大鵠日蟠磯日鳳翼日羅蒔日牛角日坡埠日高嵓皆可田可廬而大鶴洲隨水升沉如世稱鸚鵡洲然

雞足山圖

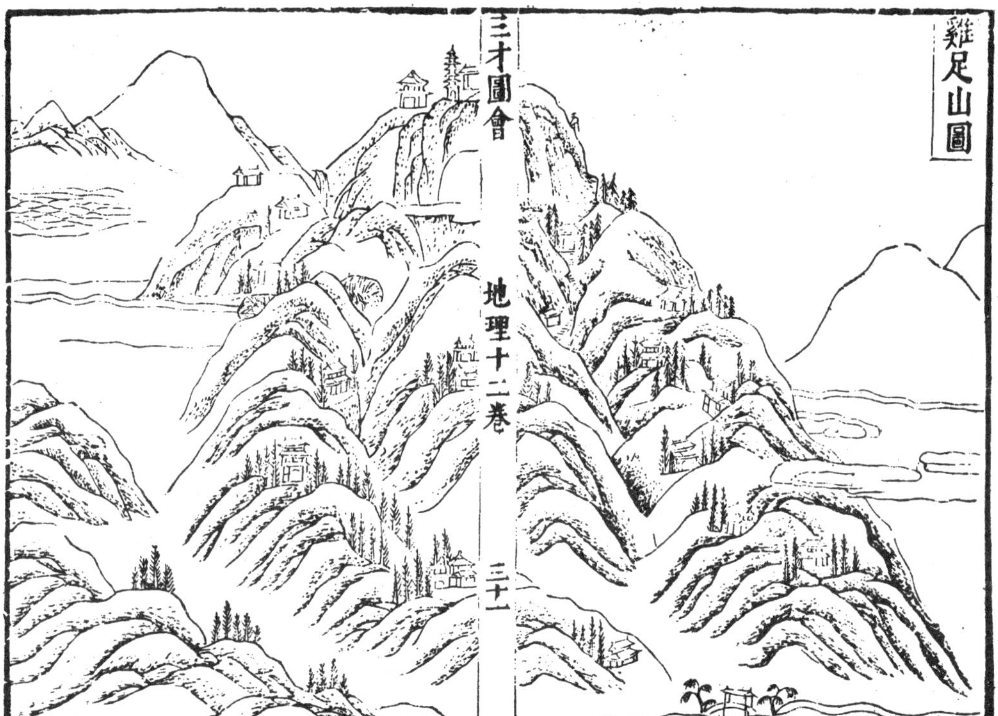

滇中有金馬碧雞雞足諸名山爲西南壯觀金馬碧雞乃漢人之所望祭而雞足則釋迦佛大弟子迦葉之所藏修也山距大理百餘里由海則徑由陸則迂入海行六里至柴市又一矢至海神祠前有閣曰浩然海氣上騰旭日東升霞綺練光絢爛奪目洱海所由名因水影如月抱珥也舟行約二十里抵東岸地名鰱擺又山行二十餘里至下倉兩崖對峙石勢穹窿如欲墮狀傍有小澗藤蔓覆之惟聞水聲潺潺行一里許路險且狹行二里益險益狹又一二里稍平道傍多矮屋跨澗上者則水碓也又行二十餘

里至百𣗳橋又三里至白石崖崖畔有庵曰白石草樹迷藏不可見又二里至洗心橋又一里至沙址村又二里入山前後水聲從空中瀉下如雷鳴此瀑布泉也土人所稱此中磴盤者九灣轉者十八後過白水庵又一里至石鐘寺西下二里許有大龍潭每潭中龍吟必有老僧入滅者潭在巖前幅員百餘步二面列樹如擾潭邊淺草茸茸水平布草間僅寸許髣髴若葑田踐之浮浮欲陷下云昔有道人見潭畔有異草前往取之忽木湧高數尺道人幾不免是眞有物潛伏不可犯耶近潭多古松千株山高不聞

烏聲忽格磔數聲出松間此松雞也地上多松毬纔如雞子而色青此即松雞所啄而墜地者行二里至龍華寺夾道皆古木木杪有絲飄蕭下垂如綠髮長數尺許土人謂之樹衣又三里至雲海庵又一里至龍祥寺又二里至海會庵又一里至玉皇閣又五里至迦葉殿土人及寺僧皆稱袈裟殿以其聲相近而訛也殿西數十步有盤陀石上可坐十數人東有眞人洞洞在巖畔斗絕不可至出殿後東行一里許穿深谷而上緩步支離行二三里而後至兜率庵又二里至銅佛殿莊嚴甚麗出殿後一里許爲猢猻

梯石芒齟齬傴僂視石罅落手投足始得進步如此二三里至土主殿則山之絕頂也絕頂有塔遶塔四望見是山之形前出三支後出一支誠若雞足四趾然西望點蒼隱約與是山高等而點蒼實高蓋彼有積雪而此無之是其證也還下土主殿乃行遵山之後趾行二里至虎跳澗又一里至舍身崖又一里由西巖穿石峽而下巖畔有仙人石碁枰三十二子亦具峽徑多流石歷落攤足下步欹側不能自持又一里至禮佛臺至此上下皆絕壁橫通一徑下臨大壑紆餘十數里曰桃花箐又一里許至曹溪庵惟

老屋三間中有佛像右禪榻左爐竈又行一里至八功德水又一里至華首門則迦葉安禪處也蓋石壁深入丈餘高十餘丈廣如高之數又其上石出二丈許如飛簷故謂之門正中有佛像左有磨崖字刻二處遠不可辨又一矢許還至銅佛殿直下玉皇閣乃折而西行十餘里至三角坊亂桃花溪乃遵山足右趾而行又十里至傳衣寺釋氏書稱釋迦佛一日拈起一花示迦葉微笑遂授以正法眼藏并付衣鉢此寺之所由名也又十里至福圓寺未至寺一里許崖畔有泉地勢坳窊不能爲渠寺僧刳木爲槽橫

閣松上接聯引水入香積厨下山二三里至河子孔上有龍祠山中大龍潭桃花箐諸水皆會於此昔釋迦佛生周昭王之世而迦葉爲之大弟子是時滇中爲西域之境未與中國通也故迦葉得以占雞足爲道場及二十八傳而至達磨持迦葉所傳之衣鉢以入中國六傳至於盧能則唐之中葉也而其時南詔尚建號稱王與中國抗天下雖知有雞足之名然以限隔之故騰欲游而不可得方今華夷一統南詔爲衣冠文物之區國家財賦之府四方游雞足者踵接而至矣

九鼎山圖

九鼎山在雲南縣西北二十五里其山有九頂故名世傳唐代村人於九頂上聞空中天樂累日不休乃相與尋索山巖巖有九洞一洞有佛像五軀因建寺焉朝代幾更古耗猶在潼川僧明叙游訪至此佳其巖洞奇絶重爲修復其寺飛樓梭閣皆穴巖而構凭檻窺窻下臨無地信奇觀也梯磴窈窕夜卧多依石屋有泉在寺左十步許雖大旱涸猶足以作百人之供南中隱居之佳無與比者

方丈山在鶴慶府城南一百里巍然峻拔山半有洞中有池深不可測水滴岩下如方響音昔蒙氏羅閣鳳琢觀音像于壁故又名觀音山南詔名山凡十七此其一也

雪山在麗江府西北二十餘里一名玉龍山條岡百里巋巍千峰上挿霄漢下臨麗水山巔積雪經春不消巖崖澗谷淸泉飛流蒙氏異牟尋封爲北岳

養龍坑在養龍坑長官司兩山之間泓渟奫深靈物藏其下當春初和暢夷人立柳坑畔擇牝馬之貞者繫之已而雲霧晦冥類有物蜿蜒與馬接其產必龍駒　本朝洪武四年爲夏明昇降獻良馬十其一白者乃得之於此首高九尺長丈餘不可控御詔祀馬祖然後勅典牧者囊沙四百斤壓而乘之行苑中久漸馴習後將行夕月之禮於淸凉山乘之如躡雲一塵弗驚賜名飛越峰且命繪形藏焉翰林學士宋濂爲之贊

三一溪圖

三一溪在州治東其源有三一出沙莊一出雲南城一出目前山三流合一入于城南水洞洞外狹内曠其巔有通明處其中懸崖怪石狀若人獸清奇可翫

雲間元翰父王圻編集
男思義校正

地理十三卷

朝鮮本箕子所封秦屬遼東外徼漢武帝定朝鮮爲真番臨屯樂浪玄菟四郡漢末爲公孫度所據晋永嘉末陷入高麗唐拔平壤置安東都護府其國東徙在鴨綠水東南千餘里五代唐將王建闢地益廣并古新羅百濟而爲一遷都松岳以平壤爲西京元至元中西京内屬置東寧路總管府　國朝洪武初其王王顓表賀即位始封高麗國王改號朝鮮其國僞分八道中曰京畿東曰江原本濊貊地西曰黄海古朝鮮馬韓舊地南曰全羅本卞韓地東南曰慶尚乃辰韓地西南曰忠清皆古馬韓地東北曰咸鏡

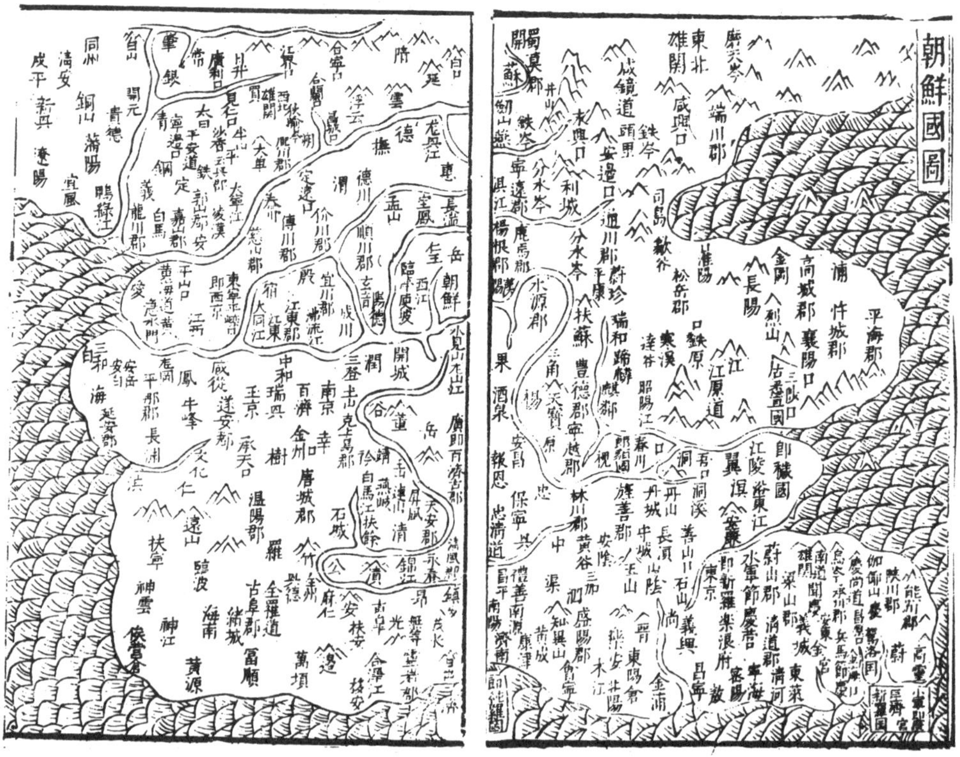

本高句麗地西北曰平安本朝鮮故地分統郡府州縣其忠清慶尚全羅三道地廣物衆州縣雄巨咸鏡二道境接靺鞨東西南濒海北隣女直西北抵鴨緑江東西二千里南北四千里其山川詳具于後

大興洞　在天磨聖居兩山之間樹木蓊鬱泉石光潔夏則緑陰盖地木蓮花開淸香滿洞秋則赤楓黄葉倒映木底眞佳境也

朴淵　在天磨聖居兩山之間狀若石甕窺之正黒有盤石湧出中心曰島巖水赴絶壁怒瀑下垂可十餘丈宛如白虹映空飛雪灑矼霆奔雹激聲震天地傳云昔有朴進

士者吹笛淵上龍女感之引以爲夫故名朴淵

五冠山　在京畿長湍府西三十里山頂有五峰團圓如冠故名有高麗人事母至孝居山下去京三十里朝出暮返告面定省不少衰歎息母老作木雞歌名曰五冠山曲傳于樂譜山下有靈通寺洞府深邃山勢迴遁流水縵廻椒木蓊鬱其西樓勝槩爲松都第一

俗離山在忠淸道　報國縣東九峰突起亦名九峰山新羅時稱俗離嶽㫁中祀山頂有文藏臺疊石天成巋巖崒

空其高不知幾丈其廣可坐三千人臺上有坎如鑊其中有水混混旱不縮雨不肥分爲三派流注半空一派東流爲洛東江一派南流爲錦江一派西流而北爲達川入于金遷山下有八橋九遥之號山之兩岸紆餘開豁自此至彼望之遥遥疑其地盡而至則又遥遥如此九轉乃抵于法住寺故名九遥九遥之中一水回環曲轉每曲有橋總八故名八橋第一橋曰水精橋橋上有飛閣人從閣中行

氷山　在慶尚道義城縣東西四十里大巖下有石穴穴口高三尺廣四尺八寸横入五尺一寸是謂風穴又有穴

在巖底直下廣一丈深可量處才一丈其下回曲深淺難量立夏後氷始凝極熱則氷堅靈雨則氷釋春秋不寒不熱冬則温氣如春是謂氷穴

動石　九井峰下有二石特立層岩之上高可丈餘周可十圍西負山顛東臨絶壁其重雖用千百人不能動揺而一人揺之則欲墜而不墜故亦稱靈石郡之名以此

青鶴洞　在智異山中路甚隘狹纔通一線人乃曲躬而行經數里許乃得虚曠之境四隅皆良田沃壤宜播植唯青鶴棲息其中故以名焉盖古之遁世者所居頽垣壞塹猶在諺傳崔致遠所遊處

滴口山　在江原道高城郡東九里高城滴有巖斗起層疊如階其上可坐百餘人巖北又有一峰皆石東望海中五里許有石峰如列屏峰下有石龍拏虎攫奇怪異常又有二石相對如人偶語石皆白色輝映碧海望之如畫

三日浦　在高城北七八里外有重峰疊嶂合包而内有三十六峰洞壑清幽松石奇古水中有小島蒼石盤陀其上虬松鋪陰梨花亂開湖水明瑩可鑑非烟火食者所堪

寒溪山　在江原道麟蹄縣東五十里山上有城有川自

城中流出卽成瀑布而下懸流數百尺望之如白虹垂天自圜通驛而東左右皆大山洞府深邃溪水縱横而渡者三十六樹木如簀上裓雲霄旁無横枝松栢尤高不見其巔又其南峰作絶壁其高千仞奇怪莫狀禽鳥不能飛度其下清泉觸岩成潭盤石平衍可坐又東數里洞口甚狹細徑緣崖欹穴谽谺峰巒峭拔如龍拏虎攫如累層臺者無數其形勝甲於嶺西

萬瀑洞　在金剛山中百道流泉瀉出谷中其狀非一故名谷口有峰曰五人峰人言青鶴棲其隈有一泓曰觀音

潭潭畔崖蒼苔滑足人皆挽藤蔓乃得過其名曰手巾崖
石心有凹如杵臼諺傳觀音浣處至普德窟前飛湍縈石
來觸崖歘飛雪噴激晴晝欲瞑石底水蔚如翠藍又數步
怒瀑飛珠散雪噴薄而下其大者凡十二層其小者不可
勝計故曰萬瀑洞其下曰珠淵又有一石形如龜伏潭中
曰龜潭又有一潭深不可測曰火龍潭其上有峰曰獅子
岩洞有普德窟鑿絕壁架板立銅柱於外以構小屋三楹
於其上名曰觀音閣枸以鐵鎖釘于岩石浮在空中人登
則搖中置佛留飾以珠玉外施鐵銅以防手摸

祥雲亭　在江原道傍海有長松連十里蒼翠成陰仰不
見白日松間無雜卉惟有躑躅盛開爛如紅錦

叢石亭　在江原道通州郡北有數十石柱高可八九丈
離立海中石皆六稜如削玉方直平如中繩墨者凡四據
亭在海岸臨叢石故名諺傳新羅述郎南郎永郎安祥遊
賞于此號稱四仙

嶺南樓　在慶尚道密陽府館東山腰倚郭而構三面敞
豁登覽曠然下有長江江外有大野野有果林蒼翠極目
江流屈曲蜿蜒而長隱見長林間虹明繡錯殆非人境其
勝覽爲嶺南第一東有望湖堂西有臨鏡軒皆極灑落萬

萬波息笛　新羅神文王時東海中有小山浮水隨波往來
王異之泛海入其山上有一竿竹命作笛吹此笛則兵退
病愈旱雨雨晴風定波平號萬波息笛歷代寶之至孝昭
王加號萬萬波波息笛今亡

井田　在平壤府外城內箕子區畫井田遺跡宛然

日本國圖

參見附圖八

東北至毛人國界
北至月
南至大坑
東南至東女國界
三才圖會
地理十三卷
日本國君所居
壽安鎮
山城州
陸奧州
領九郡
此處出金
白沙地
常陸州
領十一郡
武藏州
領廿四郡
相摩州
領三郡
安房州
領四郡
伊豆州
上總州
下總州
下野州
上野州
甲斐州
山羽州
越後州
越中州
佐渡州
能登州
加賀州
飛彈州
信濃州
越前州
若佐州
尾張州
三河州
遠江州
駿河州
近江州
伊賀州
伊勢州
志摩州
紀伊州
和泉州
河內州
大和州
攝津州
攝摩州
丹後州
丹波州
但馬州
此處出銀
因幡州
伯岐州
出雲州
美作州
備前州
備中州
備後州
安藝州
石見州
周防州
長門州
隱岐山
三島
連島
小島
宮島
阿波州
伊豫州
土佐州
阿那佐

西北至朝鮮國界
西南至福建界
氏國界
球界
遼東
山東
三才圖會
地理十三卷
伊岐州
領二郡
筑前州
筑後州
領十四郡
豐前州
領八郡
肥前州
肥後州
薩摩州
領十三郡
大隅州
日向州
領五郡
有馬島
上島
七島
硫黃山
自沙塗

日本即倭奴國在東南大海中依倚山谷高麗在其北新羅百濟在其西北地勢東高西下於閩浙爲東北隅王以王爲姓文武僚吏皆世其官有五畿七道各有所屬州以統郡其附庸國凡百餘自北岸去拘邪韓國七千里曰對海國又南渡一海千餘里曰瀚海國又渡一海千餘里曰末羅國東南陸行五百里曰伊都國又東南百里曰奴國又東百里曰不彌國又南水行二十日曰投馬國又南水行十日陸行一月曰邪馬一國其次曰斯馬國曰巳百支國曰伊邪國曰郡支國曰彌奴國曰好古都國曰不呼

國曰姐奴國曰對蘇國曰蘇奴國曰呼邑國曰華奴蘇奴國曰鬼國曰爲吾國曰鬼奴國曰邪馬國曰躬臣國曰巴利國曰支惟國曰烏奴國皆階倭境其國小者百里大不過五百里自漢武帝滅朝鮮驛通漢者三十許國皆稱王其大倭王居邪馬臺國即邪摩維是巳光武中元初始來朝貢後國亂國人立其女子曰卑彌呼爲王卑彌死其宗女壹女繼之後復立男王並受中國爵命歷魏晉隋唐皆來貢稍習夏音唐咸亨初惡倭名更號日本自以其國近日所出故名宋雍熙後累來朝貢元至元初遣使招諭不

至本朝　洪武二年命臣趙秩往諭其國王良懷遣使臣僧祖朝貢自後屢入寇且與胡惟庸通謀惡之著爲訓絕不與通爰命信國公湯和經略沿海自遼左至徐聞甚具詳具沿海圖志永樂以來嘗遣太監鄭和招諭諸夷日本首先納款乃給勘合百道許其通貢仍非時寇至十九年大寇遼東等處總兵官劉江盡殲之於望海渦海氛始熄百八十年嘉靖壬子姦商汪直乘時跳梁大掠沿海內地自壬子至戊午幾致滔天幸而渠魁授首兇燄頓衰雖間或弗靖然要領絕矣

西番即唐吐蕃地在陝西之西南四川之正西雲南之西北其先本羌屬凡百餘種散處河湟江岷間貞觀中始通中國宋時朝貢不絕胡元郡縣其地　國朝洪武六年各族酋長故有官職者至京受職建官賜印因俗爲治自是番僧有封灌頂國師及贊善王闡化王正覺大乘法王如來大寶法王者俱賜印章誥命比歲或間歲赴京朝貢其地爲指揮使司三曰烏思藏曰朵甘衛曰隴答衛宣慰司三曰朵甘曰董卜韓胡曰長河西魚通寧遠招討司六曰朵甘司曰朵甘籠合曰朵甘丹曰朵甘倉溏曰朵甘川曰磨兒勘萬戶府四

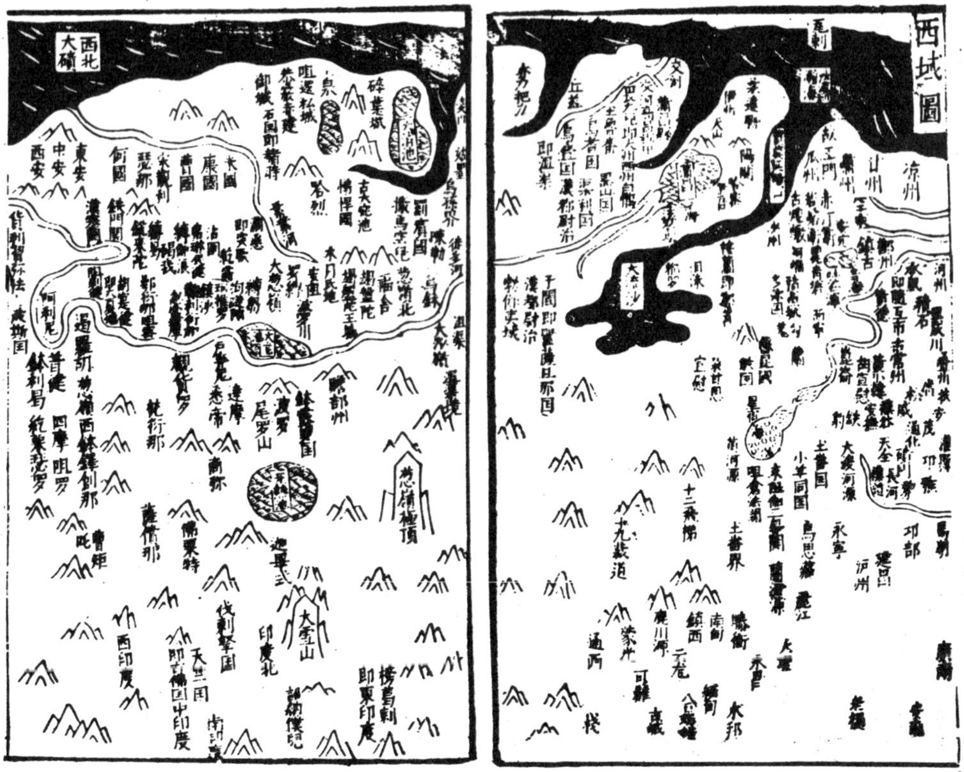

曰沙見可曰乃竹曰羅思端曰列思麻千戶所十七曰朵甘思曰刺宗曰孛里加曰長河西曰靈八參孫曰加八曰兆日曰納竹曰倫荅曰果由曰沙里可哈思的曰孛里加思東曰撒里土兒干曰參卜郎曰刺錯牙曰泄里壩曰潤側魯孫凡三十有三其山曰崑崙朵甘衛東北番名亦耳麻不刺極峻雪夏不消亘五百里其川曰可扳海西番境曰黃河朵甘衛西直馬胡蠻部正西三千餘里雲南麗江府一千五百里水從地湧出百餘泓方七八十里履高瞰之粲若星列番名火敦腦兒東北流百餘里滙為大澤又東為赤賓河又合忽蘭等河始名黃河又東北至陝西蘭縣始入中國又經沙漠折而南曰析支水即禹貢其朝貢在烏思藏三年一期若各番差人從四川布

政司比勘合號贊善王差人從陝西比勘合號有印信番本洛文則入凡貢百人不過百五十人大乘大寶二法王皆僧不給勘合期不常唯差僧從闡教闡化輔教贊善四王在長河西諸處洪武十六年置軍民安撫使司每年一貢從四川比勘合號凡貢六十人無過百人在朵甘思洪武七年升朵甘衛為西安行都司十八年改宣慰司東道萬戶府播不千戶所每年一貢從四川比勘合號凡貢五六十人無過百人在董卜韓胡每年一貢從四川比勘合號凡貢五六十人無過百人其長河西朵甘思之境自雅州入京師此外又有洮岷松潘等處番僧番族人等俱

以時奉貢

撒馬兒罕其地不知古何國或云漢罽賓國其地東西相距三千土田膏腴為諸國勝　國朝洪武永樂正統間皆來貢其山曰鐵門峽（渴石城西懸崖絶壁夷人守此名鐵門關唐書自焉耆過鐵門）其川曰哈喇卜蘭河（撒馬兒罕城東北流）其貢駝馬玉石海青其里至東亦力把力西哈烈東肅州（九千）達於　京師其實貢或三年或五年起送無過三五十人必經哈密

天方古筠冲之地舊名天堂又名西域　國朝宣德中遣使朝貢

默德那即回回祖國初國王謨罕蓦德生而神靈有大德臣伏西域諸國號為別諳拔爾猶華言天使云其北接天方　國朝宣德中遣使隨天方使臣來貢

沼納樸兒在榜葛剌西古天竺國也在印度之中又名金剛座國乃釋迦得道之所　皇明遣使朝貢

拂菻在葱嶺關外萬餘里東自大食及于闐回紇境達中國　皇明洪武年遣使來貢

加異勤西戎一小種也居人不及千家貧窭常傭鄰國　皇明遣使朝貢

黑葛達地小民貧　皇明朝貢

覽邦地去西域遠甚　皇明洪武永樂宣德年嘗附鄰國貢方物

納失者罕去失剌思數日程　皇明永樂中遣使朝貢

失剌思　皇明永樂宣德中遣使朝貢

敏真誠國頗大　皇明永樂中遣使朝貢

安南國本古南交趾地宋封其子丁璉交趾郡王後黎桓李公蘊陳日煚相繼篡立又五世為黎季犛所篡永樂四年遣兵平之建交趾布政司領府十七州五屬州四十一縣一百五十七宣德二年黎利復叛遣兵討之利懼奉表乞立陳氏後　朝廷許之因罷郡縣已而利篡陳自立嘉靖六年其叅督莫登庸乘黎之亂弒黎利自立僭國號曰大越改元明德子方瀛嗣改元大正且侵內地十八年遣兵討之登庸表降請罪願歸侵地於是　朝廷赦登庸罪署子方瀛安南都統使遂罷兵然其專擅之罪自若也

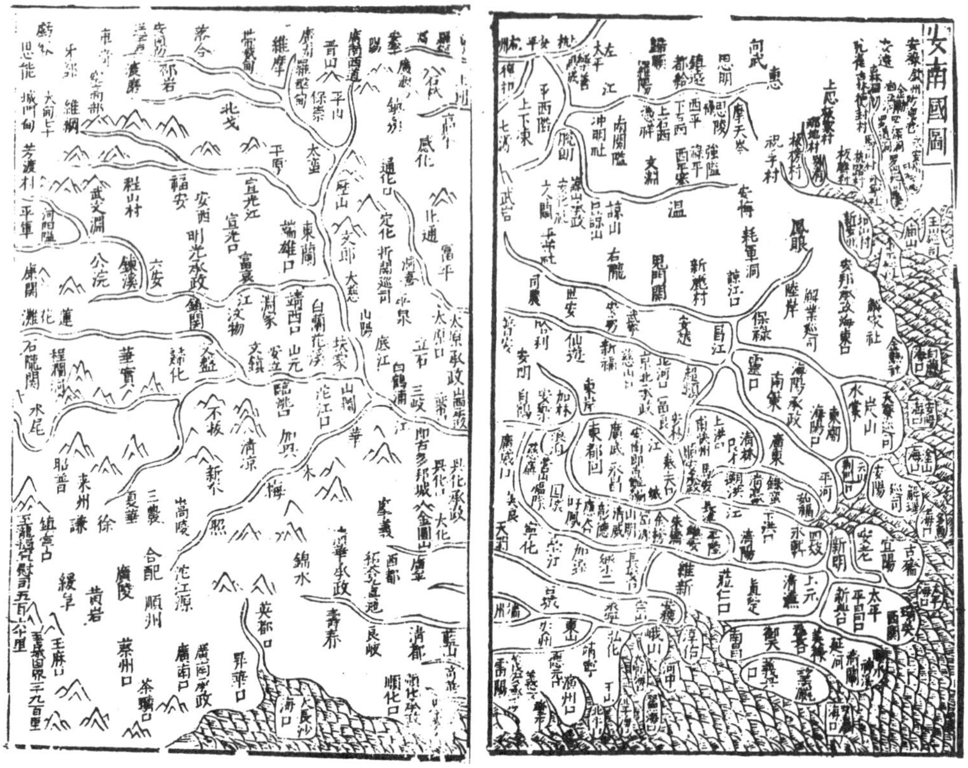

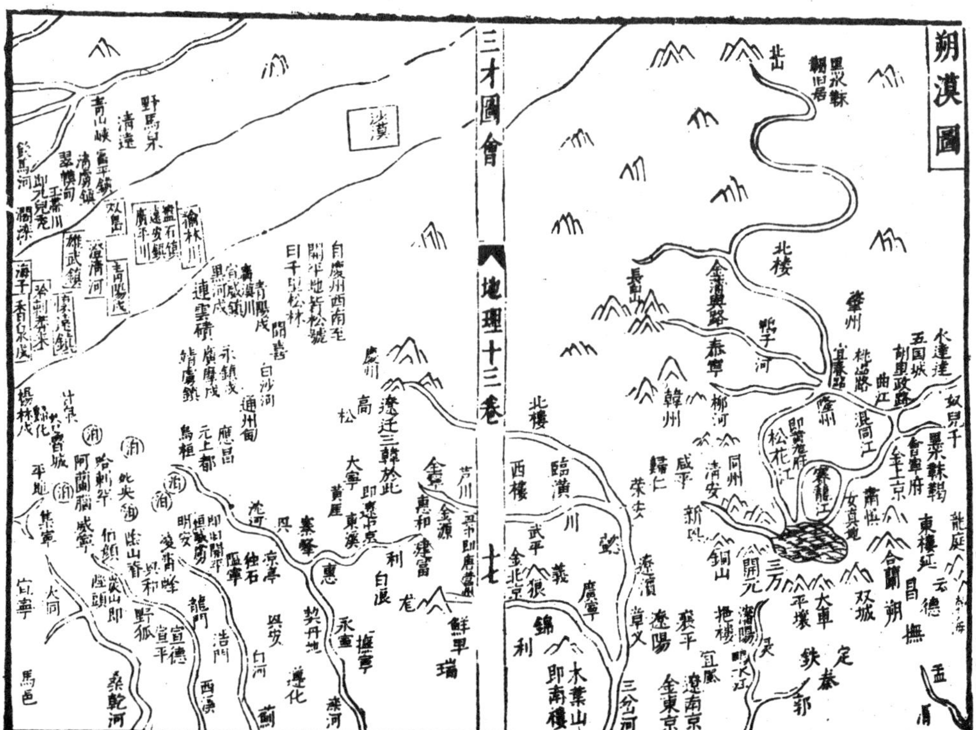

參見附圖九

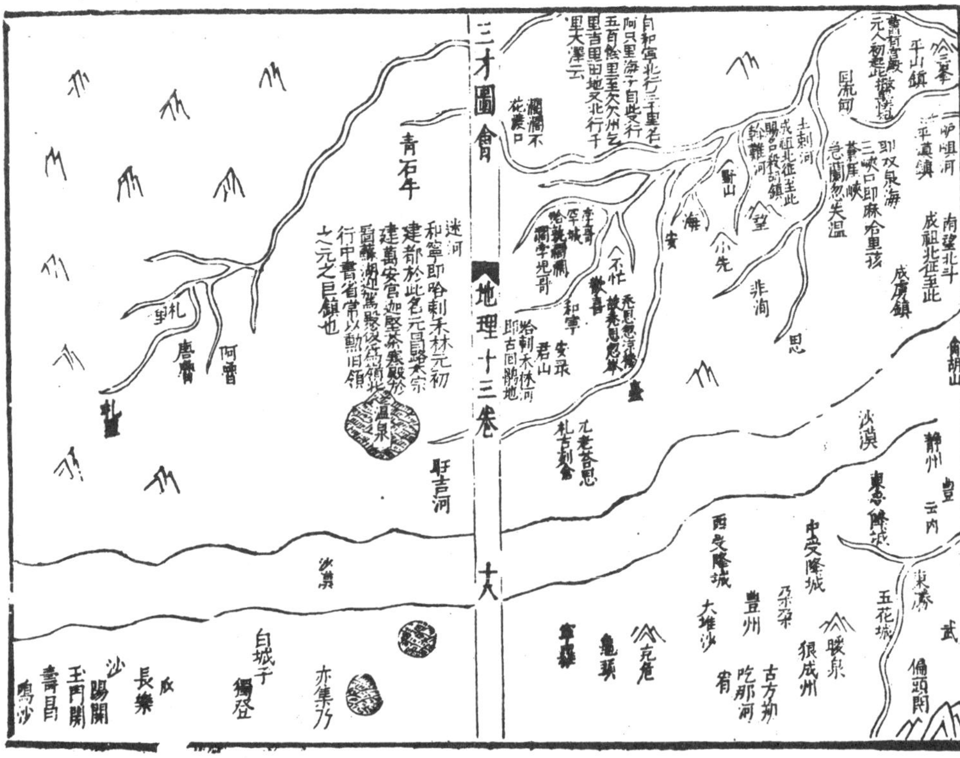

自嬀州西奚以東故皆東夷地其西則北狄也東夷之國不一其後兼并于遼金遼金相滅種類殆盡今則朶顔據之而建州海西各夷亦不相統其北所謂鐵甸室帛與拘國之屬道理遼絶有無不可知矣北狄自匈奴突厥以後劉淵父子始入中國而莫盛于胡元遂至混一四海華夷無外固開闢以來未有之變亦南北氣運之廻薄也夫汎掃芟薙　太祖之功偉矣盛衰相尋理勢常然百年生聚加以剽虜履霜之漸可無備哉

韃靼在沙漠中即胡元族類其迤北曰兀剌亦韃靼種類也 北胡種落不一歷代名

称各異夏曰獯鬻周曰玁狁秦漢曰匈奴唐曰突厥宋曰契丹自漢匈奴盛其弱也烏桓與漢末則鮮卑滅烏桓後魏蠕蠕強其滅也突厥興唐貞觀則李靖滅突厥五代及宋契丹復盛其別部小者曰蒙古曰泰赤烏曰塔塔兒曰克列後蒙古盛兼并入寇中國代宋稱元閏位十四傳而天命歸我　國朝元帝遁于朔漠洪武二十五年王師追討無近邊者永樂七年因其奉貢七封迤北順寧賢義安樂三王會典宣德中元之後脫脫不花爲王居漠沙之北順寧王馬哈木之子脫懽之子也先居沙漠之西北兀剌正

統初皆遣使朝貢以後無常期　順帝之北傳子愛猷識理達臘傳子脫古思帖木兒爲其下所殺洪武二十五年遣將討其罪敗之撒撒兒山自是不敢近塞永樂間有本雅失理馬哈木阿魯台奉貢惟謹因封本雅失理爲賢義王馬哈木爲順寧王阿魯台爲和寧王其後叛服不常成祖屢親征之本雅失理爲阿魯台所弑馬哈木復攻殺之衆乃立脫脫不花爲王居遼北馬哈木與子脫懽孫也先居圪剌正統間也先大舉入寇不花復寇遼東久之自相殘搆不花敗走爲其下所殺凡再易王而中絕也先之

後有稱小王子者繼爲渠魁三子長阿爾倫台吉次阿着卜孫次滿官嗔不孩阿爾倫爲大師亦卜剌所弑遺二子曰卜赤曰也明小王子死阿着立二子長吉囊次俺答阿卜孩阿着死衆立卜赤號亦克罕有衆七萬分五營東部酋曰滿會王曰猛可不郎曰可都留有衆六萬在沙漠東與朶顔爲鄰南部酋曰把答罕奈曰失喇台吉有衆五萬西部酋曰應詔不曰阿爾禿厮曰滿官嗔應詔不十營阿尒禿厮七營舊屬亦卜剌亦卜剌以弑主故遯西海爲甘肅害今屬吉囊爲營四曰悖台斯曰偶甚曰叭哈思納曰

打郎有衆七萬滿官嗔部合六營曰多羅土悶曰畏吾兒曰兀世曰叭要曰兀魯曰土吉喇舊屬火篩今俺答阿卜孩領之皆住河套其北有兀良罕一營乃小王子故部與諸部自相攻殺其駐牧雖逐水草遷徙不定然分地自不相亂總諸部不下三十餘萬人而吉囊俺答之子素稱雄黠每歲入寇宜大尤苦之亦克罕者酋云可汗阿不孩酋云大酋云吉酋云宗室也其山曰陰山冒頓所依阻武帝奪其地曰狼居胥霍去病所封曰浚稽李陵所傳戰曰窴顔霍去病所追虜曰燕然去塞三千餘里竇憲所勒銘曰金微去塞五千餘里竇憲大破匈奴曰禽胡洪武中王師禽胡冠乃兒不花

於此永樂八年車駕征虜製銘曰瀚海爲鐔天山爲鍔一掃胡塵永清沙漠曰白雲永樂八年賜名曰蒼山永樂八年駐蹕曰沙嶺永樂二十二年北征駐蹕曰凌霄峰永樂八年車駕登絕頂曰立馬峰永樂八年車駕次玄石坡勒銘峰石曰惟日月明惟天地壽勒銘玄石與之悠久其川曰飲馬河舊臚朐河曰蒙山海永樂十二年駐蹕曰清流泉永樂八年勒銘石書曰於鑠六師用殲醜虜山高水清永彰我武其古蹟和寧路城元太祖始建都其常貢馬駝貂鼠皮海青其里至東兀良哈西脫忽麻撒馬兒罕北盡沙漠達于　京師

兀良哈在永平之北元之降虜也會典爲泰寧朶顔福餘三衛　本春秋時山戎地秦爲遼西郡北境漢爲奚首所據東漢征敗之走匿沙漠間

後魏之先復居於此號庫莫奚後服屬契丹元爲大寧路北境　國朝洪武二十一年東夷遼王惠寧王朶顔元師府元帥各差人來朝二十二年征敗北胡來降者衆詔以兀良哈之地置泰寧朶顔福餘三衛授都督指揮等官領之爲東北外藩華除闊發兵助義永樂初割泰寧地與之增置小刺罕衛今東起遼陜西距西海冶皆其境至今每歲再貢每貢千餘人邀求賞賚以其承襲不辨真僞俱稱舍人然與北虜交婚陰爲向導名爲外衛寔肘腋之隱憂庚戌之變可鑒也命其長爲指揮使指揮同知各領所部自是每歲朝貢其山曰馬盂廣袤千里中峰形類馬盂其貢駝馬其入貢每年聖節正旦兩入每衛許百人

鬼國　世祖至元詔討維氏鬼國命以蒙古軍六千哈剌章軍一萬西川蒙剌海萬家奴軍萬人阿里海牙軍萬人三道並進

回鶻即回紇唐德宗時改爲回鶻言其捷鷙如鶻也

奚　遼太祖嘗討奚平之置奚墮瑰部太宗時奚王芳骨寧率六節度使朝貢奚鈿勃德部進白麞聖宗時罷奚五部歲貢麞鹿諸部貢物

木不姑　遼太宗時嘗來貢至聖宗之世而諸部皆叛興宗時其酋長復來貢

烏古　遼太祖征烏古部時常來貢聖宗以後叛服不一至天祚之世入於金

五國　五國與隈烏古部共節度使遼時叛命討之故五國酋長各率其部來附貢方物

東南海夷總圖
朝鮮
淮安
通州
鎮江
松江
嘉興
浙江
湖州
紹興
台州
温州
福建
泉州
漳州
潮州
惠州
廣東
雷州
廉州
欽
安南
廣南
日本
大琉球
小琉球
毛人
大人
小人
彭湖

琉球國圖
彭胡島
高華嶼
熱壁山
硫黃山
馬齒山
古米山
釣魚嶼
彭家山
小琉球
天界等寺

琉球國在福建泉州東漢魏以來不通朝貢　國朝首先歸附率子弟來朝　太祖嘉其忠順賜符印章服及閩人之善操舟者三十六姓又許其遣子及陪臣之子來學於國學分其國爲三曰中山王曰山南王曰山北王自後惟中山王朝貢不絶其二王俱爲所併厥貢方物率市諸他國本國無所有

蘇祿　地在東南海中

彭亨　一曰彭坑地在東南海中暹羅迤西　皇明遣使朝貢

古麻剌　地在東南海中前代無考　皇明朝貢

忽魯忽恩　地在東南海中國小土瘠　皇明朝貢

西南夷總圖

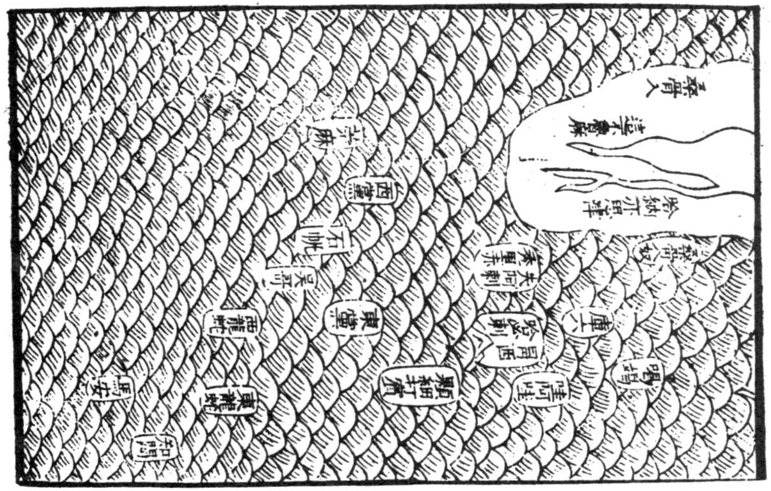

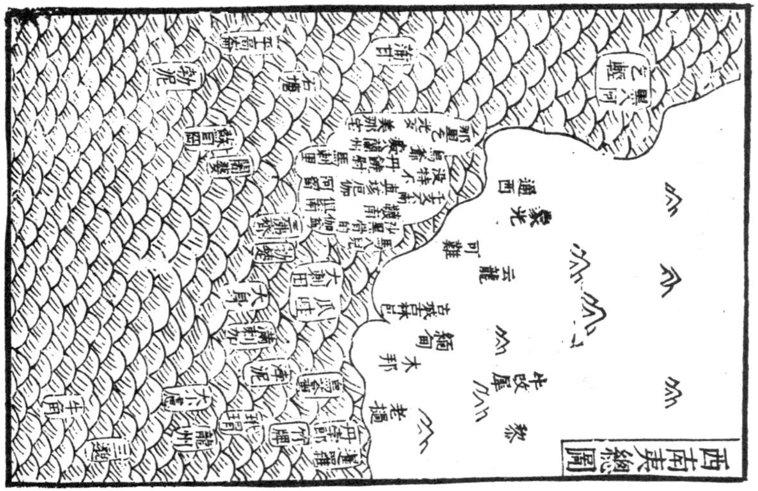

緬國爲西南夷不知何種其地有接大理及去成都不遠者又不知其方幾里東至木邦南至南海西至戛里北至隴川有江頭太公馬來安正國蒲甘緬王五城其人有城郭屋廬以居有象馬以乘舟筏以濟其文字進上者用金葉寫之次用紙又次用梹榔葉蓋譯而後通至元八年大理鄯闡路宣慰使都元帥府遣使招諭其王不至十九年遣諸王相荅吾兒擊緬克之　皇明洪武二十九年始歸附立緬甸軍民宣慰使等司

占城（地在交趾南濱海）古越裳氏界秦爲象郡林邑漢改屬日南唐元和初入寇驩愛安南都護張丹擊破之棄林邑徙占因號占城至宋爲真臘所破遂奪而王之　國朝洪武初來朝乃封爲占城國王其山曰金山曰不勞其貢象象牙犀犀角孔雀孔雀尾橘皮抹身香龍腦熏衣香金銀香奇楠香土降香檀香栢木燒碎香花梨木烏木蘇木花藤香蕪蔓番砂紅印花布油紅綿布白綿布烏綿布圓碧花布花紅邊縵雜色縵番花手巾番花手帕兠羅綿被洗白布其朝三年一期其里至東海西雲南南真臘北安南東北廣東（順風半月程　至州七日程）達於　京師

暹羅（地在古城極南海中）本暹與羅斛二國暹乃漢赤眉遺種厥土瘠不宜耕藝羅斛土田平衍多稼暹人仰給之後元至正間合一國　國朝洪武初進金葉表貢方物　詔賜印授給勘合從其請與量衡其里至占城之極南有貢象象牙犀角孔雀尾翠毛龜筒六足龜寶石珊瑚金戒指片腦米腦糠腦腦油腦柴檀香速香安息香黃熟香降真香羅斛香乳香樹香木香烏香丁香阿魏薔薇水丁皮斑石紫梗藤竭藤黃硫黃没藥烏爹泥肉豆蔻胡椒白豆蔻蓽撥蘇木烏木大楓子苾布油紅布白纏頭布紅撒哈剌布紅地

絞節智布紅杜花頭布紅邊白暗花布乍連花布烏邊葱白暗花布細棋子花布織人象花文打布西洋布織花紅絲打布剪絨絲雜色紅花被面織雜絲打布紅花絲手巾織人象雜色紅花文絲幔其朝三年一期

滿剌加（地在占城南海之中）前代未通中國　國朝永樂中其王西利八兒速遣使朝貢　賜印誥封滿剌加國王賜鎮國西山御製碑文永樂三年遣使有金表九年國王率妻子及陪臣五百五十人來朝命官往勞上御奉天門錫宴十年使來十二年王母來二十二年及宣德九年王來正統後

奉貢不絕其山曰鎮國其貢番小廝犀角象牙玳瑁鶴頂鸚鵡黑熊黑猿白鹿鎖袱金母鶴頂金鑲戒指撒哈剌白苾布薔薇布撒都細布西洋布花縵片腦梔子花薔薇露沉香乳香黃速香金銀香降真香紫檀香丁香烏木蘇木大楓子番錫番鹽其里至在占城之南其入貢自廣東達于　京師

爪哇卽古闍婆國濱海又名莆家龍爲東南諸番之衝要元時稱爪哇東抵古女人國西抵三佛齊南抵古大食國北抵占城屬國有蘇吉丹打板打綱底勿等國其在海外視占城益遠

三佛齊本南蠻別種居海中舊港與占城爲隣相去五日程居真臘爪哇之間田土甚肥饒米谷所管十五州真臘本扶南屬國王姓刹利名質多斯那者始并扶南而有之東際海西接蒲甘南連加囉希北抵占城唐神龍以後國分爲二其南近海多陂澤爲水真臘北多山阜曰陸真臘後復合爲一屬國有參半真里登流眉蒲甘等國所領聚落六十餘地方七千餘里

重迦羅其地與爪哇相接高山奇秀内有一石洞前後三

門可容一二萬人田谷氣候與爪哇畧同風俗頗淳國無酋長推年高有德者王之又去數程曰孫陀羅琵琶拖曰丹重曰圓嶠曰彭里與吉陀崎諸國相通

麻逸凍在交欄山之西南洋海中山峻地平

西洋古里其國乃西洋諸番之會　國朝永樂中遣使朝貢馬

浡泥本闍婆屬國在西南大海中去占城三十日所統十四州

蘇門答剌卽古蘇文達那也與花面國相接爲西洋要會

東南大山西北距海
花面與蘇門答剌接境花面者男子皆以墨刺面爲花獸
狀故名　皇明入貢
呂宋海中小國　皇明入貢
柯枝其國與錫蘭山相對村落旁海田瘠少收　皇明來
朝貢
甘巴里地在南海中大嶋上　皇明朝貢
婆羅地負山面海　皇明朝貢
阿丹地瀕海近古里國壘石爲城砌羅股石爲屋田肥美

百花在海中依山爲國　皇明朝貢
日葛達海中小國土瘠　皇明入貢
古里班卒地在海中土瘠穀少　皇明朝貢又有木骨都
東國瀕海壘石爲城屋連境有卜剌哇國竹步國其酋長
俱入貢又有剌撒國其酋長亦入貢
碟里地在西南海中大洲上有諸港可通海　皇明朝貢
打回回海外小國　皇明朝貢
淡巴地在西南海中　皇明朝貢
亦思把罕地在西南海中最大　皇明朝貢

忽魯謨斯地在西南海中石城石屋　皇明朝貢
阿魯在西南海中與九州山相望　皇明朝貢
九州山與滿剌加隣其山產沉香
阿哇　皇明永樂中遣使入貢
麻林　皇明永樂十三年遣人獻麒麟等物
馬八兒諸國南海諸番國惟馬八兒與俱藍足以綱領諸
國而俱藍又爲馬八兒後障
龍牙犀角其地內平而外尖民皆蟻附而居之
龍牙門在三佛齊之西北山門相對若龍角狀中通過船

吉里地悶居連迦羅之東其地多瘴氣
假里馬丁與交欄山相望海洋中其地山列翠屏氣候常
熱
啞魯其國南是大山北是大海西是西門答剌國界東有
平地堪種稻穀
那哈郎蘇門答剌師古須文達那國是也其國南去有大
深山北大海東亦大山
黎代在那孤兒王地界之西其南大山北臨巨海西連浮
里國爲界

南孛里其國邉海人民僅千餘家皆回回人

錫蘭并裸形國其人巢居穴處男子赤體如獸畜之形

小葛蘭其國邉海東連大山西大海

祖法兒邉海倚山東南大海西北重山永樂宣德年朝貢

阿丹其國邉海倚山　皇明朝貢

瑣里西海中小國洪武年朝貢

阿速西海中大國　永樂年遣百十二人朝貢

八答黑商國中山川明秀人俗朴實　皇明朝貢

榜葛剌本忻都州府西天有五印度此卽東印度也國最

三才圖會　地理十三卷　三十三

大從蘇門答剌海西北行二十日抵淛地港是爲抽分之所自港十六站至瑣納兒江再行二十站至板獨哇酋長居焉又一種印度百工技藝大類中國　皇明朝貢

幹䑶地在溜山之傍溜山濵海在西海中其溜大者八日沙溜曰官嶼溜曰人不知溜曰起來溜曰麻里溪溜曰加平年溜曰加安都里溜餘小溜無慮三千土人曰此弱水三千也舟行遇風失入溜卽弱　皇明永樂中國王亦剌福遣使來朝貢

日羅夏治西海中小國　皇明朝貢

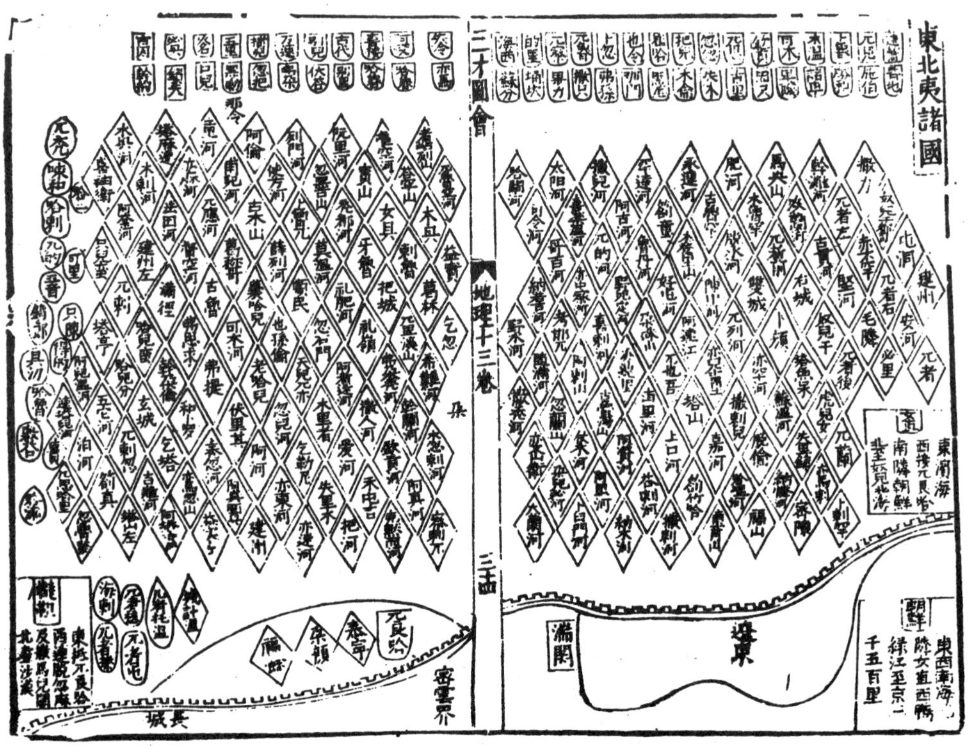

女直古肅慎之地在混同江之東開元之北即金人後裔也 國朝永樂元年野人頭目來朝悉境歸附自開元迤北因其部族所居置都司一衛一百八十有四千戶所二十其酋長為都督都指揮千百戶鎮撫諸職給之印信俾仍舊俗各統其屬以時朝貢又朝貢地面城站口河諸處凡五十八其名把婁東漢勿吉北史合蘭府元建州女直頗類開元舊俗自海西下至黑龍江謂之生女直其阿迷江至散魯江頗類河水乘五校船疾行江中乞列迷有四種自乞里迷去奴兒干三千餘里一種曰女直

野人一種曰北山野人乘鹿出入又一種住平土屋一種曰若兀在奴兒干海東其隣有吉里迷其山曰長白山故會寧府南為鴨江北為混同其川曰混同江曰黑龍江俱開元城北靺鞨所居其貢馬貂鼠皮舍列孫皮海青兎鶻黃鷹阿膠殊角其進貢來朝都督許帶進貢達子十五人同至今每歲一貢仍世授前職使統之其國東濵海西接兀良哈南隣朝鮮北至奴兒干北海自混同江達于 京師三千五百南京四千六百里

西北諸夷圖

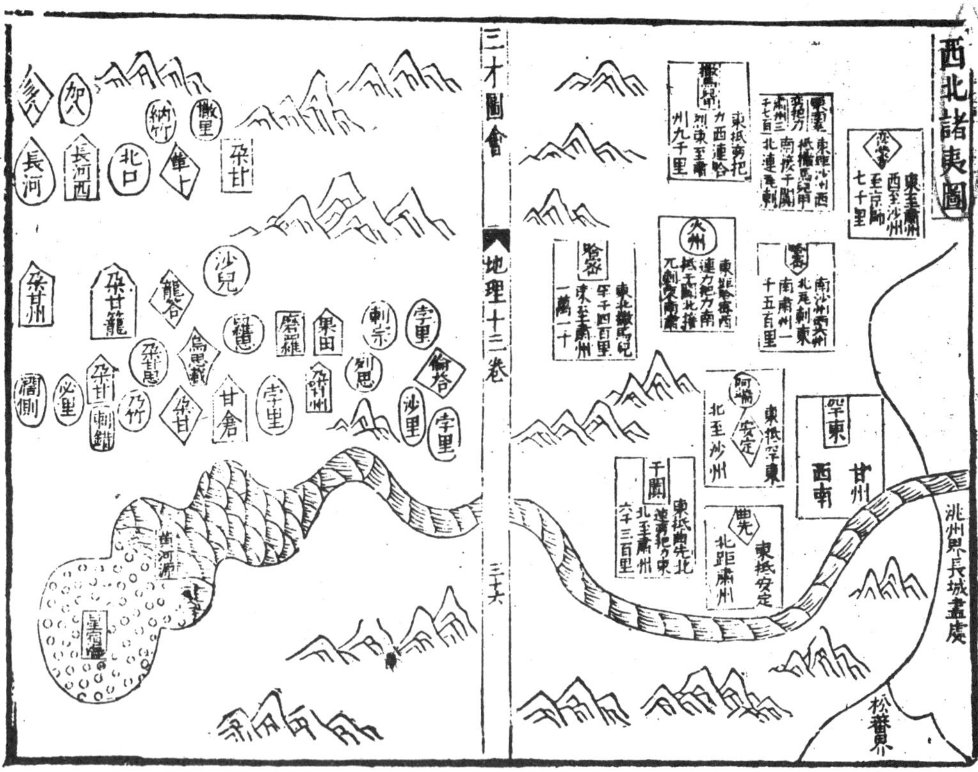

哈密本古伊盧吾廬地在燉煌郡北大磧之外地在肅州西北回達雜居爲西北諸胡要路漢明帝時爲屯田兵鎭之所唐貞觀時爲伊州　國朝永樂中封其酋長爲忠順王恒朝貢其山曰天山城北一名雪山番名折羅漫山過此必拜其川曰畏兀兒河城東沿河沙柳翁鬱其古蹟望鄉嶺石龕李陵題字處東南境馬駿出伊川故地治衛南去玉門關八百里東去陽關二千七百三十里其貢馬駝玉速來蠻石青金石把咱石鑌鐵器諸禽皮等物其朝貢每年一期八月初旬驗則入其入多不過三百人其入關至京起送三十人其里至南沙州西火州北瓦剌東肅州

哈烈哈三哈撒兒沙的蠻哈失哈兒哈的蘭賽蘭掃蘭土克力把丹沙把力黑察力失俺力麻脫忽麻幹失卜哈剌怕剌失剌思你沙兀兒克失迭兒帖必力思果撒思火壇火占苦先沙六海牙牙昔牙兒于戎白兀倫阿速耶思城坤城捨黑攏音克酖天方日落以上三十九處其地莫詳所在大抵皆西域小國也國初嘗經哈密入貢以後惟天方貢獻不廢哈烈一再貢餘多不至葢自哈密殘破之後西北諸胡徑叩嘉峪關而入其番文方物大率相同雖間有慕義而至者然亦難辨其真僞也

赤斤蒙古衛古西戎地戰國時月氏居之秦末漢初屬匈奴武帝時爲酒泉燉煌二郡　國朝永樂二年韃靼丞相苦木子塔力尼等率所部男婦五百來歸詔建赤斤蒙古千戶所賜誥印授爲千戶尋陞衛爲指揮宣德以來恒朝貢其山曰白山其里至東肅州西沙州至京七千里

罕東古西戎部落　國朝洪武三十年通貢因置衛授其酋長指揮僉事賜冠帶鈔幣自是每歲入貢

火州即土魯番本漢車師前後王地前王治交河即唐交河縣後王治務塗谷即唐蒲類縣去長安八千餘漢元帝置戊己校尉

於前王庭　國朝永樂七年火州入貢宣德五年火州土魯番柳陳城俱遣使貢馬及玉璞其山曰火焰柳陳城東出礪山中常有煙氣曰天山交河北一名祁連山其川曰蒲類海土魯番南一名西澤又婆悉海周四百里葱嶺于闐以東之水皆注此漢張騫道西城度玉門見二水交流發葱嶺趨于闐匯鹽澤伏流千里至積石而再出焉曰瀚海柳陳城東地皆沙磧大風則行者人馬相失夷人呼爲瀚海宋史云沙深三丈不育五穀沙中生草名登相曰交河土魯番西源出天山其里至東哈密西亦力把力南抵于闐北瓦剌東南肅州一月達于　京師

土魯番地在火州之西與忠順王本同族類宣德初奉貢成化以後部衆稍強屢奪哈密城印進犯甘肅其地至哈

密十餘程中經黑風川水草俱乏勢難遠據
錫蘭山前代無考相傳其國有巨人足跡　國朝永樂九年間罪其國立其屬之賢者為王十年詔諭其國正統十年天順三年皆遣使來貢其貢寶石珊瑚水晶金戒指撒哈剌象乳香木香樹香檀香沒藥西洋細布藤竭蘆薈硫黃烏木胡椒碗石以後貢無常期至則納之
于闐在葱嶺北二百里東抵曲先北連亦力把力即瞿薩旦那國也地最大東西五千里南北千里漢設都護治之今在肅州西南六千三百里　皇明永樂入貢

魯陳國去哈密千里至其國經大川砂磧無水草最難過牛馬過之輒死哈失哈力宣德間遣十四人來朝貢或曰即阿力馬力
安定阿端地在罕東西漢初猶為月支匈奴境漢武拓地始置燉煌郡治焉　皇明洪武甲寅秋八月撒里畏兀兒安定王卜煙帖木兒或曰亦板丹遣使貢鎧甲刀劍等
亦力把力不知古何國地居沙漠間在肅州西北三千七百里疑即焉耆或龜茲地也龜茲國在白山南都延城今其地東西三千餘里南北二千餘里東距火州西抵撒馬罕兒南接于闐北連瓦剌其山有白山中常有火煙禁出硇砂之處採者著木底鞋取之皮着即焦有熱海周數百里夷呼亦息渴兒
哈烈在肅州之西相去一萬一千餘里東北至撒馬兒罕一千四百里即漢之大宛也其地但平川四面皆大山沙哈魯國人尊之為速魯檀猶華言君王也東有俺都淮八剌黑等城皆隸焉　洪武遣使朝貢
答兒密在海中地不百里人不滿千家服屬撒馬兒罕　皇明朝貢

雲間元翰父王圻纂集

男思義校正

地理十四卷

帝嚳九州之圖

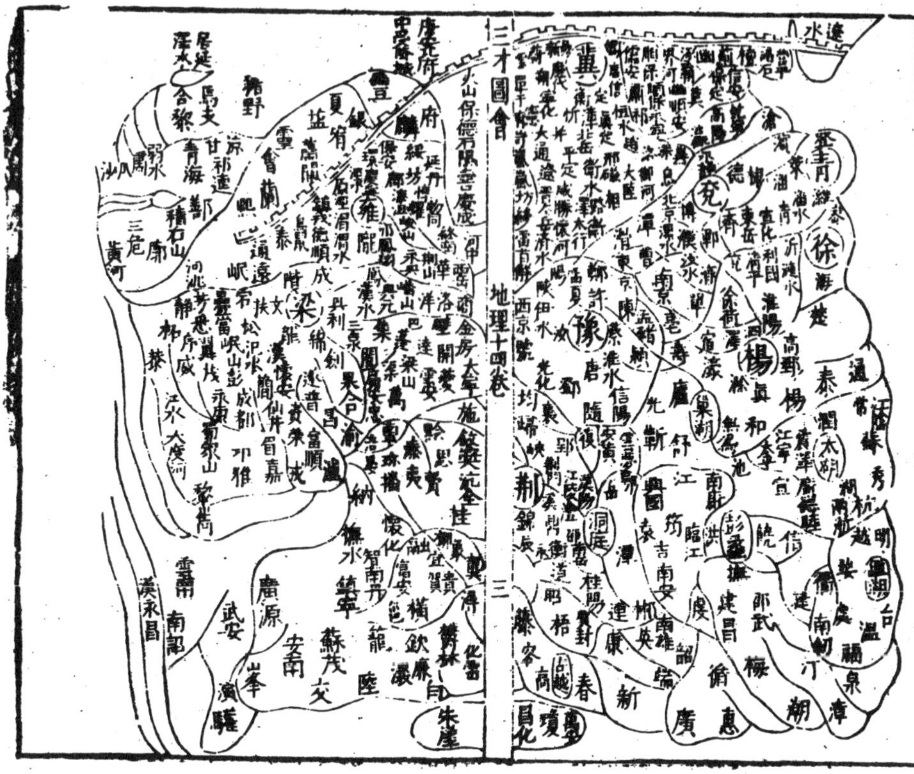

昔黄帝方制天下立爲萬國其後制度無聞至于帝嚳乃始創置九州統理萬國按孔安國注冀州(帝都不説境界以餘州所至則可知)兗州(東南距濟西北距河)青州(東北距海西南距岱)徐州(東至海北至岱南及于淮)揚州(北距淮南距海)荆州(北距荆山南及衡山之陽)豫州(西南至荆山北距河)梁州(東距華山之陽西距黑水)雍州(西距黑水東距河龍門之河在冀州之西)

堯制五服圖

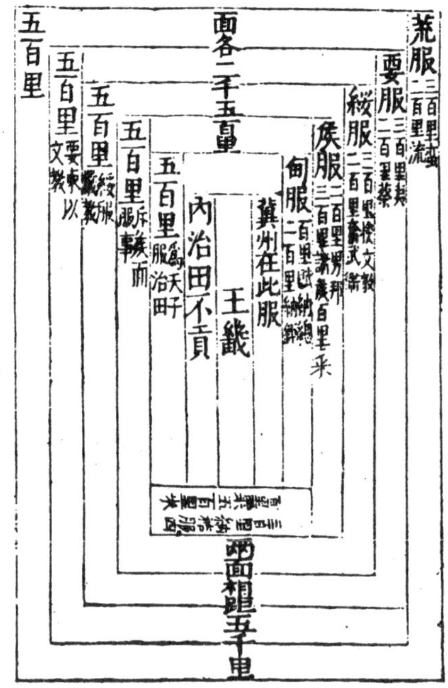

虞舜十有二州圖

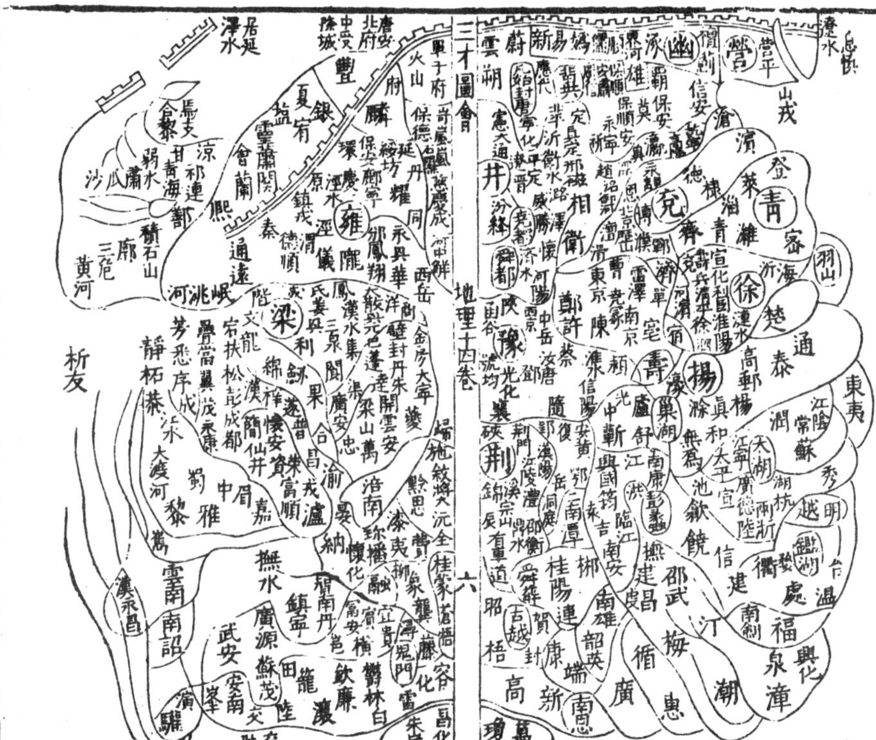

昔堯遭洪水天下分絶使禹平水土還爲九州如帝嚳之舊制至舜肇分爲十有二州蓋以古冀州南北闊大分衛水爲幷州衛水在真定府分燕以北爲幽州以青州越海析遼東之地爲營州

禹弼五服圖

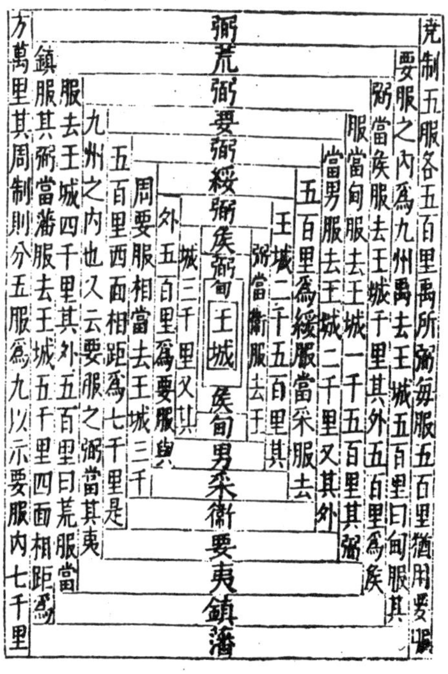

禹貢總圖

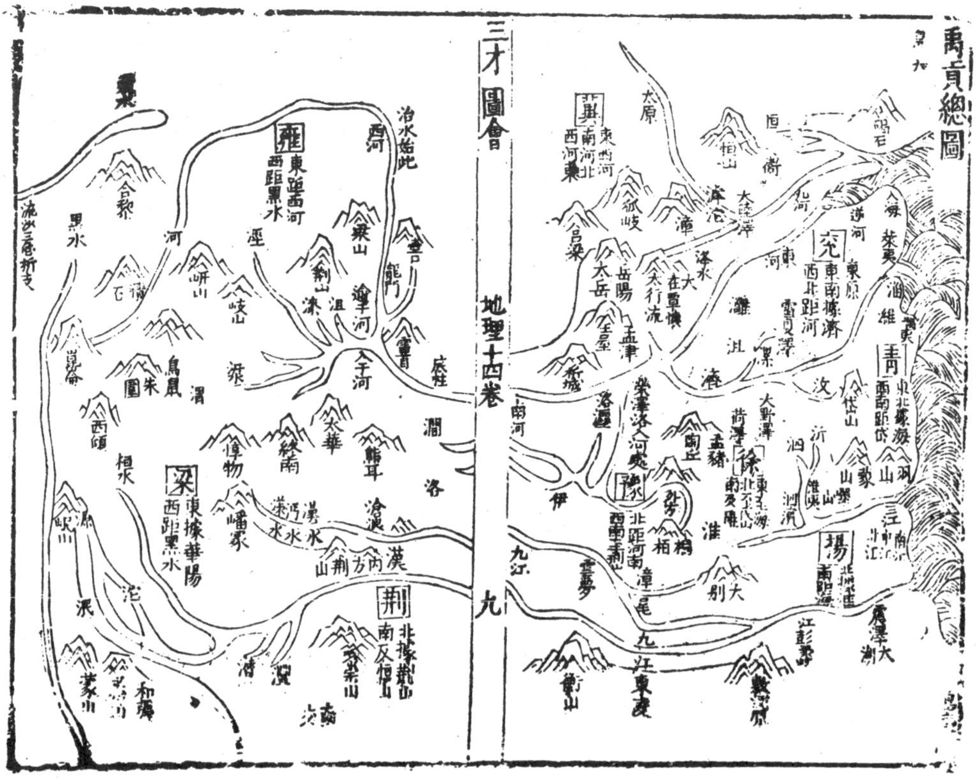

禹迹圖

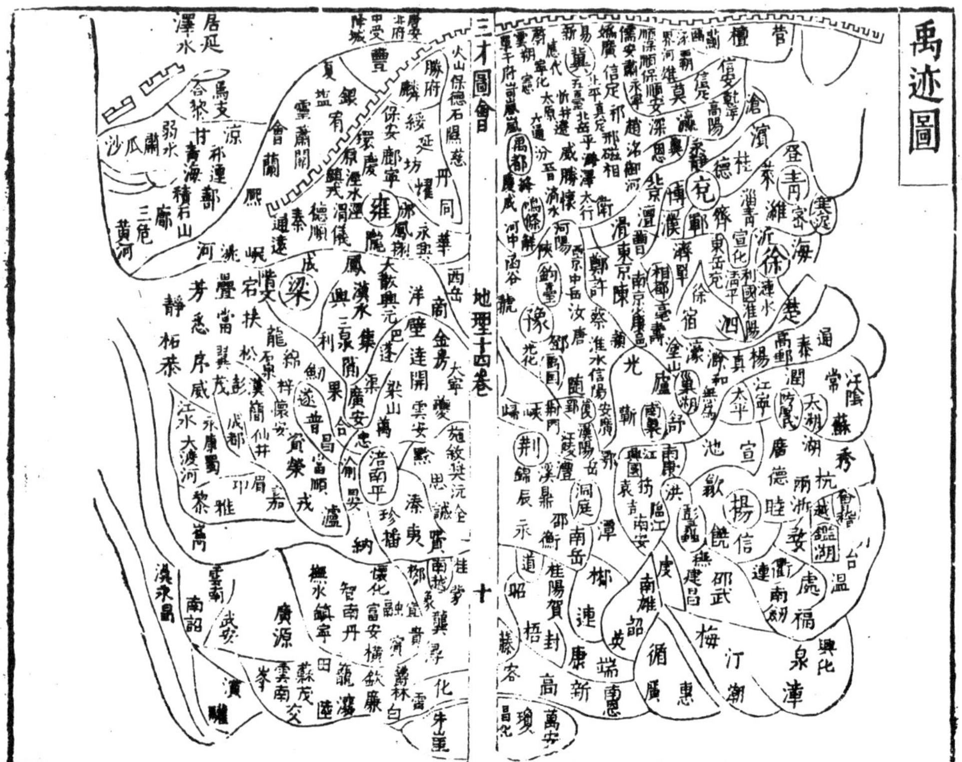

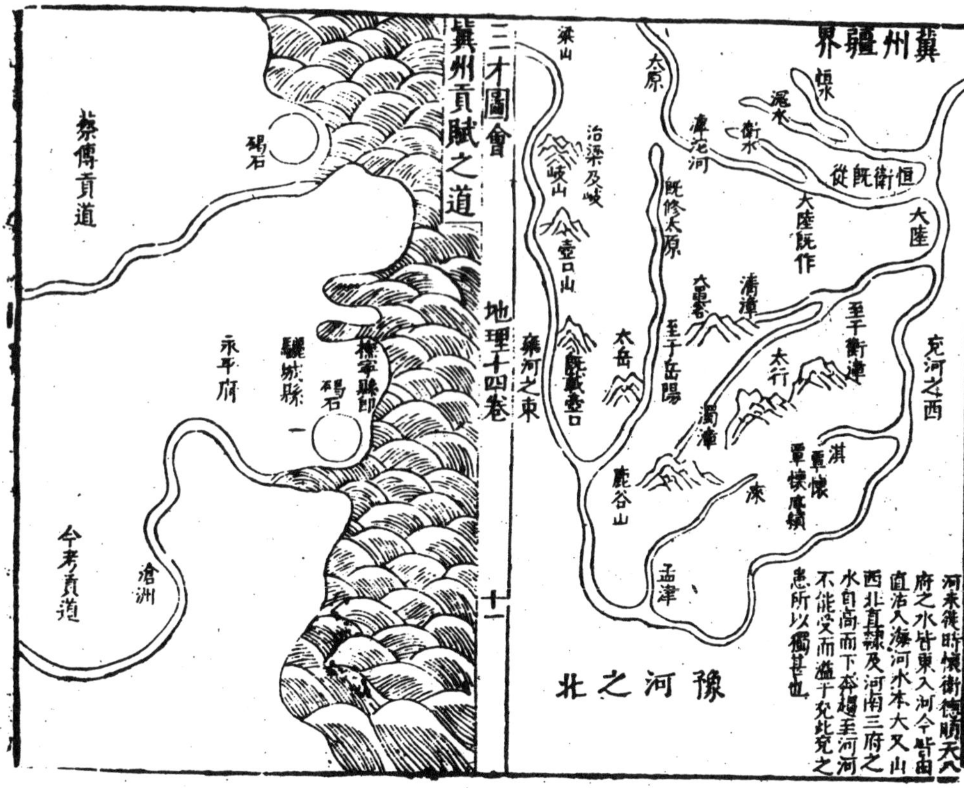

禹貢曰冀州即載壺口治梁及岐既脩太原至於嶽陽覃懷底績至於衡漳厥土惟白壤恒衛既從大陸既作島夷皮服夾右碣石入于河舜以冀州南北闊大分衛水爲并州燕以北爲幽州並置牧周禮職方曰河内曰冀州其利松柏其人五男三女畜宜牛羊穀宜黍稷其地險易帝王所都亂則冀安弱則冀強荒則冀豐故曰冀州其在天官昴畢則趙之分野尾箕則燕之分野兼得秦魏衛之交

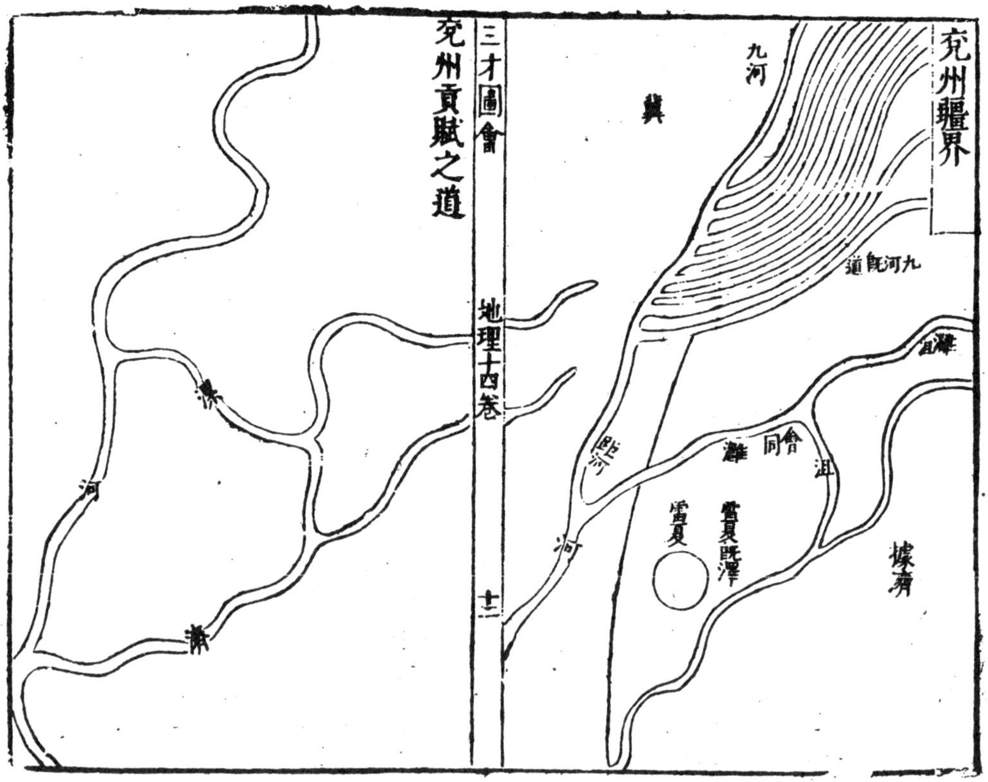

禹貢曰濟河惟兗州九河既道雷夏既澤灉沮會同厥土黑墳其草繇其木條浮于濟漯達于河舜置十二牧兗其一也周禮職方曰河東曰兗州其利蒲魚其人二男三女畜宜六擾穀宜四種盖以兗水爲名又兗之爲言端也信也端言陽精端端故其氣纖殺也其在天文營室東壁則衛之分野兼得魏宋齊趙之交

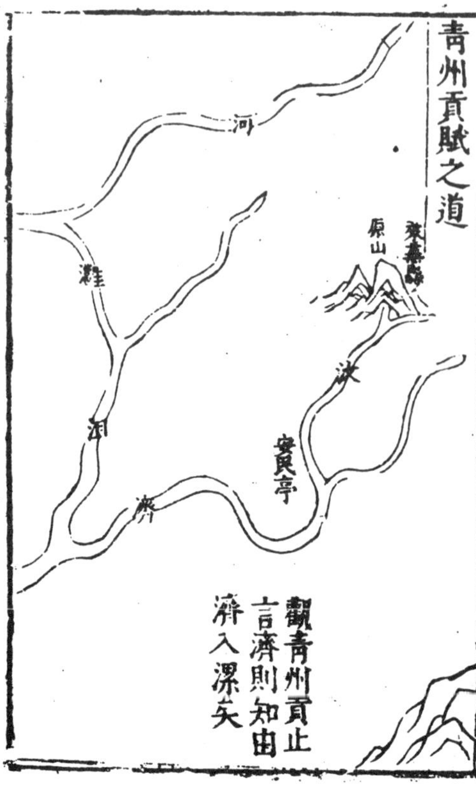

禹貢曰海岱惟青州嵎夷既畧濰淄其道厥土白墳海濱廣斥萊夷作牧浮于汶達于濟舜分青州爲營州皆置牧周以徐州合青州其土益大周禮職方曰正東曰青州其利蒲魚人二男二女畜宜雞狗穀宜稻麥盖以土居少陽其色爲青故曰青州在天官虗危則齊之分野

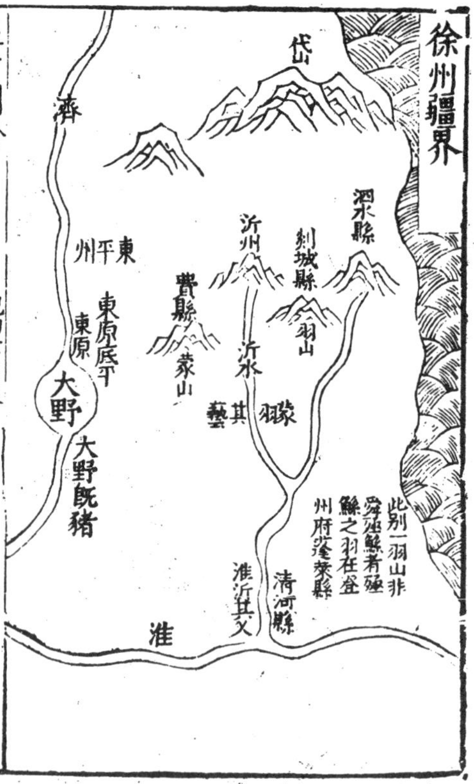

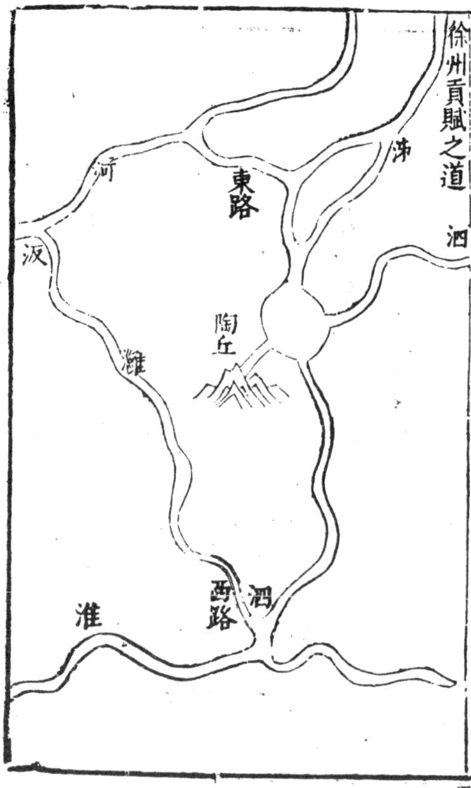

禹貢曰海岱及淮徐州淮沂其乂蒙羽其藝厥土赤埴墳草木漸包羽畎夏翟嶧陽孤桐浮于淮泗達于河亦舜十二牧之一周併徐州屬青州今分入兗州之域蓋取舒緩之義或云因隋丘以爲名在天文奎婁則魯之分野兼得宋齊吳之交

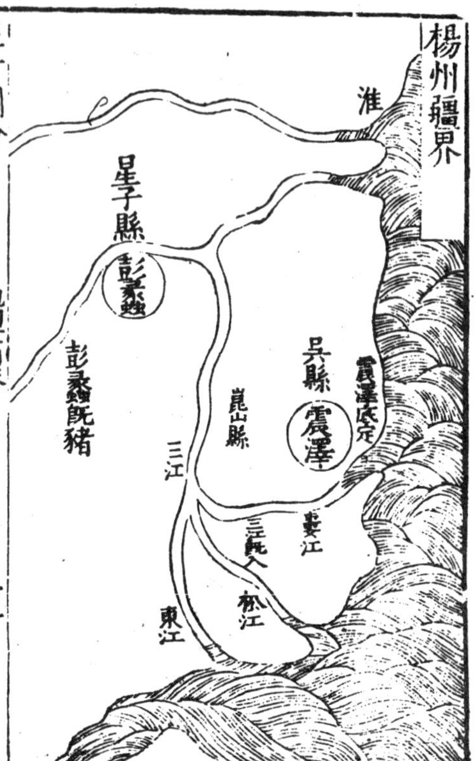

禹貢曰淮海惟揚州彭蠡既豬陽鳥攸居三江既入震澤底定篠簜篠敷草夭木喬厥土塗泥島夷卉服沿于江海達于淮泗舜置十二牧揚州其一周禮職方曰東南曰揚州其利金錫竹箭民二男五女畜宜鳥獸穀宜稻揚州以為江南之氣躁勁性輕揚亦门州界多水水波揚也在於天官斗則吳之分野兼得楚及南越之交亦古流眼之國

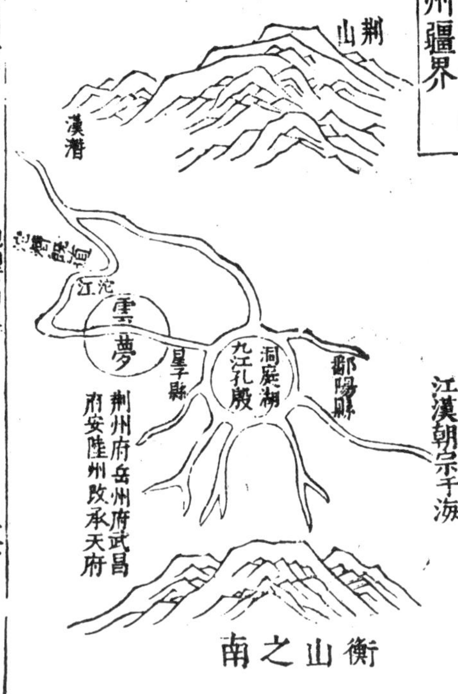

荊州疆界

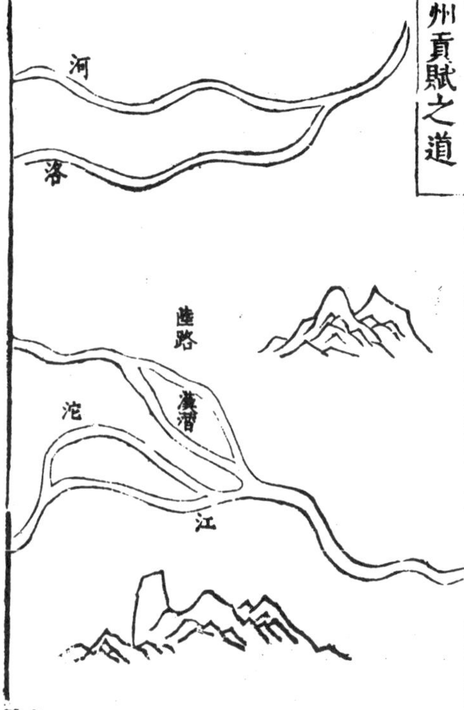

荊州貢賦之道

禹貢曰荊及衡陽惟荊州江漢同歸于海九江孔殷沱潛既道雲土夢作乂浮于江沱潛漢逾於洛至于南河舜置十二牧荊州其一周禮職方曰正南曰荊州其利丹銀齒革民一男二女畜及穀宜與揚州同荊彊也言其氣躁強亦言荊蠻也或取名於荊山焉蓋蠻夷之國槃瓠之種詩人所謂蠻荊也

豫州疆界

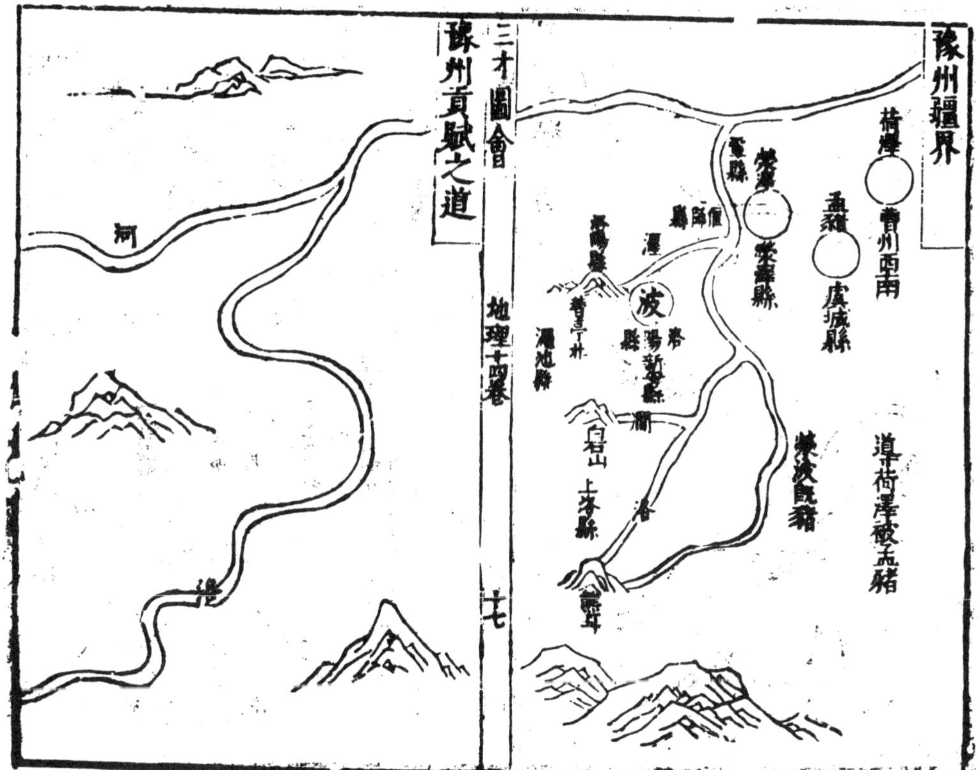

禹貢曰荆河惟豫州伊洛瀍澗既入于河滎波既豬導菏澤被孟豬厥土惟壤下土墳壚浮于洛達于河舜爲十二牧之一周禮職方河南曰豫州其利麻漆絲枲人二男三女畜宜六擾穀宜五種豫州在九州之中言常安逸也又云逸者舒也言稟中和之氣性理安舒也其在天官柳七星張則周之分野房心則宋之分野觜觿參則魏之分野角亢氐則韓之分野兼得秦楚之交

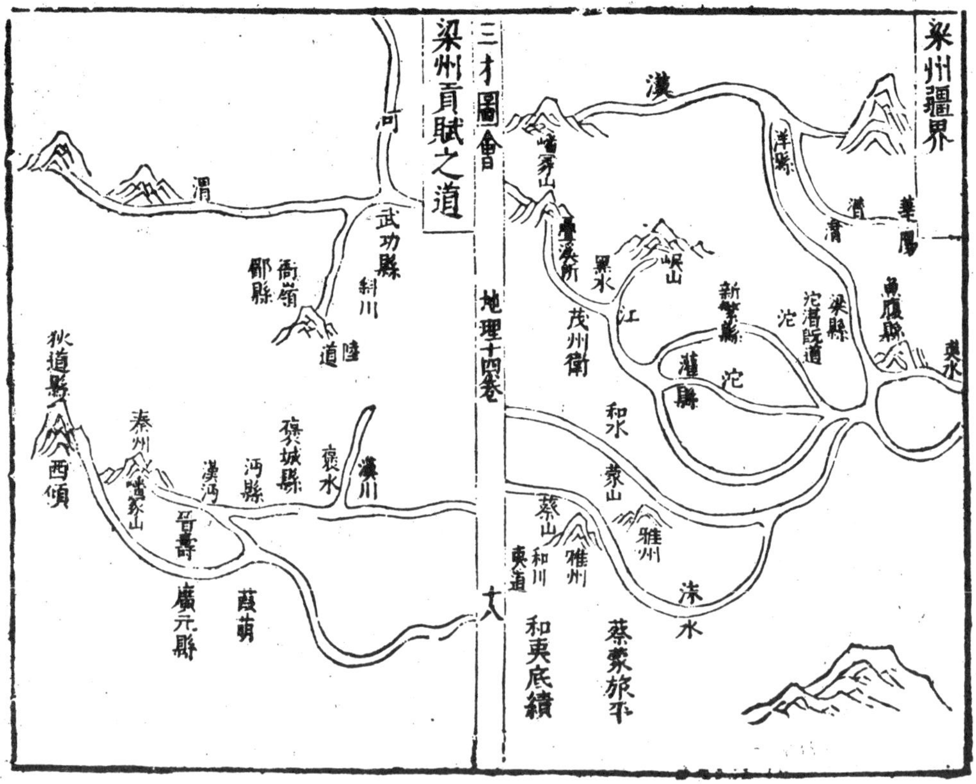

禹貢曰華陽黒水惟梁州岷嶓既藝沱潛既道蔡蒙旅平和夷底績厥土青黎自漢川已下諸郡皆其封域舜置十二牧梁州其一也以西方金屬其氣强梁故曰梁州周禮以梁州併雍州梁州當夏殷之間爲蠻夷之國所謂巴賨彭濮之人也周末秦惠王使司馬錯伐蜀有其地於天文兼參之宿亦秦之分野又得楚之交

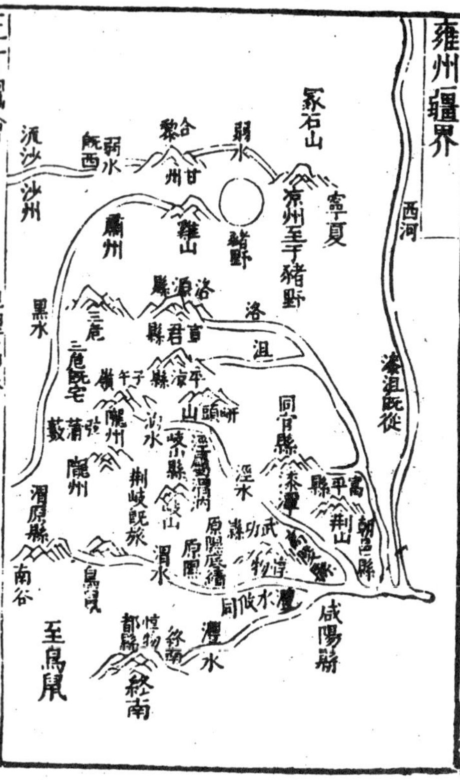

雍州疆界

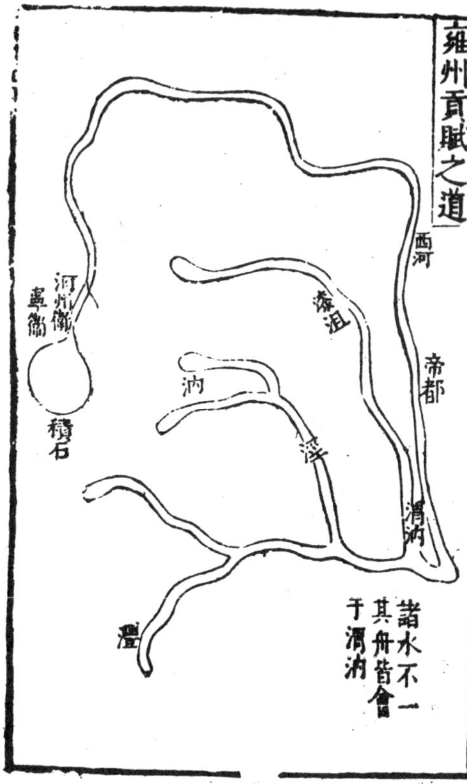

雍州貢賦之道

禹貢曰黑水西河惟雍州弱水既西涇屬渭汭漆沮既從灃水攸同荆岐既旅終南惇物至于鳥鼠原隰厎績至于豬野三危既宅三苗丕叙厥土黄壤浮于積石至于龍門西河會于渭汭舜置十二牧雍其一也以其四山之地故曰雍州周禮職方正西曰雍州其利玉石人三男二女畜宜馬牛穀宜黍稷兼得禹貢梁州之路

地理十四卷

溝畎澮

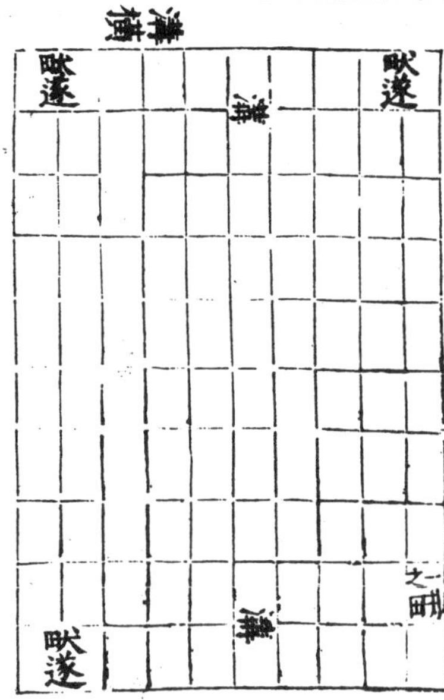

每一目當一井　百井謂之一成

距川圖

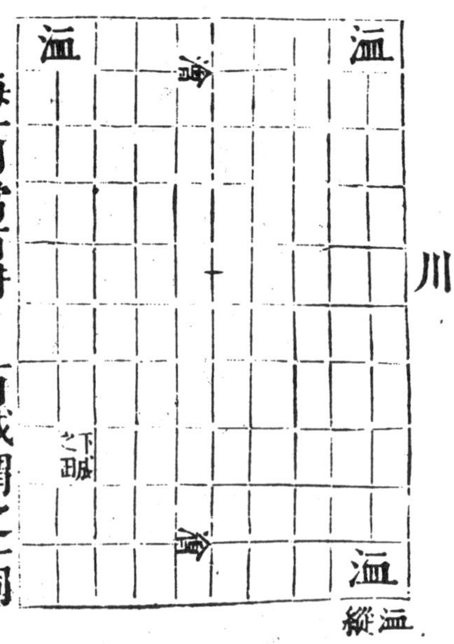

每一目當百井　百成謂之一同

一成之田耜廣五寸二耜爲耦一耦之伐廣尺深尺謂之畎田首倍之廣二尺深二尺謂之遂九夫爲井井廣四尺深四尺謂之溝九遂入一溝九溝入一洫一同之田方十里爲成成間廣八尺深八尺曰洫方百里爲同同間廣二尋深二仞曰澮九澮共入大川一同之田其遂九千溝九百洫九十澮九

任土作貢圖

嵎夷既略	兗　田中下　賦貞　土黑墳　貢漆絲　篚織文	冀　田中中　賦上上錯　土白壤　島夷皮服　貢闕　篚闕	雍　田上上　賦中下　土黃壤　貢球琳琅玕　篚闕
萊夷作牧	青　田上下　賦中上　土白墳　貢鹽絺海物絲枲鉛松怪石　篚檿絲	豫　田中上　賦錯上中　土壤　下土墳壚　貢漆枲絺紵　篚纖纊錫磬錯	梁　田下上　賦下中三錯　土青黎　貢璆鐵銀鏤砮磬熊羆狐狸織皮　篚闕
淮夷	徐　田上中　賦中中　土赤埴墳　貢五色土夏翟孤桐浮磬蠙珠魚　篚玄纖縞	揚　田下下　賦下上上錯　土塗泥　貢金三品瑤琨篠簜齒革羽毛木　篚織貝包橘柚	荊　田下中　賦上下　土塗泥　貢羽毛齒革金三品杶幹栝柏礪砥砮丹箘簵楛包匭菁茅納錫大龜　篚玄纁璣組

崐崘析支渠搜　和夷

泗濱淮陽單也有磬石山古下邳郡也島夷卉服

鄭合沙曰召公曰明王慎德四夷咸賓無有遠邇畢獻方
物惟服食器用于觀禹貢九州之貢雖非四夷之獻而
亦以服食器用爲要而冀州獨不言貢雖皆有畫畿甸之內
賦其總銍秸粟米也以其爲倉廪之儲也糠粃之滓也是
食爲土貢之要也兖州之貢蠶絲豫州之貢絺紵其地則
密邇於畿甸是衣服之用亦爲土貢之要也自服食之
外則器用次之器用之外則不過寶玉玩好而已不足爲
國家慮也

注海注江圖

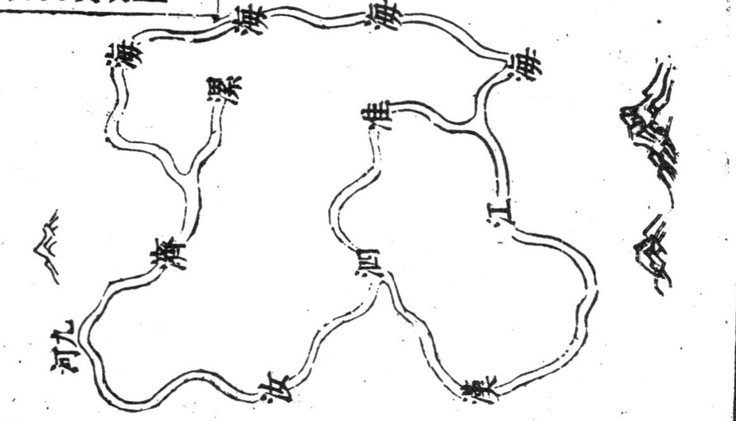

按爾雅九河一曰徒駭二曰太史三曰馬頰四曰覆釜五
曰胡蘇六曰簡潔七曰鉤盤八曰鬲津其一則河之經流
也先儒不知河之經流遂分簡潔爲二耳九河塞在河間
路滄州境內今其存者猶有五六處也汝出今河南梁縣
天息山至蔡州下入淮漢出今漢中利路之間兩縣嶓冢
山東南流二千四百二十里至漢陽軍大別山入江淮出
唐州桐柏山千七百里至海州入海泗出襲慶府泰山陪
尾有泗源南至下邳入淮以水道考之當是疏九河瀹濟
排淮江而注之海決汝泗而注之淮決漢而注之江

夏貢五十畝圖

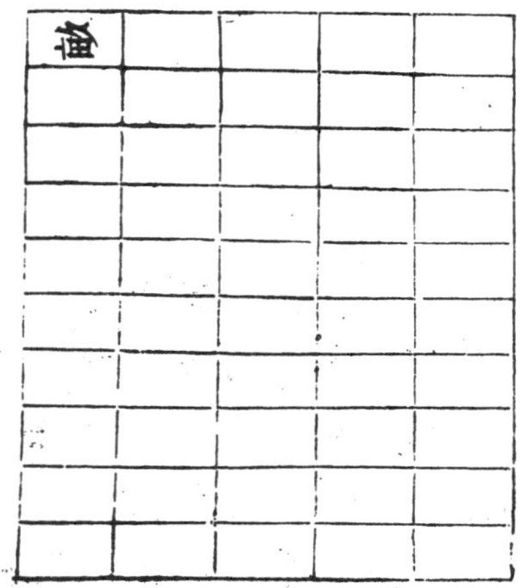

貢田畝法宜橫畎水流入於遂遂溝經畛並見周貢助圖圖在後

貢法溝洫之圖

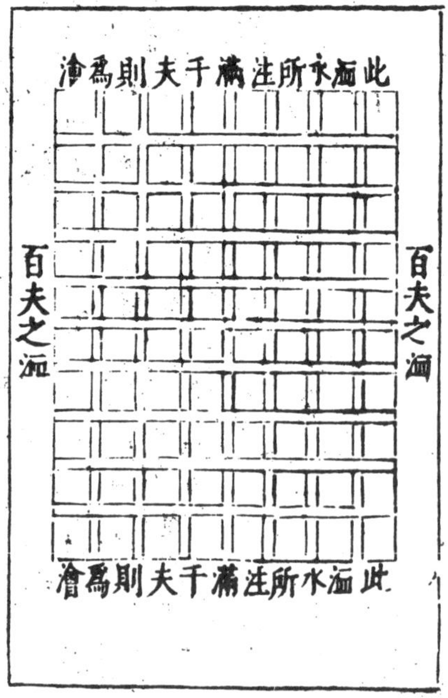

據禮家一夫百畝夫間有遂遂上有徑十夫有溝溝上有畛溝水入洫遂徑皆縱溝畛皆橫此圖內小方圈一夫百畝之田也夫田左右有縱置水路爲遂十夫上下有橫置水路自遂注者爲溝溝又積至百夫則入洫洫亦以縱受

貢法洫澮之圖

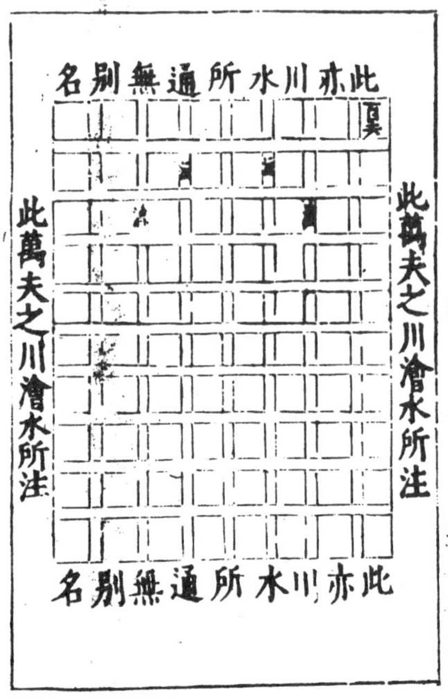

據禮家百夫有洫洫上有涂千夫有澮澮上有道洫涂皆縱澮道皆橫 此圖內小方圈百夫萬畝之田也百夫田水自溝注洫故百夫左右有縱置水路爲洫千夫上下有縱置水路自洫注者爲澮澮又積至萬夫則入川川亦以縱受

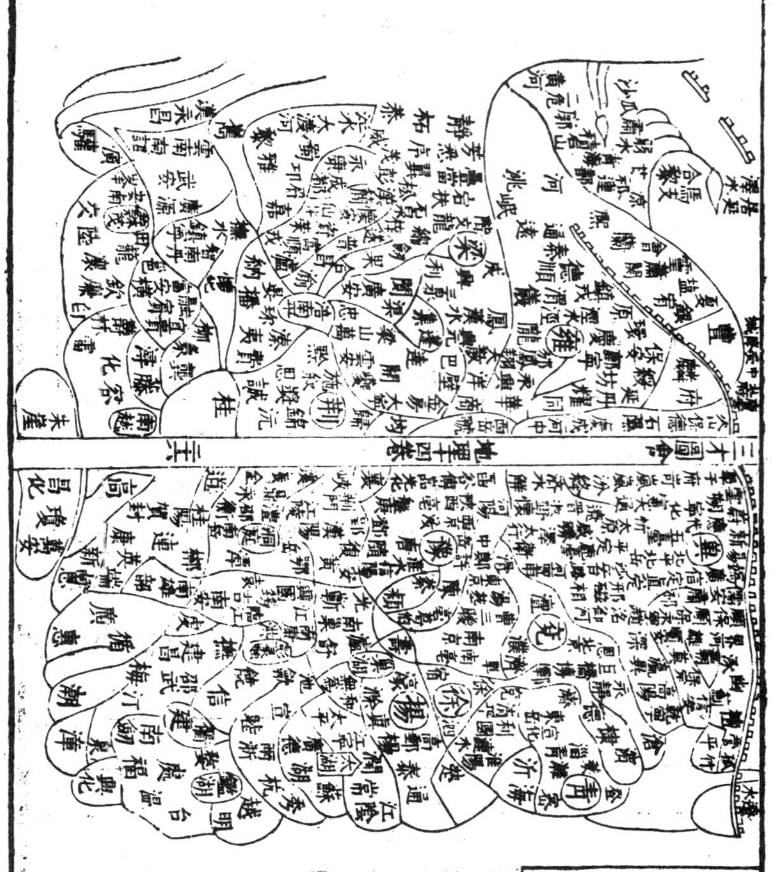

商九有圖

謹按通典商制千里之內為王畿千里之外設方伯五國為屬屬有長十國為連連有帥三十國為卒卒有正二百一十國為州州有伯（商之州長曰伯虞夏及周皆曰牧）三辨三亳一曰北亳（今曹州考城縣）一曰南亳（今南京穀熟縣）三曰西亳（今偃師縣）

商遷都之圖

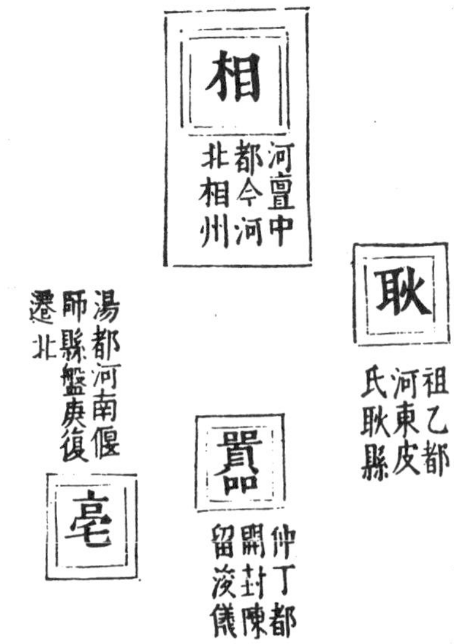

殷田廬舍之圖

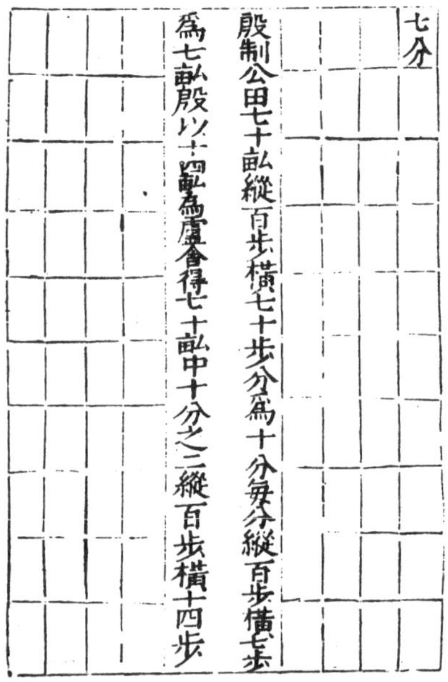

殷制公田七十畝縱百步橫七十步分爲十分每分縱百步橫七步爲七畝殷以十四畝爲廬舍得七十畝中十分之二縱百步橫十四步

此殷制公田七十畝之圖也每一格起巳七分殷制無可考但因周制以見之姑存此圖

殷助七十畝圖

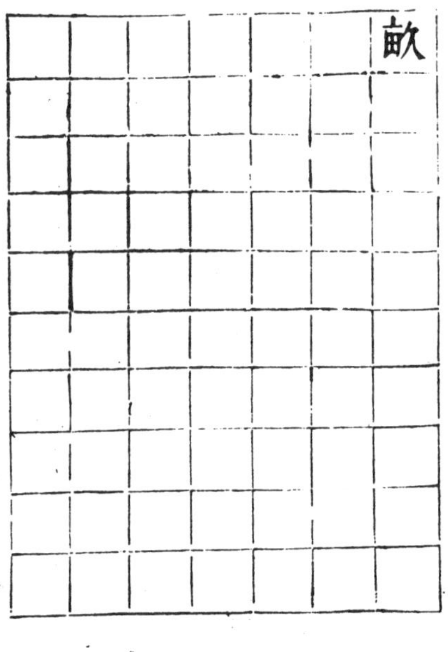

般本助法田分九區區各七十畝與周井田圖制同周圖
在後推類可知今止列七十畝圖公私田皆如是也井田
畝法宜縱畎水流入於遂

公劉相陰陽圖

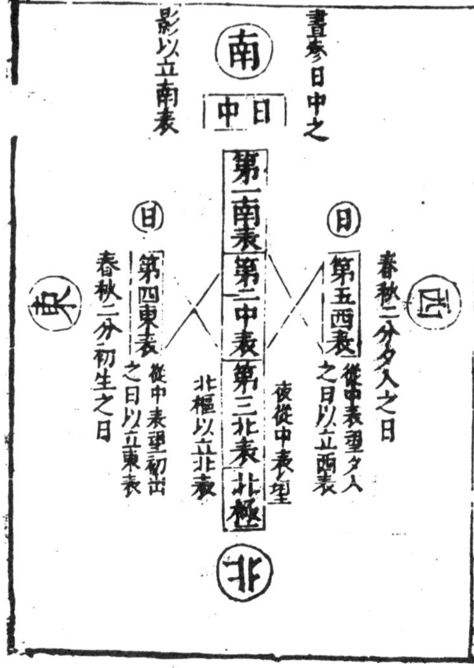

一經云既景乃岡又云相其陰陽度其夕陽傳云景測日景
以正四方也相視也陰陽向背寒煖之宜也　山西曰夕
陽嚴氏曰豳在梁山西公劉相此地以建豳居也

召誥土中圖

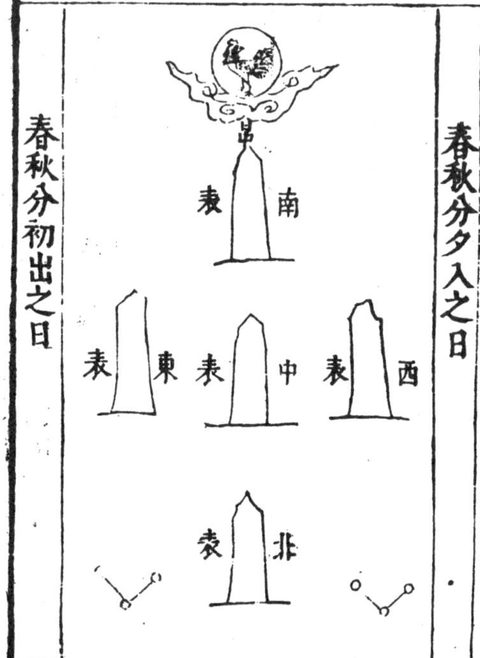

周禮大司徒以土圭之法測土深正日景以求地中日南則景短多暑日北則景長多寒日東則景夕多風日西則景朝多陰日至之景尺有五寸謂之地中乃建王國焉

周職方圖

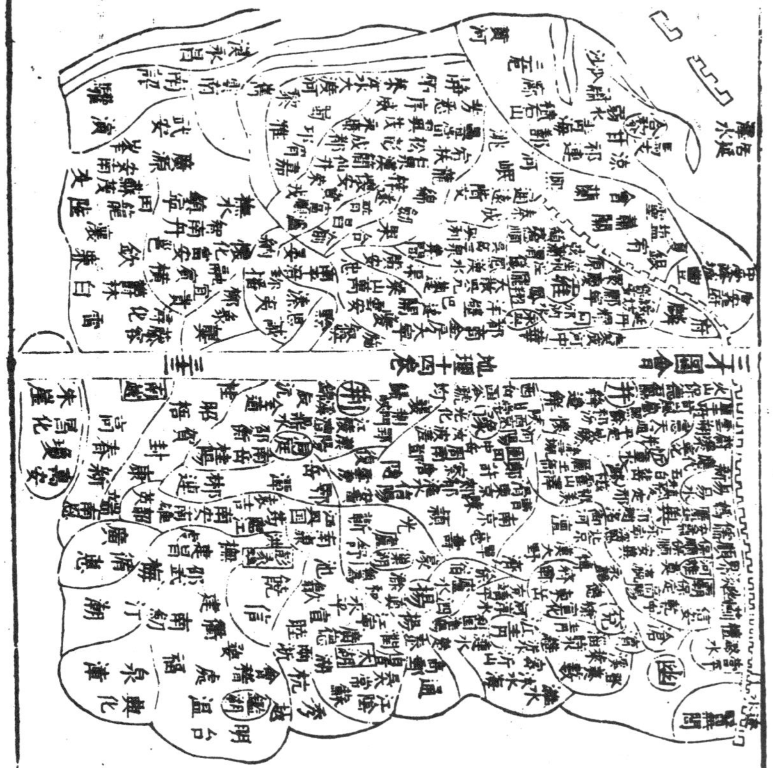

周禮職方氏東南曰揚州其山鎮曰會稽其澤藪曰具區(五湖也在吳南)其川三江其浸五湖正南曰荊州其山鎮曰衡山其澤藪曰雲夢其川江漢其浸潁湛(徒感切)河南曰豫州其山鎮曰華山其澤藪曰圃田(在中牟)其川熒雒其浸波溠(音備)正東曰青州其山鎮曰沂山(盖在沂水所出)其澤藪曰望諸(在睢陽)其川淮泗其浸沂沭(沭出東莞)河東曰兖州其山鎮曰岱山其澤藪曰大野(在鉅野)其川河泲其浸盧維(盧維當爲雷雍禹貢雷夏雍沮是也雷夏在城陽)正西曰雍州其山鎮曰嶽山(吳嶽也在汧)其澤藪曰弦(或作汧)蒲其川涇(出涇陽)汭(出幽地)其浸渭洛(洛出懷德)東北曰幽州其山鎮曰醫無閭(在遼東)其澤藪曰貕養(在長廣)其川河泲其浸菑時(菑出萊蕪時出般陽)河內曰冀州其山鎮曰霍山(在彘)其澤藪曰陽紆(所在未聞)其川漳(出長子)其浸汾潞(汾出汾陽潞出歸德)正北曰并州其山鎮曰常山(在上曲陽)其澤藪曰昭餘祁(在鄔)其川虖沱(出鹵城)嘔夷(出平舒)其浸淶(出廣昌)易(出故安)注曰此九州川界揚荊豫兖雍冀與禹貢畧同青州則徐州之地幽并則冀州之地獨無徐梁云

王制開方圖

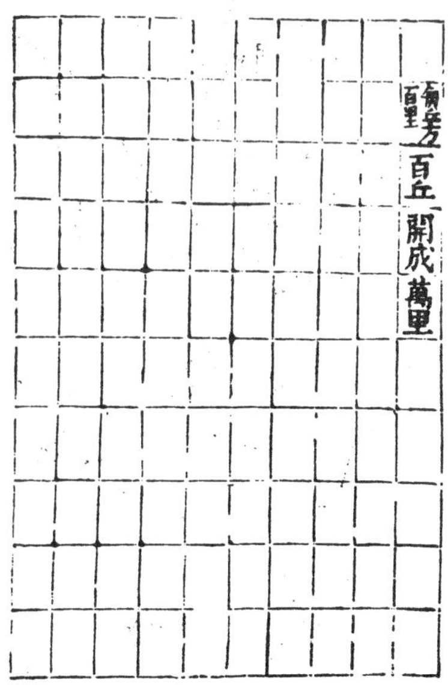

每州方千里開方成一萬里二禮皆謂三等封凡二百十國其餘非山澤則附庸閑田然周禮則用地二萬一千五百里禮記則用一萬二千三百里地不足其封君謂百里再開爲千里則地又太廣若公止一開侯伯再是公得百里侯得四十里遊絶太甚况周所傳轉則巳爵於商使爵過數則馬得而損新封則犬牙相制地形焉能必其方是不必深泥註家皆承經文以混合其數終亦不合今但存開方法餘俟博雅

天子國中之圖

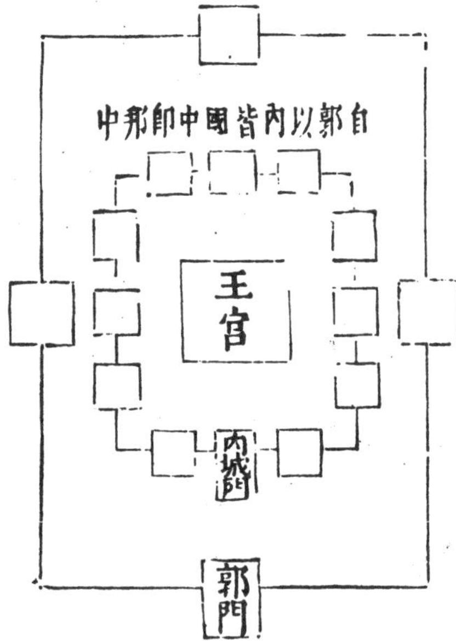

鄭玄曰天子十二門國中城內也爾雅釋地云邑外謂之郊郭璞註曰邑國都也邢昺疏曰天子諸侯所居國城或謂之邑或謂之都故以國都觧邑也按周禮匠人營國方九里旁三門賈公彦典命疏曰天子城方十二里公宜九里侯伯宜七里子男宜五里匠人云九里或通異代法也

王畿千里郊野圖

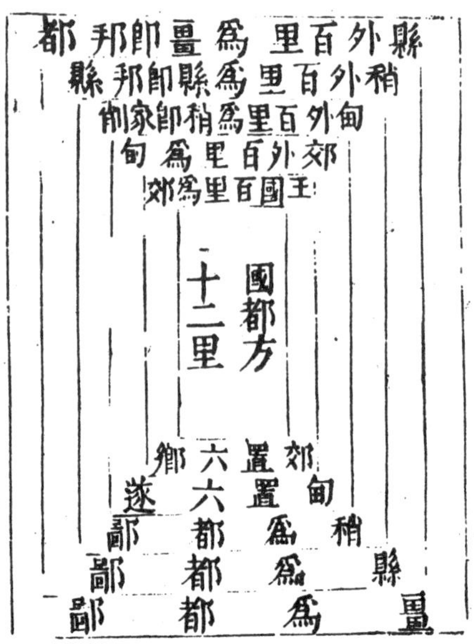

司馬法曰王國百里爲遠郊杜子春曰五十里爲近郊百里爲遠郊賈公彦曰天子畿內千里中制國城四面至畺各五百里百里爲一節從近向遠發國中爲始也今按遠郊百里之內置六鄉郊外曰甸甸地百里之內置六遂甸外三百里稍縣畺之地俱爲都鄙

王畿千里圖

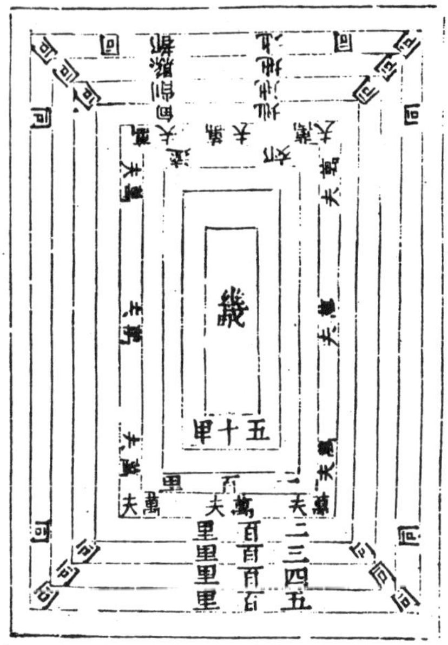

王畿千里爲方百里者百百里爲一同積百同九百萬夫之地有山陵林麓川澤溝瀆城郭宮室涂巷三分去一餘六百萬夫又有不易一易再易上中下之地以相通外定受田三百萬夫也自邦中以至邦都毎邊相距五百里六鄉六遂家邑公邑小都大都之田盡在此矣

王國經緯涂軌圖

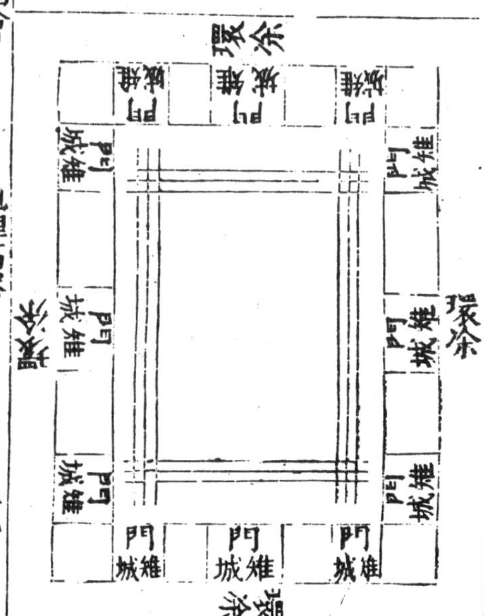

匠人營國方九里旁三門國中九經九緯經緯之涂皆容九軌謂轍廣也乘車六尺六寸旁加七寸凡八尺九軌七十二尺毎涂計廣七十二步男由右女由左車由中東西經南北緯王宮居中經

王畿六鄉六遂圖

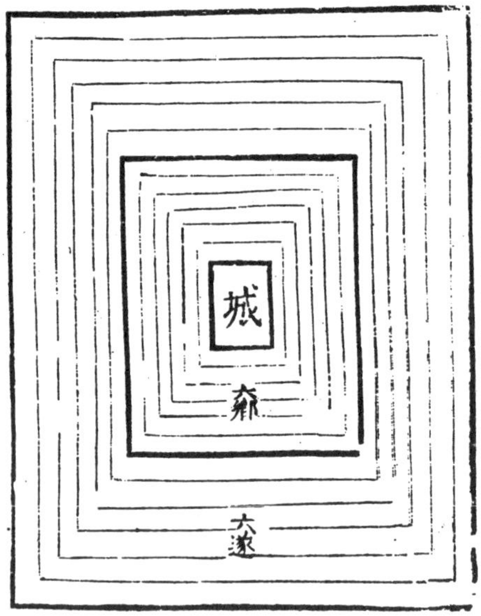

王畿方千里六鄉六遂當爲十二分以一面五百里分十二分則每分當有四十一里強若加都鄙則鄉遂只在二百里內十二分之止當有十二里強

六鄉圖

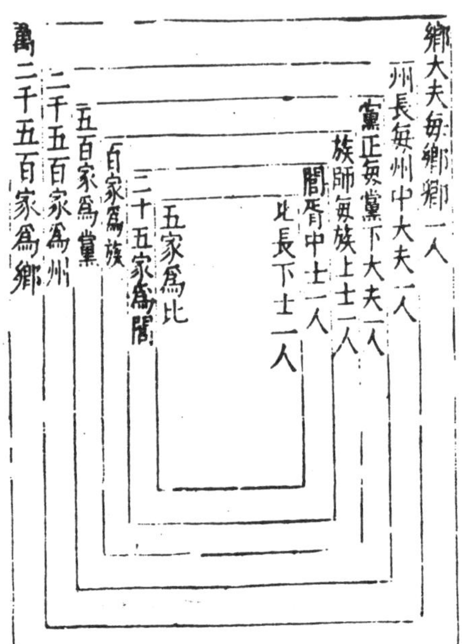

凡起軍毋過家一人比出五人閭出二十五人族出百人黨出五百人州出二千五百人鄉出一萬二千五百人天子六鄉之兵七萬五千人爲正軍六鄉之地積計四同四方井三十六萬夫凡出軍之法先六鄉次六遂賦猶不止乃徵兵公邑與三等采地猶不止乃徵兵於諸侯大國三軍次國二軍小國一軍此軍出於諸侯鄉遂賦猶不止則諸侯有過境出之法焉

六遂圖

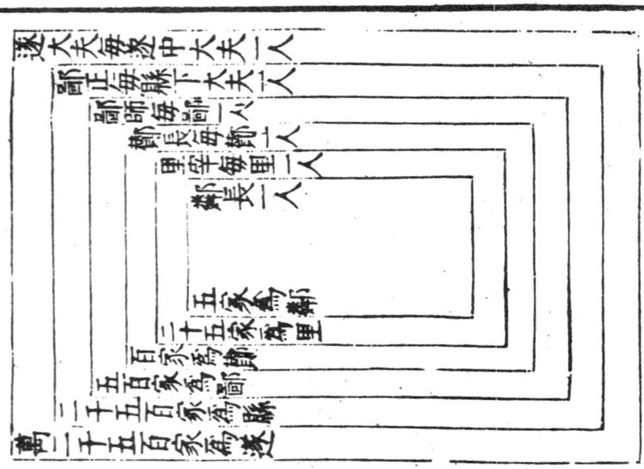

遂與鄉同制遂官降鄉一等以其掌治郊野故也凡起軍亦一人自鄰里酇鄙以至縣遂出一萬二千五百人六遂共出七萬五千人故謂之副十一同之地一萬井一百八萬家也遂之夫受地宜矣鄉之餘夫無地可受亦出耕於遂地之中士工商之家五口當農夫一人各受一夫田所謂半農夫是也其身得減入以事官且子不免農亦不免役

邦國畿服圖

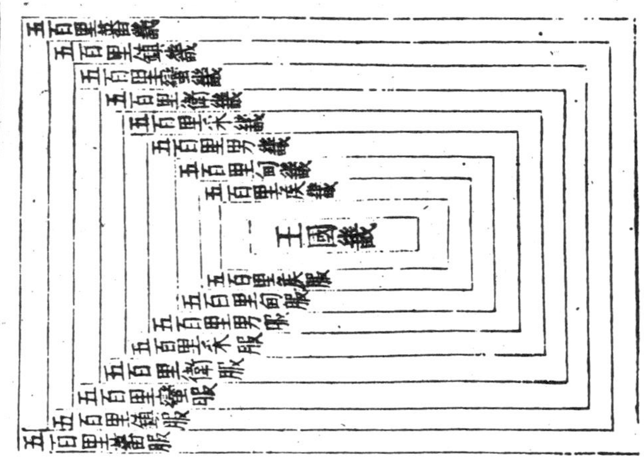

天子之國方千里曰王畿其外曰侯甸男采衛蠻夷鎮蕃皆以五百里言之每邊四千五百里四面相距一萬里大司馬稱為九畿職方氏稱為九服謂之畿者以供王稅差貢為職謂之服者以服事天子為職畿之與服名異制同

大國百里郊野圖

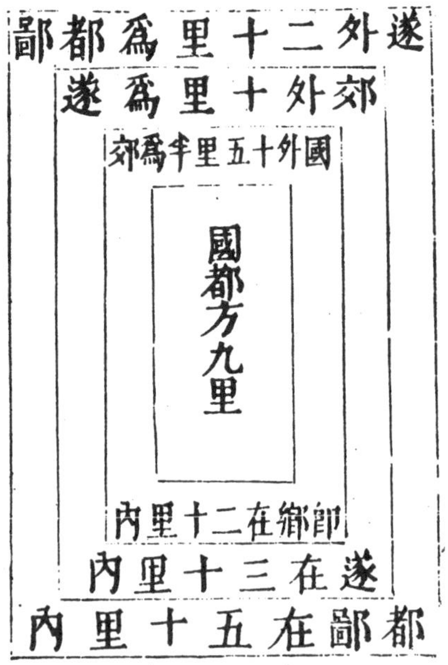

三才圖會 地理十四卷 四十四

此圖本非經見說多不同如百里之國城方九里鄭玄典命註以爲公之城也書傳則兼公侯而言矣今且約書傳而爲圖以見國中野外之別後二圖同

次國七十里郊野圖

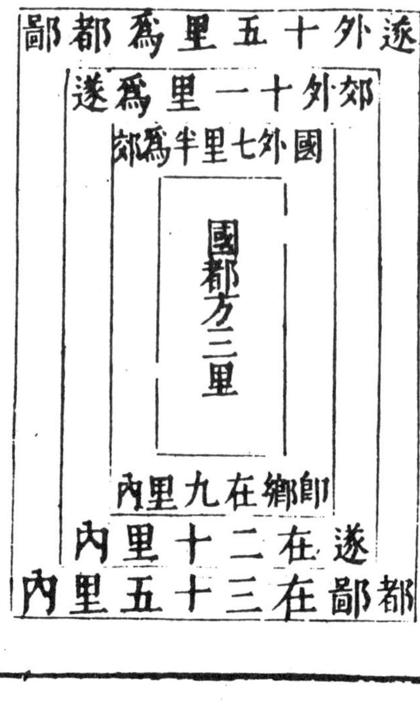

三才圖會 地理十四卷 四十五

此七十里之國鄭玄典命註以爲侯伯之城方七里書傳則指伯而言其城爲三里

小國五十里郊野圖

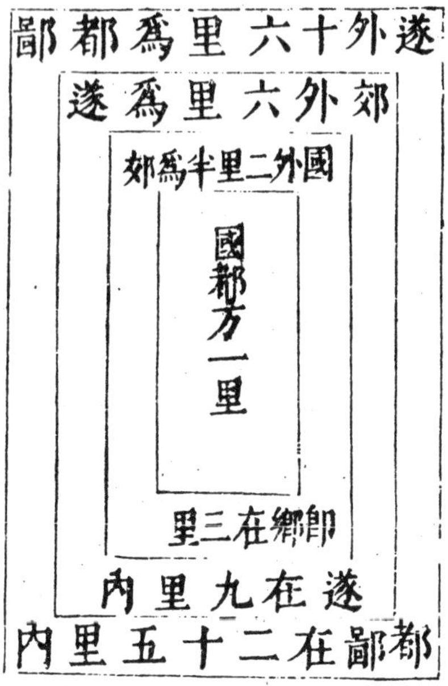

此五十里之國鄭玄與命註以爲子男之城方五里書傳則言一里

大國三鄉三遂圖

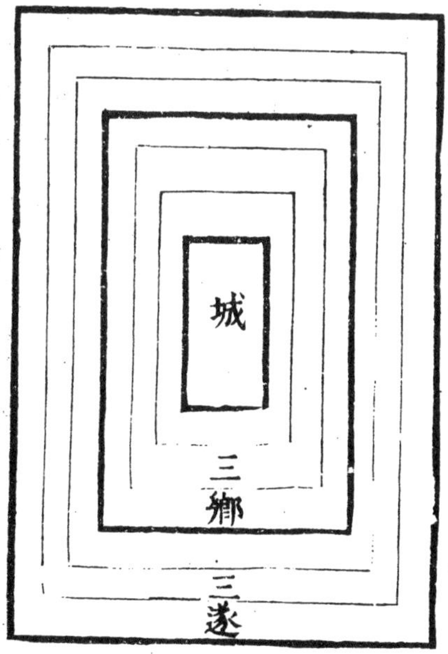

大國方百里三鄉三遂當爲六分以一面五十里分爲六分則每分當有八里強若加都鄙則鄉遂只在三十里內六分之止當有五里耳

次國二鄉二遂圖

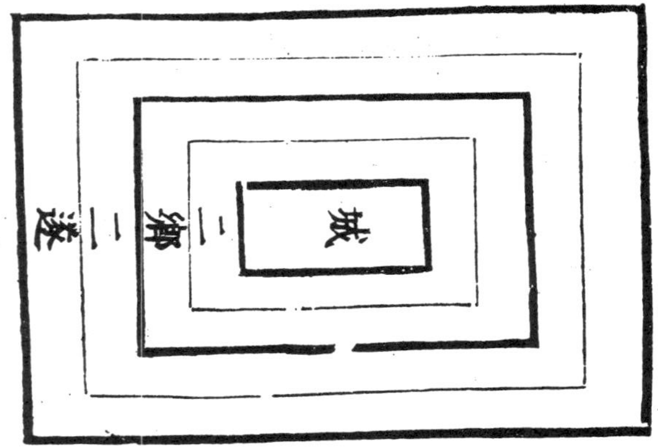

次國方七十里二鄉二遂當爲四分以一面三十五里分爲四分則每分當有九里若加都鄙則鄉遂只在二十里內四分之止當有五里耳

小國一鄉一遂圖

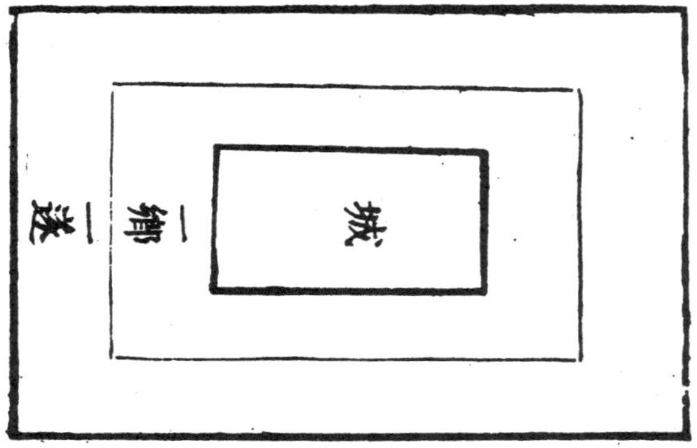

小國地方五十里一鄉一遂當爲二分以一面二十五里分爲二分每分當有十二里半若加都鄙則鄉遂只在九里內二分之則爲四里半耳

鄉圖

比五家	閭五比	族四閭	黨五族	州五黨	鄉五州

遂圖

鄰五家	里五鄰	酇四里	鄙五酇	縣五鄙	遂五縣

軍圖

伍五人	兩五伍	卒四兩	旅五卒	師五旅	軍五師

按比鄰皆五家閭里皆二十五家族酇皆百家黨鄙皆五百家州縣皆二千五百家鄉遂皆萬二千五百家出一人則伍五人兩二十五人卒百人旅五百人師二千五百人軍萬二千五百人

爾雅郊外五界之圖

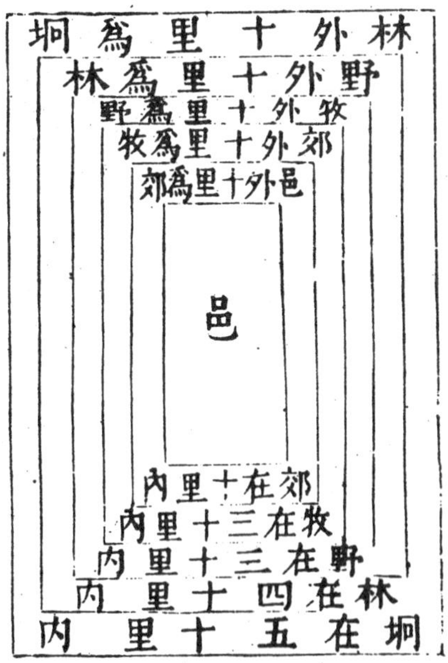

此本爾雅妄意分别與前圖鄉遂都鄙之法數亦不合特因上引鄭玄子男遠郊十里之說而附載之以備考證耳

井邑丘甸總圖

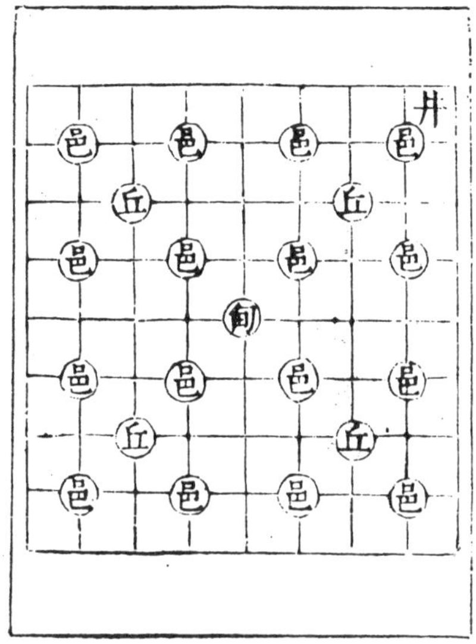

中間一甸共六十四井旁加一里共三十六井通共百井與後一成圖同若除治洫地則方八里而爲甸若併治洫地則方十里而爲成此八里十里所以爲甸成之別也甸旁一里雖止言治洫而治溝者亦在內矣

井邑丘甸都鄙圖

邑圖

四井方二里則爲邑

丘圖

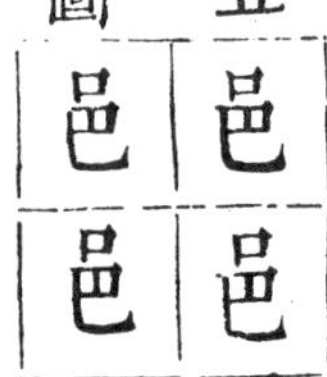

四邑方四里則爲丘

甸圖

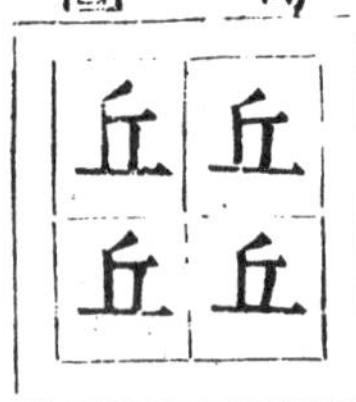

四丘方八里則爲甸兩旁各加治洫者一里共方十里則爲成

縣圖

四甸方十六里加甸旁積四里方二十里則爲縣

都圖

四縣方三十二里加甸旁積八里共四十里則爲都

同圖

四都方六十四里加甸旁積十六里方八十里又加治澮者加旁各十里共方百里則爲同

按禮家言邑甸縣都多矣而義各不同此言四井之邑四丘之甸四甸之縣四縣之都也邑則又有國邑之邑小邑之邑甸則又有甸服之甸都甸之甸縣則又有縣內之縣邦縣之縣都則又有國都之都邦都之都皆各言一地

一成之圖

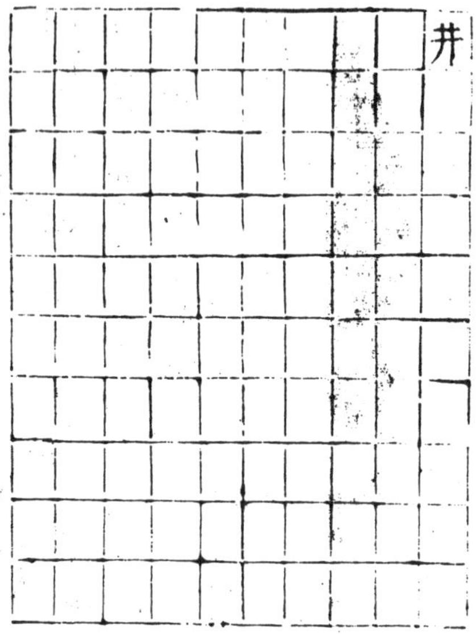

此與前井田溝洫圖同井十爲通畿外大國出車一乘本論語包咸註通十爲成成百井天子出車一乘本司馬畿內法

邦國一同之圖

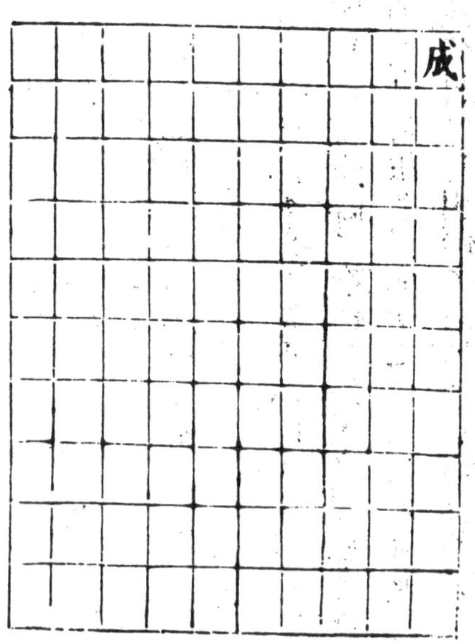

成十爲終終千井終十爲同同方百里通計萬井是爲百成之地據包咸說畿外大國當出車千乘據司馬法畿內乘地當出車百乘畿內畿外方百里之地鄭註皆謂之邦國

九夫爲井之圖

三才圖會　地理十四卷　五十六

詩云雨我公田遂及我私孟子曰方里而井井九百畝其中爲公田八家皆私百畝同養公田公事畢然後敢治私事所以別野人也所謂井田者在鄉遂有之而曰鄉田同井舉鄉則遂可見自一里之井積而至四井之邑四邑之丘四丘之甸旁加一里則方十里爲一成百井九百夫之田也自四甸之縣積而至四縣之都四都方八十里旁加十里則方百里爲一同萬井九萬夫之田也自茲以往以開方法計之可準此而積也

井田溝洫之圖

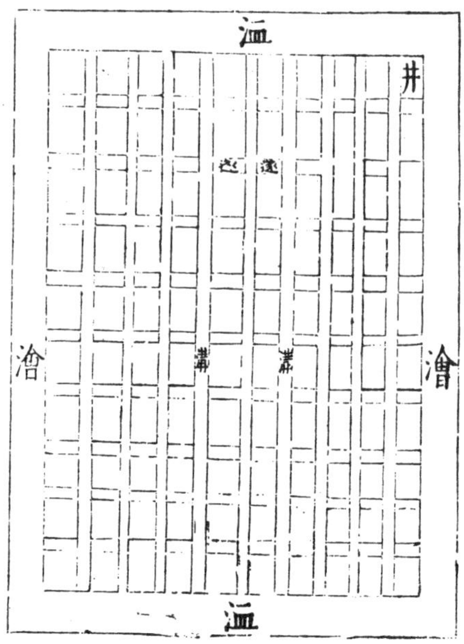

三才圖會　地理十四卷　五十七

據禮家百井之地方十里謂之成成間亦有洫洫上有涂百成之地方百里提封萬井謂之同同間有澮澮上亦有道今不再列同圖據成可推矣後有邦國一同之圖亦足互見　中間水道横者皆爲遂縱者皆爲溝溝水入洫洫水入澮洫横而澮縱

三才圖會目錄

雲間元翰父王圻纂集

男思義校正

地理十五卷

周徹百畝之圖

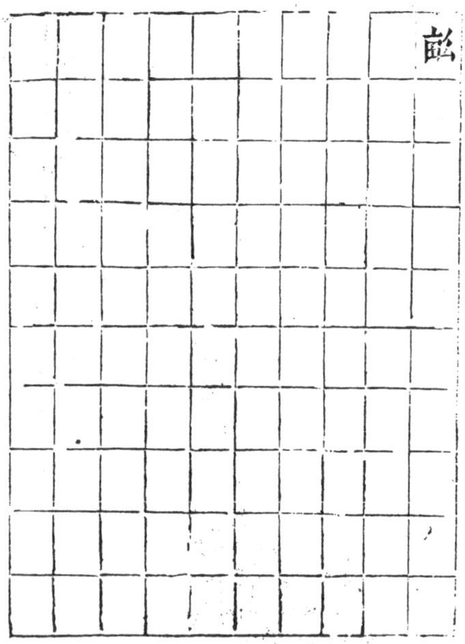

禮家謂周兼貢助已各有圖在前兹止列百畝圖貢助田皆可通矣慶源輔氏曰都鄙用助法則收公田所入以爲君子之祿鄉遂用貢法則使什一自賦以充國家所用此周所謂徹法也

周田廬舍之圖

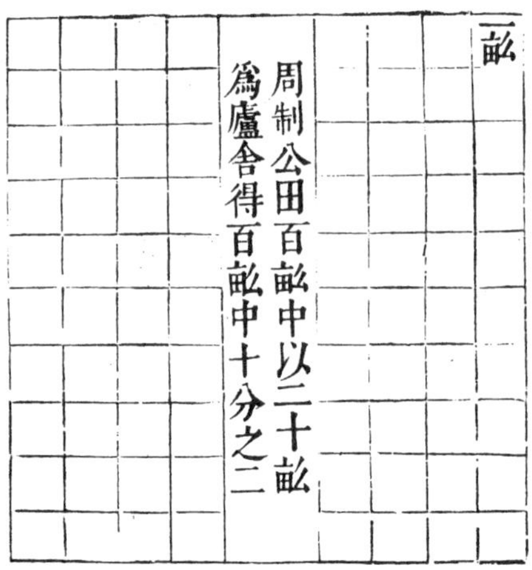

此周制公田百畝之圖也每一格起田一畝畝以横一步直長百步爲法畝水入遂故廬舍之地宜如畝法若以二十畝居四界之中則當方四畝四分七厘強所餘田不合一畝三畝之制矣

一畝三畎之圖

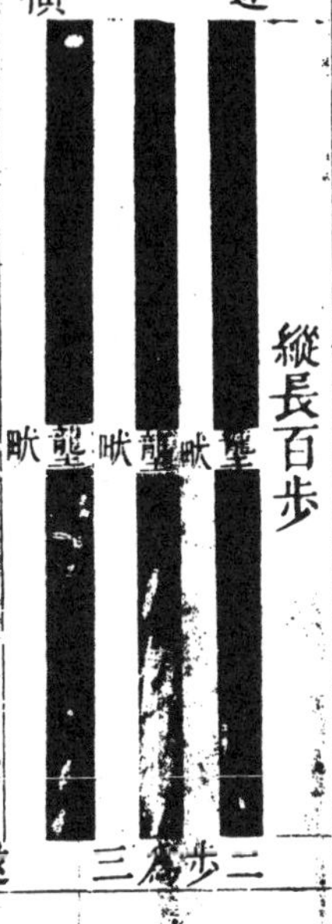

此一夫百畝之田縱横各百步畝法方十步積百步今以縱長百步横一步爲一畝故有一畝三畎之説盖六尺爲步三畎三壠各廣一尺適得六尺也畎兩頭盡處謂之遂遂上有徑即今田塍也畎兩頭即匠人所謂田首壠即匠人所謂伐也

周禮匠人爲溝洫耜廣五寸二耜爲耦一耦之伐廣尺深尺謂之畎田首倍之廣二尺深二尺謂之遂

百畝十阡之圖

此畎水所注之遂遂水注溝									
一十畝一千步	二十畝二千步	三十畝三千步	四十畝四千步	五十畝五千步	六十畝六千步	七十畝七千步	八十畝八千步	九十畝九千步	一百畝十千步
此畎水所注之遂遂水注溝									

據禮家鄉遂田則遂縱而溝横井田則遂横而溝縱

祿田圖

制祿公田
全得百畝

圭田圖

圭田得五十畝
公田存五十畝

按祿田自下士一百畝起中士已上以次倍之詳見第二卷引孟子班祿圖下圭田則公田百畝之半也中分之而已故其法一定而不可亂若公田內除廬舍二十畝則田畝互相奏合而畸零之數必至煩擾矣

正夫餘夫田圖

上農夫全
耕百畝

中農夫耕
七十五畝
餘夫耕
二十五畝

下農夫耕五十畝
餘夫耕
二十五畝
餘夫耕
二十五畝

上中下農夫皆正夫自公田中八分之一外上農夫自受私田百畝中農夫受七十五畝餘二十五畝授餘夫下農夫受五十畝餘五十畝或更授一下農夫或分作兩餘夫各二十五畝理皆可通餘夫二十五畝者百畝中四分之一也

任地之法圖

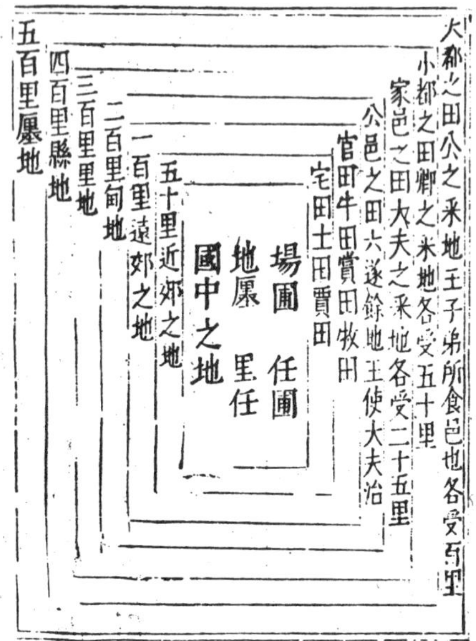

廛里空地未有邑城中空地未有宅場圃之地可以種果而可以納禾稼宅田者以備民宅及致仕者所受之田士田者士大夫所受之田賈田者商賈所受之田官田者庶人在官所受之田賞田者有功而受賞之田牛田牧田者牧養之家所受之田自甸之外以至畺地有功邑有家邑有卿之采地有功之采地有王之子弟所食之邑亦以任之

征稅之法圖

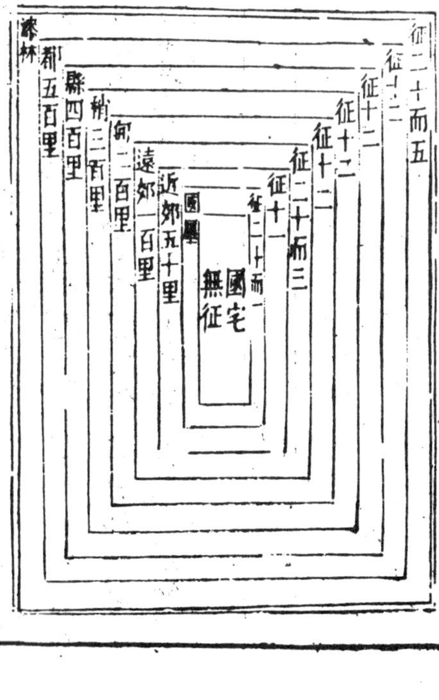

王城之中國宅無征園圃所出窶者賴之廛里所受民以爲居皆薄其征五十里近郊其民役使煩故輕稅十取一優之百里遠郊其民役使不若近郊之煩故二十取三至於甸稍縣都任遠郊外其民役使又不若遠郊之煩故十取二唯漆林之征二十而五者惧民趨末作侈於器用故二十取五以抑之

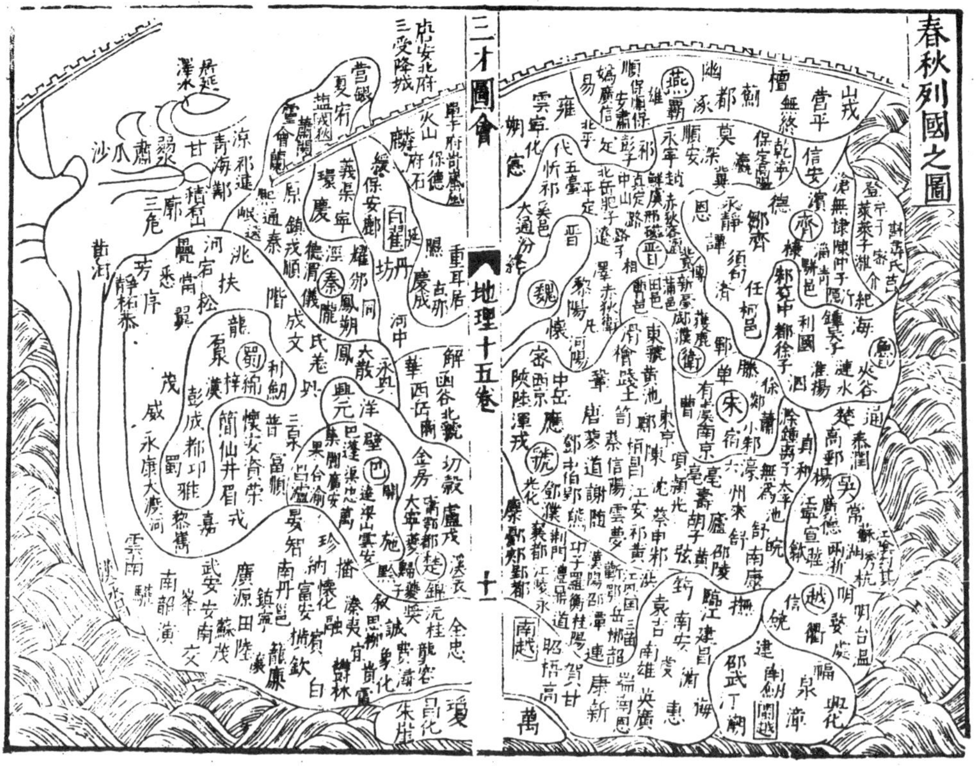

春秋列國之圖

傳稱武王克商光有天下兄弟之國者十有五人姬姓之國者四十人爵五品而土三等公侯百里伯七十里子男五十里不滿爲附庸蓋千八百國周室既衰轉相吞滅數百年間列國耗盡春秋之世見於經傳者總一百二十四國（魯晉楚齊秦吳越宋衛鄭陳蔡邾曹許莒杞滕薛小邾息隨虞北燕紀巳鄧郕徐鄅芮胡南燕周梁荀賈凡祭宿鄅原夔舒鴻滑鄀黃羅邢魏霍郜郳鄘向偪陽韓舒庸焦揚夷申密耿麋萊弦頓沈穀譚舒鄘邶白狄賴肥鼓戎蠻虎潞江鄖諸道栢貳軫絞蓼大遂崇戴冀溫厲項英氏介巢盧根牟無終郝州舒蓼狄舫鮮虞陸渾桐若於餘丘須句繹史伍莉庸牟鄣極郜）蠻夷戎狄不在其間若夫二百四十二年之中朝會盟聘圖伐滅入孔子筆之於經丘明公穀發明於傳至今猶想見其處

十五國風地理之圖

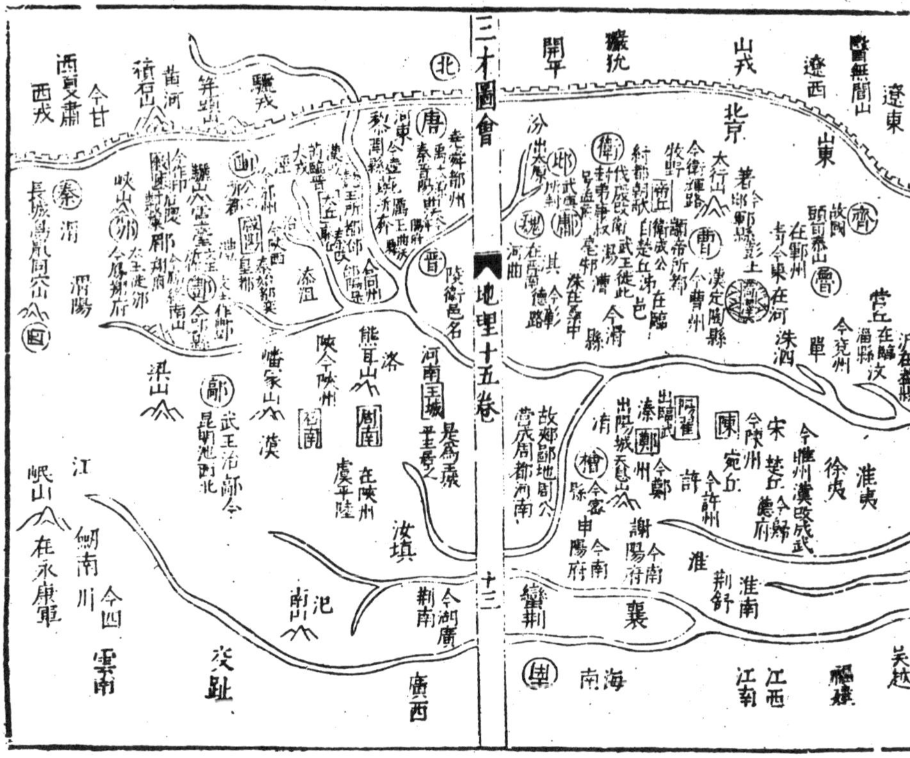

七國壤地圖

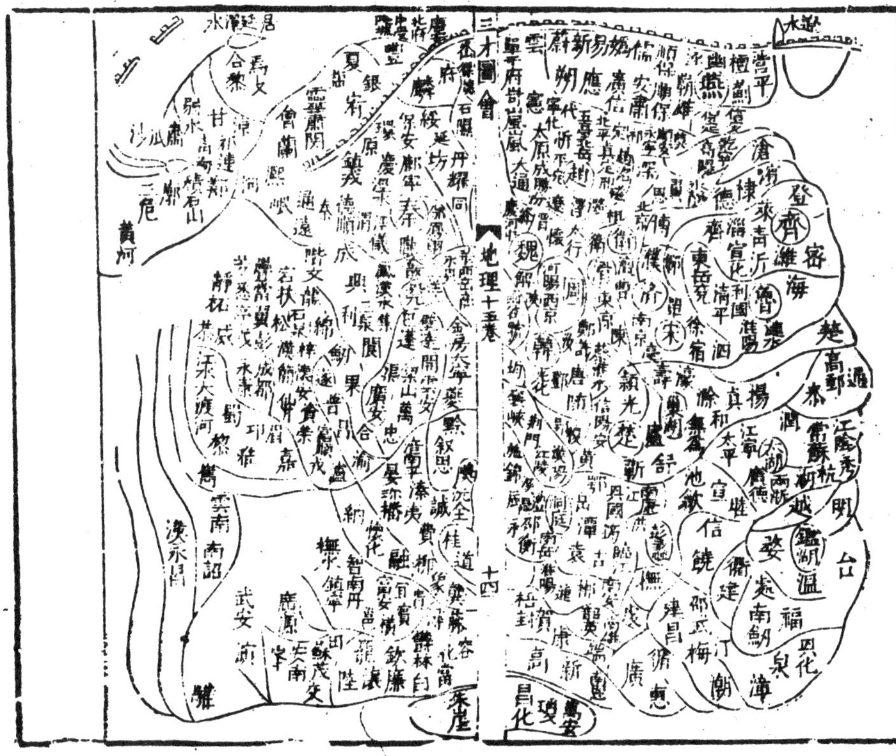

戰國七王曰秦曰齊曰燕曰楚曰韓曰趙曰魏又曰宋衛山中不絕如綫其後趙并中山云

論蘇秦辨六國疆界說燕文侯曰燕東有朝鮮遼東北有林胡樓煩西有雲中九原南有滹沱易水地方二千里說趙肅侯曰趙西有常山南有河漳東有清河北有燕國地方二千里說韓惠王曰韓北有鞏成皐之固西有宜陽商阪之塞東有宛穰洧水南有陘山地方九百餘里說魏襄王曰魏南有鴻溝陳汝南許偃昆陽召陵舞陽新都新郪東有淮潁煮棗無胥西有長城之界北有河外卷有酸棗地方千里說齊宣王曰齊南有泰山東有瑯琊西有清河北有渤海四塞之國也地方二千餘里說楚威王曰楚南有黔中巫郡東有夏州海陽西有洞庭蒼梧北有陘塞郇陽地方五千餘里

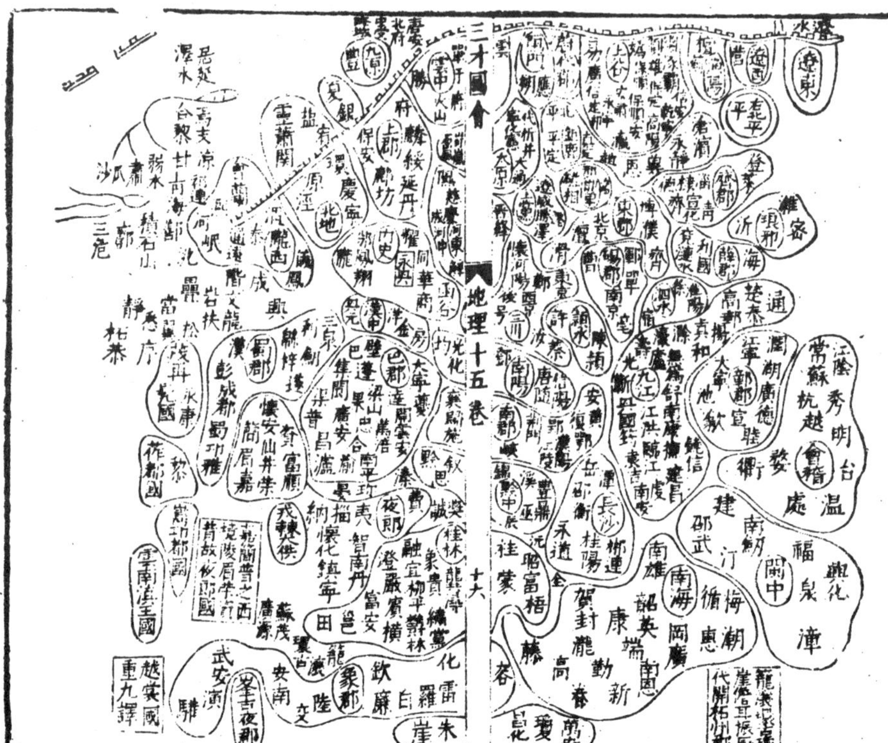

秦郡縣天下圖

秦自九葉傳四十七世至始皇初并天下分置三十六郡三川河東南陽南郡九江鄣郡會稽潁川碭郡泗水薛郡東郡琅琊齊郡上谷漁陽右北平遼西遼東代郡鉅鹿邯鄲上黨太原雲中九原鴈門上郡隴西北地漢中巴郡蜀郡黔中長沙凡三十五與內史為三十六郡郡各領縣縣萬戶以上為令減萬戶為長平百越又置四郡閩中南海桂林象郡郡置一守一丞兩尉以典之監侍御史掌監諸郡其地西臨洮而北沙漠東縈南帶皆臨大海

劉項中分圖

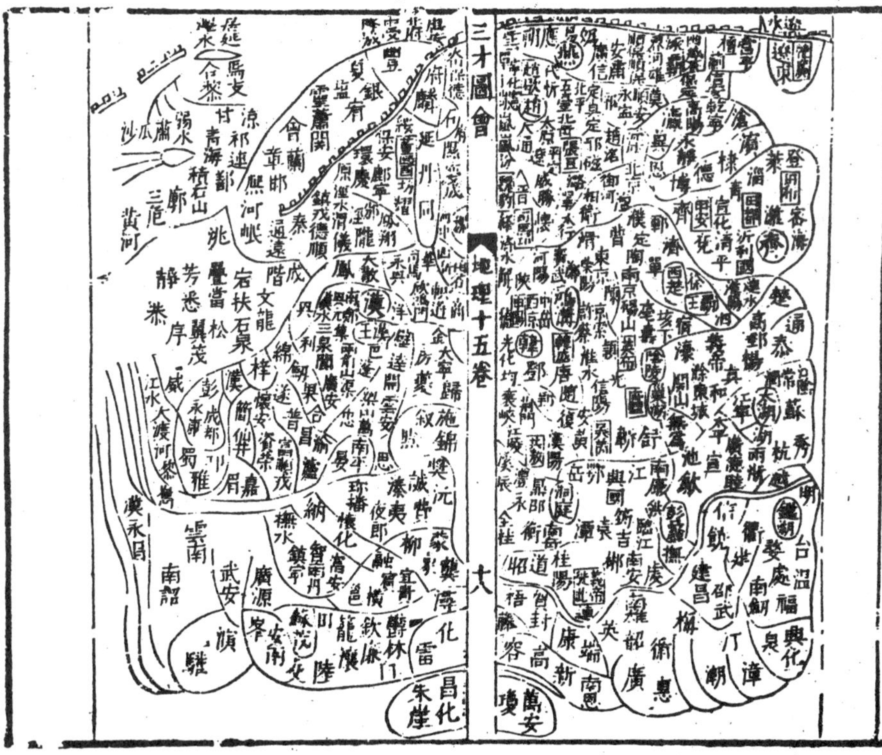

漢王與羽中分天下割鴻溝以西爲漢以東爲楚

楚分爲四 羽自立爲西楚霸王都彭城今徐州番君吳芮爲衡山王都邾今黃州英布爲九江王都六今壽州安豐縣共敖爲臨江王都江陵

趙更名常山分爲代國 趙相張耳爲常山王都襄國徙趙王爲代王

秦分關中并巴蜀及漢爲四 沛公爲漢王王巴蜀都南鄭章邯爲雍王都廢丘郎唐金城司馬欣爲塞王都櫟陽董翳爲翟王都高奴

齊分爲三 齊將田都爲齊王都臨菑今青州田安爲濟北王都博陽徙齊王田市爲膠東王都卽墨今萊州

燕分爲二 燕將臧荼爲燕王都薊徙燕韓廣爲遼東王都無終

魏分爲二 徙魏豹爲西魏王都平陽假丘魏將司馬卬爲商王都朝歌

韓分爲二 韓王成爲韓王都陽翟中陽爲河南王都洛陽

西漢郡國圖

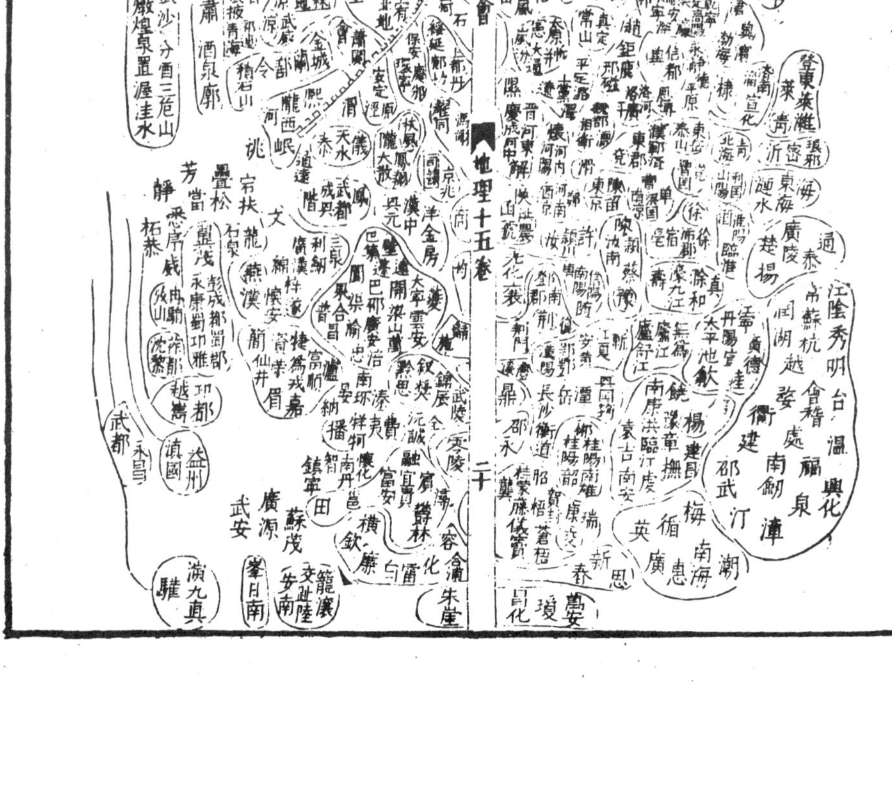

昔者漢興以秦地太大更加置郡國其後開越攘胡十字
彌廣改雍曰涼梁曰益又置徐州復禹舊號置交(初爲交阯後爲交州)北有朔方(初爲朔方後爲并州)凡爲十三州部刺史(司隷并豫兗徐揚冀幽荆青益交涼)而不常所理至哀平之際凡新置郡國六十三焉與
秦四十合百三縣邑千三百十四道三十二侯國二百四
十一地東西九千三百二里南北萬三千三百六十八里
此漢之極盛也　自高祖而下傳世凡十有二
謹按史記西南夷君長以十數夜郎滇邛都徙筰都冉駹
白馬最大皆巴蜀西南外蠻夷漢武建元六年唐蒙說上

通南夷夜郎司馬相如亦言西夷邛筰可置郡後平南夷
置牂牁郡冉駹皆振恐請臣置吏乃以邛都爲越嶲郡筰
都爲沈黎郡冉駹爲汶山郡廣漢西白馬爲武都郡滇爲
益州郡(西南夷爲七郡謂益州牂牁越嶲武都沈黎汶山也)又晉志始秦惠王滅蜀
置郡以張若爲蜀守及始皇置三十六郡蜀郡之名不改
漢初有漢中巴蜀高祖六年分蜀置廣漢凡爲四郡武帝
開西南夷更置犍爲牂牁越嶲益州四郡凡八郡遂置益
州統焉益州蓋始此也　又晉志昔周武王封召公於燕
及秦滅燕以爲漁陽上谷右北平遼西遼東五郡漢高帝

分上谷置涿郡武帝置十三州幽州係舊名不改其後開
東遏置玄菟樂浪等郡亦皆屬焉又晉梁州志云周衰其
地爲狄秦與美陽甘泉宮本匈奴鑄金人祭天之處匈奴
既失甘泉又使休屠渾邪王等居涼州之地二王後以地
降漢漢置張掖酒泉燉煌武威金城謂之河西五郡隔
之雍州爲梁州蓋以地處西方常寒涼也地勢西北斜出
南隔西羌西通西域斷匈奴右臂　又通典昔漢武置朱
崖儋耳二郡昭帝省儋耳併朱崖元帝又罷朱崖郡以其
阻絕數反云又朱本作珠漢珠崖郡也郡在大海中崖岸
之邊出眞珠故曰珠崖

漢異姓八王圖

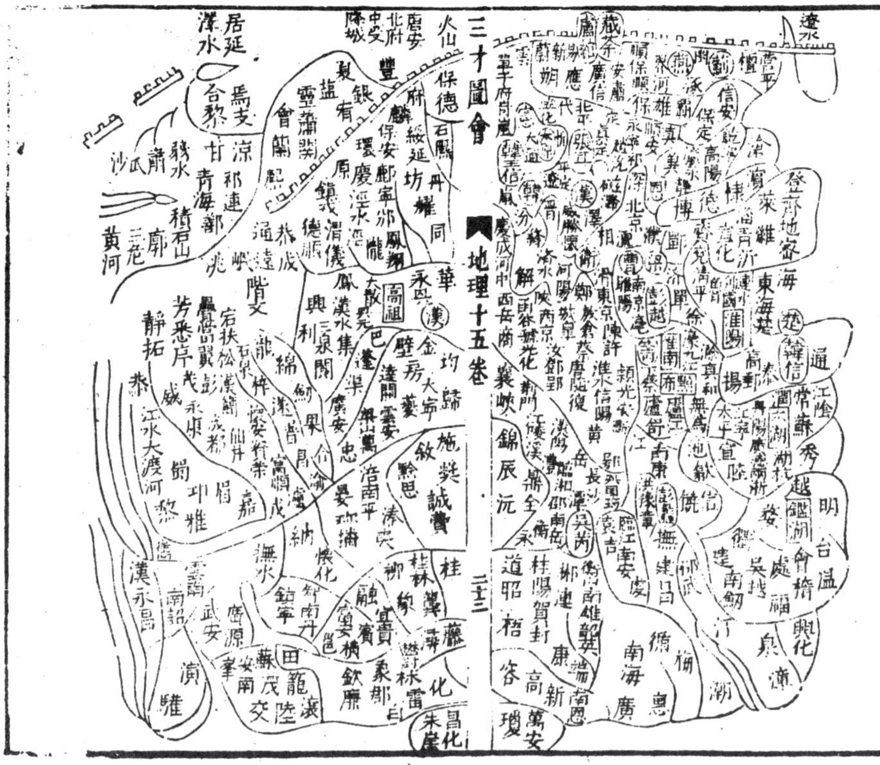

謹按班固漢書云昔高祖定天下功臣異姓而王者八國張耳吳芮彭越黥布臧荼盧綰與兩韓信皆得列土南面稱孤漢五年以魏故地封彭越爲梁王都定陶(今曹州)封黥布爲淮南王都六(今壽州縣)九江廬江衡山豫章皆屬焉以長沙豫章象郡桂林南海立吳芮爲長沙王都臨湘韓王信初都陽翟上後以信壯武北近鞏雒南迫宛葉東有淮陽皆天下勁兵處也乃更以太原郡爲韓國徙信以備胡都晉陽(今太原)韓信初王齊後徙封楚王都下邳(今之淮陽)按本傳不載所封地據楚元王傳信以反誅分其地爲二一以封荊王一以封楚張耳王趙都襄國(今邢州)臧荼王燕都薊皆如故地後盧綰以從征荼有功因以燕地封之

漢吳楚七國圖

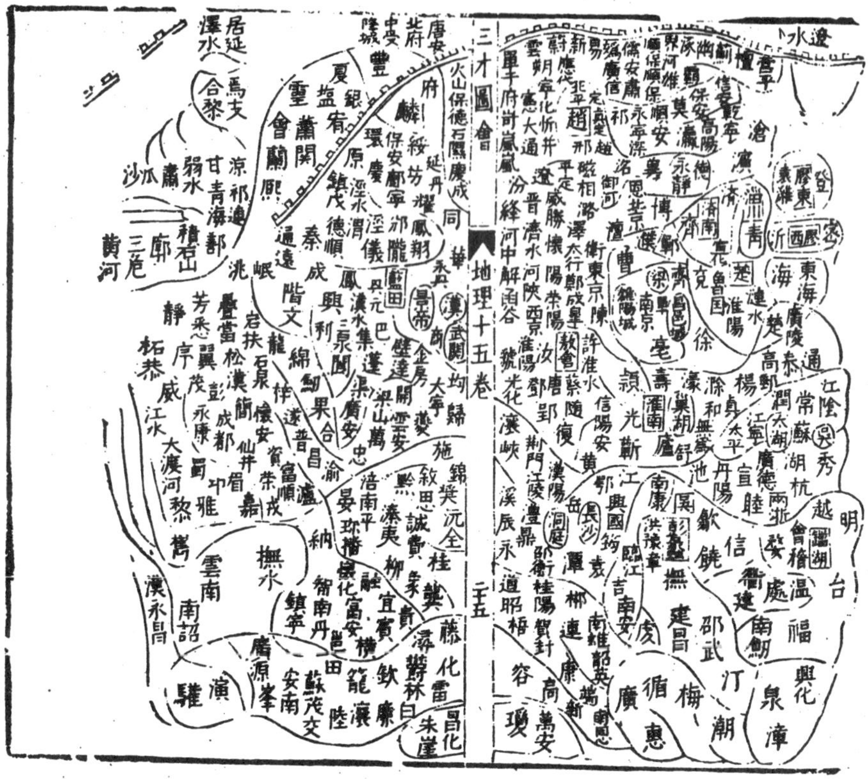

讓按漢史高祖六年旣廢韓信分其地爲二國以東陽郡

鄣郡吳郡五十二縣立劉賈爲荊王後以荊地封吳王濞

更以廣陵國屬吳按濞本傳吳又有豫章之地文穎注東陽今下邳

鄣郡今丹陽吳郡本會稽以碭郡薛郡郯郡三十六縣立交爲楚王至

孫戊嗣國文穎注薛郡今魯國郯郡今東海郡碭郡秦之郡也孝文時分故齊地以

膠東封雄渠膠東卽漢郡昌縣今萊州以淄川封賢淄川漢北海郡之劇縣今靑州以

膠西封卬膠西漢琅琊郡之高密縣今之密州以濟南封辟光濟南漢濟南郡又割

趙之河間而以餘故趙地封幽王子遂爲王本傳不載所封地按諸侯

王表後分趙爲六郡趙國平原真定中山廣川河

間是也文帝割河間以餘地封遂五國卽其地也

三才圖會 地理十五卷 三十六

東漢郡國之圖

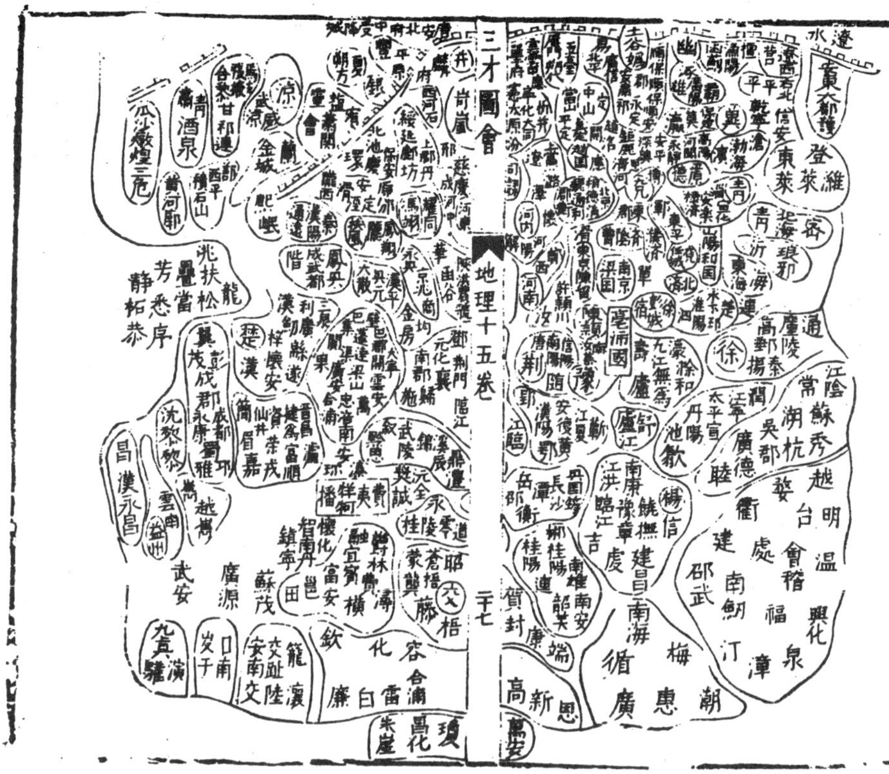

初光武以官多役煩乃併省郡國十縣道侯四百餘所其後亦爲十三州部刺史漸復加置郡國至於靈獻凡百有五焉縣道侯國千一百八十桓帝永興初有鄕三千六百八十二亭萬二千四百二十東有樂浪南永昌郡四履之盛亦如前漢

司隷河南河內河東弘農京兆馮翊扶風 豫州頴川汝南梁國沛國陳國魯國 冀州魏郡鉅鹿常山中山安平河間清河趙國勃海 兗州陳留東郡東平任城泰山濟北山陽濟陰 徐州東海琅邪彭城廣陵下邳 青州濟南平原樂安北海東萊齊國 荊州南陽南郡江夏桂陽武陵長沙零陵 揚州九江丹陽盧江會稽吳郡豫章 益州漢中巴郡廣陵蜀郡犍爲牂牁越嶲沈黎益州永昌 涼州隴西漢陽武都金城安定北地武威張掖酒泉燉煌 并州上黨太原上郡西河五原雲中定襄鴈門朔方 幽州涿郡廣陽代郡上谷漁陽右北平遼西遼東玄菟樂浪

交州南海蒼梧鬱林合浦交阯九真日南 舊圖序晉志及陳卓張良等州郡躔次具在辰次分野圖

三國鼎峙圖

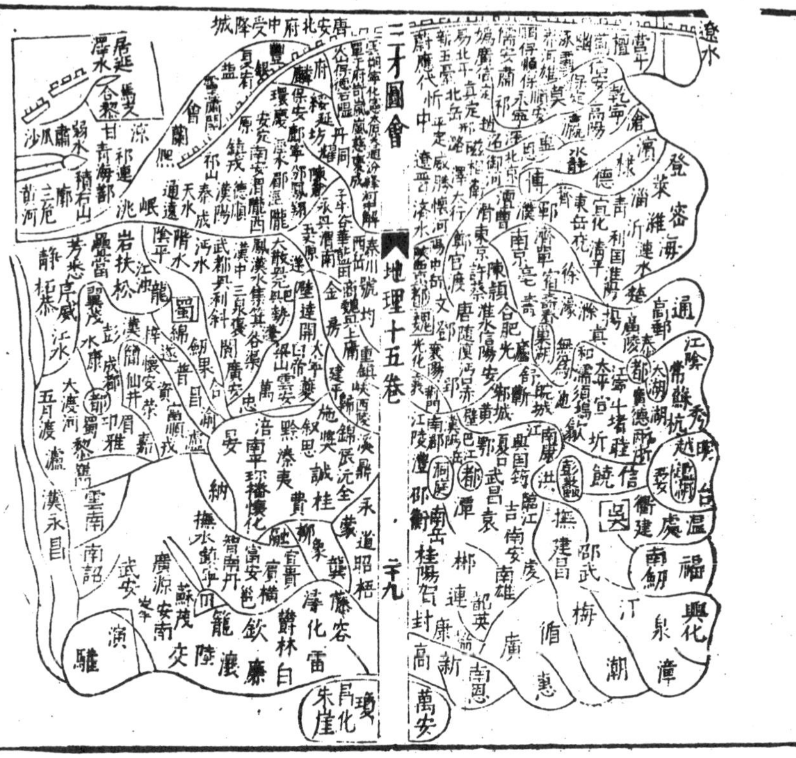

魏據中原傳世五都洛有州十三司隸荊河兗青徐梁秦（分涼州置）冀幽并揚雍（分三輔置）有郡國六十八東自廣陵（揚州張遼屯守）壽春（毋丘儉諸葛誕鎮守）合肥（廬州魏明帝云先帝東置合肥南守襄陽西固祁山賊來輒破於三城之下者地有所必爭也）沔口（漢陽文聘鎮守）南自襄陽（徐晃鎮守）重兵以備吳西自隴西（渭州）南安（隴田縣）祁山（屬岷州）漢陽陳倉（鳳翔）重兵以備蜀

吳初都鄂後遷建業傳世四北據江南盡海置交（理龍編今安南府）廣（理番禺今廣州）荊（理南郡今江陵）郢（理江夏今鄂州）四州有州四十三以建平（歸州）西陵（峽州陸遜陸抗鎮守）樂鄉（江陵松滋縣東）南郡（江陵）巴丘（岳州魯肅鎮守）夏口（鄂州）武昌（鄂州縣）皖城（舒州）濡須塢（和州）牛渚圻（宣州）爲重鎮

蜀都成都傳世二置益（理成都）梁（理漢中）有郡二十以漢中（蔣琬姜維鎮守）白帝（夔州）興勢（興元王平鎮守曹爽攻不能克）爲重鎮

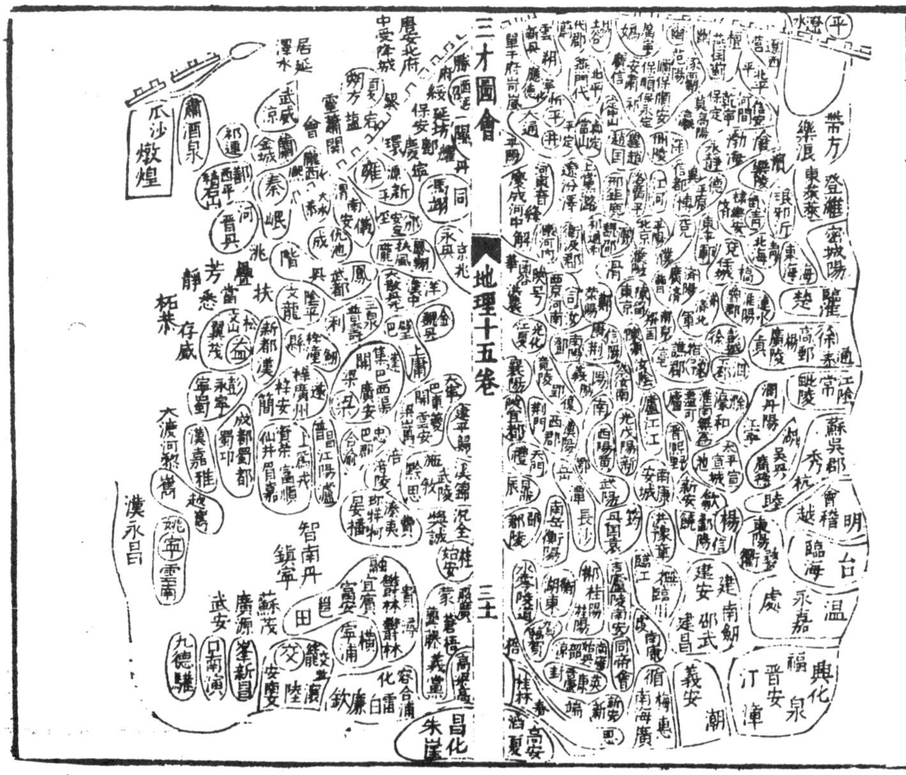

西晉郡國圖

西晉世祖武皇帝有州百五十有六縣千一百有九至惠帝時劉元海據并州稱漢李特據成都稱蜀張軌據瓜沙稱前涼云自武帝太康元年平吳分天下爲十九州部置

司州 河南滎陽弘農上洛平陽河東汲郡河內廣平陽平魏郡頓丘理洛陽 兗州 陳留濮陽濟陽高平任城東平濟北泰山理廩丘 豫州 汝南潁川汝陰襄城梁國沛國譙郡魯郡安豐弋陽理項城 冀州 鉅鹿趙國平原安平渤海樂陵章武河間高陽博陵清河中山常山理房子今趙州 幽州 范陽燕國安國北平上谷廣寧代郡遼西涿郡范陽縣 平州 昌黎遼東樂浪玄莬帶方理昌黎 并州 太原上黨西河樂平鴈門新興理晉陽今太原府 雍州 馮翊京兆扶風安定北地始平新平理京兆即永興 涼州 金城武威張掖酒泉西平燉煌西河理威底 秦州 南安隴西天水略陽武都陰平理上邽今秦州 梁州 梓潼漢中新都廣漢巴郡涪陵巴東巴西理南鄭 益州 犍爲蜀郡汶山漢嘉江陽朱提越嶲牂牁理成都今府 寧州 興古雲南建寧永昌理雲南 青州 樂安濟南城陽東萊長廣理臨淄今青州 徐州 下邳東海瑯琊東莞廣陵臨淮理彭城今徐州 荊州 江夏南郡襄陽南陽順陽義陽新城魏興上庸建平宜都南平武陵天門長沙衡陽湘東零陵邵陵桂陽武昌安城初理襄陽後理江陵 揚州 丹陽宣城淮南廬江毗陵吳郡吳興會稽東陽新安臨海建安晉安豫章臨川鄱陽廬陵南康初理壽春後理建業 交州 合浦交趾新昌武平九真九德日南理龍編今安南府 廣州 臨賀南海始安始興蒼梧鬱林桂林高涼高興寧浦理番禺今廣州

東晉中興江左圖

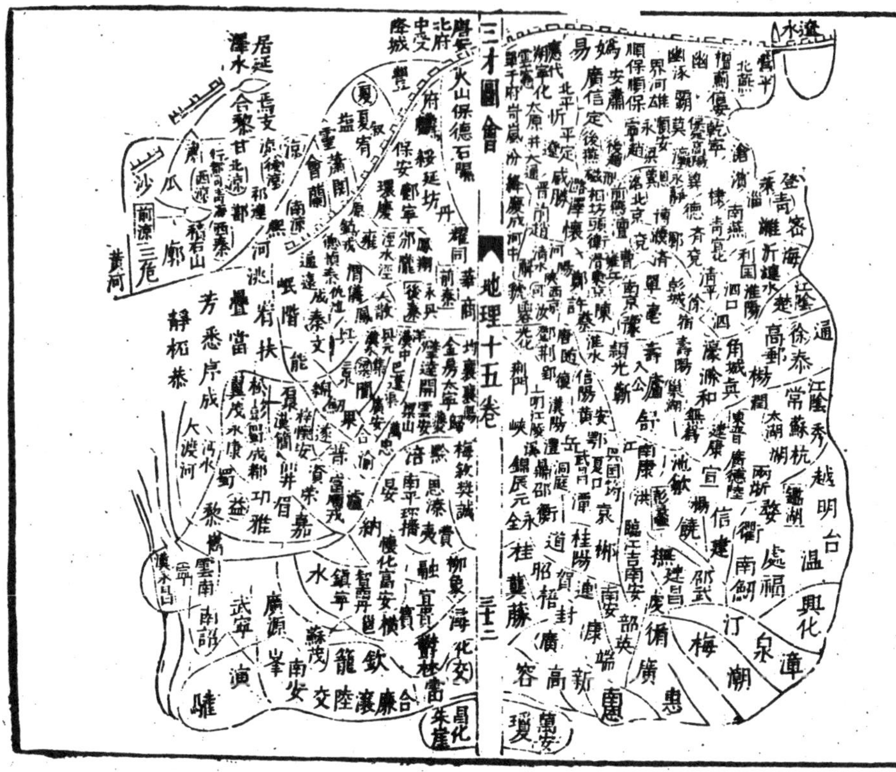

東晉自永嘉南渡境宇殊狹荊豫(自淮北今蔡潁亳等州以北)青兗四州(登萊密海淄齊州是)及徐州之半(徐沂等州)陷劉曜石勒以合肥(今廬州)淮陰壽陽(石季龍死後復之今壽州)泗口(在今泗州)角城(在泗州)爲重鎮穆帝時平蜀漢(擒李勢)復梁益之地又遣軍西伐入關至灞上(討苻健戰敗)再北伐一至洛陽(討慕容儁將姚襄於伊水)一至枋頭(衛州)所得郡縣軍旋又失洎苻堅東平慕容暐西南陷梁漢西克姑臧(涼州張天錫)則漢水長淮以北悉爲堅有及堅敗再復梁益青徐兗荊河內之地其後青兗陷於慕容德荊河司陷於姚興以彭城爲北境藩扞後梁益又陷於譙縱(義熙初)

每因劉石苻姚衰亂之際則進兵屯戍在於漢中襄陽彭城然大抵上明(今江陵松滋縣)江陵夏口武昌合肥壽陽淮陰常爲晉氏鎮守義熙以後又復青兗司荊河梁益之地而政移於劉氏之宋矣

劉宋南國圖

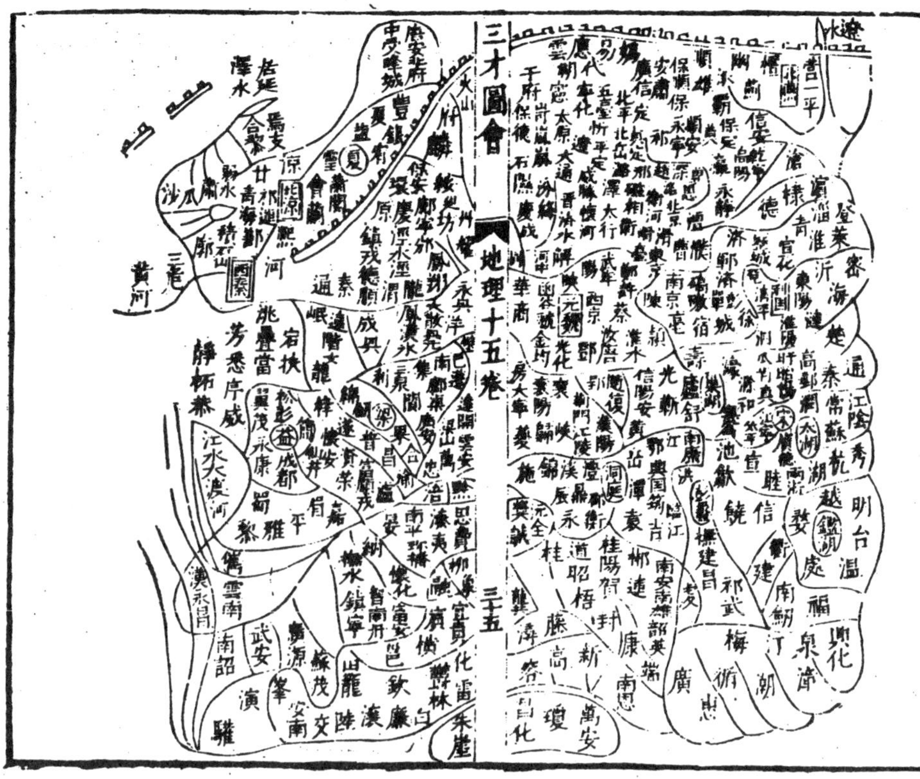

宋大較凡二十有二州揚理建業（今潤州）南徐理京口（今潤州丹徒縣）徐理彭城（今徐州）南兗理廣陵（今揚州）兗理瑕丘（今兗州）南豫理歷陽（今和州）荊理汝南（今蔡州）江理潯陽（今九江）青理臨淄（初理歷城後理廣固後又移理臨淄今青州）冀理歷城（今濟寧州）司理義陽（今和州）荊理南郡（今江陵）郢理江夏（今鄂州）湘理臨湘（今長沙）雍理襄陽（今襄陽）梁理南鄭（即興元府）秦亦理南鄭益理成都（今成都府）寧理建寧（今姚安府）廣理南海（今廣州）交理龍編（今安南府）越理臨漳（今廉州）郡凡二百三十八縣千一百七十九

蕭齊南國之圖

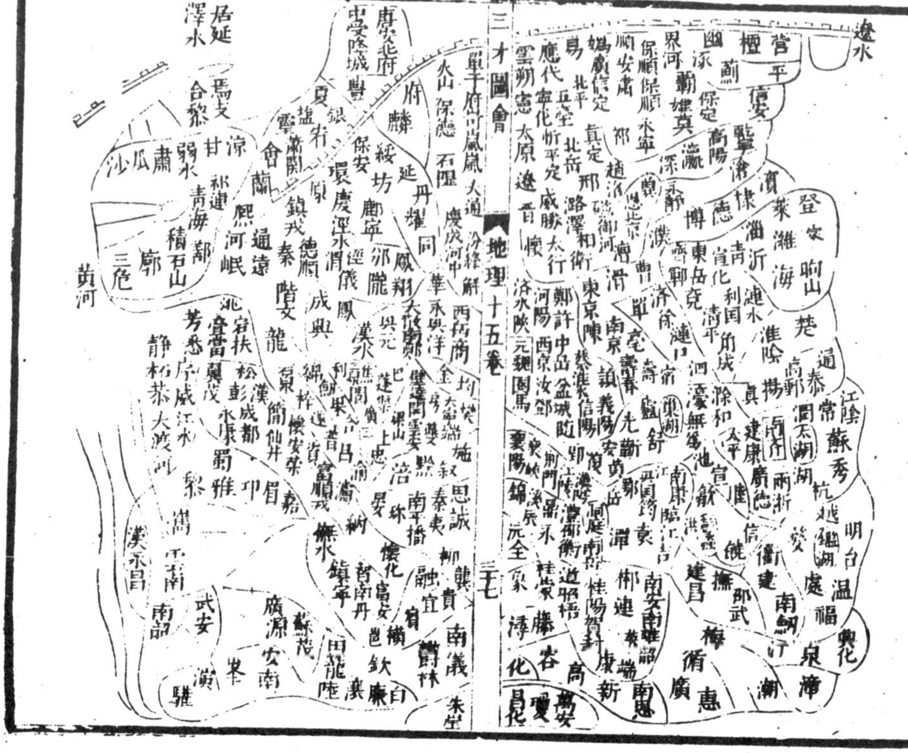

南齊淮北之地所有絕少青州理朐山(今海州) 冀理漓口(今沂)
荊河理壽春(今壽州) 北徐理鍾離(今濠州) 又置巴東理巴(今夔州府)
其餘州郡悉因前代州凡二十有二郡三百九十五縣
千四百七十四

蕭梁南國之圖

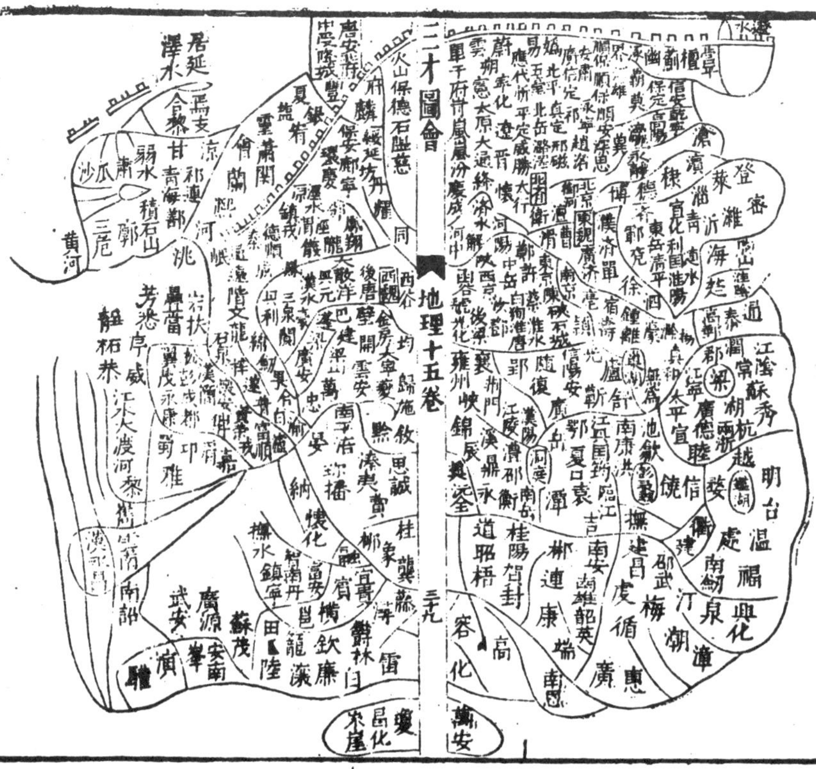

梁氏州郡多沿舊制天監中有州二十有郡三百五十縣千二十有五其後更有析置大同中州十有七郡縣亦稱此

南陳南國之圖

陳氏土宇彌蹙於梁西不得梁漢北失淮肥以長江爲境 文帝初湘川之地爲周軍所蹈後克平之今鼎澧潭衡等州之地是也 有州四十有二 地轉狹而州益多 郡百有九縣四百三十有八

元魏北國之圖

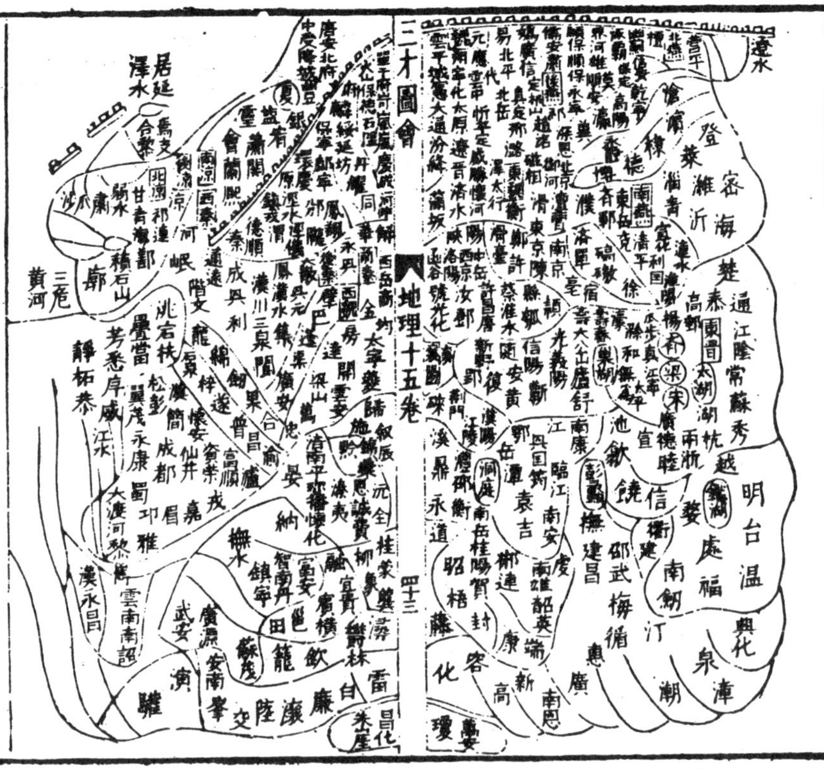

後魏趙武率兵下水東攻拔慕容寶中山(定州)遂有河北之地又得蒲坂長安統萬於是西至流沙東接高麗所未得者漢中及高陽垂瓠彭城青州之南而已獻文天安初自河之南長淮之北皆爲魏有宣武初又得壽春續收漢川至於劍閣兼得淮西之地至孝武入關遇醜魏遂分爲東西凡有州一百一十有一郡五百一十有九縣千三百五十有二

高齊北國圖

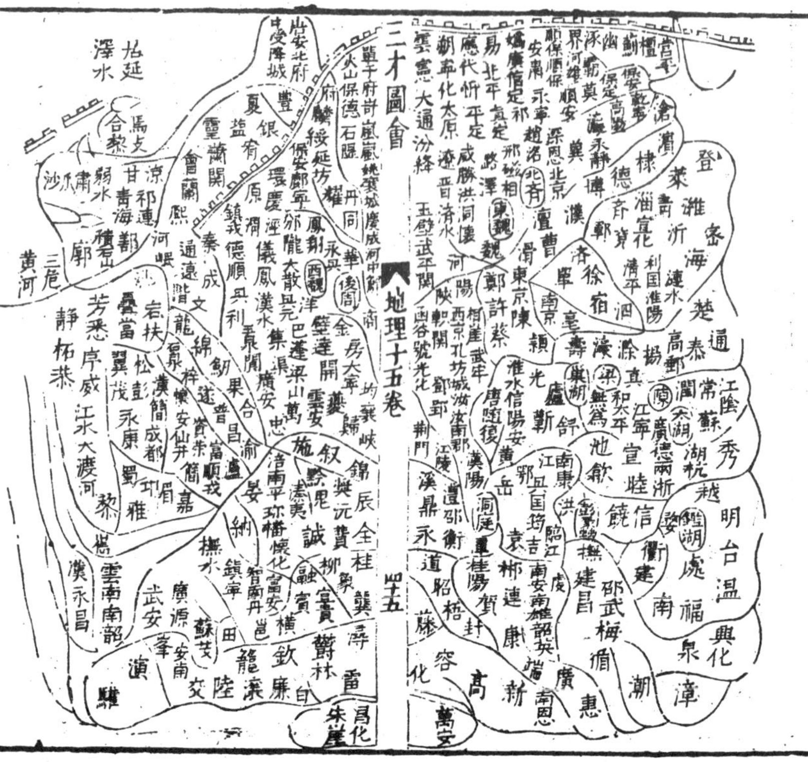

北齊大抵西則姚襄城（今慈州）洪洞（今晉）晉州武平關（今絳州）栢崖（洛陽）軹關（孟州濟源縣界）河陽南則武陽洛陽北荊州（今陸渾縣東北故城）孔防城汝南郡（今汝州）魯城（今汝州）

後周北國圖

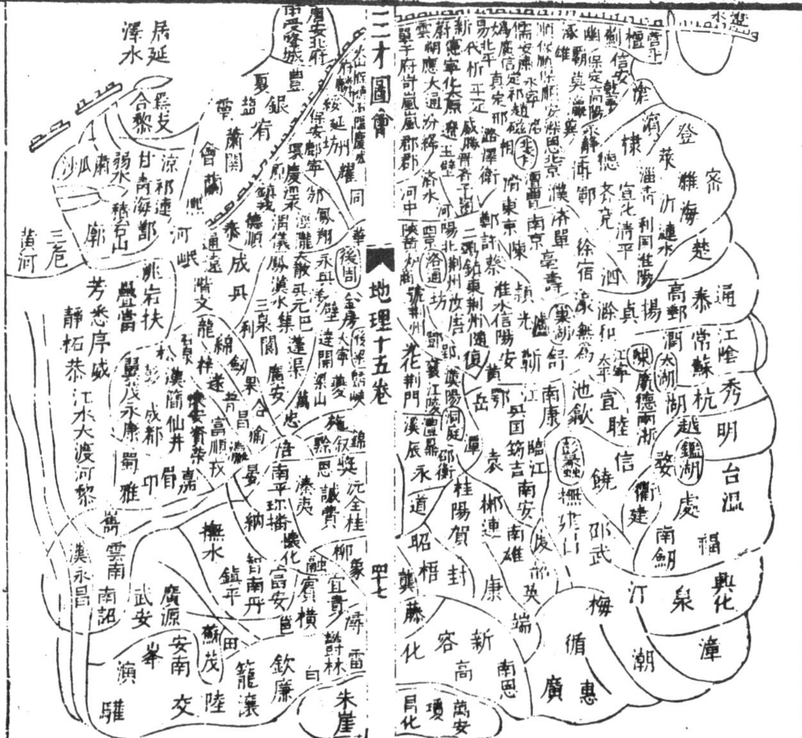

後周疆場西有姑臧西南有金蜀南至于江其河自南洛陽之東自平陽晉州之界屬于高齊至武帝建德中東征拔齊晉州尋又東征破齊師於晉州城下乘勝平齊後遣軍破陳軍於呂梁其東南之境盡于長沙通計州三百一十一郡五百八縣千二十四

隋氏有國圖

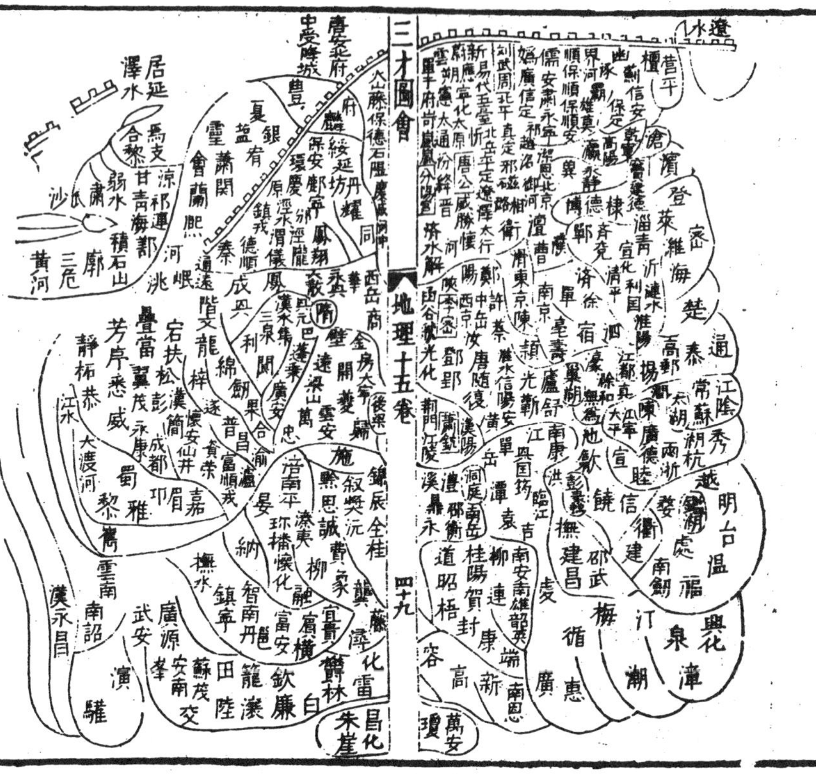

隋凡郡百九十縣千二百五十五東西九千三百里南北萬四千八百一十五里東南皆至海西至且末隋氏西境雖得今燉煌郡以東北至五原即九原郡

唐十道圖

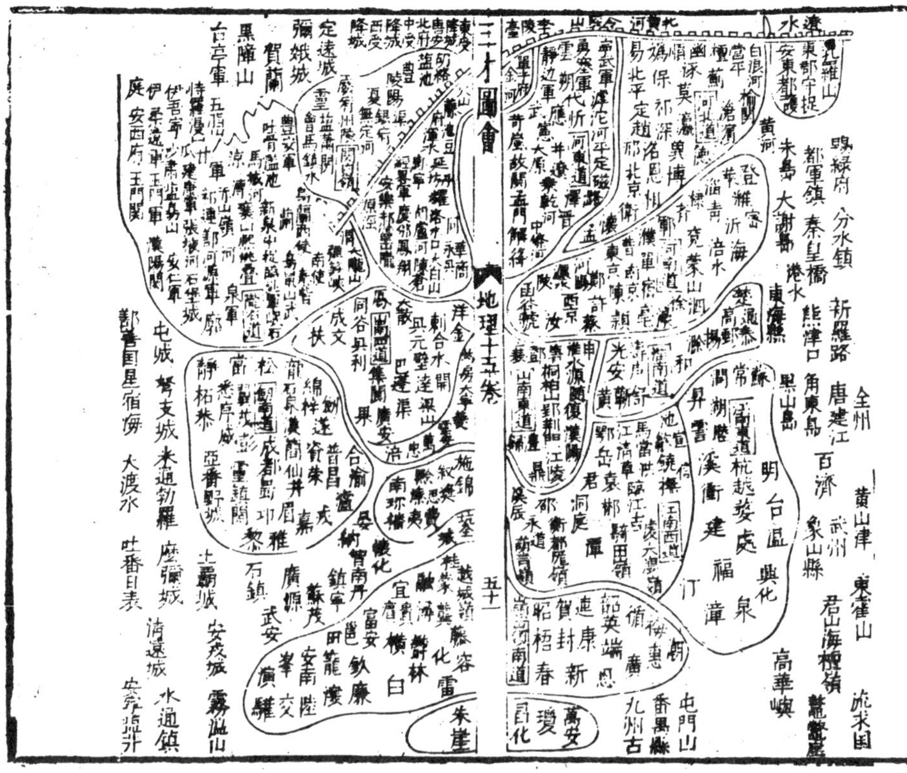

初唐興高祖改郡爲州太守爲刺史又置都督府以治之然天下初定權置州郡頗多太宗元年始命併省又因山川形便分天下爲十道一曰關内二曰河南三曰河東四曰河北五曰山南六曰隴右七曰淮南八曰江南九曰劒南十曰嶺南至十三年定簿凡州府三百五十八縣一千五百五十一明年平高昌又增州二縣六其後北殄突厥頡利西平高昌北踰陰山西抵大漠其地東極海西至焉耆南盡林州南境北接薛延陀界東西九千五百一十一里南北一萬六千九百一十八里

唐十五採訪使圖

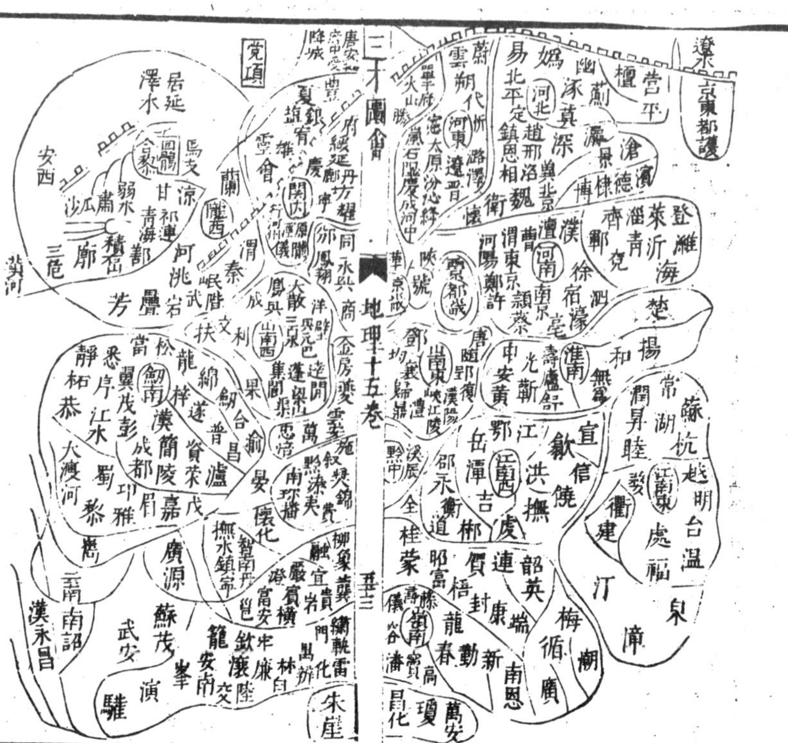

三才圖會　地理十五卷　五十四

唐明皇開元二十一年又因十道分山南江南爲東西道增置黔中道及京畿都畿置十五採訪使如漢刺史之職京畿理西京今長安都畿理洛陽今西京關內多以京官遙領河南理鄆東郡河東理太原河北理鄴魏隴西理鄯西平山南東理襄陽山南西理洋漢中劒南理成都蜀淮南理揚廣陵江南東理吳郡江南西理豫章黔中理黔中嶺南理南海及天寶盜起中國用兵而河西隴右不守陷于吐蕃自祿山之亂河右暨鄯武疊宕等郡皆沒于吐蕃代宗寶應元年又陷秦渭洮臨廣德元年復陷河蘭岷廓德宗貞元二年陷安西北庭隴右州縣盡矣

唐郡名圖

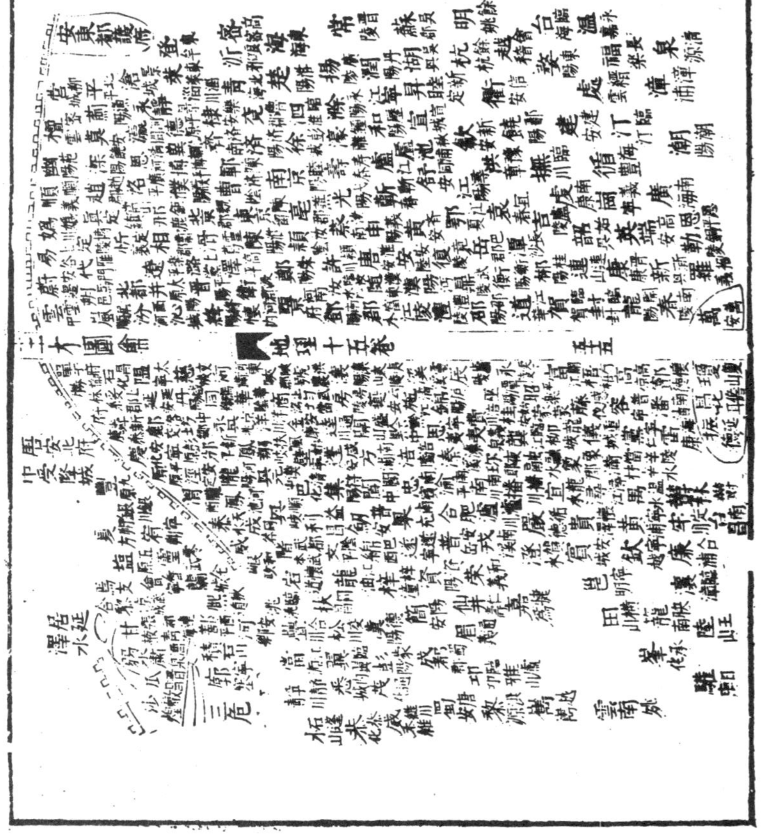

唐興高祖改郡爲州太守爲刺史又置都督府以治之然
天下初定權置州郡頗多明皇開元中定天下州府自京
都及諸都督都護府州郡外以近畿之州爲四輔同華岐蒲其餘爲六
雄鄭陝汴絳懷衛十望宋亳滑許汝晋洺虢衛相十緊初有十緊州後入者其名多更不復列及上
中下之差至天寶中上州一百九中州一十九下州一百八十九肅宗乾元初收復以
郡爲州置團練守捉使都團練守捉使大者州鎮十餘小
者三州而已故曰此所置皆無郡名而不復列上中下
之目

李唐藩鎮疆界圖

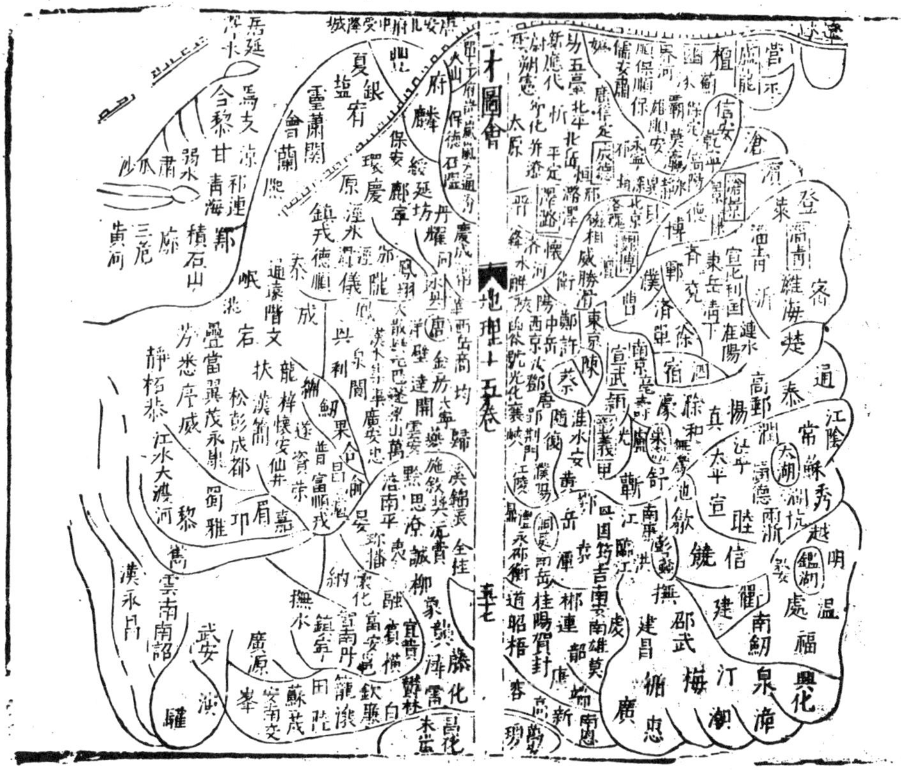

謹按唐志有天下三百餘年而兵之大勢三變其始盛時有府兵府兵後廢而爲彍騎彍騎又廢而方鎮之兵盛矣及其末也强臣悍將兵布天下而天子亦自置兵於京師曰禁軍其後天子弱方鎮强而唐遂以亡滅者措置之失使然也

魏博傳五世至田洪正入朝十年復亂更四姓傳十世有州七成德更二姓傳五世至王承元入朝明年王庭湊反傳六世有州四盧龍更三姓傳五世至劉總入朝六月朱克融反傳十二世有州九淄青傳五世有州十二　滄景傳三世至程權入朝十六年而李全畧有之至其子同捷而滅有州四　宣武傳四世有州四彰義傳三世有州三

澤潞傳三世有州五

唐一行山河兩戒圖

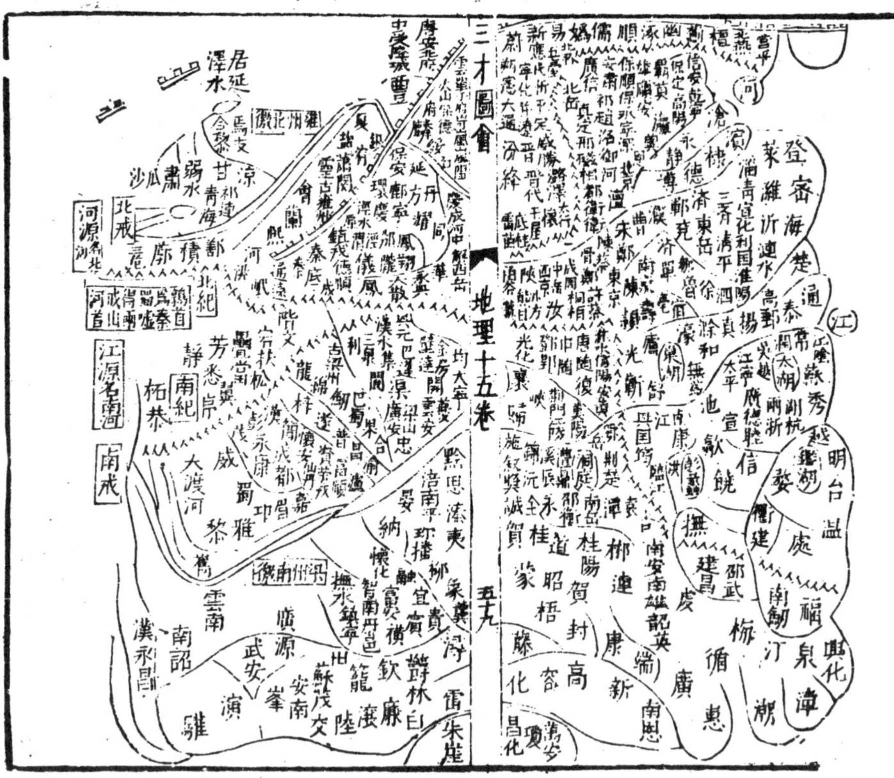

按唐一行以天下山河之象存乎兩戒北戒自三危積石負終南地絡之陰東及太華逾河並雷首底柱王屋太行北抵常山之右乃東循塞垣至濊貊朝鮮是謂北紀所以限戎狄也南戒自岷山嶓冢負地絡之陽東及太華連商山熊耳外方桐柏自上洛南逾江漢攜武當荊山至于衡陽乃東循嶺徼達東甌閩中是謂南紀所以限蠻夷也故星經謂北戒爲胡門南戒爲越門河源自北紀之首循雍州北徼達華陰而地絡相會並行而東至太行之曲分而東流與涇渭濟瀆相爲表裏謂之北河江源自南紀之首

循梁州南徼達華陽而與地絡相會並行而東及荊山之陽分而東流與漢水淮瀆相爲表裏謂之南河故於天象則洪農分陝爲西河之會五服諸侯在焉自陝而西爲秦涼北紀山河之曲爲晉代南紀山河之曲爲巴蜀皆負險用武之國也自陝而東三川中岳爲成周西距外方大伾北至於濟南至于淮東達鉅野爲宋鄭陳蔡河內及濟水之陽爲邶衛漢東濱淮水之陰爲申道皆四戰用文之國也北紀之東至北河之北爲邢趙南紀之東至河南之南爲荊楚自北河下流南距岱山爲三齊夾右碣石爲北燕

自南河下流北距岱山爲鄒魯南涉江淮爲吳越皆負海之國貨殖之所阜也自河源循塞垣北東及海爲戎狄自江源循嶺徼南東及海爲蠻越觀兩河之象與雲漢之所終始而分野可知也

三才圖會

雲間元翰父王圻纂集
男思義校正

地理十六卷

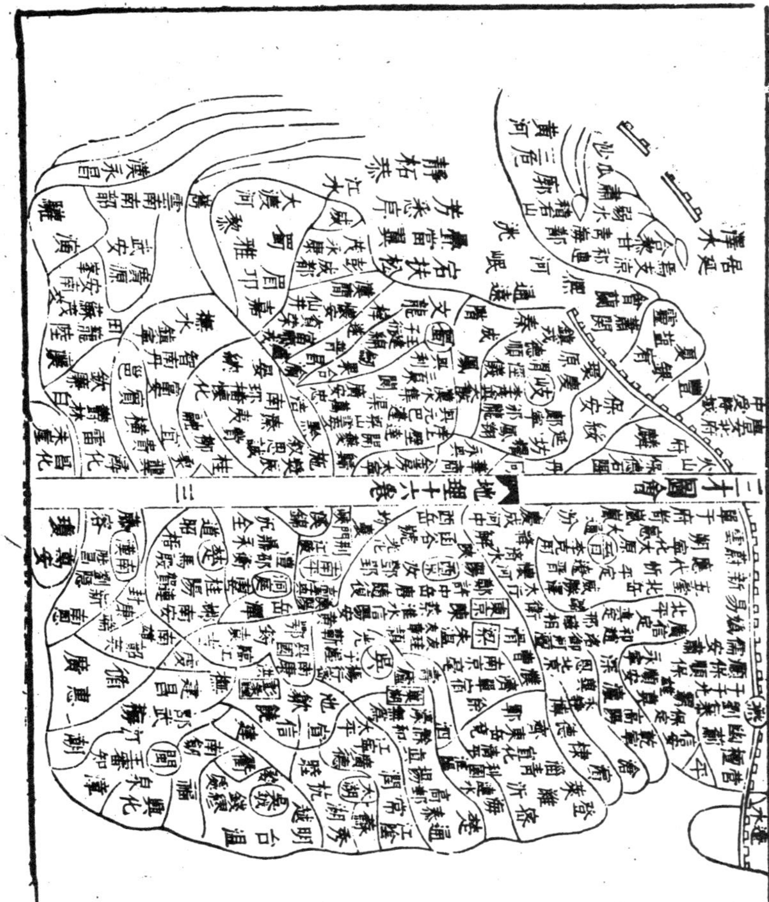

朱梁及十國圖

梁太祖朱温都汴傳世三梁初天下别爲十一南有吳浙荆湖閩漢西有岐蜀北有燕晉而朱氏所有七十八州以爲梁蓋當是時劉仁恭稱燕李克用稱晉李茂正稱岐錢鏐稱吳越楊行密稱吳王審知稱閩馬殷稱楚王建稱蜀高季興稱南平劉隱稱南漢劉仁恭以昭宗乾寧初爲幽州盧龍節度使梁初其子守光囚之乾化初守光號大燕四年晉王李存勗誅其父子二世凡二十一年　李克用中和初平巢寇昭宗時封晉王哀帝禪位于汴帥西川王建僭位遣使勸其各立一方不從梁開平二年薨子存勗

嗣立是爲莊宗國號唐李茂正僖宗時節度鳳翔後取興元有州二十岐隴涇原渭武秦成階鳳邠寧慶衍鹿坊丹延梁洋其被梁圍也興元入于蜀開平巳後邠寧鄜坊入于梁秦鳳階成又入于蜀當梁末年所有七州封岐王南平高季興梁初領荆南節度十州後爲諸道所侵季興所有江陵一城而巳　劉隱梁初封爲東海王卒其弟陟襲位盡有嶺表之地僭號於廣州國號南漢吳越錢鏐僖宗時兼鎮杭越後爲揚行密所侵止十三州梁封爲尚父吳越王　吳楊行密盡有淮南之地昭宗封爲洪農王兼有宣鄂子渥嗣自稱吳　閩王審知巢寇亂審知因有閩嶺五州之地昭宗就封閩王傳世延鈞　楚馬殷字霸圖盡有湖南之地後兼衡潭鼎澧二十餘州梁封爲楚王蜀王建僖宗初陳敬瑄節度西川田令孜爲監軍遂始爲盜起後軍因僖宗幸蜀帥兵赴行在令孜召建欲致麾下敬瑄疑止之建怒以兵攻成都殺敬瑄及令孜昭宗授之西川節度使後併東川及山南諸郡梁祖授禪建亦稱帝於成都建死子衍立

後唐及五國圖

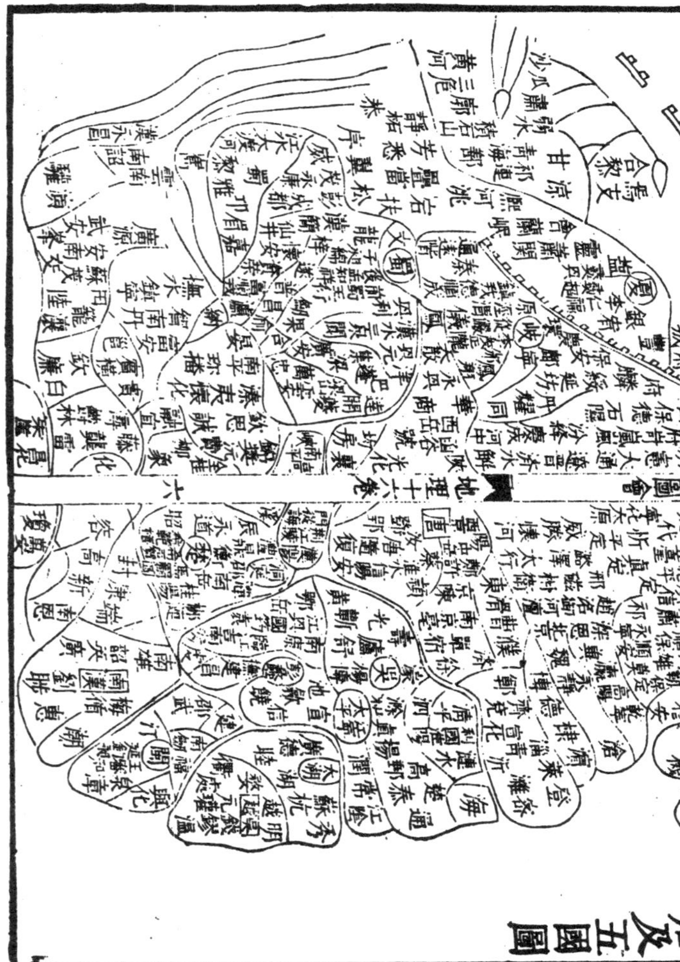

後唐莊宗諱存勗晉王李克用之子都洛陽傳世凡四莊宗初起并代取幽滄有州二十五其後又取魏博等十有六州合五十一州以岐王稱臣又得其州至同光破蜀已而復失惟得秦鳳階成四州而營平二州陷于契丹其增置之州一合一百二十三州以為唐

石晉及七國圖

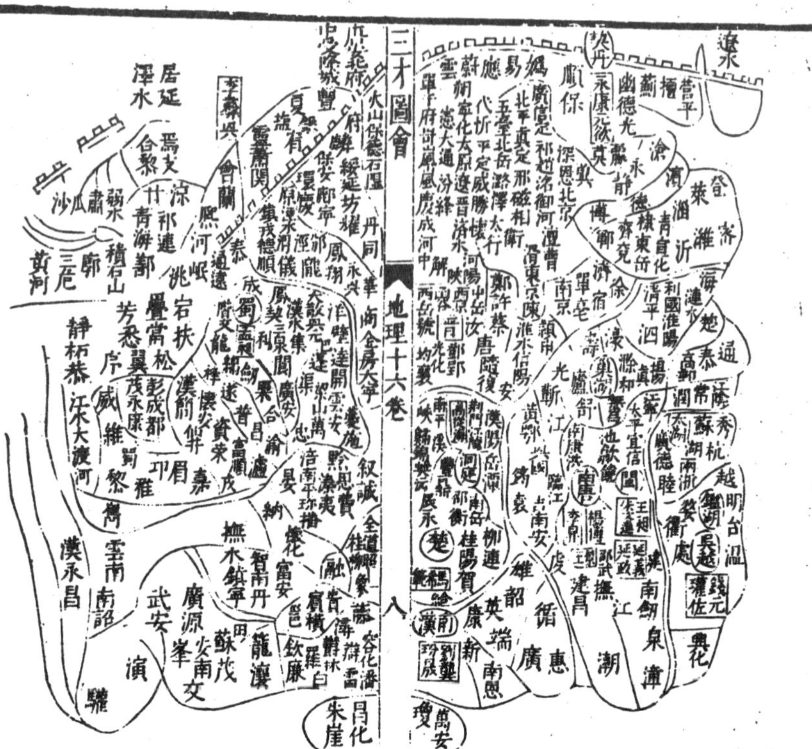

三才圖會　地理十六卷　八

晉高祖姓石氏名敬塘太原人爲鄆帥唐末帝清泰三年以鴈門之北及幽州所管州結契丹以攻唐自立都洛陽傳世凡二謹按五代職方考石氏入立獻十有六州于契丹而復得蜀金州又增置州一合一百九州以爲晉

劉漢及六國圖

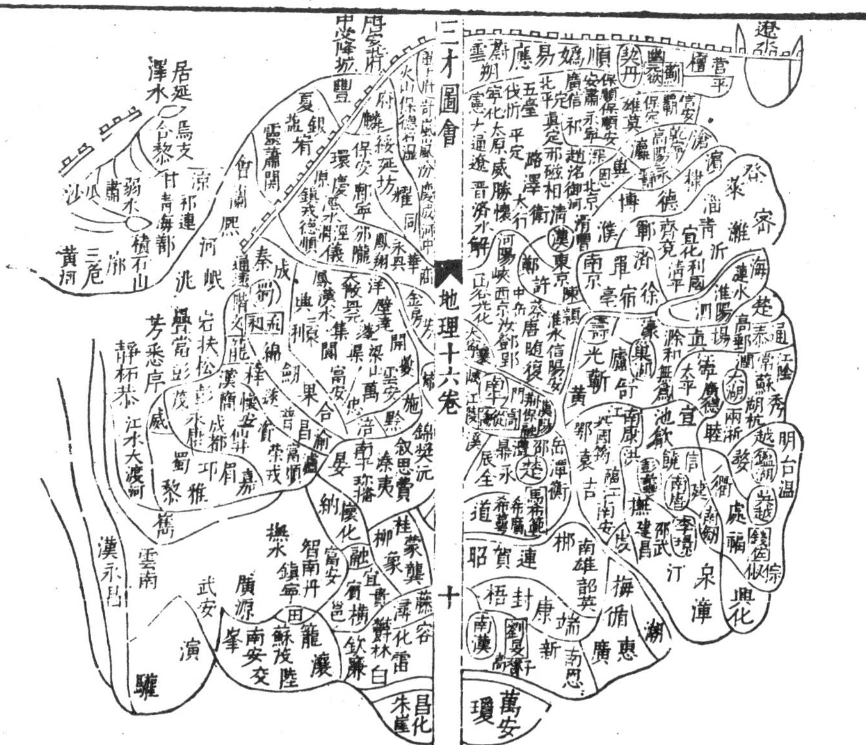

漢高祖睿文聖武昭肅皇帝姓劉氏名暠本名知遠晉少帝開運二年初封北平王三年少帝爲契丹所虜北遷而契丹僭位於中國高祖乃圖舉義於是即皇帝位於太原號大漢稱天福十二年云都汴傳世凡二謹按五代職方考劉氏之初秦鳳階成復入于蜀隱帝時增置州一即解州也合一百六州以爲漢

郭周及七國圖

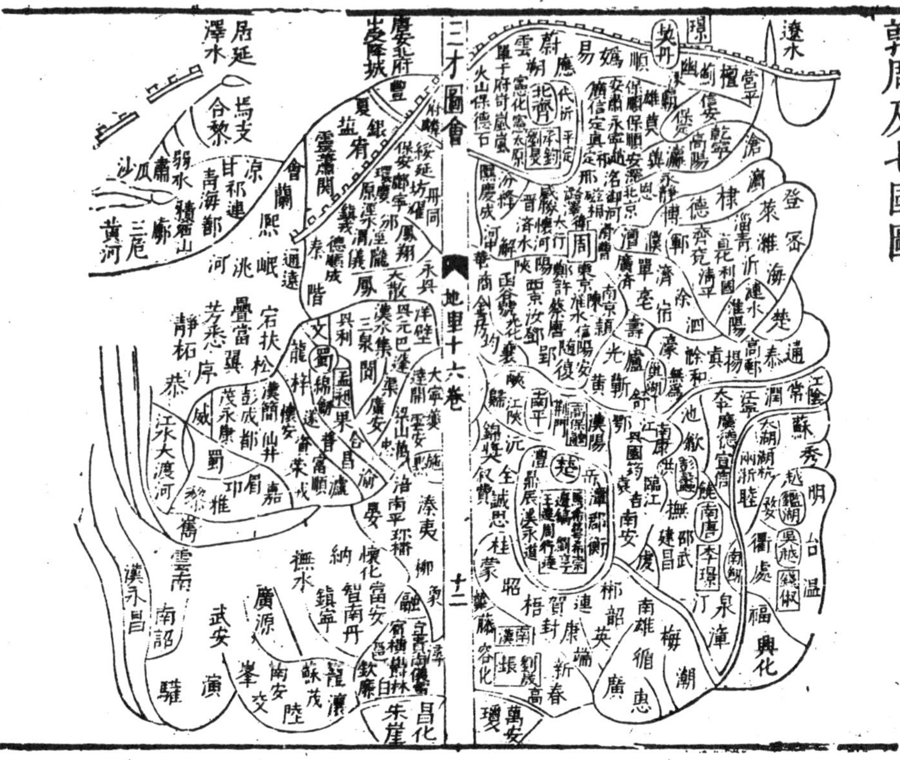

周太祖皇帝姓郭氏名威字仲文其先邢州堯山人或云姓柴常隨毋適郭氏因冒之都于汴傳世凡三謹按五代職方考郭氏代漢十州入于劉旻世宗取秦鳳階成瀛莫及淮南十四州又增置州五濟濱通雄霸而廢者三景武合一百一十八州以爲周宋興因之石晉末閩已先亡而在者七國自江以南二十一州爲南唐自劒以南及山南西道四十六州爲蜀自湖南北十州爲楚自浙東西十三州爲吳越自嶺南北四十七州爲南漢自太原以北十州爲北漢而荆歸峽三州爲南平合七國所有一百六十八州而軍不在焉

宋祖肇造之圖

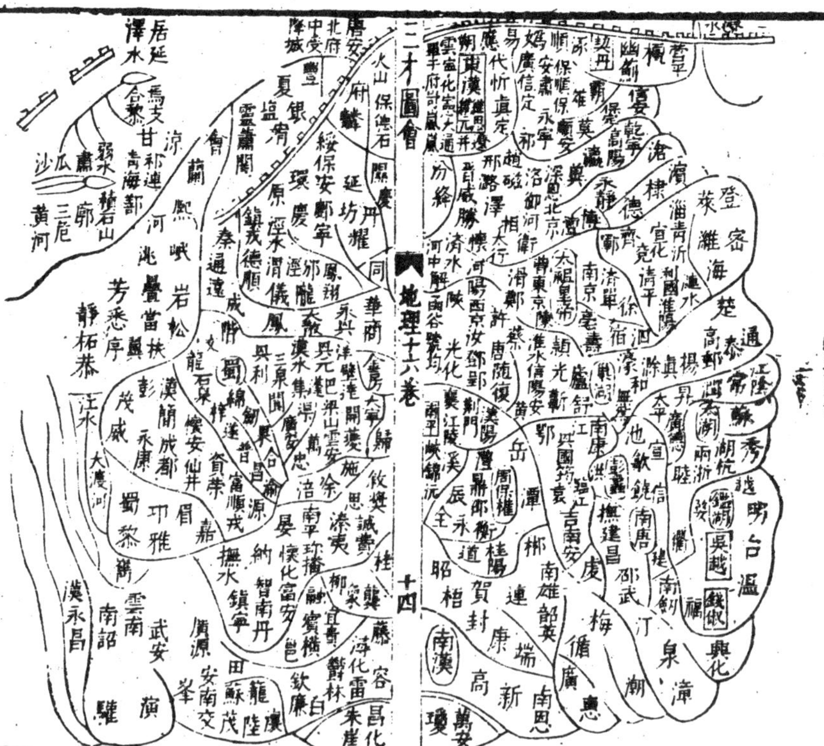

建隆四年二月王師入荊南南平高繼沖舉族歸朝得州三縣一十五三月克湖湘周保權得州十四縣五十八六年正月蜀孟昶降兩川悉平得州四十五縣一百九十八開寶四年二月拔廣州擒劉鋹嶺南悉平得州四十一縣六十五八年十一月拔昇州擒李煜江南悉平得州一十九軍三縣一百八

宋朝太宗統一之圖

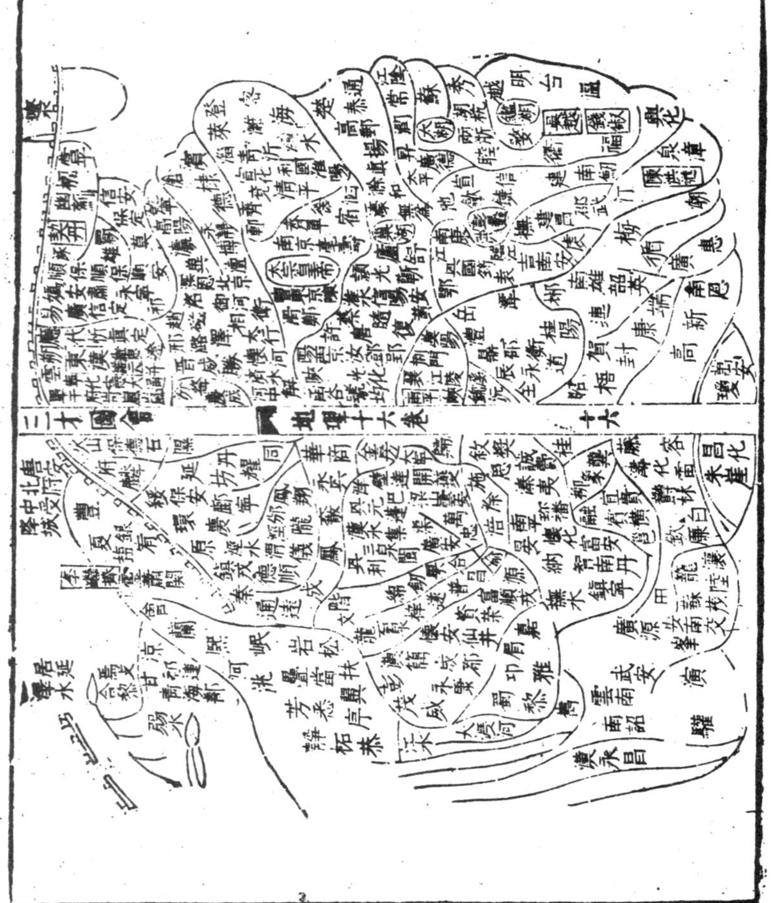

太平興國三年四月平海節度使陳洪進上表以所管漳泉兩郡歸於有司五月吳越王錢俶上表以所管十三州歸於有司四年上親征太原東漢劉繼元上表納款得州十縣四十一七年得西夏李繼捧銀夏二州

宋朝元豐九域圖

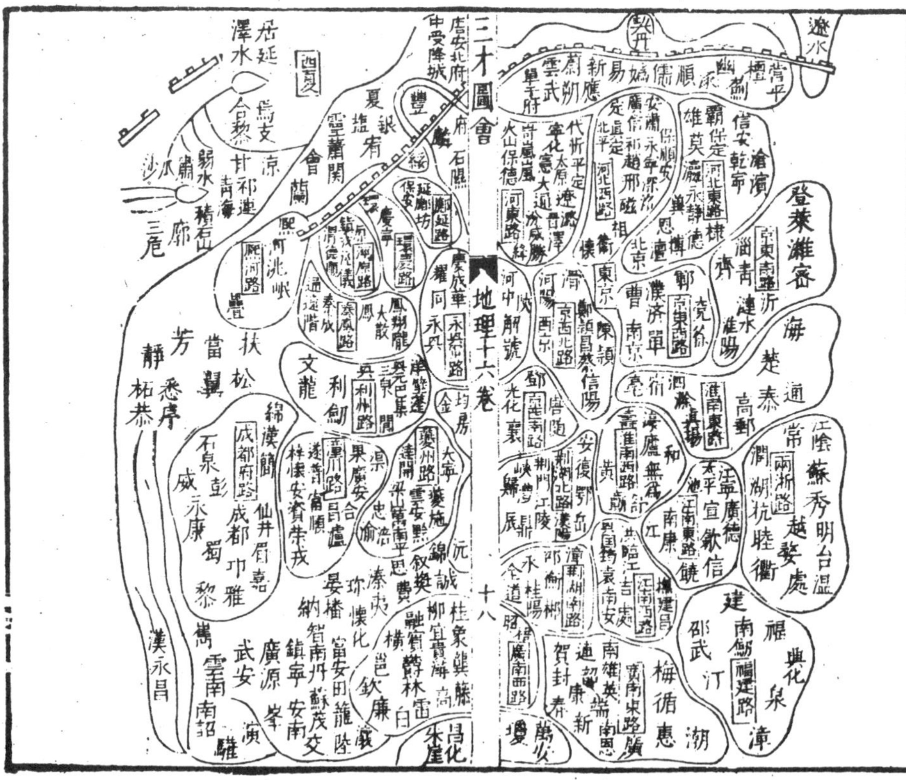

按宋朝元豐頒行李德芻曾肇王存等撰九域志總爲二十三路

京東東西路熙寧七年分東西路元豐元年詔河北東西永興秦鳳京東東西京西南北淮南東西路轉運司通管兩路遂以河北陝西京東京西淮南南路易名提刑提舉司仍舊分臨**京西南北路**太平興國三年分南北兩路後併爲一路熙寧五年復分爲二路**河北東西路**太平興國二年分河北南路雍熙四年分東西路端拱二年併爲一路熙寧六年復分二路**陝西路**太平興國二年分河北河南路又有陝府西路後併爲一路熙寧五年分二路**河東路**　**淮南東西路**太平興國元年分東西路後併爲一路熙寧五年復分爲二路**兩浙路**　**江南東西路**太平興國元年分東西路後併爲一路天禧四年分二路**荆湖南北路**咸平二年分南北路**成都府路**乾德三年兩川併爲西府路開寶六年分陝路咸平四年分益利梓夔四路嘉佑四年以益州路爲成都路**梓州路**

利州路　**夔州路**　**福建路**太平興國元年爲兩浙西南路雍熙二年改福建路**廣南東西路其他升改廢置具于別圖**陝西除永興一路外鄜延環慶涇原秦鳳熙河是爲五路而序止稱陝西路今姑別之以俟觀者

宋朝化外州郡圖

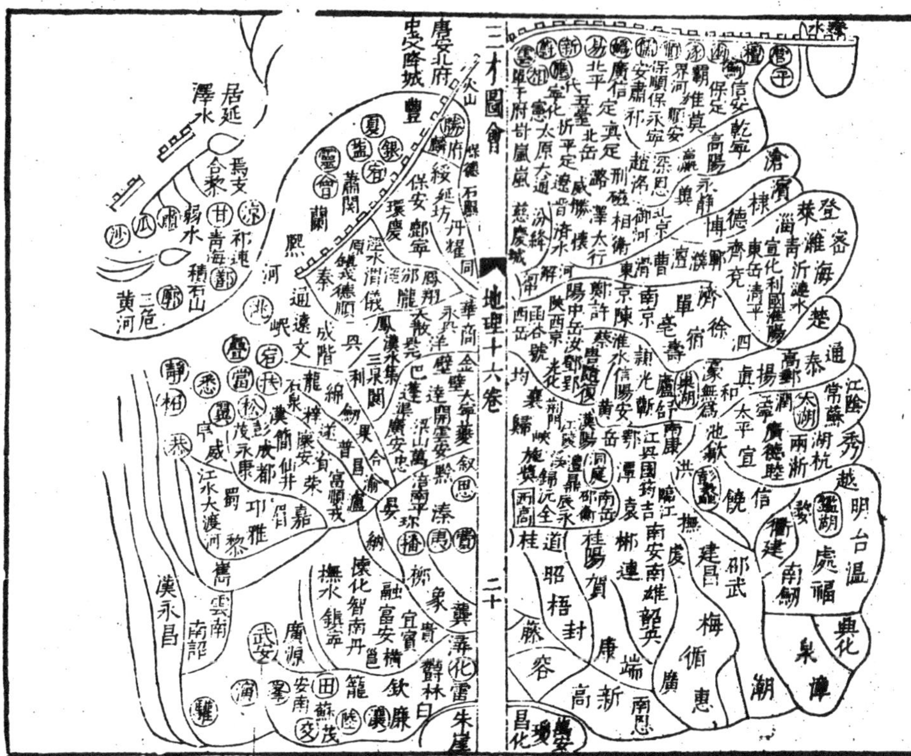

宋朝化外州蓋唐羈縻之類雖貢賦版籍不上戶部然聲教所暨皆邊州帥府領焉河北路安東上都護府幽慎易涿檀營平燕歸順遼師順瑞薊河東路安北大都護府單于大都護府鎮北大都護府雲應新蔚嬀朔寰儒殺陝西路安西大都護府庭靈夏涼沙鄯爪銀鹽勝宥西廊會宕疊甘肅伊洮陽建康鎮利州路松扶翼當悉恭拓直保靜夔州路思費播夷牂西高業充莊琰廣南路交峯瀼殷田愛驩陸福祿長越溫寅林景環平琴山武安古德化郎茫州

天象分野圖

謹按天文分野角亢爲韓分一曰鄭房心爲宋分尾箕爲燕分斗爲吳分牛女爲越分虛危爲齊分室壁爲衛分奎婁爲魯分胃昴畢爲趙分觜觽參爲魏分井鬼爲秦分柳星張爲周分翼軫爲楚分角亢星曰壽星宮曰天秤時曰辰州曰兗氐房心星曰大火宮曰天蝎時曰卯州曰豫尾箕星曰析木宮曰人馬時曰寅州曰幽斗牛星曰星紀宮曰磨羯時曰丑州曰揚女虛危星曰玄枵宮曰寶瓶時曰子州曰青室壁星曰陬訾宮曰雙魚時曰亥州曰并奎婁星曰降婁宮曰白羊時曰戌州曰徐胃昴畢星曰大梁宮曰

金牛時曰酉州曰冀觜參星曰實沈宮曰陰陽時曰申州曰益井鬼星曰鶉首宮曰巨蟹時曰未州曰雍柳星張星曰鶉火宮曰獅子時曰午州曰三河翼軫星曰鶉尾宮曰雙女時曰巳州曰荆

唐天文志曰近代諸儒言星土者或以州或以國虞夏秦漢郡國廢置不同周之興王畿千里其衰也僅得河南七縣今天下一統而直以鶉火爲周則疆埸外矣七國之初地形雌韓而雄魏魏西距高陵盡河東河内北固鄣鄴東分梁宋至於汝南韓據全鄭之地南盡潁川南陽西達虢

畧距函谷固宜陽北連上地皆綿亘數州相錯如繡考雲漢山川之象多者或至十餘宿其後魏徙大梁則西河合於東井并拔宜陽而上黨入於輿鬼方戰國未滅時星家之言屢有明効今則同在畿甸之中矣而或者猶據漢書地理志推之是守廿石遺術而不知變通之數也

歷代帝都之圖

平陽圖

雍州圖

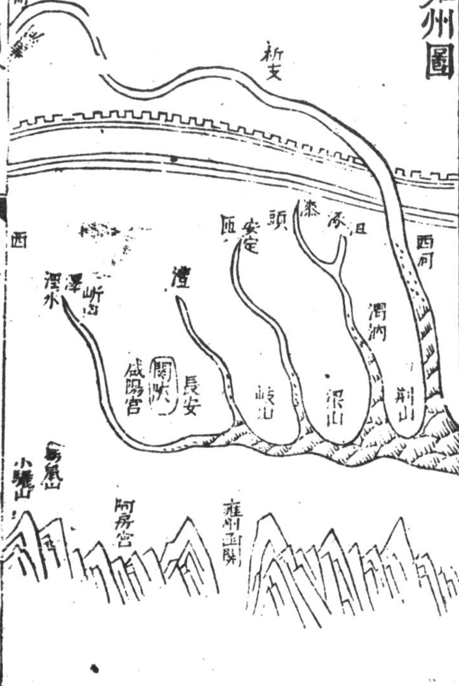

洛邑圖

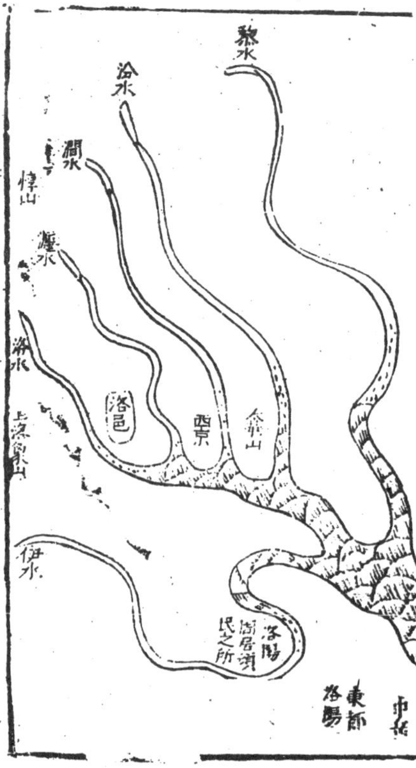

燕山圖

伏羲都陳今河南開封府陳州有陵存焉**神農**都陳同上或曰曲阜縣晋志曰都陳而別營於曲阜也今山東兖州府曲阜縣**黃帝**都涿鹿今順天府涿州括地志又曰涿鹿故城在嬀州今朶顏之地**少昊**都曲阜同上**顓帝**都帝丘今山東濮州舊有陵碑尚存**帝嚳**都亳今河南偃師縣**唐堯**都平陽即今山西平陽府也有唐城**虞舜**都蒲坂今即山西平陽府蒲州有廟**夏**都安邑即今山西平陽府夏縣**商**都亳同上後盤庚迁都亦曰亳者書曰不常厥邑于今五邦葢自湯至盤庚五迁也祖乙迁景盤庚復迁于亳**周**都豐鎬即今陝西西安府長安縣閿中也徐廣曰豐鎬相去二十五里皆在長安葢都豐而迁鎬也太史公曰學者多称周代紂居洛邑其實不然武王營之成王使召公卜之居九鼎焉而復都豐鎬至平王乃迁洛公羊傳又曰王城者河東周也成王既卜營洛邑建明堂朝諸侯復還豐鎬葢以洛居中土故曰京師**秦**都咸陽即今陝西西安府咸陽縣**西漢**始都洛陽五年因婁敬說而復迁都故曰京師長安**東漢**都洛陽同上**魏**都洛陽同

上諸書或曰長安曰譙曰許昌曰鄴者水經注曰魏因漢祚復都洛陽以譙爲先人本國許昌爲漢之封居長安爲西京遺跡鄴爲王業本基故號五都時一幸焉耳 **吳**初居鎮江都武昌即今湖廣武昌府也復迁建業即今南京應天府也 **蜀**都城都即今四川成都府 **西晉**都洛陽同上 **東晉**都建康元帝東渡避愍帝諱改建業爲建康同上 **宋**都建康同上 **齊**都建康同上 **梁**都建康同上 **陳**都建康同上 **元魏**初居雲中即今山西大同府懷仁縣後迁洛陽同上 **北齊**都鄴即今河南彰德府 **西魏**都長安長安同上關中也 **後周**都長安同上 **隋**始都長安以城俠小水鹹與蘇威高熲共議移去城北三十里龍首山都焉後煬帝常徙都洛陽爲巡幸故也 **唐**都長安同上 **梁**都汴即今河南開封府也 **唐**都汴同上 **晉**都汴同上 **漢**都汴同上 **周**都汴同上 **宋**都汴同上 **南宋**都臨安即今浙江杭州府 **元**都大都即今北京順天府時至上都乃宣府之外地也 **大明**都建康 **永樂**開迁都於燕京即北京也

水閘圖

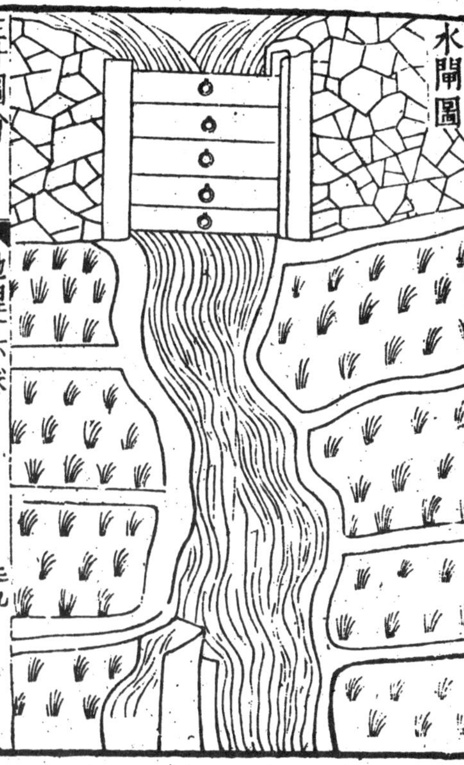

水閘乙甲切 開閉水門也閘去聲 有地形高下水路不均則必跨據津要高築堤垻匯水前立斗門甃石爲壁壘木作障以備啓閉如遇旱涸則撤水灌田民賴其利又得通濟舟楫轉上聲激輥磑五對切 實水利之總揆也

陂塘圖

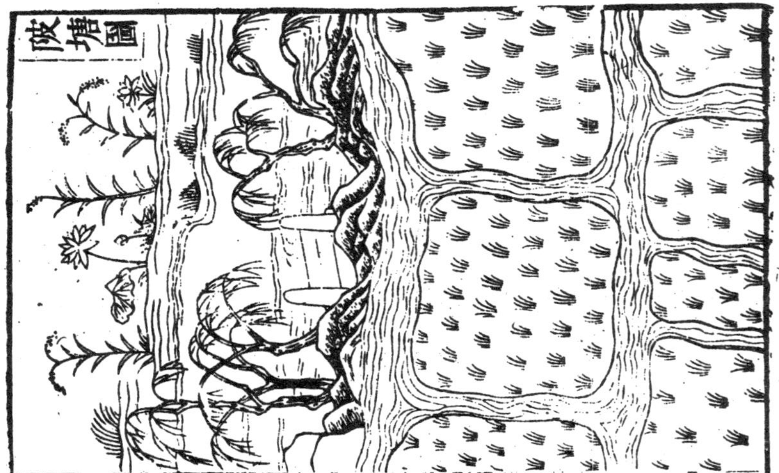

三才圖會　地理十六卷　三十

說文曰陂野池也塘猶堰也陂必有塘故曰陂塘周禮以
瀦畜水以防止水說者謂瀦者畜流水之陂也防者瀦旁
之隄也今之陂塘既上同考之書傳廬江有芍七略切陂
潁川有鴻隙陂黃陂有雷陂愛敬陂陽平有洧都有鉏廬陂
餘[illegible]偏舉其名溉田大則數千頃小則數百頃後世故跡
猶存因以爲利今人有能別度地形亦效此制足溉田畝
千萬比作田圖特著工費又可畜魚鼈栽種菱藕之類

水塘圖

三才圖會　地理十六卷　三十一

水塘即洿池因地形坳下用之瀦畜水潦或修築圳堰以
備灌溉田畝兼可畜育魚鼈栽種蓮芡俱各獲利累倍大
凡陸地平田別無溪澗井泉以溉田者救旱之法非塘不
可夫江淮之間在在有之

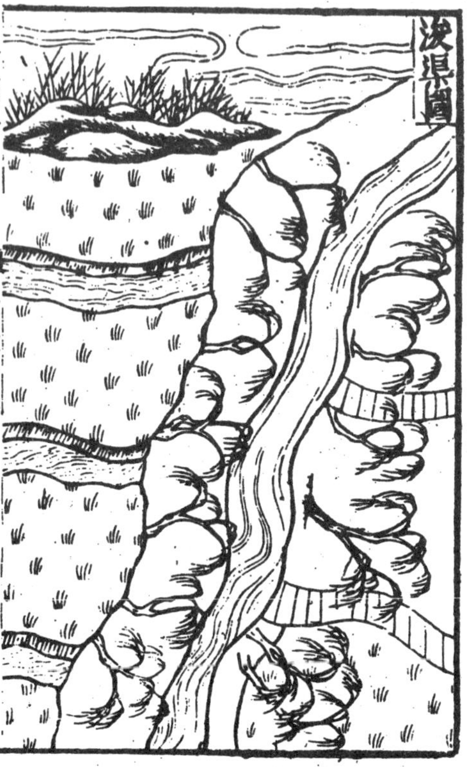

凡川澤之水必開渠引用可及於田考之古有溝洫畎澮以治田水書云濬畎澮距川是也逮夫疏鑿已遠井田变古後世則引川水爲渠以資沃灌按史記秦鑿涇爲渠又關西有鄭國白公六輔之渠外有龍首渠河内有史起十二渠范陽有督亢渠河北有廣戾渠朗州有右史渠今懐孟有廣濟渠俱各溉田千百餘頃利澤一方永無旱暵所謂人能勝天豈不信哉

陰溝行水暗渠也凡水陸之地如遇高阜形勢或隔田園聚落不能相通當於穿岸之傍或溪流之曲穿地成穴以磚石爲圈去声引水而至若别無隔礙則當踏視地形用策索度其高下及經由處所畫爲界路先引濬犁耕過後復浚掘乃作甓穴上覆元土亦是一法或貫穿城邑巷陌及注之園囿池沼悉周於用此皆泉源在上或在平地易以通流如水在溝下當車水上之溉田則一也或遇田勞則反能撒水下之此又陰溝用水之變法

區田圖

舊說區田地一畝濶一十五歩每歩五尺計七十五尺每一行占地一尺五寸該分五十行長一十六歩計八十尺每行一尺五寸該分五十三行長濶相折通二千六百五十區空一行種一行於所種行内隔一區種一區除隔空外可種六百六十二區每區深一尺用熟糞一升與區土相和布穀勻覆以手按實令土種相着苗出看稀稠存留鋤不厭頻旱則澆灌結子時鋤土深壅其根以防大風搖擺古人依此布種每區收穀一斗每畝可收六十六石今人學種可減半計

圃田圖

圃田種蔬果之田也周禮以場圃任園地註曰圃樹果蓏之屬其田繚以垣墻或限以籬塹負郭之間但得十畝足贍數口若稍遠城市可倍添田數至半頃而止結廬於上外周以桑課之蠶利内皆種蔬先作長生韭一二百畦時新菜二三十種惟務多取糞壤以爲膏腴之本慮有天旱臨水爲上否則量地鑿井以備灌溉地若稍廣又可兼種蔴苧果穀等物比之常田歲利數倍

圍田圖

圍田築土作圍以繞田也葢江淮之間地多藪澤或瀕水不時渰沒妨於耕種其有力之家度視地形築土作堤環而不斷內容頃畝千百皆爲稼地後值諸將屯戍因令兵衆分工起土亦倣此制故官民異屬復有圩田謂疊爲圩岸扞護外水與此相類雖有水旱皆可救禦凡一熟餘不惟本境足食又可贍及鄰郡實近古之上法將來之永利富國富民無越於此

架田圖

架田架猶茂也亦名葑田集韻云葑方用切菰根也葑亦作澍江東有葑田又淮東二廣皆有之東坡請開杭之西湖狀謂水涸草生漸成葑田考之農書云若深水藪澤則有葑田以木縛爲田坵浮繫水面以葑泥附木架上而種藝之其木架田坵隨水高下浮泛自不渰浸周禮所謂澤草所生種之芒種是也芒種有二義鄭玄謂有芒之種若今黃穋穀是也一謂待芒種節過乃種今人占候夏至小滿至芒種節則大小已過然後以黃穋穀種之於湖田然則有芒之種與芒種節候二義可並用也

櫃田圖

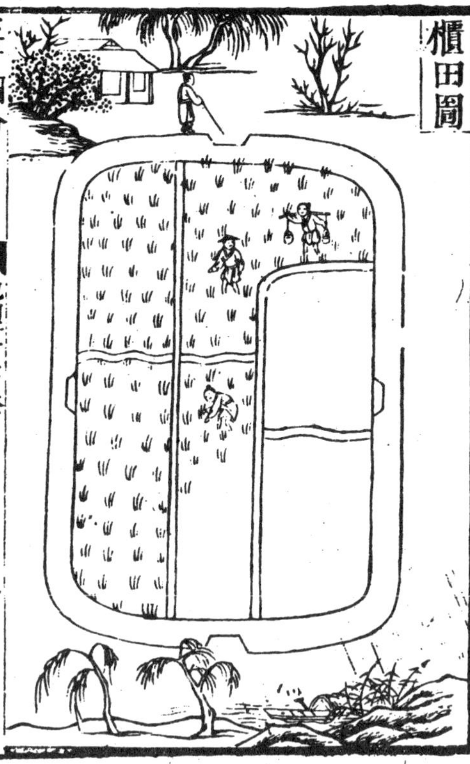

櫃田築土護田似圍而小四面俱置瀽穴如此形制順置田段便於耕蒔若遇水荒田制既小堅築高峻外水難入內水則車之易涸淺浸處宜種黃穋稻（周禮謂澤草所生種之芒種穋黃稻是也黃穋稻自種至收不過六十日則熟以避水溢之患）如水過澤草自生穇稗可收高涸處亦宜陸種諸物皆可濟飢此救水荒之上法一名埧（音壩）水溉田亦曰埧田與此名同而實異

塗田圖

塗田書云淮海惟揚州厥土惟塗泥夫低水種皆須塗泥然瀕海之地復有此等田法有潮水所泛沙泥積於島嶼或墊溺盤曲其頃畝多少不等上有鹹草叢生候有潮來漸惹塗泥初種水稗斥鹵既盡可為稼田海岸築壁或樹立樁橛以抵潮泛田邊開溝以注雨潦旱則灌溉謂之甜水溝其稼收比常田利可十倍又中土大河之側及淮灣水匯之地與所在陂澤之曲凡潰汙洄互壅積泥滓退皆成淤灘亦可種蓺秋後泥乾地裂布掃麥種於土其所收比淤田之效也

梯田圖

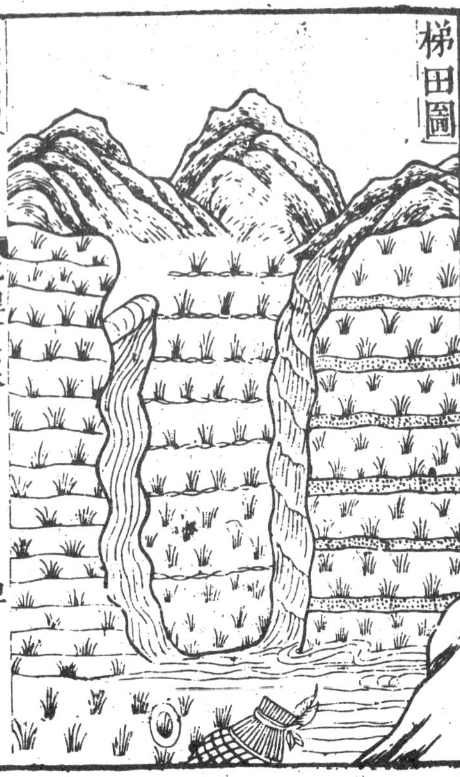

梯田謂梯山爲田也夫山多地少之處除磊石及峭壁例同不毛其餘所在土山下自橫麓止至危巔一體之間裁作重磴即可種蓺如土石相半則必疊石相次包土成田又有山勢峻極不可展足播殖之際人則傴僂蟻沿而上耨土而[illegible]躡坎而耘此山田不等自下登陟俱若梯磴故總曰梯田上有水源則可種秫秔如止陸種亦宜粟麥蓋田盡而地地盡而山山鄉細民必求懇佃猶勝不稼其人力所致雨露所養不無少穫

沙田圖

沙田南方江淮間沙淤之田也或濱大江或峙中洲四圍蘆葦駢密以護堤岸其地常潤澤可保豐熟普爲塍埂可種稻秫間爲聚落可蓺桑麻或中貫湖溝旱則平漑或傍繞大港澇則泄水所以無水旱之憂故勝他田也舊所謂坍江之田廢復不常故畝無常數稅無定額正謂此也

井圖

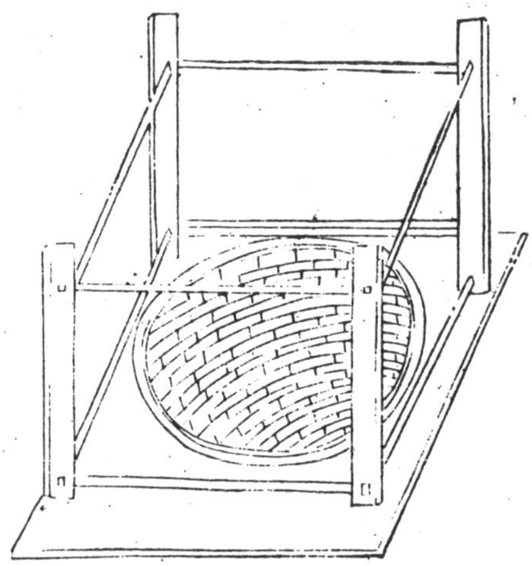

按周書黃帝穿井又世本云伯益作井堯民鑿井而飲湯旱伊尹教民田頭鑿井以溉田今之桔槔是也玉曆云凡欲穿井處於夜氣清明時置水數盆於其地看何盆星光最大而明定必有甘泉感遇云子午之年五月戊酉十一月卯辰爲吉丑未之年六月戊亥十二月辰巳寅申之年七月亥子正月巳午卯酉之年八月子丑二月午未辰戌之年九月申未三月寅丑巳亥之年十月申酉四月寅卯取其方位年月日時即名福地云此皆人力之井也若夫岩穴泉竇流而不窮此天然之井也皆可灌溉田畝水利之中所不可闕也

漚池

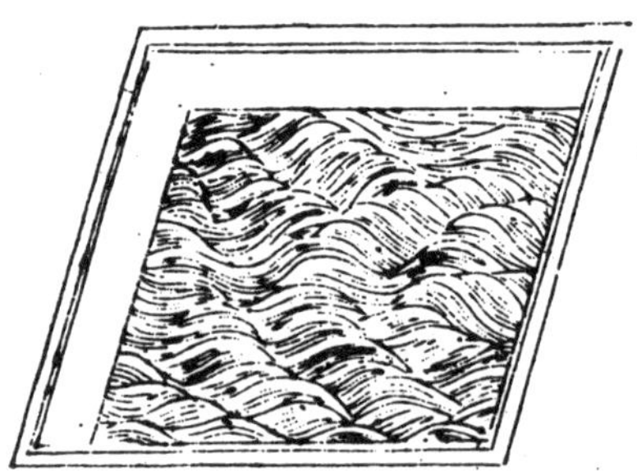

漚池漚漫漬也池猶泓也詩云東門之池可以漚麻凡蒔麻之鄉如無水處則當擷地成池或甃以磚石蓄水於內用作漚所

齊民要術云漚欲清水生熟合宜注說云濁水則麻黑水少則麻脆生則難剝大爛則不任此漚法也

方田諸圖

方田

方田横直皆八十四步該田二十九畝九十六步即四分也
法曰置八十四以自乘得七千零五十六步以畝法二百四十歸除之

直田

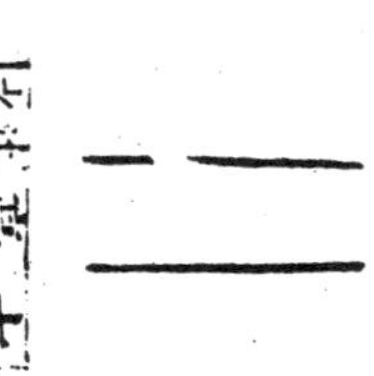

直田長九十三步闊三十五步該田一十三畝一百三十五步即五分六厘二毫五絲
法曰置長九十三步以闊三十五步乘之得三千二百五十五步以畝法除之

梯田

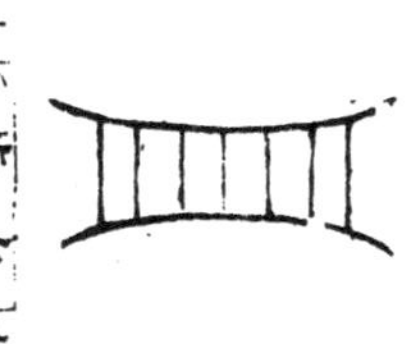

梯田南闊二十六步北闊四十六步長九十八步該田一十四畝一百六十八步即五分
法曰置南闊二十六步并入北闊四十六步共七十二步折半得三十六步又以長九十八步乘之得三千五百二十八步以畝法除之

勾股田

勾股田勾闊四十四步股長一百三十八步該田一十二畝一百五十六步即六分五厘
法曰置勾闊四十四步以股長一百三十八步乘之得六千〇七十二步折半得三千〇三十六步以畝法除之

眉田

眉田上闊二十七步下闊一十五步中徑六步該田七十八步即三分二厘五厘
法曰置上闊并入下闊共五十二步折半得二十六步以徑六步乘之以十二步所乘

圓田

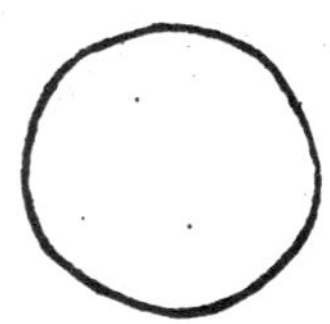

圓田周七十二步徑二十四步該田一畝九十二步即八分
法曰置周七十二步折半得三十六步別以徑二十四步折半得一十二步以乘之得四百三十二步以畝法除之

牛角田

牛角田東長一十八步西長一十六步北闊十二步該田一百零二步即四分二厘五毫
法曰置東長并入西長共三十四步折半得一十七步別置北闊十二步折半得六步以乘之

環田

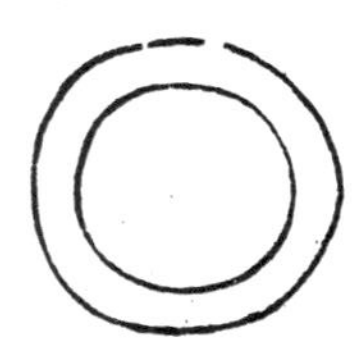

環田外周一百二十步中間八十四步徑六步該田二畝一百三十二步即五分五厘
法曰置外周并入中周共二百零四步折半得一百零二步以徑六步乘之得六百一十二步以畝法除之

四不等田　林角田　梭田　鼠矢田

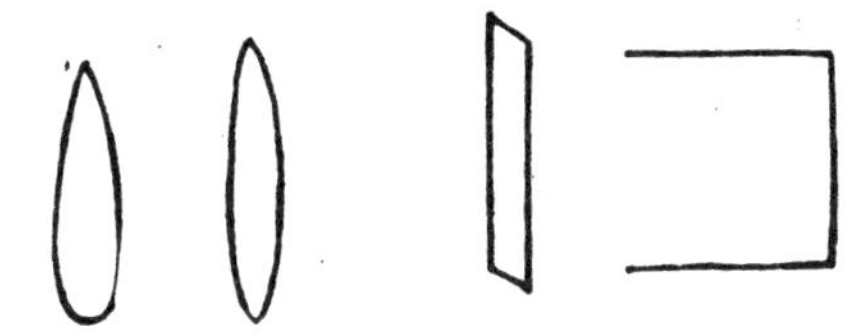

弧矢田　三廣田　圭田　大鼓田　蛇形田

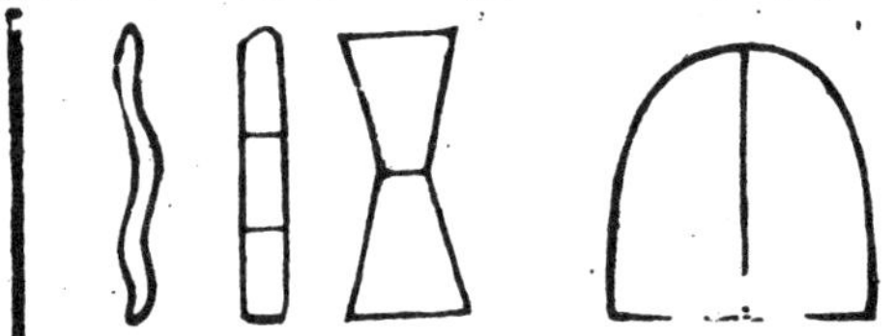

四不等田東長二十八步西三十二步南濶四十步北五十步該田五畝一百五十步即六分二厘五毫法曰併東西長折半得三十步别置南北濶折半得四十五步乘三十步得一千三百五十步以畝法除之林角田同不等法

梭田中濶二十二步直長五十一步該田一十五畝四十步即六厘三毫三絲三忽祖鬼是護法曰置中濶折半得一十一步以長五十二步乘之得五百七十二步以畝法除之鼠矢田半梭田皆同此法

弧矢田濶二十四步徑一十二步該田二百十六步法曰置弦濶二十四步以徑十二步乘之得二百八十八步四歸得七十二步又三因之

三廣田南濶二十步北濶四十步中濶十八步長一百四十步該田十五畝四十步即六厘六毫六絲六忽法曰置中濶十八步加一倍得三十六步又併南濶二十步北濶四十步共一百零四步如四而一得二十六步以長一百四十步乘之得三千六百四十步以畝法除之今有圭田亦同勾股法蛇田大鼓田皆同三廣法

今田小於古田之圖

西南角積六百二十五步為田六畝二十五步

剩二十五步
積二千五百步為田二十五畝

剩二十五步
積二千五百步為田二十五畝

南北為縱百步
東西為橫百步
中積萬步
為田百畝

古田以八尺起步今田以六尺四寸起步今步比古步少一尺六寸云今田者王制蓋本周之後而言耳

堪輿諸圖

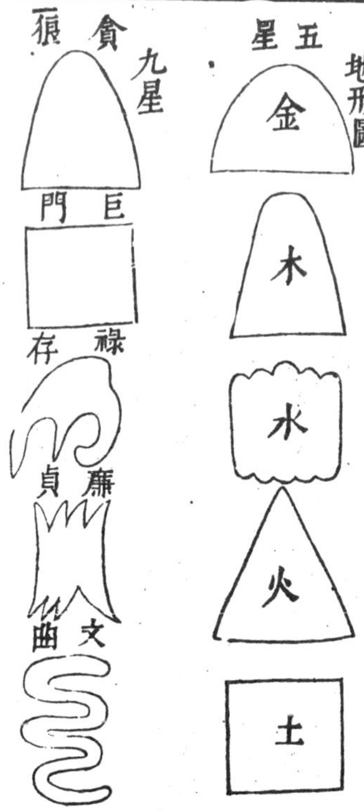

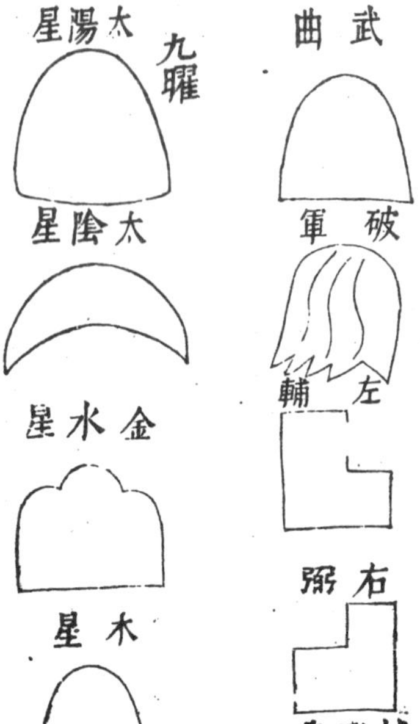

輔弼無正形穴星隱藏處是也

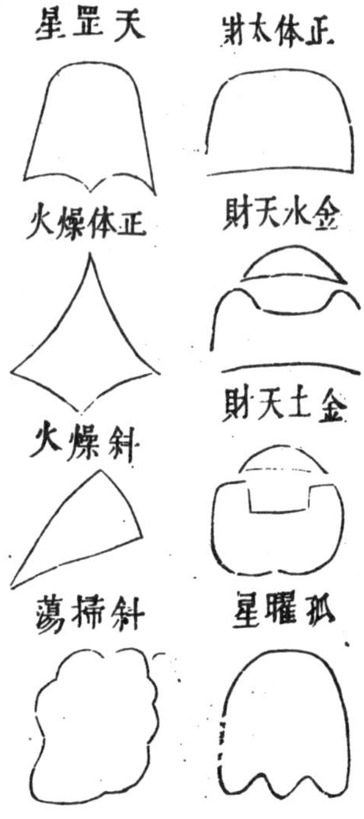

天財有平腦正體雙腦金水凹腦金土三等燥火掃蕩各有二體正側之分也

九變

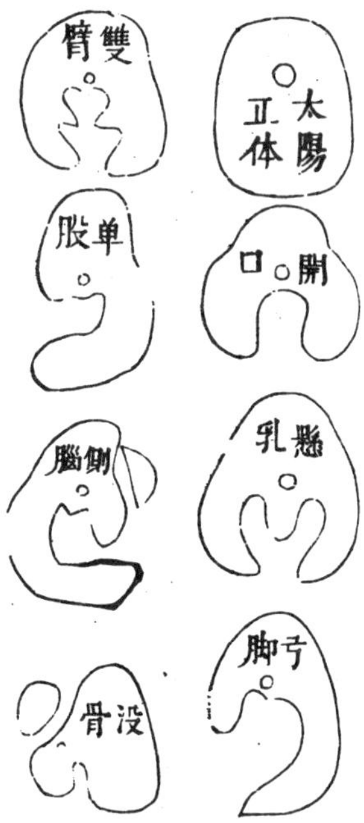

脚有五星九曜之形有左轉火右轉土有漫木漫金有左雙燥右单燥有左燥有蕩有垂金垂木之類外八曜倣此其八十一变

龍穴砂水圖

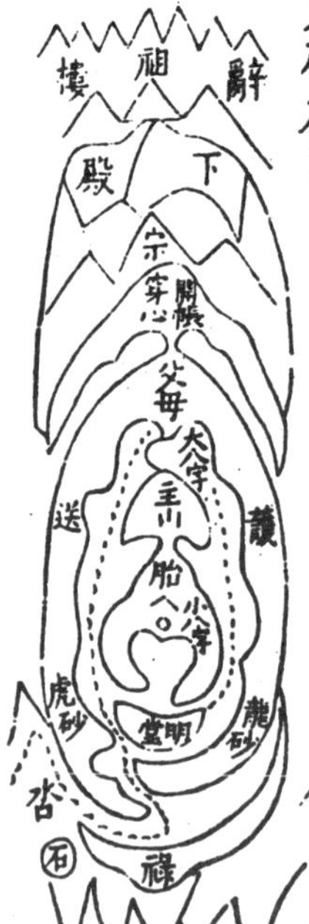

分合毬簷圖

直龍橫穴圖

二落三穴圖

乘風界水圖

三陽羅城圖

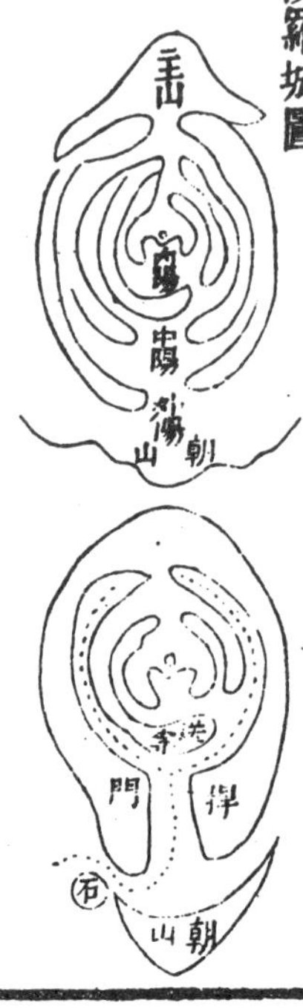

穴法圖

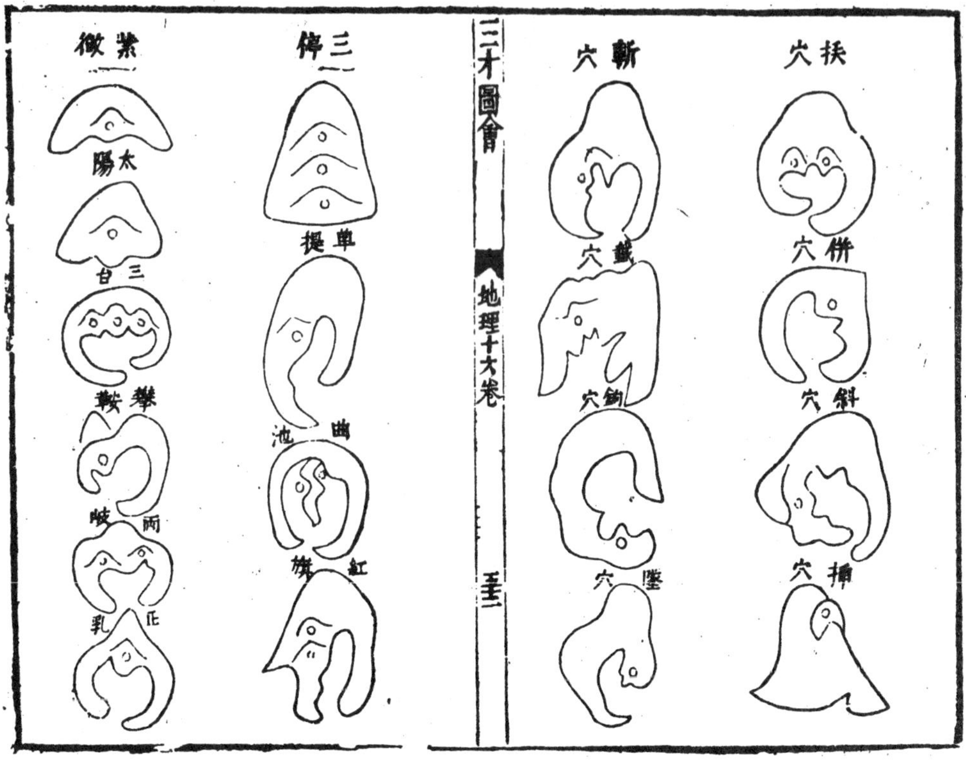

三才圖會
地理十六卷
扶穴
倂穴
斜穴
捶穴
斬穴
截穴
鉤穴
墜穴
三停
單提
曲池
紅旗
紫微
太陽
三台
攀鞍
兩岐
正乳

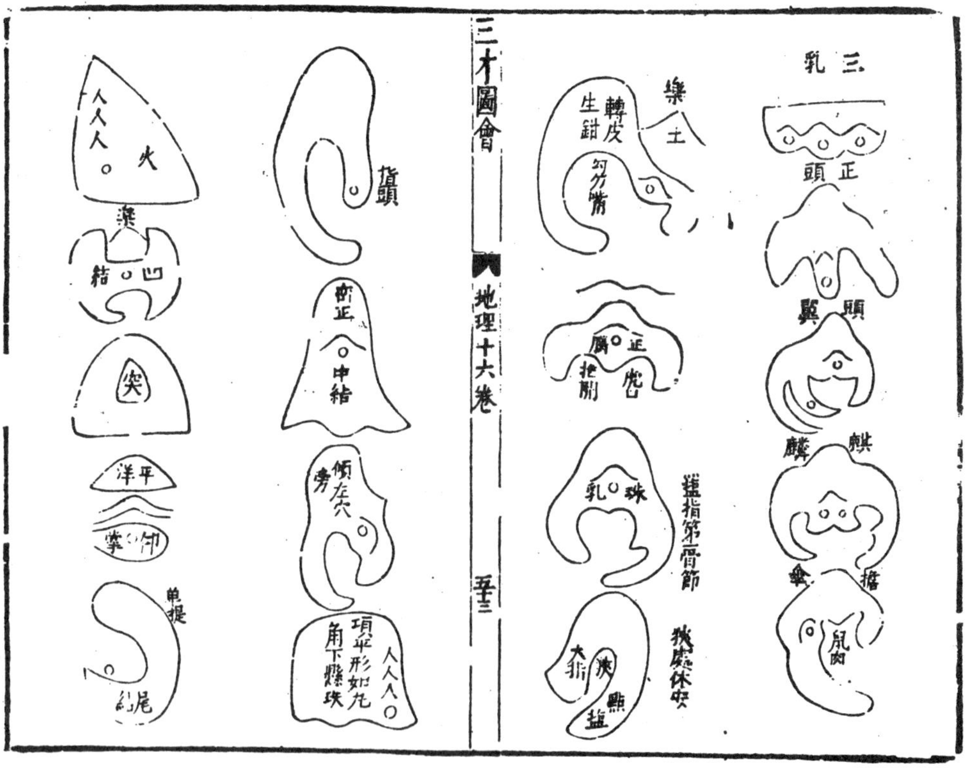

三才圖會
地理十六卷
五十三
三乳
正頭
麒麟
樂土
轉皮生鉗
正
乳珠
火
人人人
中結
平洋
單提

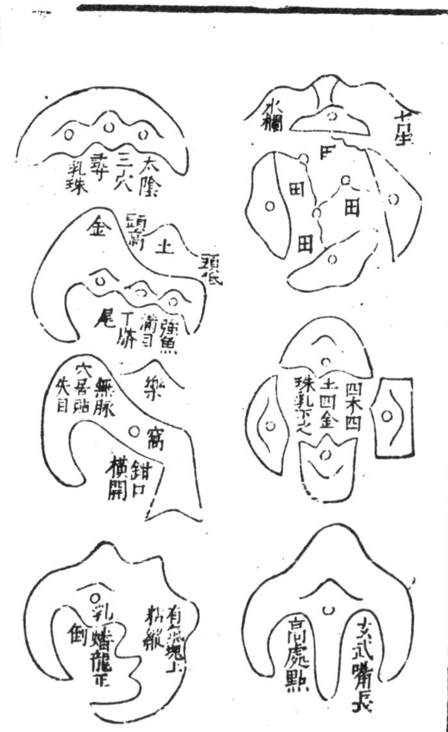
十字
水欄
太陰
三穴
弄乳珠
金
土
頭低
尾
樂
無脉
窩
鉗口
橫開
四木四
土四金
玄武嘴長

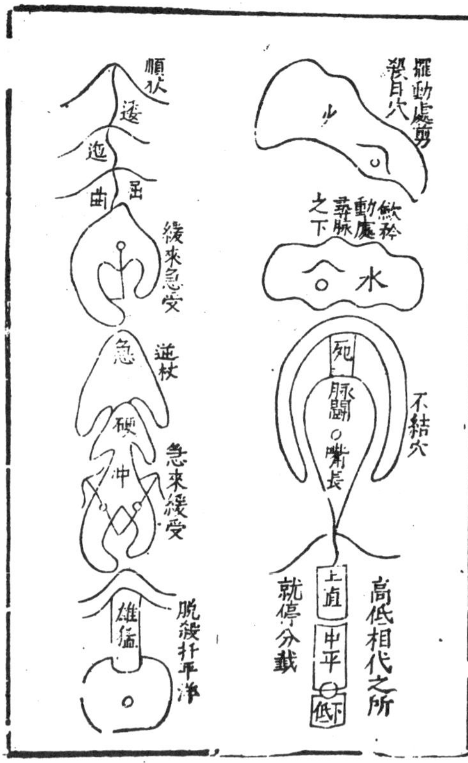
順伏
緩來急受
逆杖
急
急來緩受
中
脫殺抒平準
雄
羅動處剪是目穴
斂拎動處弄脉之下
水
不結穴
高低相代之所
就停分載
上直
中平
低

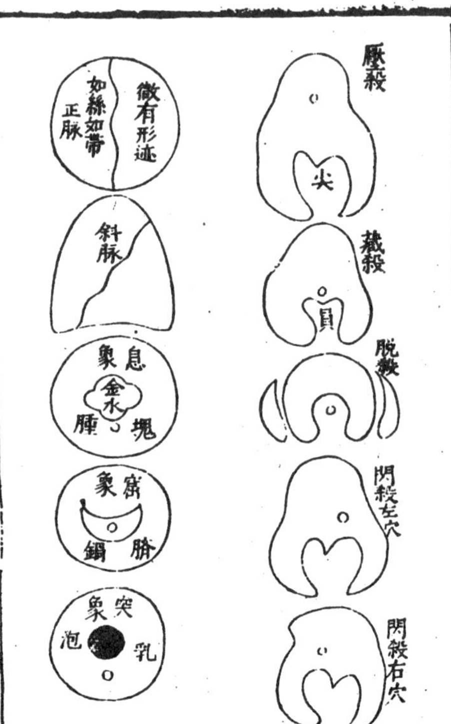
壓殺
尖
藏殺
脫殺
閃殺左穴
閃殺右穴
徹有形迹
如絲如帶
正脉
斜脉
象
息
金水
塊
象
窩
鉗
臍
象
突
泡
乳

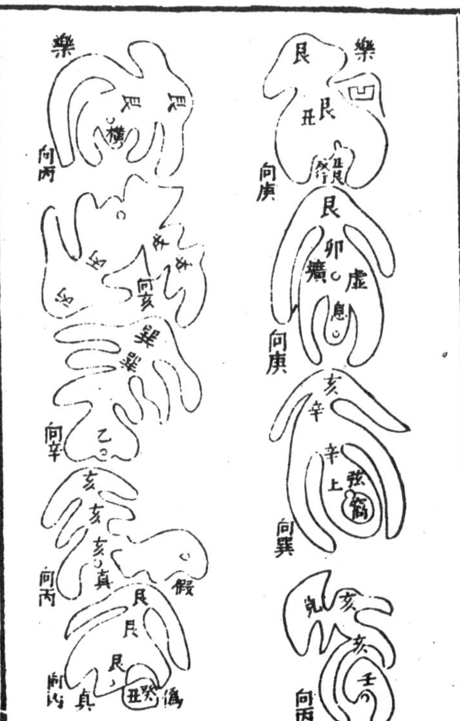
樂
艮
丑
向庚
卯
虛
向庚
亥
辛
向巽
向丙
向丙
向辛
向丙
假
真

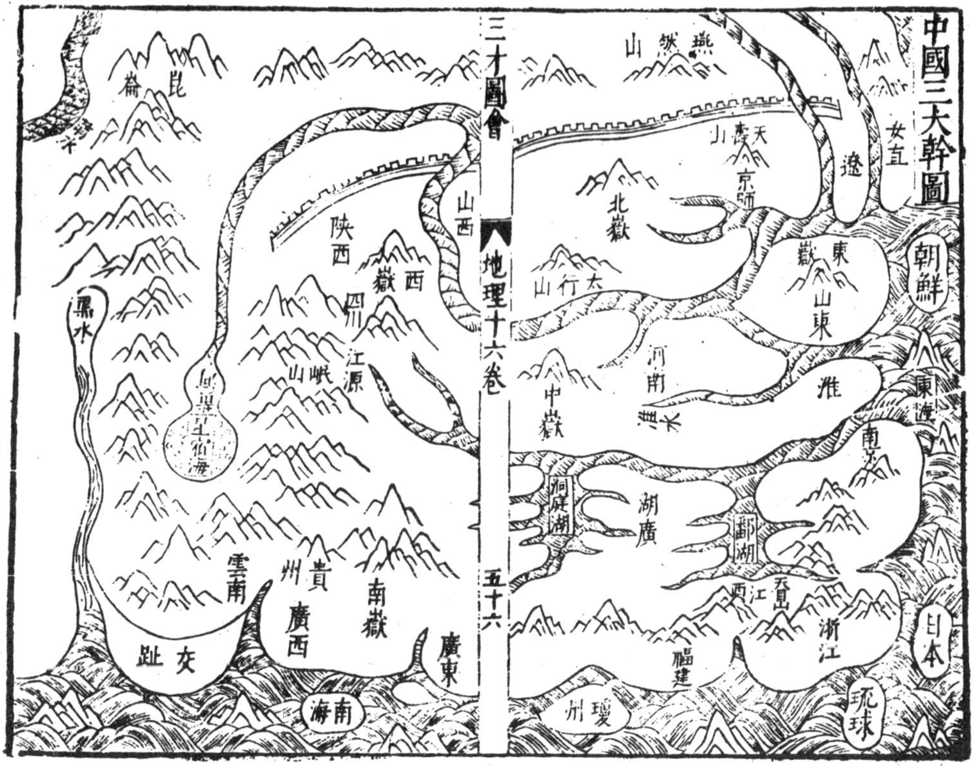

總論中國之山

朱子曰河圖言崑崙爲地之中蓋中國至于闐音田二萬里于闐遣使來貢自言其西去四千三百餘里即崑崙山今中國在崑崙之東南而天下之山祖於崑崙惟派三幹以入中國其入夷國之山無可攷亦不足論今以中國之山言之其河北諸山則自北裒武嵐憲諸州乘高而來山脊以西之水流入龍門西河脊東之水流于幽冀入于東海其西一支爲壺口泰嶽坎一支包汾晉之原而南出以爲析城王屋而又西折爲雷首又一支爲恒山又一支爲太

行山太行山一千里其山高甚上黨在山脊河東河北諸州在山支其最長一支爲燕山盡於平灤大河以南諸山則關中之山皆自蜀漢而來一支至長安而盡關中一支生下函谷以至嵩少東盡泰山一支嶓冢漢水之北生下盡楊州江南諸山祖於岷江出岷山岷山夾江兩岸而行那邊一支去爲江北許多去處這邊一支分散爲湖南閩廣盡於兩浙建康其一支爲衡山而盡於洞庭九江之西其一支度桂嶺則包湘源而北經袁筠之地以盡于廬阜其一支自南而東則包彭蠡之原度歙黃山以盡于建康

又自天目山分一支盡于浙江西之山皆自五嶺頓上來
自南而北閩廣之山自北而南一支則又包浙江之原北
首以盡會稽南尾以盡閩粵此中國諸山祖宗支派之大
綱也

總論中國之山水

仁山金氏曰天地常形固相爲勾連貫通然其條理亦各
有脉絡自崑崙而東北言之則自積石而北爲湟水星海
青海以至浩亹皆河源也入匈奴以東爲陰山又東南自
代北雲朔分而南趨爲北嶽以至太行是爲河北之脊壼

口雷首太嶽析城王屋皆其群峯河之析而南汾晉諸水
之所以西入河涿易滹滱恒衛之所以東入海也分而東
趨者行幽燕之北爲五關之險以至營平而爲碣石此北
絡也自崑崙以東言之則自西傾而洮水出其北入河桓
水出其南入江又東爲朱圉烏鼠諸隴則爲渭之源自渭
源以北即夾河源而北以東若岍岐若荊山諸峯涇水漆
沮諸源也自渭以南即西傾而下諸峯亘爲終南屹爲太
華東北爲殽陝東南爲熊耳外方嵩高伊洛之源又南爲
桐柏淮源以達于淮西諸山此中絡也又自西傾朱圉而
南分是爲嶓冢漢源夾漢而趨者北即終南華熊諸隴南
則蜀東諸峯說者謂蜀東諸山皆嶓冢正謂其岡岫綿亘
耳又東南言之是爲岷山江源夾江而東者北支即西傾
以南嶓冢以西之脉爲恒水西漢水如陵江諸源其南支
即南趨爲象蔡諸山青衣大渡馬湖江諸源又東包涪黔
一盤而北爲三峽其出者包絡九江之源中盤　爲衡山
其再盤而北爲廬阜其嶺之東出者又爲表吉章貢盱信
諸江之源至分水魚梁嶺三盤而北趨過新安峙天目盡
昇潤再盤之間其水聚洞庭三盤之間其水聚爲彭蠡三

盤以東則南爲閩浙北爲震澤此南絡也惟泰山則特起
東方橫亘左右以障中原此所以爲異與又曰泰山特起
東方爲中國水口表鎮禹貢導水略云導河至同爲逆河
入于海導漾至東爲北江入于海導江至東爲中江入于
海導沇水至東北會于汶又東入于海導淮至東會于泗
沂東入于海導渭至東過漆沮入河導洛至東會于伊又
東北入于河此中國山水大勢也

堪輿家言固未可盡泥然宣尼有卜兆之文程子有五患之豐公劉遷邑尚相陰陽姬旦營周預度瀍澗則葬經青囊金函諸書亦烏可盡廢哉大易有云天地定位山澤通氣夫定位即宅兆之說也通氣即龍脉砂水之說也仁人孝子得是圖而翫之俯察山川委絡仰參五行列宿于以瞻向背而定垣局雖不必一一求合於郭卜曾楊廖賴之俚說而堪輿大義了然心目間矣姑存之

人物圖序

侍御公既圖所謂天文地理復以為人生其間不可無圖又圖所謂人物梓之上自帝王下至裔夷與夫仙釋鬼神靡不畢寫梓成命不肖復以一言序諸首

不肖名不出里閈且方以雕虫成貝錦又安能役筆研代大匠斲乎哉唯唯不不者久之卒謝不獲乃為序序曰語有之在天成象在地成形夫象則日月星辰形則山川土田是已然人亦形象中之一也余嘗私恠宣和博古有圖而人物竟寥寥雖記事之家有表有傳然表既其人傳既其世而皆未既其貌堯顙禹腰稍既其貌然徒貌於言耳商宗始以形求驯至西京而麒

閣有圖已而雲臺繼之而圖像漸見於朝家豫州上元方至行詔畫百城公家元章以陳仲舉華子魚謝到與名高圖其像於郡朝堂而圖像始稍稍見於天下裔夷之有圖則自王會始也

釋道之像蓋昉於祭天金人然
自書契以來稠濁不睽竟未有
繪而成帙者近秦中有石本而
壓壓數人未及百中一二公乃
遠采古初近及
明代并秦中舊本首𠞰成書法
其容貌攷其顛末嘗一披閱恍
若睹所謂冠裳珮玉與卉衣鳥
服之章也者其圖即册青家之
麟閣其文即記事家之表傳身
坐蕉團目遊宇宙噫心亦苦矣
蓋大都此書之益有四羅古人

昭善敗寄羹墻廣聽睹直當與
龍圖龜疇並垂不朽此可為有
識者道難與淺見者言也公著
述甚富户誦家傳獨此編搜輯
之功仲君允明居其八九允明
亦喜著述多行於世詩文刻畫
猶之陸探微寫生宜為公副墨
之子矣

句吳晚學何爾復譔

雲間王圻纂集
男思義校正

人物一卷

歷代帝王傳授總圖　盤古氏圖
天皇氏　地皇氏
人皇氏　伏羲氏世系圖
神農氏世系圖　黃帝世系圖
伏羲氏圖　神農氏圖

軒轅氏圖　少昊氏圖
高陽氏圖　高辛氏圖
帝堯圖　帝舜圖
夏王世系圖　商王世系圖
周王世系圖　禹王圖
王啓圖　成湯圖
殷高宗圖　周文王圖
周武王圖　周成王圖
周康王圖　魯世系圖

晉世系圖　衛世系圖
蔡世系圖　曹世系圖
鄭世系圖　燕世系圖
吳世系圖　滕世系圖
齊世系圖　宋世系圖
陳世系圖　楚世系圖
越世系圖　杞世系圖
許世系圖　郕世系圖
莒世系圖　薛世系圖

戰國魏世系圖　戰國趙世系圖
戰國韓世系圖　戰國齊世系圖
戰國燕世系圖　戰國楚世系圖
戰國秦世系圖　秦世系圖
項王圖

歷代帝王傳授總圖

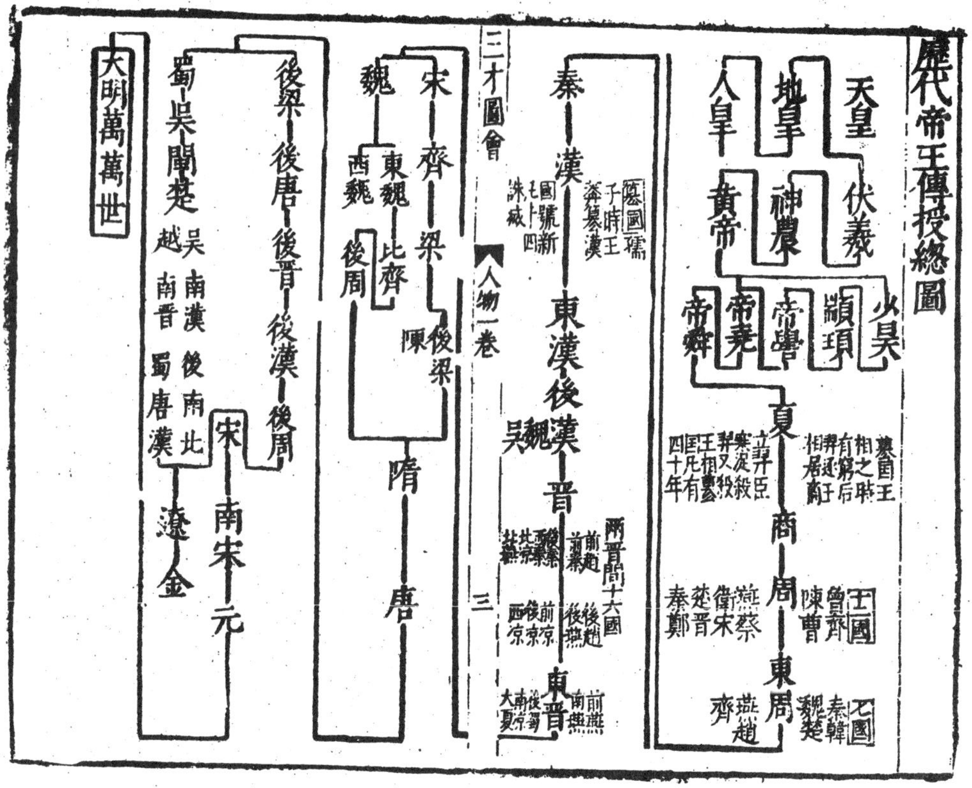

三才圖會　人物一卷　三

盤古氏

天皇氏

三才圖會　人物一卷　四

地皇氏

人皇氏

按盤古氏繼天立極一曰渾沌氏生於大荒莫知其始明天地之道達陰陽之故神靈一日九變蓋陶鑄造化之主也運滓濛澒無端無倪灝粹氤氳凝靜沖謐庶類繁而混茫開是爲三才首君又地理神鑑謂盤古龍首人身

天皇氏曰天靈（出顔峻始學篇）出於息齋無外之山（出遁甲開山圖并水經注）以木紀德體眞得一（出雲笈寶經）提名旋覆（出河圖括地象）混合乾曜斟元陳樞（出易通卦驗）亭毒萬有神運四興（出路史）制十二干十二支之名以定歲之所在其歲紀以攝提爲首（出徐整曆紀）定君臣之位以八輔九翼爲之佐秉籙司契爲龍鳳雲篆之章以演八會之靈書（出洞神部）像符以合元氣（出太微黃書）是時五運始興大化始立人風眞淳不矯形色故澹泊無爲而俗自化（出外紀）

地皇氏曰地靈出於雄耳龍門之岳以火紀德（出帝系譜）得道之秉立乎中央（出文子）主治八荒四極四海山川谿谷上協天德下侔地利（出洞神部）神與化游覆却萬物龍興鸞集自然成文（出三皇經）爰定三辰是分晝夜以三十日爲一月十一月爲冬〻至（出通曆）鈞旋轂轉周而復始而無所鎰礙（出淮南子）

人皇氏一姓九人故曰九頭氏又曰泰皇氏又曰九皇氏

出於刑馬山提地之國(出遁甲開山圖)以土紀德相𡵨山川裁爲九州謂之九囿(出雒書)兄弟八人各居一區巳居中區以制八輔故又曰居方氏(出外紀)守一得效道叅高厚昭明神靈光際無臬(出三皇經)爰役風雨以御六氣立人之命洞物之情德教不言而自叶駕雲提羽乘祇車出谷口周歷平青冥覆露六幕罔不承命乃有離艮地精生女爲后(出雒書)飲食男女所自始也(出鶡冠子)當是時也萬物群生滓風沕穆天下渾渾出作入息類然而無所用是之謂太平之世或曰天皇氏一姓十有三人地皇氏一姓十有一人迭爲君長各

有一萬八千歲人皇兄弟九人合四萬五千六百年一曰人皇傳世一百五十六代(出帝系譜)又謂天皇碧𪘴秃楬頎羸三舌人首鱗身(出冊壺記)謂地皇女面龍顙虵身獸足(出水經注)謂人皇龍軀人面驤首達腋其身九章(出雒書)

五帝世系之圖

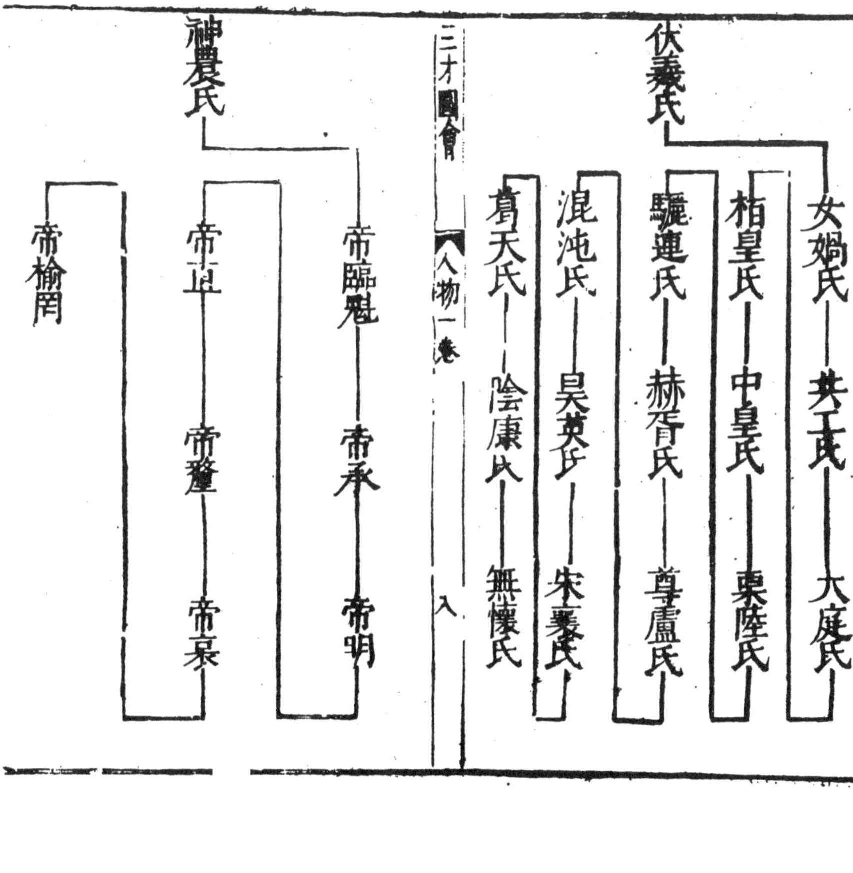

黃帝氏
- 玄囂（即少昊）—蟜極—帝嚳
  - 帝摯
  - 唐堯
  - 契—商湯王
  - 棄—周文王
- 昌意—顓頊
  - 窮蟬—敬康—句望—橋牛
    - 瞽叟—虞舜
    - 鯀—夏禹
  - 伯益—秦

太昊伏羲氏

炎帝神農氏

黃帝軒轅氏

少皞金天氏

顓頊高陽氏

帝嚳高辛氏

帝堯陶唐氏

帝舜有虞氏

太昊伏羲氏 太昊之母居于華胥之渚履巨人跡意有所動虹且遶之因而始娠生帝于成紀以木德繼天而王故風姓有聖德象日月之明故曰太昊因河圖洛書而作八卦造書契以代結繩之政又教民養六畜充庖廚享神祇故又號庖犧氏焉時有龍瑞以龍紀官故又號曰龍師在位一百十一年後十五代合萬七千七百八十七年

女媧氏 與太昊同母生而神靈佐太昊正婚姻是爲神媒太昊沒共工氏作亂振滔洪水以禍天下卒滅共工氏而誅之都于中皇之山是爲女皇命臣隨作笙簧以通殊風用十五絃之瑟於澤丘以郊天俏神聽之極悲乃更爲二十五絃以抑其情而樂乃和洽一百三十載而殁

共工氏 作亂爲女媧所滅

大庭氏 其應錄也三辰增輝五鳳異色都于曲阜故魯有大庭氏之庫亦曰朱顏氏

柏皇氏 其治世也爲而不有應而不求居于皇人之中

中皇氏 亦曰中央氏

栗陸氏 其爲政也教寖自用民始攜叛其臣東里子諫而彼殺天下益貳栗陸遂亡

驪連氏 亦曰昆連氏

赫胥氏 其爲治也尊民而重事方是之時人居不知所爲行不知所之鼓腹而遊含哺而嬉晝動夕息渴飲饑食莫知作善而作惡

尊盧氏 其立政也官天地府萬物華天下之故而世用寧治居嵁峚之陽

渾沌氏 生而不殺予而不奪天下之人非其服而同懷其德當是之時陰陽和平萬物無息蜚鳥之巢可俯而探也走獸可繫而從也蓋執中涵和陰日無歲無內而無外者渾沌氏之治也

昊英氏 其居位也人民少而草木鳥獸繁盍衣薪之代也又曰子英氏

朱襄氏 其時恒風振蕩果木不實朱襄命士達作五絃之瑟以來陰氣定群生而天下治又曰子襄氏

葛天氏 其治世也不言而信不化而行蕩蕩乎無能名之俗以熙熙其作樂也三人操牛尾投足以歌八闋一曰載民二曰玄鳥三曰遂草木四曰奮五穀五曰謹天常六曰達帝功七曰依地德八曰總萬物之極是爲廣樂

陰康氏 其時水瀆不疏陰凝而易閼人欝于內脉理滯著而多重膇陰康思所以和其關節乃制舞焉治于華原

無懷氏 其撫世也

以道存生以德安民其民甘食而樂居懷土而重生形有動作心無好惡雞犬之音相聞民至老死不相往來命之曰無懷氏之民

炎帝神農氏 少典之君有妃安登感神龍而生石室是爲炎帝其起本於烈山又號烈山氏亦曰連山氏其初國伊後國耆合而稱之故又號曰伊耆氏斵木爲耒揉木爲耜以教天下之耕故號神農日中爲市又嘗百草品醫藥以濟疾病此後世農商醫之所由起也又作五絃之琴詠豐年之歌初都陳又都曲阜在位一百四十年後七代襲神農之號三百六年季世之後至榆罔失政諸侯相伐黃帝征之天下咸歸焉元年巳巳或云辛丑壬午

帝臨魁 神農氏納奔水氏之女而生在位八十年

帝承 臨魁子在位六十年

帝明 帝承子在位四十九年

帝直 帝明子在位四十五年

帝釐 帝直子亦曰帝克在位四十八年

帝哀 帝釐子在位四十三年

帝榆罔 帝哀子居于空桑爲政速急務乘人而闘其捷於是諸侯携貳其臣蚩尤作亂帝遂居於涿鹿有熊國君曰公孫軒轅實懋聖德諸侯歸之帝立五十五年諸侯尊軒轅爲天子降封帝于潞神農氏遂絕

黃帝有熊氏 姓公孫長於姬水故以姬爲姓又居軒轅之丘故號軒轅氏土德王炎帝既衰諸侯相侵伐乃脩德治兵戮蚩尤而天下歸命咨成造律曆隸首作筭數伶倫製律呂貫爲文明之始官名皆以雲命都涿鹿在位一百年壽三百歲元年或云丁亥或云巳丑辛丑丙子

少昊金天氏 名摯姓巳黃帝之子玄囂也別爲巳姓之繼黃帝以金德王亦曰青陽氏都曲阜九黎亂德民感巫怪災禍荐生乃脩太皞之業象日月之明其立也鳳鳥適至因以鳥紀官在位八十四年壽百歲葬于雲陽元年或云丁卯或云巳丑乙丑

顓頊高陽氏 黃帝之孫昌意之子蟜極也姬姓水德王都帝丘初國高陽故號高陽氏在位七十八年壽一百五歲元年癸卯或云癸巳

帝嚳高辛氏 名夋黃帝之曾孫也姬姓木德王都亳生而神異自言其名曰夋所照臨雨所至莫不服從帝四妃元妃有邰氏女曰姜嫄與帝禋祀上帝而生稷陳豐氏女曰慶都感赤龍之祥孕十四月而生堯於丹陵有娀氏女曰簡狄祈子高禖有飛燕之祥而生契娵訾氏女曰常儀生子摯帝嚳在位七十年壽一百五歲葬頓丘子摯立荒淫無度不脩善政立九年諸侯廢之而尊堯爲天子

帝堯陶唐氏 帝嚳之子摯之弟也母陳豐氏於丹陵生堯後徙祁以祁爲姓故曰伊祁氏摯立堯年十三佐摯封植受封于陶年十五改國于唐故又號陶唐氏名放勳火德王都平陽其仁如天其知如神就之如日望之如雲所居之宮茅茨不翦土階三等百姓安樂日出而作日入而息言雍熙之治者莫不以堯舜爲稱首薦舜於天俾即帝位在位九十八年壽百十八歲元年甲辰

帝舜有虞氏 黃帝八代孫也黃帝生昌意昌意生顓頊顓頊生窮蟬窮蟬生敬康敬康生句芒句芒生

蟜牛蟜牛生瞽瞍瞽瞍生舜舜生於姚墟姓姚氏火德王都蒲坂父頑母嚚象傲常欲殺之克諧以孝烝烝乂不格姦孝聞于堯四岳咸薦釐降二女以試命揔百揆歷試以位乃禪天下在位五十年壽百十歲元年壬午

三王世系圖

夏王世系之圖

禹—啓
啓—太康
啓—仲康—王相—少康—王杼—王槐—王芒—王泄—王不降
王泄—王扃—王廑
王不降—孔甲—王皐—王發—王桀

商王世系之圖

湯—太丁—太甲—沃丁
湯—外丙
湯—仲壬
太甲—太庚—小甲
太庚—雍己
太庚—太戊—仲丁
太戊—外壬
太戊—河亶甲—祖乙—祖辛—祖丁—陽甲
祖辛—沃甲—南庚
祖丁—盤庚
祖丁—小辛
祖丁—小乙—武丁—祖庚
武丁—祖甲—廪辛
祖甲—庚丁—武乙—太丁—帝乙—箕子
帝乙—帝紂
帝乙—微子

周王世系之圖

武王—成王—康王—昭王—穆王—共王—懿王
共王—孝王
懿王—夷王—厲王—宣王—幽王—平王—桓王—莊王
莊王—釐王—惠王—襄王—頃王—定王—簡王—靈王
頃王—匡王
靈王—景王—敬王—元王—貞定王—考王—威烈王
威烈王—安王—烈王
安王—顯王—慎靚王—赧王

夏禹王

夏王啓

商王成湯

殷高宗

周文王

周武王

周成王

周康王

夏建寅之月爲歲首始禹王甲戌受舜禪即天子位終王
桀乙未傳十五世十七王連羿浞共四百三十二年湯
滅之

禹王 姒姓名文命黄帝後事舜治水有功賜姓姒氏封爲夏伯受舜禪承帝舜土德以金德王都平陽在位九年壽百歲 王啓 禹王子傳子自此始在位九年 太康 啓王子遊畋在外后羿距之于河失國而死在位二十九年 仲康 太康弟兄終弟及自此始后羿立之在位十三年 王相 仲康子后羿逐之居帝丘而蓺位易傳曰臣居尊位羿篡是也爲非常之大變在位二十八年 寒浞 后羿臣殺羿自立滅相篡位四十年少康誅之 少康 王相子誅寒浞夏道復興在位二十一年 王宁 少康子在位十七年 王槐 王宁子在位二十六年 王芒 王槐子在位十八年 王泄 王芒子始爵命之制在位十六年

三才圖會 人物一卷 二十三

王不降 王泄子在位五十九年 王扃 不降子在位二十一年 王廑 王扃子在位二十一年 孔甲 王廑子在位三十一年 王皋 孔甲子在位十一年 王發 王皋子在位十九年 王桀 王發子在位五十三年在位無道成湯伐之放於南巢而崩國亡

商建丑之月爲歲首始湯王乙未滅夏即天子位終帝紂
己卯傳十七世三十王共六百四十五年周武王滅之

成湯 姓子名履其先祖契帝嚳之子事唐虞教民有功封於商賜姓子氏伐夏桀而有天下承夏金德以水德王都亳在位十二年壽百歲 外丙 湯次子在位二年 仲壬 外丙弟在位四年外丙仲壬共在位六年 太甲 太丁子既立不明敗德伊尹放于桐宮悔過反善復辟歸位號爲太宗在位三十三年 沃丁 太甲子在位二十九年 太庚 沃丁弟在位二十五年 小甲 太庚子在位十七年 雍己 小甲弟商道衰在位十二年 太戊 雍己弟商道復興號爲中宗在位七十五年 仲丁 太丁子自亳遷都于囂即今河南陳留縣是也在位十三年 外壬 仲丁弟在位十五年 河亶甲 外壬弟自囂遷都于相即今河南彰德府是也在位九年 祖乙 河亶甲子自相遷都于耿即今山西耿縣是也在位十九年 祖辛 祖乙子在位十七年 沃甲 祖辛弟在位二十五年 祖丁 祖辛子在位三十二年 南庚 沃甲子在位二十五年 陽甲 南庚弟在位十七年 盤庚 陽甲弟自耿遷都于亳從湯所都商道復興改商爲殷在位二十八年 小辛 盤庚弟殷道衰在位二十一年 小乙 小辛弟在位二十八年 武丁 小乙子殷道復興號爲高宗庚辰老子生于亳邑在位五十九年 祖庚 武丁子在位七年 祖甲 祖庚弟殷衰在位三十三年 廩甲 一作廩辛祖甲子在位六年 庚丁 廩甲弟在位二十一年 武乙 庚丁子在位四年無道慢神暴雷震死 太丁 武乙子在

三才圖會 人物一卷 二十四

位三年 帝乙 一作辛乙太丁子殷道益衰在位三十七年 紂辛 一名受帝乙長子在位三十三年無道武王伐之自焚國亡

周建子之月爲歲首始武王己卯滅商即天子位終赧王
甲辰傳三十二世三十七王共八百六十七年秦昭襄
王取之

武王 姬姓名發其先祖棄帝嚳之子事堯爲農師播植百穀舜命爲后稷封於邰傳至十三世孫古公亶父遷於岐山下之周地改國號周古公子季歷立生昌是爲西伯遷都於豐三分天下有其二子武王伐商紂而有天下承商水德以木德王都鎬京還都洛邑在位七年 成王 名誦武王子十三歲即位叔周公旦攝政在位三十七年壽五十歲 康王 名釗成王子在位二十六年 昭王 名瑕康王子周道漸衰在位五

十一年巡狩穆王名滿昭王子在位五共王名繄扈穆
至漢江溺死十五年壽百五歲王子在位
十二年壽懿王名囏共王子王室益衰孝王名辟方懿
八十四歲在位二十五年壽五十王弟在位
十五年壽夷王名燮孝王子在位厲王名胡夷王子暴
六十五歲十六年壽六十歲虐無道國人畔
襄王出奔彘崩宣王名靜厲王子中興周幽王名宮湦
在位三十七年室在位四十六年宣王子
十一年為犬戎所平王名宜臼幽王子東遷洛邑是號
殺在位十一年東周在位五十一年孔子脩魯
史作春秋始於桓王名林平王孫在莊王名佗桓王子
平王四十九年位二十三年在位十五年
甲午夏四月僖王亦名釐王名胡齊惠王名閬僖王子
辛卯釋氏生莊王子在位五年在位二十五
襄王名鄭惠王子在頃王名壬臣襄王匡王名班頃王
位二十三年子在位五年子辛亥釋
氏卒在定王名瑜匡王弟在簡王名夷定王子靈王名
位六年位二十一年在位十四年泄

心簡王子生而有景王名貴靈王子在悼王名猛景王
髭在位二十七年位三十五年子在位二
百敬王名匄悼王弟在元王名仁敬王子貞定王名介
日位四十四年在位六年元王
子在位二哀王名去疾貞定王長子在思王名叔襲哀
十八年位三月弟叔襲殺之王弟在位
五月弟名嵬思王弟名午考王子在
嵬殺之考王在位十五年威烈王位二十四年安王
名驕威烈王子名喜安王子名扁烈王子在
在位二十六年烈王在位七年顯王位四十八年
名定顯王子名延慎靚王子
慎靚王在位六年赧王在位五十九年

春秋同姓列國世系圖

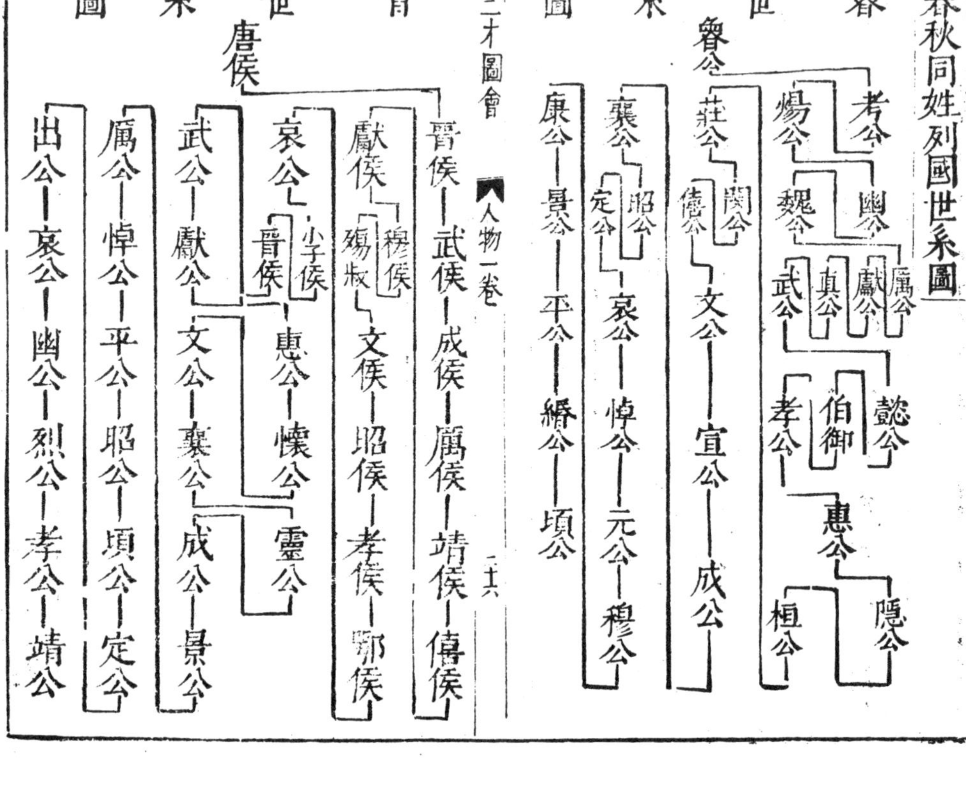

衛世系圖
康叔
康伯 孝伯 嗣伯 㨗伯 靖伯 貞伯 頃侯
僖侯 武公 莊公 桓公 州吁 宣公 惠公 黔牟 戴公 文公 成公 懿公 穆公 定公 殤公 獻公
襄公 靈公 出公 莊公 衛君起 悼公 敬公 昭公 懷公 慎公 聲公
成侯 平侯 嗣君 懷君 元君 衛君角
三才圖會 人物一卷 二十七
蔡世系圖
叔度
蔡仲 蔡伯 宮侯 厲侯 武侯
夷侯 僖侯 共侯 戴侯 宣侯
桓侯 穆侯 莊侯 文侯
哀侯 靈侯 悼侯 成侯
景侯 平侯 昭侯
聲侯 元侯 侯齊

曹世系圖
叔振鐸
太伯 仲君 宮伯 孝伯 夷伯
幽伯 戴伯 惠伯
穆公 桓公 莊公 僖公
昭公 共公 文公 宣公 成公
武公 平公 悼公
聲公
隱公 靖公 伯陽
三才圖會 人物一卷 二十八
鄭世系圖
桓公
武公 莊公 昭公 厲公 子亹 子儀 文公 穆公 靈公 襄公
悼公 成公 僖公
聲公 哀公
共公 幽公
繻公
康公
簡公 定公 獻公

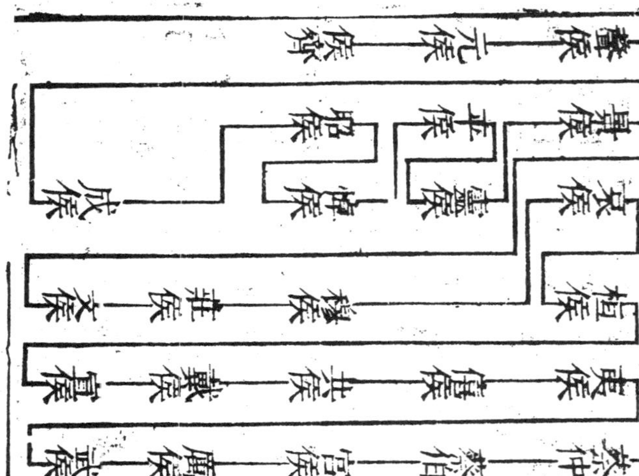

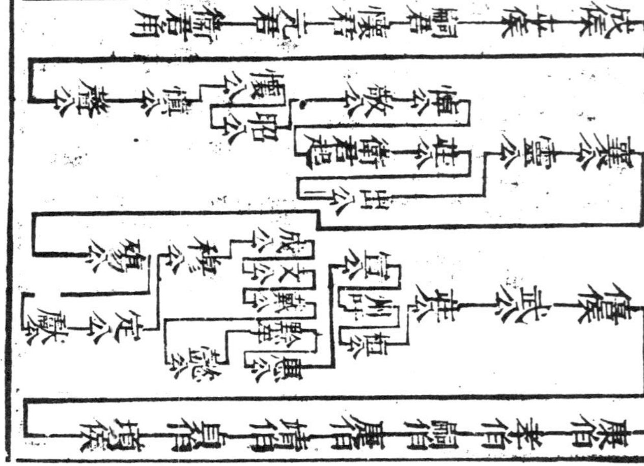

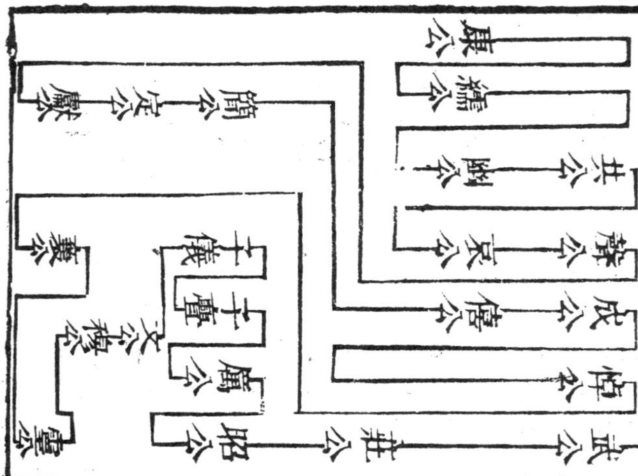

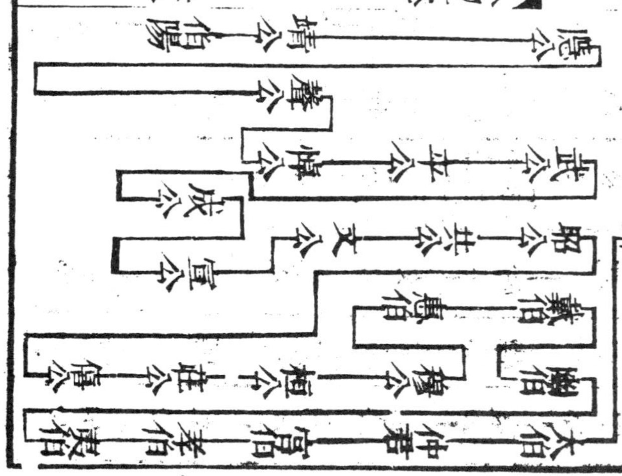

燕世系圖

僖侯—頃侯—哀侯—鄭侯—穆侯—宣侯
桓侯—莊公—襄公—桓公—宣公
昭公—武公—文公—懿公—惠公
悼公—共公—平公—簡公—獻公
孝公—成公—閔公—僖公—桓公
文公—易王—王噲—昭王—惠王
武成王—孝王—王喜—太子丹

吳世系圖

周章
熊遂—柯相—彊鳩夷—餘橋疑吾
柯盧—周繇—屈羽—夷吾—禽處
君轉—頗高—句卑—去齊
壽夢—諸樊
餘祭
夷昧—王僚
闔廬—夫差

滕世系圖

滕侯
宣公—昭公—文公—成公
悼公—頃公—隱公

魯侯爵武王弟周公旦世子伯禽受封於曲阜今兗州是也始周公武王元年己卯終秦孝文王元年辛亥三十四君凡八百七十三年楚考烈王滅之

晉侯爵武王幼子成王同毋弟叔虞封於唐又號晉都翼即今平陽絳縣是也昭侯封文侯之弟成師于曲沃今河東聞喜縣是也後滅翼至景公乃遷新田即絳縣謂曲沃爲絳始周成王元年乙酉終安王二十六年甲辰四十君凡百四十一年三晉滅之

衛侯爵武王弟康叔成王封於衛在商墟朝歌始周成王

元年乙酉終秦二世元年壬辰四十一君凡九百七年
秦滅之
蔡侯爵武王弟叔度封蔡監殷後與管叔流言作亂成王
放之于郭鄰其子胡率德改行周公舉爲魯卿士復封
於蔡是爲蔡仲始周武王元年巳卯終貞定王二十二
年壬辰二十五君凡六百七十五年楚惠王滅之
曹伯爵武王弟叔振鐸始封於曹始武王元年巳卯終敬
王三十三年癸丑二十五君凡六百三十六年宋景公
滅之

鄭伯爵厲王子宣王庶弟封於鄭始宣王二十三年乙未
終烈王元年乙巳二十三君凡四百三十年韓哀侯滅
之
燕召公奭之後侯爵與周同姓召康公始封至惠侯十世
乃可紀始武王元年巳卯至顯王三十六年丁亥三十
七君凡七百九十年其後易王入戰國
吳子爵太王長子泰伯與弟仲雍避少弟季歷賢而有聖
子去之荆蠻號曰勾吳爲吳太伯無子仲雍嗣立生季
簡季簡生叔達叔達生周章武王克商求其後得周章
時巳君吳因以封之始武王元年巳卯終元王三年丁
卯二十一君凡六百五十年越王勾踐滅之
虞公爵文王姪孫虞仲王季子仲雍孫武王克商封虞仲
於周之北故夏墟自虞仲爲諸侯十二世無考傳至虞
公爲晉獻公取國而滅之世系無考
虢公爵文王弟虢仲王季子武王克商封於陝之虢城傳
世無考晉獻公滅之
滕侯爵文王子叔繡之後封於滕即今山東滕縣是也

春秋異姓諸侯世系圖

齊世系圖

丁公

乙公—癸公—哀公 胡公 獻公—武公—厲公—文公

成公—莊公—僖公—襄公—無詭 孝公 昭公 懿公 惠公

無知 桓公

頃公—靈公

莊公—景公—晏孺子 悼公 簡公 平公—宣公—康公

宋世系圖

微子

微仲—宋公—丁公—湣公—厲公

煬公 宣公

僖公—惠公—戴公—武公—穆公

殤公 閔公 新君

莊公 桓公 襄公 成公

昭公 文公 共公—平公—元公—景公

昭公—悼公—休公—辟公—主偃 宋公

陳世系圖

胡公

申公 相公—孝公—慎公—幽公—僖公

武公—夷公 平公—文公—桓公 厲公 利公 莊公 宣公

穆公—共公—靈公—成公—哀公

惠公—懷公—閔公

楚世系圖

熊繹

熊艾—熊黮—熊勝 熊煬—熊渠—熊摯 熊延

熊勇 熊嚴 熊霜 熊狗 熊鄂—若敖—霄敖—蚡冒 武王

文王—杜敖 成王—穆王—莊王—共王

康王—郟敖

靈王 平王—昭王—惠王—簡王—聲王—悼王—肅王 宣王

威王—懷王—頃襄王—考烈王—幽王 哀王 王負芻

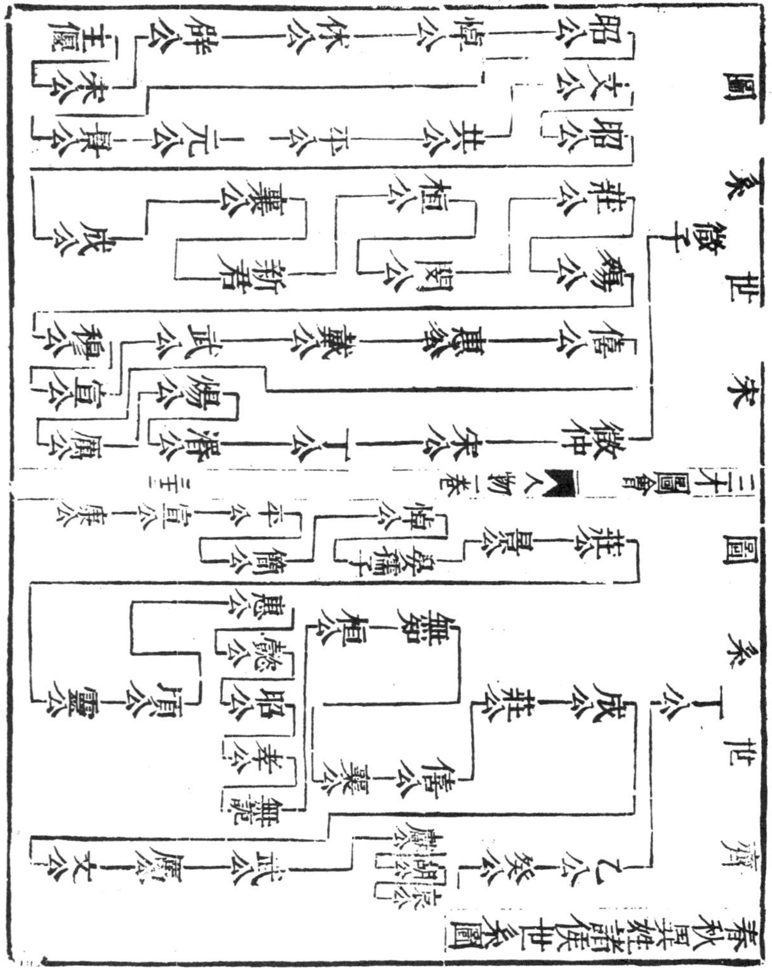

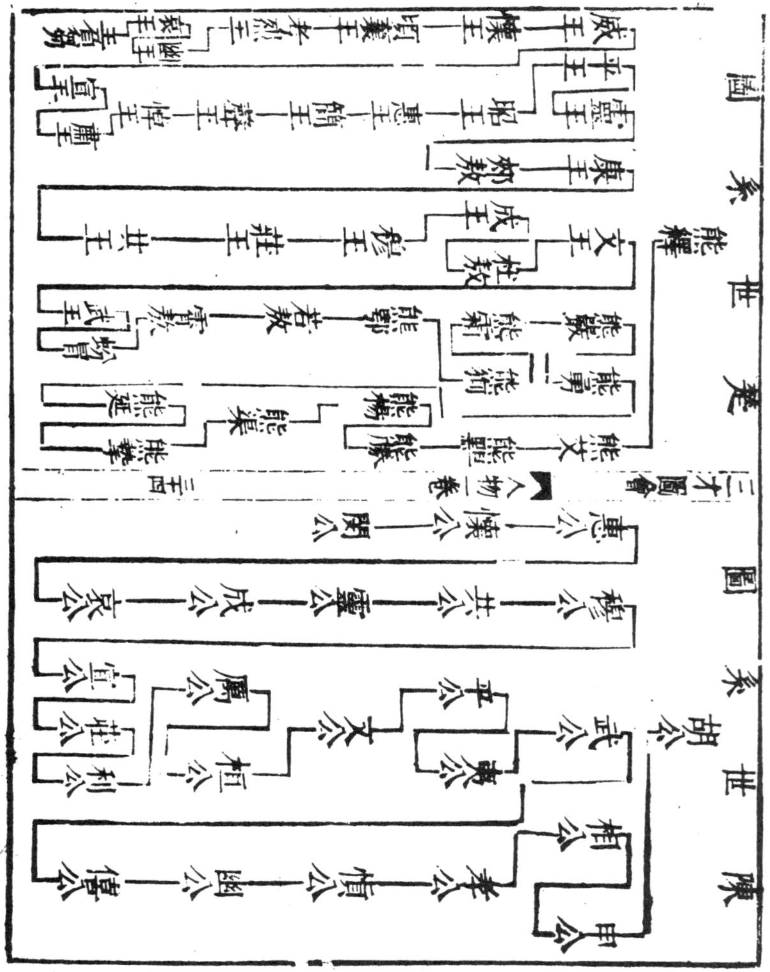

越世系圖

越王句踐 — 王鼫與 — 王不壽 — 王翁 — 王翳 — 王之侯 — 王無彊

杞世系圖

東樓公 — 西樓公 — 題公 — 謀娶公 — 武公 — 靖公 — 共公 — 德公 — 桓公 — 孝公 — 文公 — 平公 — 悼公 — 隱公 — 釐公 — 湣公 — 哀公 — 出公 — 簡公

許世系圖

德男 — 伯封 — 孝男 — 靖男 — 康男 — 武公 — 文公 — 莊公 — 桓公 — 僖公 — 昭公 — 靈公 — 悼公 — 許公 — 元公 — 公結

邾世系圖

邾子克 — 邾子瑣 — 文公 — 定公 — 宣公 — 悼公 — 莊公 — 隱公 — 桓公

莒世系圖

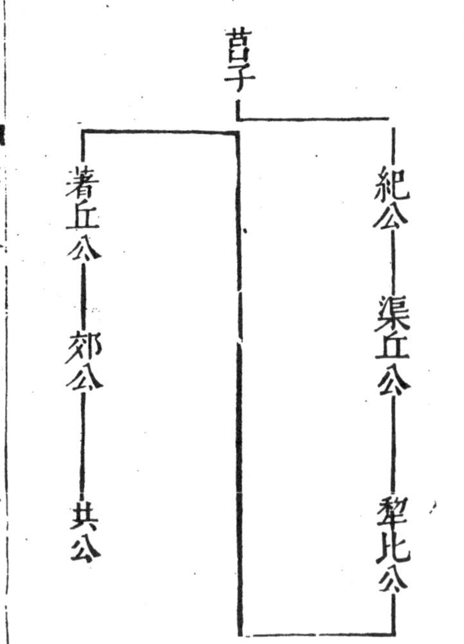

薛世系圖

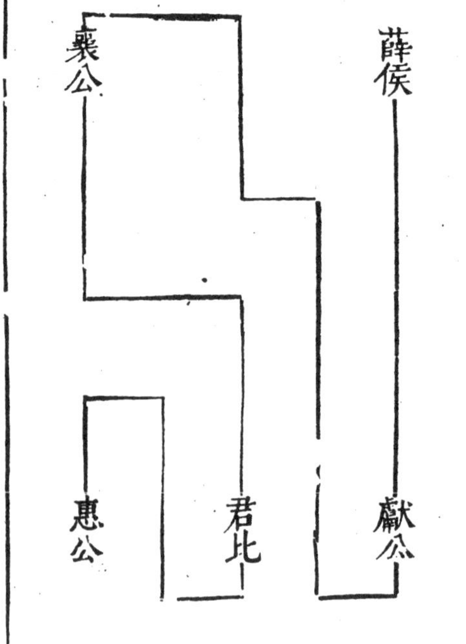

齊四岳伯夷之後侯爵姜姓伯夷佐禹治水有功賜姓又曰呂侯其後太公望爲周文武師尚父封於齊都營丘即今山東青州臨淄縣始武王元年己卯終安王二十三年辛丑三十君凡七百七十四年田齊滅之

宋公爵子姓殷帝乙首子紂庶兄微子啓封於宋即今河南睢陽是也始成王初年終赧王二十九年甲戌三十二君凡八百二十九年齊楚魏滅之

箕子子姓殷帝紂庶兄微子之弟武王封於朝鮮爲諸侯以奉殷祀爲中國藩邦

陳侯爵嬀姓舜後虞幕裔孫閼父之子胡公滿武王克殷求舜後封於陳即今河南陳州是也以舜微時居嬀水乃賜胡公姓嬀始武王元年己卯終敬王四十二年壬戌二十四君凡六百四十五年楚惠滅之

楚顓帝四世重黎弟吳回之後芊姓吳回嗣重黎爲祝融之官生六終有六子其六曰季連苗裔鬻熊爲周文王武王師曾孫熊繹成王封於荊蠻其後都郢國號楚始成王元年乙酉王威烈王二十四年戊寅三十一君凡七百十四年其後悼王入戰國

越子爵姒姓其先禹之苗裔而夏后帝少康之庶子無余封於會稽奉守禹祀後傳二十餘世至允常子勾踐自立爲越王

杞侯爵姒姓其先夏禹之後苗裔殷時或封或絶周武王克殷紂求禹之後得東樓公封之於杞其地今開封府杞縣是也以奉夏后氏祀

許男爵姜姓其先出自堯四岳伯夷之後周武王封其苗裔文叔於許以續大岳之嗣地在潁州許昌縣今許州是也春秋國小近鄭鄭滅之以其國爲俘邑後附楚楚遷之于城父又遷于白羽又遷于葉

郳子爵曹姓其先顓頊後陸終第五子晏安苗裔周武王克商封曹挾于郳即今山東鄒縣是也郳子克始見於春秋克後九世桓公華後爲楚所併

莒子爵嬴姓其先出少昊之後周武王封茲輿期於莒今山東莒州是也

薛侯爵任姓其先黃帝之後奚仲封于薛夏所封在周前無考春秋後六世齊滅之

戰國諸侯世系圖

魏世系圖

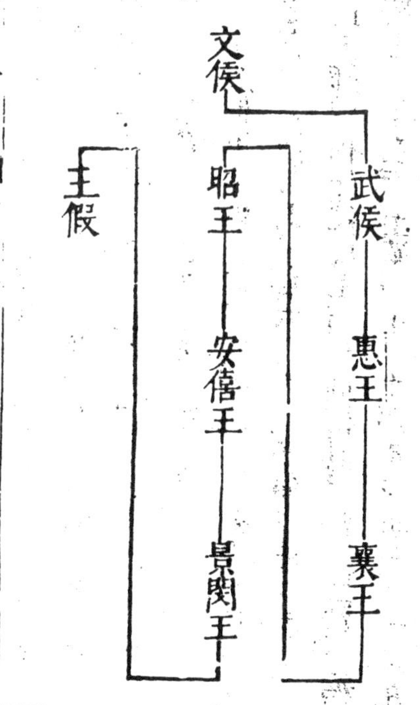

趙世系圖

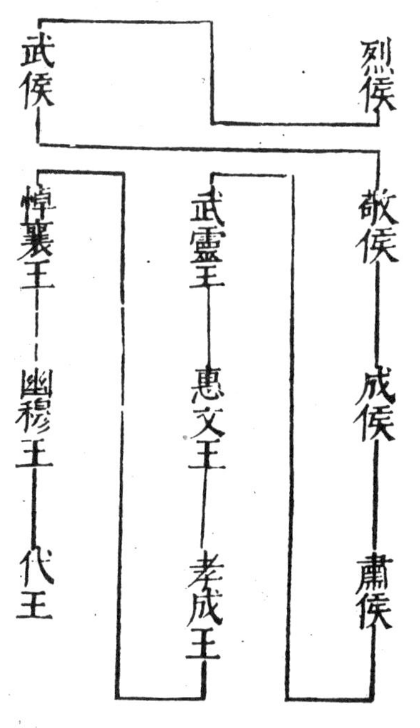

韓世系圖

景侯
烈侯—文侯—哀侯
懿侯—昭侯—宣惠王
襄王—僖王—桓惠王—王安

田齊世系圖

太公和
桓公—威王—宣王
湣王—襄王—王建

燕世系圖

易王
王噲—昭王—惠王
武成王—孝王—王喜

楚世系圖

悼王
肅王—宣王—威王
懷王—頃襄王—考烈王
幽王
哀王
王負芻

秦世系圖

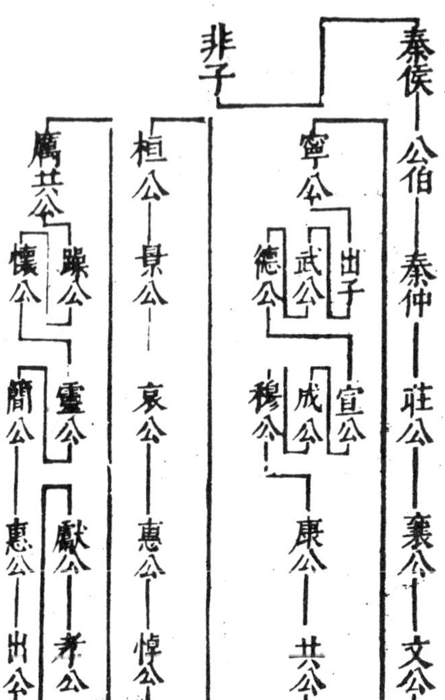

魏畢公高苗裔畢萬之後與周同姓畢萬事晉獻公晉滅魏以封萬後桓子與趙襄子韓康子共滅智伯分爲三晉桓子孫斯威烈王命爲諸侯始威烈王二十三年丁丑終秦始皇二十二年丙子八君一百七十九年秦滅之

趙蜚廉子惡來弟季勝五世孫造父之後造父周穆王封於趙城七世生叔帶事晉文侯又五世而生趙夙又七世生簡子鞅鞅生襄子無卹世爲晉卿四世生籍與韓魏共分晉地威烈王命爲諸侯始威烈王二十三年丁丑終秦始皇二十五年己卯十一君凡一百八十二年秦滅之

韓韓獻子厥之後晉曲沃莊伯之弟曰韓萬其孫簡爲定伯生子輿爲武子子輿生厥爲晉卿六世生康子又二世虔威烈王命爲諸侯始威烈王二十三年丁丑終秦始皇十七年辛未十一君凡一百七十四年秦滅之

齊陳完奔齊桓公使爲工正又姓田氏五世生無宇始大於齊又三世成子恒弒簡公又三世田和遷康公於海上魏文侯爲之請於周以爲諸侯始安王十六年甲午

終秦始皇二十六年庚辰七君凡一百六六十年年秦滅之

燕始顯王三十七年戊子終秦始皇二十五年己卯七君凡一百一十一年秦滅之

楚始安王元年己卯終秦始皇二十四年戊寅九君凡一百七十九年秦滅之

秦顓帝裔孫女脩之子大業所生栢翳之後嬴姓栢翳名大費佐禹平水土有功賜姓嬴十九世生非子爲周孝王主馬于汧渭之間馬大蕃息孝王分封爲附庸而邑

之秦號曰秦嬴　始孝王十二年壬戌至顯王三十一年壬午三十君凡五百六十年其後惠文王入戰國

秦世系圖

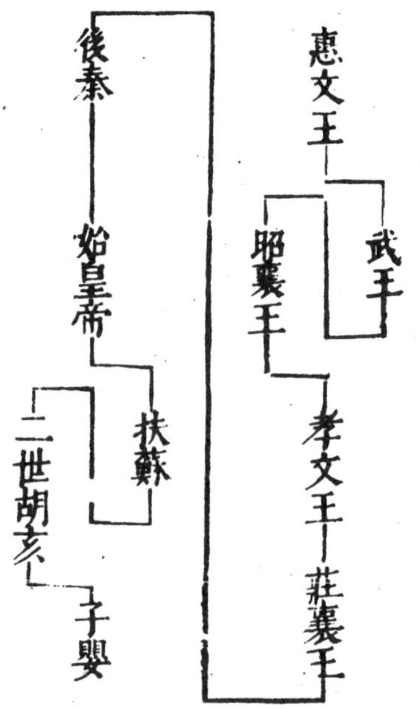

秦始皇帝

秦始顯王三十二年癸未至秦昭王五十一年甲辰三君凡八十二年明年徙周民及九鼎于咸陽始丙午至庚辰爲秦始王三十四年始併天下甲午秦亡

後秦始皇帝 政實呂不韋之子冐姓嬴氏始自始皇乙卯即王位庚辰併天下稱皇帝終子嬰甲午三主通四十年漢高祖伐而滅之以十月爲歲首在位三十七年居王位二十五年卽帝位十二年壽五十而大賈呂不韋欲謀秦社稷以美姬孕而有孕以遺莊襄王納之踰期生政生而反生故名曰正後改爲政實非嬴姓乃呂氏也故爲後秦 **二世** 胡亥始皇少子丞相李斯宦者趙高矯詔殺太子扶蘇而立爲趙高所殺在位三年壽二十三 **子嬰** 二世兄扶蘇子趙高立之復稱王遂殺趙高在位四十六日降于沛公國滅秦祀遂絕

秦末諸國　楚（陳勝　景駒）會稽（項梁）趙（武臣　趙歇）齊（田儋　市　榮　橫）魏（魏咎　魏豹）韓（韓成）燕（韓廣）楚義帝（懷王孫心項籍立之後遇弑）西楚霸王（項籍）

項氏分王諸將　衡山王（吳芮後爲長沙王）臨江王（共敖）九江王（英布後爲南陽王）河南王（瑕丘申）韓王（鄭昌）西魏王（魏豹）殷王（司馬卬）代王（趙歇）常山王（張耳後爲趙王）齊王（田都）濟北王（田安）遼東王（韓廣）燕王（臧荼）雍王（章邯）塞王（司馬欣）翟王（董翳）漢王（沛公）

項王圖

項籍字羽臨淮人家世楚將封於項故姓項氏長八尺二寸目亦重瞳力能扛鼎才氣過人秦二世元年羽起兵立楚懷王孫心爲義帝以從民望数破秦軍虜王離降章邯阬秦卒二十餘萬屠咸陽殺秦降王子嬰秦民失望復與沛公背約封之蜀爲漢王又陰使九江王布殺義帝漢王乃舉兵伐楚数羽十罪割鴻溝爲和而解五年漢王復進兵羽壁垓下軍少食盡潰圍馳出漢軍追至烏江烏江亭長檥船待謂羽曰江東雖小亦足王也羽笑曰廼天亡我何渡爲竟自刎

三才圖會

雲間元翰父王圻編集
男思義校正

人物二卷

西漢世系圖

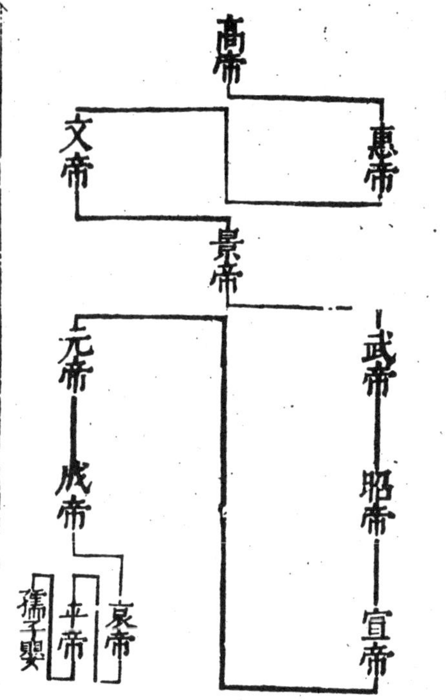

東漢世系圖

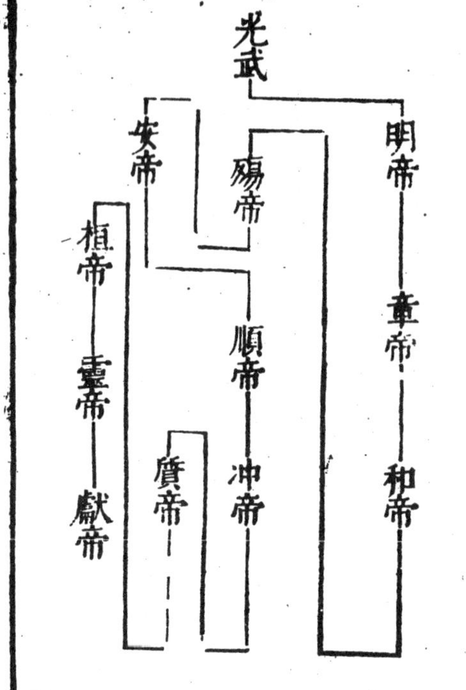

漢高祖像

漢文帝像

漢景帝像

漢武帝像

漢宣帝像

漢光武像

漢明帝像

漢章帝像

西漢始高祖甲午滅秦乙未爲王巳亥滅楚即帝位終孺
子嬰戊辰十一帝連呂后孺子嬰共二百一十四年王
莽篡之并王莽篡位并劉玄合二百三十年

高帝 姓劉名邦下沛人帝堯之裔起於泗上亭長滅秦併楚而有天下即皇帝位因秦以建亥之月爲歲首以火德王都長安在位十二年壽五十二

惠帝 名盈高帝太子在位七年壽二十四

呂后 名雉高帝后稱制八年壽七十一婦居尊位自呂后武氏始也

文帝 名恒高帝子以代王入繼大統在位二十三年壽四十六

景帝 名啓文帝太子晁錯慱學能文輕於建論更變祖法遂致骨肉相殘幾至覆國錯雖殺身宗社何補在位十六年壽四十六歲

武帝 名徹景帝太子以建寅之月爲歲首在位五十四年壽七十一改元者十一自古未有年號始起於此建元六元光六元朔六元狩六元鼎六元封六太初四大始四征和四後元四

昭帝 名弗陵武帝少子八歲即位霍光受遺詔輔政在位十三年壽二十一改元者三始元六元鳳六元平一

宣帝 名詢武帝曾孫霍光迎立之在位二十五年壽四十三改元者七本始四地節四元康四神爵四五鳳四甘露四黃龍一

元帝 名奭宣帝太子在位十六年壽四十三改元者四初元五永光五建昭五竟寧一

成帝 名驁元帝太子在位二十六年壽四十五改元者七建始四河平四陽朔四鴻嘉四永始四元延四綏和二

哀帝 名欣元帝庶孫以定陶王入繼大統在位六年壽二十六改元者二建平四元壽二

平帝 名衎元帝庶孫以中山王入繼大統在位五年二公並立王莽弒之壽十四改元者一元始五

孺子 名嬰宣帝玄孫王莽立之在位三年改元者二居攝二初始一王莽篡位廢爲定安公右前漢十一帝連呂后孺子合二百十四年

王莽 元帝后王氏弟王曼之子居長安乗宗室削弱之餘弒平帝而篡之篡位十四年改元者三建國五天鳳六地皇三漢兵入長安誅之分臠其屍臣居尊位羿莽是

也為天地非常之變 劉玄 字聖公景帝七代孫光武族
開萬世篡弒之禍 兄起自民間平林諸將立之
在位二年光武封為
淮陽王赤眉殺之

東漢始光武癸未王莽伏誅乙酉即帝位中興漢室終獻
帝己亥十二帝共一百九十五年曹丕篡位滅之

光武 姓劉名秀景帝六世孫長沙定王發之後起自民間
舉兵同劉玄誅王莽中興漢室而即帝位承西漢以
火德王都洛陽在位三十三年壽六 **明帝** 名莊光武太
十二改元者二建武三十一中元二 子取西番胡
神像入中國史謂啓萬世釋氏之禍在位 **章帝** 名炟明
十八年壽四十八改元者一永平十八 帝太子
在位十三年壽三十二改元 **和帝** 名肇章帝太子十歲
者三建初八元和章和二 即位太后竇氏臨朝
在位十七年壽二十七改 **殤帝** 名隆和帝子始生百餘
元者二永元十六元興一 日鄧太后立之臨朝聽

政在位八月餘而崩 **安帝** 名祜章帝孫十三歲即位太后
改元者一延平一 鄧氏臨朝以清河王慶之子
人繼大統在位十九年壽三十二改元者 **北鄉侯** 名懿
五永初七元初六永寧一建元一延光四 章帝
孫濟北惠王壽子閻后立之后 **順帝** 名保安帝子以
遂聽政立二百七十二日而殂 濟陰王入繼大
統在位十九年壽三十二改元者五永 **冲帝** 名炳順帝子
建六陽嘉四永和六漢安二建康一 梁太后立之
臨朝聽政在位一年壽 **質帝** 名纘章帝曾孫梁太后迎
三歲改元者一永嘉一 勃海孝王之子入繼大統
在位一年梁冀鴆之壽 **桓帝** 名志章帝曾孫以蠡吾侯
九歲改元者一本初一 入繼大統誅梁冀在位二
十一年壽三十六改元者七建和三和平 **靈帝** 名宏章
一元嘉二永興二永壽三延禧九永康一 帝玄孫
竇太后迎解瀆亭侯入繼大統十二歲即位太后臨朝
在位二十二年壽三十四改元者四建寧四熹平六光
和六中 **少帝** 靈帝子名辯在位一百八 **獻帝** 名協靈帝
平六 十日為董卓廢而弒之 次子董卓

立之為曹丕所篡封為山陽公漢乃亡在位三十年
壽五十四改元者三初平四興平二建安二十四

西漢末僭偽改元十人 **公孫述** 茂陵人王莽時為四川導
江李正自稱將軍牧益州
更始時稱蜀王都成都凡九月 **隗囂** 天水人光武時為
僭稱成帝立十二年光武滅之 西州大將軍叛降
于蜀公孫述立為寧朔 **李憲** 王莽時為廬江連率據郡
王凡一年光武滅之 稱淮南王凡三年將軍馬
成擊 **王郎** 一名昌邯鄲卜者王莽時自稱成帝子子輿
斬之 者莽殺之緣是詐稱眞子輿郡人劉林李育
俱信之聚衆入邯鄲立郎 **盧芳** 安定人光武時詐稱武
為帝僭立五月光武滅之 帝曾孫劉文伯自立為
西平王與匈奴和親匈奴迎立為漢帝八 **彭寵** 更始時
年其將隨顯欲脅芳來降芳知遂奔匈奴 為漁陽
太守光武時據薊州反自稱燕王 **秦豐** 黎丘人更始時
立三年其奴子密斬寵首以降 據黎丘自號楚
黎王立三年 **張步** 青徐群盜來降光武拜步為東萊太
光武滅之 守時劉永先封步為齊王遂不受命

立三年光 **董憲** 青徐群盜來降光武時劉永立 **龐萌** 光
武滅之 為海西王立二年光武滅之 武
時為平敵將軍反與董憲連和
自號東平王立一年光武滅之

東漢末僭偽改元一人 **袁術** 字公路獻帝時據壽春自領
揚州事凡五年遂僭號稱帝
於壽春國號稱仲家僭位二年
糧盡衆散乃北走劉備滅之

蜀世系圖

漢景帝中山靖王勝
- 先主劉備
  - 後主禪
    - 太子璿

魏世系圖

武帝曹操
- 文帝丕
  - 明帝叡
    - 齊王芳
    - 高貴鄉公髦
    - 陳留王奐

吳世系圖

孫堅
- 大帝權
  - 會稽王亮
  - 景帝休
  - 烏程侯皓
    - 太子瑾

漢昭烈帝像

魏太祖像

吳大帝像

蜀漢始昭烈帝辛丑因曹丕篡漢即位於成都紹承漢統

終後主癸未二帝共四十三年司馬昭滅之

昭烈帝姓劉名備其先涿郡人漢景帝子中山靖王勝之後劉雄生劉弘世仕州郡弘生劉備靈帝末起義兵討黃巾賊領平原相又領徐州牧又領豫州牧歸呂布以爲左將軍欲討曹操反爲操所擊出屯新野荊州豪傑歸之者益多與孫權敗曹操於赤壁爲荊州牧進圖成都降劉璋遂據成都稱漢中王聞獻帝遇害乃即帝位承漢火德以土德王都成都在位三年壽六十三歲改元者一章武三

後主名禪先主子在位四十一年魏伐之降魏封安樂公國亡壽六十五歲改元者四建興十五延熙二景耀十炎興五

魏始文帝庚子篡漢自立終元帝甲申五主共四十五年

司馬炎篡位滅之曹操小字阿瞞沛國譙人奄宦曹騰

養子夏侯嵩之子冒姓曹氏自言漢相國曹參之後舉

孝廉爲郎起兵討董卓擊黃巾賊迎獻帝都許爲大將

軍封武平侯進位丞相封魏公加九錫進爵爲王遂挾

天子令諸侯自比周文王云領軍椽仲長統作損益篇

令諸王降爵削土稍稍割奪浅其根本輕其恩義不可

授之以柄帝納之而開曹氏篡亂之禍

文帝姓曹名丕曹操子也嗣爲魏王位篡漢稱帝妄以舜禹受禪自比開後世亂臣賊子借亂之原爲萬代之首惡承漢火德以土德王都洛陽篡位七年壽四十六改元者一黃初七

明帝名叡文帝子在位十三年壽三十六改元者三太和六青龍四景初三

帝芳史稱齊王明帝養子在位十四年爲司馬

師所廢降爲邵陵厲公壽四十三改元者二正始九嘉平五

帝髦 史稱高貴鄉公文帝孫在位六年爲司馬昭所弑壽二十改元者二正元二甘露四

元帝 史稱陳留王名奐曹操孫爲司馬炎所篡封陳留王在位五年壽五十八改元者二景元四咸熙一

吳始大帝壬寅稱帝終烏程侯庚子四主共五十九年晉武帝滅之其先孫武之後吳郡富春人孫堅爲長沙太守破黃巾賊封烏程侯子孫策爲討逆將軍封吳侯策弟孫權據有江東成鼎峙之業

大帝 姓孫名權孫堅之子孫策之弟魏文帝封吳王即帝位都金陵即今應天府是也在位三十一年壽七十一改元者六黃武七黃龍三嘉禾六赤烏十三是世許真降生於南昌太元一神鳳一

會稽王 名亮大帝子在位六年爲孫綝所廢壽十七改元者三建興二五鳳二太平二

景帝 名休大帝子孫綝所立在位七年壽三十改元者一永安七

烏程侯 名皓大帝孫在位十七年晉武伐之降于晉封歸命侯國亡壽四十三改元者八元興一甘露一寶鼎三建衡三鳳凰三天冊一天璽一

西晉世系圖

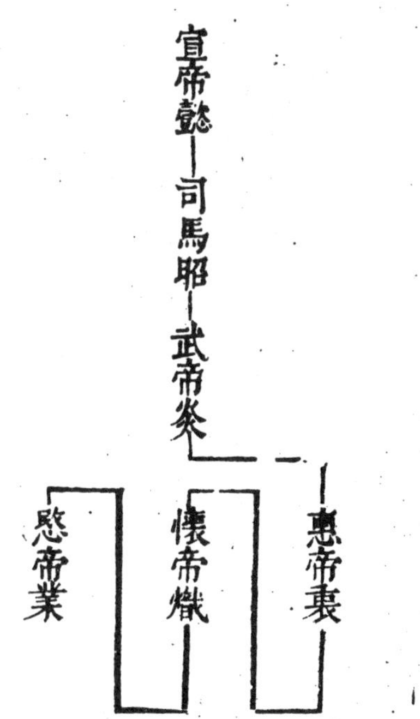

東晉世系圖

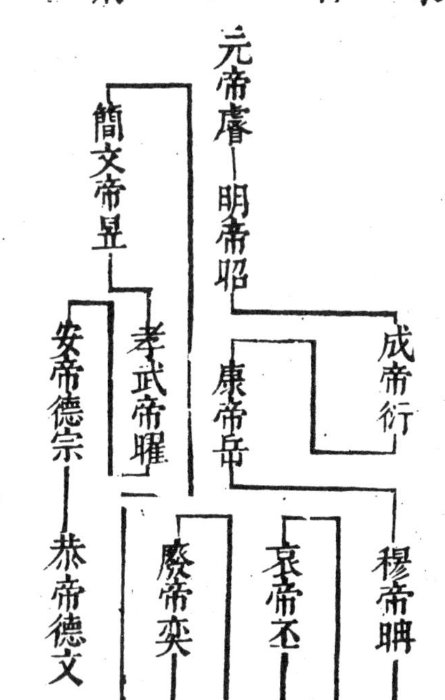

晉武帝像

晉元帝像

西晉始武帝乙酉簒魏自立終愍帝丙子四帝共五十二年爲五胡僞漢劉聰所滅其祖司馬懿河内温縣人其先出自高陽之子重黎爲夏官祝融及周以夏官爲司馬因而氏焉楚漢間司馬卬之後也曹操辟懿爲丞相文學掾魏文帝時爲撫軍録尚書事受顧命輔政明帝時遷大將軍齊王遷太尉丞相加九錫卒子師仍爲大將軍録尚書事廢齊王立高貴鄉公卒弟昭襲位大將軍録尚書事弑高貴鄉公立陳留王進位相國封晉公加九錫總百揆進爵爲王卒子炎嗣爲相國晉王

武帝 姓司馬名炎司馬懿之孫司馬昭之子簒位稱帝承魏土德以金德王都洛陽平吳混一在位二十五年壽五十五改元者三泰始十咸寧五太康十

惠帝 名衷武帝子在位十七年東海王越酖之壽四十八改元者八太熙一永平九永寧一大安一永安二又改建武又改永興二光熙一永康一

懷帝 名熾武帝子在位六年爲五胡劉聰所擒壽三十改元者一永嘉六

愍帝 名鄴武帝子起壬申於癸酉即位在位四年爲五胡劉聰所擒壽十八改元者一建興四

東晉始元帝因懷愍二帝爲僞漢劉聰所執丁丑渡江於戊寅即位于建康終恭帝己未十一帝共一百三年裕簒位滅之

元帝 姓牛名睿承西晉以金德王都建康在位六年壽四十七改元者三建武一太興四永昌一 按司馬

懿啓封于晉至愍帝方及七代此石馬数也懷愍二帝直五胡亂華爲賊劉聰所擒帝乃瑯琊王也同西陽王羕等五王同渡江父老攀櫂而歸之遂據有建業而爲都焉是爲東晉元帝故有五馬渡江一馬化龍之說其實非司馬氏也乃瑯琊恭王妃夏侯氏與小吏牛金通所生而冒司馬姓實牛姓是也昰應牛繼馬後之讖

明帝 名紹元帝子釋教始興在位三壽二十七改元者一太寧三

成帝 名衍明帝子五歲即位太后臨朝王導輔政在位十七年壽二十二改元者二咸和九咸康八

康帝 名岳明帝子在位二年壽二十三改元者一建元一

穆帝 名聃康帝子三歲即位褚太后臨朝在位十七年壽十九改元者二永和十二昇平五

哀帝 名丕成帝子在位四年壽二十五改元者二隆和一興寧三

廢帝 名奕成帝子在位五年壽四十五歷器徙權爲桓温廢爲東海王又降爲海西縣公改元者一太和一

簡文帝 名昱元帝子在位二年壽五十三改元者一咸安二

孝武帝 名曜簡文弟子十一即位謝安輔政在位二十四年壽三十五因醉爲張貴人所弑改元者二寧康二二年許真君飛昇太元二十一

安帝 名德宗孝武帝子桓玄篡位廢爲平固王遷於潯陽又奔江陵劉裕誅玄復位後爲劉裕所弑在位二十二年壽三十七改元者三隆安五元興三義熙十四

恭帝 名德文孝武帝子劉裕立之在位一年壽三十六改元者一元熙一爲劉裕所篡封零陵王尋弑之國亡

五胡僭僞十六國

前涼 張軌安定烏氏人漢趙王張耳十七世孫晉惠帝永寧元年爲凉州刺史因據之安帝拜凉州牧西平公始西晉太安二年癸亥終東晉太元元年丙子八主七十四年前秦苻堅滅之

後涼 呂光略陽氏人爲苻堅滅西域還凉州入姑臧聞堅遇弑遂據姑臧自稱凉州牧酒泉公三河王即凉王位始東晉太元十一年丙戌終元興二年癸卯三主十九年後秦姚興滅之

南涼 禿髮烏孤河西鮮卑人呂光署爲廣武郡公築廉川堡以都之自稱西平　武王徙都樂都又據廣武今蘭州金城縣始東晉隆安元年丁酉終義熙十四年宗三主十八年西秦乞伏熾盤滅之

西涼 李暠小字長生隴西成紀人漢前將軍李廣十六世孫高曾祖仕晉歷郡守祖仕張軌父早卒遺腹生暠北涼王段業以暠敦煌太守又推爲秦凉二州牧凉王奉表於晉稱藩據敦煌徙酒泉即府之祖也始東晉隆安四年庚子終宋永初二年辛酉三主二十二年北凉沮渠蒙遜滅之

北涼 沮渠蒙遜臨松盧水胡人起兵推建康太守段業爲凉州牧凉王後蒙遜殺段業自立據張掖今甘州始東晉隆安元年丁酉終宋元嘉十六年己卯三主四十三年後魏滅之

前趙 劉淵新興匈奴人冒頓之後晉惠帝永興元年自稱大單于據離石左國城北國號漢稱漢王即帝位遷都平陽爲五胡亂華之首始西晉永興元年甲子終東晉咸和四年己丑三主二十六年後趙石勒滅之

後趙 石勒上黨羯人晉惠帝太安中爲群盜歸劉淵以爲平晉王後自爲趙王據襄國滅前趙即帝位徙鄴臨漳爲五胡亂華之從始東晉太興二年己卯終永和七年辛亥七主三十三年冉閔滅之

夏 赫連勃勃匈奴右賢王去卑之後劉淵之族也據朔方統万城今夏州始東晉義熙三年丁未終宋元嘉八年辛未三主二十五年後魏太武滅之

後蜀 李特巴西宕渠人晉武帝太康中關西亂百姓流移就穀特隨流人寄食蜀漢晉太安中遂據益州自稱益州牧子雄稱成都王即帝位國號成始西晉太安二年癸亥終東晉永和三年丁未五主四十五年晉桓温滅之

魏 不在十六國数始東晉永和六年庚戌終永和八年壬子三年前燕慕容儁滅之

前燕 慕容廆小字奕洛瓌昌黎鮮卑人其先有熊氏之苗裔世居北夷號曰東胡後爲匈奴所敗分保鮮卑山因以爲號以慕容爲氏又居遼西廆父涉歸爲鮮卑單于遷邑於遼東廆繼立自稱鮮卑大單于晉元帝封昌黎公遼東公據鄴都始西晉太安二年癸亥終東晉太和五年庚午四主六十八年前秦苻堅滅之

後燕 慕容垂皝第五子慕容儁封吳王與慕容評忌奔秦仕苻堅堅寇晉兵敗復歸燕自稱燕王定都中山即帝位始東晉太元八年癸未終義熙四

年戊申五主三十六
年北燕馮跋滅之

南燕 慕容德慕容皝少子慕容垂弟也慕容暐封范陽王慕容寶以爲丞相領冀州牧遂自稱燕王入青齊據廣固即帝位始東晉隆安二年戊戌終義熙六年庚戌二主十三年劉裕滅之

北燕 馮跋長樂信都人與高雲殺慕容熙推高雲爲王雲遇弒衆推馮跋即天王位國號燕據昌黎今冀州始東晉義熙五年己酉終宋元嘉十三年丙子二主二十八年後魏太武滅之

前秦 苻健略陽氐人世爲西戎酋長父蒲洪晉永嘉之亂據枋頭有虎踞中原之志降於石虎以爲都督鎭關中罷歸枋頭洪以讖文有草付應王遂改姓苻氏自稱大單于三秦王爲麻秋所鴆子健斬麻秋嗣位入關都長安稱天王即帝位始東晉永和六年庚戌終太元十九年甲午七主四十五年後秦姚興滅之

後秦 姚萇赤亭羌人世爲羌酋仕苻堅爲龍驤將軍殺堅自稱秦王據長安始東晉太元九年甲申終義熙十三年丁巳三主三十四年晉劉裕滅之

西秦 乞伏國仁隴西鮮卑人父司繁降苻堅使鎭勇士川卒國仁代鎭苻堅敗自稱大單于秦河二州牧苑川王據金城今蘭州一云據鄴始東晉太元十年乙酉終宋元嘉八年辛未四主四十七年夏赫連定滅之

南北朝分總圖

南朝

- 宋 姓劉後禪于齊高帝
  - 齊 姓蕭後禪于梁武帝
    - 梁 姓蕭後禪于陳武帝
      - 陳 姓陳滅于隋
      - 後梁 蕭詧滅于隋

北朝

- 魏 拓拔之後改姓元氏後分爲東西二魏
  - 東魏 元善見禪于北齊
    - 北齊 姓高滅于周
  - 西魏 元寶炬禪于周
    - 周 姓宇文禪于隋

隋

南朝宋世系圖

- 武帝 裕
  - 少帝 義符
  - 文帝 義隆
    - 孝武帝 駿
      - 廢帝 子業
    - 明帝 彧
      - 後廢帝 昱
      - 順帝 準

宋武帝像

宋文帝像

齊世系圖

- 高帝道成
  - 武帝賾—文惠太子—廢帝昭業
    - 廢帝昭文
  - 明帝鸞—帝寶卷
    - 和帝寶融

齊高祖像

梁世系圖

- 武帝蕭衍
  - 簡文帝綱
    - 豫章王棟
  - 元帝繹
    - 敬帝方智

梁武帝像

昭明太子像

陳武帝像

陳世系圖

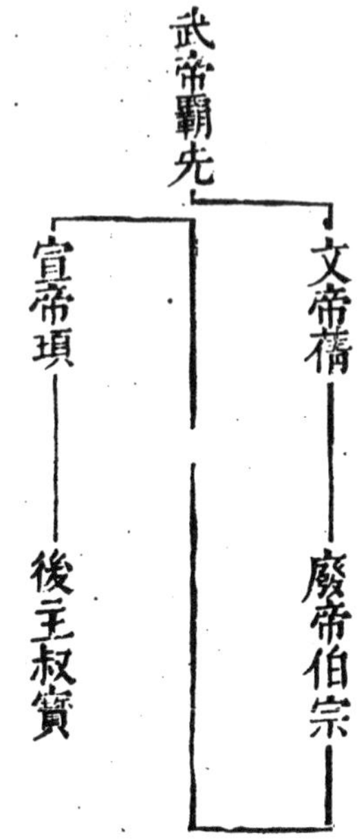

宋始武帝庚申篡晉自立終順帝己未八主共六十年蕭道成篡位滅之

武帝姓劉名裕小字寄奴彭城人漢楚元王交二十一世孫誅桓玄滅後秦南燕晉封宋公進爵爲王遂篡晉而自立承晉金德以水德王都建康篡位三年壽六十改元者一永初三

少帝名義符小字車兵武帝長子在位一年遊戲無度爲徐羨之所廢壽十九改元者一昇平一

文帝名義隆小字車兒武帝第三子在位三十年爲太子劭所弑壽四十七改元者一元嘉三十

劭弑父自立武帝殺之僭號改元者一太初一

孝武帝名駿小字道人文帝子在位十一年壽三十五改元者二孝建三大明八

廢帝名子業小字法師孝武帝子在位一年無道湘東王使壽寂之弑之壽十七改元者一永光改景和一

明帝名彧文帝子篡位八年壽三十四以妾陳妙登李道兒有孕取歸生子繼位改元者二泰始七泰豫一

廢帝名昱明帝子實李道兒之子在位四年壽十五無道爲蕭道成令楊萬年等弑之追廢蒼梧王改元者一元徽四

順帝名準明帝子蕭道成立之在位三年壽十一爲蕭道成所篡尋弑之改元者一昇明三

齊蕭姓鄭侯蕭何二十四代孫始高帝己未篡宋自立終和帝辛巳七主共二十三年蕭衍滅之

高帝姓蕭名道成小字鬥將蘭陵人仕宋爲相國封齊公進爵爲王篡宋奉順帝爲汝陰王尋弑之承宋水德以木德王都建康篡位四年壽五十六改元者一建元四

武帝名賾高帝子在位十一年壽五十四改元者一永明十一

帝昭業小字法身武帝嫡孫在位一年爲蕭鸞所殺追廢鬱林王壽二十一改元者一隆昌一

帝昭文武帝孫蕭鸞立之在位一年爲蕭鸞所弑追廢海陵王壽十五改元者一延興一

明帝名鸞高帝兄之子弑二帝而篡位篡位五年壽五十七改元者二建武四永泰一

帝寶卷明帝子荒

逞殘忍蕭衍舉兵奉南康王寶融即位于江陵兵至建康張齊入宮斬之送首於蕭衍追廢東昏侯在位二年壽十九改元者一永光二

和帝 名寶融明帝子在位一年蕭衍篡位廢爲零陵王尋弒之壽十五改元者一中興一

梁 與齊同祖齊高帝族弟始武帝壬午篡位自立終敬帝丙子四主共五十五年陳霸先篡位滅之

武帝 姓蕭名衍小字陳兒南蘭陵人與齊同姓齊和帝封梁公進爵爲王弒二帝篡齊自立承齊木德以火德王在位四十八年侯景舉兵又圍臺城餓崩壽八十六改元者七天監十八普通七大通二中大通六大同十一中大同一太淸一

簡文帝 名綱小字世讚武帝子在位二年侯景廢爲晉安王尋弒之壽四十九改元者一太寶二

豫章王 名棟昭明太子之孫侯景立之在位不久爲侯景所篡改元者一天正

元帝 名繹小字七符武帝子討侯景殺豫章王即位于江陵蕭詧引西魏圍江陵城陷被執遇殺在位三年壽四十七改元者一承聖三

敬帝 名方智元帝子陳霸先立之在位二年爲陳霸先所篡封江陰王尋弒之改元者二紹泰一太平一

陳始武帝丁丑篡梁自立終後主己酉五主共三十三年

隋文帝滅之

武帝 姓陳名霸先吳興人仕梁平侯景有功封陳公進爵爲王篡梁自立承梁火德以土德王篡位三年壽五十七改元者一永定一

文帝 名蒨武帝兄之子在位七年壽四十七改元者二天嘉六天康一

廢帝 名伯宗文帝長子爲安成王頊廢爲臨海王在位二年壽十九改元者一光大二

宣帝 名頊武帝兄之子廢臨海王自立在位十四年壽五十三改元者一大建十四

後主 名叔寶小字黃奴宣帝子隋文帝伐之爲韓擒虎所執詣長安封長城縣公在位七年壽五十二改元者二至德四禎明三

元魏黃帝子昌意少子受封北土有國焉興於詰汾詰汾生力微力微孫猗盧晉封爲代王傳至孫什翼犍爲苻堅所併什翼犍孫拓跋珪復自立爲代王遷居定襄之盛樂改稱魏王後都平城即帝位以土德王孝文改姓元氏遷都洛陽定爲水德上繼西晉金德始道武帝丙戌即位終孝武帝甲寅棄國西奔長安十三王共一百四十九年分爲東西魏

道武帝 姓拓跋名珪什翼犍孫以土德王爲子淸河王紹所弒在位二十三年壽三十九改元者四登國十皇始二天興六天賜五

明元帝 名嗣道武長子在位十五年壽三十二改元者三永興五神瑞二泰常八

太武帝 名燾明元子在位二十八年壽四十五爲宦官宗愛所弒改元者六始光四神䴥四延和三太延四太平眞君十一正平二

文成帝 名濬太武嫡孫在位十四年壽二十六改元者四興安二興光一太安五和平六

獻文帝 名弘文成子爲馮太后所酖在位六年壽二十三改元者二天安一皇興五五年即孝文延興元年

孝文帝 名宏獻文子改姓元氏定爲水德上繼西晉金德遷都洛陽在位二十九年壽三十三改元者三延興五承明一太和二十三

宣武帝 名恪孝文子魏業始衰在位十六年壽三十三改元者四景明四正始四永平四延昌四

孝明帝 名詡宣武子六歲即位胡太后臨朝後爲所鴆在位十三年壽十九改元者四熙平二神龜二正光五孝昌三

釗 臨洮王寶暉之子方三歲太后立之爾朱榮舉兵至洛并胡太后沈之于河

孝莊帝 名子攸彭城王勰子爾朱榮迎立爲爾朱兆所弒在位二年壽二十四改元者一永安二

東海王 名曄太武曾孫爲朱兆所立又廢之改元者一建元

一節閔帝 名恭獻文孫廣陵王羽之子爾朱世隆所立高歡鴆之在位二年壽三十五改元者一普泰。二安定王 名朗章武王融之子高歡所立又廢之尋見殺改元者一中興一 孝武帝 名脩孝文孫廣平王懷之子高歡所立惡歡執政西奔長安依宇文泰尋爲泰所鴆在位三年壽二十五改元者一永熙三

東魏據洛城後遷鄴始孝武帝西奔甲寅高歡迎立孝靜帝終庚午一主十七年高洋篡位滅之

孝靜王 善見清河王亶之子武帝出奔長安高歡立之高歡子高洋篡位封中山王尋弒之在位十七年壽二十八改元者四天平四元象一興和四武定一

西魏都長安始孝武帝甲寅西奔都長安乙卯文帝即位終恭帝丙子三主共二十二年宇文覺篡位滅之

文帝 名寶炬孝文帝孫京兆王愉之子宇文泰鴆孝武帝而立之初封南陽王在位十七年壽四十五改元者一大統十七。 廢帝 名欽文帝子在位二年不改元宇文泰滅之 恭帝 名廓文帝子泰立復姓拓跋氏在位三年不改元宇文泰子宇文覺篡位尋爲所滅

三才圖會 人物二卷 三十二

北齊高姓都鄴始文宣帝庚午篡東魏自立終幼主丁酉五主及安德王并高恒共二十八年周武帝滅之

文宣帝 名洋渤海人東魏丞相高歡之子篡東魏自立在位十年壽三十一改元者一天保一 廢帝 名殷文宣子常山王演廢爲濟南王而篡其位尋弒之在位一年壽十七改元者一乾明一 孝昭帝 名演高歡第六子文宣弟篡廢帝位而自立在位一年壽二十七改元者一皇建一 武成帝 名湛高歡第九子孝昭弟在位四年傳位太子緯壽三十二改元者二太寧一河清三 後主 名緯武成太子周武帝伐而執之封溫公後賜死在位十二年壽二十三改元者三大統五武平六隆化一 安德王 名延宗文宣帝高澄之子後主被執即位于太原尋爲周人所執與後主同賜死改元者一德昌一 即隆化元年 幼主恒 後主子八歲即位九歲殂在位一年改元者一承光一

後周承北魏水德以木德王始閔帝丁丑篡西魏自立終靜帝辛丑五主共二十四年楊堅篡位滅之

閔帝 姓宇文名覺小字陀羅尼代郡武川人西魏丞相宇文泰第三子篡西魏自立一年不改元爲宇文護所弒 明帝 名毓宇文泰長子小字統萬突在位二年元年不改元二年改元武成爲宇文護所弒 武帝 名邕小字禰羅突宇文泰第四子誅宇文護在位十八年壽三十六改元者四保定五天和六建德宣政一 宣帝 名贇武帝長子禪位太子闡自稱天元皇帝在位一年壽二十二改元者一大成一 靜帝 名闡宣帝長子爲丞相楊堅所篡封介公尋遇害在位三年壽九歲改元者二大象二元即大成元年大定一元年即隋開皇元年

三才圖會 人物二卷 三十三

後梁始宣帝詧乙亥終莒國公琮丁未三主共三十三年隋文帝滅之

宣帝 名詧梁武帝孫昭明太子統之子封岳陽王與西魏攻害元帝西魏立爲梁王資以荊州之地遷稱帝于江陵附庸于西魏奉其政朔在位七年壽四十四改元者一大定七 明帝 名巋宣帝子在位二十四年壽四十四改元者一天保二十四 莒國公 名琮明帝子隋文帝徵入朝廢梁國封莒國公尋卒在位二年改元者一廣運二

南北朝僭偽改元二十四人 宋太子劭 大初二月 楚武昌王渾 永光一月 晉安王子勛 義嘉八月 齊吴唐寓之 興平二月 雍道晞 建義

梁鮮于琛上願 劉欽 聽永漢 李賁天德四年 武陵王紀天正一年 侯景
大始五月 陳梁永嘉王莊天啓二年 魏京兆王愉建平二月 破六韓拔
陵眞王一年 秦莫折念生天建一年 宋元法生天啓二月 杜洛周眞王一年
劉蠡升神嘉九月 鮮于脩禮魯興八月 齊葛榮廣安一年 齊蕭寶寅隆緒
四月 劉獲天授一月 万俟醜奴神獸一月 漢邢杲天統八月 後周齊王高紀陽
紹泰 武平五月

隋世系圖

文帝楊堅——煬帝廣——恭帝侑

隋文帝像

隋楊姓弘農華陰人漢太尉楊震之後承周木德以火德王都長安始文帝辛丑篡後即帝位終恭帝戊寅三主共三十八年唐高祖篡位滅之

文帝 楊堅小字那羅延父忠事西魏有功賜姓普六茹氏事後周封隋國公堅襲爵復姓楊以周靜帝之元舅封隋王篡周自立開皇九年滅陳爲太子廣所弑篡位二十四年壽六十四改元者二開皇二十元年即後周靜帝大定元年仁壽四

煬帝 名廣小字阿麼文帝第二子廢太子勇而立之弑君父而自立南遊江都爲宇文化及所弑在位十三年壽五十改元者一大業十三十三年即恭帝義寧元年

恭帝 名侑煬帝孫封代王李淵舉義兵入長安迎即帝位遥尊煬帝爲太上王以淵爲大丞相進封唐王壽十五在位二年爲李淵所篡封酅國公

恭帝 名侗煬帝孫封越王鎮東都洛陽煬帝遇弑王世充立爲帝後爲世充篡而弑之次年龔改元者一義寧二

隋末僭僞改元十九人

向海明 白烏一年　皇王劉迦論 大世一年

迦樓羅王朱粲 昌達一年　元興王操師乞 始興二月　楚林士弘 太平四年

魏李密 永明二年　梁蕭銑 鳴鳳五年　梁師都 永隆八年　長樂王竇建德後改夏王 五鳳一年

永樂王郭子和 丁丑三月　西秦霸王薛舉 秦興二年

定陽可汗劉武周 天興三年　許宇文化及 天壽九月　涼李軌 安樂一年

燕高開道 始安六月　鄭王世充 開明二年　梁王沈法興 延康一年

吳王李子通 明政一年　漢東王劉黑闥 大造一年

唐朝世系之圖

高祖淵

- 太宗世民—高宗治—中宗顯
  - 睿宗旦—玄宗隆基—肅宗亨—代宗豫
- 德宗适—順宗誦—憲宗純—穆宗恒—敬宗湛
  - 文宗昻
  - 武宗炎
- 宣宗忱—懿宗漼—僖宗儇—昭宗曄
  - 哀帝柷

唐高祖像

唐太宗像

則天皇后像

唐玄宗像

唐德宗像

唐憲宗像

唐武宗像

唐宣宗像

唐李姓隴西成紀人今鄜州其先出自顓頊苗裔西涼武昭王李暠之後承隋火德以土德王都長安始高祖戊寅簒隋即位終哀帝丁卯二十帝并武后合二百九十年朱温簒位滅之

高祖名淵祖虎事後周封唐国公父昞及淵世襲封唐公隋以淵爲太原留守煬帝南巡與子世民舉兵入長安迎立代王爲帝進爵唐王簒隋自立傳位太子號太上皇在位九年壽七十一改元者一武德九

太宗名世民高祖第二子封秦王殺太子建成立爲太子受内禪在位二十三年壽五十三改元者一貞觀二十三

高宗名治太宗第九子在位三十四年壽五十六改元者十四永徽六顯慶五龍朔三麟德一乾封二總章二咸亨四上元二儀鳳三調露一永隆一開耀一永淳一弘道一

武氏名曌武士彠之女太宗才

人高宗立爲皇后高宗崩臨朝稱制廢子中宗爲廬陵
王僭竊大位爲世非常之變僧懷義等得幸乃僞作大
雲經言武氏當革唐爲周遂稱聖母聖皇改國號周建
子爲正自稱天冊金輪聖神皇帝僭立二十一年壽八
十一改元者十九嗣聖改文明又改光宅一垂拱四永
昌一載初又改天授二如意又改長壽二延載一證聖
一又改天冊萬歲一萬歲登封又改萬歲通天　**中宗**名顯
一神功一聖曆一久視一大足改長安四　高宗
第七子甲申武后廢爲廬陵王乙巳復位在位五年爲
皇后韋氏及女安樂公主所鴆壽五十五改元者二神
龍二景　**睿宗**名旦高宗第二子臨淄王隆基誅韋氏
龍二　以定內難奉以即位在位三年傳位太子
隆基壽五十五改元者四景雲二太極改　**玄宗**名隆基
延和又改先天是年壬子七月傳位玄宗　睿宗第
二子誅韋后定內難立爲太子受內禪安祿山反幸蜀
傳位太子稱太上皇在位四十四年壽七十八改元者
三先天即太極延和開　**肅宗**名亨玄宗第二子奉父命
元二十九天寶十四　討賊靈武自立在位七年
壽五十二改元者四至德　**代宗**名俶一名豫肅宗長子
二乾元二上元二寶應一　在位十七年壽五十二
改元者三廣德二　**德宗**名适代宗長子在位二十六年
永泰一大曆十四　壽六十四改元者三建中四興
元一貞元　**順宗**名誦德宗長子在位八月傳位太子壽
二十一　四十六改元者一永貞即貞元二十一
年八月傳　**憲宗**名純順宗長子受內傳爲宦官陳弘志
位憲宗　所弑在位十六年壽四十三改元者一
元和　**穆宗**名恒憲宗第三子宦官梁守謙等立
十五　在位四年壽三十改元者一長慶四　**敬宗**名湛
穆宗長子爲宦官劉克明所弑在　**文宗**名昂穆宗第二
位二年壽十八改元者一寶曆二　子宦官王守澄
等立之在位十四年壽三十　**武宗**名炎穆宗第三子宦
三改元者二太和九開成五　官仇士良等立在位
六年壽三十三改　**宣宗**名忱憲宗第十三子在位十三
元者一會昌六　年壽五十改元者一大中十三
懿宗名漼宣宗長子在位十四年壽　**僖宗**名儇懿宗第
四十一改元者一咸通十四　五子在位十

五年壽二十一改元者五乾符六　**昭宗**名曄懿宗第七
廣明一中和四光啓三文德一　子宦官楊復恭
立之爲朱溫所弑在位十六年壽三十八改元者七龍
紀一大順二景福二乾寧四光化三天復三天祐三元
年甲子八月哀帝立　**哀帝**名祝昭宗第九子朱溫所立竟爲所簒
元者一天祐三四年　封濟陰王復弑之在位四年壽十七改
即梁太祖開平元年

唐李僭僞改元十一人

燕安祿山聖武一年　**安慶緒**天成一年　**燕史思明**順天一年　**史朝義**顯聖

溫王重茂唐隆一月　**譙王重福**中元二月

楚李希烈武成二年　**秦朱泚**應天九月　**又改號漢天王**二月　**齊**

黃巢金統四年　**襄王熅**建貞三月　**越董昌**順天一年

雲間元翰父王圻編集
男思義校正

人物三卷

後五代敵國之圖

岐王 李茂貞據鳳翔唐莊宗改封秦至明宗朝國除
吳王 楊行密唐昭宗時爲淮南節度使子偓立朱梁初張顥殺之立天隆演徐知誥奪之改南唐
元漢 劉崇劉知遠弟後滅于宋

楚王 馬殷據潭州後周時南唐滅之
燕王 劉守光據幽州號大燕爲後晉所殺
吳越 錢鏐據杭州後以國歸宋

梁—唐—晉—漢—周

閩王 王審知據福州後王延政居建州號殷晉時滅于南唐
南唐 徐知誥篡吳建齊國于金陵後稱帝國號唐復姓李氏更名昪
後蜀 孟知祥後滅于宋

蜀王 王建唐昭宗封蜀王後莊宗滅之孟知祥復據其地至宋國除
南漢 劉龑唐莊宗時先封南平王後號南越王改漢據廣州
南平 姓高初名季昌避唐諱更名季興至宋朝國除

後梁世系圖

- 太祖朱温
  - 顯王友珪
  - 末帝瑱

後唐世系圖

- 太祖武帝克用
  - 莊宗存勗
  - 明宗亶
    - 閔帝從厚
    - 潞王從珂

後晉世系圖

高祖石敬塘 — 出帝重貴

後漢世系圖

高祖劉知遠 — 隱帝承祐
　　　　　 — 湘陰公贇

後周世宗圖

太祖郭威 — 世宗榮 — 恭帝宗訓

後梁太祖像

後唐莊宗像

後晉高祖像

後漢高祖像

後周高祖像

後周世宗像

李後主像

閩王審知像

後梁朱姓宋州碭山人都汴遷洛始太祖丁卯篡唐自立終末帝癸未二主共十七年後唐莊宗滅之

太祖 姓朱名温初從黃巢爲盜力屈降唐僖宗賜名全忠拜宣武四鎮節度使昭宗封梁王弑昭哀二帝篡唐自立改名晃爲子郢王友珪所弑刃出於背而死在位六年壽六十一改元者二開平四乾化二 **郢王** 名友珪太祖第二子弑父自立均王友貞舉兵誅之改元者一鳳曆即乾化二年 **末帝** 友貞改名瑱太祖第四子誅友珪即帝位唐莊宗代之自殺仍用乾化二在位十一年壽三十六改元者二貞明六龍德二三年即後唐同光元年

後唐朱耶赤心沙陀部人討龐勛有功賜姓李名國昌子克用破黃巢有功封隴西郡王又封晉王子存勗嗣晉王滅梁即帝位國號唐本唐復爲土德都鄴遷洛始莊宗癸未滅梁即帝位終潞王丙申三姓四主共十四年石敬塘滅之

莊宗 名存勗小名亞子晉王李克用長子嗣晉王滅梁即帝位優人郭從謙作亂中流矢殂在位三年壽三十三改元者一同光三 **明宗** 名嗣源改名亶晉王李克用養子受命討鄴叛軍莊宗遇弑入洛陽自立即帝位在位八年壽六十七改元者二天成四長興四 **閔帝** 名從厚明帝第三子立三月潞王反舉兵于陝出奔衛州薨爲所弑改元者一應順 **潞王** 名從珂明宗養子姓王氏爲鳳翔節度使舉兵入洛弑閔帝即位石敬塘反引契丹兵至河陽舉族自焚死在位三年壽五十一改元者一清泰二三年即晉高祖天福元年

後晉臬捩雞西夷人從晉王李克用征伐有功爲洛州刺史子敬塘唐明宗駙馬其姓石不知得姓之始爲太原節度使反於晉陽借契丹援兵滅後唐契丹立之爲晉帝稱臣於契丹承後唐土德以金德王都汴始高祖丙申滅後唐稱帝終出帝丁未二主十二年契丹耶律德光滅之

高祖 石敬塘在位八年壽五十一改元者一天福八 **出帝** 名重貴高祖兄敬儒之子契丹爲寇入汴擧族出降封負義侯驅之北行遷黃龍府又遷建州在位四年改元者一開運四四年卽後漢高祖天福元年

後漢沙陀人承後晉金德以水德王都汴始高祖因晉出帝爲契丹執去中原無主乘時自立丁未卽位終隱帝庚戌二主共四年郭威滅之

高祖 姓劉名知遠改名暠後晉封北平王晉出帝北遷稱帝晉陽入汴在位二年改元者二天福一乾祐一 **隱帝** 名承祐高祖第二子郭威反擧兵入汴爲亂兵所弑在位二年不改元仍稱乾祐一 **湘陰公** 名贇高祖弟劉旻之子太后迎立之郭威廢之而自立後遇弒

後周郭威邢州堯山人爲漢鄴都留守隱帝遇弒迎湘陰公入繼大統未至契丹入寇太后命威擊之次澶州自立承後漢水德以水德王都汴始太祖辛亥簒後漢自立終恭帝庚申二姓三主共十年禪于宋太祖焉

太祖 姓郭名威仕漢爲樞密使鄴都留守擧兵入汴弑二帝而簒位在位三年壽五十一改元者一廣順三 **世宗** 姓柴名榮太祖后兄柴守禮之子太祖無子封爲晉王爲太子在位六年壽三十九改元者一顯德六 **恭帝** 名宗訓世宗第四子七歲卽位禪位于宋太祖奉爲鄭王在位八月壽二十一

五季僭僞改元十三國五十九人

吳楊行密 據淮南始唐景福元年壬子終晉天福二年丁酉四主統二十八州四十六年南唐代之 **南唐李昪** 據江南始後晉天福二年丁酉終宋開寶八年乙亥三主統三十五州三十九年宋滅之 **閩王審知** 據福建始唐景福元年壬子終晉開運元年丙午六主統五州五十五年南唐滅之 **前蜀王建** 據西川始唐大順二年辛亥終後唐同光三年乙酉二主統四十八州三十五年後唐莊宗滅之 **後蜀孟知祥** 據西川始後唐同光三年乙酉終宋乾德三年乙丑四主統四十六州四十一年宋滅之 **南漢劉隱** 據廣州始唐天祐二年乙酉終宋開寶四年辛未五主統四十七州六十七年宋滅之 **北漢劉崇** 據晉陽始周廣順二年壬子終宋太平興國三年戊寅四主統十三州二十七年宋滅之 **吳越錢鏐** 據兩浙始唐乾寧二年乙卯終宋太平興國三年戊寅五主統十三州八十四年至錢俶納土擧族歸京師國除封淮海王子孫仕宋多爲顯官焉 **楚馬殷** 據湖南始唐乾寧三年丙辰終周廣順元年辛亥六主統二十三州五十六年南唐滅之 **南平高季昌** 據荊南始梁開平元年丁卯終宋乾德元年癸亥五主 **秦李茂貞** 據鳳翔始唐光啓二年丙午終後唐同光二年甲申三十八年後唐明宗滅之 **燕劉守光** 據幽州涿州人父仁恭唐昭宗時爲盧龍節度使梁太祖封燕王守光囚其父仁恭殺其兄守文梁仍以爲盧龍節度使凡二年以爲燕王凡二年僭稱大燕帝凡三年晉王李存勗滅之 **西夏李彝昌** 拓跋思恭之後唐賜姓李世爲夏州節度使歷五代宋金元始滅之

宋朝世系之圖

太祖匡胤

太宗炅

真宗恒—仁宗禎—英宗曙—神宗頊—哲宗煦

徽宗佶

欽宗桓

高宗構

孝宗眘—光宗惇—寧宗擴—理宗昀

度宗禥

幼主㬎—益王昰

衛王昺

宋太祖像

宋太宗像

宋真宗像

宋仁宗像

宋高宗像

宋孝宗像

宋寧宗像

宋理宗像

三才圖會 人物三卷 十五

宋度宗像

宋趙姓其先出自黃帝孫高陽之後周穆王封造父於趙城因氏焉其後與韓魏分晉爲諸侯至漢京兆尹趙廣漢居涿郡遂爲涿州人其後趙弘殷事後唐漢周三朝累遷龍捷左廂都指揮使生子匡胤事後周累立戰功遷殿前都點檢奉恭帝命北拒契丹至陳橋自立受恭帝禪卽帝位國號宋承周木德以火德王都汴南渡都臨安今杭州遷閩今福州遁崖州今海南崖山始太祖庚申受周恭帝禪卽帝位至欽宗丙午金虜入寇犯汴京徽欽二帝北狩丁未高宗卽帝位于南京後遷都臨安

三才圖會 人物三卷 十六

終幼主丙子十六帝并端宗衛王共三百一十七年胡元滅之都汴前九朝一百六十七年都臨安後七朝一百五十年

太祖姓趙名匡胤在位十六年壽五十改元者三建隆三乾德五開寶八**太宗**名炅太祖弟在位二十二年壽五十九改元者五太平興國八雍熙四端拱二淳化五至道三三年眞宗卽位**眞宗**名恒太宗第三子在位二十六年壽五十五改元者五咸平六景德四大中祥符九天禧五乾興二是年仁宗卽位**仁宗**名禎眞宗第六子十三歲卽位劉太后臨朝在位四十二年壽五十四改元者九天聖九明道二景祐四寶元二康定一慶曆八皇祐五至和二嘉祐八**英宗**名曙仁宗從兄濮安懿王允讓之子太宗曾孫在位四年壽三十六改元者一治平四**神宗**名頊英宗長子在位十八年壽三十八改元者二熙寧十元豐

八八年哲宗即位

哲宗 名煦神宗第六子十歲即位太皇太后高氏臨朝聽政在位十六年壽二十五改元者三元祐八紹聖四元符三

徽宗 名佶神宗第十一子在位二十五年壽五十四改元者六建中靖國一崇寧五大觀四政和七重和一宣和七七年末欽宗即位

欽宗 名桓徽宗太子在位二年壽六十一改元者一靖康一金虜入寇犯闕二帝北狩沙漠如晉之懷愍

高宗 名構徽宗第九子始封康王二帝北狩渡江即位建康今應天府定都于杭今杭州駕至改臨安府在位三十六年傳位太子號太上皇壽八十一改元者二建炎四紹興三十二

孝宗 名眘太祖七世孫高宗無子立爲太子受內禪在位二十七年傳位太子號壽皇壽六十八改元者三隆興二乾道九淳熙十六是年光宗即位

光宗 名惇孝宗第二子受內禪在位五年壽五十四改元者一紹熙五

寧宗 名擴光宗子受內禪在位三十年壽五十七改元者四慶元六嘉泰四開禧三嘉定十七是年理宗即位

理宗 名昀太祖九世孫希壚之子寧宗立爲太子在位四十一年壽六十一改元者八寶慶三紹定六端平三嘉熙四淳祐十二寶祐六開慶一景定五

度宗 名禥福王與芮之子理宗之姪理宗立爲太子在位十年壽三十五改元者一咸淳十

幼主 名㬎度宗子即位之明年胡元兵入臨安舉國降胡元同太皇太后皇后皇族北遷燕封瀛國公在位二年改元者一德祐二庶兄二人海上改元

益王 名昰度宗子立於福州改元景炎諡端宗號景炎帝

衛王 名昺度宗子立於廣州改元祥興號祥興帝崖山敗赴海死宋祀遂亡

三才圖會　人物三卷　七

宋僭僞改元叛賊六人

王則 貝州人隸宣毅軍小校宋仁宗慶曆七年以妖術惑衆叛據貝州僭號東平王國曰安陽改元德勝凡六十五日河東宣撫使文彥博討平之

儂智高 廣西蠻賊宋仁宗皇祐四年聚衆叛攻陷雍州即州建大南國僭號仁惠皇帝改元啓曆凡十月樞密使狄青討平之

方臘 浙江睦州人徽宗宣和二年聚衆反於睦州攻陷郡縣僭號稱帝

劉豫 景州人宋高宗時爲濟南守節制東平路金虜寇山東豫出降金人冊爲皇帝建國僞號大齊奉金正朔都大名府後遷汴僭僞位凡八年金人以豫不能立國復廢之

吳曦 宋寧宗時爲四川宣撫使獻關外四州之地賂金求封金人封爲蜀王遂僭位于興州凡九月四川安撫安丙誅之函首送行在

張邦昌 爲宋太宰金虜陷汴京執二帝北行金人乃冊邦昌爲帝以王中國改國號楚邦昌以御史馬伸之書知禍福逆順之道奉迎宋孟太后垂簾聽政退居臣列僭位凡三十三日高宗即位貶潭州賜死

三才圖會　人物三卷　十八

遼世系圖

太祖阿保機—太宗德光—世宗阮
穆宗璟—景宗明記—聖宗隆緒
興宗宗眞—道宗洪基—秦王元吉—末帝延禧

遼契丹國耶律斡里之子啜里只名億字阿保機爲太祖居朔方始後梁太祖丁卯耶律阿保機稱帝至丙子改元終末帝延禧乙巳九主共二百一十九年金滅之

太祖姓耶律名阿保機稱天皇王壽五十五在位十九年九年無年號改元者二神冊六天贊四

太宗名德光太祖子改國號遼寇晉承於殺胡林在位二十二年壽四十六改元者二天顯十會同十二十二年卽世宗

天祿元年世宗名阮太祖孫爲察割所弒在位五年壽三十四改元者一天祿五五年卽穆宗

應曆元年穆宗名璟太宗子爲庖人所弒在位十九年壽三十九改元者一應曆十九十九年卽景宗

保寧元年景宗名賢世宗長子在位十四年壽三十五改元者二保寧十乾亨四

聖宗隆緒景宗長子十二歲卽位蕭太后臨朝與宋議和南北休息在位四十九年壽六十一改元者三統和二十九開泰九太平十一十一年興宗卽位

興宗名宗眞聖宗長子在位二十四年壽四十改元者二景福一崇熙一云重熙二十二

道宗名洪基興宗長子在位四十七年壽七十改元者五清寧十咸雍十太康十太安十壽隆七七年卽末帝乾統元年

末帝延禧道宗孫自號天祚皇帝敗於金兵走夾山秦王淳守燕王寅自立稱天錫皇帝改元建福立三年卒蕭幹乃失林牙立淳妻蕭氏爲太后改元德興金兵破燕乃失林牙與蕭氏奔夾山延禧殺蕭氏謀奔西夏未至爲金人所擒封海濱侯射殺之以萬馬踐其屍在位二十四年壽五十四改元者三乾統天慶保大

金世系圖

太祖阿骨打 — 熙宗亶剌馬 — 海陵王亮

太宗吳乞買

世宗雍 — 太子允恭 — 章宗璟

東海郡侯濟 — 宣宗珣 — 哀帝守緒

金女真國完顏氏居上朔遷燕又遷汴始太祖完顏阿骨打戊戌稱帝終哀宗甲午九主共一百十七年宋元共滅之

太祖阿骨打更名旻滅遼稱帝在位六年壽五十六改元者一天輔六六年卽太宗天會元年**太宗**名吳乞買更名晟太祖弟八從伐汴執辱二帝在位十二年壽六十改元者一天會十二**熙宗**名亶剌馬更名亶太祖長子爲完顏亮所弑在位十四年壽三十一改元者三天會三天眷三皇統八**海陵王**名亮謚曰煬太祖孫弑熙宗篡位自立遷都燕京復遷汴梁南伐宋至揚州爲將士所殺在位十三年壽四十改元者三天德四貞元三正隆五**世宗**名雍太宗孫南北講和疆場安靜在位三十九年壽六十七改元者一大定二十九**章宗**名璟世宗之孫在位十九年壽四十一改元者三明昌五承安六泰和八八年

卽太安元年**東海郡侯**名允濟世宗第七子卽位後國內無歲不被兵爲紇失烈所弑在位五年改元者三太安三崇慶一至寧一**宣宗**名珣世宗之孫章宗之兄在位十二年壽六十一改元者三貞祐四興定六元光二**哀宗**名守緒宣宗子連歲被兵元宋夾攻之自殺宋將割其首埋骨於大理寺獄以報伐宋之恨在位十年改元者三正大七開興改天興

元世系圖

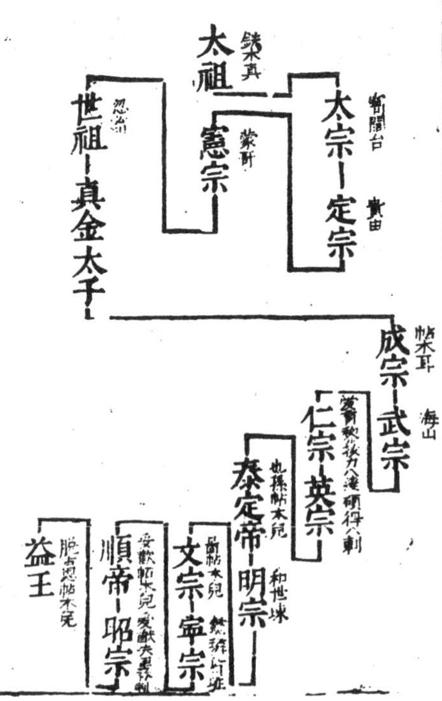

元世祖像

元按元朝秘史云元朝的人祖是天生蒼色狼與慘白鹿相配了同渡過騰吉思水到斡難河源頭不兒罕山前生一人名爲巴塔赤罕巴塔赤罕生塔馬察至十二世生孛端察兒十三世生帖木真以孛兒只斤爲姓是爲元朝太祖始太祖帖木真丙寅稱帝于斡難河居沙漠爲胡主四代五十七年世祖癸亥遷都燕京十三年丙子混一終順帝戊申十主居中國九十三年共十四主通共一百六十三年順帝歸沙漠國亡

太祖姓孛兒只斤名鐵木真蒙古部人也世爲蒙古部長并吞諸部威德日盛歲丙寅即位於斡難河之

源以土德王壽六十六在位二一十二年皇子抱雷監國凡一年

太宗名窩闊台太祖第三子在位十三年壽五十六定宗后海迷失垂簾聽政二年

憲宗名蒙哥太祖第四子拖雷之子在位九年壽五十二歲

世祖名忽烈憲宗同母弟中統元年庚申即位上都凡三年中統四年癸亥遷都燕都凡十三年至元十三年丙子平宋天下混一凡十九年至元十八年妖僧祥邁等作妖書辨僞錄詆毀上帝焚道藏中國道是日雷火焚閔中等寺震死妖僧祥邁從超等一十四人在位共三十五年壽八十改元者二中統四至元三十一

成宗名帖木兒世祖孫在位十三年壽四十二改元者二元貞二大德十一十一年武宗即位

武宗名海山成宗姪在位五年壽三十一改元者一至大四

仁宗名愛育黎拔力八達武宗同母弟在位九年壽三十六改元者二皇慶二延祐七七年英宗即位

英宗名碩得八剌仁宗子在位四年爲鐵失所弑壽三十一改元者一至治四

泰定帝名也孫帖木兒成宗姪在位五年壽三十六改元者二泰定四致和一

明宗名和世㻋武宗長子在位五月爲文宗左右所殺壽三十

文宗名圖帖木兒武宗次子明宗弟在位五年壽二十九改元者二天曆二至順三

寧宗名懿璘質班明宗次子在位一月壽七歲

順帝名妥懽帖木兒明宗長子在位三十六年壽五十一改元者三至統二至元六至正二十八

昭宗名愛猷失里答剌順帝子立於沙漠十一年

益王名脫古思帖木兒立於沙漠九年洪武二十一年爲也速迭兒所弑

元季僭僞改元七人

朱光卿廣州增城人元統三年與其黨石崑山鍾大名聚衆反僞稱帝國號大金改元赤符凡七月江西左丞沙的擒赴京師誅之

韓林兒欒城人先是其父韓山童至正十一年與潁州妖人劉福通等以紅巾爲號念彌勒佛聚衆作亂山童就擒其妻楊氏子林兒逃之武安後劉福通攻破羅山武陽葉縣等處作亂乙未福通自陽山夾河迎林兒立以爲帝號小明王建都亳州國號宋以其母楊氏爲太后福通自爲丞相稱太保僭僞位凡十三年而亡僭號改元者一龍鳳

徐真一名壽輝蘄州羅田縣人至正十一年與麻城人鄒[illegible]兒等以妖術聚衆爲亂亦以紅巾爲號陷黃州路建都國號天完僭稱帝又遷僞都于漢陽陳友諒又以江州爲都迎居之僭位凡九年僭號改元者一治平陳友諒殺之而自立

陳友諒沔陽人至正二十年殺其僞主徐真一自稱皇帝國號漢僭位四年國朝天兵戰于鄱陽湖敗死僭號改元者一大義

陳理友諒子僭立據武昌凡四月國朝天兵克武昌平之

張九四名士誠泰州白駒場亭人至正十六年與其弟九五名士德九六名士信爲亂陷泰州據高郵僭稱誠王凡二年攻陷姑蘇遂以爲都遣使請降詔以爲太尉凡七年自稱吳王凡二年國朝天兵克蘇州擒赴京師僭位十二年僭號改元者一天祐

明玉珎四川人至正二十二年據成都自稱隴蜀王至正二十三年僭稱帝國號大夏改元天統僭位凡十年國朝天兵掃平之

皇明帝系圖

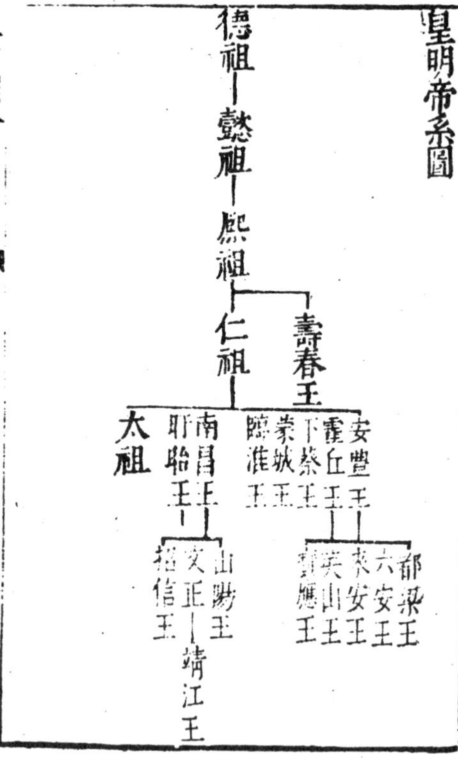
德祖
懿祖
熙祖
仁祖
壽春王
太祖
盱眙王
南昌王
臨淮王
蒙城王
下蔡王
霍丘王
安豐王
山陽王
文正
招信王
靖江王
郡派王
六安王
來安王
英山王
都梁王

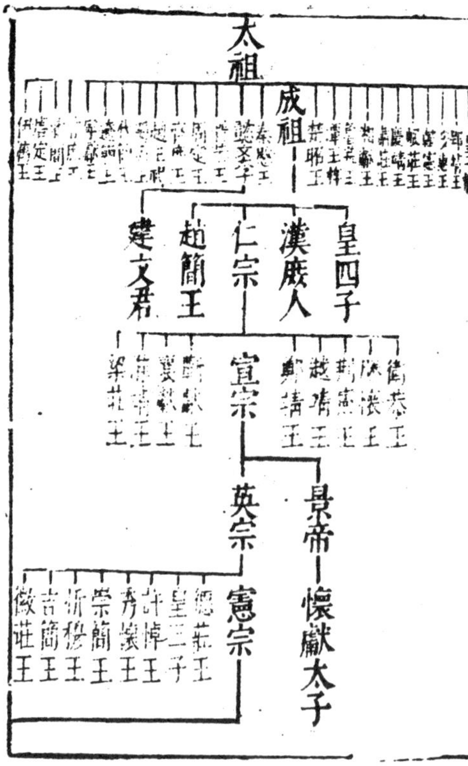
太祖
成祖
皇四子
漢庶人
仁宗
趙簡王
建文君
宣宗
英宗
景帝
懷獻太子
憲宗
衛恭王
滕懷王
越靖王
襄憲王
荊憲王
梁莊王
徽莊王
吉簡王
崇簡王
秀懷王
許悼王
皇三子

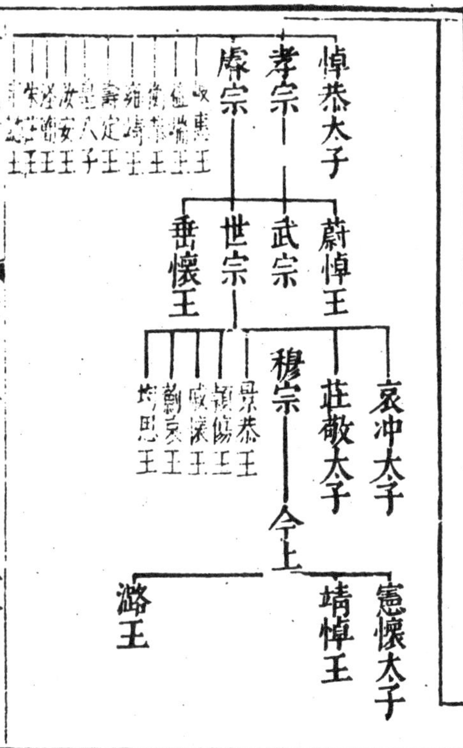
悼恭太子
孝宗
睿宗
武宗
世宗
蔚悼王
垂懷王
哀冲太子
莊敬太子
穆宗
景恭王
今上
憲懷太子
靖悼王
潞王

太祖高皇帝像

成祖文皇帝像

世宗肅皇帝像

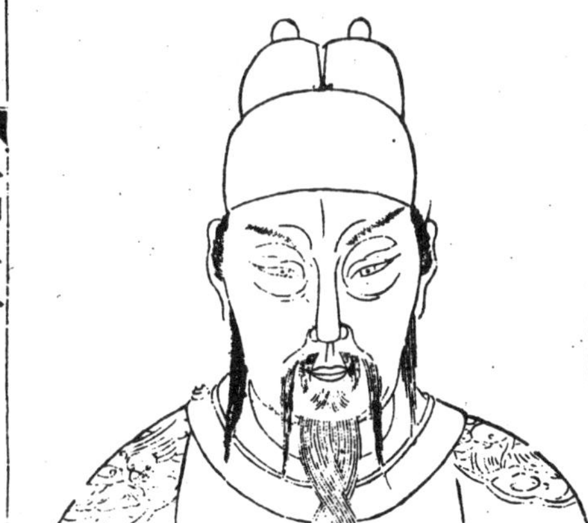

太祖高皇帝濠泗人也姓朱氏諱元章　仁宗第四子初潛龍皇覺寺至正十五年起義兵丁酉年下金陵置江南行中書省爲右丞相封吳國公丁未卽吳王位洪武元年正月初四日卽皇帝位國號大明建元洪武在位三十一年崩壽七十一葬南京孝陵神烈山　后馬氏徐王馬公女也十五年八月初十日崩壽五十四合葬孝陵

太祖有二十五子長懿文太子早夭秦愍王爽第二存晋恭王棡第三存燕王第四今帝系周定王肅第五存楚

昭王貞第六存齊庶人榑第七革存系潭王梓第八絕
趙王杞第九絕魯荒王檀第十存蜀獻王椿第十一存
湘獻王柏第十二絕代簡王桂第十三存肅莊王楧第
十四存遼簡王植第十五今革郡王以下存慶靖王㮵
第十六存寧獻王權第十七今革郡王以下存岷莊王
楩第十八存谷庶人橞第十九革絕韓憲王松第二十
存瀋簡王模第二十一存安惠王楹第二十二絕唐定
王桱第二十三存郢靖王棟第二十四絕伊厲王㰘第
二十五今革　太祖闢乾轉坤取天下於胡

元之手自漢以來惟我朝得天下爲正而功成之後享
天下三十一年一盛　聖壽七十有一二盛　自江左
併中原三盛也太子諸王二十四人公主一十六人皆
受冊封

建文帝諱允炆　太祖孫懿文皇太子次子也洪武二十五
年冊爲皇太孫高皇崩即　皇帝位改元建文在位四
年及靖難兵入金川門宮中火起或言帝殂

成祖文皇帝諱棣　太祖第四子元至正二十年四月七日生
高皇后馬氏出也初封燕王建文二年起兵四年六
月十七日即皇帝位改元永樂在位二十二年崩於榆
木川壽六十五葬長陵　皇后徐氏中山武寧
王徐達女也永樂五年崩壽四十六　成祖之
子四　仁宗皇帝其長也第二漢庶人高煦絕第三趙簡
王高燧存　皇少子高爔逝未受封　文皇帝自起事至
下京師大小百餘戰皆身冒矢石即位之後四征北虜
三下南交舟車之地無間大小遠邇悉奉琛執玉若榜
葛剌滿剌加忽魯謨斯等處新受朝命爲王者殆三十
國東逾遼水韃靼女直野人兀良哈之地立行都司衛
所設官統治幾三百處直西部落數百種皆重譯來附

此足想見其功德之純盛者也

仁宗昭皇帝諱高熾　成祖第一子初封爲燕世子永樂三
年立爲太子　成祖崩隨登大寶改元洪熙在位三年崩
於欽安殿壽四十八　后張氏彭城伯麒之女也
及正統七年崩　仁宗之子十八長　宣宗也
第二子鄭靖王瞻埈存第三子越靖王瞻墉絕第四子
蘄獻王瞻垠絕第五子襄憲王瞻墡存第六子荊憲王
瞻堈存第七子淮靖王瞻墺存第八子滕懷王瞻塏絕

第九子梁莊王瞻垍絶第十子衛恭王瞻埏絶内若
郕王則見帝系
宣宗章皇帝諱瞻基 仁宗第一子永樂九年立爲皇太孫
仁宗即位立爲皇太子 仁宗崩即皇帝位改元宣德在
位十年崩於乾清宫壽三十八葬景陵 后
胡氏都督榮之女及宣德三年二月以多疾無子上表
請閒居别宫正統八年十一月初五日薨謚靜慈仙師
葬金山原不祔廟 后孫氏太保安國公忠之女初冊
封爲貴妃及胡后就閒冊爲 皇后天順二年崩

生英宗皇帝 宣宗生二子皆爲帝 英
宗 係后孫氏出次 景皇帝也係賢妃吳氏出 英宗
復辟 景皇帝仍爲郕王云
英宗睿皇帝諱祁鎮 宣宗第一子 宣宗即位立爲皇太子
宣宗崩即皇帝位改元正統十四年八月北狩九月初
六日尊爲太上皇帝景泰元年八月還居南宫凡七年
天順元年正月十七日復登帝位八年正月十七日崩
於乾清宫壽三十葬裕陵 后錢氏中軍都督
追贈安昌伯貴之女至成化四年崩合葬裕陵 皇后
周氏 憲宗生母也慶雲伯追贈寧國公能之女至弘治
十七年崩 英宗之子九長 憲宗第二子德
莊王見潾存第三子見湜未受封薨第四子許悼王見
淳絶第五子秀懷王見澍絶第六子崇簡王見澤存第
七子吉簡王見浚存第八子忻穆王見治絶第九子徽
莊王見沛今華郡王以下存
景皇帝諱祁鈺 宣宗第二子賢妃吳氏所生初封郕國王
正統十四年 英宗北轅乃即皇帝位尊母吳妃爲皇太
后景泰八年 英宗復辟仍爲郕王是月薨壽三十謚曰
戾葬金山成化十一年復皇帝號后汪氏中兵馬指揮

英之女初爲郕王妃景皇即位立爲皇后 英宗復辟仍
廢爲郕王妃正德元年薨合葬金山再立皇后杭氏以
天順元年廢而死當見皇之北轅則攝步以維艱逝神
器之有歸則服藩以多遜惜乎未幾而遽薨且又乏嗣
而罔繼靖言思之良足致慨
憲宗純皇帝諱見深 英宗第一子 太后周氏所生初名見
濬郕王攝政冊爲皇太子景泰三年降封沂王天順元
年改今諱復立爲皇太子 英宗崩即皇帝位在位二十

三年崩於乾清宮壽四十一葬茂陵　后王氏
中軍都督追贈阜國公鎮之女至正德十三年崩
憲宗之子十有四其第三子　孝宗也第五子岐
惠王祐榆絶第六子益端王祐檳絶第七子衡恭王祐
楎存第八子雍靖王祐橒絶第九子壽定王祐榰絶第
十子成化十九年生壽以本年絶第十一子汝安王祐
梈絶第十二子涇簡王祐橓絶第十三子榮莊王祐樞
存第十四子申懿王祐楷絶
孝宗敬皇帝諱祐樘　憲宗第三子太后紀氏生　憲宗卽

位立爲皇太子　憲宗崩壽登大寶改元弘治在位十八
年崩於乾清宮壽三十六　后張氏壽
寧侯追封太保昌國公巒之女至嘉靖二十年崩
孝宗　二子長　武宗也次子蔚悼王厚煒絶
武宗毅皇帝諱厚照　孝宗第一子　太后張氏所生立爲皇
太子　孝宗崩遂卽皇帝位改元正德在位十六年崩壽
三十一　皇后夏氏慶陽伯儒之女嘉
靖十四年崩合葬康陵　武宗無嗣群臣　太后
命迎興世子而入繼大統云

世宗肅皇帝諱厚熜　睿宗第二子　獻皇后蔣氏生　武宗
無嗣　以興世子奉迎入繼大統四月二十二日卽皇
帝位改元嘉靖在位四十五年崩於乾清宮壽六十
皇后姓陳氏泰和伯陳萬言之女嘉靖
元年冊立爲皇后七年十月初二日崩謚曰悼靈葬天
壽山改謚孝潔　穆宗卽位遷葬永陵附于廟廢后姓
張氏錦衣衛指揮僉事張楫之女初封順妃繼立爲后
五年而廢又四年而薨改曰繼后　孝烈皇后姓
方氏平安侯銳之女初封爲德妃后冊爲皇后十三年

而崩謚孝烈先入永陵玄宮　穆宗卽位加上
尊謚　世宗之子八長次俱早夭其第三子
穆宗皇帝也第四子景恭王載圳絶第五子頴殤王
載塧絶第六子戚懷王載墺絶第七子薊哀王載壇絶
第八子均恩王載堈絶
穆宗莊皇帝諱載垕　世宗第三子嘉靖十六年冊封爲裕王
世宗崩卽皇帝位改元隆慶在位六年崩於乾清宮壽
三十六廟號穆宗　皇后李氏德平伯銘之女嘉
靖三十二年封爲裕王妃三十七年薨葬金山隆慶元年

諡 孝懿皇后六年又加上尊諡合葬昭陵 皇后
陳氏通州人固安伯景行女嘉靖三十八年封爲裕王
繼妃隆慶元年冊立爲皇后六年今 上卽位尊號曰
仁聖皇太后萬曆六年三月加號懿安十年仍加號康靖
皇太后李氏宛平人武清伯偉之女隆慶元年冊立
爲皇貴妃今 上卽位上尊號 慈聖皇太后萬曆六
年加號昭文十年加號明肅 穆宗之子四憲懷太子早
夭 聖上其次也第三子靖悼王初封藍田而薨隆慶
元年追令封賜諡葬金山絕第四子潞王今存

今皇帝御名翊鈞 穆宗第三子嘉靖四十二年癸亥八月
十七日生隆慶二年立爲皇太子 穆宗崩乃卽皇
帝位改元萬曆

三才圖會

雲間元翰父王圻編集
男思義校正

人物四卷

倉頡像　皐陶像
后稷像　契像
伊尹像　傅說像
泰伯像　伯夷像
周公像　召公像

太公像　先聖世系圖
先聖像　又像
顏子像　曾子像
子思像　孟子像
子游像　管夷吾像
子產像　延陵季子像
莊子像　伍子胥像
屈原像　蕭何像
張良像　曹參像

韓信像　董仲舒像
司馬遷像　霍光像
楊雄像

倉頡像

倉頡生而四目軒轅時建左右史以記言動倉頡沮誦實當其任始因鳥跡而作字天爲雨粟鬼爲夜哭世人遂稱字從頡制然按伏羲時已有書契爲萬世文字之祖蓋頡因其文而增創耳又按淮南子皇覽云倉帝史皇氏姓侯岡名頡治百有十載都於陽武丙寅日崩辛未日葬於衙之利鄉亭

皐陶像

咎繇卽皐陶舜時舉用之而不仁者遠爲士師帝曰惟茲臣庶罔或干予正汝作士明于五刑以弼五教期于予治刑期于無刑民協于中時乃功懋哉

后稷像

后稷名棄善相土宜教民耕稼播種百穀命之曰黎民阻飢汝后稷播時百穀禹曰曁稷播奏庶艱食貿遷有無化居烝民乃粒萬邦作乂

契虞舜時司徒之官迹其司徒之職於周禮稱地官掌建邦之圖周知九州地域廣輪之數辨其山林川澤丘陵墳衍原隰之名物而契之職盡其稱焉

司徒契像

伊尹躬耕莘野德蹤元聖湯三使往聘幡然而後臣之嘗薦于夏醜夏復歸因說湯以伐夏湯遂相之湯崩太甲不明于德遷居桐宮三年悔過自艾乃且衮冕奉歸還政修德諸侯歸之

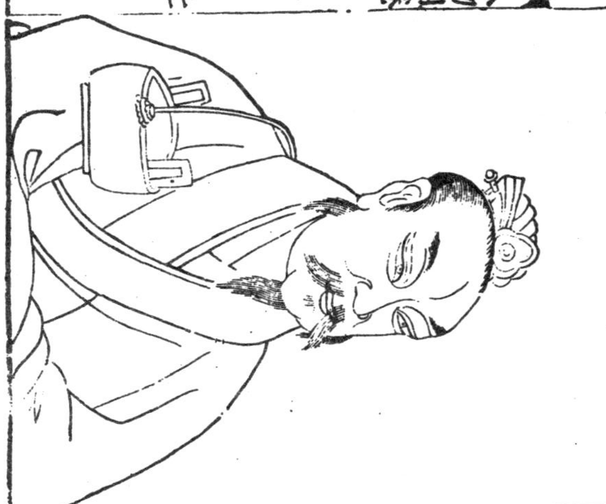

伊尹像

傅說像

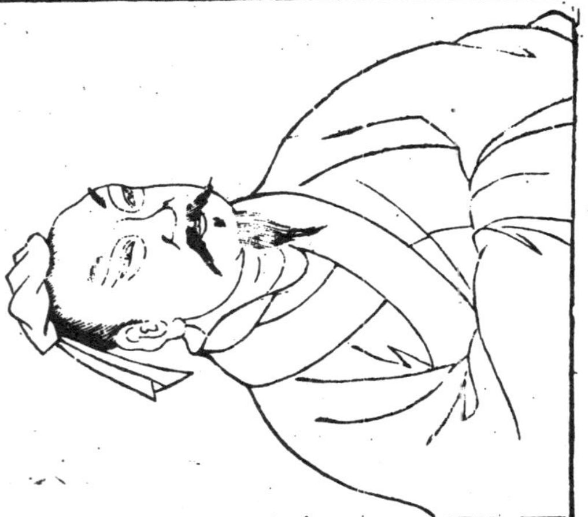

傅說乃賢而隱者代胥靡刑人築于傅岩武丁既免喪以夢得賢相尚不言群臣咸諫武丁夢上帝賚以良弼肖象求之爰立作相遂佐高宗爲商令王所著說命三篇允爲商家一代典法

泰伯像

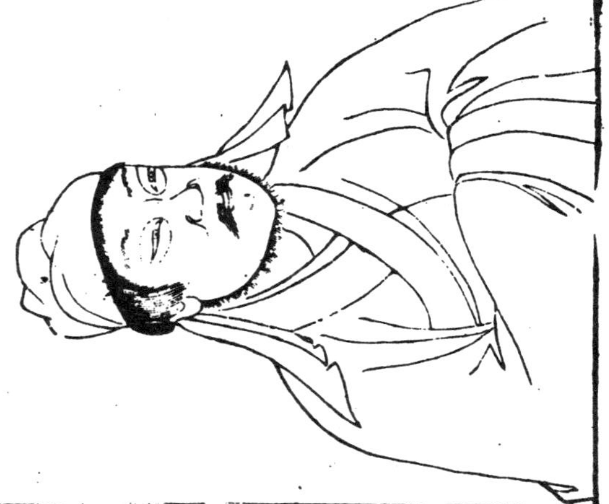

泰伯太王長子弟季歷賢而有聖子昌太王欲立季歷以及昌泰伯乃托名採藥衡山遂之荊蠻以讓季歷荊蠻之人義之事以君禮因自號爲句吳從之者千餘家武王受命追封爲吳太伯

伯夷像

伯夷與弟叔齊皆孤竹君之子索隱曰夷名元字公信齊名致字公達夷齊蓋謚也因讓國俱逃歸西伯武王東伐紂叩馬而諫及平殷義不食周粟隱于首陽山采薇而食遂飢死

周公像

周公名旦武王弟也成王幼周公爲冢宰攝政管蔡流言作亂公東征誅管蔡初武王有疾公作策請以身代策藏金縢疾果瘳後成王得策執以泣請公東還公乃作無逸之書以訓焉

召公像

召公姬姓名奭爲周太保分治陝以西甚得民和初受命王洛卜宅作召誥從成王遊卷阿賡歌以進成王崩受顧命輔佐康王嘗巡行南國聽斷棠樹下卒而人思之作甘棠之歌

太公像

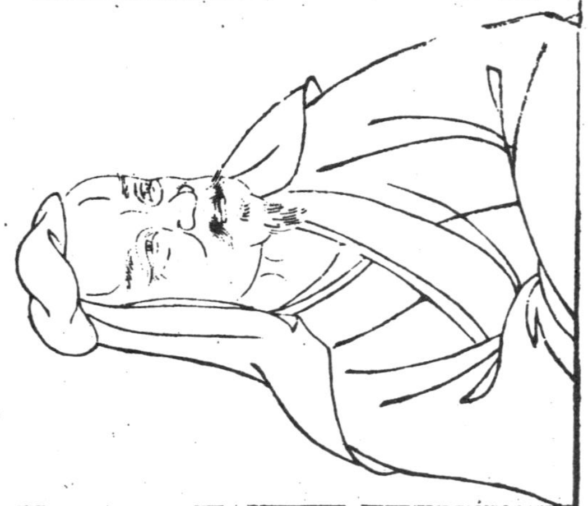

太公姓姜氏名子牙一曰呂尚釣於磻溪之渭水西伯出獵卜之曰所獲非龍非彲非虎非羆霸王之輔遇於渭陽曰吾太公望子久矣故號太公望載歸立爲師作六韜兵法七十九府圖法封於齊

五帝三王名臣

太昊宓羲氏六佐　金提一作堤主化俗　鳥明主建福　視默主災惡　紀通為中職　仲起為海陸　陽侯為江海

黃帝有熊氏　風后為相　力牧為將　大撓作甲子　容成造曆　隸首作算數　伶倫造律呂　榮猨鑄十二鐘以和五音　大容作咸池之樂　車區占星氣　寗封為陶正　赤將為木正以利器用　鬼臾蓲造曆　岐伯作內經　俞跗　雷公察明堂究息脉　巫彭　桐君處方餌　蒼頡詳見圖

顓頊高陽氏　重為木正曰句芒　該為金正曰蓐收　修熈為水正曰玄冥　句龍為土正　祝融為火正　南正重司天以屬神　北正黎司地以屬民

帝嚳高辛氏　咸黑典樂為聲歌命曰九招之樂

唐虞　羲仲　羲叔　和仲　和叔步占天日月星辰敬授人時示以祈因夷隩　稷事詳圖　契事詳圖　皐陶事詳圖　益名大費掌山澤從禹奉帝命治水佐調馴鳥獸鳥獸多馴服　垂有巧思為共工　伯夷作秩宗典三禮夙夜惟寅直哉惟淸　夔典樂八音克諧無相奪倫　龍作納言夙夜出納惟允　伯奮　仲堪　叔獻　季仲　伯虎　仲熊　叔豹　季貍是謂八元　蒼舒　隤凱　檮戭　大臨　厖降　庭堅　仲容　叔達是謂八凱　雄陶雄一作雒　方回　續牙　伯陽　東不訾或云不識　秦不虛或云不空　靈甫雄陶等為舜七友　巢父　許由堯時隱者堯欲遜位許由由以告巢父父曰非吾友也洗耳於冷樊仲父牽牛飲之見巢父洗耳曰汚我牛驅牛不飲而去

夏　奚仲為車正　胤侯胤國之侯也仲康之世羲和沉亂於酒遐棄厥司胤侯承王命往征之　靡夏之遺臣也羿浞之禍夏氏既滅靡自有鬲氏收二斟之燼以復夏　關龍逄桀之臣也桀行淫縱逄諫以為人心已去天命不祐盍少悛乎桀怒囚逄而殺之

商　伊尹事詳圖　伊陟尹之子太戊時陟為相有祥桑穀共生於朝一暮大拱陟勸王修德三日而祥桑枯死　仲虺即萊朱湯既放桀有慙德虺作誥　巫咸咸治王家有成作咸乂四篇時有臣扈亦賢與咸共輔太戊　傅說事詳圖　微子名啓紂無道微子痛殷之將亡抱祭器歸周周封微子於宋以奉商祀　箕子嘗勸帝乙立微子帝乙不從卒立紂紂淫佚箕子諫不听因箕子以為奴武王克殷訪箕子以天道因為之陳洪範封於朝鮮而不臣　比干見紂淫佚請王洗心易行伏於象魏之門

不去者三日紂大怒曰比干自以為聖人吾聞聖人之心有七竅遂殺比干剖視其心　膠鬲殷之賢人也武王伐殷至鮪水膠鬲曰將何之武王曰將之殷也膠鬲曰以何日至之武王曰以甲子膠鬲行天雨日夜不休武王師行不輟曰吾疾行以救膠鬲之死也　伯夷事詳圖　叔齊見伯夷圖後

周　周公旦事詳圖　召公奭事詳圖　太公望事詳圖　閎夭　散宜生　泰顛　南宮适　畢公高皆文王臣也初紂囚西伯於姜里閎天之徒患之乃求有莘氏美女驪戎之文馬有熊九駟獻之紂紂乃赦西北武王伐紂紂既燔死王命畢公釋百姓之囚表商客之閭命南宮适散鹿臺之財發鉅橋之粟命閎天封比干之墓畢公與召公同受成王顧命相康王康王命畢公保釐東郊歷四世　芮伯司徒　彤伯宗伯　衛侯司寇　毛公司空四人與大保奭畢公同受顧命者也　君陳代周公尹茲東郊惟孝友於兄弟成王稱之　君牙　伯冏

呂侯 皆穆王臣也命君牙爲大司徒作君牙命伯冏爲大僕正作伯冏命呂侯作祥刑之書作呂刑以告四方

芮良夫 疑芮伯之裔事厲王爲大夫王好任榮夷公芮良夫諫曰榮公若用必敗既榮公爲卿士諸侯不享

仲山甫 樊侯也魯武公以其子括與戲見王王立戲仲山甫曰不順必犯犯王命必誅魯侯卒魯人殺戲而立括王師敗績於姜氏之戎料民太原仲山甫諫不可料先是王命仲山甫築城於齊尹吉甫作詩送之備美其舉德舉職

尹吉甫 宣王嘗命吉甫帥師伐玁狁而歸詩人歌六月之篇以美之曰文武吉甫萬邦爲憲

張仲 與吉甫同時人六月之篇云張仲孝友

方叔 見詩采芑篇曰方叔元老克壯其猶

虢文公 文王母弟虢仲之後宣王不藉千畝文公諫不可王弗聽

申伯 宣王之元舅於周有蕃宣之功出封於謝事見詩崧高篇

仍叔 宣王遇災而懼側身修行作雲漢之詩以美之

程伯休父 見詩常武篇策命程伯休父左右陳行戒我師旅

南仲 見詩出車篇曰赫赫南仲玁狁于夷

劉康公 定王之母弟也康公聘於魯發幣於大夫季文子孟獻子皆儉叔孫宣子東門子家皆侈曰季孟其長處魯乎叔孫東門其亡乎俟皆如其言康公又與肅公會晉侯伐秦成子受脤於社不敬康公曰民受天地之中以生所謂命也今成子惰棄其命矣其不反乎反役成肅公卒於瑕

單襄公 名朝其先食采於單故以爲氏嘗聘於宋假道於陳曰陳侯不有大咎國必亡既而陳靈弑於夏氏國幾亡晉克楚使郤至告慶於周驟稱其伐襄公曰郤至在七人之下而欲上之是求蓋七人也其亦有七怨以吾觀之兵在其頸不可久也明年果死難

萇弘 周景王大夫萇叔也孔子嘗學琴於弘弘與之謂劉文公曰吾觀仲尼其聖人之與者乎晉侯使屠蒯如周請有事於雒與三塗弘曰客容猛非祭也其伐戎乎晉果滅陸渾氏後晉人逐范氏討范氏之黨殺萇弘弘死藏其血三年化爲碧

老子 事詳圖 **莊子** 事詳圖 **列子** 事詳圖

左丘明 古之聞人嘗傳春秋孔子稱素王丘明稱素臣既失明乃作國語故又稱盲史

先聖世系家譜

黃帝 ○ 玄囂 ○ 蟜極 ○ 帝嚳 ○ 契（子姓之祖始封于商）○ 昭明 ○ 相土 ○ 昌若

曹圉 ○ 冥 ○ 振 ○ 微 ○ 報丁 ○ 報乙 ○ 報丙 ○ 主壬 ○ 主癸

商三十主

至帝乙 ○ 微子（始封于宋）○ 微仲衍 ○ 宋公稽 ○ 丁公申 ○ 湣公共 ○ 弗父何

宋父周 ○ 世子勝 ○ 正考父 ○ 孔父嘉 ○ 木金父 ○ 睪夷 ○ 孔防叔（避難于魯）○ 伯夏

齊國公 ○ 至聖文宣王 ○ 泗水侯 ○ 沂水侯

先聖像

先聖別像

孔子名丘字仲尼山東曲阜縣人黄帝之後商三十世至微子始封于宋微子十五世名叔梁紇爲卿大夫周靈王二十一年三月初四日午時生身長九尺六寸腰大十圍凡四十九表周敬王四十一年四月初四日午時薨年七十三歲至 本朝萬曆丁未凡二千零九十年唐玄宗諡曰文宣王真宗加諡至聖元武宗加諡大成子孫世襲衍聖公擇其賢者世知曲阜縣成化十五年加 賜天子禮學嘉靖十年尊稱 至聖先師孔子 廟在曲阜縣西八里即闕里故宅也中爲大成殿前有杏壇左泗水侯殿右

沂國公殿後啟聖王及夫人顔氏并尼山毓聖侯三殿前有宋真宗及 本朝御製碑亭其他門廡齋宫碑刻之盛不可殫記有司春秋上丁祭祀 朝廷每三年一遣使致祭有事則告天下廟祀凡一千四百八十餘處外至四夷莫不追崇每歲春秋二祭用牛六猪一萬七千有奇羊五千八百有奇鹿一千八百有奇兎與猪同數帛二萬六千六百有奇嘉靖間令天下皆立啟聖祠以顔路曾點孔鯉孟孫氏配 墓在闕里少北世稱孔林延袤數十里夫子居中伯魚居左子思居右林木蓊蔚殿宇宏麗子孫十億

世居其旁　防山夫子父母葬處　尼山即禱而生夫子者今封其神爲毓聖侯　夫子手植檜三株在杏壇左右高五六丈蟠屈如龍屡枯屡榮其出處功業詳見於史記世家

顔子像

顔子名回字子淵魯人潛心體道號稱亞聖宋高宗賛曰德行首科卓冠學徒不遷不貳樂道以居食飲且惡在陋自如宜稱賢哉豈止不愚唐玄宗贈兖國公元文宗加贈復聖公

曾子像

曾子名參字子輿聖門一貫之傳參獨以魯得而其學問本源則孝爲之地也嘗自言曰吾事親爲吏祿不過鍾釜犹欣然喜者樂逮親也南遊於楚轉轂百乘犹北向而泣者悲不逮親也唐元宗贈郕伯宋度宗封郕國公文宗加贈宗聖公

子思像

子思名伋孔子之孫伯魚之子子思其字也嘗仕衛言苟變可將又以君臣皆自賢卜衛事之日非衛侯不聽因退而作中庸演明聖學以啓孟氏之傳

孟子像

孟子名軻字子輿魯孟孫之後鄒人幼被慈母三遷之教長受業子思之門人學既通游齊梁間不用退與萬章之徒設難疑問作書七篇闢楊墨以正人心而仁義之道擴然大明于世

子游像

言游姓言名偃子游其字也吳人爲孔門高弟居文學之科仕爲魯武城宰以禮樂爲教今有宅在常熟縣西世稱常熟爲琴川蓋以弦歌得名云唐贈吳侯宋眞宗祥符二年加封丹陽公南宋時改封吳公

管夷吾像

管仲字夷吾桓公伯天下皆仲之謀號曰仲父仲病桓公問相言易牙開方竪刁不可近公不用仲言卒致五公子之亂

鄭子產像

鄭子產公孫僑也公子發之子發之字曰子國亦鄭良大夫子產如晉問疾晉人以實沈臺駘爲問晉侯聞之曰博物君子也子產事簡公定公獻公聲公將死戒子太叔曰惟有德能以寬服人其次莫如猛孔子兄事子產聞子產卒出涕曰古之遺愛也

延陵季子像

延陵季子名札姓姬壽夢生四子欲使三子相繼立以及札義不可曰願附子臧之義別封延陵後兄諸樊餘祭夷昧俱卒吳人將立札逃去遂立夷昧子僚諸樊之子光弒僚而自立是爲闔閭札歸曰苟先君無廢祀人民無廢主乃吾君也季札又事闔閭夫差年九十餘卒

莊子像

莊子姓莊名周字子休宋國睢陽蒙縣人故稱爲蒙莊子師長桑公號南華仙人嘗爲蒙漆園吏所著有內外篇總五十卷凡十萬餘言唐時封爲南華眞人冊其書爲南華眞經

伍子胥像

伍員字子胥楚人伍奢之子奢誅奔吳以吳兵入郢鞭平王尸後事夫差敗越于夫椒越王請成子胥言不可太宰伯嚭受越賂許之因譛子胥夫差怒賜以屬鏤之劍員遂自刎吳人憐之立祠江上命曰胥山

楚屈原像

屈原名平楚之同姓也爲懷王左徒拜三閭大夫同列爭寵心害其能䜛譛並作方正不容故憂愁幽思而作離騷遷之江濵被髮行吟澤畔又作懷沙之賦自沈於汨羅

春秋列國圖

衆仲 公子益師之子益師字衆父故以父字爲氏州吁伐鄭公問於仲曰衛州吁其成乎對曰州吁弑其君而虐用其民必不免矣是歲衛殺州吁公考仲子之宮將萬焉問羽數於衆仲對曰夫舞所以節八音而行八風故自八以下公從之以是初獻六羽

臧文仲辰 哀伯之孫魯飢文仲以鬯圭與玉磬如齊告糴僖公時大旱公欲焚巫尫文仲曰修城郭貶食省用務穡勸分此其務也公從之是歲飢而不害

臧武仲紇 宣叔子短小多智時號爲聖人

公子季友 桓公子莊公之季弟也季友生而有文在其手曰友遂以名之號爲成季莊公無適嗣以愛欲立般問季友季友曰臣以死奉般慶父殺子般季友奔陳閔公元年使召諸陳季子歸慶父弑閔公季子以閔公兄申入邾慶父懼如莒季友入立申爲僖公公以費封季友

季文子行父 季友子初莒太子僕殺紀公以其寶玉來奔宣公命與之邑季文子使司寇出諸境曰今日必達成公如晉晉侯見公不敬公歸欲叛晉而從楚文子曰不可公乃止宣

伯嘗訴季孟於郤犨晉人執行父范文子曰信讒慝而棄忠良若諸侯何乃赦季孫

季武子宿 行父之子襄公九年會晉侯伐鄭召公五年武子如晉晉侯享之有加籩固請徹而後卒事晉人以爲知禮

叔孫穆叔豹 叔孫得臣之子衛孫文子來聘穆叔曰孫子必亡爲臣而君過而不悛亡之本也文子竟不終嘗如晉范宣子問曰死而不朽何謂也穆叔曰太上有立德其次有立功其次有立言雖久而不廢此之謂不朽嘗如周聘王嘉其有禮賜之大路

孟獻子蔑 慶父之曾孫文伯之子嘗聘於晉宣子餽之曰子之家與我孰富獻子曰吾甚貧惟有二士曰顏回茲無靈者使吾邦家安平百姓和協宣子曰彼君子也以養賢爲富獻子爲卿不驕禮賢下能虛已若虛歷相五十年魯人謂之社稷臣

孟莊子速 獻子次子齊侯圍魯莊子要之齊侯曰是好勇去之以爲之名莊子年少嗣立不改父之臣與父之政孔子以爲難

孟僖子貜 莊子之孫初召公如楚僖子從之鄭伯勞於師僖子爲介不能相儀及楚不能答郊勞僖子病之及其將死也召其大夫曰禮人之幹也無禮無以立吾聞孔丘聖人之後也我若獲殁必屬說與何忌於夫子使事之學禮焉以定其位仲尼曰能補過者君子也

曹劌 魯人以勇聞於諸侯齊師伐魯問何以戰戰則請從公與之乘戰於長勺齊師敗績會於柯桓公與莊公既盟於壇上曹劌執匕首劫桓公桓公問曰子將何求劌曰齊強魯弱今魯城壞即壓齊境君其圖之桓公乃許盡歸魯之侵地

柳下惠 魯公族展氏也名禽居柳下謚惠無駭之子齊嘗攻魯以求岑鼎魯使告齊曰柳下惠以爲是因請受之公乃以真岑鼎往臧文仲使國人祭爰居展禽曰已不知而祀之以爲國典難以爲仁且知矣今茲海其有災乎是歲也海多大風冬文公大事於太廟將躋僖公於閔公上展禽曰犯順不祥祀鬼道二犯人道二能無殃乎

梓慎 魯大夫襄二十八年無冰梓慎曰今茲宋鄭其飢乎明年宋鄭飢甚昭十五年春將禘於武公戒百官梓慎曰禘之日其有咎乎二月禘叔弓涖事籥入而卒十七年冬有星孛於大辰西及漢申須曰諸侯其有火災乎梓

慎曰在宋衛陳鄭乎明年宋衛陳鄭皆火二十年春日南至梓慎望氛曰今茲宋有亂國幾亡自是皆如其言

公儀休 魯博士也以高第爲魯相奉法循理使食祿者不得與下民爭利受大者不得取小客有遺相魚者相不受曰今爲相能自給魚受魚而免誰復給我魚者食茹而美拔其國葵而棄之

晉

荀息 晉公族隰叔之後食邑於荀獻公世頻有虢師公患之荀息請以屈產之乘垂棘之璧假道於虞以伐虢公從之滅虢師還遂襲虞滅之息之策也獻公以驪姬故欲易太子而立其子奚齊使荀息傅之息曰臣竭其股肱之力加之以忠貞其濟君之靈也不濟則以死繼之及里克弑奚齊荀息死之

胥臣 字季子食邑於臼曰臼季代先軫佐下軍城濮之戰季子以虎皮蒙馬先犯陳蔡陳蔡師潰楚師是以大敗嘗出使舍於冀見冀缺耨其妻饁之敬歸言於公公以爲下軍大夫

狐偃 字子犯突之子從重耳出亡狄秦穆公使公子縶弔之曰時不可失喪不可久子犯曰亡人無親信

仁以爲親及齊公子安之子犯醉而遣之既反國言於文公曰求諸侯莫如勤王於是乎出定襄王出穀戍釋宋圍一戰而霸子犯與有勞焉

先軫 食采於原亦曰原軫文公四年楚伐宋晉救宋戰於城濮楚師敗績先軫之功也

介子推 文公之微臣也始文公爲公子出亡從者五人既歸賞從亡者子推不言祿祿亦不及於是隱縣上山中從者憐之懸書宮門文公出見其書乃環縣上山封之曰以記吾過

郤成子缺 芮子也初臼季使過冀見郤缺耨其妻饁之敬言諸文公以爲下軍大夫趙盾爲政成子曰日衛不睦故取其地今已睦矣可以歸之宣子說襄公六年入蔡以城下之盟而還景公二年諸大夫欲召狄成子曰非德莫如勤能勤有繼其從之也

士武子會 字季食邑於隨及范故稱隨季武稱范季城濮之戰武子少而與謀及將中軍晉國之盜逃奔於秦

士文子燮 字叔郤克怒齊武子請老曰使郤子逞其志士會之子鄢陵之役文子不欲戰曰自非聖人外寧必有內憂盍釋楚以爲外懼既戰楚師大敗文子立於戎馬之前曰君幼諸臣不佞何以及此君其戒之歸使祝祈死曰難將作矣士燮卒難作

趙成子衰 字子餘夙之孫其先造父封於趙故以爲氏驪姬之難從公子重耳出亡既反國以爲原大夫作三軍謀元帥成子曰郤穀可以成子爲卿成子辭曰欒枝貞愼先軫有謀胥臣多聞臣弗如也狐毛將上軍卒使成子代之辭曰城濮之役先且居之佐軍也善不可廢也公曰趙衰三讓其所讓皆社稷之衛也

趙宣子盾 成子之子成子卒宣子始爲國政秋鄷舒嘗問於賈季曰趙衰趙盾孰賢曰趙衰冬日之日也趙盾夏日之日也靈公修宣子驟諫公使鉏麑賊之晨往盛服將朝坐而假寐麑曰賊民之主不忠觸槐而死

趙文子武 盾之孫悼公立代范宣子爲政令薄諸侯之幣而重其禮諸侯悅之及楚令尹合諸侯之大夫盟於宋楚人衷甲文子不與較文子退然如不勝衣其言吶吶然如不出諸其口所舉於晉國管庫之士七十有餘家生不交利死不屬其子焉

叔向 名肸武公子伯僑之孫突爲羊舌大夫因以爲氏突子四人次曰肸次曰虎肸博識多文辭范宣子殺虎囚叔向祁奚以言諸公而免之仲尼曰叔向古之遺直也治國制刑不隱於親

韓獻子厥 曾祖萬曲沃莊伯子弟封於韓原因以韓爲氏悼公立獻子爲政晉於是復霸

魏莊子絳 武子犨之子武子之父曰畢萬事獻公爲大夫獻公賜之魏故以魏爲氏絳能以刑佐民言和戎有五利公從之期年國乃有節故三駕而楚不能與爭絳之力也

鄭

子產 事詳

子皮 者罕虎也子展之子子皮外寬內明好善而能擇故於國最愛

衛

蘧伯玉 名瑗孫林父謀出公語伯玉伯玉從近關出欲納之告伯玉伯玉又從近關出伯玉賢行孚於國趙簡子將伐衛曰蘧伯玉爲政未可以加兵遂寢兵不出

史魚 名鰌字子魚子魚病且死謂其子曰我不能進蘧伯玉而退彌子瑕生不能正君死無以成禮置尸北堂於我畢矣其子具以父言對公憮然易容曰死且不解又以尸諫可謂忠而不衰矣

甯武子 名俞莊子速之子晉人出其君以叔武故復公武子與衛人盟於宛濮晉人執公置諸深室武子納槖饘晉侯使醫衍酖公武子貨使薄其酖

宋

樂喜 字子罕戴公之子公孫樂臺子罕請俟農畢築者謳曰澤門之晳實興我役邑中之黔實慰我心子罕聞之親執朴以行築者而抶其不勉者宋人或得玉獻諸子罕子罕弗受曰我以不貪爲寶

秦

百里奚 虞人亡秦走宛楚鄙人執之穆公聞奚賢以五羖羊皮贖之穆公大悅奚相秦凡三置晉君一救荆禍巴人致貢八戎咸服子曰孟明視率師伐晉晉人畏秦不敢出穆公遂伯西戎

蹇叔 與百里奚相友善秦穆公得奚授以國政奚讓曰臣不及友蹇叔穆公乃使人厚幣迎蹇叔以爲上大夫

楚

子文 名穀於菟芊姓若敖熊儀之後子文爲令尹自毀其家以紓國難不爲爵勸不爲祿勉以憂勤於社稷

孫叔敖 一名爲艾獵蔿賈之子芈姓蚡冒之後叔敖相楚三月施教導民上下和合世俗盛美政緩禁止吏無姦邪盜賊不起民各得所

申包胥 楚大夫與伍員友平王信讒而殺奢與尚員謀

包胥曰我必覆楚包胥曰我必存之及吳兵入郢乃走乞秦師倚庭牆而哭不絕聲水漿不入口七日七夜秦哀公爲之賦無衣包胥以秦師至楚大敗吳師

觀射父 楚大夫昭王嘗問周所謂重黎對曰重黎氏世敘天地而別其分主者也問所謂一純二精七事對曰享祀無有苛慝於神者謂之一純玉帛爲二精天地民及四時之務爲七事

左史倚相 世爲左氏故以官稱嘗廷見申公子亹舉衛武公之自儆與周文王之不敢驕者告之司馬子期欲以其妾爲內子訪之倚相曰君子之行欲其道也故進退周旋惟道之從子期乃止

石奢 楚昭王相也堅直廉正無所阿避行縣道有殺人者奢追之乃其父也縱其父而還自繫王赦其罪不受自刎而死

吳

季札 圖事詳 **伍員** 圖事詳 **孫武子** 齊人吳王用以爲將顯名諸侯

越

范蠡 本南陽人家於越初樸上人計然善筭蠡師事之得其術以事越王句踐句踐使蠡爲政滅吳號稱伯王反國爲書辭句踐裝其輕寶珠王浮海以行 **文種** 字子禽佐越滅吳後自殺

三才圖會　人物四卷　三十四

曹

曹子臧 名欣時曹宣公之庶子公子負芻殺太子而自立晉侯執之以歸於周諸侯皆賢子臧將見子臧於周而立之子臧辭

隨

季梁 隨之賢臣楚武王侵隨少師請追楚師季梁止之越二年楚子伐隨季梁請下之少師曰必速戰隨禦之季梁曰楚人上左君必無與王遇且攻其右少師弗從敗績

趙

荀卿 趙人名況時人相尊號之曰卿況年五十遊學於齊最爲老師三爲祭酒適楚爲蘭陵令推儒墨道德之行事興壞序列著書萬言 **虞卿** 遊說士也說趙孝成王一見賜黃金百鎰白璧一雙再見爲趙上卿居頃之魏齊亡走趙使趙王殺齊虞卿解相印與齊間道之魏困於大梁乃著書號揣摩 **藺相如** 趙人也趙有和氏璧秦昭王願以十五城易之使相如奉璧入秦秦王無意償城相如使從者歸璧於趙秦趙會澠池秦令趙王鼓瑟相如請秦王擊缶竟酒終不能有加于趙

魏

西門豹 魏文侯時鄴令鄴長老苦爲河伯娶婦豹問其故顧謂三老坐祝曰是女子不好煩大巫嫗爲入報河伯得更求好女後日送之即投巫嫗于河中鄴吏大驚恐後不敢復言爲河伯娶婦

韓

申不害 京人也故鄭之賤臣學術以干韓昭侯昭侯用爲相終申子之身國治兵彊 **韓非** 韓之諸公子也爲人口吃不能道說而善著書人或傳其書至秦秦王見之曰嗟乎寡人得見此人與之遊死不恨矣乃遣非使秦李斯使人醜殺之

齊

魯仲連 齊人也好奇偉俶儻之畫而不肯仕宦任職平原君欲以千金爲魯連壽遂辭平原君而去田單歸言魯連欲爵之魯連逃隱於海上 **王蠋** 齊人也初燕之破齊師使人謂蠋曰吾以子爲將封子萬家王蠋曰與其生而無義固不如烹遂經其頸於樹枝絕脰而死

三才圖會　人物四卷　三十五

楚

屈原 名平楚之同姓博聞彊志明於治亂嫻於辭令入則與王圖議國事以出號令出則接遇賓客應對諸侯王甚任之上官大夫心害其能自投汨羅而死

燕

樂毅 其先曰樂羊燕昭王國破之後屈身下士故毅至燕位爲上將軍五月下齊七十餘城燕惠王不快於樂毅毅亡走趙

秦

茅焦 齊客也秦王政太后私通舍人嫪毐生二子王遷太后於雍殺其二子茅焦曰陛下車裂假父囊撲二弟遷母於雍殘戮諫士桀紂之行不至於是矣王乃爵之上卿

蕭何像

蕭何沛人高祖爲沛公何爲丞督事沛公入咸陽諸將爭走財府何獨收秦律令圖籍何爲丞相轉漕關內佐帝成大業帝既即位以何功第一封酇侯食邑八千戶

張良像

張良字子房爲韓公子遇老父於圯橋與兵書一帙及高帝遭困數免良常有功焉高帝嘗曰運籌帷幄之中決勝千里之外吾不如子房功成後即導引辟穀不食從赤松子遊所謂明哲保身者與

曹叅像

曹叅沛人秦時爲獄椽高祖拜爲將軍攻城畧地功居多焉孝惠元年代蕭何爲相一遵何約束百姓歌曰蕭何爲法較若畫一曹叅代之守而勿失載其清淨民以寧一封平陽侯謚懿

韓信像

韓信淮陰人也素無行家貧釣城下投食漂母屠中少年嘗侮信使出胯下漢王築壇拜爲大將定三秦虜魏王豹斬趙陳餘東破齊立爲齊王後更爲楚王有誣信反者呂后用蕭何計使武士縛而斬之

董仲舒像

董仲舒廣川人治春秋孝景時爲博士下帷講誦非禮不行學者咸尊師之孝武時舉賢良對策十餘萬言廷對之士不能過公孫弘嫉之爲出江都膠西相所居而治尋以病免歸不問生業專以修學著書爲事

司馬遷像

司馬遷字子長論六家要義徧歷江淮上會稽探禹穴窺九疑浮沅湘北涉汶泗講業齊魯鄉射鄒嶧過梁楚以歸太初中爲太史令因論李陵下宮刑發憤修史實錄有良史才

霍光像

三才圖會　人物四卷　四十二

霍光字子孟去病弟也受遺詔輔少主封爲博陸侯昭帝即位政事一決於光昭帝崩迎立昌邑王賀尋廢復立曾孫病已是爲宣帝益封萬七千戶自後元秉政至此二十年始歸政于帝及薨上與皇太后親臨葬喪皆如乘輿謚宣成

楊雄像

三才圖會　人物四卷　四十三

楊雄字子雲蜀郡成都人世業農桑至雄少好學博覽成帝時有薦其文似相如者召待詔承明從上甘泉奏甘泉賦見帝祀汾陰踐西岳作河東賦見帝羽獵作長楊校獵賦皆寓諷諫之意所著有法言太玄經識者譏其非聖作經云

西漢名臣

蕭何圖 事詳 曹參圖 事詳 張良圖 事詳 韓信圖 事詳 陸賈使南越說尉佗
聽命稱臣著新語勸帝行仁義成西漢寬厚之風有出
使之才救時之術勸陳平結交周勃誅呂安劉有安國
之謀諸呂用事不能力爭 陳平 亞父躡足以封齊王勸
謝病免禍有保身之智 戶牖侯陳平捐金以諫
遊雲夢而擒韓信間說闕氏而解平城凡六出奇計答
文帝問決獄錢穀云宰相佐天子理陰陽附百姓撫四
夷得大道然多 周勃 從沛公初起勃屢立戰功其後滅秦
陰謀非正道 常最及爲相國代樊噲將有擊破下薊定上谷北平漁
陽遼東西之功惠帝以勃爲太尉時呂祿呂產秉漢權
欲危劉氏勃與丞相平朱虛侯章共誅諸呂而
迎立代王是爲文帝文帝既立以勃爲右丞相 王陵 母受
訓背楚事漢可謂智矣諫呂氏毋王諸 樊噲 當項羽入
呂卒安劉宗可謂勇矣此其節之大者 關勢暴於

秦沛公會鴻門事危於趙范增舉玦而謀已成項莊舞
劍而禍將及噲擁盾直入不震不驚摧項羽之强鋒脫
高祖於虎口其擊胡陵破章邯李 叔孫通 武臣與弟子
由趙賁項籍得郡六十其功大矣 知高帝寵任
諸儒創朝儀知高帝欲易太子以死爭而正嫡知惠帝
仁孝請建原廟獻含桃是通世務與時變化識權知變
之士 四皓 園公綺里季角里先生夏黃公四人者當秦之
不至其後呂后用留侯計使皇太子東帛致禮安車迎
而致之四人既至客建成侯所他日宴置酒太子侍四
人者從太子上怪問曰何爲 賈誼 慨可方三代名臣以
者四人前對各言其姓名 有王佐之才議論慷
文帝聰明之資必能有爲故輔以堯舜之道惜帝溺於
絳侯之寵不能決意用誼遂疏斥之雖不顯進用而暗
行其策誼雖不進用於一 賈山 亂之道借秦爲諭名曰治
時而其策可傳於萬世 慷慨激發善論諫言
至言請文帝尊養老之禮求輔弼之臣無與士射獵以
隳事無縱民私鑄以失主柄言雖激切文帝不加罰賢

矣 申屠嘉 以材官蹶張從高帝擊項籍擊黥布孝惠時
哉 爲淮陽守孝文時爲丞相是時大中大夫鄧
通方愛幸無比居上旁有怠慢之禮嘉奏事畢因爲檄
召通責曰通小臣戲殿上大不敬當斬通頓首首盡出
血上使使持節召通而謝丞相晁錯貴幸用事疾錯爲
內史穿一門南出當太上皇廟堧垣嘉欲以此法錯帝
爲解之嘉悔爲錯 晁錯 於太子家令有濟時之策不幸死
所責至舍因歐血 於讒人之口其請選練將士以
制匈奴募民實邊以省屯戍當弱諸侯以尊京師其賢
良之策著書三十篇皆當時急務請削吳楚七國之地
以尊朝廷而袁盎 張釋之 善論諫能持法貞亮君子也
因隙伉而讒誅錯 首言秦失漢興之由帝稱善
虎圈嗇夫以口辨拜上林令釋之諫止梁王朝不下車
釋之追止爲廷尉帝欲殺東渭橋犯蹕釋之以爲當罰
金帝欲族盜高廟玉環釋之以爲當棄市 周亞夫 堅壁
非特立獨行灼然有見之丈夫能然歟 細柳
以軍容見天子之尊深壁昌邑以持重折吳楚之師得
將軍之體爭栗太子不宜廢諫后兄王信不宜侯論匈

奴降王不宜封守正不阿 董仲舒圖 事詳 汲黯 質直剛毅
得宰相之體卒以憂死 後 文雖不足
而節有餘占社稷臣也觀火河內矯發倉粟賑民有恤
民之心謂武帝內多慾而外施仁義不可比隆唐虞請
與匈奴和親以罷兵有直諫之節面質公孫弘懷詐飾
智張湯深文巧詆田蚡衛青貴聯外戚平揖不屈有剛
正之義守東海淮陽政化大行有牧民之術居外郡不
李息不言張湯姦詐亂國有憂國之忠其才與功雖不
及諸朝臣至於淮南王欲叛不畏 終軍 奇士辯博能文
朝臣獨畏汲黯非社稷之臣乎 章慷慨奮發徒
步入關棄繻不受欲以功名富貴其志可知上祠雍得
白麟一角五蹄又得奇木其枝旁出軍言野獸併角明
同本也衆枝內附示無外也此應當有夷狄蒙化後匈
奴渾邪王果降有識矣嘗使匈奴盡精厲氣畫吉凶於
單于之前上奇之南越與漢和親請長纓出使繫致
闕王有才矣不幸遇呂嘉之難莫盡其設施惜哉 司
馬相如 以辭賦稱爲文豪當時無比考其辭意序述田
獵之樂與夫封禪告功皆啓導人主窮極侈靡

好大之事其末乃歸于節儉如終日奏鄭衛之音曲終而進雅樂其故何哉居官不事事非忠以色自累非智使西南夷罷於邊役非仁孝耀鄉里非義是文有餘行不足

司馬遷 事詳圖後

蘇武 使之才自古慮曰辯曰勇曰節然辯可能勇可能而大節難也武抗節不屈出萬死一生卒全忠義豈特辯足以折驕倨勇足以挫強禦而已三代而下一人焉爵以列侯酬以萬戶何多哉秩不過二千石錢不過二百萬於功臣豈不薄哉孝宣興感圖形於麟閣晚矣

張騫 鑿空通西域而烏孫大宛康居月氏大夏諸國皆內附遂斷匈奴之右臂以致單于孤特遠遁有功制敵而又忠信初使月氏羈留十年持節不屈為人強大蠻夷愛之

衛青 凡七出擊匈奴斬首虜數萬級取河南地為朔方郡官驃騎將軍

霍去病 凡六出擊匈奴斬首虜復多於青漢興諸將無出其右拜將封侯姻聯外戚得時得君未聞薦一賢士蘇建為言青曰招賢人主之柄夫唐裴行儉郭子儀所薦辟居多皆至將相天下稱之曷嘗有竊柄之議哉此衛霍出自寒微不知尊賢禮士宜矣

金日磾 武帝命霍光輔幼主光自謂不如日磾宜有大泉之像而已光能任漢室之寄處廢立之分權昭立宣位居師保功擬伊周豈日磾比哉然日磾所守光不及者日磾有功封侯屢卻之光則權重位高終不能退日磾子戲宮人則殺之帝欲納其女則辭之光之陰妻邪謀立女為后悅以從之上欲任日磾之子光引約止之而光之子孫受封不辭是日磾之功不及光而忠謹篤敬過之也光死族滅日磾七世內侍其有自哉

霍光 事詳圖

李廣 勇畧天下無雙為邊吏二千石匈奴畏之號飛將軍才氣大過人矣自結髮與匈奴七十戰終無尺寸功以封侯何哉然御軍無節制軍行無部曲行陣不擊刁斗幕府省文書自便雖然廣雖無節制而勇畧過人武帝不得盡用雖為將陰令大將軍使不得當單于所以奇才之不盡也

李陵 以步卒五千出居陵至浚稽山與虜七百萬騎接且戰且引日數十合衆寡之數既殊主客之形亦異陵雖善將安得而不敗哉陵世為將兵敗而死宜然乃偷生降虜戮及宗親禍貽朋友何為者哉

石奮 趙人也奮年十五為小吏侍高祖愛其恭敬為中涓受書謁奮無文學恭謹無與比奮四子建慶皆馴行孝謹官皆至二千石號為萬石君建為郎中令事有可言屏人恣言極切慶自太僕出為齊相齊國慕其家行不言而齊國大治

雋不疑 見直指使者暴勝之曰凡為吏大剛則折大柔則廢恩威交手然後樹功揚名其尹京兆補儁稱衛太子置諸法帝嘉之曰大臣當用有經術明於大誼由是名重朝廷在位者皆自謂不及漢家三輔得賢如此

傅介子 當樓蘭為匈奴間候遮殺漢使悖逆之理取譬中國為日固久而未有以制之介子奮發御命出使不煩師旅而斬其首還垂闕下以驚動諸夷取封侯之貴一時之奇功也

張安世 字子儒湯之子以父任為郎武帝嘗亡書三篋詔問莫能知惟安世識之具足其事後購求得書以相校無所遺失昭帝即位安世輔政宿衛肅敬不怠宣帝初即位安世為大將軍職典樞机以謹慎周密自著安世以父子封侯在位太盛乃辭祿身衣弋綈夫人自紡績家童七百人皆有手技作事

杜延年 忠足以事君才足以臨民承武帝奮後之後勸霍光修孝文政以節儉寬和舉賢良罷榷鹽鐵預定策立孝宣其忠如此為北地太守選為良吏捕擊豪強郡中清靜其才如此丙吉稱其在已右然得賞賜賂遺數十萬清節稍虧于欽深博有謀崇論宏議極天下安危利害陳女戒於建始之初數言得失不事權貴可謂善繼善存者也

魏相 有三議兵畧遵故實達時令而已時匈奴寇邊帝欲擊之相諫曰兵義者王兵應者勝兵忿者敗兵貪者破兵驕者滅此五者非但人事乃天道也今邊郡困乏難以動又言今古異制方今務在奉行故事遂陳賢臣賈誼鼂錯董仲舒所言與治二十三事上從其策又采易陰陽明堂月令四時之治謂天子之義必取法天地宜選明經通陰陽者各主一時以和陰陽然原相所以輔佐孝宣中興之稱職者皆奉行故事之效歟

丙吉 於宣帝有保全之恩倡立之功議終不自代帝知而加封爵又固讓不已而受之其德量深厚無有及也居相位寬大好禮遜務掩惡揚善掾吏有罪不稱輒予告不按驗公

府不按吏自吉始馭吏醉酒汙車茵亦不斥因得知邊塞驚急郡長吏能否勉勞之出逢橫道羣鬭者死傷不問遇牛喘問之以爲三公調和陰陽職所當憂疾篤上問所代稱西河太守杜延年明於法度曉故事廷尉于定國執法詳平太保陳萬年事後毋孝其知人如此宜其子孫絶而復續也

尹翁歸 自謂文武兼備所施設則剛明爲示吏雖霍光之族莫敢犯爲都督郵則長吏被罪莫有怨爲郡守廷尉于定國莫敢干以私治東海明察郡中吏民賢否姦邪各記籍收取縣吏豪民按罪以一警百首論大猾許仲卿弃市爲右扶風選用廉平接待以禮縣有名籍如治東海緩於小弱急于豪強雖任刑法而溫良謙退不驕殺後天子下詔褒揚而重賜其子況云

王褒 與司馬相如揚雄皆起西蜀作爲詞章富麗溫雅褒嘗刺史作中和樂職詩以章風化之廣被應宣帝之詔作聖主得賢臣頌以明君臣之相須其後數奏賦頌以諫人君田獵博奕之娛其文皆有補於世豈虛詞溢美之比哉

趙廣漢 守潁川首誅大姓原褚郡中震慴又令強宗大姓相伐姦黨散落風俗大改尹京兆善爲鉤距以得事情盜賊雄俠吏受賕銖兩之姦皆知之長安少年謀共劫人語竟即捕之亭長戲言莫不先知爲政專厲強壯見事風生發姦擿伏如神明然雖明吏而不免挾姦終以此敗

韓延壽 爲吏尚禮義敦教化聘賢士廣謀議納諫諍表孝弟治學宮守潁川以禮讓變告訐之俗守東郡置正訏長教孝弟姦人莫敢人吏或相欺引咎自責人自愧悔守左馮翊閉閤思過息詞訟推誠待人不忍爲欺而爲蕭望之按其放官錢遽及誅戮非宣帝明察之過歟

張敞 子高非惟有吏才而善論諫昌邑王不法諫不從昌邑果廢霍光卒其子禹復爲大司馬敞以譏世卿爲諫霍氏果敗太后出獵敞諫而止治膠東設賞格令相捕斬大賊解散尹京兆召偷盜酋長盻以法意而盜息治冀州捕格賊首而盜息京兆久任而稱治史稱其履忠進言條教可觀善矣

于定國 其父于公爲獄吏東海有孝婦孀居守節而養姑姑以年老妨婦嫁自縊死姑女告婦迫姑死繫獄誣伏于公申不得婦死枯旱三年于公白郡守祭婦墓遂

雨于公自言治獄有陰德後必當興其子定國果由御史大夫拜相國人稱定國爲廷尉民自以不寃

蓋寬饒 次山專厲剛直不要之以中是以殺身爲中大夫而使行風俗也多稱舉貶黜爲司隸校尉刺舉無回避奏張安不畏其權爲衛司馬戒許伯之侈第劾禮卿之沐猴然其言忤犯上意強以不用難聽之語非雍容有禮爲吏刻深喜陷害人故終坐獄自殺非剛直之大過歟

楊惲 官光祿勲爲人廉潔無私然伐其行能又性刻害好發人陰伏由是多怨於朝廷以此失爵位既家居治產業以財自娛其友孫會宗與惲書諫戒之惲報書以爲誠荒淫無度不知其不可竟以此得禍

黃霸 守潁川詔下選良吏分部宣布使郵亭鄉官畜雞豚以贍孤窮勸民爲善防姦邪謹耕桑恤鰥寡節財用盜賊屏息獄無重囚鳳凰神雀來集及守京師政聲無聞譽望大損

龔遂 守勃海時多盜賊民迫飢寒遂悉罷捕賊吏持田器者爲良民持兵器者爲盜賊聞之咸棄兵持田器賣劍買牛賣刀買犢開倉賑恤勸課農桑百姓富實獄訟止息賢矣哉

疏廣 受爲太子太傅少傅廣年老曰吾聞知足不辱知止不殆今仕宦至二千石官成名立不去有後悔乞骸骨許之賜黃金二十斤皇太子贈五十斤歸鄉里與族人賓客相娛樂或勸廣爲子孫立產業廣曰賢而多財則損其志愚而多財則益其過其知止足者矣

蕭望之 長倩議論通達抗節剛正初見霍光責以不行周公吐哺之禮建言夏日雨雹訊霍氏專權以開利傷化折張敞贖罪之議以夷狄背盟止公主婚降烏孫以春秋不伐喪遣使弔匈奴而單于稱臣且請待單于不臣之禮又請出恭顯而待以賢明之選爲御史大夫議三公非其人爲大傅以經術授太子宣帝寢疾命望之受遺詔輔政元帝即位數言治亂陳王事多所弼正卒罹讒謗而殞其身

趙充國 以老臣任邊將經營圖畫至謹至重阻用兵深入之議畫屯田便宜之策縻以歲月初皆疑其迂緩坐失事機終焉士卒不勞而羌戎自破真得中國御夷狄之術而稱中興名將屯田足食可爲萬世備邊之良法

馮奉世 當莎車之叛形勢已成鄯善以西皆絶不通借或稽誅禍

可勝言命將出師未必能免就使必克所喪已多奉世
忠義奮發見危授命以節書告于諸國發兵不廢斗糧
不遺一鏃招其城而降其王收安邊勝敵之劾以
功補過宜膺上賞蕭望之沮之可爲長太息也 **召信**
臣字翁卿以明經甲科爲郎爲人勤力有方畧爲零陵
守好爲民興利務在富之躬耕勸農出入阡陌止舍
離鄉亭稀有安居時行視郡中水泉開通溝瀆起水
門提閼以廣灌溉民得其利吏民親愛之號曰召父 **劉**
向後名更生博通諸經擢諫大夫校書天祿閣
著說苑烈女傳上疏言王氏專政封彭城伯 **鄭弘**字稺
卿爲南陽太守著治蹟拜御史大夫又 **直不疑**爲郎有
字巨公守臨淮兩鹿夾輸後爲太尉 同舍誤
持其同舍金去同舍郎意不疑不 字仲卿少時爲
疑償金後同舍歸金亡金郎大慙 **朱邑**舒桐鄉嗇夫廉
平不苛吏民無不愛敬舉賢良爲大司農丞遷大司農
爲人惇厚篤於故舊然性公正不可交以私身爲列卿
居處儉節祿賜以共九族鄉黨家無餘財邑病且死屬
其子曰我故爲桐鄉吏其人愛我必葬我桐鄉其子從

之桐鄉民果共爲邑起 **朱雲**字游少時通游俠借客報
冢立祠歲時祀祭不絕 倪以勇力聞年四十乃變
節好倜儻大節當世以是高之五鹿克宗與諸易家論
乘貴辨口諸儒莫能與抗雲連拄五鹿君成帝時上書
願斬張禹觸上怒辛慶忌以死 通經術而無大臣
爭上意解然雲自是不復仕 **匡衡**之節嘗言時俗薄
惡請弘道德而率天下以傳昭儀定陶王過寵請明后
妃嫡庶以齊家又請無改孝宣政事成帝即位無所建
明請究六經之旨歸而通貫天人數陳便宜雖經術有
餘而相業不足石顯專權不敢匡政反曲事之成帝欲
益前非乃追條前惡爲王遵所劾後因地震免爲 **陳湯**
庶人可謂有經術而無大臣廉潔剛方之節也
當郅支單于囚殺漢使傷威損重天子震怒欲誅恐勞
民動衆久而未發湯與甘延壽矯制發兵決策深入其
國屠三城斬郅支首併閼氏名王千五百人以示萬里
明犯漢者可謂能雪中國之恥而成駿功劉向稱其可
方方叔吉甫而石顯 由諫議大夫遷揚州刺史二
咎其矯制不賞惜夫 **何武** 千石罪時舉奏行部先即學

宮見諸生問得失次問懇田次見郡守爲人仁厚喜進
士爲楚內史厚兩龔爲沛守厚兩唐每欲除吏先爲科
例以防請託何素屬其嫌而不薦王莽求大常而不舉
羣臣舉莽爲大司馬武堅執不可及拜大司空而舉奏
苛碎不合衆心卒以策免 事詳 字子都宜每
後爲莽所誣陷自殺惜哉 **楊雄**圖 **鮑宣**居位常上書
諫爭其言少文多實是時丁傅子弟並進董賢貴幸宣
上書諫郡國地震明年正月朔日蝕宣復上書言上納
宣言拜爲司隸後坐距閉使者大不敬下廷尉博士弟
子王咸舉幡太學下曰欲救鮑司隸者會此下諸生會
者千餘人上遂抵宣罪王莽秉政以罪法案 **王遵**文武
諸漢忠直臣不附己者宣及何武等皆死 自將
健於吏職所在必發其剛果守安定一月間治張輔姦
贓百萬爲護羌校尉以千騎奔突羌人萬衆爲益州刺
史疾驅九折坂以示其忠爲東平相以勇氣折王之驕
止其過爲司隸校尉奏匡衡不白石顯姦邪爲京兆廣
設方畧誅鉶盜賊守東平以身當金隄河渠之衝而安
衆心然爲吏詭譎不惟失於殘忍所以屢廢及坐廢也

王鳳徐明三老董爭薦 **翟方進**子威初爲丞相司直劾
之其亦安集人民者邪 司隸陳慶不以禮見丞
相劾辛慶忌詔事貴臣時起昌陵貴戚子弟爲姦刺方
進按大姦贓數千萬爲京兆擊搏豪強位丞相舉奏牧
守九卿無所回縱器能有餘兼文法吏事以儒雅緣飾
法律號爲通明而內行修飾然多懷怨挾私無辜相宏
大之量衆以天象示 **鄭子真**谷口人嚴君平蜀人在成
變賜策自裁宜也 帝時大將軍王鳳以禮聘
子真遂不 卜筮於成都市以爲卜筮者賤業而
屈而終 **嚴君平**可以惠衆人有邪惡非正之問則依
蓍龜而言利害日閱數人得百錢足 字子容平帝
自養則閉肆下簾而授老子 **薛方**時常爲郡掾
祭酒被徵不至及莽位以安車徵方方因使者辭謝
曰堯舜在上下有巢由今明主方隆唐虞之德小臣欲
守箕山之節也使者以聞莽悅其言不強致方居家以
經教授喜屬文著詩賦數十篇光武即位徵方道病卒
逢萌字子慶家貧給事縣爲亭長時尉行過亭萌候迎
拜謁既而擲楯嘆曰大丈夫安能爲人役哉遂去

之長安學通春秋經萌素明陰陽知莽將敗因遂潛去及光武即位詔書徵萌託以老耄迷路連徵不起以壽終

梅福字子真明尚書穀梁春秋為郡文學補南昌尉後去官歸數詣行在所條對急政輒報罷王氏浸盛災異數見福上書大畧言外戚之權日以益隆且言呂霍上官之驕逆社稷之危上不納元始中王莽顓政福一朝棄妻子去

龔勝字君賓**龔舍**字君倩二人相友並著名節世謂之楚兩龔勝居諫官數上書言制度泰奢刑罰泰深賦歛泰重宜以儉約先下其後言董賢亂制度繇是逆上指哀帝崩依韓福故事歸老初龔舍以勝薦徵拜官屢以病去舍勝歸鄉里莽既篡國遣使者即拜勝為講學祭酒勝謂門人高暉等曰吾受漢家厚恩亡以報今年老矣誼豈以一身事二姓下見故主哉遂不復開口飲食積十四日死

申公魯人也與劉郢同師郢為楚王令申公傅其太子戊申公獨以詩經為訓以教無傳疑疑者則闕不傳武帝即位迎申公問治亂之事申公對曰為治不在多言顧力行何如耳竟以老罷歸

韓生名嬰燕人也孝

文時為博士韓生推詩之意而為內外傳數萬言其語頗與齊魯間殊然其歸一也

伏生名勝濟南人也故為秦博士孝文時欲求能治尚書者乃召之是時伏生年九十餘老不能行乃詔太常使掌故晁錯往受之由是學者頗能言尚書

高堂生字伯魯人秦焚書散亡益多獨有士禮高堂生能言之

田何字子莊齊人孔子弟子商瞿傳易六世至田何田何傳東武人王同子仲子仲傳菑川人楊何

胡毋生字子都齊人孝景時為博士以老歸教授齊之言春秋者多受胡毋生公孫弘亦頗受焉

夏侯勝從夏侯始昌受尚書洪範傳號稱名儒然以厥罰常陰言臣下有謀其事經驗而不免夫億則屢中嘗見出道上語雖可傳而不免幾事不密時孝宣欲褒顯武帝功烈為立廟樂勝曰不宜雖守正不阿未免陷於縲紲豈通儒哉

梁丘賀明易經以功畫像麒麟閣

歐陽生字和伯千乘人受書於伏生復以教兒寬

丁寬字子高梁人初項生從田何受易時寬為項生從者讀精敏材過項生遂事何學成東歸何謂門人曰易以東矣

施讎字長卿沛人也讎為童子從田王孫受易謙讓常稱學廢不教授及梁丘賀為少府事多乃遣子臨分將門人張禹等從讎問讎不得已乃授臨等

孟喜字長卿東海蘭陵人從田王孫受易好自稱譽得易家候陰陽災變書詐言師田生且死時枕喜厀獨傳喜諸儒以此耀之

京房受易梁人焦延壽以明災異得幸為石顯所譖誅

費直字長翁東萊人治易為郎長於卦筮

周堪字少卿齊人與孔霸俱事大夏侯勝霸為博士堪譯官令論於石渠經為最高元帝時堪為光祿大夫領尚書為石顯等所譖免官

王式字翁思東平新桃人為昌邑王師昌邑王以行淫亂廢式繫獄治事使者責問曰師何以亡諫書式曰臣以三百五篇諫是以亡諫書因得減死論諸生素聞其賢共薦式詔除為博士博士江公心疾式遂謝病免歸

后蒼字近君東海郯人事夏侯始昌通詩禮為博士至少府授翼奉蕭望之匡衡由是齊詩有翼匡師伏之學

毛公趙人治詩為河間王博士授同國貫長卿長卿授解延年延年授徐敖敖授九江陳

俠

孟卿東海人事蕭奮以授后蒼魯閭丘卿蒼授沛聞人通漢子方梁戴德延君戴聖次君德號大戴聖號小戴以博士論石渠至九江太守

嚴彭祖字公子東海下邳人與顏安樂俱事眭孟孟弟子百餘人惟彭祖安樂為明質問疑誼各持所見孟曰春秋之意在二子矣彭祖安樂各專門教授由是公羊春秋有顏嚴之學

顏安樂字公孫魯國薛人眭孟姊子家貧為學精力官至齊郡太守丞安樂授淮陽泠豐次君淄川任公由是顏家有泠任之學

瑕丘江公受穀梁春秋及詩於魯申公傳子至孫為博士江公吶於口上使與仲舒議不如仲舒而丞相公孫弘本為公羊學比輯其議卒用董生上因尊公羊家

房鳳字子玄不其人以射策乙科為太史掌故王根薦鳳明經通達擢為光祿大夫遷五官中郎將劉歆白左氏春秋可立哀帝以問諸儒皆不對惟王龔與鳳許歆

三才圖會

雲間元翰父王圻編集

男思義校正

人物五卷

鄧禹像　寇恂像
馬援像　耿弇
楊震　李膺
嚴光　徐稺
郭泰　范滂
班超　蔡邕
諸葛亮　關羽
鍾繇　司馬懿
周瑜　王導
謝安　王羲之
陶淵明　謝靈運
檀道濟　程靈洗
王通　韓擒虎

鄧仲華像

鄧禹字仲華南陽新野人事母至孝光武安集河北禹仗策追謁勸以延攬英雄務悅民心光武大悅分麾下兵遣定河東帝卽位拜爲司徒封酇侯卒謚元侯

寇恂像

寇恂字子翼與鄧禹謀議禹奇之光武南定河內難其守禹曰寇恂文武備足非此子莫可使也拜恂河內太守光武即位時軍食急乏恂轉輸前後不絶車駕南征恂從至潁川百姓遮道曰願從陛下復借寇君一年隗囂將高峻遣軍師皇甫文出謁辭禮不屈恂怒斬之峻出降恂曰文峻之腹心殺之則峻亡其膽是以降耳恂經明行修名重朝廷時人以爲有宰相器

馬文淵像

馬援字文淵扶風茂陵人其先馬服君之後因以爲氏援十二而孤眉目如畫少有大志光武徵爲中郎將交趾女子徵側反拜伏波將軍捷聞封新息侯永平中立援女爲皇后顯宗建武中圖畫功臣援獨以椒房親不與焉

耿弇像

耿弇爲將光武謂其功比韓信昔韓信見高祖論項羽其強易弱謂三秦可傳檄而定弇見光武請北收上谷兵定彭寵於漁陽取張豐於涿郡還收富平獲索東攻張步以平齊高祖之漢中光武之舂陵國至小兵至弱群雄方鴟張隼擊連城諸邑未知雌雄二將俱期必克非徒言之行之行之迄有成無一不驗弇初建策光武不能必弇獨必之平郡屠城未常少挫

楊震像

楊震字伯起少好學明經博覽常客居於湖不荅州郡禮命年五十大將軍鄧隲聞其賢而辟之五遷爲涿郡太守性公廉不受私謁子孫常蔬食步行故舊長者或欲令爲開産業震不肎曰使後世稱爲清白吏子孫以此遺之不亦厚乎

李膺像

李膺字元禮遷青州刺史守令畏威名多望風棄官拜司隸校尉時小黄門張讓弟朔爲野王令貪殘無道畏膺威嚴逃還京師匿於兄家合柱中膺知其狀率吏卒破柱取朔付洛陽獄受辭畢卽殺之膺持風裁以聲名自高士有被其容接者名爲登龍門云

嚴子陵像

嚴子陵名光一名遵會稽餘姚人少與光武同游學光武卽位光變姓名隱身不見帝物色訪之引光入因共偃卧光以足加帝腹太史奏客星犯御座甚急帝笑曰朕故人共卧耳除爲諫議大夫不屈迺耕於富春山

徐孺子像

三才圖會　人物五卷　九

徐稺字孺子豫章南昌人家貧躬耕非力不食太守陳蕃請署功曹稺來設一榻去則懸之後舉有道拜太守皆不就陳蕃等薦其德行純備宜登三事桓帝以安車徵之不至

郭林宗像

三才圖會　人物五卷　十

郭泰字林宗太原介休人家貧好學早孤辭母游洛陽與李膺為友膺歸鄉里與泰同舟而濟衆賓望之如神仙世傳為李郭仙舟范滂謂其隱不違親貞不絕俗天子不得臣諸侯不得友蓋確論云

范孟博像

范滂字孟博少厲清節爲州里所服爲清詔使案察冀州滂登車攬轡慨然有澄清天下之志守令贓汙者望風解印綬去守汝南以黨禍徵赴獄就訊三木囊頭暴於階下曰身死之日埋於首陽山下上不負皇天下不愧夷齊初就捕母與訣曰汝得與李杜齊名死亦何憾滂跪受教再拜而辭顧其子曰吾欲使汝爲惡則惡不可爲使爲善則我不爲惡聞者流涕

班仲升像

班超字仲升有大志勤苦而辨涉獵書傳在西域三十一年招降附五十餘國邊將功名無出其右及受代而歸告任尚曰塞外吏士本非孝子順孫皆以罪故徙邊屯而蠻夷懷鳥獸之心難養易敗君今性嚴水清無大魚察政不得下和宜蕩佚簡易寬大過總大綱尙以爲無奇策所言平平而後果敗

蔡伯喈像

三才圖會　人物五卷　十三

蔡邕字伯喈陳留人性篤孝母病邕不解襟帶者七旬少
博學好詞章妙音律召拜郎中校書東觀以言事髡鉗中
平六年董卓辟召三日之間周歷三臺卓誅邕在王允坐
言之而嘆允收付廷尉遂死獄中

東漢名臣

鄧禹事詳圖後　寇恂事詳圖後　馮異字公孫光武爲司隸校尉署異爲主簿說宜急分遣官屬
循行郡縣理寃獄布惠澤從破王郎平河北所至皆布
威信擊破延岑軍威行關中凡領北地安定天水太守
事各多戰功　賈復有折衝千里之威敗青犢於射犬破五校
於眞定先登深入身數被創會議擊鄙率
然請行意其勇捍果敢之人未必達用舍進退之禮及
天下既定知光武欲偃武修文乃與鄧禹去甲兵敦儒
學就第闔門授易講經群臣共薦宜爲宰相帝雖
不用而無怨者非達於進退用舍之理者如是耶　卓茂
德度卓茂寬仁恭愛恬淡樂道與人無競鄉故雖行能
不同而皆愛慕嘗爲密令視民如子舉善而教口無惡
言吏民親愛不忍欺初茂到縣有所廢置吏民笑之河
南爲置守令茂不爲嫌治事自若數年教化大行道不
拾遺遷京都丞密人涕泣從至京王莽居攝以
病免歸光武即位先訪求茂以爲太傅褒德侯　馬援事詳

三才圖會目　人物五卷　十四

圖　吳漢勇鷙有謀屢翦勍敵平蜀之舉功爲冣優每從
諸將征伐見陳不利或惶懼失度漢意氣自若
光武有隱若　岑彭爲將立大功代蜀首破荊門長驅武
敵國之語　陽倍道兼行三千餘里勢若風雨所
向瓦解公孫以杖擊地稱之爲神平蜀在食頃耳
刺客殺之豈眞地名彭亡有讖而數之然定乎　耿弇
事詳　祭遵上無大功名不過非平漁陽西距隴蜀先登抵
圖　賜盡與士卒家無私物身衣韋布夫人無彩飾光武以
是重焉生榮死哀思慕不已曰安得憂國奉公如祭征
虜乎非有　劉昆初爲江陵令縣有火災昆叩頭火尋滅
德曷致此　守弘農虎負子渡河而去帝嘉之徵爲
光祿勳問曰前在江陵反風滅火後守弘農虎北渡河
行何德政而致是事昆曰偶然耳帝曰長者之言也命
書諸　杜詩字公君遷南陽太守人語　張堪守漁陽視事
策　曰前有召父後有杜母　八年匈奴不
敢犯塞勸民耕稼以致殷富百姓歌曰桑　第五倫爲京
無附枝麥秀兩岐張君爲政樂不可支　兆掾

領長安市公平廉介市無姦枉上疏言光武承王莽之餘爲政嚴猛秦以酷急亡國莽亦以苛法自滅上善之倫雖峭直然疾俗吏苛刻言每依寬厚云**班彪**隗囂問以承運迭興之事彪曰周之廢興與漢異周爵五等諸侯從政本根旣微枝葉強大故末流有縱橫之事漢承秦制改郡縣主有專己之威臣無百年之柄又著王命論讜言宏論足以挫姦臣之志雄矣哉**宋均**守九江恬淡無爲百姓安業地多虎暴民設檻穽而滋多均曰江淮有虎猶北方有雞豚今爲民害咎在殘吏張捕非也務退姦貪進忠善可去檻穽除煩苛無復虎害帝聞嘉賞任以樞機拜尚書令**董宣**爲洛陽令殺公主蒼頭強項不拜**韓歆**歆好直言無隱諱帝每不能容歆於上前證歲將飢凶指天畫地言甚剛切故坐免歸田里帝猶不釋復遣使宣詔責之歆及子嬰皆自殺歆素有重名死非其罪衆多不厭帝乃追賜錢穀以成禮葬之**郭賀**爲荊州刺史官有殊政上賜以三公之服黼黻冕旒敕行部去襜帷以章有德**馬廖**太后從兄官衛尉患美業難終上疏勸成

德政太后納之韋彪爲大鴻臚陳事者言郡國貢舉率非功次故守職益懈吏事寖疏咎在州郡下朝臣議彪曰夫人才行少相兼忠孝之人持心近厚鍛鍊之吏持心近薄宜以才行爲先不可純以閥閱其要在選二千石而用賢貢舉得人矣**鍾離意**字子阿舉孝廉再遷辟大司徒侯霸府詔部送徒詣河內時多寒徒病不能行輒移屬縣使作徒衣解徒桎梏恣所欲過與剋期俱至無或違者顯宗數幸廣成苑從禽廢政常當車陳諫帝性褊察爭爲嚴切以避誅責唯意獨敢諫爭數封還詔書臣下過失輒救解之**袁安**字邵公少傳父良易學爲人嚴重見敬於州里舉孝廉拜楚郡太守時楚王英謀逆辭所連及繫者數千人安埋其無明驗者條上出之徵爲河南尹政號嚴明和帝卽位安以天子幼弱外戚擅權每與公卿言國家事未嘗不噫嗚流涕自天子及大臣皆恃賴之**魯恭**字仲康拜中牟令恭專以德化爲理不任刑罰許伯爭田累守令不能決恭爲平理曲直皆退而自責輟耕相讓蟲不犯境化及鳥獸豎子有仁心在事三年州舉尤異**楊**

震事詳圖後**黃瓊**字世英香之子也瓊達練官曹爭議朝堂莫能抗奪遷尚書令奏增孝悌及能從政者爲四科居公位舉奏州郡素行貪汚至死徒者十餘人海內由是翕然望之**張綱**字文紀留侯之七世孫也少明經學雖爲公子而厲布衣之節漢安初選遣八使徇行風俗綱獨埋其車輪於洛陽都亭劾奏大將軍冀河南尹不疑條其無君之心十五事京師震慄廣陵賊張嬰寇亂冀以綱爲廣陵太守欲因以事中之綱徑造嬰壘以慰安之嬰深感悟率所部萬餘人歸**虞詡**字升卿通尚書孝養祖母縣舉順孫永初中議棄涼州詡言非計四府皆從詡議鄧騭以詡異其指欲以吏法中傷之除詡爲朝歌長令治賊詡設三科募士禽殺之遷武都太守以計破羌通漕道歲省四千餘萬**孟嘗**字伯周會稽上虞人也少修操行舉茂才拜徐令遷合浦太守郡產珠時守宰並多貪穢詭人採求珠遂漸徙於交趾嘗到官未踰歲去珠復還以病自上被徵當還吏民攀車請之不得進乃夜遁去**劉寵**字祖榮以明經舉孝廉除東平陵令以仁惠爲吏民

所愛母疾去官百姓將送塞道車不得進乃輕服遁歸七遷拜會稽太守簡除煩苛郡中大化徵爲將作大匠出陰縣有五六老叟人賫百錢以送寵爲人選一大錢受之**李固**字子堅司徒郃之子也每到太學密入公府定省父母不令同業諸生知是郃子爲荊州刺史奏南陽太守高賜等贓穢梁冀爲千里移檄而固持之愈急冀深忌疾之**杜喬**字叔榮河內林慮人漢安初徇察兗州表奏梁讓氾宮崔瑗等臧罪千萬以上讓梁冀季父宮瑗皆冀所善冀女死喬獨不往會喪爲太尉不聽納冀妹厚禮因此日忤於冀**李膺**事詳圖後**張儉**字元節初舉茂才以刺史非其人謝病不起翟超請爲東督郵時中常侍侯覽家在防東殘暴百姓儉舉劾覽及其母罪惡請誅之覽懷怨恚遂上書告儉爲黨刊章討捕儉亡命困迫望門投止莫不重其名行破家相容**陳蕃**字仲舉蕃嘗閒處一室而庭宇蕪穢曰大丈夫處世當掃除天下安事一室乎後守安東梁冀遣書詣蕃有所請託不得通使者詐求謁蕃怒笞殺之蕃與竇武同心戮力以獎王室徵天下名賢

共參政事天下之士莫不延頸想望太平

竇武 字游平融之玄孫也武以經行名顯關西在位多辟名士清身疾惡賄賂不通妻子衣食裁克足而已

王允 字子師允少好大節有志於立功黃巾賊起選拜豫州刺史受降數十萬獻帝即位董卓劫遷都關中朝政大小悉委於允允矯情曲意每相承附密與黃琬謀殺卓

臧洪 字子源中平末太守張超請爲功曹時董卓弑帝圖危社稷洪詣兗豫諸刺史期會酸棗操血而盟辭氣慷慨寓於袁紹甚奇之以洪領青州刺史徙爲東郡太守時曹操圍超於雍丘洪聞號泣勒所部將赴其難而紹竟不聽洪由是絕紹紹興兵圍之生執洪殺焉

孔融 字文舉孔子二十世孫博涉多覽張儉與融兄褒有舊亡抵褒不遇融留舍之後事泄融一門爭死河南尹何進當遷爲大將軍楊賜遣融奉謁賀進不時通融即奪謁還府投劾而去融聞人之善若出諸己面告其短而退稱所長薦達賢士多所獎借故海內英俊皆信服之

嚴光 事詳圖後

梁鴻 字伯鸞家貧而尚節介牧豕上林苑中曾誤遺火延及它

舍問燒者所失悉以豕償之其主猶以爲少鴻以身居作隣家耆老見鴻非恒人乃共讓責主人悉還其豕鴻不受而去歸鄉里勢家慕其高節多欲女之鴻並絕不取同縣孟氏有女鴻大喜曰此真梁鴻妻也字之曰德耀名孟光鴻易姓名與妻子去適吳依大家皋伯通居廡下爲人賃舂每歸妻爲具食舉案齊眉伯通察而異之舍之于家及卒伯通爲求葬地於吳要離冢旁

陳寔 字仲弓除太丘長修德清淨百姓以安寔在鄉閭平心率物其有爭言輒求判正曉譬曲直至乃嘆曰寧爲刑罰所加不爲陳君所短

王烈 字彥方以義行稱遇歲飢饉常分釜庾之儲以救里中餓者州閭承風咸競爲善鄉里有盜牛者主得之盜請罪曰刑戮是甘乞不使王彥方知烈聞而使人謝之遺布一端有老父行失劍於路一人見而守之烈使推求乃先盜牛者也諸有爭訟曲直將質之於烈或至塗而返或望廬而還舉孝廉三府並皆不就

仇覽 字季智一名香少爲書生淳默鄉里無知者年四十縣選爲蒲亭長覽初到亭人有陳元者母詣覽告元不孝覽親到元家爲陳人倫孝行元卒成孝子考城令王奐署爲主簿以一月奉爲資入太學同郡符融有高名與覽比宇覽不與融言融心獨奇之以告郭林宗林宗與融齎刺就房謁之林宗嗟嘆下牀爲拜

黃憲 字叔度世貧賤父爲牛醫荀淑遇憲於逆旅時年十四淑竦然異之謂憲曰子吾之師表也同郡陳蕃爲三公臨朝嘆曰叔度若在吾不敢先佩印綬矣郭林宗少游汝南從憲累日方還或以問林宗林宗曰叔度汪汪若千頃波澄之不清淆之不濁不可量也

徐穉 事詳圖後

郭泰 事詳圖後

仲長統 字公理博涉書記贍於文辭性俶儻不矜小節默語無常時人或謂之狂生每論說古今及時俗行事恒發憤嘆息因著論名曰昌言凡三十四篇

申屠蟠 字子龍家貧傭爲漆工郭林宗見而奇之博貫五經兼明圖緯與濟陰王子居同在太學子居臨歿以身託蟠蟠乃躬推輦送喪歸鄉里先是京師游士汝南范滂等非訐朝政太學生以爲文學將興處士復用蟠絕迹於梁碭之間因樹爲屋自同傭人居二年滂等果罹黨錮唯蟠超然免於評論

龐德公

居峴山之南未嘗入城夫妻相敬如賓荊州刺史劉表就候之曰先生苦居畎畝而不肯官祿後世何以遺子孫乎龐公曰世人皆遺之以危今獨遺之以安表嘆息而去德公素有重名嘗謂諸葛孔明爲臥龍龐士元爲鳳雛司馬德操爲水鑑

廉范 字叔度廉頗後也范父客死與客步負喪歸葭萌載船觸石破沒范抱棺俱沈眾傷其義鉤求得之免死隴西太守鄧融謁范爲功曹會融爲州所案舉徵下獄范侍衛左右融繫出隨而養視及死身自將車送喪至南陽葬畢乃去爲雲中太守會匈奴大入塞范自率士卒拒斬之遷蜀郡太守有五袴之歌

曹褒 字叔通少篤志有大度肅宗欲制定禮樂褒乃次序禮事百五十篇奏上帝納之褒博物識古爲儒者宗又傳禮記四十九篇教授諸生學遂行於世

丁鴻 字孝公善論難爲都講鴻父綝卒鴻當襲封上書讓國與盛閉門教授鮑駿薦鴻經學至行顯宗召見賜御衣及綬稟食公車肅宗詔鴻與賈逵論定五經同異鴻以才高論難最明諸儒稱之

伏湛 爲平原太守時天下兵起湛獨晏然撫巡百姓

吏民信向光武徵爲尚書典定舊制
又爲司直行大司馬事鎮守京師 荀淑博學有高行李固李膺宗
師之爲朗陵相治事明治稱爲神君有子八人 劉寬爲東
時人謂之八龍第六子爽字慈明名望尤重
海相歷典三郡溫厚仁恕倉卒中無疾言遽色吏民有
過以蒲鞭笞之示辱而已終不加苦慰以農里之言勉
以孝弟之訓人皆悅而從化 范滂事見圖後 班超事詳圖後 朱儁
拜尚書令賢而有德者也
爲將平交趾討黃巾破趙洪奇謀偉策出人意表豐功
盛烈超絕古今且尚義輕財脫會稽太守於厄拜將封
侯保令名以終 周黨 王良 王成 受徵伏而不謁范
可謂奇男子矣 丹奏其偃蹇驕悍
釣采沽名帝曰古有不賓之臣 姜肱 袁閎 韋著
各行其志賜帛四十匹罷之
李曇陳蕃薦其有隱德 桓典爲御史彈劾不避權貴京
安車徵之不至 師語曰行行且止避驄馬
御史 羊續守南陽府丞獻生魚續受而懸之丞再獻續出前魚以示之 時苗宰壽春初至以黃牛

牝駕車歲餘生犢去官 范丹宰萊蕪居官廉潔民謠曰
留犢曰是此土所生者 甑中生塵范史雲釜中生
魚范萊蕪 蔡順分椹以養其親取重於賊遺以食米牛 踊母喪失火順伏棺而哭火飛西家 毛義
家貧不仕孝養於親 黃香事父至孝暑則扇枕冬則溫席 茅容客至殺雞待母
及奉檄喜動顏色
以草蔬奉客 取 蔡邕事詳圖後 馬融字季長茂陵人有俊才
重於郭林宗 博通經籍爲世通儒教
養諸生常有千數坐高堂施絳帳 鄭玄字康成北海高
前授生徒後列女樂世人榮之 密人從馬融受
學後歸鄉里學徒相隨者數千百人嘗道遇黃巾賊見
玄皆拜相約不敢入縣境袁紹大會賓客競說異端百
家互起玄隨方辨對 服虔字子慎河南榮陽人有雅才
咸出問表莫不嘆服 善屬文靈帝時拜高平令墜
九江太守所著有春秋集解及辭 荀悅字仲豫潁川潁
賦碑誄書記連珠九憤凡十餘篇 陰人淑之孫家
貧無書每於人家見篇牘一覽即記累官秘書監侍中
時政移曹氏悅作申鑒五篇奏之又依左傳體刪漢書

爲帝紀
三十篇

諸葛孔明像

諸葛亮字孔明寓居南陽隆中漢建安中徐庶稱於漢主曰諸葛孔明卧龍也遂往見之三顧乃起宰割山河三分天下觀其出師表八陣圖與夫木牛流馬擒縱之捷至今猶使人凜凜有生氣也

關雲長像

關羽字雲長河東解人也好左氏事先主寢則同牀恩若兄弟而稠人廣衆侍立終日隨先主周旋不避艱險秉燭達旦其大節也刺殺顏良其大勇也卒爲孫權襲而殺之惜哉萬曆年封爲南極協天上帝

鍾元常像

三才圖會　人物五卷　廿三

鍾繇字元常潁川常社人荀彧數稱繇于曹操拜御史中丞後破郭援平張晟遷魏相國文帝即位封崇昌鄉侯遷太尉

司馬仲達像

三才圖會　人物五卷　廿四

司馬懿字仲達雄畧內斷英猷外決誅孟達殄公孫兵動若神謀無再計既承忍死之托曾無徇生之報雲寡欺孤恣威殺戮豈純臣哉後孫炎篡魏爲西晉武帝

周公瑾像

周瑜字公瑾廬江舒人孫策與瑜同年相友善授建威中郎將策薨權命與張昭共掌國事曹操入荊州劉琮舉宗降操得其水軍將下江南張昭等咸勸權迎操瑜請精兵往夏口大敗操軍年三十六卒于巴丘

王茂弘像

王導字茂弘光祿大夫覽之孫也少有風鑒識量清遠時元帝為瑯琊王素相親善潛有興復之志及帝出鎮下邳請為安東司馬勸帝屈禮紀瞻顧榮賀循以招俊義朝野傾心號為仲父成帝立以退石頭賊轉中外大都督太傅丞相卒謚文獻哀榮之盛中興名臣莫與為比

謝安石像

謝安字安石尚從弟也桓溫請爲司馬除吳興太守去後爲人所思符堅率衆百萬次于淮淝加安征討大都督從容指授將帥及兄子玄等破堅驛書至安對客圍基了無喜色既罷還內過戶限心喜甚不覺屐齒之折其矯情鎮物如此

王逸少像

王羲之字逸少爲將軍會稽內史上巳日與同僚宴於山陰之蘭亭各賦詠成篇帙少時學書池水盡黑草隸爲古今之冠

陶淵明像

陶淵明晉臣也在宋易名潛字元亮世號靖節先生著五柳傳親老家貧時人弗聊无絃歌以爲三逕之樂晉末嘗爲彭澤令觧官賦歸去來辭

謝靈運像

謝靈運幼穎悟文章之美與顏延之爲江左第一弟惠連每對之輙得佳語嘗於永嘉西堂思詩不就忽夢惠連即得池塘生春草之句乃云此語有神助

檀道濟像

檀道濟宋武顧命勳臣元嘉中伐魏夜唱籌量沙平明魏軍見之不敢逼妻向氏嘗戒之曰高世之勳道家所忌後爲帝所疑見收嗔怒目光如炬脫幘投地曰乃壞汝萬里長城

程玄滌像

程靈洗字玄滌新安海寧人少有勇力步行日二百里便騎射侯景之亂靈洗聚徒拒景歷仕梁元帝廢帝以功累遷顯官御下甚嚴能與士卒同甘苦衆亦以此依附光大二年卒年五十五贈鎮西將軍開府儀同三司謚忠壯配享高祖廟

文中子像

三才圖會　人物五卷　三十三

文中子王通字仲淹初篤學慨然有弘濟蒼生之志西游長安見隋文帝奏太平十二策不見用楊素甚禮重之居河汾教授生徒讀詩書修六經董常房杜等咸北面受王佐之道蓋千餘人

韓子通像

三才圖會　人物五卷　三十四

韓擒虎字子通河東東垣人少慷慨以膽略見稱開皇初高祖有潛吞江南之志以擒虎有文武才拜總管委以平陳之事擒虎領鐵騎五百人直入朱雀門執陳叔寶于是進位上柱國

三國兩晉六朝名臣

諸葛亮事詳圖後 關羽事詳圖後 張飛字益德先主奔江南棄妻子走使飛將二十騎拒後飛據水斷橋瞋目橫矛無敢近者先主還攻劉璋飛所過戰克曹操留張郃守漢川飛率精卒邀郃軍遂破之巴土獲安飛雄壯威猛亞於關羽愛禮君子而不恤小人帳下張達殺飛 龐統字士元德公從子性好人倫先主與譚大器之以爲治中從事統從入蜀說上中下三計先主然其中計還向成都所過輒克進圖雒縣率衆攻城爲流矢所中卒 法正字孝直初入蜀依劉璋村璋不足與有爲自結先主益州既平以正外統都畿內爲謀主諸葛亮與正好尚不同而以公義相取 董允字休昭先主立太子允以選爲舍人允秉心公亮甚盡匡救之理宦人黃皓便辟佞慧允常數責不敢爲非 蔣琬字公琰除廣都長先主見琬衆事不理將加罪戮諸葛亮請曰蔣琬社稷之器非百里才也乃不加罪建興初舉茂才遷爲參軍亮住漢

中琬常足兵足食以相供給亮每言公琰託志忠雅當與我共贊王業者也 費禕字文偉游學入蜀遂留益土亮嘗遣禕使吳諸葛恪等論難鋒至禕辭順義篤據理以荅終不能屈

吳 張昭字子布博覽群書孫策創業命昭爲長史文武之事一以委之權嘗臨釣臺飲酒大醉昭以紂長夜之飲諫權爲罷酒權既稱號昭每朝見辭氣壯厲義形於色昭容貌嚴矜有威風權常曰孤與張公言不敢妄也 周瑜事詳圖後 魯肅字子敬家富于財以賑窮結士爲務周瑜將數百人過候肅并求資糧肅家有兩囷米各三千斛肅乃指一囷與瑜遂薦肅於權權與語甚悅之曹操向荊州肅助畫方畧遂破走操 呂蒙字子明少依姊夫鄧當隨當擊賊策見奇之引置在右從討丹陽所向有功魯肅詣蒙蒙爲肅畫圖蜀五策肅遂拜蒙母結友而別權拒曹操于濡須數進奇計廬陵賊起蒙誅其首惡餘陳計策圖取羽荊州遂定 陸遜字伯言孫權遣遜討賊應時破散所過肅青會稽淳于式表遜枉取民財遜後詣都稱式佳吏權曰式白君而君薦之此誠長者之事劉先主大衆來向西界以火攻拔之次子抗孫皓即位領益州牧上疏陳時宜十七條

魏 荀彧字文若淑之孫彧聞曹操有雄畧乃從操操與語大悅曰吾子房也操欲取徐州彧諫先定山東李傕郭汜相攻奉迎車駕都許軍國之事操皆與彧籌焉董昭等欲共進操爵國公九錫備物密以訪彧彧曰君子愛人以德不宜如此事遂寢操心不能平飲藥而卒 荀攸字公達彧從子曹操素聞攸名以爲軍師從征張繡設奇兵大破之連用攸計禽呂布斬顏良文醜勸曹公要擊紹遂棄軍走攸深密有智防曹公常稱曰公達外愚內智雖顏子甯武不能過也 管寧字幼安北海人也年十六喪父中表愍其孤貧咸共贈賵悉辭不受素與平原華歆相友善黃初間華歆薦寧遂將家屬浮海還郡寧妻先卒有勸更娶者寧曰每省曾子王駿之言意常嘉之豈自遭之而違其本心哉竟不娶 賈詡字文和少時漢陽閻忠異之謂有良

平之奇後爲尚書典選舉多所匡濟曹公拒袁紹于官渡詡從曹公表遷冀州牧擊破紹營及破韓遂馬超一皆用詡謀時有奪宗之議曹公嘗屏左右問詡詡嘿然不對曹公問故詡曰思袁本初劉景升父子也太祖大笑太子遂定 鍾繇事詳圖後 董昭字公仁建安初曹公問昭當施何計昭曰惟有移駕幸許耳曹公乃即遣使奉徙大駕至許後曹公遂受魏公魏王之號皆昭所創也 張遼以步卒八百人破孫權一萬衆決策於未戰之前蓋權所將皆吳卒利水戰而短於攻城野戰且恃衆輕敵所以取敗 司馬懿事詳圖後 徐晃從曹操破邯鄲易陽平馬超敗關羽操稱其長驅突陣全勝破圍軍令嚴明行伍整肅功踰孫武穰苴有周亞夫之風蓋晃御軍有法常遠斥堠先爲不可勝故戰無不利不爲矜夸常曰以功自効

晉 王祥字休徵吉之後祥至孝繼母朱氏不慈祥奉朱孝篤至有雙鯉黃雀之感天子幸太學命祥爲三老祥南面几杖以師道自居武帝踐阼詔賜几杖不朝大事皆諮訪之 張華字茂先學業優博辭藻溫

麗武帝嘗問漢宮室制度及建章千門萬戶華應對如流帝與羊祜謀伐吳華獨贊成其計朝廷議禮憲章並屬損益詔誥皆所裁定惠帝即委華以朝政華盡忠帝室彌縫遺闕

魏舒字陽元察孝廉舍自浚儀令入為尚書郎轉相國參軍府朝碎務未常見是非至於廢興大事衆人莫能斷者舒徐為籌之多出衆議之表有威重德望祿賜散之九族家無餘財

山濤字巨源少有器量介然不群為吏部尚書前後選舉周徧內外而並得其才與盧欽論用兵之本以為不宜去州郡武備帝稱曰天下名言

劉毅字仲雄幼有孝行勵清節魏末本郡察孝廉辟司隸都官從事毅將彈河南尹司隸不許投傳而去咸寧初轉司隸校尉糾正豪右京師肅然毅夙夜在公坐而待旦言議切直無所曲撓為朝野式瞻

傅玄字休奕博學善屬文武帝即位掌諫職上疏言尊儒尚學貴農賤商皆事之要務泰始中上便宜五事雖不盡施行而常見優容每有奏劾或值日暮整簪帶竦踊不寐坐而待旦於是貴游懾伏臺閣生風

陸機字士衡抗之子少有異才文章冠世太康末與弟雲造太常張華華素重其名如舊相識弟雲字士龍六歲能屬文少與兄機齊名號曰二陸吳平入洛補浚儀令到官肅然下不能欺帝無二價頴表為清河內史頴將討齊王冏以雲為前鋒都督遇害

羊祜初督荊州墾田殖穀以實軍儲據險築城以嚴邊備不邀近功不貪小利務以恩信懷柔初附每與吳人交兵剋日乃戰不為掩襲或進譎謀飲以醞酒使不泄言軍行吳境割穀計所得還之化行江漢吳人悅服及卒晉人號慟吳士亦垂泣建碑立廟祭享不絕仁德所感如此力排群議決大策舉杜預王濬以平吳皆祜之謀

杜預平吳之功羊祜發之張華贊之杜預成之初請師期帝意未果表陳大策指授群帥逕造秣陵役不再舉而平吳預之料敵制勝晉之韓白乎得君得時得權得機四者參會有所建立功成之後從容無事覃思經籍以左傳癖自名異乎貪權嗜利者世稱儒將名德俱優賢矣哉

王濬伐吳駕舟師順流而東千里電擊投機之會間不容髮直搗其壘乘勝納降大功赫赫詎能掩之王渾褊心橫加譖毀濬抗章自明理固宜耳凱還之後進見之際敘其功勞陳其冤枉忿怒不辨而出失朝廷之禮乖臣子之儀烏得而無罪哉

周處負跅弛之資為鄉曲患與猛獸長蛟同為三害既而悔悟遷善遂踐顯位卒為忠臣西征母老難行處曰既事君父母安得而子梁王欲逞宿憾授兵五千使當先驅而絕援力戰終日斬首萬計矢盡無救左右勸退處曰此効命之日何退之為力戰而歿朝廷褒其任職

陶侃為大都督擊破賊張昌杜弢討斬于敦蘇峻反與溫嶠庾亮斬峻機鑒神明初守廣州朝暮自運百甓謂方致力中原過爾優逸恐不堪事其後都督荊州梁雍諸軍閫外多事千緒萬端罔有遺漏遠近書疏莫不手荅接引疏遠門無停客云當惜分陰勤志如此絕老莊浮華之言投參佐蒲樗之具奉餽力作者雖微物必喜持稻為戲者小過必懲百姓力農家給人足在軍四十一年人稱諸葛

庾袞字叔褒事親以孝稱二兄以疫俱亡次兄毗復殆父母諸弟皆出次於外袞獨留不去親自扶持躬親稼穡以養父力作菅賣以供母歲大飢藜羹不糝門人欲進以飯袞每曰已食莫敢為設

鄧攸字伯道以孝稱攸遇賊掠其車馬擔其兒及其弟子攸度不能兩全乃棄其兒初為吳郡載米之郡俸祿無所受唯飲吳水而已

王羲之事詳圖後

戴逵字安道譙國人性高潔不樂當世常以琴書自娛然每以禮度自處武帝時累被徵辟不就逃于吳

張翰字季鷹吳人善屬文而縱任不拘時人號為江東步兵遇賀循入洛便同載去不告家人齊王冏辟為大司馬東曹掾見秋風起思吳中菰菜蓴羹鱸魚膾遂命駕而歸

陶潛事詳圖

王昶為兗州刺史魏明帝舉才德兼備司馬懿薦昶昶為人謹厚名其子姪曰渾深默沈戒以書曰欲汝曹顧名思義能屈以為伸讓以為得弱以為強鮮不遂矣夫毀譽者愛惡之原禍福之機人或毀已當退修於身何反報焉諺曰救寒莫如重裘止謗莫如自修

王導事詳圖

祖逖少有大志渡江見帝為祭酒逖請將兵以復中原帝無北伐志以逖為奮威將軍豫州刺史給千人廩布三千匹不給鎧仗使自召募逖渡江擊楫誓曰不能復中原有如大江逖募得二千餘人鎮雍丘擊後趙

加鎮西將軍與將士同甘苦撫納新附河南多叛石勒患之百計求通好後以戴淵爲征西將軍鎮合肥逖以淵無弘識而相統攝意怏怏感憤而卒自是王敦聞逖卒無忌趙寇亦猖在中原不復廓清

劉琨與祖逖同寢夜半聞雞聲逖蹴琨曰非惡聲也因起舞琨與逖齊名嘗曰常恐祖生先吾着鞭慷慨時爲并州刺史琨中軍長史叛降石勒送州刺史段匹磾時在薊城遣人邀琨琨率衆奔薊與匹磾歃血同盟翼戴晉室有欲襲取薊者遺書請琨爲內應爲邏卒所得而琨實不知也竟爲匹磾所殺

溫嶠初爲劉琨所遣使江東毋不欲嶠絕裾而去既至不復得北歸終身以爲恨與元帝爲布衣交立明帝爲太子王敦惡而欲廢之嶠極力調護拜驃騎將軍與王導共誅王敦又與庾亮共起兵討蘇峻斬之可謂社稷之臣矣

庾亮當蘇峻心懷不軌亮欲征之王導溫嶠皆止庾亮峻竟反移兵薄陵亮率師拒之未及陣而兵潰亮奔潯陽邀陶侃兵討峻峻敗伏誅峻平亮泥首謝罪求鎮自効都督江荊諸軍欲恢復中原請移鎮石城遣諸軍布江沔謀伐趙詔不允

卞壺以中書令輔成帝蘇峻舉兵陷姑熟壺督兵力戰死二子隨之母曰父爲忠臣子爲孝子

謝安事詳圖

殷浩抱贊世之才時人方之管葛王濛謝尚伺其出處卜江左興亡語曰深源不出如蒼生何然用違其才石虎死胡中大亂用浩蕩平關河攻山桑之敗朝權一歸桓溫矣

謝玄爲將符堅擁百萬之衆長驅而南謂投鞭可斷江流玄克敵易於拔槁一旦指授垂方全軍震動玄以八千之卒蹂踏而殲夷之鼠竄兔伏僅以身免

孟宗母病冬思筍宗泣林而筍抽

郭巨貧而母老子常分母食巨埋其兒三尺得黃金一釜云天賜郭巨官不得奪人不得取

南宋

劉穆之字道和世居京口宋武帝須一軍吏甚急穆之來見即於坐受署諸大處分皆倉卒立定遂委以腹心之任穆之內總朝政外供軍旅決斷如流事無壅滯耳目手口其所酬應不相參涉皆悉贍舉

羊欣字敬元汎覽經籍尤長隸書會稽王世子元顯每使欣書辭不奉命嘗詭辭混混爲拂意敗服欣由此益知名爲新安太守游翫山水甚得適性後稱病自免

顧覬之字偉仁令山陰覬之理繁以約縣用無事幸臣戴法興權傾人主覬之未嘗降意家門雍睦爲州里所重子名綽者私財甚豐覬之誘綽出諸文券悉燒之

檀道濟事詳圖

南齊

王儉導之曾孫僧綽之子太祖初基制度草創儉識舊事問無不答世祖於儉宅開學悉以四部書充儉家及詔儉以家爲府令史諮事賓客滿席儉應接銓序傍無留滯儉寡嗜欲車服塵素家無遺財

王僧虔善隸書宋文帝見其書素扇歎曰非惟跡逾子敬方當器雅過之守會稽有阮佃夫請假東歸客勸佃夫要倖宜加禮接僧虔曰我立身有素豈能曲意此輩

南梁

沈約字休文博通群籍能屬文奉齊惠文太子校四部圖書約特被親遇梁高祖勳業既就約與范雲贊成帝業

江淹字文通少孤貧好學沈靜少交游少帝初以本官兼御史中丞多所彈劾崔惠

景舉兵圍京城衣冠悉投名刺淹稱疾不往世服其先見東昏末奔梁

任昉字彥昇性至孝善屬文起草即成不加點竄天監中守義興在任清潔守新安爲政清省吏民便之昉家雖貧聚書至萬餘卷率多異本

謝朏字敬沖幼聰慧父莊器之曰真吾家千里爲袁粲長史粲簡峻罕通賓客朏謁既退粲曰謝令不死齊高帝受禪朏當解璽佯不知朝服步出還宅梁高祖踐祚敦授以中書監勉拜受焉

江革字休映六歲便解屬文與弟觀少長共居不忍離爲御史中丞彈奏豪彊一無所避爲魏人所執魏刺史元延明令革作丈八寺碑并祭彭祖文革曰令日得死爲幸誓不爲人執筆

南陳

姚察字伯審幼有至性誦書勤苦由是聞見日博大建中江總等皆才學婉侍察每言論製述咸爲諸人宗重既博極墳素尤善人物及遷選部雅允朝望在位多所稱引若并分相干咸以理遣

顧野王字希馮遍觀經史天文地理蓍龜占候蟲篆奇字及丹青圖寫無所不通侯景之亂召募鄉人援京邑野

王體素濤贏及扶戈被甲陳君臣之義
逆順之理抗辭作色見者莫不壯之

北魏 崔浩字伯深博覽經史玄象陰陽百家之言無不
該覽浩正直凡軍國大計皆先諮浩然後行
有鑒識以人倫爲己任神䴥
中敘成國書直筆夷五族 高允字伯恭性好文學博
通經史集天文災異
事類相從約而可觀允在朝帝禮敬甚重曰高允真忠
臣與游雅同業相友雅嘗曰余與高子游處四十餘年
未見是非 崔亮字敬儒家貧傭書自業高祖以亮才望
慍喜之色 徵爲吏部參選事無慎明決其妻不免
親事舂簸高祖嘉其清貧
亮性公清所在並號稱職

北齊 楊愔字遵彥兒童時從父昱特相器重謂人曰此
兒駒齒未落已是我家龍文齊神武至信都
遂投刺引見時軍國務廣文檄教令皆自
愔出典選二十餘年獎擢人倫以爲己任

北周 蘇綽字令綽少好學博覽群書太祖往昆明池觀
漁召綽問西漢故倉地具以狀對太祖大悅

三才圖會 人物五卷 四十一

自是參典機密寵遇日隆綽
性儉素不治產業家無餘財

隋 高熲字昭玄隋高祖知熲習兵事多計畧引爲心膂
熲高祖嘗問熲取陳之策高祖用其策陳人始困
陳平晉王廣欲納陳主寵姬張麗華熲曰不宜斬之王
甚不悅高祖有廢立之意熲曰長幼有序其可廢乎煬
帝即位
誅熲 蘇威字無畏閱禪代之議遁歸田里及受禪徵
威威奏減賦役憲章踳駁上令釐正舊法
爲一代通典 房彥謙通五經解屬文雅有詞辯風槩高
世以爲能 人爲齊州刺史主簿清簡守法州
境肅然爲長葛令甚有惠化百姓號爲慈父授司
隸凡所荐舉皆人倫表式其有彈射者皆無怨言 堯君
素有膽畧領河東守府圍甚急行李斷絕君素乃爲木
䳄置表於頸浮之黃河達於東都越王侗見而歎息
唐明金券待以不
死 素卒無降心

三才圖會

雲間元翰父王圻編集
男思義校正

人物六卷

房玄齡像 杜如晦像
李靖像 長孫無忌像
尉遲敬德像 虞世南像
褚遂良像 于世寧像
顏師古像 蘇一像

薛收像 褚亮像
姚思廉像 陸元朗像
李守素像 孔穎達像
蓋文達像 李玄道像
劉孝孫像 蔡允恭像
蘇勗像 許敬宗像
魏徵像 李綱像
李德裕像 李勣像
狄仁傑像 姚崇像

宋璟像　元德秀像

張九齡像　郭子儀像

李光弼像　顏眞卿像

張巡像　賀知章像

杜甫像　李白像

陸贄像　李晟像

裴度像　韓愈像

柳宗元像　孟郊像

賈島像　白樂天像

房高年像

房玄齡字高年幼警敏善屬文毋從太宗征伐獨收人物置幕府王嘗曰漢光武得鄧禹門人益親今我有玄齡猶禹也玄齡引杜如晦協判大計太宗卽位論功以玄齡爲第一宰相十五年女爲王后男尚主自以權寵隆極累辭不聽疾甚帝命鑿苑垣以便候問親握手與訣而卒

杜克明像

杜如晦字克明少英爽喜書以風流自命内負大節臨機輙斷從太宗征伐常叅帷幄後與玄齡共筦朝政年四十六而卒帝哭爲慟詔虞世南勒文于碑如晦長於斷而玄齡善謀兩人深相知故能同心濟謀以成盛治

李藥師像

李靖字藥師京兆三原人姿貌魁奇嘗謂人曰大丈夫當以功名取富貴何至作章句儒其舅韓擒虎與論兵曰可與孫吳侔矣牛弘見之曰王佐才也貞觀間出將入相封衛國公

尉遲敬德像

尉遲敬德名恭以字行初爲劉武周偏將軍武德二年與尋相舉地降引爲右府統軍亡何尋相叛去諸軍疑敬德太宗曰敬德若叛肯後尋相耶卒定計誅太子封鄂國公

長孫輔機像

長孫無忌字輔機性通悟博涉書史封齊國公嘗以外戚位三公爲嫌固辭相位不聽初承乾廢帝欲立晉王未決無忌一言遂定後受遺詔輔高宗以諫立武昭儀事削官爵置黔州卒

虞伯施像

虞世南字伯施與兄世基同受學于吳顧野王名方晉二陸太宗踐祚拜弘文館學士命寫列女傳於時無本世南暗疏之無一字謬帝每稱其五絶一德行二忠直三博學四文詞五書翰卒謚文懿

褚登善像

褚遂良字登善博涉文史工隸楷太宗嘗有事太山以星變諫止之又諫無以皇子任刺史與遼左之師皆關國家大計累官尚書右僕射因爭立昭儀事貶官卒

于仲謐像

于志寧字仲謐京兆高陵人貞觀三年爲中書侍郎太宗嘗宴近臣問志寧安在有司奏勅召三品志寧品第四帝特詔預宴因加散騎常侍太子左庶子黎陽縣公是時議立七廟羣臣請以凉武昭王爲始祖志寧以凉非王業所因獨建議違之帝詔功臣世襲刺史志寧奏古今異時慕虛名遺實患非久安計帝皆從之又輔太子承乾數忠諫不從後太子敗宮臣皆罪廢志寧獨蒙勞勉後進封燕國公監修國史顯慶四年卒謚曰定又嘗與司空李勣脩定本草并圖合五十四篇其書大行

顏師古像

顏師古字籀少博覽善屬文高祖時累遷至中書舍人專典機密師古性敏給明練治體方軍國務多詔令一出其手冊奏之工當時未有及者太宗即位拜中書侍郎封琅琊縣男帝嘗嘆五經傳習寖訛詔師古于秘書省考定頒於天下學者賴之俄拜秘書少監專刊正事古篇奇字世所惑者討析必暢又爲太子承乾注班固漢書上之時人謂杜征南顏秘書爲左丘明班孟堅忠臣後遷秘書監弘文舘學士十九年從征遼病卒謚曰戴其所註又有急就章與漢書同顯行于世又撰匡謬正俗八篇

蘇世長像

蘇一字世長高祖平王世充擒世長授玉山屯監帝素與有舊引見玄武門與語平生調之曰卿自謂佞耶直耶對曰愚且直帝曰若直者何爲背賊歸我對曰洛陽平天下爲一臣智窮力屈乃歸陛下使世充不死臣據漢南尚爲勁敵帝大笑嘲曰何名長而意之短口正而心之邪世長曰名長意短誠如聖旨口正心邪不敢奉詔昔竇融以河西降漢十世侯之臣舉山南以歸惟蒙屯監帝悅拜諫議大夫數直諫歷陝州長史天策府軍諮祭酒引爲學士貞觀初使突厥與頡利爭禮不屈拒却賂遺朝廷壯之出爲巴州刺史舟敗溺死

薛元敬像

薛收又名莊字元敬又字伯褒太宗爲秦王時授府主簿書策據成皋禽建德降世充俄授天策府記室參軍從平劉黑闥封汾陰縣男嘗上書諫王止畋獵王荅曰覽所陳知感我者卿也明珠兼乘未若一言今賜黃金四十鋌武德七年卒年三十三王哭之慟永徽中贈太常卿陪葬昭陵

褚希明像

褚亮字希明高祖獵親格虎亮懇惻致諫王每征伐亮在軍中嘗預秘謀有裨益貞觀中累遷散騎常侍封陽翟縣侯老于家後其子遂良復從太宗征遼初武德時以杜如晦等十八人並以本官爲學士太命閻立本圖像使亮爲之贊題名字爵里號十八學士後亮卒年八十八贈太常卿謚曰康陪葬昭陵

姚思廉像

姚思廉本名簡以字行陳吏部尚書察之子察在陳嘗修梁陳二史未就死以屬思廉故思廉表父遺言有詔聽續煬帝時遷代王侍讀高祖定京師授秦王府文學王即位改著作郎弘文館學士詔與魏徵共撰梁陳書加通直散騎常侍以藩邸恩政事得失許密以聞思廉亦展盡無所諱帝幸九成宮思廉以爲離宮游幸是秦王漢武事非堯舜禹湯所爲帝嘉納之拜散騎常侍豐城縣男卒謚曰康陪葬昭陵

陸德明像

三才圖會　人物六卷　十六

陸元朗字德明以字行蘇州吳人善名理言世充平秦王辟爲文學館學士以經授中山王承乾補太學博士高祖以釋奠召博士徐文遠浮屠慧乘道士劉進喜各講經德明道方立義偏析其要帝大喜曰三人者誠辯然德明一舉輒蔽可謂賢矣賜帛五十匹遷國子博士封吳縣男卒論撰甚多傳于世後太宗閱其書嘉德明博辯以布帛二百段賜其家子敦信麟德中繇左侍擢檢校右相累封嘉興縣子以老疾致仕終大司成

李守素像

三才圖會　人物六卷　十七

李守素趙州人王世充平召署天策府倉曹參軍通氏姓學世號肉譜虞世南與論人物始言江左山東尚相酬對至北地則笑而不答歎曰肉譜定可畏許敬宗曰倉曹此名豈雅目邪宜有以更之世南曰昔任彥昇通經時稱五經笥今以倉曹爲人物志可乎時渭州刺史李淹亦明譜學守素所論惟淹能抗之

孔仲達像

孔穎達字仲達冀州衡水人八歲就學誦記日千餘言闇記三禮義宗及長明服氏春秋傳鄭氏尚書十禮記王氏易善屬文通步曆嘗造同郡劉焯焯名重海內初不之禮及請質所疑遂大畏服隋大業初舉明經高第授河内郡博士煬帝召天下儒官集東都詔國子秘書學士與論議穎達爲冠又年最少老師宿儒耻出其下陰遣客刺之匿楊玄感家得免補太學助教隋亂避地虎牢太宗平洛授文學館學士遷國子博士貞觀初封曲阜縣男轉給事中帝幸太學觀釋菜命穎達講經上釋奠頌有詔褒美

葢文達像

葢文達冀州信都人博涉前載尤明春秋三家刺史竇抗集諸生講論於是劉焯劉軌思孔穎達並以耆儒開門受業是日悉至而文達依經辯舉皆諸儒意所未叩一坐厭歎抗奇之問安所從學焯曰若人岐嶷出自天然以多問寡則焯爲之師抗曰冰生於水而寒於水其爲此邪武德中授國子助教爲秦王文學館直學士貞觀初擢諫議大夫兼弘文館學士爲蜀王師王有罪文達免官拜崇賢館學士卒

李元昜像

李玄道字元昜仕隋爲齊王府屬貞觀初累遷給事中姑臧縣男出爲幽州長史佐都督王君廓專持府事君廓不法每以義裁糾之嘗貽玄道婢乃良家子爲所掠遣去不納由是始有隙君廓入朝玄道寓書房玄齡玄齡本甥也君廓發其書不識草字疑以謀已遂反坐是流嶲州未幾擢常州刺史風績清簡下詔褒美賜縑帛久之致仕加銀青光祿大夫以祿歸第卒

劉德祖像

劉孝孫字德祖荆州人祖貞周石臺太守孝孫少知名大業末爲王世充弟杞王辯行臺郎中辯降衆引去獨孝孫攀援號慟送于郊貞觀六年遷著作佐郎吳王友歷諮議叅軍遷太子洗馬未拜卒

蔡克讓像

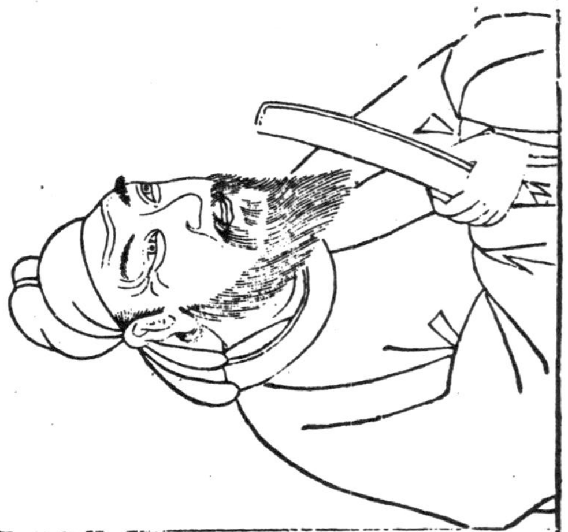

蔡允恭字克讓荆州江陵人後梁左民尚書大業子美姿容工爲詩仕隋歷起居舍人煬帝有所賦必令諷誦遣教宮人允恭恥之數稱疾授內史舍人俾入宮固辭由是漸斥帝遇弑經事宇文化及竇建德歸國爲秦王府參軍文學館學士貞觀初除太子洗馬卒著後梁春秋

蘇慎行像

蘇勗字慎行爲軍諮典簽贊曰業茂敏遊藝窮動帶經書傳竹帛畫美丹青

許延族像

許敬宗字延族杭州新城人幼善屬文太宗聞其名貞觀中除著作郎兼修國史高麗之役岑文本卒帝驛召敬以本官檢校中書侍郎駐驆山破賊命草詔馬前帝愛其藻警由是專掌誥令太子承乾廢宮臣皆除名敬宗爲言帝悟多所甄復比高宗朝遷禮部尚書乃以女嫁蠻酋勸帝立武才人廢王后太子而立代王又陰連后殺梁王長孫無忌故史列之姦臣傳耳

魏玄戒像

魏徵字玄成少孤落魄棄貲產不營事隱太子爲洗馬秦王即位拜諫議大夫徵狀貌不踰中人有志膽每犯顔進諫雖逢帝甚怒神色不徙凡二百餘奏無不剴切當帝心者

李文紀像

李綱字文紀少慷慨尚風節在東宮太子游温湯有進魚者太子使膾之唐儉趙元楷自言其能太子曰操刀膾鱠公等善之若弼諧審諭固屬綱矣爲易故發言陳事毅然不奪

李文饒像

李德裕字文饒吉甫之子以蔭補校書郎穆宗時爲浙西觀察使惡俗大變敬宗立侈用無度求貢使者背項相望德裕一一諫止之太宗時召拜兵部侍郎武宗立召爲同平章事首戒帝辨邪正劉稹擅命決討誅之策功封衛國公

李懋功像

李勣字懋功曹州人唐武德中拜并州都督在州十六年帝曰我用勣守并州其爲長城遠矣圖形凌煙議者以其助立武氏之失幾於一言喪邦

狄懷英像

狄仁傑字懷英并州人廵撫江南禁止淫祠拜平章事諫止發兵戍疏勒武后欲立武三思爲太子仁傑以母子天性動之卒復唐嗣薦張柬之等皆爲名臣中宗即位封梁國公

姚元之像

姚崇字元之開元中以十事要說天子翌日拜相嘗問齊澣曰余爲相何如管晏對曰公可謂救時之相張說撰碑云八柱擎天高明之位列四時成序亭毒之功存非虛語

宋廣平像

宋璟耿介有大節初居小官以所作梅花賦投蘇味道稱之自是知名皮日休云諒其貞姿勁質有鐵石心腸不解吐軟媚語觀其梅花賦清便富艷得南朝徐庾體拜相封廣平公

元紫芝像

元德秀字紫芝河南人質厚少緣飾少孤事母孝舉進士爲魯山令玄宗在東都命三百里縣令刺史各以聲樂集德秀遣樂工數人連袂歌于蔿帝嘆爲賢人之言

張子壽像

張九齡字子壽韶州曲江人七歲知屬文後擢進士調校書郎以道侔伊呂科策高第爲左拾遺數上疏言事遷左補闕累官同平章事以爭牛仙客功賞遂罷政九齡雖忤帝旨然每用人必曰風度得如九齡不張守珪使安祿山討奚契丹兵敗守珪奏請斬之九齡批曰守珪軍令若行祿山不宜免死玄宗宥之千秋節羣臣皆獻寶鏡九齡著千秋金鑑録述前世興廢上欲相李林甫九齡言恐爲社稷之憂上卒相林甫而罷九齡祿山反上思九齡之言遣使曲江祭之厚恤其家

郭子儀像

郭子儀字子儀華州鄭人祿山反詔子儀爲衛尉卿東討斬賊將周萬頃遂收雲中馬邑開東陘加御史大夫破史思明收河北諸郡肅宗以收東都功加封代國公進封汾陽王代宗初回紇吐蕃入寇子儀撫平之

李光弼像

李光弼營州人嚴毅沉果有大畧善騎射初補王忠嗣府兵馬使祿山反郭子儀薦其能授河東節度襲殺饒陽賊五千拔趙郡走思明肅宗即位詔以兵赴靈武授戶部尚書同平章事節度如故世號李郭

顏真卿像

顏真卿爲平原太守祿山反獨倡義討之玄宗聞討賊喜曰朕不識顏真卿何如人所爲乃如此位太師封魯郡公史贊曰雖千五百載其英烈信如嚴霜赫日可畏而仰哉

張巡像

張巡字巡鄧州南陽人擢進士第爲清河令祿山反巡起兵討之後守睢陽賊將尹子琦以兵十餘萬圍睢卒固守賊攻城士病不能戰因被執不屈遇害肅宗時贈揚州大都督立廟睢陽歲時致祭

賀季眞像

賀子章字季眞越州人性曠夷擢進士累遷太常博士集賢院學士晚節誕放遨遊里巷自號四明狂客及秘書外監每醉輒屬辭筆不停書善草隸世傳以爲寶

杜子美像

杜甫字子美京兆杜陵人天寶末奏賦帝奇之拜右拾遺上書救房琯黜流劒南依嚴武表爲參謀檢校工部員外郎嘗從李白高適過汴州酒酣登吹臺慷慨懷古人莫測也

李太白像

李白字太白母夢長庚入懷而生因名焉賀知章見而嘆曰子謫仙人也供奉翰林過華陰縣令責供云曾用龍巾拭唾御手調羹力士脫靴貴妃捧硯天子殿前容走馬華陰縣裏禁騎驢令驚謝

陸敬輿像

陸贄字敬輿蘇州嘉興人十八第進士中博學宏詞德宗立召爲翰林學士從狩奉天機務填總遠近調發未幾中延齡譖貶爲忠州別駕順宗立召還詔未至卒謚宣公

李良器像

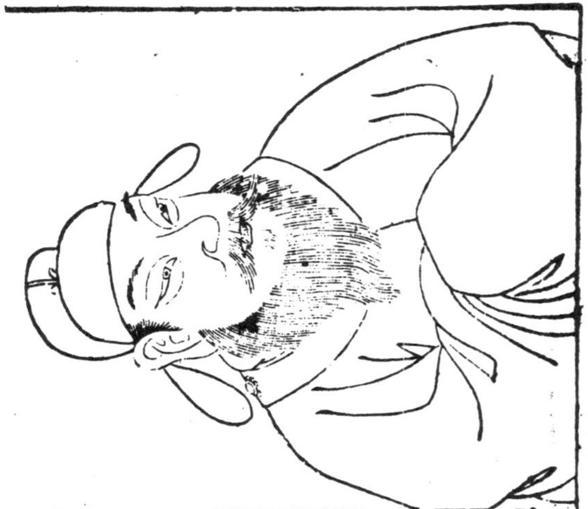

李晟字良器洮州人年十八往事河西王忠嗣從擊吐蕃以一矢殪其悍酋三軍讙奮代宗時蕃寇靈州復以千人破之德宗立朱泚盜京師李懷光反咸陽晟秉義挺忠卒平朱泚收復京師拜司徒兼中書令

裴中立像

裴度字中立河東聞喜人擢進士第知制誥宣諭魏博布天子德澤魏人讙服王師討蔡以度視行營諸軍事平蔡策勳進晉國公敬宗朝定策立文宗因牛僧孺等見忌出爲山南東道節度使

韓退之像

韓文公名愈字退之南陽人宋璟贊曰以六經之文爲諸儒倡學者仰之如泰山北斗爲御史以論宫市貶後遷刑部侍郎又以諫佛骨謫潮州召拜祭酒遷吏部侍郎卒贈禮部尚書謚文公學者稱爲昌黎先生

柳子厚像

柳子厚名宗元河東人文章卓偉第進士貞元中拜御史裏行王叔文韋執誼奇其才引置禁近擢禮部員外郎叔文敗貶永州司馬元和中拜柳州刺史世號柳柳州

孟東野像

孟東野名郊貧居苦唫詠與韓愈張籍等爲友更唱迭和愈詩有東野動驚俗天葩吐奇芬之句年五十調溧陽尉間往投金瀨及積水郊之傍徘徊賦詩曹務多廢令白府以假尉代之

賈浪仙像

賈島字浪仙嘗得僧敲月下門之句欲改推字跨驢引手作推敲勢時韓愈爲京兆尹不覺衝節以實對愈曰敲字佳遂爲布衣交初爲法乾寺浮屠宣宗微行欲觀唫卷不得故程錡詩云騎驢衝大尹奪卷忤宣宗

白樂天像

白樂天名居易太原人敏悟絕人始生七月姆展書指之無二字示之雖百數不差年十七登進士第詩云慈恩塔上題名處十九人中最少年

唐名臣

長孫無忌事詳圖　房玄齡事詳圖　杜如晦事詳圖　魏徵事詳圖　王珪與魏徵同事太宗嘗問珪曰卿識精通復善議論玄齡以下悉皆品藻且自謂與諸子何如珪曰孜孜奉國知無不爲臣不如玄齡才兼文武出將入相臣不如李靖敷奏詳明出納惟允臣不如彥博處煩治劇衆務畢舉臣不如戴冑恥君不爲堯舜以諫諍爲己任臣不如魏徵至於激濁揚清嫉惡好善臣於數子亦有微長上深以爲然　褚遂良事詳圖　蕭瑀事太宗忠直情謹太宗問瑀以經國久長之策瑀曰三代封建而久長秦孤立而速亡上以爲然有封建之議上與群臣論周秦修短瑀曰紂爲不道武王征之周及六國無罪始皇滅之得天下雖同失人心則異上曰公知其一未知其二周得天下增修仁義秦得天下益尚詐力此修短所以殊也取之或逆守之不可不順太宗可謂知所本矣　温彥博字大臨警悟善辭令每問

四方風俗臚布詔命若成誦然進止詳審時人拭目觀之宰相稱矣　虞世南事詳圖　劉孝孫事詳圖　岑文本字景仁十四詣司隸理父冤命作蓮花賦合臺稱賞　馬周字賓王上疏言時政得失國之興亡不以畜積多少在於百姓苦樂百姓治安在刺史縣令選用得人陛下可以端拱無爲今朝廷惟重內官而輕州縣所以百姓不安　姚思廉事詳圖　張玄素論事有回天之力諫修洛陽宮襲亡隋之敝賜絲二百四　李玄道事詳圖　蔡允恭事詳圖　薛元敬事詳圖　顏師古事詳圖　蘇勗事詳圖　于志寧事詳圖　蘇世長事詳圖　李守素事詳圖　陸德明事詳圖　孔穎達事詳圖　蓋文達事詳圖　薛收事詳圖　薛仁貴方太宗之伐高麗仁貴恃其驍悍欲立戰功乃著白衣自顯持戟腰鞬兩弓疾呼而馳所向披靡帝見而異之賞賚除授既還且渥謂不喜得遼東喜得勇將　裴行儉擒那支而降遮匐誘

伏念而縛温博兵畧優矣其知人之明御下之恩非賢者不能也朝廷賜駿馬珍鞍令史思馳之馬蹶鞍壞懼罪而逃行儉招還不加罪又宴蕃酋將士出外域珍寳軍吏碎瑪瑙盤叩頭流血行儉曰爾非故也色不少吝

郭子儀 圖 事詳 **李綱** 圖 事詳 **戴冑** 字玄胤性堅正幹局明贍大理少卿缺太宗曰冑清直即日命冑有詐資蔭冒牒取調者獄具冑據法當流帝曰卿賣獄耶冑曰陛下登殺之非臣所及既與臣敢虧法乎帝從其言 **孫伏伽** 武德初上言三事帝皆欽納太宗數出馳射伏伽諫之帝曰卿能言朕失朕能改之 **徐有功** 名弘敏以字行舉明經補蒲州司法參軍爲政仁不忍杖罰訖代不辱一人時武后僭位使爭以窮詆相高莫敢正言獨有功數犯顔爭枉直嘗與皇甫文備同按獄文備誣有功縱逆黨久之文備坐下獄有功出之或曰彼嘗陷君於死今生之何也對曰而所言者私忿我所守者公法有功爲獄常持平守正凡三坐大辟泰然不憂 **魏元忠** 事武后而奏臣自先帝以來蒙恩承乏宰相不能盡忠死節使

三才圖會 人物六卷 五十

小人在側臣之罪也后不悅太后不豫二張譖元忠云太后老矣挾天子爲長久計太后怒下元忠獄曰貶爲高要尉 **張柬之** 武后問狄仁傑欲得一佳士仁傑曰荊州長史張柬之雖老宰相才也還秋官侍郎爲宰相武后疾甚張易之昌宗居中用事柬之等師左右羽林軍至玄武門詣東宮迎太子斬關入斬二張廡下太后遂傳位太子中宗後爲武三思譖殺之 **狄仁傑** 圖 事詳 **婁師德** 爲人寛厚清慎犯而不校其弟刺代州師德曰吾寵過盛人嫉之何以自免弟曰人唾面而拭之而已師德曰人唾汝怒也拭之逆其意不拭自乾笑而受之是也狄仁傑入相師德所薦仁傑不知意輕師德擠之於外太后問仁傑曰師德知人乎對曰臣雖同僚未聞其知人也后曰朕之用卿師德所薦仁傑愧曰婁公盛德爲所容久矣以功名終 **姚崇** 圖 事詳 **宋璟** 圖 事詳 **韓休** 爲人峭直不干榮利居相位甚久時望上或宮中宴樂及後苑遊獵小有過差輒問韓休知否言訖諫疏已至上嘗覽鏡默然不樂左右曰韓休爲

相陛下殊瘦於舊何不逐之上嘆曰吾貌雖瘦天下必肥吾用韓休爲社稷耳非爲身也 **李靖** 圖 事詳 **李勣** 圖 事詳 **尉遲恭** 圖 事詳 **張九齡** 圖 事詳 **楊綰** 與常袞並爲侍郎同平章事綰清簡儉素制下之日朝野相賀郭子儀方宴客減聲樂五之四京兆尹黎幹騶從甚盛即日省之中丞崔寛毀其地宅上方倚綰革弊政而綰卒上悼之曰天不欲朕致太平何奪楊綰之速也 **常袞** 爲相天下用兵諸將競論功賞官爵汎濫袞思革其弊杜絶僥倖奏請不允 **陸贄** 圖 事詳 **陽城** 徵爲諫議大夫人想望風采曰必死諫諍職下城曰夜痛飲韓愈作諍臣論譏之及貶贄上怒甚無敢救者城慨然率同列論陸贄無罪裴延齡奸佞上怒欲罪城將軍張萬福賀朝廷有直臣時將相延齡城曰若相延齡取白麻壞之改國子司業 **杜黃裳** 時藩鎮強盛黃裳勸上振舉紀綱裁制藩鎮於是用兵討蜀威行兩河黃裳有經濟大畧不拘小節故不得久居相位 **武元衡** 爲門下侍郎夏蜀既平藩鎮惕息鎮海節度使李錡

三才圖會 人物六卷 五十一

求入朝已而稱疾元衡請下詔徵之錡窮遂反左右執錡斬之吳元濟反淮西上以兵事委元衡李師道使人刺元衡 **裴度** 圖 事詳 **韓愈** 圖 事詳 **李絳** 當憲宗時欲革河北藩鎮之權絳言王武俊父子相承四十年范陽陰相鄘勛未可輕議淮西素無拗援何事征討俱中其謀然與李吉甫多搆伬怨二人並相絳鯁直數爭論吉甫善逢迎絳請發錢百五十萬賞魏博之來歸者勝於發十五萬兵之費皆策之善者 **裴垍** 爲相憲宗推心委之垍亦竭誠輔佐君臣相孚上問垍爲理之要何先垍曰先正其心垍器局峻整處心公平人不敢干以私雖故人求進用止資給優厚不售一資云 **李光弼** 圖 事詳 **李抱眞** 爲澤潞留後藉民三丁擇一蠲其租稅給以弓矢令閑自習射歲終大閱按籍第能否賞罰三年皆爲精兵得六十二萬不廩於官而府庫實繕甲練兵遂雄山東昭義部兵爲諸軍冠其後田悅朱滔李希烈朱泚李懷光相繼叛関河南北悉爲盜區獨抱眞以數州横絶其中莫敢攖鋒肆侮 **李晟** 圖 事詳 **李愬** 性不

喜殺又尚義其平淮也得賊將李祐李忠義不誅用爲腹心以擒吳元濟入城降萬衆不戮一人

白居易 圖事詳

元稹 字微之元和初舉制科對策第一拜左拾遺條上十事拜監察御史劾奏節度使嚴礪過賦權知制誥變詔書體務純厚明切

柳公權 字誠懸公綽弟元和初擢進士第穆宗嘗問公權用筆法對曰心正則筆正公權論事不阿時郭旼領邠寧人謂獻二女乃有是除因引王珪諫廬江王妃事諫之

安金藏 本太常工籍睿宗爲皇嗣有誣皇嗣異謀者武后詔來俊臣問狀金藏剖心以明皇嗣不反后臨視嘆曰吾有子不能自明不如爾之忠也郎詔停獄

張巡 圖事詳

元德秀 圖事詳

陸龜蒙 字魯望少高放嘗至饒州三日無所詣刺史率官屬就見之龜蒙不樂拂衣去居松江甫里多所論撰爲好事者盜去有田數百畝苦下 故嘗苦飢嗜茶置園顧渚山下歲取租茶自判品第不喜與流俗交雖造門不肯見不乘馬升舟設蓬席齎束書茶竈筆床釣具往來時謂江湖散人

顏杲卿 起兵討安祿山

死節常山

顏眞卿 圖事詳

段秀實 朱泚反秀實誅泚不克以笏擊泚罵而死

蘇頲 字廷碩瓌之子在武后朝明曉法令頲爲中書舍人詔填委頲口所占授功狀百緒輕重無所差自景龍後頲與張說以文章顯故時號燕許大手筆

張說 字道濟武后策賢良方正說所對第一久視中廷對元忠被誣忤旨流欽州後爲朔方大使請罷邊鎮兵二十萬還農請募勇強士分補諸衛以彊京師爲相時帝欲事吐蕃說密請講和休息

張嘉貞 在武后時召見拜御史時功狀盈几郎吏不能決嘉貞爲詳處不閱旬廷無稽牒入相三年善傅奏敏於裁遣然驪噪論者恨其不裕

李泌 字長源蚤慧長慕神仙不死術肅宗即位靈武泌以客從入議國事出陪輿輦柳玭稱兩京復密謀居多貞元中泌揣帝有廢立意執諫數十太子乃安泌出入中禁事四君數爲權倖所疾常以智免

柳渾 字夷曠朱泚亂渾匿終南山賊素聞其名執其子榜笞之搜索所在渾變服步至奉天渾瑊與吐蕃會平涼渾曰夷狄難以信維及吐蕃劫盟帝曰卿儒生乃知軍戎萬里情乎

劉晏 字士安晏始八歲獻頌行在帝奇之即授太子正字累遷至京兆尹領轉運和庸鹽鐵常平使漕歲致四十萬斛權鹽佐軍興法益密利無遺入

李吉甫 字弘憲栖筠之子劉闢拒命吉甫請以西川授高崇文使得悉力故闢之平吉甫謀居多元和中擢相常病方鎮彊恣爲帝言使屬郡刺史得自爲政帝然之王叔文時遷任猥冒吉甫始薄其爲人得敘進官無留才出節度淮南然每朝廷得失輒以聞

崔群 字敦詩遷右補闕數陳讜言憲宗嘉納後拜相請釋李師古没入妻子奴婢貲產及免權長孺死養其耄母凡啓奏平恕類如此

杜佑 字君卿以父蔭補剡丞節度嶺南朱厓不賓佑討平之佑嗜學廣劉秩政典之缺參益新禮爲二百篇自號通典儒者服其書約而詳曾孫牧字牧之第進士牧追咎長慶以來朝廷措置無術嫌不當位而言實有罪故作罪言牧剛直有奇節不爲齪齪小謹敢論列大事指陳利病尤切至長於詩人號爲小杜以別杜甫

許遠 敬宗曾孫寬厚長者明吏治爲睢陽太守時尹子奇攻睢陽遠

自以材不及巡請稟軍事而居其下遠專治軍糧戰具死守不去及賊攻城士病不能戰城遂陷與南霽雲雷萬春等三十六人皆遇害

柳宗元 圖事詳

杜甫 圖事詳

李白 圖事詳

孟郊 圖事詳

賈島 圖事詳

賀知章 圖事詳

張公藝 九世同居唯能舍忍

後五代名臣

梁　**敬翔**字子振少好學工書檄客梁客甚爲人作箋刺傳之軍中梁太祖素不知書翔所作皆俚俗語愛之以爲館驛巡官翔爲人深沉有大畧從太祖用兵二十餘年細大之務必關之

王彥章字子明爲人驍勇有力能跣足履棘行百步持一鐵鎗騎而馳突奮疾如飛晉取鄆州末帝問破敵之期彥章曰三日比三日遂破唐兵來攻戰敗被擒唐莊宗使慰諭彥章謝曰我豈苟活者遂見殺

後唐　**郭崇韜**以幹材見稱位兼將相以天下爲己任遇事無所回避莊宗欲建樓避暑崇韜切諫河南令羅貫正身奉法伶人譖之韜力爭不已貫卒見殺征蜀蜀平監軍李從襲誣其有異志矯詔殺之

晉　**桑維翰**字國僑初舉進士主司惡其姓以爲桑喪同音人有勸其從宅求仕者維翰著日出扶桑賦以見志又鑄鐵硯以示人曰硯弊則改而它仕卒以進士及第

後漢　**楊邠**少爲州常籍吏不喜文士不知大體以故秉大政而務苛細李太后弟求爲宣徽使邠止以爲不可夫人死將以后禮葬之邠又以爲不可由是左右乘間搆之見殺

後周　**王朴**字文伯少舉進士依漢王邠見漢必亂乃去事周爲人明敏多材智旁通陰陽律曆法校定欽天曆考正雅樂至宋猶用之

南唐　**劉仁贍**字守愚爲將輕財重士法令嚴肅通兵書仕南唐所至稱治世宗至淮上子崇諫謀與諸將出降仁贍命立斬之

韓通仕周爲侍衛親軍副都揮使陳橋之變通自禁中遑遽而歸謀帥衆禦之軍校王彥昇逐焉通馳入其第未及闔門爲彥昇所害妻子俱死

三才圖會

雲間元翰父王圻編集
男思義校正

人物七卷

邵雍像　程頤像

程顥像　周惇頤像

歐陽修像　包拯像

范仲淹像　胡瑗像

徐積像　謝枋得像

文天祥像

趙則平像

趙普字則平幽州薊人陳橋之變以佐命功受右諫議大夫充樞密直學士乾德二年拜相上視如左右手事無大小悉咨決焉累官許國公卒封真定王議者謂太祖大漸不能輔太宗踐金匱之盟配食太祖廟廷有慚色矣

曹國華像

三才圖會　人物七卷　四

曹彬字國華眞定靈壽人太祖受禪遷客省使乾德初改左神武將軍兼樞密承旨以平蜀功授宣徽南院使義成軍節度使以征平樂功進檢校太傅平江南降李煜賜錢二十萬拜樞密使歷事太宗眞宗卒封濟陽郡王配享太祖

竇儀像

三才圖會　人物七卷　五

竇儀兄弟五人曰儼侃偁僖俱第進士太祖嘉儀操行欲用之爲趙普所沮太祖因儀能辨僞蜀乾德年號稱宰相須用讀書人諸弟俱官起居諫議叅政補闕之職

呂聖功像

呂蒙正字聖功河南人太平興國二年擢進士第一通判昇州累擢左輔闕知制誥丁父憂起復遷都官郎中入爲翰林學士擢左諫議李昉罷相拜中書侍郎在位質厚寬簡遇事敢言上嘉其無隱國朝以來三入相者惟趙普與蒙正焉

富彥國像

富弼字彥國河南人爲京東路安撫使河朔大水弼賑活五十餘萬人天下傳以爲式至和二年召拜同中書門下平章事集賢殿大學士與文彥博並命宣制之日士大夫相慶於朝帝語學士歐陽修曰人情如此豈不賢於夢卜哉

文寬夫像

文彦博字寬夫汾州介休人至和二年復以吏部尚書同中書門下平章事昭文舘大學士與富弼同拜朝中皆以得人爲慶元豐三年拜太尉復判河南將行賜宴瓊林苑兩遣中謁者遺詩祖道當世榮之久之請老以太師致仕居洛陽元祐初宣仁后以司馬光薦命平章軍國重事六日一朝一月兩赴經筵居五年復致仕

李太初像

李沆字太初洛州肥鄉人淳化二年判吏部銓曹侍曲宴太宗目送之曰風度端凝眞貴人也澶淵之役留守京師人心肅然累加門下侍郎尚書右僕射景德元年薨年五十八上再往臨哭廢朝五日贈太尉中書令謚文靖

張復之像

張詠字復之自號乖崖鄄城人大中祥符初抗論賊臣丁謂王欽若出知陳州未幾卒年七十贈左僕射謚忠定眞宗稱其材堪將帥以疾不盡其用嘗自言乖則違衆崖不利物故自號爲乖崖

眞希元像

眞西山名德秀字希元閩之浦城人本姓愼避孝宗諱改焉進大學衍義上嘉之越山居成名其齋曰學易春帖云坐看吳越兩山色默契羲文千古心以進士官資政殿學士提舉萬壽觀兼侍讀

劉雲莊像

劉雲莊名凝之爲潁上令棄官歸徙廬山歐陽公與同年高其操行賦廬山高以美之有丈夫壯節似君少之句朱公守南康爲作壯節亭記

蔡季通像

蔡西山名元定字季通建陽人所著洪範解大衍詳說律呂新書皆行于世學者尊之

蔡九峯像

蔡九峯名沉字仲默西山之子研精覃思博考經籍著書傳時師文公以病二典禹謨皆先生纂也隱居九峯當世名卿物色將薦用之沉不屑就卒贈太師崇國公謚文正

黄直卿像

黄榦字直卿號勉齋閩縣人受業朱熹嘗詣東萊呂祖謙以所聞於熹者相質弟子日盛巴蜀江湖之士皆來從俄命知潮州未行差主管亳州明道宫踰月遂乞致仕特受承議郎卒贈朝奉郎謚文肅有經解集行於世

陳同父像

陳亮字同父永康人其學自孟子後惟推王通光宗策進士亮以君道師道對擢第一孝宗在南内寧宗在東宮聞之皆喜授簽書建康府判官廳公事未任卒端平初謚文毅更官其子

陸子靜像

陸九淵字子靜九齡弟也金谿人學者稱爲象山先生自少穎悟舉止異凡兒登乾道進士第歷國子正除勅令所刪定官少聞靖康間事慨然有復仇志因輪對陳五論首言仇耻未復帝稱善除將作監丞尋詔主管台州崇道觀還鄉學者輻輳

呂東萊像

呂東萊名祖謙字伯恭號東萊先生夷簡三世孫文公贊云一身備四氣之和一心涵千古之秘推其有足以尊主庇民出其餘足以範俗師世卒謚成

張南軒像

張南軒名栻字敬夫廣漢人父浚紹興中拜相忠貫日月孝通神明述四德銘鏡之于石栻幼侍廷幃其所見聞莫非仁義忠孝之實及長學先義利之辨官至秘閣修撰號南軒先生

朱晦菴像

朱晦菴名熹字元晦除煥章待制贈太師徽國公卒謚文其自贊曰從容乎禮法之場沉潛乎仁義之府是予蓋將有意焉而力莫能與也佩先師之格言奉前烈之餘矩惟闇然而日修或庶几乎斯語

岳鵬舉像

岳鄂王名飛字鵬舉相州湯陰人初二聖北徙乃應募誓以忠義報國大小百戰未嘗一敗時秦檜主和議詔班師一日奉金字牌十二追還飛竟爲所害官至少保贈太師鄂王謚武穆瘞于錢塘西湖之原墓木枝葉皆南向杭鄂咸立廟

朱喬年像

朱松字喬年第進士歷司勳吏部郎秦檜決策與金虜議和松率同列上章極言其不可檜怒諷御史劾松出知饒州卒時且疾革屬子熹曰籍溪胡原仲白水劉致中屏山劉彥冲三人學有淵源汝往事之延平李侗老矣後熹以王學爲世大儒葢亦有所本耳

李伯紀像

李綱字伯紀邵武人後居無錫登政和二年進士第歷官監察御史以言事忤權貴改比部員外郎遷起居郎紹興二年除觀文殿學士卒年五十八贈少師孝宗朝謚忠定

楊龜山像

楊龜山名時字中立號龜山先生南劒將樂人初與游定夫謝顯道俱游明道之門嘗同定夫見伊川瞑目而坐二子侍立既覺出門外雪深三尺初舉進士仕至龍圖閣直學士卒諡文靖

米元章像

米芾字元章吳人以母侍宋宣仁后藩邸恩從仕歷官太常博士知無爲軍召爲書畫學博士賜對便殿上其子友仁所作楚山清曉圖擢禮部員外郎出知淮陽軍卒爲文奇險不蹈襲書法得王羲之體畫亦名家

黃魯直像

黃山谷名庭堅字魯直洪州人東坡薦云瑰奇之文妙絕當時孝友之行追配古人初與李公擇相見于石牛洞山谷寺常遊而樂之故號山谷道人謫涪州別號涪翁江西推爲一時詩祖官至太史

蘇子瞻像

蘇東坡名軾字子瞻號東坡居士眉山人嘉祐中歐公考試見其文語梅聖俞曰老夫當避此人一頭地宣仁高太后召見曰先帝每見卿文章必嘆曰奇才奇才因命坐賜茶以金蓮炬送歸院

司馬君實像

司馬光字君實夏縣人登進士甲科居第蕭然圖書盈几以圓木爲警枕睡覺即起讀七歲講春秋年十五書無不通音律天文書數皆極其妙所著有資治通鑑

張橫渠像

張橫渠名載字子厚長安人學問力行爲關中士人宗師稱爲橫渠先生嘗坐虎皮講易聽徒甚衆一夕二程至命將虎皮徹去曰二程公深明易道吾所不如諸子宜師之遂歸陝西

高太尉像

三才圖會 人物七卷 三十

高太尉名瓊汴人唐相士廉之後真宗時契丹寇澶淵邊書一夕五至中外駭愕帝問寇準謀於瓊對曰臣武人願效死耳遂幸澶淵契丹請和而退以功授太尉封衛國公謚武烈

邵康節像

三才圖會 人物七卷 三十一

邵康節名雍字堯夫河南人所居蓬蓽環堵不蔽風雨文公贊云天挺人豪英邁蓋世駕風鞭霆歷覽無際手探月窟足躡天根閒中今古醉裏乾坤元祐中贈秘書省著作郎謚康節

程伊川像

三才圖會　人物七卷　三三

程伊川名頤字正叔卽顥之弟以絕學淑人呂申公司馬公同薦曰力學好古安貧守節年逾五十不樂仕進真儒者之高尚聖世之逸民朱光庭言天民之先覺聖代之真儒

程明道像

三才圖會　人物七卷　三三

程明道名顥字伯淳河南人與弟頤以經術爲諸儒倡先如泥塑人接人渾是一團和氣文潞公表其墓曰明道先生文公賛云楊休山立玉色金聲元氣之會渾然天成後謚純公

周濂溪像

三才圖會　人物七卷　三十四

周濂溪名惇頤字茂叔號濂溪先生道州營道人山谷云舂陵周茂叔人品甚高胸中洒落如光風霽月雅意林壑初不爲窘束作太極圖又通書初以舅蔭除提刑仕終知南康軍謚元公

歐陽永叔像

三才圖會　人物七卷　三十五

歐陽脩字永叔廬陵人少孤家貧至以荻畫地學書宋文循襲五季卑弱修獨慕唐韓愈所爲文以變陋習舉進士遷翰林學士修唐書嘉祐二年知貢舉痛抑險怪浮薄場屋之文從是一變以太子少師致仕

包孝肅像

包拯字孝肅初知諫院劾外戚張堯佐尹開封令行禁止事親孝天性嚴肅不作私書絕私謁未嘗以辭色悅人人謂其笑比黃河清然惡俗吏苛刻亦務爲寬厚嘗官待制人稱包待制

范希文像

范仲淹字希文邠州人也舉進士以晏殊薦爲秘閣校理天聖中疏請太后還政尋諫廢郭后出知睦州尋拜尚書諡文正帝親書其墓碑曰褒賢之碑

胡翼之像

胡瑗字翼之泰州人以經術教授吳中景祐初范仲淹薦與阮逸同校鍾律授試秘書省校書郎壽以保寧節度推官教授湖州教人必以身先分經義治事二齋慶曆中取其法著爲令召爲太子中舍以殿中丞致仕

徐仲車像

徐積字仲車山陽人三歲失父哭之甚哀事母至孝從胡翼之學所居一室冬一衲裘翼之饋以食弗受應舉入都不忍舍母徒載而西登進士第以父名石終身不用石器遇石亦不踐母亡廬墓三年甘露歲降其墓杏枝合榦縣州以孝行聞詔賜束帛卒年七十六政和六年賜謚節孝處士官其一子

謝君直像

三才圖會　人物七卷　四十

謝枋得字君直號疊山性豪爽剛直以忠義自任寶祐中舉進士元至元二十三年程文海薦不起留夢炎遺書勸之終不行福建行省參政魏天祐欲薦枋得爲功曹枋得傲岸不爲禮天祐怒強之而北不食而死

文履善像

三才圖會　人物七卷　四十一

文天祥字宋瑞又字履善吉之吉水人也天祥被執吞腦子不死弘範以客禮見俱入厓山多方誘諭不從弘範義之遣送京師不食八日不死復食世祖欲官之亦不從會有以天祥起兵江西事爲言者遂遇害臨刑從容謂吏卒曰吾事畢矣南向拜而死年四十七

宋朝名臣

范質周之舊相性廉介門無私謁宋太祖陳橋旋師質
早朝未退聞變下殿執王溥手曰倉卒遣將吾輩
之罪爪入溥手出血噤不能對太祖重之以爲真宰相
太宗亦稱質循規矩惜名器持廉節惜欠周世宗一死
爾　王溥與范質同相同罷家
無餘貲唯藏書萬卷　趙普事詳圖　竇儀事詳圖　呂蒙
正事詳圖　張齊賢以十策獻太祖曰下并汾富民封建敦
孝舉賢太學藉田選良吏懲姦讁刑太
祖命太宗可收爲相其知代州夜遣兵擊破契丹　呂端
其策雄矣居官忠於君居家孝於母非偉人歟
有器量而性寬大雖擯斥不以得喪介意趙普稱其奏
事得嘉賞未嘗喜遇挫折未嘗懼真輔相之氣清靜簡
易能識大體　李穆初知開封剖決微精姦猾屏迹豪右無容
莫敢干以私故大用性至孝操履純正母
喪奪情以哀毀卒上臨哭曰穆國之良臣方
倚用而遽殁非斯人不幸乃朕之不幸　王化基爲御
史中丞慕范滂以澄　蘇易簡職司翰苑參政中書學問
清爲志致治雍熙　該博攻事優長其在翰林
上待若賓友母薛氏賢上問何以教子成此令器
母曰幼東以禮讓長訓以詩書上曰之孟母　賈黃
中守昇州視府舍藏李氏珠寶數百未著
籍表上之太宗賜錢二十萬遷學士　曹彬詳事
圖　李昉字明遠太平興國中求宿命昉參知政事
進策備禦邊警昉居中書日有求進用者雖知
其材可取必正色拒之已而擢用或不足　錢若水字澹
用必和顏溫語待之甚厚　不私類此　成幼
聰悟善屬文淳化初擢直史館真宗即位從幸太名陳
禦敵安邊之策雖宿將不能過上謂左右曰若水儒臣
中知兵　陳恕字仲言恕有心計釐去宿弊久領三司使
者也　真宗命條具中外錢穀以聞恕久不進真
宗嘉之恕頗涉史傳多識典故前後　楊業初事劉崇所
掌利柄十餘年强力幹事胥吏畏服　向乞建號楊
無敵太宗素聞其名嘗購求之既見大喜復拜代州刺
史契丹望見業旌旗卽引去雍熙中爲契丹所擒不食

三日　李沆事詳　王旦爲相務鎮靜性澹寡欲自奉儉
死　圖　薄薦寇準沮王欽若有知人之明
執政十年任遇至厚事無過差惜夫欽若誕奏天書旦
心知其非悒悒而勉從之寢疾遺令削髮緇服議者謂
旦得君安於勢位而　寇準爲相太子元佐不法太宗欲
不能以正自終云　廢之問準準曰必得事實果
有巫蠱之迹又謀立太子準曰不可謀於中官遂立真
宗而奏事切直太宗怒起攀衣請決契丹入寇立勸親
征和議成議歲幣毋過三十萬上自澶淵還待準加厚
欽若數毀之丁謂亦以準輕已乃肆爲讒譖用計貶準
四遷至雷州謂亦貶崖州　畢士安與寇準並相上曰準
過雷準遣人以禮迎之　剛而使氣奈何士安
曰北戎跳梁正宜用準士安清儉厲名節及卒上謂準
曰士安君子人也餝躬慎行有古人之風其君臣相孚
如此　向敏中初與呂蒙正並相舊居鎮者多不以吏事爲
意惟敏中勤於政事所至著稱由河南再入
相　張詠事詳圖　楊億爲學士性耿介坦夷重交游崇名節
而論善惡大明人多怨之文章敏速
與劉筠齊名會契丹書真宗欲更改億不從求　王曾爲人
罷立劉后又不草制王欽若譖之一夕亡去
謹厚試三場俱第一入參大政正色獨立爲相七年外
戚多被裁抑忤太后意出知兗州遷大名北使過必餝
其從不敢疾馳民爲立生祠前後輔政十年言天下利
害審而中理性純儉人罕見其喜無敢干以私上篆其
碑曰旌　呂夷簡居相位仁宗母李宸妃卒太后不成喪
賢之碑　夷簡請發喪成服瘞以后禮仁宗后覺
悟發棺改斂始釋然前後在中書二十年多所引薦嘗奏
令參政宋綬編中書總例雖庸夫執之可隆相業其剛
明廉直　李迪與丁謂並相謂擠寇準進林特迪怒訴謂
如此　以手板擊之謂怨迪欲致之死貶衡州
或語謂曰迪若貶死如公論何謂曰異日好事書生弄
筆不過曰天下惜之而已太后崩復相與子柬之早年
告老人比　張知白爲相常惜名器無毫髮私以盛
之二疏　滿爲戒雖貴顯清約如寒士　晏殊
同叔七歲試童科擢昇王教授與仁宗講學屢遷朝職
未歷州縣入副樞密論張耆不可爲樞密使忤太后一

出知應天府興學校俾范仲淹掌教事居相位西夏寇邊請罷監軍每以陣圖授諸將雖早貴清儉如寒士自少至老篤學稱人之善如已出仁宗篆碑首曰舊學之碑著類要一百卷 **杜衍**居相位務裁抑僥倖積詔旨十數輒納上前中丞王拱辰劾衍婿蘇舜欽祠神恣讌衍相七十日而罷歲餘致仕家故饒財悉分施族婣貧者歸老無屋寓居驛舍清儉如此 **魯宗道**性剛正疾惡遇事敢言不爲小謹上厭其數諫進曰臣職司諫議敢厭頻煩上悅書殿壁曰魯直入參政府太后問唐武后何如對曰唐之罪人太后幸慈恩寺欲前輦宗道曰婦有三從前行不可貴戚莫不畏憚目爲魚頭公言骨鯁也 **范仲淹**事詳圖 **孔道輔**爲中丞使契丹優人以先聖爲戲道輔艴然斥其非其主使主客謝之郭后之廢道輔率范仲淹等十人伏閤下言不可廢言之不已出爲郡守先爲寧州推官真武像有蛇穿其前郡將而下皆拜道輔持笏碎蛇首而去一郡皆驚 **包拯**事詳圖 **曾公亮**與韓琦並相知政事初官集賢琦嘗咨問政事多謀善斷時稱

三才圖會 人物七卷 四四

正人朝廷大治 **宋庠**字公序郭皇后廢庠與御史伏閤爭論坐罰金元祐中拜相數言國家當慎固根本畿兵不宜輕改以司空致仕 **宋祁**字子景陝西用兵上疏言朝廷大有三冗小有三費去三冗節三費專脩西北可曠然高枕矣景祐中應詔言三患切中時病 **田錫**字表聖居諫官上疏軍國要機者一朝廷大體者四常移睦州錫建孔子廟自是人知尚學出使秦隴上章言陝西生民重困上爲之戚然稱錫得諍臣之體 **王偁**字元之性剛直不容物常草李繼遷制送馬五十疋爲潤筆禹偁却之遇事敢言喜臧否人物以直躬行道爲已任 **王珪**字禹玉弱歲奇警出語警人嘉祐立皇子召珪作詔珪曰非面受旨不可歐陽脩歎曰真學士也 **馮京**字當世少雋邁不群自鄉舉禮部以至廷試皆第一知開封府數月不詣丞相府韓琦以爲傲京曰不妄造請乃所以爲公重非傲也 **張方平**字安道穎悟絕人凡書一閱不再讀拜三司使議榷河北鹽方平請降詔罷之知益州免橫賦四十萬又建言漕運以汴汴日以塞乃畫上十

四策帝稱善悉如其說行之 **曾鞏**字子固生而警敏未冠名聞四方通判越州諭告屬縣富人自實粟視時平價稍增以予民歲飢有濟知齊州外戶不閉知福州時州無職田歲鬻園蔬收其直自入常三四十萬鞏曰太守與民爭利可乎官制行拜中書舍人時選授一新除書日至十數人人舉其職於訓詞典約而盡云 **蔡襄**字君謨舉進士任職論事無所回撓三御史論梁適解臺職除他官襄封還詞頭不草制每除授非當職輒封還之知開封府談笑剖決破姦發隱吏不能欺襄工於書爲當時第一 **韓琦**爲相英宗即位得疾曹太后臨朝左右搆讒兩宮成隙琦極言切諫調護如初英宗疾愈琦請太后還政亟命撤簾英宗疾甚琦請立太子頴王頊神宗即位王安石進用琦懇求罷判相州安石變法琦在相州言青苗錢不便上不從居郡八年而薨上篆碑首曰兩朝顧命定策元勳之碑琦天資忠厚辭氣雍容人未嘗見其憂喜輕財好施家無餘貲其待士無貴賤禮之如一苟公論所予雖素所不悅必用之其度量猶郭子儀裴度 **富弼**事詳圖

三才圖會 人物七卷 四五

文彥博事詳圖 **歐陽脩**事詳圖 **蘇洵**與二子軾轍至京師謁歐陽脩上權書衡論機策授文安主簿纂修禮書安石名曰盛洵著辨姦論以刺之至洵歿安石用事其言大驗惜洵不永其年不究其才使得時得位必有大過人者號老泉 **司馬光**事詳圖 **呂誨**爲御史中丞劾安石驕蹇慢上陰賊害物數其十事司馬光稱光先見不如呂誨安石初執政誨已劾之誠哉明矣 **范鎮**知諫院仁宗未定儲鎮面請者三上章十九待罪百日須髮爲白爲翰林學士言新法不便辨蘇軾誣販私鹽辨孔文仲封策直言被罪極言青苗重斂困民不從懇求致爭 **唐介**參政中書與安石爭新法憤悶發疽而卒 **趙抃**知諫院爭新法入參大政言不聽出知杭州日所爲事夜必焚香告天不可告不爲知越州旱蝗米貴禁增米價抑任其增價米商輻湊價因以賤歷官所至琴鶴自隨謚曰清獻 **王安國**常非其兄安石所爲哭於影堂督責曾布誤惑安石爲翰林學士嘗吹笛安石曰請學士放鄭聲安國曰願相公遠佞人 **呂公著**

爲相持正講學以治心養性爲本寡嗜欲薄滋味世俗
紛華淡然無好識慮深敏苟便於國不計私利害與人
至誠不事表暴好賢樂善出於天性御前議擇取衆善
以爲善所守毅然不可奪詔議肉刑堅不從其忠直如
此**范純仁**爲相濮守吳處厚言蔡確作詩誹謗臺諫請誅確純仁堅不可純仁寬簡勤儉任于恩先
於疏族卒後幼子五孫皆
未官其謙讓清謹如此**劉安世**爲中書舍人而折廷爭號殿上虎爲章蔡
所忌大后亦憚之由黨禍貶謫歷循梅高新雷化薦
七郡皆死地安世絕欲養性處之恬淡竟得北還**蘇**
軾事詳圖**蘇轍**門下侍郎軾之弟軾著論語尚書周易解轍註詩春秋刪論史記爲古史**范祖**
禹翰林學士平居恂恂不言人過遇事別白是非不少借每進講列古義參時事言簡而盡蘇軾稱爲講官
第一爲章惇
所斥死化州**陳瓘**瑩中爲左正言劾章惇誤國劾向宗良兄弟藉太后希寵劾蔡京廣布腹
心愚弄朝廷言王安石日錄辭多詆詘貶廉州著尊堯
集辨安石之誣神考蔡京章惇雖待瓘厚而瓘不阿附

之諸公薦瓘斥姦不避死曰彼
舉爾所知吾爲仁由己號了翁**江公望**爲左司諫與王縉並以風節著
嘗曰榻前一磚地乃臣子對君父極言天下事
惟上不欺天中不欺君下不欺心庶可免矣**鄒浩**爲吏
部侍郎以黨例黜楊時稱其自少以道學行義知
名遇事接物如虛舟而堅挺如精金美玉不磨磷**王素**
字仲儀旦季子素方壯年遇事感發諫王德用進女帝
曰已事朕左右奈何素曰臣之憂正恐在左右耳帝立
命遣二女出爲淮南轉運按察使有貪刻必繩治窮竟
知成都爲政務合人情知渭州三鎮涇原蕃夷故老皆
歎**余靖**字安道以文學稱鄉里舉進士累遷秘書丞數
賀上書論事後委靖經制廣南西路預平儂智高
功又安撫廣西交趾
蠻寇邕州者不復出**鄭俠**字介進士高第調光州司法參軍有疑獄俠讞議傳奏安
石悉如其請秩滿往見曰青苗免役保甲市易數事在
俠心不能無區區熙寧不雨人不聊生俠繪所見爲圖
上之凡罷法不便者十有八事越三日大
雨惠卿執政俠又上疏論之編管英州**王安石**字介甫擢

進士上第議論高奇能以辯博濟其說果於用槪然
有矯世變俗之志拜參知政事而農田水利青苗均輸
保甲免役市易保馬方諸役相
繼並興號爲新法海內騷然**蘇頌**字子容仁宗朝第進士爲南京留守
推官留守歐陽修委以政曰子容處事精審一經閱覽
則修不復省矣呂惠卿嘗語人曰子容吾鄉里先進苟
一請我執政可得也頌笑而不應爲相務在
奉行故事使百官守法遵職深戒邀功生事**鮮于侁**字子
駿與君介同鄉里介稱其名治婺源惡類屏跡遍判綿
州所課嚴直一切弗取提舉常平部民不請青苗錢安
石遣吏廉按侁曰青苗之法願取則與民自不願豈能
彊之蘇軾稱侁上不害法中不廢親下不傷民以爲三
難後拜諫議大夫
奏請多所施行**任伯雨**字德翁中進士第調清江簿郡守撒使蒞公庫笑曰此贓
何爲至我哉拒不受徽宗初政首擊章惇章十上繼論
蔡卞六大罪又上書乞暴蔡京之惡召還陳瓘尋知號
州**曹瑋**爲將沉勇有謀習兵法令嚴明善用間諜覘虜情實故戰勝攻取將兵四十年未嘗失利其鎮

天雄契丹使過戒其下曰曹公在
此無縱騎馳其威望尊嚴如此**狄青**由點卒爲將每戰被髮以銅爲
而其賊望之如神無不披靡儂智高反授荊湖宣撫節
討之賊兵大敗斬首虜數千智高遁入大理殺之函首
京師以功名終或以梁公像及告身以獻青厚贈而還
之謚武襄青爲人不驕不伐而多智多才其不附華胄
與郭崇韜
異賢矣哉**胡銓**邦衡爲編修官秦檜主和議銓上疏極論貶新州金人以千金購書見之大驚
檜死召還官資政殿學士邦衡雖無
攻城畧地之功而有匡主庇民之策**陳康伯**爲相高宗曰卿靜重
明敏語不妄發真宰相也金人入寇康伯曰陛下幸閩
越大事去矣中使持御批云虜未退且散百官康伯焚
之孝宗呼丞相而不名曰康伯有器量從容
不迫可比謝安上書碑首曰旌忠顯德之碑**陳俊卿**爲吏
部尚書入參大政勸上親忠直抑僥倖肅紀綱講軍務
寬民力時兵官不見執政俊卿請召見與語察其才智
由是兵政復歸中書與虞允文並相允文欲遣使至金
求陵寢地俊卿不可竟不復得地曾覿王抃甘昇嬖倖

盤結士爭附之俊卿言覿招權納賄上遂疎覿俊卿其賢矣乎**虞允文**金亮入寇允文爲中書舍人至采石犒師虜將渡江諸將欲遁允文曰國家養兵三十年顧不能一戰乎舟師少却允文拊軍師時俊背曰爾以膽畧聞今在陣後女子爾俊進海舟衝敵舟敗退射敵騎焚其舟亮怒斬其將劉漢臣金人弑亮允文之策也**黃中**爲給事中多封還詔書爲群小所惡爲兵部尚書知無不言未滿告老朱熹上書願爲弟子其爲人可知矣**王十朋**由侍御史改吏部侍郎劾史浩議和之罪**周必大**子光中詞科輔孝光宰三朝宰相博學多文相業隆盛退居十五年封謚文忠公**趙汝愚**叅知政事定策立寧宗皇帝爲丞相務裁抑僥倖求進者多怨之侂胄秉政群邪和附誣汝愚謀危社稷謫零陵至衡疾服藥而卒**彭龜年**爲直講孝宗疾三上書光宗請問疾叩頭出血贊寧宗召朱熹陳傅良爲吏部侍郎力攻韓侂胄言臣與侂胄不兩立補外郡而卒**陳傅良**爲中書舍人韓侂胄以御批罷朱熹傅良與劉光祖乞留

之光祖名在黨籍其撰涪城學記云世方以道爲僞而學爲棄物夫好惡出於一時是非定於萬世學者益謹其所先入以待夫豪傑之興爲諫官所劾竄房州**眞德秀**事詳圖**魏了翁**宗朱氏學字甫華號鶴山拜樞相謚文靖**李綱**事詳圖**宗澤**有文武材爲東京留守虜至募戰士造戰車據形勝立壁爲壘數擊敗虜東京稍安擒金將王策用其謀知虜之虛實招兵合百萬請上還京凡二十疏爲汪黃所沮憂憤病疽卒臨終語不及家事連呼過河者三**張浚**遺表力請還京闕自奉儉素祿入以賑貧乏養孤初爲川陝宣撫富平兵敗居閑金人入寇復召與趙鼎並相進用正人表裏相應乃命岳飛平楊么韓世忠克淮陽劉光世取壽春岳軍威大震秦檜專主和議譖罷浚檜死復官起廢黜之後風采毅然衛士見之以手加額爲樞密使封魏國公金虜移檄索割地歲幣史浩主和浚力言不可督師江淮講論軍務修築城堡繕理器械虜不敢犯將士勇躍思奮金人大恐湯思退嗾言官劾浚跋扈罷之**趙鼎**鼎與張浚同心戮力以致

金師北歸真宰相也及定都臨安宋可復矣乃檜主和議中興之功無成傷哉**韓世忠**初爲統制勇冠三軍立大功數十拜少保上署其旗曰忠勇敗金兵於鎮江幾擒兀朮再敗金兵儀鎮盡擒其突將驍騎世忠慓悍過人爲中興名將第一其製軍器如後猊鍪鎖甲捍陣斧尅敵弓皆其遺法和議成退居杜門隱於釋教封蘄忠武王**劉錡**爲東京晉守虜兵六十萬攻順昌精兵三千被重甲五人爲伍貫以韋索號鐵浮屠翼以拐子馬名長勝軍錡以短兵奮擊大敗之再至陳州虜望其旗幟而退**岳飛**事詳圖**吳玠**爲西蜀安撫沉毅尚氣節邊境無虞進官開府謚武安王子琪弟璘御兵有法士樂爲用鎮蜀二十年恩威交著拜大傳封新安郡武順王子挺襲**劉韐**京兆人居官廉明爲政慈惠或收寇或決獄或賑貧拯難活人無數義斷仁公所至人則曰活我劉公至也其後孫劉領收峒寇有功死謚忠簡孫劉純收邵寇賜廟封忠烈從孫劉韐死眞定謚忠顯韐子劉子羽死謚忠定子羽子劉珙謚忠肅世稱五忠劉氏**李若水**

靖康初金人再邀帝至營逼帝易服若水抱持而哭罵不絕口斷舌而死金人相與言曰遼亡死義者十數南朝惟李侍郎一人**洪皓**字光弼少尚奇節慷慨有經畧四方志徽宗政和中登進士第秀州大水皓爲郡守發廩損直以糴使千金粘沒喝迫之使仕劉豫皓以死拒之流遞冷山歸見帝帝曰卿忠貫日月雖蘇武不能過秦檜不懌安置英州**張九成**字子韶紹興對策擢置守選權刑部侍郎法寺以大辟成案上請覆實得誣服者朝論欲以平反爲賞九成辭之金人議和九成曰敵情多詐不可不察秦檜甚惡之**趙方**字真彥嘗知青陽縣曰催科不擾是催科中撫字刑罰不差是刑罰中教化人以爲名言金人來犯抗疏主戰金人數不得志俄得疾引扈再興勉以協心報國貽書宰相論疆場大計尋卒子范字武仲葵字南仲俱有志事功**孟珙**字璞玉宗政之子金將武天錫欲犯光化珙逼天錫壘一鼓拔之元人侵江陵珙帥師破其二十四砦屢敗元師復郢州荊門軍又復夔州**高瓊**事詳圖**秦觀**字少游高郵人長於議論

文麗而思深蘇軾薦于朝除大學博士遷國史院編修所著有淮海閒居集及議論兩漢書

余玠字義夫家貧落魄不喜功名授四川按撫制置使玠大更弊政遴選守宰得冉璡謀城釣漁山且開屯田於城都蜀以富實玠已斬𣝣戎師欲舉統制姚世安爲代而玠不納於是世安與玠抗欝欝卒

江萬里字子遠器望清峻論議風生傾動一時以似道惡不能久其位咸淳年元兵至萬里鑿池芝山後圃扁其亭曰止水人莫諭其意及饒州城破竟赴止水死

汪立信淳祐六年登進士第理宗見立信狀貌雄偉顧侍臣曰此閫帥才也爲荊湖安撫制置移書賈似道言君臣宴安似道大怒及元兵大舉立信知事不可成歎曰吾生爲宋臣死爲宋鬼扼吭而卒

文天祥事詳圖

謝枋得事詳圖

張世傑起自小校元伯顏攻鄂鄂降世傑提所部兵復饒州復平浙西諸郡張弘範兵至南北受敵世傑溺死平章山下

陸秀夫字君實理宗景定初登進士第德祐時二王走溫州秀夫追從之時君臣播越濱海庶事疎畧秀夫獨儼

然正笏立如治朝駐兵崖山秀夫外籌軍旅內調工役及崖山破秀夫負王赴海死

陳兢江州德安人其先名崇者十三世同居長幼凡七百口上下親睦人無間言建書樓於別墅延四方之士肄業者多依焉鄉里率化爭訟希少兢之世子姓益衆常苦乏食詔本州每歲貸粟二千石

徐積事詳圖

种放字名逸洛陽人每往來嵩華間慨然有山林意淳化中有言其才行者詔使召之其母恚曰常勸汝勿聚徒講學與放轉居窮僻放性嗜酒嘗種秫自釀每曰空山清寂聊以養和因號雲溪醉侯從祠汾陰拜工部侍郎

林逋字君復性恬好古弗趨榮利結廬西湖之孤山足不及城市真宗賜號和靖處士

蘇雲卿紹興間自廣漢來豫章東湖結廬獨居披荊爲圃灌園之隙閉門高臥或危坐終日少與張浚爲布衣交浚爲相馳書函金幣屬豫章帥親造其廬致之期以詰朝上謁旦遣使迎伺則翁已遁矣

周惇頤事詳圖

程顥事詳圖

程頤事詳圖

謝良佐 **游酢** **尹焞** **楊時**四人皆伊川弟子楊時事詳圖後

陸九齡字子壽撫州金谿人幼穎悟端重長益肆力於學紬閱百家晝夜不倦悉通陰陽星曆五行卜筮之說舉進士調興國教授勸綏引翼士類興起

陸九淵事詳圖

胡瑗事詳圖

邵雍事詳圖

張載事詳圖

張栻事詳圖

呂祖謙事詳圖

石介字守道兗州奉符人師事孫復固窮苦學進士及第以易教授魯人號徂徠先生

胡安國字康侯崇安人淵之子高宗時以張浚薦除中書舍人兼侍講專講春秋謝良佐嘗稱其如大冬嚴雪百草萎死而松柏獨秀

陳亮事詳圖

劉凝之事詳圖

朱松事詳圖

羅從彥字仲素南劍人號豫章先生淳祐間謚文質

李侗字愿中南劍州劍浦人號延平先生淳祐間謚文靖

朱熹事詳圖

黃榦 **李燔** **劉爚** **蔡沈**四人皆文公弟子

蔡元定事詳圖

劉子翬字彥中崇安人韐次子痛父死廬墓三年執喪致羸疾服除通判興化軍時逃卒楊勍犯閩境子翬

與郡將晝計賊不敢犯事母兄盡孝友力學不倦朱熹嘗從之游號屏山先生

三才圖會

雲間元翰父王圻編集
男思義校正

人物八卷

耶律楚材像　伯顏像
劉秉忠像　許謙像
姚樞像　程文海像
廉希憲像　吳澄像
趙孟頫像　虞集像

徐中山像　常開平像
李岐陽像　鄧武順像
湯襄武像　沐昭靖像
胡武莊像　徐太傅像
劉文成像　宋文憲像
陶主敬像　章三益像 全思誠像
王忠文像　宋文恪像
朱文恪像　方希直像
陳恭襄像　蹇忠定像

夏忠靖像　黃忠宣像
張忠烈像　胡若思像
顧介肅像　楊文貞像
楊文敏像　楊文定像
周文襄像　李文毅像
劉忠愍像　陳文定像
吳文恪像　山襄毅像
王文端像　魯希文像
楊武襄像　劉嘉秀像

軒左都像　年恭定像
魏文靖像

耶律晉卿像

耶律楚材字晉卿遼東丹王突欲八世孫元太祖聞其名召見之拜中書令太宗時諸王大集帝親執觴賜楚材曰朕推誠任卿先帝之命也非卿則中原無今日西域諸國及高麗宋使來朝帝指楚材曰汝國有此人乎皆謝曰無台神人也

伯宗道像

伯顏一名師聖字宗道蒙古人居開州濮陽縣少穎悟過人弱冠即以斯文為己任至正四年以隱士徵授翰林待制十八年河南賊蔓延河北伯顏與賊遇誘以富貴顏終不屈引頸受刃與妻子俱死年六十有四有司上其事謚文節

劉仲晦像

劉秉忠字仲晦初名侃因從釋又名子聰拜官後始更今名至元元年拜光祿大夫太保參領中書省事十一年扈從至上都築居南屏山自號藏春散人無疾而卒年五十九贈太傅封趙國公謚文貞成宗時贈太師改謚文正仁宗時又進封常山王

許魯齋像

許謙字益之金華人肆力於學受業金履祥之門讀四書集註有叢說二十卷讀詩集傳有名物鈔八卷讀書集傳有叢說六卷他若天文地理典章制度食貨刑法字學音韻醫經術數之說靡不該貫世稱爲白雲先生

姚文獻像

姚文獻名樞字公茂柳城人復遷洛陽少力學有王佐畧元太宗詔從楊惟中南伐拔德安得程頤朱熹之書賜金符爲燕京行臺郎中棄官携家至輝州録程朱所註書以歸世祖召至待以客禮首陳八目三十條皆帝王治平之道

程鉅夫像

程文海字鉅夫别號雪樓自徽徙郢後家建昌以父飛卿仕宋爲建昌通判也世祖時父以城降文海入爲質子授管軍千戶世祖奇其相貌改應奉翰林文學屢遷集賢直學士兼秘書少監泰定中贈大司徒柱國追封楚國公謚文憲

廉善甫像

廉希憲字善甫布魯海牙子也幼魁偉舉止異凡兒年十九入侍世祖恩寵殊絕一日方讀孟子聞召急懷以進世祖目之曰廉孟子大德八年贈忠清粹德功臣太傅儀同三司魏國公謚文正加贈太師上柱國恒陽王

吳幼清像

吳澄字幼清撫州崇仁人少頴悟既長胷通經史用力聖賢之學至元盜起樂安鄭松招居布水谷著孝經章句校定易書詩春秋儀禮及大小戴記卒年八十五贈江西行省左丞上護軍追封臨川郡公謚文正

趙孟頫像

趙松雪名孟頫字子昂別號松雪道人宋太祖秦王德芳之後除集賢侍講學士尋陞翰林學士承旨榮祿大夫至治元年辛年六十九追封魏國公謚文敏史官楊載稱孟頫之才頗爲書畫所掩知其書畫者不知其文章知其文章者不知其經濟之學人以爲知言

虞伯生像

虞集字伯生長沙人宋丞相允文五世孫學有源委初以大臣薦授儒學教授除國子助教郎以師道自任折節下士一不附權倖家苦貧乏然碑板之文未嘗徇與弟槃同闢書舍爲二室左書淵明詩於壁題曰陶庵右書堯夫詩曰邵庵故學者稱爲邵庵先生

元名臣

耶律楚材事詳圖楊惟中從皇子伐宋得名士圖書送燕都立周濂溪祠建太極書院延
儒士授經俾通聖賢之道慨然以道自任化成天下相業恢弘趙復字仁甫元兵伐宋俘德安之民姚樞
得復於俘籍奇其材復夜逸求死樞挽之北行錄其所記程朱詩書以教學者北方通經自復始不仕稱江漢
先生李俊民用章金進士官翰林應奉得程朱之學金亡隱嵩山嘗從荊先生受邵子皇極數劉秉忠
自謂不及憲宗以安車徵之虛心訪問告老而歸謚莊靜先生安童太華黎四世孫十三位百僚上帝欲
誅阿里不歌之黨千人安童曰大難甫定挾私殺人何以懷附帝深重之爲右丞相召許衡爲左丞輔之後從
北平王鎭北邊十年歸復相位立尚書省安童諫曰臣力不能回大乞不用桑哥別用賢相入聽卒封東平忠
憲王廉希憲事詳圖史天澤繼兄天倪職爲萬戶多戰功世祖召問治道言當省部設監司

退貪殘頒俸錄爲右丞相李壇叛濟南天澤以計生擒壇斬之詔從伯顏伐宋以疾免奏勿殺掠謙和不伐臨
薨論事毅然不回讀書通大義史鑑尤精爲將相五十年上不疑下無怨八子皆顯官董文炳從伯
顏伐宋駐鎭江與張世傑戰宋兵敗世傑走海中文炳趨臨安會伯顏二王南走宋主遂降伯顏頒師事委文
炳謂學士李槃曰國可滅宜收史籍乃收宋史諸注記歸國史院拜中書右丞謚忠獻子士元士選姚樞
事詳圖竇默字子聲與姚樞許衡講性理之學世祖問治道以三綱五常對性樂易平居不輕議人品
溫然儒素論國計面折廷爭人方諸汲黯贈魏國公文正劉秉忠事詳圖劉因天資絕人讀書
過目成誦性不苟合不妄交家甚貧非義一介不取徵爲贊善大夫歷集賢學士封容城文靖公郝經
字伯常爲翰林學士爲人尚氣節爲學思致用撰續漢書易春秋外傳其文豐蔚豪宕善議論詩多奇崛哈
喇哈孫斡剌納兒氏爲人威重不妄言笑善騎射工國書重儒術以勛臣後掌宿衛拜大宗正用法平

允爲湖廣平章討平羣盜爲左丞相所言利之徒以節
用愛民爲務大事引儒臣議奏建孔子廟學選名儒爲
學官定南郊禮左丞劉深征八百媳婦無功奏正其罪
言治道必先守令定賦罪十二章武宗立安西王誅皆
籍其謀以讒罷相鎭北邊程鉅夫事詳圖趙孟頫事詳圖姚燧少從游於許衡累官
江西憲使陞參政擢翰林承旨學以真知實踐爲事文
閎肆該洽豪而不宕剛而不厲舂容盛大有西漢風名
臣勛蹟皆燧所書高麗王求燧詩文贈金玉幣帛名畫
燧以分故屬官以金銀付翰林爲器皿器識豪邁如此
有牧庵集張養浩有行義勤學業拜御史上疏萬言皆切直遷禮部侍郎知貢舉陞陝西侍御史改
禮部尚書未六十致仕作廟堂風憲牧民三事忠告封幽文忠公虞集事詳圖歐陽玄字原
功官至翰林承旨湖廣右丞性度雍容含弘縝密處已
儉約居官廉平三任成均兩爲祭酒六入翰林三拜承
旨修實錄大典三史皆大制作兩知貢舉制誥多
出其手文章道德卓然名世號圭齋封楚國文公揭傒

斯字曼碩少貧讀書刻苦三入翰林朝廷之事臺閣之義靡不閑習平生清儉至老不易文章叙事嚴整語
簡而當詩清婉麗容與虞伯生楊仲弘范梈齊名朝廷制作多出其手謚文安余闕字廷心唐兀人元統
初進士及第盜起河南闕分兵守安慶屯田戰守表裏
完固屹爲江淮一保障陳友諒擣城群盜四面蟻集闕
自以孤軍血戰城陷自刎妻邪卜氏及子女皆赴井死杜本字伯原博學善屬文隱武夷山中本湛靜
寡欲與人交尤篤於義有貧無以養親無資以爲學者
皆濟之平居書冊未嘗釋手天文地理律曆度數靡不
通究尤工於篆隸伯顏事詳圖許魯齋事詳圖吳澄事詳圖

皇明名臣像上

魏國公中山徐武寧王達

公諱達直隸鳳陽人元勳之首南收吳越北定中原東平齊魯西入關陜剪除羣雄雪恥千古封姑蘇之府庫置胡宮之美人　國初封魏國公卒年五十四追封中山王謚武寧配享　廟庭

鄂國公開平常忠武王

公諱遇春直隸懷遠人　國初封鄂國公長林偉貌猛如彪虎忠精貫天百戰百捷義旗所指山嶽竦動翊運之勳靖遠之威震今而耀古卒年四十三追封開平王謚忠武配享　廟庭

曹國公岐陽李武靖王文忠

公諱文忠字思本直隷盱眙人　國初封曹國公器量沉閎人莫能測臨陣踸厲奮發遇敵膽氣益壯勲戚之冑一世人豪淹貫六籍宣威萬里卒年四十六追封岐陽王諡武靖配享　廟庭

衛國公寧河鄧武順王

公諱愈直隷虹縣人　國初封衛國公器宇宏偉而剛毅簡重謙恭慎密而奉公守法遇敵而不懼有功而不矜又能禮賢下士寬惠愛人卒年四十一追封寧河王諡武順配享　廟庭

信國公東甌湯襄武王和

三才圖會 人物八卷 十七

公諱和字鼎臣直隸鳳陽人　國初封信國公剛毅
質直勇而善斷臨敵果敢堅忍未嘗挫衄從下江東
奄舉甌越摧強撫順用兵如神卒年七十追封東甌
王謚襄武配享　廟庭

西平侯黔寧沐昭靖王

三才圖會 人物八卷 十八

公諱英字文英直隸定遠人洪武初封西平侯天資
忠孝厚重簡默寡言　潛宮知勇自奮戰守方隅閫
寄攸崇開府西南世封茅土卒年四十八追封黔寧
王謚昭靖配享　廟庭

越國胡武莊公

公諱大海字通甫直隷虹縣人　國初仕行省叅知政事處心以仁涖事以威惟其仁故不言而民化惟其威故不待戒而兵不敢犯勁氣橫空萬夫之雄卒封越國公諡武莊配享　廟庭

太子太傅嗣魏國公徐輝祖

徐輝祖中山王長子襲魏國爵靖難兵至江上同開國公常昇分道禦戰　成祖入金川門群臣勸進輝祖獨不屈　召問亦不應下吏令自招罪操筆惟書其父開國公及券詞子孫得免死　成祖大怒削爵秩詔下獄卒永樂二十二年襲迄今不絕

誠意伯劉公

公諱基字伯温浙江青田人元進士棄官歸隱　國初仕至御史中丞剛毅慷慨有大節富文學殫其智慧上讚　廟謨曾不十年濟一統之功傑然為開國宗臣封誠意伯卒年六十五

翰林學士承旨宋公

公諱濂字景濂浙江浦江人元為編修官博極羣書造詣精到視近甚明一黍上能作十餘字而其德容之粹文名之高學問之長外夷咸知功在萬世　國初仕至學士卒年七十三

參知政事陶公

公諱安字主敬直隷當塗人元書院山長　國初仕行省參知政事外癯而內實沉涵道藝以千載自期精于易筮其驗如神文章自成一家論理叙事純正疏暢而步驟不凡卒年五十七

御史中丞章公

公諱溢字三益浙江龍泉人洪武初仕御史中丞從事於正心脩身之學狀貌宏偉器局夷曠而撫世酬物一本於誠紫眼有稜足以洞視千古長髯冉如戟足以畏讋百壬卒年五十六

大學士全公

三才圖會　人物八卷　又廿四

全思誠字希賢松江上海人博學能詩文爲元末老儒　國朝洪武初行薦舉之法郡縣以名聞召爲文華殿大學士兼左中允參侍顧問尋以疾辭　勅賜致仕有懷材抱德有志古人之褒鄉里以爲榮遇

翰林待制王忠文公

三才圖會　人物八卷　二十五

公諱禕字子充浙江義烏人　國初仕翰林待制長身山立經史百氏皆究其極爲文自成一家東里嘗評之曰才思之雄景濂不如公奉詔下雲南不屈死節年五十二贈學士謚忠文

國子祭酒宋公

三才圖會　人物八卷　二十六

公諱訥字仲敏直隷滑縣人元進士知縣　國初仕至祭酒濡染家教動以矩矱橫經發難擊節廓塞雅性遲重不妄言笑而文思甚敏百僚讓德六館蜚聲嚴而有愛樂育英才卒年八十

文淵閣大學士朱公

三才圖會　人物八卷　二七

公諱善字備萬江西豐城人少聰穎不好弄讀書十歲作文通四書五經大義奉繼母克盡孝道著書立言慨然以聖賢道學之傳爲已任　國初仕至文淵閣大學士卒年七十二

方希直像

方孝孺台州寧海人聰穎絕倫尤善屬文洪武壬戌以吳沈薦召至京　上見其舉動端整謂　太子曰此佳士也當老其材以輔汝乃除爲漢中府學教授　建文帝即位召爲翰林院直文淵閣三十五年六月靖難兵至建文君遜位　成祖即位　召之三　詔而後來以衰絰見　成祖曰汝不屈我乎孝孺曰死即死耳何肯爲汝屈　成祖大怒命割其舌孝孺大罵　成祖怒甚繫之獄竟族誅宗族坐死者八百四十七人母族林彥淸妻族鄭原吉門生鏞林嘉猷皆坐誅

平江伯陳恭襄公

公諱瑄字彥純直隷合肥人歷仕洪武宣德間封平江伯有明敏之識幹濟之才善於任使秋毫無取於下遭遇　聖明功臣漕運秩祀侯封令名永世卒年六十九追封平江侯謚恭襄

少師蹇忠定公

公諱義字宜之四川巴縣人進士歷仕洪武宣德間深沉質實和厚簡靜有孝友之行事君之誠平生無一日頓蹐之憂貴而能謙富而能約位至少師卒年七十三贈太師謚忠定

少保夏忠靖公

公諱原吉字維喆湖廣湘陰人鄉貢士歷仕洪武宣德間天性孝友與人交久而敬襟宇弘深不見涯涘臨政必酌大體其典宥寮人多陰受其德位至少保卒年六十五贈太師謚忠靖

少保黄忠宣公

公諱福字如錫山東昌邑人鄉貢士歷仕洪武正統間自小官至一品始終以　國家生民爲心斥奸闢諛無所顧忌立心行事以不昧天理爲主官至少保卒年七十八贈太保謚忠宣

英國公定興張忠烈王

公諱輔字文弼河南祥符人歷仕洪武正統間器宇雄壯顧眄有威一平交趾三縛渠魁易草莽爲桑麻變雕題為華夏美哉大勲名昭罔極封英國公卒年七十二追封定興王謚忠烈

國子祭酒胡公

三才圖會　人物八卷　三四

公諱儼字若思江西南昌人鄉貢士歷仕洪武永樂間博極羣書旁通貫義理天文地理律曆醫卜皆通其說自處甚淡薄德望之隆　國恩之厚天下殊少官至太子賓客卒年八十七

左都御史顧公

三才圖會　人物八卷　三五

公諱佐河南太康人進士歷仕洪武宣德間賦性挺重聲望偉然未嘗與羣人尹正天府明察如神治中執法有堅清華雖遭時得　君之盛要亦有倜伏彈壓之實官至左都御史

少師楊文貞公

公諱寓字士奇以字行江西廬陵人處心正論事嚴常扶君子而抑小人匡輔　四聖始終　恩寵秉謙執虗未甞自滿有文有行有謀有功師垣眉壽一代儒宗官至少師卒年八十謚文貞

少師楊文敏公

公諱榮字勉仁福建建安人進士歷仕洪武正統間閱歷果敢正直剛决天質明爽有果斷之才運籌帷幄折衝樽俎雖極貴極盛而絕無崖岸位至少師卒年七十贈太師謚文敏

少保楊文定公

公諱溥字弘濟湖廣石首人進士歷仕洪武正統間謙恭小心接吏卒亦不敢慢好學不倦保泰以貞懲艾以咎處困而亨二十餘年世稱為太平宰相位至少保卒年七十五謚文定

工部尚書周文襄公

公諱忱字恂如江西吉水人進士歷仕永樂宣德間謙恭慎密不立崖岸在南畿廿餘年兩遭喪皆起復視事德政及民百世瞻仰學博而邃禮和而恭官至工部尚書卒年七十三謚文襄

國子祭酒李文毅公

公諱懋字時勉以字行江西安福人進士歷仕永樂
正統間負大志有奇節勤於學問窮性命道德之奧
奮激忠讜動天地而感鬼神危言遜行歷仕　四朝
官至祭酒卒年七十七謚文毅

翰林侍講劉忠愍公

公諱球字求樂江西安福人進士歷仕永樂正統間
賦性寬厚議論慷慨沉思力學好義勇行以直言忤
權奸死錦衣衛獄雖販夫孺子亦皆知公之烈官至
侍講卒年五十二贈學士謚忠愍

國子祭酒陳公

公諱敬宗字光世浙江慈谿人進士歷仕永樂天順間美鬚髯善議論容儀端整步履有則矜莊好禮久居太學力以師道自任行方而嚴學優而粹爲當世所重官至祭酒卒年八十三

右副都御史吴文恪公

公諱訥字敏德直隷常熟人由薦舉歷仕永樂天順間古貌古心學窺性理持敬慎之心秉鯁直之節才識議論慱達今古兼精醫術聲聞天下官至右副都御史卒年八十六謚文恪

都督懷遠山襄毅公

公諱雲直隷徐州人歷仕永樂正統間深沉有將畧用兵如神而其䕃其正文臣中比肩者亦不多見其馭士官一以威嚴而秋毫無犯官至都督同知卒年六十四贈懷遠伯謚襄毅

少傅王文端公

公諱直字行儉江西泰和人進士歷仕永樂景泰間方面脩髯器宇宏偉天性嚴重寡言笑居家儼然及至接人和氣可掬學富才敏詩文精緻位至少傅卒年八十四贈太保謚文端

右僉都御史魯公

公諱穆字希文浙江天台人進士歷仕永樂正統間方正清慎内恕外嚴寡嗜慾薄滋味敭歷中外三十餘年被服如寒士剛介之操凛如一日天下高之官至右僉都御史卒年五十七

昌平侯潁國楊武襄公

公諱洪陝西漢中人歷仕永樂景泰間封昌平侯發身行伍生長在邊有機變用詭道累立邊功所向克敵紀律甚嚴士卒用命虜人畏之而不敢犯呼之為楊王卒封潁國公謚武襄

南雄知府劉公

公諱實字嘉秀江西安福人進士歷仕宣德天順間躬過人之操履立絶俗之儀矩利誘之而不回勢愓之而不沮丁母憂廬墓蔬食以終喪仕宦不携妻子終南雄知府卒年六十六

左都御史軒公

公諱輗河南鹿邑人進士歷仕永樂天順間持己甚嚴遇人無問賢否悉峻拒之不與接平生俊偉之行惟恃公牘之存其氷蘗之操儉約之名剛毅之節人不能及官至刑部尚書

户部尚書年恭定公

公諱冨字大有直隷懷遠人鄉貢士歷仕永樂天順間深沉剛正言不輕發廉静寡慾遇事敢為居官忠懋夙夜不懈而其氣節才識世不易得官至户部尚書卒年七十謚恭定

吏部尚書魏文靖公

公諱驥字仲房浙江蕭山人鄉貢士歷仕永樂景泰間端厚祗慎簡約廉勤盛德雅望為時達尊謙虚守禮嗜學不厭雅好吟詠臞然若不勝衣官至南京吏部尚書卒年九十八謚文靖

三才圖會

雲間元翰父王圻編集

男思義校正

人物又八卷

耿清惠像　王忠肅像
李文達像　劉文安像
于肅愍像　薛文清像
戴廷珍像　王莊毅像
馬端肅像　劉忠宣像

劉文靖像　鍾恭愍像
葉文莊像　林恭肅像
陳恭愍像　羅文毅像
楊文懿像　楊承芳像
吳子傳像　李文正像
楊文忠像　許襄毅像
吳文定像　王海日像
費文憲像　王新建像
文衡山像　徐文貞像

海忠介像
道統總圖　傳經圖

皇明名臣像下

刑部尚書耿清惠公

公諱九疇字禹範河南盧氏人進士歷仕宣德天順間清正剛介摧奸以直結主以廉凡論事是非確然不撓與衆寡合於邪正之辯尤嚴官至南京刑部尚書卒年六十五謚清惠

吏部尚書王忠肅公

公諱翱字九皐直隷塩山人進士歷仕永樂成化間端方強毅清白儉約立心制行循禮守法一毫不茍且風采凛然王潔不汚金真不煆官至太子太保吏部尚書卒年八十四謚忠肅

少保李文達公

公諱賢字原德河南鄧州人進士歷仕宣德成化間體貌明粹踐履真純留心河洛好學不厭孝友忠信謙恭嚴密得時行志自三楊後莫能及之官至少保卒年五十九贈太師謚文達

禮部左侍郎劉文安公

公諱定之字主靜江西永新人進士歷仕正統成化間襟懷坦夷操履謙謹居官論事根據義理詞鋒峭厲雖勇者有弗能及官至禮部左侍郎卒年六十一贈禮部尚書謚文安

于忠肅公像

于謙字廷益錢塘人永樂十九年進士十四年秋也先入寇 上欲親征公與兵部尚書鄺埜力言不可不聽師駐狼山 上北狩京師大震 章后立郕王監國明年改元景泰也先擁衆至城下索金帛萬萬計公曰本兵知有軍事他非所聞也先始悔遣使請奉 上皇還 上皇居南宮三年出南内復位石亨以奪門爲功誣公意欲金符迎立外藩都御史蕭維禎又恨公毎抑己故攘臂欲殺之遂坐謀反族誅時年六十籍其家公死之日天日驟變陰霾蔽空恩功悼枉四海一辭弘治三年特贈太傅諡肅愍

薛文清像

薛文清名瑄字德溫山西河津人年十二善詩賦庚子鄉試第一辛丑登進士擢御史遷山東提學諸生呼爲薛夫子正統時王振當國同官皆跪瑄獨正立振啣之誣瑄故出入人罪當死瑄子五人伏闕爭代大臣亦申救之得免歸景泰初陞南京理卿天順遷禮部侍郎入内閣見石亨作威福引疾致仕年七十三從祀 廟廷

戴廷珍像

戴恭簡名珊字廷珍江西浮梁人天順甲申進士授御史督學南畿品藻精明所最器者王守溪公也遷陜西副使仍督學政歷陞副都御史撫治鄖陽平蜀寇野王剛進左僉都御史掌京攷者一外攷者二黜陟惟允

兵部尚書王公

公諱竑字公度陜西河州人進士歷仕正統成化門聰明機辯過人百千等而賦性正直剛毅無絲毫詭隨人意立朝偲偲無所顧忌手擊奸黨以死忠直之名聞于天下官至兵部尚書

馬端肅公像

馬文升字負圖鈞州人景泰二年進士四年以右副都御史巡撫陜西公三至遼東皆樹奇績東人至今思之未幾陞兵部尚書弘治元年拜吏部尚書考察無異議加少師兼太子太師正德元年致仕去逆瑾恨公除名瑾誅復官卒年八十五贈太傅謚端肅立　朝五十餘年以身徇國不避險凡有大議衆莫敢決公至一言而定性介特寡言笑不尚華侈舉止嚴重脩髯偉貌望之知爲異人

劉忠宣公大夏像

劉大夏天順八年進士弘治六年河決張秋擢右副都御史治河公上議曰河性湍悍張秋乃下流喉襟未可輒治於上流分道南行遂疏孫家渡更築長堤三百六十里五旬而事竣十年虜入塞公以戸部侍郎出經畫公至邊得其要領揭榜通衢云凡境内官員客商家願輸者米自十石上草自百束上聽即中貴子弟不禁也不兩月積蓄有餘十五年陞兵部尚書正德初以　太子太保致仕二年劉瑾專政矯制逮公詔獄戍肅州五年赦歸田瑾誅復公官致仕卒年八十一謚忠宣

劉文靖公健像

劉健字希賢洛陽人天順四年進士由編修歷諭德庶子少詹事　泰陵即位陞禮部侍郎兼學士入內閣四年進尚書文淵大學士在翰林讀書覃思及入閣益鍊習國憲尋進　太子太保武英殿時　上方勵精召公及李謝至文華殿平臺援閣議大政公確直見事稍遲李敏達謝方質三人同心輔政故時人語曰李公謀劉公斷謝公尤侃侃云

監察御史鍾恭愍公

公諱同字世京江西永豐人進士歷仕景泰間奉庭訓踐孝友官至御史風采壁立遇事敢言忠誠義氣貫于金石以直諫死於錦衣獄年三十二天順初追贈大理寺左丞謚恭愍

吏部右侍郎葉文莊公

公諱盛字與中直隷崑山人進士歷仕正統成化間温雅簡重崇道誼尚名節言動思跂古人居家孝友莅官清慎慱學宏詞忠言遠識綽有古君子風官至吏部侍郎卒年五十五謚文莊

刑部右侍郎林公

公諱鶚字一鶚浙江太平人進士歷仕景泰成化間奉身儉薄言語甚簡好古書善楷字待下過嚴而於交游不苟合事毋極盡其孝敬世稱為篤行君子官至刑部右侍郎卒年五十四

廣東左布政使陳公

公諱選字士賢浙江臨海人進士歷仕天順成化間沉静端慤不妄言笑崇儉約振風裁名滿天下士大夫無間識不識論一時正人必僉曰陳其陳其官至廣東左布政使卒年五十八

翰林脩撰羅公

公諱倫字彝正江西永豐人進士第一慷慨樂善不疑人欺遇事無所回避有不可輒面斥人而其滂沛之文奇偉之鄉果敢之氣聞於天下仕成化間官止翰林脩撰養病山間卒

吏部右侍郎楊文懿公

公諱守陳字維新浙江鄞縣人進士歷仕景泰弘治間天性孝愛交友篤於信義居常退遜至商確義理論事是非則侃侃剛直人不敢犯官至吏部侍郎卒年六十五贈吏部尚書謚文懿

左僉都御史楊公

公諱繼宗字承芳山西陽城人進士歷仕天順弘治間好善惡惡出于天性與人不苟合人多憚其方嚴忠孝大節議論風采雖庸人孺子皆知其名官至左僉都御史卒年六十三

康齋吳先生

公諱與弼字子傳江西崇仁人收歛身心沉潛義理師道尊嚴書字奇古暇則詠物適興胷襟高邁至天文兵法陰陽易卜無不曉悉天順間徵聘至京除諭德辭 詔許還山卒年七十九

李文正公東陽像

李東陽少奇穎 景帝命入京庠天順八年舉進士調庶吉士尋充 東宮講讀官弘治二年遷左庶子以次遷至文淵閣大學士入內閣正德初 上不親政公與劉健謝遷上疏不報二年逆瑾擅權益恣暴尚寶卿崔璿御史姚祥王事張偉皆誣執荷校長安門公力救得戍邊內苑御船獵獸上疏諫止三年給事張奎御史張彧忤瑾荷校公疏救巡撫楊一淸逮繫至公又力救是夏有投匿名文書疏瑾罪者瑾怒群臣悉治獄公又力救五年又上疏四事會張永發瑾奸伏誅論功加特進左柱國

楊介夫像

楊廷和字介夫號石齋新都人十二歲舉鄉試成化戊戌進士入舘　武宗朝陞南京侍郎轉戶尚以瑾薦　特旨還京入閣又深交太監張永辛未子愼廷試第一　世宗郎位進少師歷一品俸凡十二載又進少傅尋以議禮忤旨爲民然一念忠赤可矢天日隆慶初　詔復官諡文忠

許襄毅松皐像

許進字季升號松皐河南靈寶人成化丙辰進士擢御史按山東豪事多自按問竟以章疏字訛廷杖又以公事逮獄弘治赦出進按察使擢都御史又進尚書改吏部逆瑾嫉進以署員外郎冉署郎中者爲非制謫令致仕會瑾敗復官贈太子太保諡襄毅

吳匏菴像

吳寬字原博號匏菴長洲人中式成化壬辰會試廷試俱第一　授脩撰侍讀　東宮後　孝皇即位入閣仍侍　武皇於東宮進禮部尚書　慈懿別廟之議至今以爲雄論歸里第必步行惜以持正不得柄用

王海日像

王華字德輝號海日餘姚人成化庚子領鄉薦辛丑登進士先是偶書宋朝家法遠過漢唐八事於扇及殿試命是題遂擢第一　由翰林歷陞至南京禮部尚書致仕卒年七十七子即文成公如其爵

三才圖會 人物六卷 二五

費鵞湖像

費宏字子充號鵞湖江西鉛山人十六領鄉薦成化丁未進士廷試第一年二十受修撰居官一月得封父母如巳官正德六年入閣時年四十五九年致仕十六年再召入閣在位多所匡正嘉靖六年以議禮不合去贈太保謚文憲

三才圖會 人物六卷 二六

新建伯王文成公守仁

王守仁字伯安餘姚人公少有才名弘治五年與胡世寧孫燧同舉鄉試正德初瑾亂政首抗疏乞誅 上怒杖公闕下幾死謫貴州龍場驛丞瑾誅陞南京刑部主事十一年官巡撫南贛汀漳等處十四年六月宸濠反出圖南康九江安慶反顧巢穴公迎戰樵舍縱火攻之大破賊擒宸濠內閣大臣素惡王瓊亦忌公久之不賞嘉靖初 詔録公封封新建伯雖 賜爵號竟不與鐵劵歲祿 至隆慶初始復

文衡山像

文衡山諱壁字徵明後更字徵仲長洲人書翰繪畫咸精其能尤熟於國家典故巡撫李克嗣薦於朝尋以邑弟子克貢爲翰林院待詔供奉二年輒引疾而去年九十八而卒門人私謚爲貞獻先生

徐文貞公像

徐文貞諱階字子升號存齋嘉靖癸未進士及第官拜翰林編修執政張孚敬議毀聖像上疏力排 世廟震怒遽有延平之謫尋 命兩淛江西督學未幾以洗馬召還 聖眷日隆後與分宜同立朝嵩子世蕃怙寵專恣政以賄成後嵩父子敗裂始得柄政一洗貪墨風 世廟晚好長生深居西內方士進藥勿効忽欲 幸興都採藥公疏力援不聽召入公見 天顏凋落長跽不言惟雙淚交頤 上覺中止至大漸復召公入呼曰階視我面公仰視伏地大慟 上方決策定儲中外寂然安堵 穆宗御極天下

更新實救時之賢相也已而新鄭交惡乖相歸家享年八十　上遣存問又一年而終祭葬如禮謚文貞子孫受蔭凡十一人所著有世經堂集傳世公初在翰林日誦三還之語以威福還主上以政事還諸司以賞罰還公論保身完名豈無自耶三子曰璠曰琨曰瑛皆官至正卿長孫曰元春萬曆甲戌進士官亦至太常正卿子孫繁盛莫非公之餘庇也

海忠介像

海瑞號剛峯廣東瓊州瓊山縣人以鄉舉選閩中教授與僚寀約我輩教育諸生與郡侯有主賓之道謁見無跪禮明日入郡堂兩齋不覺屈膝公屹然拱立時有海筆架之謠尋陞嚴之淳安令有惠政陞戶部主事疏陳　世宗失父子君臣夫婦之倫及齋醮諸闕政忤　旨下獄擬坐極刑　隆慶改元以恤録例復原職再轉通政以僉都御史巡撫南畿首詢民患在淞江湮塞且時值大侵饑民告急上疏請以賑濟米穀及導河夫銀與各院贖鍰開濬吳淞令民赴工就食　命下不三月而大工報竣民以為神先

是民間有謠曰要開吳淞江須是海龍王至是王其議者忠介而委任責成者蘇州龍節推松江黃二府適符其讖云公之初涖也令小民有售產不明者許直于官奸民不體此意妄以遠年交易起訟名曰加嘆有司奉行太過盛開告訐之門致民間有耕肥田不如告瘦狀之謠言官風聞劾罷尋復起爲南操院擢吏部亞卿竟以人言予告卒于家謚曰忠介

道統總圖

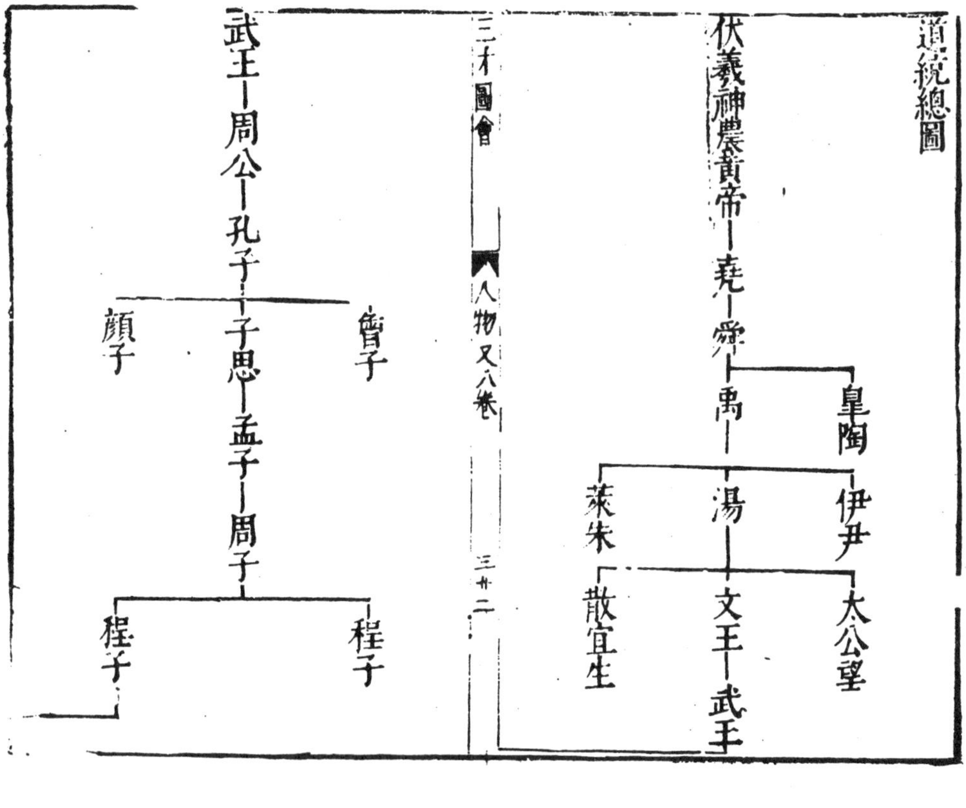

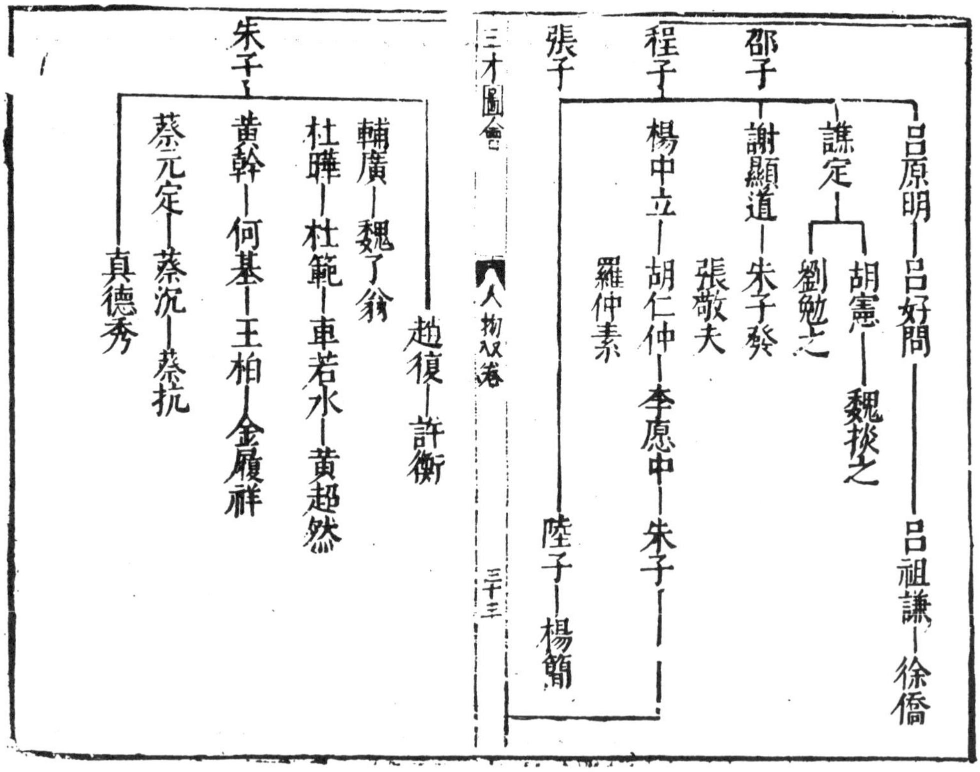

邵子

程子—呂原明—呂好問—呂祖謙—徐僑
程子—譙定—胡憲—魏掞之
程子—譙定—劉勉之
程子—謝顯道—朱子發
程子—張敬夫
程子—楊中立—胡仁仲—李愿中—朱子
程子—羅仲素

張子—陸子—楊簡

朱子—黃榦—何基—王柏—金履祥
朱子—蔡元定—蔡沈—蔡抗
朱子—真德秀
朱子—輔廣—魏了翁
朱子—杜㬢—杜範—車若水—黃超然
朱子—趙復—許衡

右自伏羲以至周公皆以繼聖開先之統自孔子曾子子思至於孟子雖不在其位然獨以其道繫千古之脉故繼三王之後孟氏没千四百年惟河南程氏學爲得其傳程氏之後蓋鮮其人閒一有之依傍揣度區區於訓釋經文見之未真言之未絶未敢遽謂能傳道也然而無有乎爾則亦無有乎爾余故俱列之于圖

傳經圖說

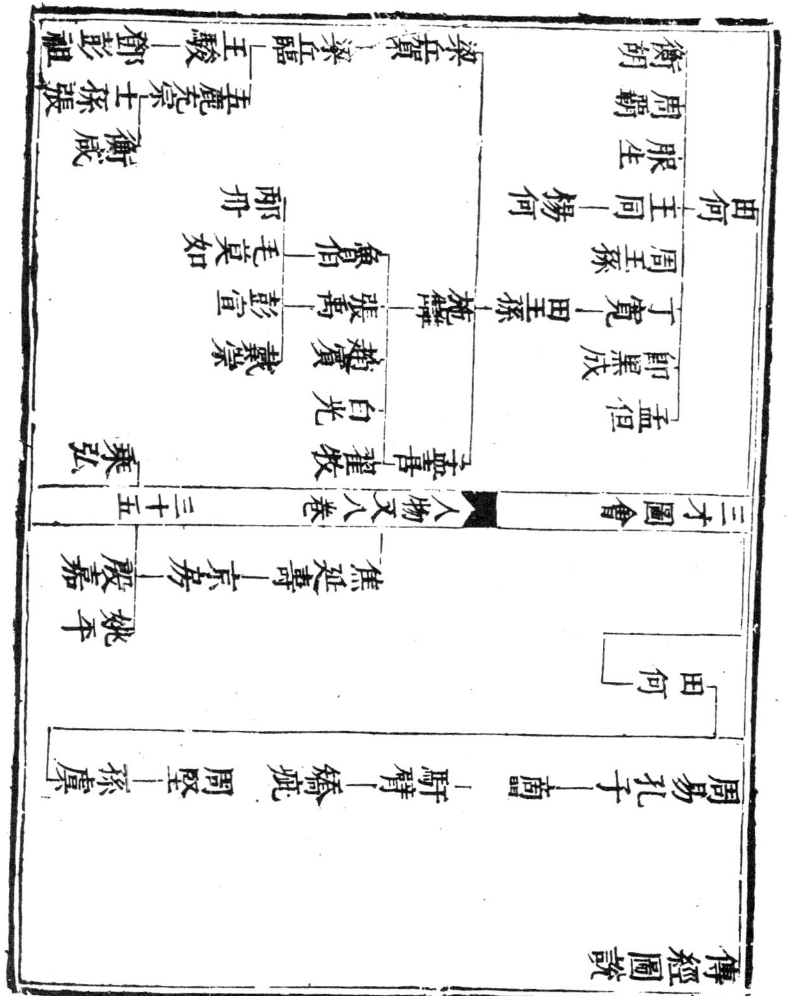

易更三聖謂伏羲文王孔子世歷三古謂伏羲為上古文王為中古孔子為下古而商瞿者孔門七十弟子列也授經為直其傳自魯燕東武以至于齊田何何故齊王族也漢初例徙關中于是易入中朝自何以上源出於一自何以下流分為四而施孟梁京之學立矣房或一云楊何弟子或一云受易焦延壽或一云房門人為梁丘賀然房之學大抵從焦焦嘗從孟喜孟氏四家之外又有高費二家之學高相授毋將永費貢直授王璜皆自無師傳專言災異相自言出于丁寬石

渠之議梁丘得立博士光武初始立四家博士戴賓劉昆為施氏注丹安任鮭陽鴻為孟氏范升楊政張興為梁丘氏戴憑滿孫期為京氏劉向以中古文易經校施孟梁丘經或脫去無咎悔亡惟費氏經與古文同且後又有馬融荀爽鄭玄劉表虞翻陸績王弼之屬漢志易有十三家唐七十六家宋一百四十家皆周易也連山易已亡周劉炫作偽易十卷歸藏易十三篇隋時始出僅存三篇皆無師傳　皇明惟宋子本義列于學官而　成祖命儒臣纂脩易經大

全行于世

尚書伏生
- 歐陽和伯—倪寬—歐陽生—某—歐陽高
- 張生—夏侯都尉—夏侯昌—夏侯勝

歐陽高
- 歐陽地餘
  - 歐陽歙
    - 曹曾—曹祉
    - 禮震
    - 陳弇—丁鴻
  - 歐陽政
- 林尊
  - 平常
    - 朱普
    - 鮑宣
  - 陳翁生
    - 殷崇
    - 龔勝

夏侯建—張山拊
- 假倉
- 秦恭—馮賓
- 鄭寬中—趙玄
- 李尋
- 張無故—唐尊

夏侯勝—周堪
- 許商
  - 唐林
  - 炔欽
  - 吳章
  - 牟卿
  - 王吉
- 孔霸—孔光

書纂自孔子上斷于堯下訖于秦秦燔書禁學濟南伏生獨壁藏之漢興亡失求得二十九篇以敎齊魯之間訖孝宣世有歐陽大小夏侯氏立于學官然歐陽氏八世傳業至光武時歙學大行門生千人又爲司徒封侯其書亦遂立為傳士東京牟長宋登桓榮爲歐陽氏牟融張訓爲大夏侯氏王良為小夏侯氏其後三家皆亡于永嘉之亂而古文之書始行于六朝伏書二十八篇孔書五十八篇朱子曰嘗疑孔書是假書漢志尚書九家唐志二十五家宋志四十

三家　皇明惟尚書蔡沈註列于學官而　成祖命
儒臣纂脩書經大全行于世

古文尚書孔安國—都尉朝—庸譚—胡常—徐敖—王璜
塗惲
桑欽

古文尚書者出孔子壁中漢武帝末魯共王壞孔子宅欲以廣其宮而得古文尚書及禮記論語孝經凡數十篇皆古字也共王往入其宅聞鼓琴瑟鍾磬之音于是懼乃止孔安國得其書獻之劉向以中古文校歐陽大小夏侯三家經文酒誥脫簡二文字異者七百餘脫字數十惜其晚出不獲列于學官東京杜林最好之賈逵馬融鄭玄之屬為作訓解然石經卒從伏氏晉鄭沖又好之以授蘇愉愉授梁柳柳授臧曹曹授梅賾為豫章內史上其書而有缺典至隋始備蔡大寶劉炫之屬皆宗之而孔學大行然姚方興所上舜典多二十八字識者終不能無疑焉西漢又有東萊書百二篇亦僞書平當周敞皆經師共勸留之不能得二子之留豈非以中書所校者乃伏氏之書不可盡據歟然其篇目有九恭典寶原命肆命與書序相照豈亦有可留者不得以樊並之故而廢之宋元豐中唐州民家得三墳書晁公武云亦僞書

齊詩　轅固生　夏侯始昌—后倉　匡衡　满昌　張邯
翼奉　師丹—皮容
蕭望之　伏理

魯詩—浮丘伯—申公
申公—闕門慶忌
申公—趙綰
申公—王臧
申公—瑕丘江公—韋賢—韋玄成
韋賢—韋賞
申公—徐公—王式—唐長賓
王式—張長安
王式—褚少孫
王式—薛廣德
申公—孔安國

張長安—張遊卿—許晏
張遊卿—王扶
薛廣德—龔舍

韓詩—韓嬰—賁生
韓嬰—趙子—蔡誼—食子公—栗豐—張就
蔡誼—王吉—長孫順—髮福

毛詩—卜子夏—申公—毛亨—毛萇—貫長卿
貫長卿—解延年
徐敖—陳俠

古有采詩之官王者所以觀風俗知得失自考正也孔子純取周詩上采殷下取魯凡三百五篇遭秦而全者以其諷誦不獨在竹帛故也漢世言詩者四家齊轅固生傳伏恭任末爲齊詩魯申公傳包咸高詡魏應爲魯詩燕韓嬰傳薛漢召馴澹臺敬伯爲韓詩荀卿授魯國毛亨毛萇傳謝曼卿衛宏賈逵鄭衆馬融鄭玄爲毛詩宏作小序時人謂亨爲大毛公萇爲小毛公齊魯韓三家並立于學官毛詩至漢平始得立齊詩亡於曹衛魯詩亡於西晉韓詩內傳亡于隋

三詩既亡而毛傳獨行葢大毛公之詩得之申公申公得之子夏其說多合于金縢儀禮國語孟子諸書自漢晉以至唐宋皆用其說至鄭樵作毛詩辨妄始以己意解之朱子集註乃多主鄭玄鄭玄有詩譜歐陽公有詩圖皆爲十四圖世次而作漢志詩六家唐志二十五家宋志五十三家　皇明設學造士專主朱子集傳而諸家之學止備參考　成祖命儒臣纂修詩經大全行于世

公羊傳

子夏—公羊高—公羊平—公羊地—公羊敢—公羊壽

公羊壽

董仲舒—褚大

胡毋子都—嬴公—眭孟—顏安樂—泠豐—馬宮

段仲溫

呂步舒—孟卿—疏廣—筦路—孫寶

公孫弘

任公

劉向

王彦

嚴彭祖—王仲—東門雲

公孫文

貢禹—堂谿惠—冥都

左傳

左丘明—曾申—吳起—吳期—鐸椒—虞卿

孫卿—張倉—賈誼—貫公—張禹—尹更始

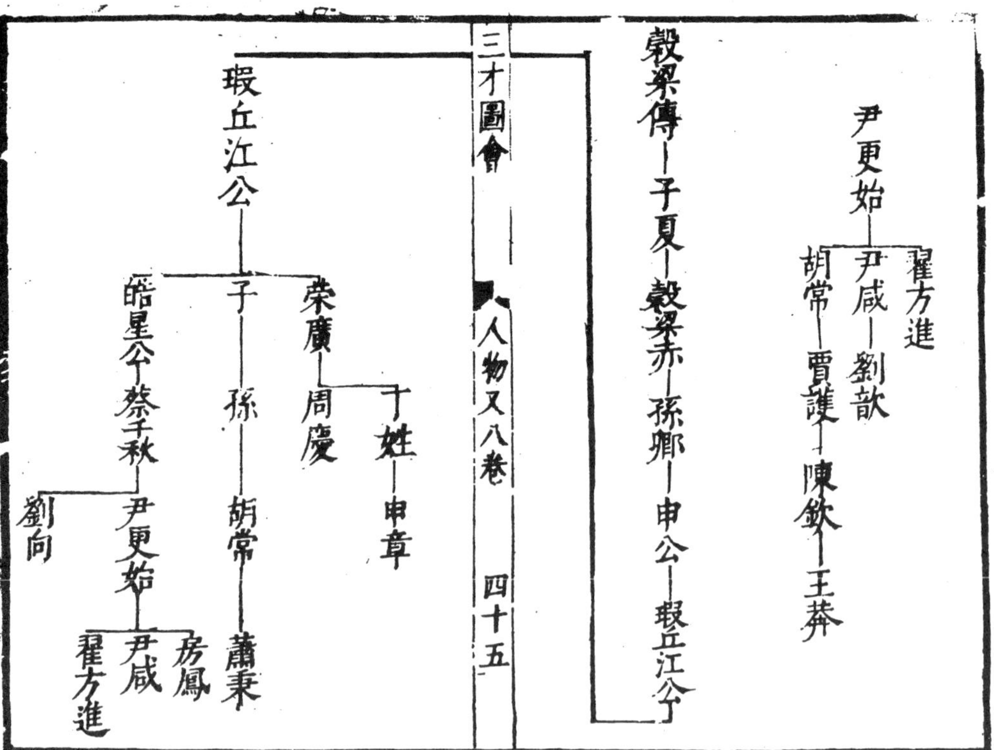

古之王者世有史官君舉必書所以愼言行昭法戒也　史記言右史記事事為春秋言為尚書周室既微載籍殘缺仲尼思存前聖之業以魯周公之國史官有法又使子夏等十四人求周史記得百二十國寶書與左丘明據行事仍人道因興以立功就敗以成罰假日月以定歷數籍朝聘以正禮樂作為春秋又以書義有所褒諱貶損不可顯書口授弟子弟子退而異言丘明恐人執所見以失其實因據時事而作傳明夫子不以空言說經也及末世口說流行故

有公羊穀梁鄒夾之傳四家之中惟公羊穀梁立于學官余讀子夏喪服傳乃知公穀之文有所本焉三傳之行公羊獨盛蓋董仲舒公孫弘以春秋顯其後顔嚴二氏之學益廣武帝為之別立顔嚴二博士唐玄宗所謂學開五傳者也穀梁之傳甚寡惟戾太子好之宣帝為立博士亦故劒之意也卒不著東漢謝該穎容為左氏張玄為顔氏丁恭周澤為嚴氏又有李育何休盛推公羊為作墨守而穀梁寖微矣歷漢魏西晉至南渡始得范武子漢志春秋二十二家唐

志六十六家宋志一百二十九家　皇明惟春秋胡安國傳列于學官而　成祖命儒臣纂修春秋大全行于世

禮

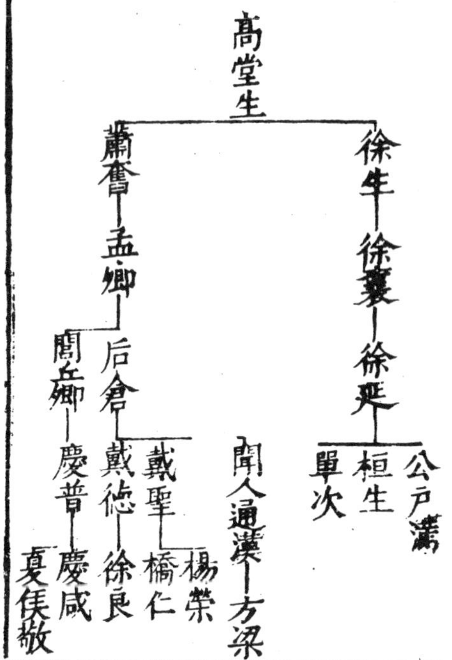

帝王質文世有損益至周曲爲之防事為之制周衰諸侯將踰法度惡其害己滅去其籍漢興魯高堂生傳士禮十七篇訖于孝宣之世后倉最明戴德戴聖慶普皆其弟子三家立于學官禮古經出于魯淹中高堂生蕭奮孟卿后倉二戴所傳儀禮也戴德傳記八十五篇大戴禮也戴聖傳禮四十九篇今禮記也西漢慶氏與二戴並行東漢止立二戴博士後惟曹褒父子宗慶氏學漢末鄭玄好小戴記為之注通儀禮周官為三禮云漢志禮十三家唐志六十九家宋志六十四家

樂記雜于禮記中凡六家漢興制氏以雅樂聲律世在樂官頗能記其鏗鏘鼓舞而不能言其義武帝時河間獻王好儒與毛生等共采周官及諸子言樂事者以作樂記與制氏不相遠　皇明惟陳澔禮記註列于學官而　成祖命儒臣纂修禮記大全行于世

周禮　劉向　劉歆　杜子春

鄭興—鄭衆

賈逵—馬融—鄭玄

秦用商鞅法政尚酷烈與周官相反故捜禁焚燒獨悉至漢孝武開獻書之路是書雖出入于秘府五家之儒莫得而見故不立博士成帝詔劉向校録經傳子歆繼之知周禮爲周公致太平之迹始得列序著于録畧而里人河南緱氏杜子春年且九十能通其說鄭興與子衆及賈逵往受業馬由是議即衛次仲南郡太守馬季良皆著周禮解詁乃林孝存曰武帝知周官末世瀆亂不驗之書故作十論七難以排棄之何休亦以爲六國陰謀之書唯鄭玄徧覽群經以爲經世大法具載周禮故能荅林碩之論綱羅衆家爲之條註陸德明爲之釋文唐賈公彦爲之疏而後周禮大行于世

翼奉

江翁

孝經　顏芝　顏貞　長孫氏

后倉

張禹

按孝經自魯恭王得之孔壁皆蝌斗書人無識者孔安國以今文考定書之竹簡唐玄宗自註詔元澹爲疏始立于學官有顏經十八章孔安國傳二十二章劉向從顏氏

齊論語 二十五篇有問王知道二篇

庸譚　王卿　王吉　張禹

魯論語二十篇
常賢—常玄成
夏侯勝—蕭望之
夏侯建—張禹

古論語二十一篇分堯曰子張問為二篇　孔安國　扶卿

按王充云武帝得論語于孔壁中皆名曰傳孔安國以古論教晉人扶卿始曰論語漢安昌侯張禹受魯論于夏侯建又從王吉受齊論擇善而從號曰張侯論禹以授成帝後漢包咸周氏並為章句列于學官古論惟孔安國為之訓解而世不傳漢末鄭玄以張侯論為本參考齊論古論而為之注魏何晏又為集解梁陳時惟鄭何立于國學　皇明惟朱氏論語集註列于學官而　成祖命儒臣纂修論語大全行于世

大學
中庸—戴聖—程顥
程頤—朱熹

學庸二書漢小戴輯入禮記四十九篇之中孝宣立小戴禮而二書巳列于學官至宋二程氏又表章之宋孝宗淳熙中朱熹既集註論孟又取大學中庸為之章句或問通稱為四書寧宗嘉定四年國子司業劉爚奏刊朱子四書于太學由是四書之傳大行于世　皇明亦惟朱子學庸章句列于學官與　成祖命儒臣纂修大學中庸大全並行

孟子
陸善經註七篇
趙岐註十四篇　孫奭疏
丁公著音釋

孟子前史皆在儒家趙岐陸善經為之註張鎰丁公著為之音釋至宋始列于經而孫奭為之疏孟子有書四篇性善辯文說孝經為政趙岐云僞書也漢

文帝嘗置孟子博士其後王充馮休李遘司馬公林慎思鄭原叔之徒與孟子異者凡六家故世儒又有翼孟尊孟書　皇明惟朱子所註孟子書列于學官而　成祖命儒臣纂修孟子大全行于世

爾雅—周公—孔子—子夏—叔孫通—梁文—郭璞、樊光、劉歆、孫炎

爾雅舊附孝經六書爲小學之書隋經籍志以附論語類至唐陸德明始以爲周公之書列于經趙岐云孝文嘗立爾雅博士然史漢無徵焉嘗考之前代小學十家古者八歲入小學故保氏掌教國子教之六書謂象形指事會意諧聲轉注假借造字之本也漢興蕭何草律亦著其法曰太史試學以六體試之六體者古文奇字篆書隸書繆篆蟲書皆所以知古今文字摹印章書幡信也古例書必同文不知則闕問諸故老至于衰世是非無証人用其私　皇明太祖輯洪武正韻一書頒行天下令科試行移一以是書爲準

已上諸經傳受圖悉本先儒所論著及歷代立之學官掌之博士與儒生共肄習者乃敢叙述其姓氏說畧以備後學攷訂

三才圖會

雲間 王圻 元翰父 編集
男 思義 校正

人物九卷

釋家宗派授受圖畧　釋迦牟尼佛圖
三十三祖圖　布袋和尚圖
十八羅漢尊者圖

釋迦宗派授受圖畧

優羅陀　懿師摩　大善生王　瞿羅　尼浮羅　師子頰

淨飯王　斛飯王　甘露飯王　白飯王

釋迦文佛　難陀尊者　阿難尊者

摩訶男　阿那律　䟦提尊者　提沙尊者　甘露味女

一祖摩訶迦葉尊者　二祖阿難尊者
三祖商那和修尊者　四祖優波毱多尊者
五祖提多迦尊者　六祖彌遮迦尊者
七祖婆須蜜尊者　八祖佛陀難提尊者
九祖伏馱蜜多尊者　十祖脇尊者
十一祖富那夜奢尊者　十二祖馬鳴大士
十三祖迦毘羅大士　十四祖龍樹大士
十五祖迦那提婆大士　十六祖羅睺羅多大士
十七祖僧伽難提大士　十八祖伽耶舍多大士
十九祖鳩摩羅多大士　二十祖闍夜多大士
二十一祖婆修盤頭大士　二十二祖摩拏羅大士

二十二祖鶴勒那大士　二十四祖師子尊者

二十五祖婆舍斯多尊者　二十六祖不如密多尊者

二十七祖般若多羅尊者　二十八祖菩提達磨尊者

二十九祖慧可尊者東土二祖　三十祖僧粲尊者東土三祖

三十一祖道信尊者東土四祖　三十二祖弘忍尊者東土五祖

三十三祖慧能尊者東土六祖

釋迦牟尼佛

釋迦牟尼佛姓刹利初生時放大智光明照十方世界地湧金蓮華自然捧雙足分手指天地作獅子吼聲卽周昭王二十四年四月八日也年十九出家檀特山中修道至穆王三年明星出時成佛號天人師時年三十矣旣而於鹿野苑中轉四諦法輪而論道說法住世四十九年後以清淨正法付弟子摩訶迦葉授以偈言云法本法無法無法法亦法今付無法時法法何曾法爾時至拘尸那城娑羅雙樹下右脇累足泊然宴寂時穆王五十二年二月十五日

一祖摩訶迦葉尊者

摩訶迦葉尊者姓婆羅門先是四衆爲毘婆尸佛起塔塔中像面金色缺壞時有貧女將金珠往金師所爲飾佛面因共發願願我二人爲無姻夫妻由是因緣九十一劫身皆金色後生中天摩竭陀國婆羅門家名曰迦葉彼此云飲光勝尊葢以金色爲號也繇是志求出家冀度諸有受清淨法眼於世尊嘗結集於耆闍崛山賓鉢羅國因阿那比丘多聞總持有大智慧乃以偈授之法法本來法無法無非法何於一法中有法有不法說偈已乃持僧伽梨衣入雞足山俟慈氏下生時周孝王五年

二祖阿難尊者

二祖阿難尊者王舍城人也姓刹帝利白飯王之子釋迦如來之從弟姓名阿難陀此云慶喜亦名歡喜投佛出家多聞博達智慧無礙世尊乃命爲侍者至是垂入涅槃至殑伽河五百羅漢自空而下中有二羅漢一曰商那和修一曰末底迦尊者知其皆大法器而命之曰昔如來以正法眼藏付大迦葉入定而付於我我今將滅用傳汝等當聽偈言本來付有法付了言無法各各須自悟悟了無無法已而尊者踊身虛空現十八變入風奮迅三昧而滅各分舍利起寶塔供養之此周夷王之世也

三祖商那和修尊者

商那和修尊者姓毘舍多在胎六年而生先是如來行化至摩空羅國見一青林枝葉茂盛語阿難曰此地百年後當有比丘善人於此轉妙法輪後百年果誕和修出家證道一日遊吒利國得優婆毱多以爲給侍因問曰汝年幾耶答曰我年十七師曰汝身十七性十七耶答曰師髮已白爲髮白耶爲心白耶師曰我但髮白非心白也答曰我身十七非性十七也師知是法器遂以偈授云非法亦非心無心亦無法說是心法時是法非心法後乃化火光三昧用焚其身時宣王二十三年也

四祖優波毱多尊者

優波毱多尊者姓首陀十七出家二十證果竭其魔力以害法一日伺尊者入定密持瓔珞縻之於頸及尊者出定乃取人狗蛇三屍化爲花鬘曰汝與我瓔珞吾以花鬘相酧波旬引頸受之即變爲三種臭屍竭巳神力不能解脫尊者曰汝可歸依三寶魔王合掌三唱花鬘悉除尊者在世化導最多每度一人以一籌置于石室其室盡皆充滿以偈授香衆云心自本來心本心非有法有法有本心非心非本法說已乃踊身虛空呈十八變然後跏趺而逝時平王三十一年

五祖提多迦尊者

五祖提多迦尊者摩伽陀國人也未詳其姓初名香衆梵語提多迦初從毱多尊者求出家毱多曰汝身出家心出家耶香衆曰我來出家非為身心毱多喜即為剃落受具足戒行化至中印度有大仙者八千人首曰彌遮迦帥衆詣尊者求出家尊者曰昔如來以大法眼密付大迦葉展轉至於我我今付汝遂宣偈曰通達本心法無法無非法悟了同未悟無心亦無法偈已尊者起身太虛作十八變用火光三昧而自焚之收其舍利建塔供養此周莊王之世也

六祖彌遮迦尊者

六祖彌遮迦尊者中印度人也未詳姓氏一日至北天竺國市中一人持酒器迎祖曰尊者識我手中物否祖曰此是觸器而負淨者祖曰汝可自道姓氏其人遂說偈曰我今生此國復憶昔時日本姓頗羅墮名字婆須密遂攝受為其剃度以圓戒德壽命之曰我將般涅槃如來正法眼藏今以付汝聽我偈曰無心無可得說得不名法若了心非心始解心心法偈已尊者即入獅子奮迅三昧騰身太虛高七多羅木却復本座化火自焚婆須密收靈骨舍利以七寶函貯之建塔供養此周襄王之世也

婆須密尊者

三才圖會　人物九卷　十一

婆須密尊者姓頗羅墮常服淨衣執酒器游行里閈或行或嘯人謂之狂及遇彌遮迦尊者宣如來往誌遂投器出家授法行化至迦摩羅國遇一智者自稱我名佛佗難提今與師論義師曰仁者論即不義義即不論若擬論義終非義論難提欽伏即曰我願求道沾甘露味師遂授以如來正法乃說偈曰心同虛空界示等虛空法證得虛空時無是非無法說已即入慈心三昧示涅槃相時定王十九年

佛陀難提尊者

三才圖會　人物九卷　十二

佛陀難提尊者姓瞿曇氏頂有肉髻辯捷無礙行化至提伽國城毘舍羅家遇一長者出致禮問何所須尊者曰我求侍者曰我有一子名伏馱蜜多年已五十口未能言足未能履尊者曰此子昔曾遇佛悲願廣大慮父母愛情難捨故不言不履耳其子聞言遽起禮拜長者乃令受戒出家師因以如來正法囑令行持且授偈云虛空無內外心法亦如此若了虛空故是達眞如理說已即現神變却復本座儼然寂即景王十二年

伏䭾密多尊者

伏䭾密多尊者姓毘舍羅既受佛陀難提付囑遂至中印度行化時有長者香蓋攜一子來禮尊者曰此子處胎六十年因號難生曾會一仙者謂此兒當爲法器今遇尊者欲令出家尊者即與落髮受戒羯磨之際祥光滿座仍感舍利三五粒現前自此精進忘疲師乃付以如來正法眼藏且授偈曰眞理本無名因名顯眞理受得眞實法無眞亦無僞付法畢即入滅盡三昧衆以香油旃檀闍維眞體收舍利建塔於那爛陀寺即敬王三十五年也

脇尊者

脇尊者本名難生從伏䭾密多尊者執侍左右未嘗睡眠謂脇不至席遂號脇尊者尊者初將誕時父夢一白象背有寶座座上安一明珠從門而入光照四衆既覺遂生後受法行化至華氏國憩一樹下時有長者一子名富那夜奢合掌前立尊者問汝從何來答曰我心非往尊者曰汝何處住答曰我心非止尊者曰汝不定耶曰諸佛亦然尊者曰汝非諸佛曰諸佛亦　非尊者乃曰汝來大法眼藏今付於汝授偈曰眞體自然眞因眞說有理領得眞眞法無行亦無止付法訖即入涅槃化火自焚時貞王二十二年

十一祖富那夜奢尊者華氏國人也姓瞿曇氏父寶身既得法於脇尊者至波羅奈國有馬鳴大士皈依求度祖謂衆曰此大士者昔爲毘舍利國王其國有一類人如馬裸露王運神遍分身爲蠶彼乃得衣後復生中印度馬人感戀悲鳴因號馬鳴祖因謂大士曰如來記云吾滅度後六百年當有賢者馬鳴於波羅奈國摧伏異道度人無量繼吾傳化今正是時卽告之曰如來大法眼藏今付於汝聽吾偈曰迷悟如隱顯明暗不相離今付隱顯法非一亦非一付法已卽現神變湛然圓寂建寶塔以葬此周安王之世

馬鳴尊者旣受法於夜奢尊者有魔來與校力空中忽現一大金龍奮發威神震動山岳師儼然於坐魔事隨滅經七日有一小蟲潛形坐下師曰此乃魔所變盜聽吾法耳告之曰汝皈依三寶卽得神通魔遂復本形作禮懺悔師曰汝名誰耶有何神力答曰我名迦毘摩羅能化巨海師曰汝能性海否曰何謂性海師曰山河大地三昧六神皆由茲發現迦毘摩羅聞言悟心遂求剃度師乃示偈云隱顯卽本法明暗元無二今付悟了法非取亦非離偈已卽挺身空中如日輪相然後示滅卽顯王三十七年

迦毘摩羅尊者於馬鳴尊者得法至西印度國城北大山一石室逢一大蟒盤繞師身師因與受三皈依蟒聽訖而去將至石室遇一老人我昔爲比丘因自起嗔根墮爲蟒身適聞尊者法戒故來謝耳有大樹蔭覆五百龍衆其樹王名曰龍樹嘗爲龍衆說法見尊者黙念曰此師得決定性明道眼否是大聖繼眞乘否師曰但辨出家何憂不聖因授以偈云非隱非顯法說是眞實際悟此隱顯法非愚亦非智付法已即現神變化火焚身時赧王四十一年

龍樹尊者受法於毘羅尊者後至南印度聞尊者說法私相謂曰徒言佛性誰能見之尊者乃於地上湧出白蓮座現自在身如滿月輪有一長者子名迦那提婆謂衆曰識此相否此是尊者現佛性體相以示我等益以無相三昧形如滿月佛性之義廓然虛明言訖輪相即隱彼衆感悟咸願出家尊者即爲剃髮授戒最後乃告弟子迦那提婆曰如來大法今當付汝聽吾偈言爲明隱顯法方說解脫理於法心不證無嗔亦無喜付法已即入月輪三昧凝然圓寂時始皇三十五年也

十五祖迦那提婆大士

三才圖會　人物九卷　十九

十五祖迦那提婆大士南天竺國人也姓毘舍羅謁龍樹龍樹先以滿鉢盛水置座前提婆以一針投之欣然契會至迦毘羅國有長者曰梵摩淨德園樹生耳如菌隨取隨長長者問菌所自祖曰汝家曾供養一比丘道眼不明虛霑信施報爲木菌乃說偈曰入道不通理復身還信施汝年八十一其樹不生耳長者年八十一樹果不生菌長者捨第二子羅睺羅多隨祖出家付以偈曰本對傳法人爲說解脫理於法實無證無終亦無始已而入奮迅三昧而趣寂滅衆興塔瘞焉此漢文帝之世也

羅睺羅多尊者

三才圖會　人物九卷　二十

羅睺羅多尊者授法於迦那提婆尊者行化至室羅筏城有河名曰金水中流忽見五佛影泝流而上見僧伽難提安坐入定尊者問曰汝身定耶心定耶曰身心俱定尊者曰身心俱定何有出入曰雖有出入不失定相難提心意豁然即求度脫尊者曰汝心自在非我所繫語已即付法眼偈云於法實無證不取亦不離法非有無相內外云何起說偈後宴坐歸寂即漢武帝二十八年也

僧迦難提尊者

三才圖會　人物九卷　二十一

僧迦難提尊者室羅筏城國王子也生而能言七歲卽厭樂事懇求出家乃命禪利多爲之師一夕天光下屬尊者見一路坦平不覺徐行約十里許至一大岩前有石窟焉遂燕寂於中經十年行化至摩提國見山舍一童子持圓鑑直造尊者前尊者曰汝手中鑑當何所表曰諸佛大圓鑑內外無瑕翳兩人同得見心眼皆相似尊者曰繼吾道者非子而誰卽付法偈云心法本無生因地從緣起緣種不相妨華果亦復爾說偈已卽攀樹而化時漢昭帝十三年

伽耶舍多尊者

三才圖會　人物九卷　二十二

伽耶舍多尊者姓欝頭藍初其母夢大神持鑑因而有娠凡七日而誕肌體瑩若琉璃未嘗洗沐自然香潔幼好淸淨嘗持鑑出遊遇難提尊者得度領徒至大月氏國見婆羅門舍有異氣尊者直入舍王鳩摩羅多問是何徒衆尊者曰是佛弟子羅多聞佛號心神竦然卽時閉戶尊者自扣其門羅多曰此舍無人尊者曰答無者誰羅多知是異人遂開關延接尊者因授法說偈云有種有心地因緣能發萌於緣不相礙當生生不生付法已湧身虛空化火光三昧自焚其身時漢成帝二十年

鳩摩羅多尊者

鳩摩羅多尊者婆羅門之子得道行化至中天竺國闍夜多問曰我家素信三寶而嘗縈疾瘵鄰家久爲旃陀羅行而身常勇健彼何幸而我何辜尊者曰善惡之報有三時焉縱經百千萬劫亦不磨滅夜多聞語乃釋所疑尊者曰汝雖已信三業而未明業從惑生惑因識有識從心起心本清淨無生滅無造作無報應一切善惡有爲無爲皆如夢幻夜多領旨懇求出家尊者乃授偈曰性上本無生爲對求人說於法既無得何懷決不決言訖即以指爪而如蓮花放出大光明而入寂滅時新室十四年也

闍夜多尊者

闍夜多尊者北天竺國人智慧淵沖化導無量婆修盤頭尊者將欲度之乃問彼衆曰此徧行頭陀可得佛道乎苦行歷於塵劫皆虛妄之本耳衆曰尊者蘊何德行而譏我師尊者曰我不求道亦不顛倒我不禮佛亦不輕慢我不知足亦不貪欲心無所希名之曰道時徧行聞言歡喜讚歎尊者曰汝久植衆德當繼吾宗聽吾偈言言下合無生同於法界性若能如是解通達事理竟付法已即奄然歸寂時後漢明帝十七年

二十一祖婆脩盤頭大士羅閱國人也姓毘舍法父光蓋母嚴一年十一禮光度羅漢出家受戒尋遇闍夜多大士激發大慧乃得付法行化至那提國彼國王名常自在王有次子名摩拏羅王捨出家祖曰善哉大王能捨其子即與授具付法偈曰泡幻同無礙如何不了悟達法在其中非今亦非古祖付法已涌身高半由旬屹然而住四衆瞻仰虔請復座跏趺而逝荼毘得舍利建塔此後漢安帝之世也

二十二祖摩拏羅大士那提國常自在王之子年三十遇婆修大士出家西印度王見一小塔衆莫能舉祖曰此阿育王所造佛舍利塔也四面示相皆是釋迦世尊宿世修道之跡今王有緣故出現耳言已舉之祖往月氏國鶴勒那問祖曰我有何緣鶴衆隨我祖曰汝昔赴會龍宮汝弟子衆隨從福薄德微墮於羽族今已五劫轉受鶴身曰以何方便令彼解脫祖說偈曰心隨萬境轉轉處實能幽隨流認得性無喜亦無憂鶴衆聞偈飛鳴而去祖跏趺而寂鶴勒那闍維之斂舍利起塔供養此後漢桓帝之世也

鶴勒那尊者

鶴勒那尊者姓婆羅門年七歲遊行聚落覩民間淫祠叱之曰汝妄興禍福幻惑斯民傷害實多言訖廟貌忽然頽壞化空中印度尊者爲説正法次忽見二人緋衣來拜尊者曰此是日月天子吾昔曾爲説法故來謝耳時有師子歸依尊者而問曰我欲求道當何用心尊者曰無所用心曰既無用心誰作佛事尊者曰汝若有用即非汝心汝若無作即是佛事師子聞言領悟尊者乃以法眼付囑護持且授偈云認得心性時可説不思議了了無可得得時説知言訖現十八變而歸寂

師子比丘尊者

師子比丘尊者姓婆羅門有波利迦者本習禪定來謁尊者尊者曰仁者習定胡當來此既至於此胡云習定迦利聞言屈服尊者方求法嗣有長者引一子來問曰此子名斯多當生便拳左手迄長未舒願尊者示其宿因尊者即以手接曰可還我珠童子遽開手奉珠衆皆驚異長者遂捨其子出家尊者即與受具且示偈云正説知見時知見俱是心當心即知見知見即在今説偈畢乃以僧伽梨衣密付斯多宴然而寂時魏齊王二十七年

二十五祖婆舍斯多尊者罽賓國人也姓婆羅門父寂行母常安樂勝冠從師子尊者出家至中天竺國其王曰迦勝問曰此苑有泉熱不可探願爲决之祖曰此爲湯泉有三緣所致其一神業其二鬼業其三熱石王曰孝尊者驗之三緣此果何者而致之尊者曰此神業所致也即命爇香臨水爲其懺悔須臾瀕水現一長人禮尊者曰我有微祐得遇尊者即生人中故來辭耳已而遂隱後七日其水果清冷如常泉後現于神變化三昧火自焚其身德勝王收浮圖而秘之時東晉明帝之世

二十六祖不如蜜多尊者南印度天德王第二子名不如蜜多從婆舍斯多出家於王宮受具羯磨之際天地震動婆舍斯多曰吾安可久留汝當善護正法眼藏普濟羣有聽吾偈曰聖人說知見當境無非是我今悟眞性無道亦無理初婆舍斯多受師子比丘法衣不如蜜多聞偈已啓曰法衣宜傳授耶曰此衣爲難故假以爲證汝身無難何假其衣化被十方人自信向後示寂滅闍維之夕舍利無數

般若多羅尊者

般若多羅尊者東印度人行化至南印度彼國王施以無價寶珠問曰此珠圓明有能及否菩提多羅曰此是世寶未足爲上於諸寶中法寶爲上此是世光未足爲上於諸光中智光爲上若明是寶寶不自寶若辯是珠珠不自珠尊者歎其辯慧乃復問曰於諸物中何物無相曰於諸物中不起無相尊者乃以如來正法眼囑付且示一偈云心地生諸種因事復生理果滿菩提圓華開世界起付法已卽於座上舒左右手各放光明二十七道化火自焚舍利如雨時宋孝武帝大明元年

菩提達磨尊者

菩提達磨尊者姓刹利帝本名菩提多那後遇般若多羅尊者改號達磨演化本國遠近學者靡然向風時値異見王輕毀三寶師爲王懺悔前非王因泣謝師訓欽崇三寶一日師念行化時至汎重溟凡三週寒暑達於南海實梁普通八年也帝問如何是眞功德師曰淨智妙圓體自空寂如是功德不以世求師知機不契合潛回江北寓止於嵩山少林寺面壁而坐終日黙然人莫之測謂之壁觀時有僧神光者博覽羣書善談玄理問師住止少林乃躬往參承師終面壁無語一夜天大雨雪光堅立不動遲明積

雪過膝師憫而慰問之然終無誨言光乃潛取利刀自斷左臂置於師前師知是法器因與易名曰慧可師居少林九年欲西返天竺乃命門人曰時將至矣汝等試各言所得時門人道副曰如我所見不執文字不離文字而爲道用師曰汝得吾皮尼總持曰我今所解如慶喜見阿閦佛國一見更不再見師曰汝得吾肉道育曰四大本空五陰非有而我見處無一法可得師曰汝得吾骨最後慧可禮拜後依位而立師曰汝得吾髓乃以如來正法眼囑授慧可示以偈云吾本來茲土傳教救迷情一花開五葉結果自然成說已端居而逝即後魏孝明帝太和十九年其徒爲之瘞熊耳山起塔於定林寺後二年魏宋雲奉使西域廻遇師於葱嶺見手携隻履翩翩獨逝雲具奏其事帝令啓壙視之惟見空棺一隻革履存焉舉朝驚異奉詔取遺履供養於少林寺

慧可大師姓姬氏其母感異光照室因而懷姙遂名曰光自幼博覽三乘遺書好遊山水受戒於香山寶靜禪師一日忽見一神人謂曰大道匪遙汝其南矣翊日光覺頭痛如刺其師欲治之空中有聲曰此換骨耳師視其頂果如五峯秀出因謂曰神命汝南者其少林達磨大師乎光遂造少室因而得法受衣講法於少林寺天女爲之散花博求法嗣有一居士問師曰何爲佛法師曰是心是佛是心是法佛法無二僧寶亦然居士領悟師曰是吾寶也宜名僧璨因以正法授之季順時隋文帝十三年也

僧璨大師

僧璨大師初以白衣謁二祖既受度傳法遂隱於舒州皖公山積十餘載時人無有知者至隋開皇間有沙彌道信者年方十四來禮師曰願和尚慈悲乞與解脫法門師曰誰縛汝曰無人縛師曰既無人縛何更求解脫信於言下大悟服勞九載師屢試以玄微知其緣熟乃付以法衣且授偈云華種雖因地從地種華生若無人下種華地盡無生授偈畢復適羅浮山優遊二載却旋舊址逾月士民奔趨大設檀供師為四衆廣宣心要訖於法會大樹下合掌而終即隋煬帝大業二年也

道信大師

道信大師姓司馬氏生而超異幼慕空宗既嗣祖法攝心無寐脇不至席者六十年住破頭山學侶雲臻一日往黃梅路逢一小兒骨相奇秀師異之問曰子何姓曰是佛性師曰汝無性耶曰性空故師知是法器即詣其父母所乞令出家師乃以衣法授之後貞觀中太宗嚮師道味詔付京師上表遜謝前後三返竟以疾辭上復命使至曰如果不起即取首來師乃引頸就刃顏色不變使異之回以狀聞帝乃賜珍繒以遂其志迄高宗時一日忽謂門人曰汝等各自護念流化將來言訖端坐而逝

弘忍大師

弘忍大師姓周氏生而岐嶷遇信大師得法咸亨中有一居士姓盧名慧能來參謁師曰嶺南人無佛性若爲得佛曰人有南北佛性豈異師知其異特有上座神秀者書一偈云身是菩提樹心如明鏡臺時時勤拂拭莫遣有塵埃師云菩提本非樹明鏡亦非臺本來無一物何假拂塵埃大師召慧能告曰無上正法吾今傳授於汝聽吾偈曰有情來下種因地果還生無情既無種無性亦無生能跪而受之師曰汝當遠隱 逢懷即止遇會且藏能禮足而出

慧能大師

慧能大師姓盧其先范陽人中宗遣內侍薛簡馳詔迎請問如何明道師曰道無明暗明暗亦是代謝之義簡曰明喻智慧暗況煩惱倘不以智慧照破煩惱無始生死憑何出離師曰以智慧照煩惱此是二乘簡曰如何是大乘見解師曰明與無明其性無二無二之性即是實性性者處凡愚而不滅在賢聖而不增住煩惱而不亂居禪定而不寂不斷不常不來不去不在中間不在內外不生不滅性相如如常住不遷名之曰道簡豁然大悟師涅槃異香襲人白虹屬地時先天二年也

布袋和尚

三才圖會

梁朝布袋和尚號長汀子在奉化岳林寺常皤腹荷一布袋凡供身之具盡貯其中隨處偃卧天將雨即着濕草履途中驟行亢旱即曳高齒木屐竪膝而坐貞明三年端坐而化

第一羅漢尊者

三才圖會

第一尊者結跏正坐蠻奴側立有鬼使者稽顙於前侍者取其書通之

頌曰月明星稀孰在孰亡煌煌東方唯有啓明咨爾上座及阿闍黎惟佛出世是大弟子

眉山蘇軾

贊曰結集甫周魔使來言爲再轉輪將遂涅槃我以緣來亦以緣去不嗔汝逐不因汝任

瑯琊王世貞

第二羅漢尊者

第二尊者合掌趺坐蠻奴捧櫝於前老人發之中有琉璃瓶貯舍利十數

頌曰佛無滅生通塞在人牆壁瓦礫惟法非身尊者斂手不起於坐示有敬耳起心則邪

眉山蘇軾

贊曰佛有舍利諸天建塔我傳佛心焉用此物不作敬想不作慢想是故不起趺坐合掌

瑯琊王世貞

第三羅漢尊者

第三尊者扶烏木養和正坐下有白猿猴獻果侍者執盤受之

頌曰我非標人人莫吾識是雪衣者豈具眼隻方食知獻何媿於猿爲語柳子勿憎王孫

眉山蘇軾

贊曰猿猴獻果俟我出定問汝何來有何佛性安知有無來自牛頭一失懶融了不可求

瑯琊王世貞

第四羅漢尊者

第四尊者屈三指答胡人之問下有蠻奴捧函童子戲捕龍者

頌曰彼問云何計數以對爲三爲七莫有知者雷動風行屈信指間汝觀明月在我指端

眉山蘇軾

贊曰我聞天龍只一指禪用之不盡垂五十年屈指而三將用三世或表三果皆置不視

瑯琊王世貞

第五羅漢尊者

第五尊者臨淵濤抱膝而坐神女出水中蠻奴受其書

頌曰形與道一道無不在天宮鬼府奚往而礙婉彼奇女躍於濤瀧神馬尻輿攝衣從之

眉山蘇軾

贊曰尊者臨淵必無羨魚龍女何爲出而獻書賢劫所藏經皆誑汝如來在坐默無一語

瑯琊王世貞

第六尊者右手支頤左手拊稺獅子顧視侍者擘瓜而剖之

頌曰手拊雛猊目視獻瓜甘芳之意若達於口六塵並入心亦徧知即此知者是大摩尼

眉山蘇軾

贊曰獸中獰王此穉師子一念叛依天王位帝釋懷憂來問尊者不貪血食天食寀取

瑯琊王世貞

第七尊者臨水側坐有龍出焉吐珠手中胡人持鉢杖蠻奴捧鉢而立

頌曰我以道眼爲傳法宗爾以願力爲護法龍道成願滿見佛不怍盡取玉函以畀思遠

眉山蘇軾

贊曰念汝吐珠爲汝說法爲王得汝饑不能噉汝珠一獻遂不復再我說法言汝法常在

瑯琊王世貞

第八羅漢尊者

第八尊者立膝而坐加肘其上侍者汲水過前有神人湧出於地捧盤獻玉

頌曰爾以捨來我以慈受各獲其心寶則誰有視我如爾取與則同我爾福德如四方空

眉山蘇軾

贊曰入無想定我不自見何物神人乃以寶獻我有一寶不堪汝嘗鷲王食之依舊鷲王

瑯琊王世貞

第九羅漢尊者

第九尊者食已襆鉢持數珠誦呪而坐有童子搆火具茶又有理筒汪水蓮池中者

頌曰飯食已畢襆鉢而坐童子茗供吹籥發火我作佛事淵乎妙哉空山無人水流花開

眉山蘇軾

贊曰作五觀已楊枝淨身活火烹茗活水灌花是花倏起代我說法而彼灌者一枯死骨

瑯琊王世貞

第十羅漢尊者

三才圖會　人物九卷　四九

第十尊者執經正坐有仙人侍女焚香於前

頌曰飛僊玉潔侍女雲泐稽首炷香敢問至道我道大同有覺無修豈不長生非我所求

眉山蘇軾

贊曰香以合之離則無有汝供非氣我受非鼻仙人五通此亦不通我無一道與汝皆空

瑯琊王世貞

第十一羅漢尊者

三才圖會　人物九卷　五十

第十一尊者趺坐焚香侍者拱手胡人捧函而立

頌曰前聖後聖相喻以言口如布穀而意莫傳鼻觀寂如諸根自例孰知此香一炷千偈

眉山蘇軾

贊曰鼻息偶觸何從何著出是意消沉然真覺我此旃檀價值羅浮剎那燼寒了無可酬

瑯琊王世貞

第十二羅漢尊者

第十二尊者正坐入定枯木中其神騰出於上有大蟒出其下

頌曰黙坐者形飛空者神二俱非是孰爲此身佛子何爲懐毒不已願解此相問誰縛爾

眉山蘇軾

賛曰泯泯孤坐神騰其上誰爲侍者下有大蟒禍不蟒報業不我與汝喜即我我嗔即汝

瑯琊王世貞

第十三羅漢尊者

第十三尊者倚杖垂足側坐侍者捧函而立有虎過前有童子怖匿而竊窺之

頌曰是與我同不噬其妃一念之差墮此髮毛道師悲愍爲爾嚬嘆以爾猛烈復性不難

眉山蘇軾

賛曰倚杖山眠有虎過之童子怖焉匿而竊窺我無分別不知爲虎汝無殺心虎不噬汝

瑯琊王世貞

第十四羅漢尊者

三才圖會　人物九卷　五十三

第十四尊者持鈴杵正坐誦呪侍者整衣於右胡人橫短錫跪坐於左有蛇一角若仰訴者

頌曰彼髯而凥長跪自言特角亦來身移怨存以無言音誦無說法風止火滅無相讐者

眉山蘇軾

贊曰梵音凌雲天樂不作而有訴者蛇而一角業由心造瞋汝當怨汝訴非訴我見非見

瑯琊王世貞

第十五羅漢尊者

三才圖會　人物九卷　五十四

第十五尊者鬚眉皆白袖手趺坐胡人拜伏於前蠻奴手持桂杖侍者合掌而立

頌曰聞法最先事佛亦久耄然衆中是大長老薪水井臼老矣不能摧伏魔軍不戰而勝

眉山蘇軾

贊曰是長老者鬚眉皆雪前汝來生從汝來滅汝若爲人終無了期若不爲人住此奚爲

瑯琊王世貞

第十六羅漢尊者

第十六尊者橫如意趺坐下有童子發香篆侍者注水花盆中

頌曰盆花浮紅篆煙繚青無問無答如意自橫點瑟既希昭琴不鼓此間有曲可歌可舞

眉山蘇軾

贊曰有盆自花有罏自煙我不豎意如義常眠童子何知而水而火煙盡水涸無來涵我

瑯琊王世貞

第十七羅漢尊者

第十七尊者臨水側坐仰視飛鶴其一既下集矣侍者以手拊之有童子提竹籃取果實投水中餵魚

頌曰引之浩茫與鶴皆翔藏之幽深與魚皆沉大阿羅難入佛三昧俯仰之間再拊海外

眉山蘇軾

贊曰有魚比丘鶴勒那衆自業自緣謂佛操縱戾天躍淵其樂匪眞曷不聽法早棄此身

瑯琊王世貞

第十八羅漢尊者

第十八尊者榼拂支頤瞪目而坐下有二童子破石榴以獻

頌曰榼拂支頤寂然如趺尊者所游物之初耶聞之於佛及吾子思名不用處是未發時

眉山蘇軾

贊曰童子得榴以獻其師如大輪王千子纍纍我以慈悲而乳法喜盂大地中孰非我子

瑯琊王世貞

三才圖會目

雲間元翰父王圻編集

男思義校正

人物十卷

浮丘伯圖　劉晨圖

魏伯陽圖

白衣觀音

南海觀音

吳道子畫像

觀音大士絕不聞有婦人稱嘗考法苑珠林宣驗冥祥等
記觀音顯迹下朝至眾其相或菩薩或沙門或道流絕無
一作婦人者婦人之訛皆起於宋人而元僧遂以爲妙莊
王女可笑也曆甫云妙莊王之說誠誕然謂女相起於宋
元則未然如什元楚廬山東林記有花冠百寶風容動搖
之語僧皎然觀音讃有慈爲雨兮惠爲風灑芳襟兮襲輕
佩之句此豈外婦人服相令吳道子畫像　尚刻石滁州
垂瓔帶釧全非沙門菩薩之狀則知婦人之說非起於宋
元也

眞武帝君

眞武係淨樂國王太子生而神靈遇紫虛元君授以道又
遇天神授以寶劒入武當山修煉四十二年功成白日飛
昇奉上帝命往鎭北方披髮跣足躡離坎眞精建皁纛玄
旗統攝玄武之位神威赫然歷代顯著本號玄武宋避諱
改眞武武當山北有磨針澗者云眞武修煉久之未契玄
元亟欲出山忽遇老嫗操鐵杵磨石上問何爲嫗曰爲針
耳曰不亦難乎嫗曰功到自成眞武大悟即返巖精修其
地有榔梅相傳眞武析梅枝寄榔樹之上誓曰吾若道成
花開果結後竟如言今樹尚存

梓潼帝君

帝君本在天張翼之精周武王乙巳歲降生於吳會閒張氏家仕周盡忠後殁神遊於蜀奉 上帝命蜀門行化往來常寓於劍嶺之雲應洞事多顯應始建廟於斯其地屬梓潼縣故人遂以梓潼稱厥後分身應化功被生民 上帝命掌文昌職貢舉事因加秩帝號故人又稱爲帝君其事跡詳具於化書然化書乃出於帝君之鸞筆其前七十三化乃劉安勝設壇於誠應樓執鸞從事又有冲和道人馮如意焚香扶鸞叩神復降行事之實續爲九十七化葢亦神道設教之意也

魁星圖

燦乎紫微垣之傍爲星之魁書乎進士第一之堂爲字之魁捷乎庚午之秋爲解之魁占乎辛未之春爲省之魁亦美乎丙辰之狀元爲天下之大魁悟魁之義得魁之趣文明之魁車載斗量不可勝計爾酒既清爾殽既馨惟吾魁其光賁其炳靈

盧陵文天祥贊

丁未神將名叔通

丁酉神將臧文公

丁卯神將名司馬

丁巳神將名崔巨卿

丁亥神將名張文通

丁丑神將名趙子玉

甲子神將名王文卿

甲戌神將名展子江

甲申神將名扈文長

甲午神將名衛玉卿

甲辰神將名孟非卿

甲寅神將名明文章

先蠶元妃西陵氏

蠶神天駟也天文辰爲龍蠶辰生又與馬同氣謂天駟即蠶神也淮南王蠶經云黃帝元妃西陵氏始蠶至漢祀宛窳婦人寓氏公主蜀有蠶女馬頭娘此歷代所祭不同然天駟爲蠶精元妃西陵氏爲先蠶實爲要典若夫漢祭宛窳寓氏公主婦人蜀有蠶女馬頭娘又有謂三娘爲蠶母者此皆後世之溢典也然古今所傳立像而祭不可遺闕故併附之稽之古制后妃祭先蠶壇壝牲幣如中祠此后妃親蠶祭神禮也蠶書云卧種之日詰旦升香割雞設禮以禱先蠶此庶人之祭也自天子后妃至于庶人之婦事

神之禮雖有不同而敬奉之心則一諒爲知所本矣乃作祈報之辭曰　惟蠶之精天駟有星惟蠶之神伊昔著名氣鍾於此孕卵而生既桑而育既眠而興神之福汝有箔皆盈尚冀終惠用彰厥靈簇老獻瑞繭盆効成敬獲吉卜願契心盟神宜饗之祈祀惟馨龍精一氣功被多方冀當是歲神降于桑載生載育來福來祥錫我繭絲製此衣裳室家之慶閭里之光敬帥長幼詰旦升香設殺於俎奠醴於觴工祝致告神德彌彰

太上老君

老子者太上老君也累世化身而未有誕生之迹迨商陽甲時分神化氣始寄胎玄妙玉女八十一年暨武丁庚辰二月十五日卯時降誕於楚之苦縣瀨鄉曲仁里從母左腋而生於李樹下指樹曰此吾姓也生時白首面黃長耳矩目昇純骨雙柱耳有三漏門美鬚廣顙疎齒方口足蹈三五手把十文姓李名耳字伯陽號曰老子又號曰老聃周文王爲西伯召爲守藏史武王時遷爲柱下史乃遊西極大秦竺乾等國號古先生化導其國康王時還歸于周復爲柱下史昭王二十三年駕青牛車過函谷關度關令尹喜知之求得其道二十五年降於蜀青羊肆會尹喜同度流沙胡域至穆王時復還中夏敬王十七年孔子問道於老聃退而有猶龍之嘆赧王九年復出散關飛昇崑崙秦時降浹河之濱號河上公授道安期生漢文帝時號廣成子文帝遣使詔問之公曰道尊德貴非可遙問帝即命駕詣之帝曰域中有四大王居一也子雖有道猶朕民也不能屈何乃高乎朕足使貧賤富貴公乃拊掌坐躍冉冉在虛空中如雲之昇去地百餘丈而止於玄虛良久俛答曰今上不至天中不累人下不居地何民之有陛下焉能

令富貴貧賤乎帝悟方下輦禮謝授帝道德二經蓋無世不出先塵刼而行化後無極而常存隱顯莫測變化不窮普度天人莫可具述云

三才圖會 人物十卷 十八

東王公諱倪字君明天下未有民物時鍾化而生於碧海之上蒼靈之墟道性凝寂湛體無爲贊迪玄功育化萬物主陽和之氣理於東方亦號東王公凡上天下地男子登仙得道者悉所掌焉嘗以丁卯日登臺觀望轉劫昇天之仙凡有九品然始昇之時先拜太公後謁金母受事既畢方得昇九天入三清禮太上而覲元始漢初有羣兒戲謔於道曰着靑裙上天門揖金母拜木公時人莫之知唯子房往拜焉乃語人曰此東王公玉童

三才圖會 人物十卷 十九

西王母配位西方與東王公共理二氣調成天地陶鈞萬品凡上天下地女子之登仙者咸所隸焉周穆王八駿西廵乃執白圭玄璧謁見王母復觴母于瑤池之上漢元封元年降武帝殿進蟠桃七枚於帝帝欲留核母曰此桃非世間所有三千年一實耳偶東方朔於牖間窺之母指曰此兒巳三偷吾桃矣是日命侍女董雙成吹雲和之笛王子登彈八琅之璈許飛瓊鼓靈虛之簧安法興歌玄灵之曲爲武帝壽焉

赤松子

三才圖會　人物十卷　二十

赤松子神農時雨師煉神服氣能入水不濡入火不焚至崑崙山常止西王母石室中隨風雨上下炎帝少女追之亦得仙俱去高辛時爲雨師間遊人間

廣成子

三才圖會　人物十卷　二十一

廣成子軒轅時人隱居崆峒山石室中黃帝造焉問以至道之要答曰至道之精窈窈冥冥至道之極昏昏默默無視無聽抱神以靜形將自正必靜必淸毋勞爾形毋搖爾精毋俾爾思慮營營乃可長生愼內閉外多智多敗我守其一而處其和故千二百年未嘗衰老

彭祖

彭祖錢鏗帝顓頊玄孫至殷末世年巳七百餘歲而不衰好恬靜善於補導之術并服水晶雲母麋角常有少容穆王聞之以爲大夫稱疾不與政事采女乘輜軿往問道於彭祖具受諸要因以教王王試爲之有驗彭祖知之乃去不知所往其後七十餘年門人於流沙西見之

青烏公

青烏公彭祖弟子也受明師指示審真仙玅理乃入華陰山中學道積四百七十一歲後服金液而昇天

鐵拐先生

鐵拐先生姓李質本魁梧早歲聞道修眞巖穴時李老君與宛丘先生嘗降山齋誨以道教一日先生將赴老君之約於華山囑其徒曰吾魄在此儻游魂七日而不返若甫可化吾魄也徒以母疾迅歸六日化之先生至七日果歸失魄無依乃附一餓莩之尸而起故形跛惡非其質矣

王子喬

王子喬周靈王太子晉也好吹笙作鳳鳴遊伊洛之間道人浮丘公接晉上嵩高山三十餘年後見百良謂曰可告我家七月七日待我於緱山頭至期果乘白鶴駐山頭可望不可到俯首謝時人數日方去後立祠緱氏山下

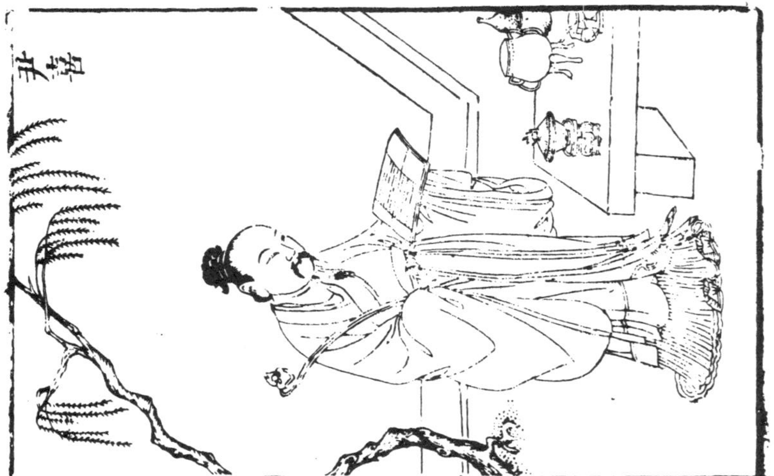

尹喜字公文天水人初母氏嘗晝寢夢天下絳雲流繞其身及喜生時陸地自生蓮花及長眼有日精形長雅垂臂下膝少好學墳索隱德行仁不修俗禮損身濟物不求聞達周康王時爲大夫仰觀乾象見東方有紫氣西邁知有聖人當度關而西乃求爲函谷關令預敕關吏孫景曰若有形容殊俗車服異常者勿聽過時昭王二十三年七月老君果乘白輿駕青牛欲度關喜曰今我得見聖人矣即具朝服出迎跪伏邀之老君曰關開道於乾有古先生是以身就道經歷子關何過留耶喜曰願大聖神姿超絕乃天上至尊也老君曰子何所見而知喜曰去冬十月天理星西行過昴日今月朔融風三至東方眞氣狀如龍蛇而西變此大聖人之徵老君乃怡然笑曰善哉子之知吾吾亦已知子矣乃爲喜留關下百餘日盡傳以內外修煉之法謂喜曰古先生者即吾之身當化乎於乾今將返神還乎無名吾今逝矣喜叩首請隨行老君曰吾遊乎天地之表嬉乎玄冥之間四維八極上下無遮子欲隨吾焉可得焉喜曰入火赴淵下地上天反身沒命願隨大仙於是復以道德五千言授之喜乃屏絕人事自著書九篇號關

尹子保形煉色已造眞妙心結紫絡面有神光金名表於玄圃玉札繫於紫房五老上帝四極鑑眞授喜玉冊金文號文始先生位爲無上眞人居二十四天王之上統領八萬仙士自此方得飛騰虛空參侍龍駕

李八百

李八百蜀人名眞君筠陽五龍岡歷夏商周年八百歲動行則八百里時人因號爲李八百或隱山林或居廛市又修煉於華林山石室丹成還蜀中周穆王時居金堂山人歷代見之號紫陽眞君

丁令威

丁令威本遼東人學道於靈虛山後化鶴歸集華表而吟曰有鳥有鳥丁令威去家千歲今來歸城郭如故人民非何不學仙塚纍纍

鬼谷子

三才圖會　人物十卷　三十

鬼谷子春秋時人姓王名詡嘗入雲夢山採藥得道顏如少童居清溪之鬼谷蘇秦張儀往問道三年辭去子遺之書曰二足下功名赫赫但春華秋至不得久茂今二子好朝露之榮忽長久之功輕喬松之永延貴一旦之浮爵夫女愛不極席男歡不畢輪痛哉鬼谷處人間數百歲後不知所之有陰符鬼谷子二書行於世

劉越

三才圖會　人物十卷　三十一

劉越周時有匡先生名續修于南嶂山時有一少年數來相訪言論奇偉先生異之問曰覩子風猷有日矣僭問鄉邦姓字答曰姓劉名越居在山之左山下有石高一丈許叩之即當相延先生如其語訪之叩不石忽自開雙戶洞啓一小鬟迎先生纔有二青衣絳節前導見臺榭參差金碧掩映珍禽奇獸草木殊異真人冠玉冠朱綬劍佩來迎先生意欲留居之眞人曰子陰功未滿後會有期他日相從未晚也飲玉酒三爵延齡保命湯一甌而出先生返顧所叩之石宛然如初他日復叩無所應矣

太山老父

太山老父者莫知其姓名漢武帝東巡狩見老父鋤于道閒狀如五十許人而面若童子頭上白光高數尺怪而問之老父答曰臣年八十五時衰老垂死頭白齒落有道士教臣絕穀服朮飲水并作神枕枕中有三十二物其二十四物以象二十四氣其八物以應八風臣導行之轉老爲少髮白更黑齒落更生日行三百里臣今年九十矣武帝愛其方賜之金帛老父後入太山中或十年五年一還鄉里三百餘年乃不復還矣

白石生

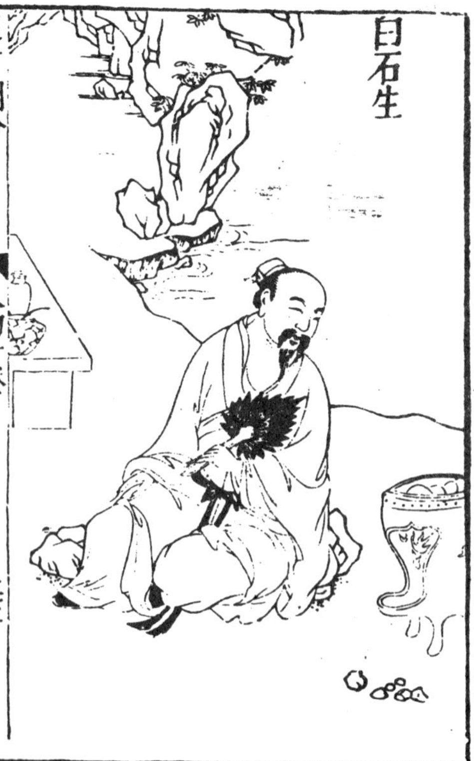

白石生中黃丈人弟子彭祖時已二千餘歲不愛飛昇但以長生爲貴而已以金液爲上藥家貧不能得養猪牧羊十數年致富萬金乃買藥服之嘗煮白石爲根因就白石山居遂號白石生亦時食脯亦時辟穀日能行三四百里顏色如三十許人或問何以不愛飛昇答曰天上未必樂於人間也

安期生

安期生瑯琊阜鄉人賣藥海邊時人皆呼千歲公秦始皇請見與語三夜賜金帛數萬出於阜鄉亭皆置去留書并赤玉舄一量爲報曰後千歲求我於蓬萊山下始皇遣使者數輩入海求之未至蓬萊山輙遇風波而還乃立祠阜鄉亭并海邊十處

東方朔

東方朔字曼倩漢武帝時上書曰臣朔少失父母長養兄嫂今年二十二長九尺三寸口若懸珠齒若編貝勇若孟賁捷若慶忌廉若鮑叔信若尾生若此可以爲天子臣矣上偉之令待詔公車又遷待詔金馬門朔曰如朔所謂避世於朝廷間者時酒酣據地歌曰陸沉於俗宮殿可以避世全身何必深山之中蒿廬之下

鍾離權燕臺人後改名覺字寂道號玉陽子又號雲房先生先生頂圓額廣耳厚眉長目深鼻聳口方頰大唇臉如丹乳遠臂長如三歲見晝夜不聲第七日躍然而言曰身遊紫府名書玉京及壯仕漢爲大將征吐蕃失利獨騎奔逃山谷迷路夜入深林遇一胡僧蓬頭拂額體掛草衣引行數里見一村庄曰此東華先生成道處將軍可以歇息矣揖别而去良久聞人語云此必碧眼胡人饒舌也真人聞而大驚知爲異人是時方脫虎狼之穴遠有鸞鶴之叫乃回心向道哀求度世之方於是老人授長生真訣及金丹火候青龍劍法真人辭去回顧莊居不見其處後再遇華陽真人傳以太乙刀圭火符内丹雲遊至魯居鄒城入崆峒於紫金四皓峯居之得玉匣秘訣遂仙去

馬成子

馬成子泰扶風人性喜恬退不樂紛榮嘗自嘆曰人生若流電爾奈何久戀塵寰中於是棄家訪道入蜀之鶴鳴山石室中修煉二十餘年後遇異人授以神丹曰氣爲內丹藥爲外丹子得此服之當列爲上仙矣言訖而去成子遵其術行之遂白日昇天

黃安

黃安代郡人年萬歲餘貌若童子常服硃砂舉身皆赤不着衣坐一神龜龜廣二尺時人問安坐龜幾年曰三千歲乃一出頭我得龜以來已五出頭矣行則負龜而趨漢武帝聞其異乃與論虛無神仙之事帝每屈禮焉及封泰山詔董謁李克孟岐郭瓊黃安五人同輦謂之仙臣帝崩後不知所之

劉玄英

劉玄英號海蟾子明經事燕王劉守光爲相雅喜性命欽崇黃老一日忽有道人自稱正陽子來謁海蟾邀坐堂上待以賓禮道人爲演清淨無爲之宗金液還丹之要訖竟乃索雞卵十枚金錢十文以一文置之几上累十卵於金錢若浮圖之狀海蟾驚異之曰危哉道人曰人居榮祿之場履憂患之地其危殆甚復盡以其錢劈破擲之遂辭去海蟾繇此大悟遂解印辭朝易服從道遁迹終南山下丹成尸解有白氣自頂門出化鶴冲天

浮丘伯

浮丘伯姓李隱居嵩山服黃精二十年髮白返黑齒落更生久之道成白日飛升嘗作原道歌云虎伏龍亦藏龍藏先伏虎但畢河車功不用提防拒諸子學飛仙狂迷不得任左右得君臣四物相念護乾坤法象成自有眞人顧

劉晨

劉晨剡縣人漢永平中與阮肇入天台採藥路迷不得返經十三日飢渴甚望山上有桃實共取食之下山取澗水飲見一杯流出中有胡麻飯焉二人喜曰此近人家矣遂度山出一大溪溪邊有二女色甚美顧笑曰劉阮二郎捉杯來耶劉阮異之二女懽然如舊曰來何晚耶即邀還家南壁東壁各有羅幃絳帳命侍女具饌有胡麻飯山羊脯甚甘美若留半年氣候草木常似春百鳥啼啁歸思更切二女曰罪根未滅使君等至此遂指示還路及歸鄉邑零落已七世矣

魏伯陽

魏伯陽吳人性好道術不樂仕宦乃入山作神丹時二弟子知兩弟子心不盡誠丹成試之曰金丹雖成當先試之大犬無患方可服若犬死不可服也伯陽即以丹與犬食之犬即死伯陽曰作丹未成無乃未得神明意耶服之恐復如犬奈何弟子曰先生服之不伯陽曰吾背違世路委家于此不得仙吾亦耻歸死與生同吾當服之伯陽服丹入口即死一弟子曰師非凡人也服丹而死得無有意乎亦服之入口亦死二弟子乃相謂曰作丹求長生爾今服丹即死不如不服乃共出山爲伯陽及死弟子求殯具伯

陽卽起將煉成妙丹納死弟子及犬口中須臾皆活於是將服丹弟子姓虞者同犬仙去逢入山伐薪人作手書寄謝二弟子嘗作叅同契凡二卷其說似解周易其實假借爻象以寓作丹之旨

三才圖會

雲間元翰父王圻編集
男思義校正

人物十一卷

張道陵　蕭史
梅福　黃初平
費長房　藍采和
麻衣子　麻姑仙
呂巖　孫登
左慈　韓湘子
曹國舅　許遜
葛玄　何仙姑
張果老　黃野人
司馬承禎　王質
陶弘景　裴航
孫思邈　譚峭
許宣平　張志和
軒轅集　陳摶

張道陵

張道陵字輔漢子房八世孫漢光武建武十年生於天目山七歲通道德經河洛圖緯之書志在修煉弟子有王長者相與煉龍虎大丹丹成真人年六十餘餌之若三十許人入北嵩山遇繡衣使者告曰中峯石室藏上三皇內文黃帝九鼎太清丹經得而修之乃昇天也於是真人齋戒七日得丹書精思修煉能分形散影每泛舟池中誦經堂上隱几對客杖藜行吟一時並起人皆莫測西城房陵間有白虎神好飲人血每歲其鄉殺人祭之真人召其神戒之遂滅又梓州有大虵時吐毒霧行人中毒輒死真人以

法禁之不復爲害宜順帝壬午歳老君授以正一盟威秘籙三清衆經九百三十卷符籙丹竈秘訣七十二卷雌雄劍一把都功印一枚眞人領訖日味秘文校法遂修時有八部鬼帥各領鬼兵暴殺萬民眞人奉老君誥命佩盟威秘籙群鬼廢散而遁遂鶴鳴山彼處有妖當往除之遂書一符化爲金翅鳥向湫上盤旋毒龍驚懼舍湫而去遂得鹹泉十二神女各出一玉環來獻眞人按此環于井中神女競解衣入井爭取玉環眞人遂掩之民至今不離神女之害太上元始天尊諭眞人以正一盟威之法使世世宣布爲人間天師仍示諭飛昇之期於雲臺峰白日昇天

蕭史得道好吹簫秦穆公以女弄玉妻之遂教弄玉吹簫作鳳鳴有鳳來止其屋公爲作鳳臺後弄玉乘鳳蕭史乘龍共昇天去

蕭史

梅福

梅福字子真壽春人仕漢爲南昌尉見王莽專政嘆曰生爲我酷刑爲我辱知爲我毒身爲我桎梏遂棄家求仙遍遊雁蕩南閩諸山至仙霞山遇空同仙君授以內外丹法謂福曰汝緣在飛鴻山福遂往結菴修煉丹成復還壽春一日紫霧浮空金童玉女捧詔至爲下福拜詔辭家乘雲而去人見福於宋元豐間封壽春真人

黃初平

黃初平晉丹谿人年十五牧羊遇道士引至金華山石室中四十餘年其兄初起尋之不獲後遇道士善卜起問之曰金華山中有一牧羊兒初起即往見初平問羊安在曰在山東往視之但見白石磊磊初平叱之石皆成羊初起亦棄妻子學道後亦成仙

費長房

費長房汝南人曾爲市掾有老翁賣藥于市懸一壺於肆頭及市罷輒跳入壺中市人莫之見惟長房於樓上覩之異焉因往再拜翁曰子明日更來長房旦日果往翁乃與俱入壺中但見玉堂嚴麗旨酒甘殽盈衍其中共飲畢而出翁囑不可與人言後乃就長房樓上曰我仙人也以過見責今事畢當去子寧能相隨乎長房心欲求道而念家人爲憂翁知之乃斷一青竹使懸之室後家人見之長房也以爲縊死遂殯殮之長房立其傍而衆莫之見於是隨翁入山踐荊棘於羣虎之中留使獨處長房亦不恐又長房於空室以朽索懸萬斤石於其上衆蛇竟來齧索欲斷長房亦不移翁還撫之曰子可教也復使食糞糞中有三蟲臭穢特甚長房意惡之翁曰子幾得道恨於此不成奈何長房辭歸翁與一竹杖曰騎此任所之頃刻至矣至當以杖投葛陂中長房乘杖須臾來歸自謂去家適經旬日而已十餘年矣即以杖投陂顧視則龍也家人謂其死久驚訝不信長房曰往日所葬竹杖耳乃發冢剖棺杖猶存焉遂能醫療衆病鞭笞百鬼又嘗食客而使使至宛市鮓須臾還乃飯桓景嘗學于長房一日謂景曰九月九日

汝家有大災可作絳囊盛茱萸繫臂上登高山飲菊花酒禍可消景如其言舉家登山夕還見牛羊雞犬皆暴死焉

藍采和

藍采和不知何許人常衣破藍衫六銙黑木腰帶濶三寸餘一脚着靴一脚跣足夏則衫内加絮冬則臥雪中氣出如蒸每於城市乞索持大拍板長三尺餘醉而踏歌老少皆隨看之似狂非狂歌詞率爾而作皆神仙意人莫之測得錢則用繩穿拖之而行或散失亦不顧或贈貧者或與酒家周遊天下人有自兒童時見之者及班白見之顏狀如故後於濠梁酒樓上飲酒聞有笙簫聲忽然乘鶴而上擲下靴衫腰帶拍板冉冉而去

麻衣子

麻衣子姓李名和生而紺髮美姿稍長厭世穢腐遂入終南山忽遇一道者授以道秘戒之曰南陽之間湍水之陽有靈山堂岩洞其旁神開汝鄉汝則往之可以翕神于蒼茫麻衣往求之遇樵者導其處居洞中十有九年晉義熙間大旱居民張奭率衆請雨麻衣以無術答之請者不輟是夕有少年十二人謁麻衣曰若再請但許之麻衣怪而諾之翌日果大雨十二人復來拜曰吾屬龍也上帝以師道業成令輔師行化耳劉宋大明初年百有一歲儼坐而尸解

麻姑仙人

麻姑仙人王方平之妹漢桓帝時方平降蔡經之家曰汝當得度世但汝氣少肉多未能卽上天當作尸解乃告以要言而去經後忽身發熱如火三日肉消骨立入室以被自覆忽然失其所在視其被中但有形如蛇蛻後十餘年忽還家語家人曰七月七日王君復來當作酒數百斛以待其日方平果乃遣人迎麻姑年可十八許坐定自進行厨擗麟脯器皆金玉麻姑手似鳥爪蔡經私念背痒時得此爪搔之佳方平鞭經背曰麻姑神人也汝謂其爪可搔背痒耶方平去麻姑亦辭去

呂洞賓

呂巖字洞賓號純陽子始在襁褓馬祖見曰此兒骨相不凡自是風塵物外後遊廬山遇火龍眞人傳天遁劒法唐會昌中兩舉進士不第遊長安酒肆見一羽士曰吾雲房先生因與同憩肆中雲房自爲執炊洞賓忽就枕昏睡夢以舉子赴京狀元及第始自郎署擢臺諫翰苑秘閣兩娶富貴家女生子婚嫁蚤畢幾四十年又獨相十年權勢熏炙偶被重罪籍沒家資分散妻孥流于嶺表一身孑然立馬風雪中方興浩嘆恍然夢覺炊尚未熟雲房笑吟曰子適來之夢升沉萬態榮悴千端五十年間一瞬耳得不足

喜喪不足悲世有大覺而後知人世一大夢也洞賓感悟遂拜雲房求度世術雲房十試洞賓皆無所動乃携洞賓至鶴嶺悉傳以上真秘訣又以靈寶秘法及靈丹數粒示洞賓洞賓既得雲房之道兼火龍真人天遁劒法始遊江淮試靈劒遂除蛟害隱顯變化四百餘年常遊湘潭岳鄂及兩浙汴譙間人莫知識自稱回道人宋政和中宫中有祟白晝見形盗金寶妃嬪上精齋虔禱奏詞凡六十日晝寢見東華門外有一道士碧蓮冠紫鶴氅手持水晶如意揖上曰臣奉上帝命來治此祟卽召一金甲丈夫捉祟劈

而啗之且盡上問丈夫何人道士曰此乃陛下所封崇寧真君関羽也因問張飛何在羽曰張飛爲臣累劫世世男子身今已爲陛下生於相州岳家矣上問道士姓名道士曰臣姓陽四月十四日生夢覺錄之知其爲洞賓也其神通妙用不能盡述後岳穆武父果夢張飛託世故以飛命名云

孫登

孫登字公和於汲郡北山土窟中住夏則編草爲裳冬則

披髮自覆善長嘯好讀易鼓一絃琴性無喜怒嵇康從之遊三年問其所圖終不答將别謂曰先生竟無言乎登曰子識火乎火生而有光而不用其光果然在於用光人生而有才而不用其才果然在於用才故用光在乎得薪所以保其耀用才在乎識真所以全其年康又請學琴登不教之曰子才多識寡難免于今之世矣後康果遭呂安事在獄爲詩自責云昔慚下惠今愧孫登登竟白日昇天

左慈

左慈字元放盧江人明六甲能使鬼神坐致行厨變化萬象曹操召見閉一室斷穀朞年出之顔色如故操嘗晏賓曰今日高會所少松江鱸耳慈因求銅盆貯水以竿釣之即得鱸操曰恨無蜀薑慈曰易得操恐近取即曰前使買錦可報增二十段慈曰諾乃擲杯空中化鶴而去須臾袖中出薑後買錦者回果云是日得報增錦操惡欲殺之慈乃郤入壁中或逢慈於陽城山頭遂奔入羊羣一老羝屈前兩膝人立而言曰遽如許使欲取之而羣羊數百皆變爲羝並人立云遽如許亦莫知取焉

韓湘子

韓湘子字清夫韓文公猶子也遇純陽因從游登桃樹墮死而尸解來見文公因作詩見志有解造逡巡酒能開頃刻花等句公即爲開樽果成佳醞復聚土無何開碧花一朵花間擁出金字一聯云雲横秦嶺家何在雪擁藍関馬不前公讀之不解他日公以極諫佛骨事謫官潮中途中遇雪俄有一人冒雪而來乃湘也曰公能憶花間句乎公詢其地即藍関遂與湘宿藍関傳舍湘辭去出藥一瓢與公曰服一粒可以禦瘴公愴然湘曰公不久即西且當復用公曰此後復有相見之期乎湘曰前期未可知也

曹國舅

曹國舅宋大后弟也因其弟每不法殺人深以為耻遂隱跡山巖精思玄理野服葛巾經旬不食一日遇鍾離純陽二仙問曰聞子修養所養何物對曰養道曰道何在舅指天曰天何在舅指心二仙笑謂曰心卽天天卽道子親見本來面目矣遂授以還真秘術引入仙班

許遜

許遜字敬之號真君南昌人吳赤烏二年母夢金鳳啣珠墜於掌上翫而吞之因是有娠而生真君尅意為學尤嗜神仙修煉之術聞西安吳猛得丁義神方乃往師之悉受其秘買一鐵燈藥視之金也明日訪售主還之晉武帝太康元年辟為旌陽縣令歲饑民無以輸真君乃以靈丹點瓦礫成金令人潛瘞於縣圃一日籍民之未輸者使服力於圃民鋤地得金用以輸納歲大疫死者十七八真君標竹於郭外置符水於其中使就竹下飲之皆瘥嘗有女童五人各持寶劍來獻真君知其劍仙也卒獲神劍之用偶

憩真靖見鄉民盛烹宰以祀神真君曰怪異敢爾乃召風雷伐之拔其林木又見人苦遠汲乃以杖刺社前涸澤出泉以濟之海昏有巨蛇爲民害真君飛步踏其首以劒劈其額曰大蛇雖滅蛟精未誅恐其俟隙潰郡城迹其所之乃在郡城江滸化黃牛臥沙磧之上真君剪紙化黑牛往鬪之奔入城南直至長沙化爲人入賈玉使君之家先是蛟精嘗慕玉之美女化爲一美少年謁之玉愛其才乃妻以女居數載生二子真君蹤至此蛟精計窮遂見本形爲吏兵所誅二子亦皆爲小蛟併誅之真君復還豫章而

蛟之餘黨盡化爲葫蘆冬瓜浮之滿江真君以劒授施岑履水斬之悉無噍類由是水妖屏迹城邑無虞王敦舉兵內向真君與吳君郭璞俱見問曰予夢一木破天君等以爲何如真君曰非佳兆也吳君曰木上破天未字也公宜未可妄動敦色變令璞筮之璞曰無成敦怒令武士擒璞斬之真君乃舉杯擲地化爲白鵠飛繞梁棟敦一舉目已失二君所在後欲買舟至豫章而舟人告以乏刺舟者真君默召二龍挾舟而行二君各乘一龍以歸舊隱孝武寧康二年拔宅昇天雞犬亦隨百里之內異香芬馥經月不散

葛孝先

葛玄字孝先丹陽句容人號曰葛仙公從左慈受丹液仙經嘗與客食嗽口中飯盡成大蜂數百集客身有間玄張口蜂皆飛入嚼之是舊飯也能指石人使行指蝦蟆及諸昆蟲燕雀之屬歌舞絃節皆如人狀或宴客冬設生瓜棗夏致氷雪無人傳杯杯自至前如酒不盡杯不去也百姓思雨書符著社中俄頃大雨偶行遇一神廟凡過者離百步下車否則有譴仙公書一符令從者投廟中廟屋自焚過武康見一人家病作請巫祀妖邪仙公勅五伯拽妖邪頭附柱鞭背出血流地妖邪伏罪乃止過華陰見一士人

溺于蛇精仙公禁而斬之卽以一符與士人服卽瀉下蚯蚓蝦蟆之類無數遂得全生嘗在荊門軍紫蓋山修煉值天寒大凍仙公跣足衣衫襤褸時有屈家二女偶見憐之夤夜促成雙履次日獻之仙公已去但存爐灰尚溫二女撥灰得丹一粒姊妹分而服之自後神氣冲冲不飢不渴時人咸謂得仙矣嘗從吳王各船行至三江口遇風船多漂没仙公船亦不知所在踰宿忽見仙公水上步來既至尚有酒態謝曰昨伍子胥強邀留飲是以淹屈陛下嘗于西峯石壁上石臼之中搗藥遺墜一粟許有飛禽遇而食

之遂得不死至今月白風清之夜其禽猶作丁當杵臼之聲名曰搗藥鳥仙人琴高聞仙公得道自東海跨雙鯉來訪仙公與之酬飲既醉高卧白雲閣酒醒雙鯉化爲石矣仙公贈以雙鶴跨之而還嘗有客從仙公泛舟仙公卽取一符投水中逐水而下復取一符投之逆水而上復取一符投之卽不上不下須臾上符下符會于中流良久收之又于水濵見鬻大魚者魚已死矣以丹書紙納魚口中投于水躍然而去如此神異不能盡述

何仙姑

何仙姑廣州增城縣何泰女也生而頂有六毫年十四五夢神人教曰食雲母粉當輕身不死因餌之遂誓不嫁常往來山谷其行如飛每朝去暮則持山果歸遺其母後漸辟穀武后遣使召赴闕中路復失去景龍中白日昇仙天寶九載見于麻姑壇立五色雲中大曆中又現身于廣州小石樓

張果老

張果隱於恒州中條山往來汾晉間常乘一白驢日行數萬里休息時折疊之置于巾箱中乘則以水噀之復成驢善息氣累日不食數飲酒上賜之酒辭曰小臣飲不過二升有一弟子可飲一斗明皇令召之俄頃一小道士自殿簷飛下賜酒飲及一斗果辭曰不可更賜過度明皇因逼賜之醉酒從頂上涌出冠衝落地忽化為金榼上狩咸陽獲一大鹿果曰昔漢武帝元狩五年上林獲此鹿乃放之以銅牌誌於左角下遂命驗之果有銅牌二寸許但文字凋落耳天寶初明皇遣使徵果果聞輙卒弟子葬之

黃野人

黃野人葛洪弟子洪棲山煉丹野人常隨之洪既仙去留丹于羅浮山柱石之間野人得一粒服之為地行仙後有人遊羅浮宿石巖間中夜見一人無衣而紺毛覆體意必仙也乃再拜問道其人了不顧但長笑數聲聲振林木復歌曰雲來萬嶺動雲去天一色長笑兩三聲空山秋月白其人歸道其形容卽野人也

司馬承禎字子微事潘師正傳辟穀導引之術遍遊名山唐睿宗迎至京帝問其術對曰身猶國也游心於淡合氣於漠與物自然而無容私焉則天下治帝嘆咏曰廣成子之言何以加此辭歸天台盧藏用指終南山曰此中大有佳處何必天台對曰以僕觀之是仕宦之捷徑爾盧初隱終南後登庸聞言殊有慚色一日謂弟子曰吾今爲東華君所召必須往俄頃化去如蟬脫弟子瘞其衣冠焉時年八十有九有修真祕旨坐忘論等書行於世

王質晉衢州人入山伐木至石室山見石室中有數老人圍棋質置斧觀之老人以物如棗核與質令含咽其汁便不覺饑渴且告云汝來已久可還質取斧柯已盡爛矣質亟歸家已數百年親舊無復存者復入山得道人往往見之

陶弘景

陶弘景字道明秣陵人十歲見葛洪神仙傳晝夜研尋謂人曰仰青雲覩白日不覺爲遠矣及長身長七尺七寸神儀明秀朗目疎眉耳各有七十餘毛出外二寸許右膝有數十黒子作七星文讀書萬餘卷善琴棊工草隷弱冠齊高帝作相引爲諸王侍讀雖在朱門閉影不交外物惟以披閲爲務永明十年脫朝服掛神武門上表辭祿詔許之乃止于句容之茅山立舘號曰華陽隱居徧歷名山尋訪仙藥每經澗谷必坐卧其間吟詠盤桓不能已特愛松風庭院皆植松每聞其響欣然爲樂有時獨遊泉石望見者咸以爲仙人及梁武禪代弘景援引圖讖數處皆成梁字令弟子進之武帝恩禮愈篤屢加禮聘並不就惟畫兩牛一牛散放水草之間一牛着金籠頭有人執繩以策驅之武帝笑曰此人欲斅曳尾之龜豈可復致國家每有大事無不諮之　時謂山中宰相其弟子桓闓得道將昇天弘景問曰某行教修道勤亦至矣得非有過尚淹延在世乎乃托闓訪之闓昇天後還謂弘景曰師之陰功極著但所修本草多用䖟虫水蛭之類功雖及人亦傷命物以此一紀

後方解形拂世爲蓬萊都水監耳弘景復以草木之藥可代物命者著別行本草三卷以贖其過一日無疾自知應逝逆筭亡日仍作告逝詩大同二年卒時年八十五顏色不變屈伸如常香氣累日氛氲滿山

裴航唐長慶中書生因下第遊于鄂渚謁故舊崔相國相國贈錢二十萬遂挈歸于京因傭巨舟載於襄漢過藍橋遇老嫗以孫女雲英妻之入玉峯洞中瓊樓珠室而居之餌以絳雪瓊英之丹體漸清虛毛髮紺綠神化自在超爲上仙至太和中友人盧顥遇之於藍橋驛之西備說得道之事乃贈藍田美玉十斤紫府雲丹一粒顥稽顙請曰兄既得道乞一言惠教航曰老子云虛其心實其腹顥猶懵然復語之曰心多妄想腹漏精液虛實可知也言訖忽不見

孫思邈

孫思邈華原人七歲日誦千言及長好談老莊隱於太白山學道鍊氣養神求度世之術洞曉天文精究醫藥務行陰德隋文帝徵爲國子博士不就至唐太宗召始詣京師永徽三年年已百餘歲一日沐浴衣冠端坐謂子孫曰吾今將遊無何有之鄉矣俄而氣絕月餘顏色不變及入棺唯空衣焉

譚峭

譚峭字景升幼而聰敏文史涉目無遺獨好黃老仙傳一旦告父母出遊終南山師嵩山道士十餘年得辟穀養氣之術常醉遊夏則服烏裘冬則衣布衫或卧風雪中人謂已斃視之氣休休然頗似風狂每行吟曰線作長江扇作天鞋抛在海東邊蓬萊信道無多路只在譚生拄杖前後居南嶽煉丹丹成服之後遂仙去

許宣平

許宣平新安歙縣人唐睿宗景雲中隱於城陽山南塢結菴以居時負薪賣於市擔上常掛一花瓢携曲竹杖每醉吟騰騰以歸至懿宗咸通十二年許明恕婢入山採樵一日獨於南山中見一人坐石上曰我即明恕之祖宣平也汝歸爲我向明恕道我在此山中乃遣婢隨樵人歸婢覺樵擔甚輕到家具言入山逢祖翁宣平明恕怒婢呼祖諱取杖擊之其婢隨杖身起不知所逝

張志和

張志和字不同唐金華人母夢楓生腹上而生肅宗擢明經賜名志和命待詔翰林後親喪不復仕遨遊江湖自號煙霞釣徒又號玄真子垂釣不設餌志不在魚也飲酒三斗不醉守真養氣臥雪不寒入水不濡每酒酣鋪席水上獨坐而酌席來去如舟俄有雲鶴旋遶其上遂跨鶴而昇

軒轅集

軒轅集不知何許人相傳數百歲顏色不老坐暗室目光長數丈每採藥於岩谷則毒龍猛獸隨之若為衛護居常人家請齋者雖百處皆分身而至與人飲酒則袖出一壺纔容二升賓客滿座傾之彌日不竭自飲百升不醉遇病者以布巾拂之應手而愈宣宗召入問長生可致不答曰絕聲色薄滋味哀樂一致德施無偏自然與天地合德日月齊明況長生久視乎久之辭還山命中使送之每見其於一布囊內探錢施人比至江陵已施數十萬取之不竭未及至山忽亡所在

陳摶

陳摶字圖南號扶搖子亳州眞源人初生不能言至四五歲戲渦水水濱有青衣媼引置懷中乳之卽能言敏悟過人及長經史一覽無遺梁唐士大夫挹其淸風得識其面如覩景星慶雲然先生皆莫與交唐明宗親爲手詔召之先生至長揖不拜明宗待之愈謹以宮女三人賜先生賦詩謝曰雪爲肌體玉爲腮多謝君王送得來處士不興巫峽夢空煩雲雨下陽臺遂遯去隱武當山九石巖服氣辟穀凡二十餘年復移居華山時年已七十餘矣常閉門臥累月不起周世宗顯德中有樵於山麓見遺骸生塵迫而視之乃先生也良久起曰睡酣奚爲擾我後世宗召見賜號白雲先生一日乘驢遊華陰聞宋太祖登極拍掌大笑曰天下自此定矣太祖召不至再召辭曰九重仙詔休教丹鳳啣來一片野心已被白雲留住太宗初年始赴召惟求一靜室乃賜居於建隆觀扃戶熟寐月餘方起辭去賜號希夷先生一日遣門人鑿石室於張超谷既成先生往造之曰吾其歸於此乎遂以左手支頤而終七日容色不變肢體尚溫有五色雲封谷口彌月不散年一百八歲太宗聞先生善相人遣詣南衙見眞宗及門亟還問其故曰

斯役皆將相也何必見王於是建儲之議遂定先生以易數授穆伯長穆授李挺之李授邵康節以象學授种放放授盧江許堅堅授范諤至今糟粕猶存也

雷隱翁

雷隱翁名本少磊落不羣既長業進士再試郎棄去默坐終日或誚其癡翁笑曰終不以吾癡易汝黠一日以術授其子遂出遊不返宋元祐間有朝士遊羅浮山見翁坐於樹下自吟一絕云往往來來三十年更無蹤跡落人間功成行滿昇天去回首山頭月正圓

馬自然

馬湘字自然好經史工文學嘗與道侶偏游方外至湖州醉墮霅溪經日而出衣不沾濕言為項羽相召飲指溪水令逆流指柳樹令隨水走來去指橋令斷復續人或有疾告者自然無藥但以竹拄杖打患處或以杖指之口吹杖頭作雷鳴便愈後歸省兄兄適出謂嫂曰特歸與兄分此宅我惟愛東園耳待兄三日不歸遽卒明日兄歸感慟曰弟學道多年是歸托化以絕望耳乃棺斂遂窆之東園明年東川奏梓潼縣道士馬自然白日上昇詔杭州發其棺只一竹杖而已

張栢端

張栢端天台人宋熙寧二年遊蜀遇劉海蟾授金液還丹火候之訣乃改名用成字平叔號紫陽嘗有一僧修戒定慧能入定出神數百里間頃刻即到與紫陽雅志契合一日紫陽曰禪師今日能與遠遊乎僧曰可願同往揚州觀瓊花可折一花爲記少頃欠伸而覺紫陽曰禪師瓊花何在禪師袖手皆空紫陽乃拈出瓊花與僧把翫元豐五年夏趺坐而化住世九十九歲弟子用火燒化得舍利千百

李鼻涕

李鼻涕宋紹聖初劉延仲寓秀州嘗有道人過門忽從求藥則以鼻涕和垢膩爲丸與之病立効因自號李鼻涕延仲延之坐曰今日適無酒爲禮道人笑曰床頭珍珠泉一尊何不出以待客劉大慚呼童取尊道人曰不必取但將空尊來尊至索紙覆之少焉香溢於外成美酒矣坐者皆醉明日劉有他客出所謂珍珠泉者而尊中無涓滴矣一日詣劉別云後二十年某月某日當於真州相見至期劉卒於真州

爾朱洞

爾朱洞字微通少遇異人傳還元抱一之道因自號歸元子初隱蓬山後賣藥蜀漢間行動如飛洞賣丹藥有其太守欲買之曰太守金多非一百二十萬不可太守以爲狂言惑衆命納之竹籠沉於江中至涪陵上流二魚人乘舟而漁舉網出之乃洞也二漁人曰視子類有道者亦有所傳乎二漁曰我昔從海上仙人得三一之旨煉陽修陰亦有年矣洞於是索酒與劇飲取丹分餌之至荔枝園中二人昇雲而去

葛長庚

葛長庚宋瓊州人母以白玉蟾名之應夢也年十二應童子科後隱居于武夷山號東瓊子事陳翠虛九年始得其道蓬頭跣足一衲弊甚喜飲酒未見其醉博洽儒書出言成章雷印常佩肘間祈禱則有異應時言休咎驚省聾俗嘗在京都遊西湖至暮墮水舟人驚尋不見迨日旦則玉蟾在水上猶醺然也一日有持刀追脅者玉蟾叱其人刀自墮而走玉蟾招之曰汝來勿驚以刀還之宋嘉定中詔徵赴闕對御稱旨命館太一宮一日不知所往後每往來名山神異莫測

陳楠

陳楠字南木號翠虛博羅人以盤櫳箍桶爲生後得太乙刀圭金丹法於毘陵禪師得景霄大雷琅書於黎姥山神人能以符水捻土愈病時人呼之爲陳泥丸時披髮只行四五百里鶉衣百結塵垢滿身善食犬肉終日爛醉嘗之蒼梧遇郡禱旱翠虛執鉄鞭下潭驅龍須臾雷雨交作過三山大義渡洪流舟不敢行翠虛浮笠而濟行欽管道中遇羣盜拉殺之瘞三日盜散復甦遊長沙衡帥節執拘送邕州獄數夕又回長沙矣中夜坐或含水銀越宿成白金以丹法授白玉蟾

莫月鼎

莫月鼎諱洞一字起炎湖州人入青城山丈人觀見徐無極受五雷之法於是月鼎自名雷師驅使鬼魅動與天合時嬉笑怒罵皆若有神物從之者賣餅師積餅於筐時被精怪竊去月鼎召雷轟霆中斬猢猻首于市一人娶婦半路爲白猿精所攝至門但空車焉月鼎禹步如有指麾狀狂風忽作飄婦云適在北高峯何以忽然至此七十三歲一日屬其徒王繼華曰明年正月十三日將化於汝家及期風雲雷電交作索筆作偈書畢泊然而逝顏面如丹

馬鈺

馬鈺寧海人孫仙姑其妻也號丹陽子自終南來訪之云宿有仙契欲西遊鈺未能輒棄家業重陽多方點化鈺念始決孫仙姑在家結菴修煉二十餘年一日鈺謂門人曰今日當有非常之喜輒歌舞自娛俄聞空中樂聲仰見仙姑乘雲而過仙童玉女旌節儀仗擁導前後俯而告鈺曰先歸蓬島待君也於是夜坐談將二鼓風雷大雨震動遂東首枕肱而逝

張三丰

張三丰遼東懿州人名君寶字玄玄生有異香龜形鶴骨大耳圓目身長七尺鬚髯如戟項作一髻手持刀尺一笠一衲寒暑御之不飾邊幅人目爲張邋遢日行千里靜則瞑目旬日所啖斗升輒盡或辟穀數月自若也元末居寶雞金臺觀留頌辭世而逝土人楊軌山置棺殮訖臨窆發視之復生召入蜀洪武初至太和山修煉結菴於玉虛宮菴前古木五株嘗栖其下久則猛獸不距鷙鳥不搏人益異之後入武當嘗語鄉人云茲山異日當大顯於時居二十三年拂袖遊方而去

三才圖會

雲間元翰父王圻編集

男思義校正

人物十二卷

高麗國　女真國
暹羅國　㕧奴
占城國　盤瓠
交趾　老撾國
賓童龍國　眞臘國

瓜哇國　三佛齊國
嘞囉安國　回鶻
于闐國　大食勿拔國
大食弼琶羅國　天竺國
沙弼茶國　木蘭皮國
烏衣國　女人國
大闍婆國　麻離拔國
狗國　孝臆國
東印度國　大食國

訶陵國　默伽國
晏陀蠻國　勿斯里國
大食勿斯離國　南尼華羅國
焉耆國

高麗國

高麗國古名鮮卑周名朝鮮武王封箕子於其國中國之禮樂詩書醫藥卜筮皆流于此衙門官制衣服悉隨中國各朝制度俗尚儒仁柔惡殺刑無慘酷但禮貌與中國有差如見王親貴戚則扯袂跪膝在地如小見大則蹲身俛首爲禮如中國人見賊寇不敢仰視之類此夷狄之風俗習以爲常馬地不産良馬白石可作燈具黒麻可織夏布其國治東西二千里南北千五百里王居開州號曰開城府

女真國

女真國在契丹之東北長白山之下鴨綠水之源古肅愼之地也其先有新羅人曰完顔氏者奔於其地遂世居焉因其地産金故以爲國號至阿骨打自稱帝國人皆以鹿皮魚皮爲衣其國有一種野人滕肦皆縛刀出入晝夜不解輕死重强毒如虎狼男子皆黥其面女真人與其爲婚者亦刺其口

暹羅國其國濱海風俗男子自幼割陽物嵌八寶以衒富貴不然則女家不妻也近有海客往暹羅次至一島上滿山悉是黑漆匙筯其處多大木客仰觀是筯乃木之花與鬚也因拾百餘雙還用之肥不能舉後偶取攪茶隨而消焉

暹羅圖

阿奴其種有五一種黃毛者乃山鬼與黃牸牛所生一種短項矮胖者乃獲猴與野豬所生一種黑髮白身者乃唐李靖兵遺種也一種名突厥其先乃射摩舍利海神女與金角白鹿交感而生一種乃塔巴赤罕之祖元朝秘史云蒼色狼與慘白鹿所生二十五世生帖木真是稱大蒙古都長稽號皇帝世居沙漠東北六千里後居山陰號韃靼地產羊馬無城池房舍隨水草所居俗尚射獵食羊馬野鹿衣皮革帖木真四世孫忽必烈僭居中國稱帝

阿奴

占城國

占城國漢林邑也其屬郡有賔童龍賔陁陵化州安南三舍城其國中歳用錢粮私役奴僕皆安南所貢故呼安南爲奴國境上有馬援銅柱在海西南北抵安南南抵眞臘自廣州發船順風八日可達國人多姓翁地產名香犀象地皆白沙可耕之地若民爲虎鱷所噬以狀詣王王命國師持呪書符投民死所虎鱷自赴若有欺公之訟官不能决者即令過鱷潭負理者魚食之理直者魚避而勿敢食也

盤瓠

盤瓠者帝嚳高辛氏宮中老婦有耳疾挑之有物如繭以瓠離盛之以盤覆之有頃化爲犬五色因名盤瓠犬時有犬戎之冦募能得其將吳將軍者妻以女盤瓠犬俄銜人頭詣闕下乃吳將軍之首也帝大喜欲報之事未知所宜女聞帝下令不可違信因請行帝不得已以女妻之盤瓠犬負女入南山石室中三年生六男六女其母復以狀白帝於是迎諸子言語侏㒧帝賜以石山大澤其後滋蔓長沙武陵蠻是也

交趾國

交趾一名安南其人乃山狙貘犬之遺種其性奸狡剪髮跣足窅目昂喙極醜惡其狀類獼猴人稱爲夷鬼貌類人者漢馬援兵之遺也國俗父子不同居共爨凡嫁娶不通媒妁男女自相烏合以檳榔爲信然後歸家若妻與他人相通即休其前夫令其別娶其國乃占城之屬郡其民爲占城之役歲供租稅男子尚賊盜婦女好淫亂自漢中國取之治爲郡縣立交州刺史後漢復叛馬援平之至五代末節度使吳昌文始僭王號其後皆稱王歷代皆是異姓篡奪

老撾國

老撾國在安南西北古越裳氏之國人性狠戾但與人不睦則睹下窩弓射殺之獲得一人腳跟以石磨去皮使不能行其地出象產珍貝金銀凡咀嚼之物從口而食水漿之類鼻吸而飲

賓童龍國

賓童龍國隸占城占城選人作地主出則騎象或馬打紅繖從者百人執脊贊唱曰亞或僕以蕉盛飲食椰子酒與米酒歲貢方物於占城佛書言王舍城即此地也今有目連舍基存焉

真臘國

真臘國自廣州發船北風十日可到天氣無寒每嫁娶則男歸女舍生女至九歲即請僧誦經作梵法以手指挑損童身取其紅點額其母亦用點額喚為利市如此則其女他日嫁人諧好歡洽凡女滿十歲即嫁若其婦與客合夫即喜自詫云我妻有姿色且巧慧故人所愛國人犯盜則斬手斷脚燒火印胸背黥額犯罪至死則斬或削木椓其尻酋殺害唐人即依酋法償死如唐人殺酋即重罰金如無金則賣身取金贖北抵占城旁有西棚等國國中望天一隅有火痕古云女媧氏之所不至也

爪哇國

爪哇國在東南海島中即古闍婆也自泉州路發船一月可到天無霜雪四時之氣常煥地産胡椒蘇木無城池兵甲倉廪府庫每遇時節國王與其屬馳馬執鎗校武勝者受賞親朋踴躍以爲喜傷死者其妻亦不顧而去飲食以木葉盛手撮而食宴會則男女列坐笑喧盡醉凡草蟲之類盡皆烹食市賈皆婦女婚娶多論財夫喪不出旬日而適人

三佛齊國

三佛齊國在南海之中自廣州發船取正南半月可到諸番水道之要衝以木作柵爲城國人多姓蒲縛蒲浮水而居其人刀箭不能傷以此覇於諸國舊傳其國地面忽然穴出生牛數萬人取食之後用竹木空其穴乃絕産犀象珠璣異寶香藥之類

佛囉安國

佛囉安國自三佛齊國風帆四晝夜可到其國亦可通陸有地主國有飛來銅神二個一個六臂一個四臂六月十五日生日如有外國欲來刼奪神廟珠玉至港口如遇大風浪作船不可進止刼商船而去

回鶻

回鶻愇元即回紇其先本匈奴凡十五種至隋曰韋紇臣于突厥突厥資其財力雄北荒大業中自稱回紇子曰菩薩突厥亡惟回紇最强菩薩死其酋與諸部攻薛延陀殘之并有其地遣使者獻款中國肯自以其鷙捷如鶻至唐德宗時立請易回紇爲回鶻愇元老回鶻之轉聲也其地本在哈剌和林即今之和寧路也

于闐國

于闐國婦人衫袴束帶與男子同死者以火化之收骨而葬佛書云佛見鴈死於地以沙𦵏之後因之以作墳塚數層胡稱曰鴈塔凡人死者其骨共葬一塔序其長幼而葬居喪者剪髪長四寸後佛涅槃循其故事亦以沙爲塚其徒守塚門而居故稱沙門僧稱沙門自此始中國好佛者皆倣胡俗加以奇巧作七層飾以金彩以求福利

大食勿拔國

大食勿拔國海邉天氣暖甚出乳香樹逐日用刀斫樹皮取乳每年春末有一等飛禽自天而降如白絲鶉肥而味佳有大魚高二丈餘長十丈餘人不敢食刳膏爲油筋骨可作屋桁脊骨可作門扇骨節爲舂臼又有龍涎成塊泊岸人競取而貨賣

大食弼琶羅國

大食弼琶羅國有州四座無國王唯土豪更互主事始婚嫁取有犀牛尾爲信候牛生犢時始還親須要男家割人尾來以爲聘禮女家還元割牛尾期信人尾即男子陽物也女家得之甚喜以鼓樂迎之地產駱駝鶴長六七尺有翼能飛食雜物或燒赤熱銅鐵與之食生卵如椰子破之如甕　有聲國人好獵日射獸而食

天竺國

天竺國隷大秦所立國王悉由大秦選擇地產良馬俗皆編髮垂下兩鬢以帛纏頭衫袴鞋襪國內有聖水能止風濤番商人等以琉璃瓶盛之若遇風濤洒之即止

沙弼茶國前後無人到惟古來有聖人狙葛尼曾到遂立文字其國係太陽西没之地至晚日没聲若雷霆國王每於城上聚千人吹角鳴鑼擊鼓混雜日聲不然則小兒驚死

木蘭皮國大食國西有巨海國之西有國不可勝數大食巨艦所可至者惟木蘭皮耳自陀盤地國發舟正西涉海百日而至一舟容數百人中有酒食肆機杼之屬其國所產麥一粒長二寸瓜圍四五尺榴一顆重五斤桃二斤萊長三四尺穿井百丈方見泉胡羊高三四尺尾大如扇春則剖腹取膏數十斤再縫而復能活

烏衣國

烏衣國其人衣黑衣太巾披至膝腕見漢人則背行不令見見之卽殺謂既見吾面不令其生以草爲邃懸物于上與人交易不相授受彼亦以物懸而易之如價不及則追而殺之

女人國

女人國在東南海上水東流數年一泛蓮開長尺許桃核長二尺昔有舶舟飄落其國群女携以歸無不死者有一智者夜盜船得去遂傳其事女人遇南風裸形感風而生又云有奚部小如者部抵界其國無男照井而生

大闍婆國

大闍婆國在莆家龍風帆八日可到舊傳其國王孫雷震石裂有一人出後立爲王其子孫尚存產青鹽綿羊鸚鵡瑜珠寶貝等又言其國中有飛頭者其人目無瞳子其頭能飛其俗所祠名曰蟲落因號落氏漢武帝時因㑹國使南方有解形之民能先使頭飛南海左手飛東海右手飛西澤至暮頭還肩上兩手遇疾風飄於海水外

麻離拔國

麻離拔國自廣州發船乘北風四十日至地名藍里博買蘇木白錫長白藤住至次年冬再乘北風六十日方至其國產異香龍涎珎珠玻璃犀角象牙珊瑚木香沒藥血竭阿魏蘇合香沒石子等貨皆大食國至此博易官豪以金線桃花帛纏頭以金銀爲錢交易

狗國

狗國人身狗首長毛不衣語若犬嘷其妻皆人能漢語衣貂鼠皮穴居食生妻女食熟自相嫁娶昔有中國人至其國妻使逃歸與筯十餘隻教其每走十餘里遺一筯狗見其家物必銜歸其人乃脫則追不及矣至應天府行二年二箇月

孝臆國

孝臆國周三千餘里在平州中以木爲柵周十餘里柵內百姓二千餘家周國大柵五百餘所氣候常暖冬不凋落宜羊馬無駝牛俗性質直好客旅軀貌長大褰鼻黃髮綠眼赤髭被髮面如血色戰具唯稍一色宜五穀出金鐵衣麻布

東印度國

東印度國係西番人性强獷好殺伐以戰死爲吉利以善終爲不祥至應天府馬行五個月

大食國

大食國在海西南一千里居山谷間有樹枝上花生如人首不解語人借問惟笑而已頻笑輒凋落大食諸國之總名有國千餘其屬有麻離拔曰達吉慈尼眉路骨勿斯離餘未及知

訶陵國

三才圖會　人物十二卷　三十一

訶陵國在真臘國南豎木爲城造大屋重閣以椶皮蓋象牙爲床柳花爲酒以手撮食有毒常人同宿即生瘡與女人交合則必死涎液着草木即枯

默伽國

三才圖會　人物十二卷　三十二

默伽國古係荒郊無人烟因大食國祖師蒲羅吽自幼有異狀長娶妻在荒野生一男子無水可洗棄之地下毋走尋水不見及回其子以脚擦地湧出一泉甚清徹此子立名司麻烟砌成大井逢旱不乾泛海遇風波以此水洒之即止者

晏陀蠻國

晏陀蠻國自蘭無里國順風而去其國周圍七千里人身如黑漆號山蠻能食生人船人不敢近岸地無鐵唯磨蚌殻為刃其國有一聖跡用渾金作床承一死人經代不朽常有巨虺衛護其蛇毛長二尺人不敢近有一井一年兩吹水溢流入海所過沙石經浸盡成金

勿斯里國

勿斯里國國屬白達節制人有七八十歲不見雨者止有天江不知其源水極甘溢則四十日浸田水退而耕二年必有一白髮古人從江水出坐于石上國人拜問吉凶其人不語若笑則年豐悲則饑疫良久復入水古有狙葛尼建廟頂上有鏡如他國盜兵來者先照見之

大食勿斯離

大食勿斯離國秋露降日曬之即成糖霜食之清涼甘美山有天生樹果子名蒲蘆可採食次年復生名麻茶澤三年再生名沒石子產蔘桃榴等物與木蘭皮國同收米麥開地窖之數十年不壞

南尼華羅國

南尼華羅國有三重城人好佛教尊牛屋壁皆金牛糞以為潔各家置壇以牛糞塗罡花木爇香供佛路通西域常有輕騎來刧閉門拒之數日絕糧而退番商到彼不得入屋只往門外坐

焉耆國

焉耆國元日二月八日婆摩遮三日野祀四月十五日遊林五月五日彌勒下生七月七日祀先祖九月九日床撒十月十日王爲厭法王出首領家首領騎王馬一日一夜處分王事十月十四日作樂至歲窮拔汗那十二月及元日王及首領分爲兩朋各出一人着甲衆人執瓦石棒杖東西互擊甲人先死卽止以占當年豐儉

三才圖會目錄

雲間元㫋父王圻編輯

男思義校正

人物十三卷

大琉球國當建安東水行五百里多山峒
有小王各爲部隊而不相救援入　國朝進
貢不時王子及陪臣之子皆入太學讀書

小琉球國近東南有王子管轄地産玻
瓈名香異寶

日本國即倭國在新羅國東南大海中依
山島居九百餘里專一沿海寇盜爲生中
國呼爲倭寇

君子國在奢比之北其人衣冠
帶劍食獸有二大虎常在其旁
其人好讓不爭故使虎豹亦知
廉讓

扶桑國在大漢國東作板屋無城郭宋武帝時罽賓有人至其國其國人養鹿爲牛取乳

黑契丹有城池人烟金人馬曾至此至應天府馬行一年

巴赤舌在林木內居住種田出馬至應天府馬行一年

包石有城池屋舍種田出羊馬至應天府馬行一年七個月

阿思有城池用石壘就至應天府馬行一年七個月

吾凉愛達在韃靼東北上分界山林内住坐有野馬無牛羊打魚食馬乳過日

無連蒙古在海島住坐有城池人烟每與忒没戰着鵰鼠皮至應天府馬行五個月

土麻人烟多似韃靼至應天府馬行七個月

女慕樂有城池人烟着帛皮衣畜牛羊韃靼曾到

阿里車盧並任山林有城池種田而食至應大府馬行一年

蛇魯國與木骨一般至應天府馬行七餘月

深烈大似韃靼國一般至應天府馬行六個月

擺里荒北邉似韃靼至應天府行三個月

大羅國如韃靼結束至應天府馬行四個月

采牙金彪係西番木波至應天府馬行約五個月

後眼國其人後項有一目結束與韃靼同

鐵東出駝馬至應天府馬行二個月

歇祭皆平地多林木種田有房舍出好馬人黃頭穿衣至應天府約行一年

波利多林木人種田無城池有房舍韃靼曾到至應天府馬行一年

骨利國居回鶻北之瀚海海池出名馬晝長夜短日没後天色正暁煮羊方熟天已曙

乞黒奚無城池出羊馬似韃靼至應天府馬行七個月

木思奚德似韃靼至應天馬行七個月

方連魯蠻語話難曉人種田出驢馬至應天府馬行一年

訛魯人眼深髮黄壘木植爲屋宇至應天府馬行一年八個月

昏吾散僧多山林人種田以食至應天府馬行九個月

里蒙國有城池房舍種田天氣常熱人穿五色錦袴至應天府行一年

三伏馱國交趾之南有山曰捕流環數百里若大鐵圍不可躋攀中皆良田惟一竅可入交趾屢欲侵之然其種類甚大守險不可入也

獠在牂牁其婦人七月生子死則豎棺埋之

木直夷在獨獠西以鹿角為器其死則屈而燒之　耳後小骨　黑如漆寒則揞沙自處但出其面

西洋國近西南濱海地產蘇木胡椒珊瑚寶石等物所織綿布絕細瑩潔如紙其人髡首以白布纏頭以金為錢交易

烏伏部國山神於此化土蟒以濟饑渴又與孔雀飲啄有滄泉以愈衆疾

道明國此人不着衣服見着衣者即共笑之俗無鹽鐵身常帶竹弩射蟲鳥

近佛國在東南海上多野島蠻賊居之號麻羅奴商舶至其國群起擒之以巨竹夾而燒食人頭爲食器父母死則召親戚撾鼓共食其尸肉非人類比也

文身國物至賤行不賫糧王居飾以金玉市用珍寶交易

義渠國在秦之西其親屬死則聚柴燒之薰死烟上謂之合烟霞

乾陁國昔尸毘王之倉庫爲火所燒蕩粳米焦者至今尚存得一粒服之則終身不患瘧也

蘇部識匿國有夜义城城舊有野义其窟見在人近窟住者五百餘家窟口作舍設關籥一年再祭人有逼窟口烟氣出先觸者死因以尸擲窟口其窟不知深淺

龜茲國其國元日鬬牛馬駞爲戲七日觀勝負以占一年羊馬减耗繁息也

烏孫國其國西有三爪蠻有頭目地主種田身生長毛出處掠百姓

新千里國出石似朽骨如牙俗稱佛牙至王應天府行二年零八個月

正瑞國産牛羊種田有房舍至應天府行五個月

擔波國有城池民種田天氣常熱地無霜雪出獅子至應天府一年二箇月

撒馬兒罕在哈剌東本西番山川景物頗類中原商賈用國中所造銅錢

丁靈國在海內人從膝下生毛馬蹄善走自鞭其脚一日可行三百里至應天府馬行二年

悄國在西番人食乳以過活至應天府行五月

入不國有城池種田出胡椒至應天府行三年

猴猻國一名株刋刺國若有別國兵來衆猴防直有法即不敢來侵犯至應天府馬行三年

氐人國在建木西其狀人面魚身無足胸巳上似人巳下似魚也

鳩尼羅國此乃西番出佛牙石去處

西南夷西南五姓方部龍羅方石自宜州入境
國人椎髻跣足衣斑花布披毡背刀帶弩

西番國一曰鬼方武丁伐鬼方三年克之又曰鬼陰類曰鬼戎曰犬戎無王子管轄無城池房舍多在山林内生坐食人肉至應天府馬行三箇月其國人奉佛者皆稱剌麻

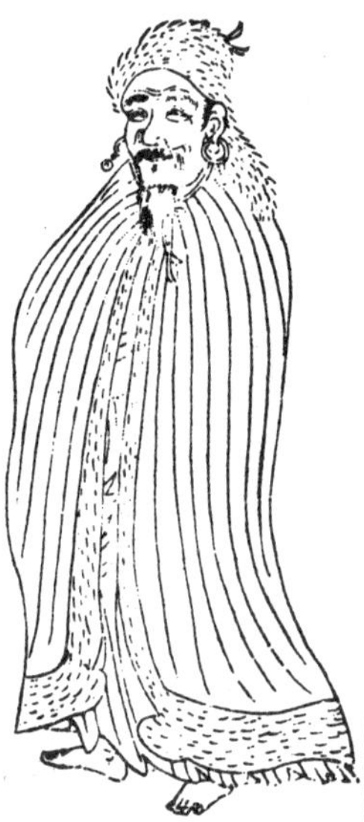

可只國西番出寶物處

蜑三蠻以舟爲室蜑有三一爲魚蜑善舉竿垂綸二爲蠔蜑善没海取蠔三爲木蜑善伐木取果蜑極貧皆鶉衣得物米妻子共之冬夏身無一縷然而各有統焉

哈密國其國在西番火州東與回回韃靼同

馬羅國出異寶生頭香

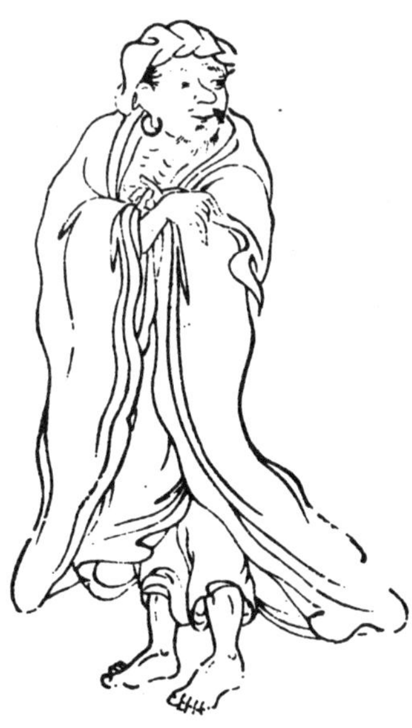

印都冊人身黑色地熱無雲至應天府馬行一年二箇月

野人國此國有大山林多野人男子妳長如瓠曾被韃靼追趕將妳搭在手上奔走會人言食菓

一臂國在西海之北其人一目一孔一手一足半體比有猶魚鳥相合

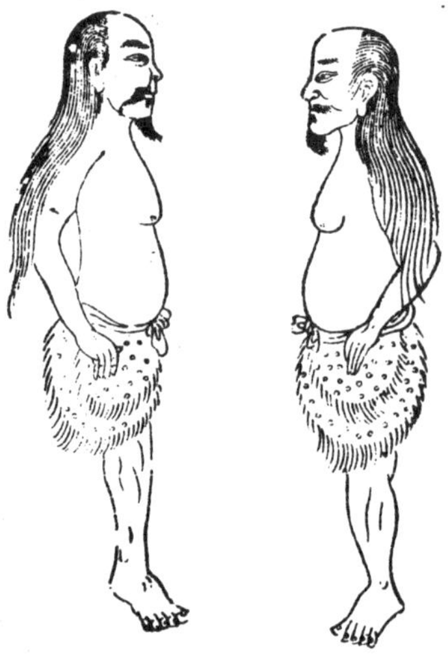

退波係黑和尚有城池房舍出羊馬林木甚多

黑暗國地産犀牛

七番耕山種田出駞牛至應天府馬行半年

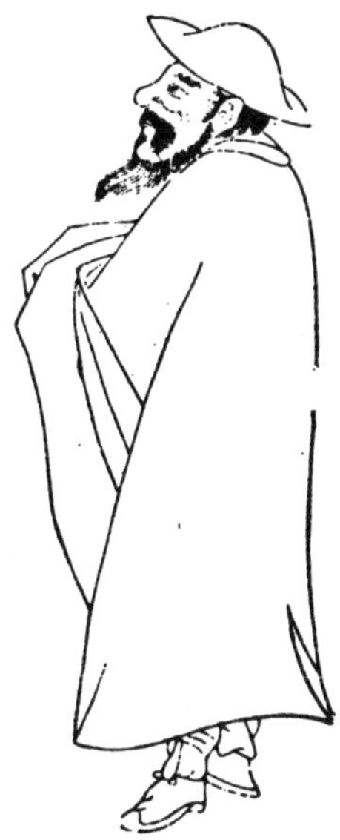

麻阿塔有神名舍屋有城池種田至應天府行一年二箇月

日蒙國有房舍種田出薑人似黑蒙國結束至應天府一年二箇月

一目國在北海外其人一目當其面而手足皆具也

大漢國無兵戈不攻戰與文身國同而言語異

婆登國在林邑東西接迷離國南接訶陵種稻每月一熟有文字即書于貝葉死者以金鉛貫於四肢後加婆律膏及沉檀龍腦積薪以焚之

雲間元翰父王圻編集
男思義校正

人物十四卷

的刺普剌國有城池民種田出明珠異寶至
應天府行二年二個月

吐蕃號假西蕃
本西羌屬居者
支水而姓勃窣
野其俗謂强雄
曰贊丈夫曰普
故號君長曰贊
普其後有君長
曰論贊曰弄贊

注輦國西番南
印度也自故臨
易舟行而去有
象大高背立屋
載勇士以金銀
爲錢國人尚氣
輕生不同釜而
爨亦不共器而
食

不剌係西番出羊馬至應天府一年八個月

娑羅國其國男女皆佩刃而行與人不
睦即刺殺之奔走他所一月之內得獲
則償命一月之外出者不論

三首國在夏后啟北其人一身三首

三身國在鑿齒國東其人一首三身

長人國國人長三四丈昔明州人泛海值風大不知
舟所稍息乃在島下登岸伐薪忽一長人其行如飛
明州人急走至船長人追之舟人用弩射之而退

蒲甘國自大理五程至其國國王戴金冠金銀飾屋壁以錫爲瓦

斯伽里野國山上有穴四季出火國人扛大石納穴中須史爆出皆碎五年一次火出其火流轉海邊復回所遇林木不燒遇石焚之如炭

蕭家龍在海東南廣州發舶順風一月可到國王撮髻腦後人民剃頭以椰子釀水漿爲酒其色紅白而味佳出胡椒檀香沉香丁香白豆蔻

羽民國在海東南崖巘間有人長頰鳥喙赤目白首生毛羽能飛不能遠似人而卵生

崑崙層期國在西南海上有大鵬飛則蔽日能食駱駝拾其翮截管可作水桶有野人身如黑漆　國人布食誘之賣與番商作奴

都播國鐵勒別種分爲三部自相統攝結草爲廬不知耕稼以百合爲粮衣貂鹿皮鳥羽爲服國無刑罰盜者倍徵贓

東方有小人國名曰竫長九寸海鶴遇而吞之故出則郡行

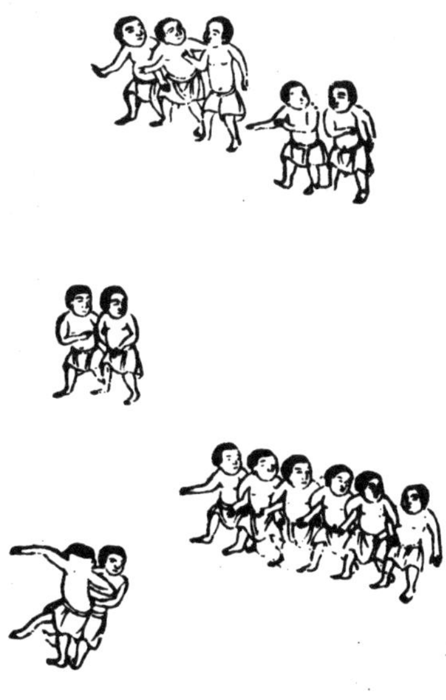

聶耳國在無腹國東其人虎文耳長過腰手捧耳而行

無腹國在海東南男皆無腹肚

交脛國國人脚脛曲戾而相交

長脚國人與長臂國近其人常負長臂人入海捕魚

長臂人在海之東人垂手至地昔有人在海中得一布衣袖各長丈餘

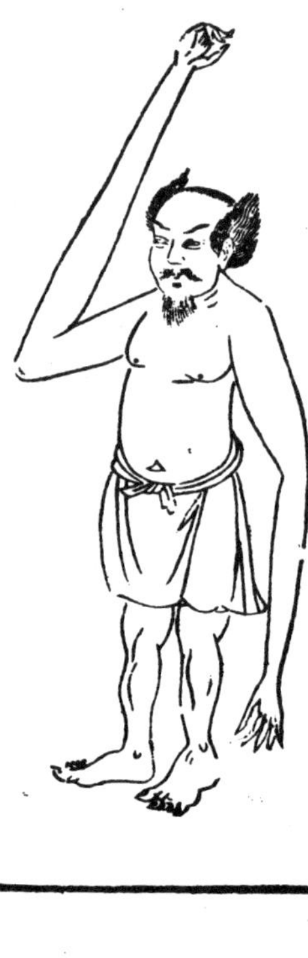

回回國有城池宮室田畜市列與江淮風土不異

巢魯果訛有城池種五穀出良馬至應天府馬行一年七箇月

穿胸國在盛海東胸有竅尊者去衣令卑者以竹木貫胸擡之

結賔郎國有城池種田貢頭仙人成道處至應天府馬行三年

沙華公國其國在東南海中其人常出大海刼奪人賣之憐閣

沙國

阿薩部多獵蟲鹿剖其肉重疊之以石壓瀝汁稅波斯拂林等國米及草子釀於肉汁之中經數日變成酒飲之可醉

阿黑驕多人烟盡係林木無羊馬射生打魚爲活至應天府行七箇月

長毛國婦人做王子身有長毛有城池種田至應天府行二年十箇月晉永嘉四年曾獲此人

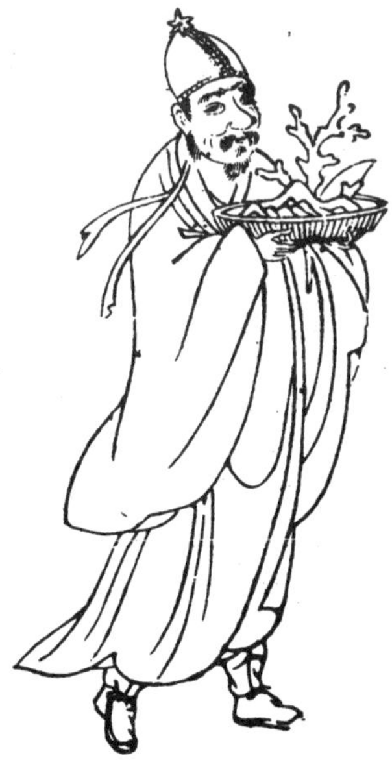

大秦國西方番商萃此其王以布帛織出金字纏頭地產珊瑚生金花錦縵布珍珠等物

繳濮國在永昌郡南千五百里國人有尾坐則先穿地作穴以安其尾如誤折其尾卒然而死

白達國其國王弗霞麻勿之子孫諸國用兵不敢侵犯豪民多珎寶食酥酪餅肉少魚菜產金銀玻瓈等物人以雪布纏頭上

單馬令廣州發船自眞臘國起風帆十晝夜可到其國有地主無王宋朝慶元二年進金三壜金傘一柄

柔利國國人曲膝向前一手一足山海經云在一目國東

滅吉思多人烟似韃靼言語至應天府馬行四箇月

默伽臘國有國王出珊瑚樹人用繩縛十字木以石沉水中棹舡桅索而取謂鐵網取珊瑚即此

紅夷國在安南西北其人不制衣以綿布渾身纏裹以紅絹纏頭其形類回回無塩安南多以塩貿其珎寶

吉慈尼國皆大山圍遶盤山爲城禮拜堂百餘所出金銀金絲錦富民居住皆疊樓　多畜牧駞馬地近西北極寒

頓遜國在海島上人將死親戚歌舞送於郭外有鳥如鵝飛來萬數家人避之其鳥食肉盡乃去即燒骨沉水謂之鳥葬

訶條國金遼山廟有石鼉如人飲食將盡向鼉行禮則飲食悉具

奇肱國能爲飛車從風遠行湯時以車乘西風至豫州湯破其車後十年東風至乃使乘車歸國

故臨國廣船四十日至藍里再一
好帶弓中國船往大食必自故臨

隴木節有城池一座昔日番王子建都有百姓
任坐至應天府馬行半年

登流眉國選人作地主椎髻纏帛蔽身番王出
座名曰登場衆番拜罷同座交手抱兩膊爲禮

三蠻國民
食土死者
埋之心肺
肝皆不朽
百年復化
爲人一說
與無䏿國
民相類

無啓國在北海人無肚腸食土穴居男女死即埋之其心不朽百年化爲人膝不朽埋之百二十年化爲人肝不朽埋之八年化爲人

不死國在穿胸國東其人黑色長壽不死居圓丘上有不死樹食之乃壽有赤泉飲之不老

懸渡國在烏秅之西山溪不通但引繩而渡土人但於石間壘石爲室接手而飲互相牽引所謂猿引是也

烏萇國民有死罪不殺唯徙之空山任其飲啄事涉疑似以藥服之清濁自驗隨事輕重而决

波斯國國人身黑以金花布縵身無城郭王以虎皮蒙體出則乗軟兜或騎象出異寳等物

撥枚力國國在西南海中不識五穀人止食肉常針牛畜取血和乳生飲之身無衣惟腰下用羊皮掩之

昆吾國產寳鐵爲刃切玉如泥其國浮畜有三層屍乾居上屍濕居下以近葬爲孝集大氊居中懸衣服綵繒哭祀之

婆羅遮國並服狗頭猿面男女無晝夜歌舞八月五日行象牙透索爲戲

五溪蠻國人遇父毋死行鼓踏歌親屬飲宴一月盡產爲椰臨江高山鑿龕以葬三年不食鹽

眉路骨國有城七重用黑光石砌就有番人塚三百餘所胡稱日塔以毛段爲衣肉麪爲食金銀爲錢

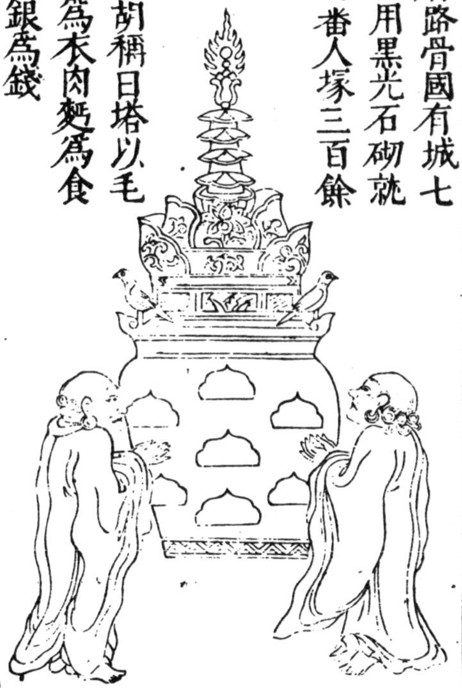

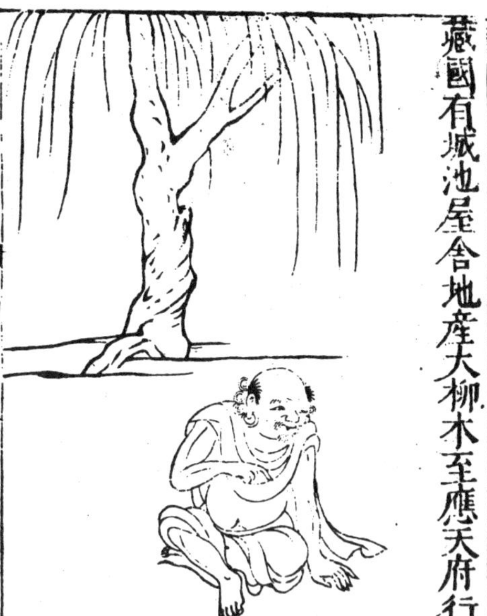

藏國有城池屋舍地產大柳木至應天府行一年二箇月

麻嘉國自麻雛西玄陛行六十餘程此是土神麻霞出世處其國稱神爲佛每年皆來禮拜廟後有神墓日夜常有光人不敢近

甲耳之水有俞兒者登山之神也長尺餘而人物具焉冠黃冠衣朱服好走馬齊桓公時嘗見管子曰有霸王之君興俞兒見矣其事詳於永平府甲耳溪

鍾山之中有神名曰皷其狀龍身而人面

朝陽谷有神曰天吳是爲水伯虎身人面八首八足八尾青黃色

崑崙之丘有天帝之神曰神陸一名堅吾其狀虎身人面九首司九域之

西方蓐收金神也左耳有青蛇乘兩龍面目有毛虎爪執鉞

北海外鍾山有神名曰燭陰視爲晝瞑爲夜吹爲冬呼爲夏不飲不食息氣則爲風身長百里其狀人面龍身赤色

鵲山之神其狀鳥身龍首古者祠之禮用璋璧以獻

和山多蒼玉有吉神曰泰逢司其吉善者也狀如人虎尾好居萯山之陽出入有光此神動天地氣甚雲爽能興雲雨呂氏春秋

崑崙之北柔利之東有相柳氏者共工之臣也九首人面蛇身青色不敢北射畏共之臺臺四方隅蓋蛇虎之形首向南方

奢比之尸神名在大人國北獸身人面大耳珥兩青蛇以蛇貫耳云肝俞之尸

天山有神形狀如皮囊背上赤黃如火六足四翼混沌無面目自識歌舞名曰帝江

大荒山北極外有口銜蛇其狀虎首人身四蹄長肘名強良

南海之內巴遂山中有黑人虎首兩手持兩蛇啖之

陽壺山有神其狀似人而有二首名曰驕蟲

三才圖會
(全三册)
(明)王圻　王思義 編集
上海古籍出版社出版
(上海瑞金二路 272 號)
新華書店上海發行所發行　　金壇縣第二印刷廠印刷
開本 787×1092　1/16　印張 174.25　插頁 15 頁
1988 年 6 月第 1 版　1988 年 6 月第 1 次印刷
印數：00001－3,500
ISBN 7-5325-0319-4
Z·40　定價：69.90 元